Historischer Führer

Stätten und Denkmale der Geschichte in den Bezirken Potsdam, Frankfurt (Oder)

Historischer Führer

Urania-Verlag
Leipzig · Jena · Berlin

Herausgegeben von
Dipl. hist. Lutz Heydick
Dipl. hist. Günther Hoppe
Dr. sc. phil. Jürgen John

Autoren des Bandes:
Dr. sc. phil. Helmut Assing
Dr. sc. phil. Bernhard Gramsch
Dipl. phil. Klaus Grebe
Dipl. hist. Lutz Heydick
Dipl. hist. Günther Hoppe
Dr. sc. phil. Jürgen John
Dr. phil. Reinhard Kusch
Dipl. phil. Christa Plate
Dipl. phil. Reinhard Schmook

Historischer Führer. – Leipzig ; Jena ;
Berlin: Urania-Verlag.
Stätten und Denkmale der Geschichte in
den Bezirken Potsdam, Frankfurt (Oder). /
[Hrsg. von Lutz Heydick ; Günther Hoppe ;
Jürgen John]. – 1. Aufl. – 1987. – 400 S. :
305 Ill., Kt.   ISBN 3-332-00089-6
NE: Heydick, Lutz [Hrsg.]

ISBN 3-332-00084-5
Bisher erschienen:
Bd. Bezirke Erfurt, Gera, Suhl 3-332-00186-8
Bd. Bezirke Leipzig, Karl-Marx-Stadt 3-332-00153-1
Bd. Bezirke Dresden, Cottbus 3-332-00155-8

ISBN 3-332-00089-6

Redaktionsschluß April 1986

1. Aufl. 1987
Alle Rechte vorbehalten
© Urania-Verlag Leipzig · Jena · Berlin,
Verlag für populärwissenschaftliche Literatur,
Leipzig 1987
VLN 212-475/12/87 · LSV 0269 D 198/86
Lektoren: Erika und Lutz Heydick
Karten: Rudolf Riehl (†)/Karl-Heinz Barnekow
Stadtgrundrisse: Wilfried Görtler
Schutzumschlag, Einband: Günter Jacobi
Typographie: Helgard Reckziegel
Printed in the German Democratic Republic
Gesamtherstellung: Karl-Marx-Werk Pößneck V 15/30
Best.-Nr.: 654 110 1
02300

Inhalt

Gartz

Staatsgrenze

Staatsgrenze im Wasserlauf

Bezirksgrenze

■ Bezirksstadt

□ Kreisstadt

◎ Stadt

○ sonstige Orte

Zichow

Passow Kunow
Grünow
Biesenbrow Vierraden
Greiffenberg Hohenlandin
Mürow Schwedt
Zützen
Angermünde Criewen
Stolpe
Joachimsthal
Klein Ziethen
Groß Ziethen
Lüdersdorf
Groß Schönebeck Brodowin
Altenhof Chorin
Lichterfelde Liepe Oderberg Hohensaaten
Niederfinow Neuenhagen
Finowfurt Eberswalde-Finow
Spechthausen Hohen- Schiffmühle
finow Falkenberg Bad Freienwalde
Lanke Biesenthal Gersdorf Altranft Wustrow
Rathsdorf Altwriezen
Danewitz Heckelberg Wriezen Neubarnim
Lobetal Tempelfelde Haselberg Groß-Neuendorf
Sternebeck- Bliesdorf
Bernau Schönfeld Harnekop Kunersdorf Kienitz
Tiefensee Möglin Neu- Letschin Sophienthal
Schönow Willmersdorf Prötzel trebbin Wollup
Werneuchen Hirschfelde Reichenow Altfriedland
Gielsdorf Ihlow Reichenberg Marxwalde Zechin
Blumberg Strausberg Bollers Buschdorf Golzow Kietz
Altlandsberg Bruchmühle dorf Buckow Gusow Gorgast
Neuenhagen Garzau Waldsieversdorf Seelow Alt Tucheband
BERLIN Hönow Eggersdorf Rehfelde Worin Sachsendorf
Dahlwitz-Hoppegarten Herzfelde Müncheberg Jahnsfelde Friedersdorf Reitwein
Heinersdorf Lietzen
Schöneiche Rudersdorf Kienbaum Tempelberg Lebus Wuhden
Woltersdorf Falkenhagen
Erkner Grünheide Steinhöfel Falkenberg
Neu Zittau Alt Madlitz
Schönefeld Ziegenhals Hartmannsdorf Fürstenwalde Frankfurt
Schulzendorf Zeuthen Arensdorf
Wildau Rauen Langewahl Kersdorf Biegen
Königs Wusterhausen Brieskow-Finkenheerd
Großmachnow Kablow Bad Saarow-Pieskow Weißenspring
Schenkendorf Blossin Storkow Müllrose Wiesenau
Mittenwalde
Schöneiche Prieros Groß Rietz
Töpchin Lindenberg Ragow Vogelsang
Klein Köris Limsdorf Beeskow
Wünsdorf Kossenblatt Bremsdorf Fünfeichen Eisenhüttenstadt
Teupitz Märkisch Buchholz Friedland
Halbe Sabrodt Neuzelle
Baruth Wellmitz
Klasdorf Lieberose

Vorwort

Ein Jahrfünft ist seit Erscheinen der letzten beiden Teilbände der Buchreihe (»Bezirke Leipzig/Karl-Marx-Stadt«, 1981, und »Bezirke Dresden/Cottbus«, 1982) vergangen, fast ein Jahrzehnt seit Erscheinen des ersten, konzeptionell noch tastenden, sehr knapp gehaltenen Bandes (»Bezirke Erfurt, Gera, Suhl«, 1978/79). Die Herausgeber mußten ihre ursprünglich auf eine dichte Bandfolge gerichteten Vorstellungen über den zeitlichen Ablauf des für das Gesamtgebiet der DDR ausgelegten Vorhabens korrigieren. Das ist nicht verwunderlich, bewegt sich doch die Buchreihe in einer zunehmend an Breite wie Tiefe gewinnenden regionalgeschichtlichen Forschungs- und Publikationstätigkeit unseres Landes. Die Luther-, Bach-, Händel- und Schütz-Ehrungen der letzten Jahre, die Gründung des Nationalen Rates zur Pflege des deutschen Kulturerbes (1980) und der Nationalen Forschungs- und Gedenkstätten der DDR für deutsche Kunst und Literatur des 20. Jahrhunderts (1985), nicht zuletzt der Entschluß, die Geschichte der historischen Territorien aufzuarbeiten, haben das sozialistische Geschichtsverständnis geweitet, differenziert und dialektisch fundiert. Das hat die sowohl der kritischen Erberezeption wie der Traditionspflege verpflichtete regionalgeschichtliche Konzeption der Buchreihe schärfer profiliert und die Ansprüche an sie erhöht. Gerade die Debatten um das Preußen-Bild und die Thesen zum Berlin-Jubiläum setzten der geschichtlichen Bestandsaufnahme der im vorliegenden Band behandelten Region, die einst zum brandenburgisch-preußischen Kernland gehörte und das unmittelbare Umfeld der preußischen Hauptstadt bzw. der Reichshauptstadt Berlin bildete, seit 1949 dann die Hauptstadt der DDR umschließt, Maßstäbe.

Ihnen versucht der Band durch eine weitere Informationsverdichtung unter regionalgeschichtlichem Anspruch gerecht zu werden. Das schlägt sich in rund 350 Stichwörtern, darunter zu etwa 270 Dörfern und sämtlichen Städten der Bezirke Potsdam und Frankfurt (Oder) sowie in einem reicheren Informationsangebot an den einzelnen Orten selbst nieder. Letzteres zielt nicht auf geschlossene Ortsgeschichten, sondern auf den funktionalen Zusammenhang von Örtlichem und Regionalem. Anliegen ist es, die historische Spezifik der Region überschaubar in einem Band an den jeweils relevanten örtlichen Ereignissen und Entwicklungen zu verdeutlichen. Deren regionalgeschichtlicher Stellenwert bestimmt die unvermeidliche Auswahl. Da sich die Bedeutung des Regionalen seit dem Ende des Feudalismus zweifellos verringert hat, beansprucht die ältere Geschichte dabei breiteren Raum. Gegenüber herkömmlicher regionalgeschichtlicher Literatur aber bleiben die Herausgeber dabei, die neuere und neueste Geschichte gebührend einzubeziehen. Sie haben dieses Bemühen trotz ungünstiger Literaturvoraussetzungen verstärkt, wobei besonders mit der Zäsur der Bezirksgründungen 1952 eine Grenze setzte. Verlag und Herausgeber wurden durch eine bilanzierende Beratung mit kompetenten Vertretern der regionalgeschichtlichen Forschungsrichtungen im April 1985 sowie durch die Rezensionen zu den vorliegenden Bänden in ihrem Gesamtherangehen bestärkt.

Das Territorium der Bezirke Potsdam und Frankfurt (Oder) erstreckt sich zwischen Havel, Elbe und Oder, Fläming, Spreewald und Mecklenburger Seen. Es entsprach in feudaler Zeit dem Kerngebiet der Kurmark, 1815 bis 1945 dem der preußischen Provinz Brandenburg sowie 1945/47 bis 1952 weitgehend dem Land Brandenburg. Hier wuchsen die Kleinlandschaften der sog. Mittelmark (Havelland, Zauche, Teltow, Barnim, Ruppiner, Beeskow-Storkower und Lebuser Land) historisch-kulturell. Auf dieses Territorium und seine historischen Bezüge zur Reichs-, Preußen-, Berlin- und DDR-Geschichte bezieht sich die Einleitung des Bandes als regionalgeschichtliche Klammer für die einzelnen Ortstexte. Die erst im 19. Jahrhundert zur Provinz Brandenburg gelangte Niederlausitz ging 1952 weitgehend im Bezirk Cottbus auf und wurde bereits im Vorgängerband behandelt. Das Gebiet der Hauptstadt der DDR ist einem Folgeband vorbehalten. Fraglos ist Berlin als märkische Stadt gewachsen und gehörte bis ins 20. Jahrhundert hinein zum Verband der Provinz Brandenburg. Spätestens aber im 19. Jahrhundert begann Berlin als Haupt- und Großstadt, Verwaltungs-, Industrie-, Wissenschafts- und

Kulturzentrum aus der Mark herauszuwachsen und sich als eine eigene städtische Region auszuprägen. Seine dominierenden Funktionen schufen neue wirtschaftliche und kulturelle Bindungen zur märkischen Umgebung, die in den Ortstexten und in der Einleitung ihren Niederschlag finden. So kann dieser Band über die berlinumgreifenden Bezirke die hauptstädtische Jubiläumsliteratur ergänzen.

Das vorliegende Buch ordnet sich in das Bestreben ein, die Berlin-Brandenburgische Territorialgeschichte aufzuarbeiten. Noch gibt es keine über das 19. Jahrhundert hinausreichende Gesamtdarstellung zur Geschichte von Mark, Provinz und Land Brandenburg, ihrer Nachfolgebezirke und der Beziehungen zur Residenz- bzw. Hauptstadt Berlin. Dem waren in der DDR bisher die soliden bibliographischen Nachschlagewerke, das vorzügliche, in seiner Art einmalige »Historische Ortslexikon Brandenburg« verpflichtet, ebenso u. a. die Veröffentlichungen der Staatsarchive und der Pädagogischen Hochschule Potsdam sowie der beiden Bezirksmuseen, die Zeitschrift »Märkische Heimat« (1956/62) und die gleichnamige Potsdamer Bezirkszeitschrift. Eine wertvolle Hilfestellung gab die Preußen-Literatur, vor allem die leider nur bis 1871 reichende Darstellung von G. Vogler/K. Vetter und die beiden Studienbände zur preußischen Geschichte vor und nach 1789. In den historischen Jahrbüchern und Fachzeitschriften mehren sich die regionalgeschichtlichen Aufsätze auch zu dieser Region. Von den regional übergreifenden Reihen liegen die »Bau- und Kunstdenkmale« hierfür geschlossen vor. In einer Fülle größtenteils ungedruckter Dissertationen repräsentiert sich ein in den letzten Jahrzehnten gewachsener Forschungsstand. Hilfreich sind auch die Traditionen der älteren bürgerlichen Landesgeschichtsschreibung, die vor allem in dem 1836/37 gegründeten Verein für Geschichte der Mark Brandenburg, seinen »Märkischen Forschungen« (später: »Forschungen zur Brandenburgischen und Preußischen Geschichte«) und in der 1922/25 gegründeten Historischen Kommission für die Provinz Brandenburg und die Reichshauptstadt Berlin ihren Ausdruck sowie in den sozialgeschichtlichen Forschungen nach 1945 eine seriöse Nachfolge fanden.

Notwendig sind einige, dem Benutzer der Reihe schon vertraute Hinweise zum Manuskriptaufbau. Die Stichworte sind geographisch nach Bezirken und Kreisen und innerhalb der Kreise alphabetisch geordnet. Die Einleitung soll denjenigen Benutzern, die an bestimmten historischen Sachverhalten interessiert sind, einen raschen Zugriff zu den dafür wichtigsten Orten mittels Verweisen (*) ermöglichen. Verweise in den Ortstexten stellen dann weitere Zusammenhänge her. Denkmalsinformationen, Erinnerungsstätten, erhaltene historische Schauplätze oder auf sie verweisende Namen wurden kursiv gesetzt und – wo sie gehäuft auftreten – mit einem Stern ✦ versehen. Bei erweitertem Informationsangebot ist gegenüber den früheren Bänden der kleine Schriftgrad häufiger verwendet worden, u. a. bei allen biographischen Angaben. Nicht als eigene Stichworte behandelte Orte sowie Personen sind über die Register zu ermitteln. Urkundliche Ersterwähnung der Städte und Dörfer sind den Texten zu entnehmen, es sei denn, es wurden bei den Dörfern nur Ereignisse jüngeren Datums behandelt. Städte sind im Titelkopf mit der Jahreszahl ihrer ersten urkundlichen Erwähnung als Stadt versehen worden. Bei Bau- und Kunstdenkmalen wurden die Entstehungszeiten sowie wichtige Umbauten mit den Jahreszahlen genannt.

Unser Dank gilt dem Verlag sowie den Gutachtern und den vielen Persönlichkeiten und Institutionen, die den Band über mehrere Jahre mit Rat, Tat und Geduld unterstützt haben. Er geht vor allem an die Hauptgutachter Frau Dr. Lieselott Enders (Potsdam) und Prof. Dr. Ingo Materna (Berlin). Wertvolle Hinweise erhielten wir als Arbeitsgutachten der Professoren Dr. Helmut Bleiber, Dr. Conrad Grau, Dr. Erik Hühns, Dr. Gerhard Keiderling, Dr. Klaus Vetter, von Dr. Hans-Heinrich Müller und Detlef Plöse (alle Berlin), von Dr. Helmut Assing und Dr. Harald Müller (beide Potsdam), von Professor Dr. Manfred Uhlemann (Potsdam) und Dr. Hans Wegener (Frankfurt) von den Geschichtskommissionen der SED-Bezirksleitungen. In Einzelfragen berieten uns Dr. Rolf Barthel (Strausberg), Dr. Jochen Černy, Dr. Klaus Drobisch (beide Berlin), Dr. Gerrit Friese (Eberswalde-Finow), Dr. Klaus-Dieter Gansleweit (Steinsdorf), Prof. Dr. Dieter Heinze (Berlin), Hartmut Knitter und Dr. Hannelore Lehmann (beide Potsdam), Dr. Jörn Schütrumpf (Hohen Neuendorf). Stellvertretend für die zahlreichen Hinweise aus den Kreisen, für die Unterstützung durch Museen und Gedenkstätten in beiden Bezirken, möchten wir hier Hans Biereigel (Oranienburg), Dr. Peter Cheret (Fürsten-

9

walde), Dr. Wolfgang Dost (Wittstock), Karl Kreutz (Luckenwalde), Reiner Kunze (Belzig), Dr. Egon Litschke (Fürstenberg-Ravensbrück) und Dr. Siegfried Wietstruk (Rangsdorf) nennen. Umfangreiche Manuskript-Vorarbeiten zum Bezirk Potsdam danken wir Dr. Dieter Schulte (Potsdam). Auch für kartographische Entwürfe haben wir Dank abzustatten, so dem Berliner Institut für Denkmalpflege und dem Potsdamer Museum für Ur- und Frühgeschichte, ferner Dr. Gerrit Friese (Eberswalde-Finow), Dr. Hans Maur, Dr. Horst Mauter (beide Berlin) sowie Dr. Dieter Schulte (Potsdam). Dankbar schließlich gedenken wir des Anfang 1986 verstorbenen Leipziger Kartographen Rudolf Riehl, der die Kartographie der bisherigen Bände der Buchreihe und auch den größten Teil des hier vorliegenden ausgeführt hat.

April 1986   Die Herausgeber

Einführung in die Region

Die Besiedlung in ur- und frühgeschichtlicher Zeit war wesentlich durch die natürlichen Gegebenheiten bedingt. Die Region gehört zum großen nordmitteleuropäischen Tiefland. Die Elbe im Westen, die Oder im Osten sowie der bis zu 200 m aufsteigende Flämingrücken bilden zwar geographische Grenzen gegenüber umgebenden Räumen, stellten aber keine ernsthaften Hindernisse für Siedlungsvorgänge und Verkehr dar. So gab es hier bis zum frühen Mittelalter keine archäologisch-kulturelle Einheit; Kulturen, die ihre Hauptverbreitung außerhalb der Region hatten, reichten in diese hinein. Dabei bestanden vom Territorium des heutigen Bezirkes Potsdam hauptsächlich Verbindungen zum mittleren und unteren Elbegebiet, während der Oderraum nördlich, östlich und südlich orientierte Beziehungen hatte.

Die natürlichen Charakteristika der Region – das Mosaik von Moränenplatten und Talungen mit differenzierten Bodenverhältnissen sowie der Reichtum an Seen und Fließgewässern – gehen im wesentlichen auf Formungsprozesse und Ablagerungen der letzten Eiszeit zurück; nacheiszeitliche Vorgänge haben nur noch teilweise an der heutigen Gestaltung mitgewirkt, vor allem mit der Vermoorung von Niederungen und Seen und mit der Dünenbildung. In einer Reihe von Landschaften bestanden durch ihre differenzierte geomorphologische, pedologische und hydrologische Ausstattung besonders günstige Bedingungen für die Besiedlung, so in den Gebieten an der mittleren und unteren Havel, im Ruppiner Land, im Teltow, in der südlichen Uckermark und an der mittleren Oder. Siedlungsungünstig waren dagegen ungegliederte gewässerarme Hochflächen und Sandgebiete, wie der Fläming, Gebiete zwischen Oberhavel und Prignitz, der Barnim, die Lebuser Platte sowie die Platten und Heidegebiete im Süden des Bezirkes Frankfurt (Oder). Bereits vor wenigstens 200 000 Jahren dürfte der Mensch – nach Zeugnissen in südlich und westlich angrenzenden Räumen zu urteilen – in die Region vorgedrungen sein, doch sind archäologische Belege dafür bisher nicht beizubringen, da sie unter mächtigen Ablagerungen der jüngeren Eiszeit begraben sind. Erst aus dem frühen Abschnitt der letzten Eiszeit vor 50 000 Jahren

stammen vereinzelte Funde von Faustkeilen und anderen Steingeräten (*Vogelsang), die die Anwesenheit von Menschen des Neandertaler-Typs in der Region bezeugen. Sie waren in eiszeitliche Sedimente sekundär eingebettet; die eigentlichen Lagerplätze der Jäger und Sammler, von denen die Objekte stammen, sind beim Vorrücken des Eises zerstört worden.

Seit der Spätphase der letzten Eiszeit, nach dem Abschmelzen des Inlandeises, entstanden dann Bedingungen für die dauerhafte Inbesitznahme der Region durch spätpaläolithische Jäger und Sammler vom Typ des Jetztmenschen. Nach noch nicht sicher belegten Aufenthalten von Tundrenjägern zwischen 12 000 und 11 000 v. u. Z. lebten in einer endeiszeitlichen Erwärmungsphase zwischen 10 000 und 9 000 v. u. Z., in der sich erstmals wieder Wälder im Tiefland ausbreiteten, zunächst Waldjäger und -sammler mit materieller Kultur der Federmesser-Gruppen in der Region. Während der folgenden und zugleich letzten Abkühlung von 9 000 bis 8 000 v. u. Z., die nochmals Tundrenbedingungen schuf, durchstreiften spezialisierte Rentierjäger mit Stielspitzen–Kultur das Territorium.

Die nacheiszeitliche rasche Erwärmung ab 8 000 v. u. Z. brachte endgültig temperate Klimaverhältnisse und die Waldausbreitung im Tiefland mit sich. In dem jetzt einsetzenden Mesolithikum bestanden für die von Jagd, Sammeln und nunmehr auch Fischfang lebenden Menschen in der Region besonders günstige Bedingungen. Davon zeugen in fast allen Landschaften zahlreiche Fundplätze mit Kulturhinterlassenschaften an Gewässern und Niederungsrändern, so im Havelland (*Potsdam), im Havelländischen und im Rhinluch (*Friesack), im Teltow sowie entlang der Oberhavel, der Spree und der Dahme. Die auf ausschließlicher Nutzung naturgegebener Lebensunterhaltsquellen basierende Wirtschaft ermöglichte aber nach wie vor keine Dauersiedlung, sondern zwang die Jägergruppen, im Jahreslauf ein größeres Schweifgebiet auszubeuten und die Wohnplätze zu wechseln. Bedingungen für Seßhaftigkeit und längerfristige Siedlungen entstanden erst mit der Einführung von Feldbau und Viehhaltung durch

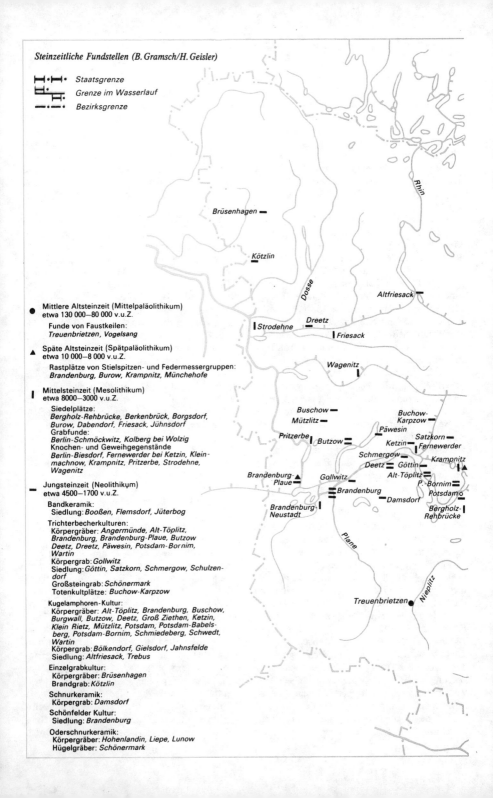

Steinzeitliche Fundstellen (B. Gramsch/H. Geisler)

Staatsgrenze
Grenze im Wasserlauf
Bezirksgrenze

Mittlere Altsteinzeit (Mittelpaläolithikum)
etwa 130 000–80 000 v.u.Z.
Funde von Faustkeilen:
Treuenbrietzen, Vogelsang

Späte Altsteinzeit (Spätpaläolithikum)
etwa 10 000–8 000 v.u.Z.
Rastplätze von Stielspitzen- und Federmessergruppen:
Brandenburg, Burow, Krampnitz, Münchehofe

Mittelsteinzeit (Mesolithikum)
etwa 8000–3000 v.u.Z.
Siedelplätze:
*Bergholz-Rehbrücke, Berkenbrück, Borgsdorf,
Burow, Dabendorf, Friesack, Jühnsdorf*
Grabfunde:
Berlin-Schmöckwitz, Kolberg bei Wolzig
Knochen- und Geweihgegenstände
*Berlin-Biesdorf, Fernewerder bei Ketzin, Klein-
machnow, Krampnitz, Pritzerbe, Strodehne,
Wagenitz*

Jungsteinzeit (Neolithikum)
etwa 4500–1700 v.u.Z.
Bandkeramik:
Siedlung: *Booßen, Flemsdorf, Jüterbog*
Trichterbecherkulturen:
Körpergräber: *Angermünde, Alt-Töplitz,
Brandenburg, Brandenburg-Plaue, Butzow,
Deetz, Dreetz, Päwesin, Potsdam-Bornim,
Wartin*
Körpergrab: *Gollwitz*
Siedlung: *Göttin, Satzkorn, Schmergow, Schulzen-
dorf*
Großsteingrab: *Schönermark*
Totenkultplätze: *Buchow-Karpzow*

Kugelamphoren-Kultur:
Körpergräber: *Alt-Töplitz, Brandenburg, Buschow,
Burgwall, Butzow, Deetz, Groß Ziethen, Ketzin,
Klein Rietz, Mützlitz, Potsdam, Potsdam-Babels-
berg, Potsdam-Bornim, Schmiedeberg, Schwedt,
Wartin*
Körpergrab: *Bölkendorf, Gielsdorf, Jahnsfelde*
Siedlung: *Altfriesack, Trebus*

Einzelgrabkultur:
Körpergräber: *Brüsenhagen*
Brandgrab: *Kötzlin*

Schnurkeramik:
Körpergrab: *Damsdorf*

Schönfelder Kultur:
Siedlung: *Brandenburg*

Oderschnurkeramik:
Körpergräber: *Hohenlandin, Liepe, Lunow*
Hügelgräber: *Schönermark*

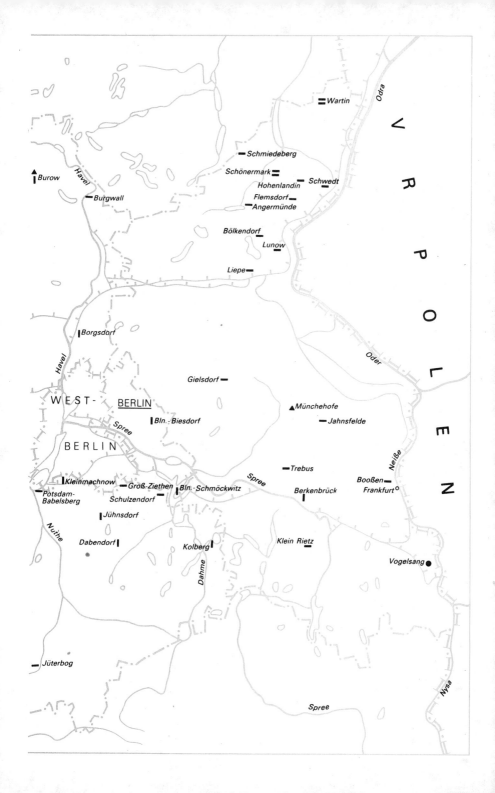

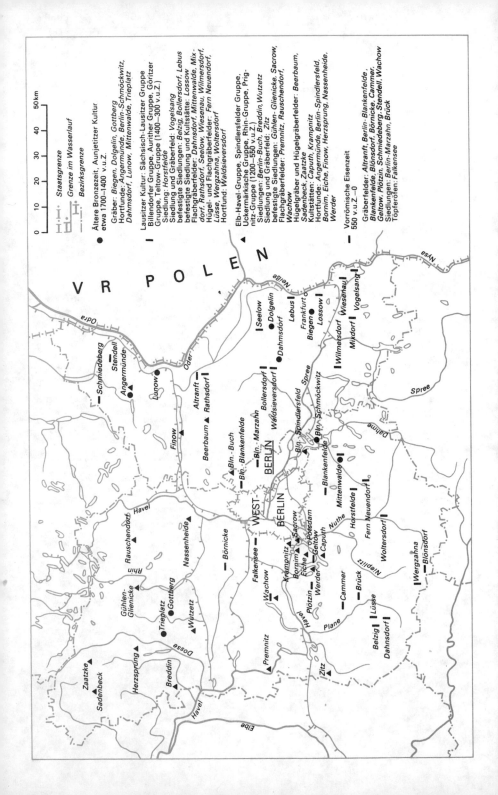

bäuerliche Einwanderer mit neolithischer Kultur und mit der Verbreitung der neuen Wirtschaftsweise in der Region. Dieser Prozeß vollzog sich jedoch nicht in einem Zuge, sondern in mehreren Etappen über mehr als tausend Jahre. Noch vor 4 000 v. u. Z. siedelten sich Bandkeramiker auf Böden höchster Güte in Randgebieten des Territoriums an, und zwar auf dem Fläming (*Jüterbog) und in der Uckermark. In den übrigen Gebieten muß mit dem Fortleben von Jägergruppen gerechnet werden. Die Herkunft der Bandkeramiker läßt sich aus den mittelelbischen bzw. polnischen Lößgebieten erschließen. Erst im 3. Jahrtausend setzte sich die neolithische Wirtschaft und Kultur – wie in anderen Tieflandsräumen – in der Region durch, offensichtlich im Zusammenhang mit der erreichten Fähigkeit, Böden minderer Güte und mit dichter Waldbestockung urbar zu machen und zu nutzen. Die Besiedlung durch die Träger der Trichterbecherkultur konzentrierte sich aber bis zur Mitte des 3. Jahrtausends dennoch nur auf wenige, bessere Böden aufweisende Räume, wie das Havelland (*Buchow-Karpzow, *Potsdam) und die Luchlandschaften, den Teltow und die Uckermark. Die eindrucksvollen, in Mecklenburg und der Altmark so zahlreichen Großsteingräber der Trichterbecherkultur sind in der Region nur noch mit einem Objekt (*Mürow) vertreten. Die offenbar ökonomisch variableren und auch bei ungünstigen Bodenverhältnissen existenzfähigen, z. T. auch stärker Viehzucht betreibenden mittel- und jungneolithischen Stämme der Kugelamphorenkultur, der Schnurkeramik, der Oderschnurkeramik und der Einzelgrabkultur haben in der 2. Hälfte des 3. Jahrtausends schließlich neben den vorher besetzten Landschaften größere Teile der Region besiedelt. Die neolithischen Feldbauern und Viehzüchter errichteten ihre weilerartigen, aus Holzbauten bestehenden Siedlungen meist in Gewässernähe. Ihre Toten bestatteten sie in einzeln liegenden oder kleine Friedhöfe bildenden Gräbern.

Die ab 1 700 v. u. Z. einsetzende Bronzezeit begann mit nur wenigen Besiedlungszeugnissen der – vor allem im Mittelelbe-Saale-Gebiet und in Sachsen verbreiteten – frühbronzezeitlichen Aunjetitzer Kultur im Havelland, im Teltow und entlang der Oder bis zur Uckermark. Dazu kommen aber in breiter Streuung zahlreiche Bronzegegenstände aus Hort- und Einzelfunden. Von der Mittelbronzezeit an (etwa ab 1 400 v. u. Z.) wird in der Region eine kulturelle Zweiteilung deutlich: Das Gebiet des Bezirkes Potsdam nördlich der Havel einschließlich des Berliner Raumes gehörte zum sog. Nordischen Kreis der Bronzezeit, der übrige Raum zum Verbreitungsgebiet der südlich und östlich orientierten Lausitzer Kultur. Charakteristisch wurden Leichenverbrennung und Urnenbestattung. Die Besiedlung verdichtete sich in der jüngeren Bronzezeit ganz erheblich. Neben vielen kleinen Siedlungen (*Bollersdorf) wurden wie in der Niederlausitz und in Sachsen einige größere, mit Holz-Erde-Mauern befestigte Burgen errichtet (*Potsdam-Sacrow, *Frankfurt-Lossow, *Lebus), die z. T. bis in die frühe Eisenzeit fortbestanden. Die befestigten Anlagen waren Hauptorte von Siedlungsgebieten, Zentren des Wirtschaftslebens und – in der frühen Eisenzeit – auch des Kults (*Frankfurt-Lossow). Der Burgenbau zeugt von häufigen Auseinandersetzungen zwischen den Stämmen in der mit der Bronzezeit beginnenden Periode der Zersetzung der urgesellschaftlichen Verhältnisse. Aus der jüngeren Bronzezeit stammen hervorragende Schatz- und Einzelfunde von Importgegenständen aus Bronze und Edelmetall (*Nassenheide, *Eiche-Golm, *Eberswalde-Finow).

In der um 700 v. u. Z. beginnenden Eisenzeit bildete im Osten der Region die Göritzer Gruppe (bis etwa 4. Jh. v. u. Z) die jüngste Entwicklung der Lausitzer Kultur, während die gleichfalls endlausitzische Billendorfer Gruppe in den Südteil des Bezirks Potsdam nur in ihrer älteren Phase (etwa 700–500 v. u. Z.) hineinreichte. Mit Ausnahme des Odergebietes gehörte dann die Region im 6./5. Jh. v. u. Z. zum Entstehungsraum der frühgermanischen Jastorf-Kultur, deren Entwicklung sich bis an das Ende des 1. Jh. v. u. Z. verfolgen läßt. Die Besiedlung ist fast nur durch zahlreiche Urnengräberfelder belegt. Die Jastorf-Kultur dehnte sich in den letzten Jahrhunderten v. u. Z. auch in den Oderbezirk aus.

Für die ersten Jahrhunderte u. Z. läßt sich die archäologisch bezeugte Besiedlung der Römischen Kaiserzeit erstmals mit schriftlich überlieferten Namen germanischer Stämme verbinden: Im erweiterten Havelland einschließlich des Berliner Raumes (*Kablow, *Klein Köris, *Caputh, *Kemnitz, *Wittstock) siedelten die

Bronze- und eisenzeitliche Fundstellen
(D.-W. Buck/G. Gustavs)

15

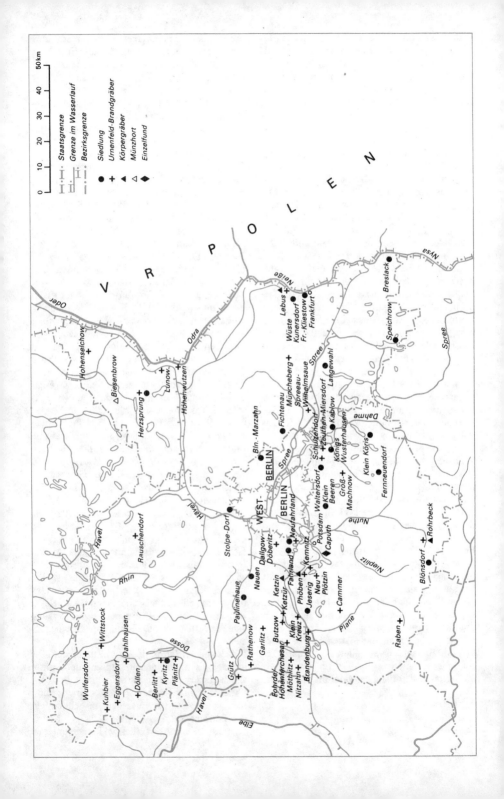

Semnonen, die »ältesten und edelsten der Sweben« (Tacitus), also der elbgermanischen Stammesgruppe, während entlang der Oder die Burgunden saßen, die kulturelle Beziehungen nach Osten unterhielten (*Frankfurt, *Müncheberg). Beide Siedlungsräume waren durch einen 30 bis 50 km breiten Grenzstreifen voneinander getrennt. Beginnend im 3./4. Jh. und dann besonders in der Völkerwanderungszeit (5./6. Jh.) verringerte sich die Zahl der archäologischen Fundstätten stetig, zweifellos im Zusammenhang mit Bevölkerungsabzügen in Verbindung mit den germanischen Einfällen in das Römische Imperium. Im 6. Jh. existierte nur noch eine germanische Restgruppe an der Havel und um Berlin. Sie stand höchstwahrscheinlich unter der Oberhoheit des Thüringer Reiches und verschwand nach dessen Untergang (531) schließlich ebenfalls, so daß für das 7. Jh. in der Region keine germanische Bevölkerung mehr nachweisbar ist.

Am Ende des 6. Jh. und im 7. Jh. nahmen slawische Bevölkerungsgruppen von der Region friedlich Besitz. Sie kamen teils von Süden entlang der Elbe, teils von Südosten über das Odergebiet. Im 8./9. Jh. wurden die Siedlungsgebiete ausgebaut, und im 9./10. Jh. werden in deutschen Quellen für die Region folgende Stämme genannt: die Heveller oder Stodorane als bedeutendster Stamm im erweiterten Havelland (*Brandenburg), östlich von ihnen die Sprewane (*Mittenwalde), im Havelmündungsraum die Nielitizi, an der Dosse die Dossane (*Wittstock), am mittleren Rhin und an den Ruppiner Seen die Zamzizi (*Alt Ruppin, *Altfriesack), am Oberlauf von Plane und Nieplitz die Ploni (*Belzig), im oberen Havel-Finow-Gebiet die Recane (*Zehdenick), in der Uckermark die Ukrane (*Schwedt) und im Odertal südlich von Frankfurt die Selpoli (*Wiesenau). Alle Siedlungsgebiete weisen für die gesamte slawische Siedlungsperiode bis zum 12. Jh. zahlreiche archäologische Fundstätten auf. Zwischen ihnen befanden sich weitgehend fundfreie Zonen, offenbar Grenzwälder zwischen den Stämmen.

Die Stammesgebiete (Gaue) gliederten sich entsprechend den naturräumlichen Voraussetzungen in Siedlungskammern, in denen im 8. bis 10. Jh. jeweils wenigstens eine mit Holz-Erde-Mauer befestigte Burg und mehrere zuge-

Fundstellen der Römischen Kaiserzeit und Völkerwanderungszeit (H. Geisler)

hörige Siedlungen lagen (*Brandenburg, *Bukkau, *Riewend, *Milow, *Rathenow, *Alt Ruppin, *Altfriesack, *Wildberg, *Potsdam, *Potsdam-Sacrow, Köpenick, *Passow, *Frankfurt-Lossow, *Reitwein, *Stolpe, *Waldsieversdorf, *Falkenhagen, *Wiesenau). Die Burgen waren zunächst teils Volksburgen, wie die großen Anlagen von Frankfurt-Lossow (*), Lebus (*), Potsdam-Sacrow (*), Reitwein (*) und Waldsieversdorf (*), teils kleinere Fluchtburgen, die die umwohnende Bevölkerung bei Gefahr aufnahmen. Sie bildeten zugleich politische, wirtschaftliche und z. T. auch kultische Zentren. Mit dem fortschreitenden sozialen Differenzierungsprozeß bei den Slawen wurde eine Reihe von Burgen wie Köpenick Sitz des Stammesfürsten (*Brandenburg) oder von Adligen, die von hier aus ihre politische und ökonomische Macht auszudehnen bemüht waren. Ackerbau, Viehzucht und handwerkliche Produktion waren bei den Slawen bekannt. Die Gebrauchsgüterproduktion wurde teilweise von handwerklichen Spezialisten betrieben, so in der Metall-, Holz- sowie Knochen- und Geweihverarbeitung (*Wiesenau).

Seit dem Ende des 8. Jh. wurde der ostelbische slawische Siedlungsraum zum Expansionsziel des Fränkischen Reiches. Inwieweit dies die Region betraf, ist noch unklar, doch dürfte der fränkische Kriegszug gegen die wilzischen Kernstämme Ostmecklenburgs im Jahre 789 wenigstens den Nordteil der Region berührt haben. Die feudale deutsche Ostexpansion des 10. Jh., die sich zwischen Ostsee und Erzgebirge bis zur Oder erstreckte, richtete sich gleich am Anfang gegen die Heveller-Fürstenburg, die »Brennaburg« (*Brandenburg), die im Winterfeldzug Heinrichs I. 928/929 erobert wurde. Erst 940 waren Heveller und andere Slawenstämme unterworfen. Zur Sicherung der deutschen Herrschaft durch Christianisierung der Slawen wurden 948 die Bistümer Havelberg und Brandenburg (*) begründet und 968 dem neugegründeten Erzbistum Magdeburg unterstellt. Die Region ging in die »Nordmark« ein, über die ein Markgraf gebot und in der zahlreiche »Burgwardien« entstanden. Als deren befestigte Mittelpunkte sind vor 983 außer Brandenburg noch Buckau (*), Pritzerbe (*), Putlitz (*), Wittstock (*) und Ziesar (*) bezeugt.

Der anhaltende Widerstand der Slawen gegen Tribute und Feudalabgaben gipfelte im großen Slawenaufstand von 983, der die gesamte Nordmark erfaßte und der deutschen Herr-

17

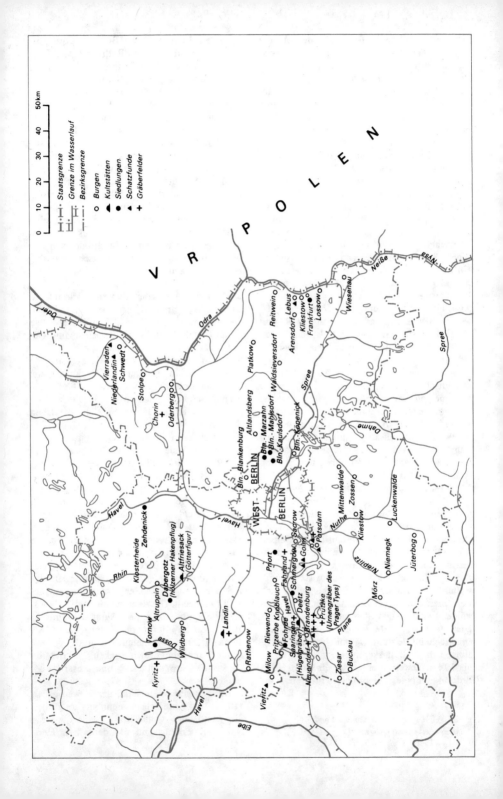

schaft erst einmal ein Ende setzte. Wiedereroberungsversuche unter Otto III. scheiterten in den 90er Jahren des 10. Jh. Mit ihnen traten aber einige weitere Orte der Region in die schriftliche Überlieferung ein. Lokalisierbar sind »Poztupimi« (*Potsdam), »Geliti« (*Geltow) und bedingt ein Burgward »Belizi« (*Belzig, *Beelitz).

Auch der erstarkende polnische Feudalstaat suchte die Slawenstämme zwischen Oder und Elbe zu unterwerfen: In Lebus (*), am Ende des 10. Jh. erstmals erobert, entstand eine polnische Kastellanei; zeitweise reichte der polnische Einfluß wahrscheinlich bis Köpenick.

In den 150 Jahren nach dem Slawenaufstand schritt bei den Slawenstämmen unserer Region der Feudalisierungsprozeß gleichfalls voran. Fürsten und Adel verstärkten ihre Machtpositionen, auch durch Paktieren mit dem deutschen und polnischen Feudaladel. Die bäuerliche Bevölkerung geriet zunehmend in Abhängigkeit. Obwohl die slawischen Kulte wiederhergestellt waren, nahmen führende Vertreter der Oberschicht mit ihrer Annäherung an deutsche Feudale das Christentum an, so der ab 1127 herrschende Hevellerfürst Pribislaw-Heinrich und dessen Frau Petrissa. Zuvor hatte das Hevellerland womöglich unter der Oberhoheit der Obodriten mit einem bereits christianisierten Herrscherhaus gestanden.

Die gewerbliche Produktion der Slawen konzentrierte sich an den befestigten Sitzen der Großen eines Stammes, die damit und als Marktorte vorstädtischen Charakter annahmen (*Brandenburg, *Alt Ruppin, *Schwedt). Die wichtige Fernhandelsstraße Magdeburg–Poznań führte über Brandenburg und Lebus quer durch die Region (*Falkenhagen). Ausdruck der verstärkten Warenzirkulation war die Prägung von Silbermünzen durch die letzten slawischen Fürsten der Region, Pribislaw sowie Jaxa von Köpenick, um 1150. In den Siedlungsgebieten der Stämme erfolgte ein Landesausbau durch Rodung und Neuanlage von Siedlungen.

Erst im 2. Viertel des 12. Jh., als sich mit der beginnenden feudalen Territorienbildung und der Entstehung eines zahlreichen Ministerialenstandes neue Motive abzeichneten, nahm der Druck der benachbarten Feudalstaaten auf die slawischen Gebiete zwischen Elbe und

Slawische Zeit (K. Grebe)

Oder wieder zu. Anscheinend versuchten anfangs nichtfürstliche Adelsgeschlechter, durch Okkupation Grundlagen für eigene Landesherrschaften zu schaffen, so u. a. die Edlen Gans (*Putlitz) und die v. Plotho (*Wusterhausen, *Kyritz) in der Prignitz – möglicherweise im Gefolge des sog. Wendenkreuzzuges von 1147 –, die Arnsteiner im Raum Ruppin (*Goldbeck) und die v. Jabilinze im Fläming (*Belzig). Auch die Herrschaften Zossen (*), Teupitz (*), Storkow (*) und Beeskow (*) könnten ursprünglich selbständig gewesen sein.

Nach 1150 dominierte dann aber die fürstliche Expansion der Askanier, Wettiner, des Erzbistums Magdeburg, der schlesischen Piasten und der pommerschen Greifenherzöge, die bis um 1250 fast alle kleineren Herrschaften – mit Ausnahme derjenigen der Arnsteiner – überlagerte.

1134 war der Askanier Albrecht der Bär Markgraf der Nordmark geworden. Er erreichte zunächst im Fürstentum der Heveller – vielleicht, weil er von diesem den Wendenkreuzzug fernhielt – die Herrschaftsnachfolge (*Brandenburg). Schon um 1130 hatte Albrecht seinem Sohn Otto einen als »tota Zucha« bezeichneten Teil dieses Fürstentums, wahrscheinlich den zwischen Havel und Lehniner Sander gelegenen Nordwesten der heutigen Zauche, als Patengeschenk aus der Hand Pribislaws gesichert. Dieser starb 1150, doch Albrecht mußte vorerst bis 1157 inneren heidnischen Widerstand und Erbansprüche der slawischen Nachbarfürsten in Köpenick überwinden. Mit Änderung seines Titels in »Markgraf von Brandenburg« demonstrierte er, daß das bisherige hevellische Fürstentum Kern eines neuen Territorialstaates werden sollte. Nun aber versuchte das deutsche Königtum seine alten Rechte in Brandenburg zu wahren und setzte hier einen Burggrafen aus dem Geschlecht der v. Jabilinze (*Belzig) ein. Doch die Nachfolger Albrechts beseitigten wohl noch vor 1240 das Burggrafenamt, dessen Inhaber außerdem im Belziger Gebiet den askanischen Herzögen v. Sachsen-Wittenberg als Lehen überlassen mußten.

Wahrscheinlich schon in der 2. Hälfte des 12. Jh. dehnten die markgräflichen Askanier ihre Herrschaft nach Osten, in den nordwestlichen Teltow (*Teltow), und nach Nordosten, in den westlichen Barnim (*Birkenwerder, *Biesenthal), aus. Dagegen stieß – vielleicht gleichzeitig – das Erzbistum Magdeburg, das zwischen 1152 und 1160 unter Erzbischof

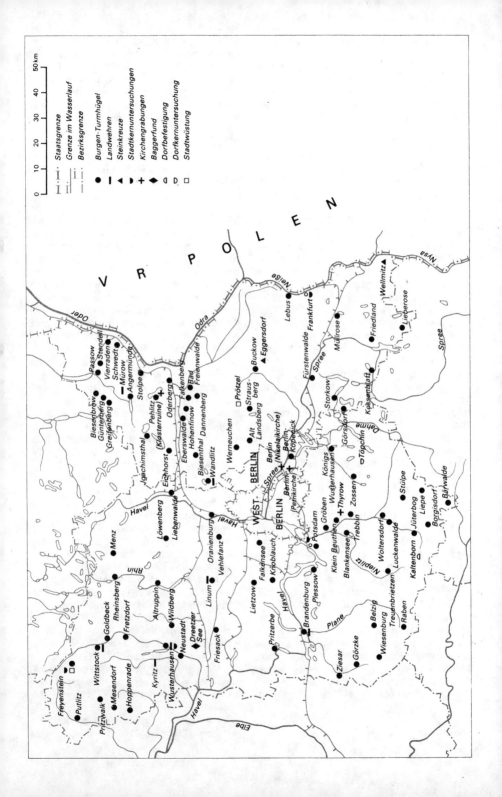

Wichmann den Jüterboger (*) Raum okkupiert hatte, von hier aus auf den westlichen Teltow (*Saarmund) und den mittleren Barnim (*Hekkelberg) vor. Früh scheint auch der Raum zwischen oberem Rhin und oberer Havel (*Zehdenick) askanisch geworden zu sein. Östlich der vermutlichen Magdeburger Expansion eroberten die Wettiner als Markgrafen der Lausitz bis um 1200 den östlichen Teltow (*Mittenwalde) und brachten die Herrschaften Zossen und Teupitz in ihre Lehnsfolge. Kurz darauf stießen sie wahrscheinlich auf den östlichen Barnim vor (*Strausberg) und an dessen Nordgrenze – wie wohl auch das Erzstift Magdeburg und weiter westlich die Askanier – auf die Pommernherzöge, die schon die slawischen Stämme westlich der Oder zwischen Finow-Niederung und Ostsee unterworfen hatten. Außerdem versuchten die schlesischen Piasten von Lebus (*) aus nach Westen zu expandieren.

Der Raum zwischen Havel, Spree und Oder wurde daher um 1200 und in der 1. Hälfte des 13. Jh. zum Zentrum vielfältiger Auseinandersetzungen deutscher und slawischer Fürsten, deren Expansionsziele sich hier überschnitten. Doch in der Mitte des 13. Jh. hatten die märkischen Askanier fast alle Konkurrenten verdrängt. Viele damit zusammenhängende Fragen liegen im Dunkel und sind umstritten. Am bekanntesten wurden die 1240/45 dauernden Kämpfe zwischen Askaniern und Wettinern, in denen die letzteren ihre Barnim- und Teltowbesitzungen verloren (*Rehfelde). Auch ist überliefert, daß 1250 die Pommern den nördlich der Welse gelegenen, größeren Teil der späteren Uckermark an die Askanier abtraten (*Hohenlandin). Umgekehrt fiel das Land Stargard (*Fürstenberg) – vor 1236 pommersch, danach askanisch (*Kremmen) – Ende 13. Jh. an die Mecklenburger Fürsten, die auch Teile der nördlichen Prignitz, darunter die Lietze (*Zechlin), einnahmen.

Den Bistümern Havelberg und Brandenburg (*Ziesar) war es unter dem Druck der Askanier gar nicht erst gelungen, die sonst übliche reichsunmittelbare, fürstliche Stellung voll und ganz zu erreichen, wenngleich die Havelberger Bischöfe sich in der Prignitz (*Wittstock) ein kleines Territorium frei von Lehnsbindungen sichern konnten. Aber andererseits mußte z. B. der Bischof von Brandenburg

1237/38 im Vertrag zu Merseburg sogar anerkennen, daß die Zehnten in bald einem Viertel seiner Diözese – den sog. Neuen Landen, zu denen hauptsächlich der Barnim gehörte – den Askaniern zukamen.

In der 2. Hälfte des 13. und zu Beginn des 14. Jh. bauten die märkischen Askanier ihren Territorialstaat noch weiter aus. In der Ostzauche schränkten sie vor 1290 den Herrschaftsbereich des Erzbistums Magdeburg ein (*Treuenbrietzen), dem sie damals auch den 1250 zugebilligten, gemeinsam den Piasten abgerungenen Anteil am Land Lebus nahmen. Schließlich fiel den Askaniern gleich nach 1300 aus wettinischer Hand die Niederlausitz zu; bei ihrem Aussterben 1319/20 gehörten ihnen fast die gesamte hier zu besprechende Region. Der äußerste Westen (*Wusterwitz) und der Südwesten (*Jüterbog) waren stiftsmagdeburgisch bzw. gehörten den herzoglichen Askaniern v. Sachsen-Wittenberg (*Belzig, *Niemegk). Die arnsteinische Grafschaft Lindow-Ruppin näherte sich dem Höhepunkt ihrer Macht. Ebenfalls im Norden (*Zechlin, *Fürstenberg) bestanden Herrschaftsanteile der Fürsten von Mecklenburg fort.

Die Expansion war mit einer durchgreifenden Siedlungspolitik verbunden, die gerade im ostelbischen Raum als Mittel möglichst flächenhafter Herrschaftsbildung eingesetzt wurde. Die frühesten Zeugnisse fassen wir im Westen (*Wusterwitz) und auf dem Fläming (*Jüterbog). Sie zeigen vornehmlich die Tätigkeit Erzbischof Wichmanns von Magdeburg (1152/54–1192) an, der sich anscheinend auch bemühte, Teile des Teltows und des Barnims zu besiedeln.

Die anderen großen und die kleineren weltlichen Feudalgewalten begannen wohl gleichfalls in der 2. Hälfte des 12. Jh. mit der Aufsiedlung der okkupierten Räume (*Mittenwalde). Dieser frühe Landesausbau vollzog sich im Anschluß an die schon slawisch besiedelten Bereiche und wurde offenbar von deutschen und von slawischen Bauern getragen. Typisch sind zwar planvolle, jedoch kleine Dörfer (Zeilen, Sackgassen, hufeisenförmige Dörfer), die noch keine ausgereiften Gewannfluren besaßen. Nicht selten sind diese Siedlungen schon im 13. Jh. wieder wüst geworden (*Lehnin).

Mit dem 13. Jh. begann eine zweite Ausbauphase, die vor allem Grundmoränenböden erfaßte. Entsprechend dem sozialökonomischen Entwicklungsstand und den gewachsenen bäu-

Frühdeutsche Zeit (Chr. Plate)

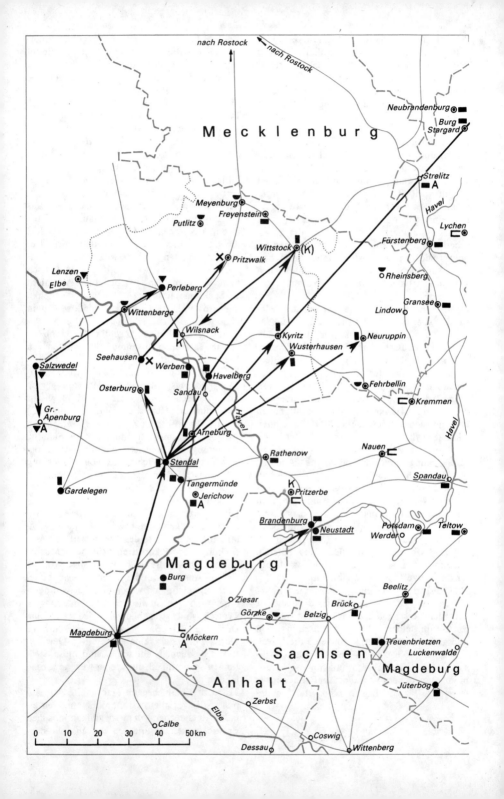

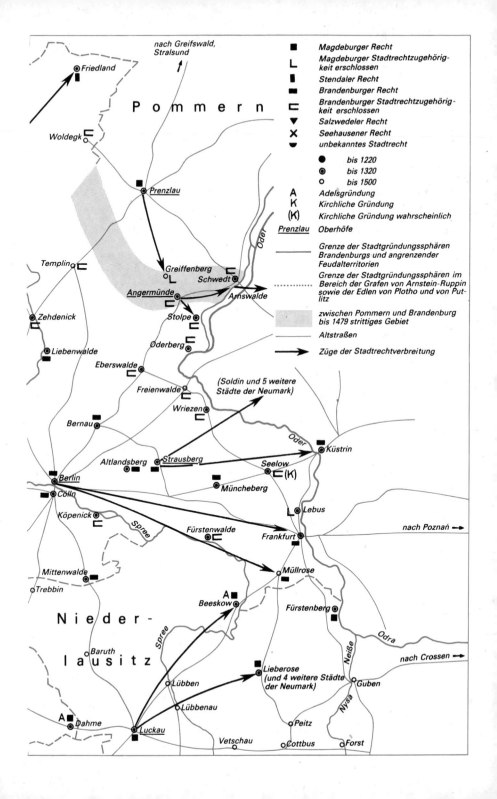

erlichen Erfahrungen wurden jetzt vielfach große Straßen- und Angerdörfer (meist über 50 Hufen, mitunter über 100) mit zwei oder drei Großgewannen angelegt (*Eggersdorf, *Schönfeld). Jene Siedlungs- bzw. Flurformen entsprachen der vorherrschenden Getreideproduktion am besten.

Auf dem Teltow und dem Barnim leiteten die Askanier und die Wettiner die Ansiedlung, wobei offenbar nach Verdrängung der Wettiner aus Ostteltow und -barnim dort eine askanische Nachsiedlung stattfand. Ähnlich rundeten die Askanier das Siedlungsbild des von den Piasten nach 1200 mit Hilfe mehrerer Klöster (*Müncheberg, *Jahnsfelde) bereits kolonisierten Landes Lebus ab. Auch in der Uckermark ergänzten die Askanier nach 1250 den schon von den Pommernherzögen in Gang gesetzten Landesausbau. Dabei blieb die Siedlungsstruktur der Frühkolonisation des 12. Jh. in diesen Landschaften in unterschiedlichem Maße erhalten, besonders in der Prignitz (*Schmolde).

Die Einbeziehung der ländlichen slawischen Bevölkerung in die Verhältnisse eines entfalteten Feudalsystems vollzog sich z. T. als Umsiedlung in deutschrechtlich organisierte Dörfer (*Wildau-Hoherlehme, *Töpchin, *Bukkow). Bei Umlegungen slawischer Dörfer wurde häufig die Dorfform verändert, das Dorf vergrößert (Zusammenlegung mit anderen slawischen Dörfern) und die Gewannverfassung vielleicht unter Aufnahme deutscher Siedler eingeführt. Dabei kam es zwangsläufig zu Ortswüstungen, die dann oft in Flurnamen, die den Ortsnamen mit dem Bestimmungswort »Alt« verbanden oder nur »Altes Dorf« lautete, dokumentiert blieben (*Schöneiche). Z. T. bestanden ursprünglich slawische Siedlungen wenig verändert weiter. Sie erscheinen in späteren Quellen nicht selten als villae slavicales (*Ketzin, *Liepe). In der südlichen Uckermark gab es zwischen Stolpe und Schwedt eine Häufung von im 14. Jh. genannten villae slavicales, die alle Hufenverfassung hatten. Dörfer mit dem Bestimmungswort »Wendisch-« weisen meist auf deutsche Niederlassungen in der Nähe, die den Ortsnamen der vorgefundenen Nachbarsiedlung übernahmen und sich durch den Zusatz »Deutsch-« von dieser abhoben. In mehreren Ausnahmefällen sind aber Dörfer dieser Art kein Beleg für urspr. slawische Sied-

lungen. Auch deutsche Ortsnamen lassen nur partiell auf deutsche Bevölkerung schließen, weil Ortsnamenübertragung möglich war.

Gleiches gilt für die Kossäten, kleinere Landbesitzer mit Erbrecht an ihrem Hof, die nur außerhalb des Hufenschlages Anteil an der Feldmark hatten und rechtlich schlechtergestellt erscheinen. Diese mit einem urspr. niederländischen Wort bezeichnete Institution gab es bereits außerhalb des Raumes der deutschen Feudalexpansion. In den Kossäten der Mark sind keineswegs generell Slawen oder deren Nachfahren zu vermuten (*Fünfeichen), am ehesten noch bei sehr späten Umsetzungen.

In adligen Kleinherrschaften, die kein größeres Siedlungswerk zu leiten vermochten, blieb der Anteil des slawischen Ethnos über Jahrhunderte erhalten, so in der »Wendischen Seite« der Herrschaft Zossen (*), in den Herrschaften Beeskow (*), Storkow (*) und Teupitz (*).

Auch Abgabenverhältnisse können die Fortdauer einer slawischen Bevölkerung widerspiegeln bzw. vermuten lassen, so 1375 nach dem Landbuch Kaiser Karls IV. (*Kliestow, *Danewitz).

Erste nichtagrarisch-frühstädtische Siedlungsansätze, die an den Verlauf alter Fernhandelswege gebunden waren, konnten bald nach 1150 bei den alten Herrschaftssitz Brandenburg (*), auch in Wittstock (*) und mit der Siedlung Damm (*Jüterbog) entstehen, vielleicht um 1170 im Raum des Berliner Spreepasses. Solche Zentren des Austausches und der Gewerbeproduktion territorialpolitisch zu nutzen, sie als Orte eines gesonderten Rechts zu fördern wurde bald Anliegen der herrschaftsbildenden Dynasten. In welchem Maße sie dabei u. U. planmäßig verfuhren, zeigt am besten das Vorgehen Erzbischof Wichmanns im Jüterboger (*) Land.

Im engeren Raum Brandenburg (*) wurden gleich zwei Städte privilegiert, die ältere aus wahrscheinlich burggräflicher, die jüngere aus markgräflicher Hand. Berlin und Cölln, 1244 bzw. 1237 ersterwähnt und als Städte zu der Zeit wohl schon weit gediehen, konnten eine territorialpolitisch zunächst noch ungeklärte Situation an einer wichtigen Stelle des Neusiedellandes nutzen. Frankfurts (*) zwei Gründungsprivilegien von 1253 – rare Dokumente in der Region – weisen mit dem Nikolaipatrozinium der älteren Vorsiedlung auf deren kaufmännischen Charakter hin. Auch hier überschnitten sich feudalterritoriale Interes-

Altstraßen, Stadtgründungen und Rechtszüge (nach »Historischer Handatlas von Brandenburg und Berlin«)

24

senlinien: Die schlesischen Piasten (*Lebus, *Fürstenwalde) begünstigten die Ausgangssiedlung und die Askanier die nachfolgende Planstadt.

In relativ gesicherter Zentrallage wuchsen u. a. das arnsteinische Neuruppin (*), das stiftsmagdeburgische Jüterbog (*), Beeskow (*) in der gleichnamigen Herrschaft der Ritter v. Strehle, die markgräflichen Städte Strausberg (*) und Nauen (*) in eine Marktfunktion für ihr Umfeld hinein, wogegen z. B. Kyritz (*) und Wusterhausen (*), ursprünglich als Zentren der kleinen Landesherrschaft der Edlen v. Plotho gedacht, zu Städten in Randgebieten anderer Herrschaften wurden. Diese Prignitzstädte, nach Stendaler, nicht nach Brandenburger Recht organisiert, wiesen, als Burgorte entstanden, anfangs nur eine geringe Feldmark auf, ähnlich den meisten anderen frühen Städten (*Potsdam, *Jüterbog, *Brandenburg-Neustadt). In der Zeit des Aufblühens des Städtewesens während der Regierung der Markgrafen Johann I. und Otto III. (1225–1266/67, zahlreiche Neugründungen bzw. Erweiterungen, *Frankfurt) wurden dann große Feldmarkausstattungen üblich.

Eine abgehobene Rechtssituation der Slawen in den Städten wird vor allem angesichts der Kietze deutlich. Über 40 Kietze gab es in der Region, am gehäuftesten bei den beiden Brandenburg (*) und bei Rathenow (*); bevorzugtes Verbreitungsgebiet ist der märkisch-askanische Herrschaftsbereich, slawenzeitliche Wurzeln dieser Dienstsiedlungen, die die Nähe eines deutschen Herrschaftssitzes (*Potsdam) und Wassernähe voraussetzten, sind vermutbar. Die »Kietzer« lebten nach Burgrecht und trieben meist Fischerei. In die Stadtwerdungsprozesse selbst waren die Kietze trotz enger Nachbarschaft kaum oder nicht einbezogen. Ihre Einwohner genossen auch kein Bürgerrecht.

Die dem Aufbau von Landesherrschaften dienende Siedlungspolitik und die ideologische Absicherung feudaler Machtausübung waren ohne den Einsatz kirchlicher Orden nicht möglich. Begehrt wurden besonders die Zisterzienser, in deren Ordensregel die Aufforderung enthalten war, Ödland zu kultivieren. Schon 1170 hatten sich Wichmann v. Magdeburg (*Kloster Zinna), 1180/83 Markgraf Otto I. (*Lehnin) als Klosterstifter betätigt; nach der Teilung der Mark in eine ottonische und eine johanneische Linie (*Brodowin) kam nach 1258 Mariensee-Chorin (*) als Hauskloster der letztgenannten hinzu. Im Gegensatz zu Zinna gingen von Lehnin einige Tochtergründungen aus (*Himmelpfort). Die Gründung Neuzelles (*) 1268 nahmen die Wettiner vor. Die meist jüngeren Zisterzen für Nonnen entstanden u. a. in Heiligengrabe (*), Zehdenick und Altfriedland (*); die Edlen Gans wollten mit Gründung von Marienfließ (*Stepenitz) ihrem Anspruch als Landesherren noch späten Ausdruck geben; die Arnsteiner gründeten Lindow (*). Nikolaus v. Werle (*Sadenbeck) bezog in der nordöstlichen Prignitz mehrere ferngelegene Zisterzen in seine Territorialpolitik ein, die hier Klosterhöfe gründeten (*Dranse, *Zechlin). Von den schlesischen Piasten erhielten die Zisterzen Trebnitz (Nonnen) und Leubus (Mönche) Besitz westlich der Oder (*Jahnsfelde, *Buckow, *Müncheberg). Während die Nonnenklöster weniger landeskultivatorisch hervortraten, wohl auch, weil nach 1250 die beste Zeit dafür vorbei war, kann als bedeutendste klösterliche Landerschließung die Gründung der zinnaischen Dörfer auf dem Barnim bezeichnet werden (*Rehfelde, *Rüdersdorf). Ältester in der Mark auftretender Orden war freilich der der Prämonstratenser (vor 1150, *Brandenburg, *Oderberg), nach deren Ordensregel die bis 1161 restituierten Brandenburger und Havelberger Domkapitel lebten.

Von den waffentragenden ritterlichen Mönchsorden des Kreuzzugszeitalters hatten die Askanier oder der Erzbischof von Magdeburg um 1200 (evtl. noch eher) die Tempelherren in den mittleren Nordteltow berufen, als Bastion gegen das »wettinische« Köpenick, und die Piasten zogen sie 1244 in die Umgebung von Lietzen (*). Den Templern folgten nach deren Ächtung die Johanniter. Der Deutsche Orden saß ab 1227/29 im Gebiet der askanischen Herzöge von Sachsen-Wittenberg, das anscheinend urspr. den Grafen v. Belzig gehört hatte (*Dahnsdorf).

Mit dem wachsenden Reichtum in den Städten kamen noch vor 1250 auch die Bettelorden in die Mark. Die ältesten Franziskanerklöster sind für Ziesar, Prenzlau, Brandenburg und Berlin bezeugt, weitere noch vor dem Jahrhundertende in Angermünde und Gransee, 1303 in Kyritz (*). Das erste Dominikanerkloster, mit der legendären Gestalt Wichmanns v. Arnstein verbunden, wurde in Neuruppin (*), weitere in Strausberg (*) und in Cölln gegründet. Neben diesem sekundären Ausdruck einer vorangeschrittenen und differenzierten städti-

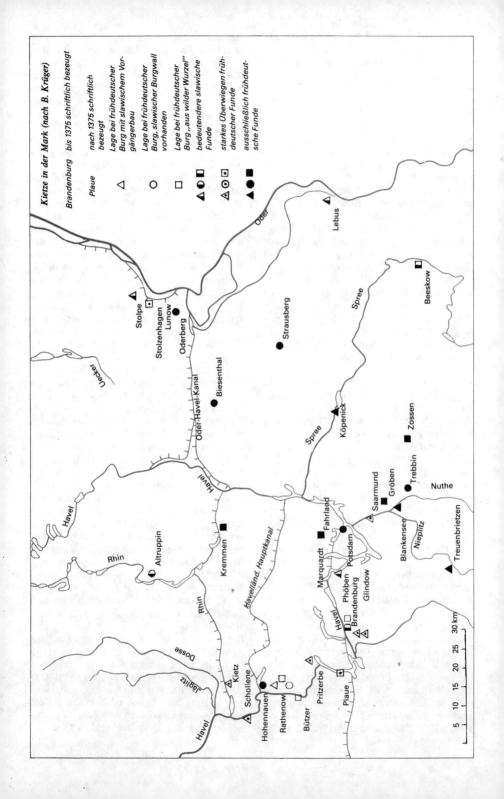

Kietze in der Mark (nach B. Krüger)

Brandenburg	bis 1375 schriftlich bezeugt
Plaue	nach 1375 schriftlich bezeugt

Lage bei frühdeutscher Burg mit slawischem Vorgängerbau

Lage bei frühdeutscher Burg, slawischer Burgwall vorhanden

Lage bei frühdeutscher Burg „aus wilder Wurzel" bedeutendere slawische Funde

starkes Überwiegen frühdeutscher Funde

ausschließlich frühdeutsche Funde

schen Entwicklung sind als deren Primärzeugnisse Quellenbelege für Handelsbeziehungen, wachsenden Organisationsgrad der Gewerbe, Ratsautonomie in Berlin-Cölln, Brandenburg (*), Neuruppin (*), Frankfurt (*), Kyritz (*) und anderen Städten noch aus der Zeit vor 1300 vorhanden. Frühzeitiger Fernhandel verband hansische und märkische Kaufleute (bis zum Niederrhein). Das älteste Zeugnis des Handels mit Korn, dem wichtigsten märkischen Ausfuhrgut (*Chorin, *Wriezen), ist datiert zu 1236. Unter den ältesten Innungsprivilegien rangiert das der Kyritzer (*) Gewandschneider (1235) weit oben. Für die 2. Hälfte des 13. Jh. läßt sich eine Gewandschneidergilde in Frankfurt, Berlin, Brandenburg und anderen Städten erschließen.

Als älteste Inhaber staatlicher Gewalt erscheinen in den Städten Schulzen, deren Befugnisse denen des dörflichen Bereichs glichen, wobei die hohe Gerichtsbarkeit zunächst meist Sache des Vogtes als unmittelbar stadtherrlichem Amtsträger blieb.

Im Laufe des 13. Jh. entstand dann neben dem Schulzen, den Schöffen und dem Vogt der städtische Rat als Selbstverwaltungsorgan der Bürger, besonders ihrer kaufmännischen Oberschicht. Schon 1237 ist der Rat indirekt für Kyritz (*) bezeugt (Übertragung des Rechts der Stadt Stendal, wo schon zu 1215 consules erwähnt sind), nach 1250 direkt für Frankfurt (*) (und damit indirekt für Berlin und Brandenburg). Aus der Zeit vor 1300 sind zahlreiche weitere Belege bekannt.

Es gelang den Städten dieser Region zwar nicht, die landesherrlichen Rechte völlig auszuschalten, doch erwarben sie bis zu Beginn des 14. Jh. im allgemeinen so wichtige Rechte wie die Verfügung über fast alle Abgaben und Leistungen der Bürger (ausgenommen die Steuern, die pauschal vom Rat an den Landesherrn entrichtet wurden), das Steuerbewilligungsrecht, die hohe Gerichtsbarkeit (die nunmehr an den Schulzen und die Schöffen überging, so daß sie die gesamte Gerichtsbarkeit in sich vereinigten, aber ansonsten aus den städtischen Machtpositionen vom Rat verdrängt waren) und das Bündnisrecht, von dem mehrere märkische Städte (*Brandenburg) 1308/09 erstmals Gebrauch machten. Die Schöffen der Städte Brandenburg (*) erhielten darüber hinaus das Recht (1315 zuerst für die Neustadt erwähnt, aber wohl schon im 13. Jh. von beiden Städten ausgeübt), letzte Rechtsweisungsinstanz für die märkischen Städte zu sein. In anderen Städten, so in Rathenow (*) 1295 und in Treuenbrietzen (*) 1319, erreichte die Bürgerschaft, daß die markgräfliche Burg niedergelegt werden mußte.

Nicht nur die Städte, auch die Ritter ließen sich von den Markgrafen für ihre Dienste Rechte übertragen: Bäuerliche Zins- und Zehntabgaben, Gerichtsrechte, ja ganze Dörfer und sogar kleinere Städte gingen in den Besitz der Vasallen und Ministerialen über. Diese Rechtsübertragungen waren vor allem der Preis für die kostspielige askanische Expansionspolitik, die immer wieder zu Geld- und Dienstforderungen der Askanier an Städte und Ritterschaft führte. Die frühe Vogteiverfassung (*Biesenthal) verfiel. Darüber hinaus verlangten die Ritter und das städtische Patriziat Mitsprache bei der Steuererhebung, die bis ins Ende des 13. Jh. willkürlich und immer häufiger vorgenommen wurde. In den Bedeverträgen 1279/82 zwangen sie den Askaniern fest bemessene »ordentliche« Steuern und ihr Zustimmungsrecht bei außerordentlichen Sondersteuern auf. Dabei formierten sich 1280 erstmalig Teile der Ritterschaft als Stand – Vorbote der vom 14. bis 16. Jh. typischen Ständeverfassung der Mark Brandenburg.

Der märkische Territorialstaat geriet im 14. Jh. in eine schwere Krise, die einerseits allgemeinere Ursachen hatte: Verselbständigung des Adels und der Städte, Minderung der staatlichen Einkünfte infolge verheerender Pestepidemien und eines umfassend eintretenden Wüstungsprozesses. Besonders krasse Formen nahm sie aber deshalb an, weil die brandenburgischen Askanier 1319/20 ausstarben und die Mark – von wenigen Jahren unter Karl IV. (1373/78; *Frankfurt, *Eisenhüttenstadt, *Fürstenwalde) abgesehen, der mit seinem berühmten Landbuch von 1375 die Basis für eine straffe Verwaltung legen wollte – zum »Nebenland« der bayrischen Wittelsbacher (1324/73) und der böhmischen Luxemburger (bis 1411) wurde. Zudem bemühten sich die Nachbarfürsten, vor allem die von der Erbfolge ausgeschlossenen anhaltinischen und sächsischen Askanier, aber auch der König von Böhmen, das Erzbistum Magdeburg, die Herzöge von Pommern und die Fürsten von Mecklenburg darum, Randgebiete oder gar die gesamte Mark in ihre Hand zu bekommen. Aus dieser

Folgende Seiten:
Geistliche Stiftungen in der Mark (nach »Historischer Handatlas von Brandenburg und Berlin«)

MECKLENBURG

Schwerin

Ratzeburg

Havelberg

Marienfließ

Dranse

BRAUNSCHWEIG

Pritzwalk
K S

Wittstock
K
E S

Rheinsberg
K

Lenzen
S

Perleberg
K
K S

Heiligengrabe
Z N

Dünamünde
ME

Verden

Beuster
C

Wilsnack
S

Kyritz
K E S

Lindow
Neuruppin
K E S

Arendsee
N
D

Seehausen

Wusterhausen
K S

Salzwedel
A
N F

Krevese
N

Werben
S
T

Havelberg
P K E S

Dambeck
S
B N

Diesdorf
N

Arneburg
B
C

Kremmen
K

Branden

BR.

Stendal
N F F C
D N

Rathenow
K E S

Nauen
E

Neuendorf

Halberstadt

Tangermünde
D C

Jerichow
P

Plaue
F

Altstadt

Brandenburg
Dominsel
P K E
P

Neustadt
D K E

Potsdam
E S

ERZSTIFT   MAGDEBURG

Ziesar
Z N
S

Lehnin
Z

Beelitz
K E S

Halberstadt

Leitzkau
P
K

Belzig
S

Dahnsdorf

Treuenbrietzen
E S

Magdeburg

Zinna
Z

KUR-

Jüterbog
K E S F N Z

ANHALT

SACHSEN

·—·—· brandenburgische Grenze
— — — Diözesangrenze
Verden Diözese

0   10   20   30   40   50 km

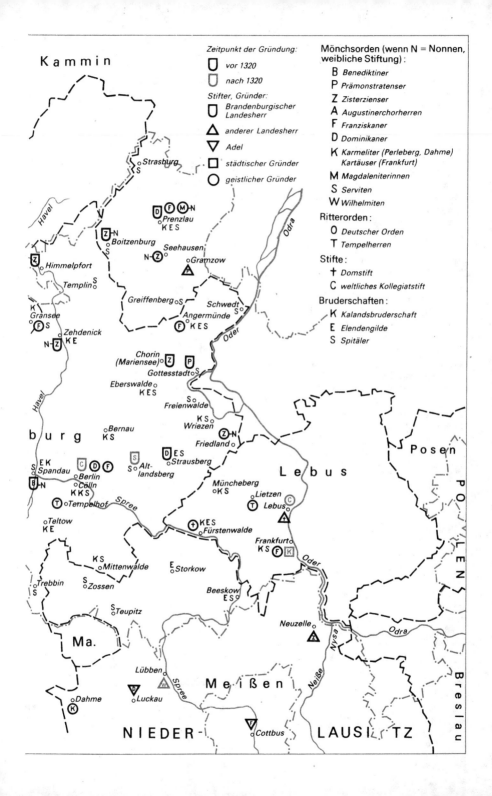

Situation erklärt sich auch die Episode des »falschen Waldemar« (1348/55), mit dessen Hilfe die Wittelsbacher aus der Mark verdrängt werden sollten. Die darüber ausbrechenden Kämpfe sahen die Städte Brandenburg (*) bis zuletzt auf Waldemars Seite, während Frankfurt (*) und Brietzen (*Treuenbrietzen) mit zum Sieg der Wittelsbacher beitrugen. Eine prinzipielle Änderung der markgräflich-kurfürstlichen Stellung – die Mark Brandenburg war 1356 Kurfürstentum geworden – trat aber bis 1373 nicht ein (*Kyritz).

Nach Karls IV. Tod erreichte die feudale Anarchie schließlich ihren Höhepunkt. Der schloßgesessene Adel, 1373 erstmals als besondere Schicht erwähnt, nutzte die Schwäche der fürstlichen Gewalt zu willkürlicher Herrschaft gegenüber Städten, Klöstern und Bauern aus. Das schon sichtbare Zurückbleiben des Reichtums des Hochadels im Vergleich zu dem der städtischen Oberschicht sollte dadurch aufgehalten werden, doch war die Ausbildung eigenständiger hochadliger Herrschaft auch Selbstzweck. Haupt dieser Adelspartei waren die aus der Prignitz stammenden Quitzows, die inzwischen in fast allen Teilen der Mark feste Burgen erworben (*Plaue, *Friesack) oder sich vorübergehend sogar Städte botmäßig gemacht hatten (*Rathenow). Die Quitzows wurden zum Hauptwidersacher Friedrichs v. Hohenzollern, der 1411 zunächst als Verweser, dann als Kurfürst (1415/26) die Mark Brandenburg erhalten hatte. Mit Unterstützung mehrerer Nachbarfürsten und zahlreicher Städte gelang es ihm, die Burgen des aufsässigen Adels zu brechen (*Großbeuthen, *Golzow, *Plaue, *Friesack). Das Ende der Fehden war damit aber noch nicht gekommen, denn nur allmählich konnten die Hohenzollern die Sonderinteressen des Adels zügeln. Der Aufbau eines zentralisierten Staates mit festem Beamtenapparat und besoldetem Heer stand erst am Anfang.

Auch die Städte waren nicht gewillt, sich stärker als bisher fürstlicher Gewalt unterzuordnen. Im 14./15. Jh. erreichten die Städte der Region einen ersten Höhepunkt ihrer wirtschaftlichen Entwicklung. Zugleich setzte eine Agrarkrise ein, die durch eine »Preisschere« zwischen Gewerbe- und Agrarprodukten gekennzeichnet war. Bevölkerungsverluste durch Pestepidemien verschlimmerten die desolate Lage der Landwirtschaft und führten zu einem absoluten Rückgang der Kulturfläche. Dieser spätmittelalterliche Wüstungsprozeß ließ

ganze Dörfer und manche Feldmarken veröden, am stärksten auf Sandflächen oder in höheren Lagen (*Zechlin, *Menz, *Prötzel, *Chorin, *Wiesenburg).

Zahlreiche wohlhabende Bürger märkischer Städte, mit weitem Abstande solche aus Berlin-Cölln, aber auch aus kleineren Städten wie Beelitz (*) und Bernau, gingen dazu über, sich in adlige Rechte, Hebungen und Liegenschaften in Dörfern vor allem des Teltows und Barnims einzukaufen. Dort hatte dieses Lehnbürgertum im 14./15. Jh. beträchtliche Besitzanteile inne, brachte den im 12./13. Jh. während der Expansion entstandenen ausschließlichen Bodenbesitz der Feudalklasse aus deren Sicht vielleicht in Gefahr. Die Zurückdrängung des Lehnbürgertums dürfte ein wichtiges Anliegen Kurfürst Friedrichs II. gewesen sein, als er nach dem »Berliner Unwillen« (1447/48) die Führer des patrizischen Rates hart strafte und ihren Lehnsbesitz in Prozessen beschlagnahmte. Auch die Schoßregister von 1450 und 1481 zeigen eine gewisse Stagnation lehnbürgerlichen Besitzes. Aber auch Ritterhufen wechselten ihre Besitzer, Adelshöfe verschwanden und entstanden neu (*Mahlow, *Stolpe-Dorf).

Städtische Unlust, gegen die Hussiten zu ziehen (*Strausberg, *Bernau, *Frankfurt), hatte schon auf dem Landtag von 1428 Konflikte signalisiert. Friedrich II. statuierte dann mit Berlin ein Beispiel zukünftiger kurfürstlicher Politik gegenüber den Städten. Er und seine Nachfolger setzten die unbedingte Prärogative des fürstlichen Territorialstaates vor dem Stadtbürgertum durch. Denn die stadtherrlich-städtischen Auseinandersetzungen, die nach dem Berliner Vorgang nicht aufhörten (*Wittstock), sondern weiterhin vor allem der Ratsautonomie galten, führten schließlich zu einer Beschränkung der städtischen Rechte. Seither erlangte der Landesherr in allen märkischen Städten, weitaus am spätesten in Brandenburg (1619), das Recht, den (nach wie vor aus einem meist geschlossenen Kreis »ratsfähiger« Familien) gewählten Rat zu bestätigen. Ausschlaggebend hierfür war u. a., daß innerhalb des Stadtbürgertums tiefe soziale und politische Gegensätze zwischen Ratsoligarchie einerseits und einer Bürgeropposition andererseits aufgebrochen waren, die der Kurfürst zur Festigung seiner landesherrlichen Gewalt ausnutzen konnte. Seit dem 14. Jh. fochten vor allem die wichtigen Zünfte der Bäcker, Fleischer, Schuh- und Tuchmacher, vielerorts

nachmals »Viergewerke« genannt, Kämpfe um eine Ratsbeteiligung, die Kontrolle der Ratsfinanzen und Selbstbestimmung der Zünfte aus. Das älteste Zeugnis solcher Kämpfe in der Prignitz stammt aus Pritzwalk (1335); auch aus Wittstock (1373) und Neuruppin (1382) gibt es recht frühe Belege. Als ein gleichsam »basisdemokratisches« Element erscheint 1379 in Pritzwalk, danach auch in anderen Städten die »Bursprake«, eine allgemeine Bürgerversammlung mit allerdings schwankendem Einspruchsrecht. Vor 1450 spitzten sich die Gegensätze zwischen Rat und Zünften in Berlin und Frankfurt (*) zu, und Jüterbog (*) wie Brandenburg (*)-Neustadt sahen vor 1473 bzw. vor 1490 in einem beschränkten Umfang erfolgreiche Zunftkämpfe: Hier wurde vorübergehend dem Rat ein vornehmlich von den Zünften getragener Bürgerausschuß beigeordnet, dort einmalig die Ratswahl durch die Bürger zugestanden, jedoch mit anschließender Selbstergänzung und einer dreijährigen Rotation der regierenden Ratsdrittel. Das oligarchische Prinzip, die Ratsfähigkeit einem geschlossenen und engen Kreis von Familien vorzubehalten, blieb im wesentlichen erhalten. So mußten sich innerstädtische Kämpfe auch in der Neuzeit wiederholen (*Strausberg, *Kyritz, *Brandenburg-Altstadt). Die Bevölkerungszahl der Städte erreichte im 15. Jh. für lange Zeit eine obere Grenze. Die Folge war, daß die Zünfte ihre Meisterstellen nicht mehr oder kaum noch erweiterten. Die Zünfte schlossen sich ab und verwehrten vielen Gesellen, die nicht in die Meisterfamilien einheiraten konnten, den sozialen Aufstieg. Diesem Zweck dienten auch die »Wendenparagraphen«, die Slawen aus den frühen Zünften fernhalten sollten (*Beeskow).
Einen weithin anderen Verlauf nahm die städtische Entwicklung in jenen Städten, die entweder seit ihrer Entstehung unter der Herrschaft eines landesherrlichen Vasallen standen (*Greiffenberg) oder später unter eine solche gerieten (*Freyenstein, *Bad Freienwalde, *Buckow, *Biesenthal, *Müllrose). Ihr Rechtsstatus war nur im Ansatz städtisch, ihre Bürger genossen weniger Freiheiten und blieben, anders als in vollausgebildeten städtischen Organismen, grundherrlichen Forderungen ausgesetzt. Solche Minder- oder (im Rechtssinne) Mediatstädte, in den Quellen oft als »stedeken« ausgewiesen, hatten nur ökonomisch als Nahmärkte und Gewerbestandorte für ein enges Umfeld Bedeutung, wenn sie nicht, wie

Wildberg (*), Blumberg (*) oder Niederfinow (*), auch diesbezüglich verfielen.
In einer besonderen Lage befanden sich die Juden, deren Anwesenheit in der Mark ungefähr ab Mitte des 13. Jh. vermutet werden kann. Frühe Zeugnisse dieser religiös geächteten Minderheit finden sich u. a. in Frankfurt (*), Pritzwalk (*), Neuruppin (*), womit in diesen Städten ein reger Geldhandel zu vermuten ist, da den Juden, seit 1231/32 unter den Schutz des jeweiligen Landesherrn gestellt, kaum andere Tätigkeiten erlaubt waren. Die latente Rechtsunsicherheit, unter der die Juden lebten, schlug in Zeiten sich zuspitzender gesellschaftlicher Konflikte wiederholt in Verfolgung und Landesverweis um. Deren Höhepunkt wurde vorerst mit dem Berliner Prozeß von 1510 (*Knoblauch, *Bernau) erreicht, der die Geschichte des Judentums in der Mark für gut anderthalb Jahrhunderte auf Episoden reduzierte.
Als erster namentlich genannter Baumeister tritt um 1270 ein magister operum Konradus in Lehnin (*) uns entgegen. Der Nettelgraben bei Chorin (*) hat als das einzige technische Denkmal des Mittelalters in der Mark die Zeiten überdauert. Unter den Dokumenten der baugebundenen darstellenden Kunst ragen die »Zinnaer Fresken« (*) und der »Totentanz« in der Berliner Marienkirche noch heraus. Der Rossower (*) Schnitz-, vormals wohl Havelberger Hochaltar und das Werk Claus Bergs (*Wittstock) sind Höhepunkte plastischer Kunst vor dem Einsetzen der Reformation. Zweifelhafter denn je erscheint allerdings die märkische Herkunft des berühmten, seit dem 19. Jh. in Berlin aufbewahrten Zehdenicker Altartuches.
Spätmittelalterliche Chronisten und Historiker von Rang, die in ihrer fehdendurchtobten Zeit die Partei des Friedens nahmen, waren Matthias Döring (*Kyritz) und Engelbert Wusterwitz, Stadtschreiber in Brandenburg-Neustadt. Humanistischer Bildungseifer führte u. a. Pritzwalker Bürgersöhne weit über die Region hinaus an die alteuropäischen Stapelplätze theologischen, juristischen, medizinischen Wissens, an die Universitäten Padua, Paris u. a., vor 1500 vor allem nach Rostock.
Nach der Dispositio Achillea (1473), die den

Folgende Seiten:
Territorialentwicklung des brandenburgischen
Kurfürstentums von 1319 bis 1539 (nach »Historischer
Handatlas von Brandenburg und Berlin«)

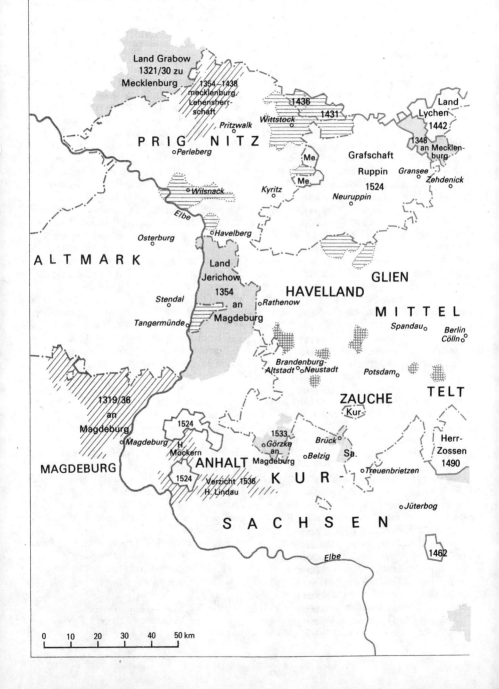

MECKLENBURG

Land Grabow
1321/30 zu
Mecklenburg

1354–1438
mecklenburg.
Lehensherr-
schaft

1436

1431

Land
Lychen
1442

Pritzwalk

Wittstock

PRIG NITZ

Perleberg

1348
an Mecklen-
burg

Me.

Grafschaft
Ruppin
1524

Gransee

Zehdenick

Me.

Kyritz

Neuruppin

Wilsnack

Elbe

Osterburg

Havelberg

ALTMARK

Land
Jerichow
1354

GLIEN

HAVELLAND

Stendal

an

MITTEL

Rathenow

Magdeburg

Spandau

Berlin
Cölln

Tangermünde

Brandenburg-
Altstadt Neustadt

Potsdam

TELT

1319/36

ZAUCHE

an

Kur-

Magdeburg

1524

1533
Görzke
an
Magdeburg

Brück

Herr-
Zossen
1490

Magdeburg

H.
Möckern

ANHALT

Belzig

Sa.

MAGDEBURG

1524

Verzicht 1536
H. Lindau

KUR-

Treuenbrietzen

Jüterbog

SACHSEN

Elbe

1462

0   10   20   30   40   50 km

Pasewalk
1472

Prenzlau
1472

UCKERMARK

Templin

1479

Land 1446/47
1427 Angermünde
Stolpe

Eberswalde

NEUMARK

BARNIM
Bernau

MARK Strausberg

Wriezen Oder

Köpenick

OW Fürstenwalde Frankfurt

Herrschaften

Herr- Beeskow Oder
schaft schaft und
Teupitz Storkow Beeskow
1462 1508 1575

NIEDER-
Lübben 1356 an
Böhmen
Luckau

LAUSITZ

Cottbus
Cottbus
1462

Neiße

Besitz der fränkischen Hohenzollern in drei Territorien teilte, darunter die fortan unteilbare Kurmark, residierte Johann Cicero (1486/99 als Kurfürst) ständig in der Mark. Die Ausbildung Kurbrandenburgs als Territorialstaat machte nicht allein durch den Zugewinn der Herrschaften Teupitz (*) und Zossen (*) Fortschritte, sondern suchte mit Auflage des »Biergeldes« auf dem Berliner Landtag (1488) eine weitere finanzielle, mit dem planvollen Aufbau einer eigenen Landesuniversität (*Frankfurt) als Ausbildungsstätte einer humanistisch-juristisch geschulten Beamtenschaft auch institutionelle Konsolidierung. Derart wirkten auch die Städteordnung (1515) und das Kammergericht (1516). Die dann 1506 gegründete Viadrina zog zwei Drittel der jährlich zum Studium gehenden Söhne der Mark an, darüber hinaus Studenten meist aus Ländern östlich der Oder (*Frankfurt).

Die vielerlei gesellschaftlichen Widersprüche, die sich nach 1500 u. a. in der zunehmenden Verschuldung von Angehörigen verschiedener Gesellschaftsgruppen äußerten, mündeten auch in der Mark in reformatorische Bestrebungen, massiv herausgefordert durch Tetzels schwunghaften Ablaßhandel (*Jüterbog), von dem ein Hohenzoller und Bruder des regierenden Kurfürsten Joachim I. (1499–1535), Kardinal Albrecht, am meisten profitieren sollte. Anders als Kursachsen, das Luther Protektion gewährte (*Brück), stand in Kurbrandenburg bis zum Tode Joachims I. der neuen Lehre von einer »wohlfeilen Kirche« feindlich gegenüber und verfolgte ihre Anhänger, die sich vor allem in den Städten (*Brandenburg) schon ab 1521 regten. Dort wie im stiftsmagdeburgischen Jüterbog (*) – wie Frankfurt einmal Aufenthaltsort Thomas Müntzers – scheiterten Versuche der Räte, evangelische Prediger anzustellen, an den geistlichen Inhabern der Kirchenpatronate. Die Universität Frankfurt (*) war vom Kurfürsten zu einem Gegen-Wittenberg ausersehen. Doch auch in der Feudalklasse regten sich Befürworter der Reformation (*Blossin), darunter selbst die deshalb 1528 nach Kursachsen flüchtende Kurfürstin. Ehrliches Glaubensbekenntnis schloß nicht aus, daß als Haupttriebkraft die Aussicht auf Säkularisationsgewinne wirkte.

Erst 1539 nahm Kurfürst Joachim II. (1535/71) unter dem Drängen Teltower (*) Adliger das Abendmahl gemäß der reformatorischen Lehre. Nur Brandenburg (*) hatte bis dahin eine »evangelische Freiheit« zugestanden bekommen. Auch nach 1539 stand die Reformation in Kurbrandenburg unter dem ausnehmend territorialstaatlich gerichteten Interesse des Kurfürsten, der die Besitzverschiebungen zum Vehikel seiner Geldnöte machte (*Heiligengrabe). Die allmähliche Übernahme der geistlichen Besitztümer durch die wachsende kurfürstliche Zentralbürokratie wurde zwischen 1540 (Erlaß der Kirchenordnung) und 1571 (Ende des Lebuser, überwiegend katholischen Domkapitels; Eingliederung des Havelberger Bistumsbesitzes in das Dominium) im wesentlichen abgeschlossen. Die städtischen Räte überließen die Schicksale der Bettelordensklöster als letzte altkirchliche Bastionen dem leiblichen Verfall ihrer Insassen (*Brandenburg, *Jüterbog), geistliche Stiftungen kamen in die Ratsverfügung, z. T. zum Nutzen des Schulwesens, der Witwen- und Waisenfürsorge.

Eine für die gesamte Adelsklasse neue und günstige Situation ergab sich etwa seit der Jahrhundertmitte, und zwar infolge des Fortgangs der bürgerlichen Aufwärtsentwicklung in den westeuropäischen Ländern. Die dortigen Gewerbelandschaften bildeten einen großen Markt für Agrarprodukte, der ohne Import nicht gesättigt werden konnte. Eine auch vom südamerikanischen Silberstrom beeinflußte Preisrevolution hob Agrarprodukte in ihrem Marktwert beträchtlich an. Die Erweiterung der Getreideflächen und Ausdehnung des »junkerlichen« Eigenbetriebs standen für den märkischen Adel auf der Tagesordnung, dessen Vertreter in dem nunmehr stabileren Gefüge des Territorialstaates nach letzten Ausläufern des Fehdewesens unter Joachim I. sich zu »Wirtschaftsmenschen« wandelten. Die Mark Brandenburg war eines der Getreideexportgebiete, in denen die Entwicklung zur Gutswirtschaft drängte. Beispielhaft die Neuaufsiedlung spätmittelalterlicher Wüstungen etwa durch die Brandt v. Lindau (*Wiesenburg). Den steigenden Bedarf der Vorwerke an Diensten bekamen z. B. die v. Bredowschen Bauern um Friesack (*) schmerzhaft zu spüren und wehrten sich dort und anderswo entschieden gegen im »Herkommen« nicht verwurzelte Dienstauflagen (*Freyenstein, *Müllrose, *Gusow). Adliger Ausverkauf von Bauernhufen trat hinzu, griff hier wie in Prötzel (*) um sich, erfaßte in Kleinmachnow (*), Genshagen (*) schon bis 1620 fast das ganze Bauernland, in Garzau (*) z. B. auch das Lehnschulzengut;

war nicht allein im beeskowischen Ragow (*) mit sinkender Bevölkerungszahl verknüpft und mit Zunahme unterbäuerlicher Schichten. Die Schafhaltung wurde vom Adel der exportträchtigen Wolle wegen als »uraltes Gerechtsam« reklamiert (*Krangen, *Reichenow), was der Landesherr 1590 mit dem Wolledikt guthieß. Die dauerhafte Agrarkonjunktur verringerte die Reibungsflächen innerhalb der Feudalklasse. Der Unterschied zwischen schloßgesessenem Herren- sowie »einfachem« ritterschaftlichem Adel verlor an Bedeutung, der Kreis des ersteren erweiterte sich auf Familien, die vordem keine landesherrliche Burg innehatten. Der Adel baute selbst Schlösser, zunächst vom Typ des Festen Hauses (*Bagow, *Königs Wusterhausen, *Demerthin).

Politisch prägte sich der Territorialstaat dualistisch, d. h. als Fürsten- und Ständestaat, aus. Nachdem die Landstände unter Joachim II. die immensen landesherrlichen Schulden übernommen hatten, begründeten sie zu deren Tilgung das Kreditwerk, über das sie die gesamte Steuerpolitik dirigierten. Von den vier Landtagskurien bestand nach der Reformation die der Prälaten nur mehr aus den Domstiften und Heiligengrabe (*), die Herrenkurie nach dem Aussterben der arnsteinischen Grafen v. Ruppin (1524) nur mehr aus den Edlen Gans, indes die Inhaber der Herrschaft Teupitz (*) durch Oberlehnsherrschaft im Verband der Lausitz verblieben, schließlich Beeskow (*) und Storkow (*) 1575 in kurfürstlichen Erbbesitz kamen. Das Votum des Adels bestritt quasi allein die Ritterkurie, die auch das Votum der Städte majorisierte, die ab 1542 zwei Drittel des Landessteueraufkommens aufbringen mußten.

Die Agrarkonjunktur und die Veränderungen der handelsgeographischen Großverkehrslage verschlechterten die Situation der märkischen Städte. Frankfurt versuchte die Stettiner Sperre zur Ostsee (1571) mit einer Oder-Havel-Verbindung (*Kersdorf) wettzumachen, vermochte immerhin, seine traditionellen Lokalmärkte zu west-östlichen Großstapelplätzen (seit Ende 17. Jh. dann Messen) auszubauen. Versuche, Brandenburg (*) als Handelsplatz gegen Magdeburg zu stärken, schlugen nicht durch. Als Gewerbestandort entwickelte sich Berlin kräftiger als Brandenburg (*) und Frankfurt – 130 Zunftzusammenschlüsse im Zeitraum 1550 bis 1618 bezeugen das eindrucksvoll; hieran hat der Bedarf der Dauerresidenz und der Beamtenschaft der neuen Zentralbehörden wohl einen Anteil gehabt. Hingegen behinderte die Hofabhängigkeit der Berliner Kaufmannschaft deren Kapitalakkumulation erheblich. Die meisten anderen märkischen Städte, so auch die der Prignitz, verloren ihre Fernhandelsanschlüsse, wenn sie sich solche nicht, wie Bernau (*) mit seiner Bierbrauerei, neu zu schaffen vermochten. Aber auch im Brauwesen machten die Gutswirtschaften den Städten wenigstens hinsichtlich der Nahmärkte einige Konkurrenz, die die kurfürstliche Brauordnung von 1558 legalisierte (*Beeskow). Heftig umstritten war der Kornhandel. Die adligen Getreideproduzenten versuchten, ihn in eigener Regie direkt mit den Hamburger und anderen Aufkäufern abzuwickeln, was die Rolle der städtischen Kornmärkte schmälerte (*Rathenow). Mit vom Adel bekämpften Kornzöllen suchte auch der Landesherr seinen Part einzubringen.

In der märkischen Feudalgesellschaft war um 1600 die Position der Städte schwächer geworden. Seinen Ausdruck fand dies z. B. darin, daß 1619 auch Brandenburg (*), häufig Landtagsort und »erste Stimme« der Städte, noch von Joachim I. 1512 mit dem Titel »Chur- und Hauptstadt« versehen, seine Ratswahl der landesherrlichen Konfirmation unterstellen mußte und die alte Zollfreiheit verlor.

Dem entsprach durchaus, daß sich die Räte auf altem städtischem Grundbesitz (*Giesensdorf) gutsherrlich gebärdeten. Wenn um 1600 einige Städte bei denen v. Zieten (*Wustrau) Geld liehen, so weist andererseits deren Konkurs (1626) doch darauf, daß der Einzelfall mitunter weitab vom historischen Trend liegen konnte. Die Besitzgeschichten der Güter kannten sowohl jahrhundertelange Besitzkontinuität (*Bredow, *Golzow, *Kleinmachnow, *Großbeeren, *Garz, *Prötzel) als auch geringe Seßhaftigkeit und häufige Wechsel der Familien (*Hohennauen).

Die gewerblichen Innovationen der Zeit um 1600 gingen weniger von dem in der Zirkulationssphäre gebundenen städtischen Kaufmannskapital aus als bezeichnenderweise von landesherrlichen Initiativen Joachim Friedrichs (1598–1608), zumal in der Eisenverarbeitung (*Eberswalde-Finow). Daneben traten projektemachende Außenseiter auf, wie der Unternehmergelehrte Leonhard Thurneyßer, der in Grimnitz (*Joachimsthal) die märkische Glasproduktion begründete.

Mit dem Geraer Hausvertrag (1599) wurde im Einvernehmen mit den fränkischen Linien für

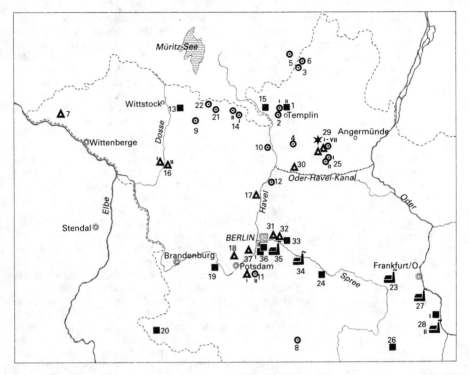

Erste brandenburgische Glashütte
Ende 16. Jh.: Grimnitz I

Gründungen im 17. Jh., überwiegend kurfürstliche
Waldglashütten

Gründungen im 18. Jh., in der 1. Hälfte
meist königliche, in der 2. Hälfte überwiegend
private Wald- oder Gutsglashütten

Gründungen 1800/65, private Unternehmen mit Fabrik-
charakter

Gründungen nach 1865, private
industriemäßige Produktionsstätten

– – – – – Grenze des Landes Brandenburg

**Glashüttengründungen in der Kurmark und späterer
Provinz Brandenburg (G. Friese)**

1 *Alt Placht, privat (heute Ot. von Densow,
 Kr. Templin)*
  I Konzession 1764, Anlage nicht belegbar
  II 1845/69
2 *Annenwalde, 1755–1865, kgl. bis 1835, danach
 privat (Kr. Templin)*
3 *Boisterfelde, vor 1772 bis etwa 1790, privat (heute
 Ot. von Funkenhagen, Kr. Templin)*
4 *Dölln (Dellen), 1728/29–1744, kgl. (heute Groß
 Dölln, Kr. Templin)*
5 *Krumbeck, 1794 bis nach 1802, privat
 (Kr. Neustrelitz)*
6 *Parmen (Paaren), 1753 bis nach 1765, privat
 (Kr. Prenzlau)*
7 *Berkholz (Bergholz, Birkholz), 1692 bis ?, privat
 (heute zu Lanz, Kr. Ludwigslust)*
8 *Baruth, 1716–1980, privat, nach 1945 VEB (heute
 Klasdorf, Ot. Glashütte)*

9 *Basdorf, 1751/90, privat (Kr. Neuruppin)*
10 *Burgwall, 1790/92–1797, privat (Kr. Gransee)*
11 *Drewitz (heute zu Potsdam)*
  I 1674/88, kurfürstlich
  II um 1736, privat
12 *Friedrichsthal, 1790–1842, privat (heute
 Sachsenhausen-Glashütte, Ot. von Oranienburg)*
13 *Gadow, 1806 bis nach 1910, privat (Kr. Wittstock)*
14 *Globsow, privat (Kr. Gransee)*
  I 1752/79 (heute Altglobsow)
  II 1779–1900 (heute Neuglobsow)
15 *Himmelpfort: Pian, 1821/85, privat (heute
 Feriensiedlung, Kr. Gransee)*
16 *Neustadt/Dosse, privat*
  I 1662/64 bis nach 1694
  II 1688–1840
17 *Pinnow, etwa 1688–1705, kurfürstlich, ab 1701
 kgl. (heute Ot. von Borgsdorf, Kr. Oranienburg)*
18 *Potsdam: Hakendamm, 1679–1736,
 kurfürstlich/kgl. (heute Potsdam-Babelsberg)*

19 *Werder, 1.Hälfte 19.Jh., privat*
20 *Wiesenburg, etwa 1830/43, privat (heute
Jeserigerhütten, Ot. Glashütte, Kr. Belzig)*
21 *Zechlin: Weiße Hütte, 1737–1890, kgl. bis 1823,
danach privat (heute Zechlinerhütte, Kr. Neuruppin)*
22 *Zechlin: Grüne Hütte, 1741/99, kgl. (heute
Feriensiedlung)*
23 *Briesen, 1888 bis nach 1920, privat
(Kr. Fürstenwalde)*
24 *Burig, 1865 bis vor 1891, privat (heute Ot. von Neu
Zittau, Kr. Fürstenwalde)*
25 *Chorin, kgl.
I 1706/46 (heute Senftenhütte)
II 1747/72 (heute Ot. Amt Chorin)*
26 *Elisabethhütte bei Lieberose, 1854 bis nach 1910,
privat*
27 *Finkenheerd, 1872 bis nach 1915, privat (heute
Brieskow-Finkenheerd, Kr. Eisenhüttenstadt)*
28 *Fürstenberg (heute Eisenhüttenstadt)
I 1864–1953, privat, nach 1945 VEB
II 1922/32, privat*
29 *Grimnitz, kurfürstlich/kgl. (Kr. Eberswalde-Finow)
I 1575/84 (heute Joachimsthal, Ot. Altgrimnitz)
II 1601/02–1604 (heute Joachimsthal)
III 1603/04–1607 (heute Joachimsthal)
IV 1655–1674/75 (heute Althüttendorf)
V 1682–1721 (heute Althüttendorf)
VI 1721/45 (heute Neugrimnitz)
VII 1745/92 (heute Neugrimnitz)*
30 *Zerpenschleuse, 1687–1725, kurfürstlich/kgl.
(Kr. Bernau)*
31 *Berlin: Schloß, Hofapotheke, 1602 bis nach 1605,
kurfürstlich*
32 *Berlin: Palladas Glashütte, 1696/98, kurfürstlich*
33 *Boxhagen, 1863 bis vor 1891, privat (heute zu
Berlin)*
34 *Köpenick-Marienhain: Marienhütte, 1869 bis nach
1930, privat (heute zu Berlin)*
35 *Stralau, 1890 bis heute, privat, nach 1945 VEB
(heute zu Berlin)*
36 *Charlottenburg, heute Berlin (West)
I Albertinenhütte, 1864 bis nach 1910, privat
II Boeck & Kersten, 1864 bis nach 1910, privat*
37 *Pfaueninsel, 1685/88, privat, heute Berlin (West)*

Kurbrandenburg die Primogenitur und die Un-
teilbarkeit festgelegt. Zur weiteren inneren
Konsolidierung des Kurstaates wurden das
Gymnasium zum Grauen Kloster in Berlin
(1574) und die Fürstenschule Joachimsthal (*;
1607) als Ausbildungsstätten für künftige Beamten gegründet, zur äußeren Ausdehnung
hohenzollernsche Anwartschaften auf andere
Feudalterritorien durch dynastische Verbindung angebahnt: so die Erbverbrüderungen
mit den Pommernherzögen (1529) und den
Liegnitzer Piastenlinien (1537) und die beim
König von Polen erreichte Mitbelehnung der
Kurlinie mit dem Herzogtum Preußen (1569),

das seit 1525 fränkische Hohenzollern innehatten. Von diesen konnte vorerst nur die
letztgenannte aktualisiert werden; Kurprinz
Johann Sigismund wurde mit der Erbin des
Herzogtums vermählt, die zugleich die Anwartschaft auf das niederrheinische Herzogtum Jülich einbrachte. Von diesem kamen
1614 aber nur Mark und Ravensberg, 1618
hingegen die gesamte, den Kurstaat flächen-
mäßig verdoppelnde preußische Erbmasse ein,
wenngleich als polnisches Lehen.
Die absehbare reichspolitisch-diplomatische
Aktivitätsverpflichtung hatte 1604 zur Abson-
derung des Geheimen Rates als einer neuen
Oberbehörde geführt, in deren schon kollegia-
lischen Beratungen die Entscheidungen über
reichspolitische Materien fallen sollten. In den
Sog der Institutionalisierung kam auch die
landesherrliche Ausübung des Jagdregals
(*Groß Schönebeck).
Trotz des Übertritts Kurfürst Johann Sigis-
munds (1608/19) zum Reformiertentum
(1613), der aufgrund heftiger lutherisch-land-
ständischer Opposition statt zu einer »zweiten
Reformation« zum vielleicht ersten deutschen
Toleranzedikt führte, setzte Kurbrandenburg
keinen antihabsburgischen Aktivismus pfälzi-
scher Prägung frei. Der kurfürstliche Nachfolger Georg Wilhelm (1619/40) lieh sein Ohr
dem Grafen Schwarzenberg, einem Vertreter
des »reichstreuen« Quietismus. Auf geistigem
Gebiet aber gedieh dank unionistischer Toleranz die Frühaufklärung an der Viadrina
(*Frankfurt), die sich für cartesianisches Bil-
dungsgut und jüdische Studien aufgeschlossen
erwies.
Die in der ersten Phase des Dreißigjährigen
Krieges ganz und gar siegreiche kaiserlich-ligi-
stische Seite bezog die Mark gleichwohl in ihr
politisch-militärisches Operationsfeld ein. Der
kriegs- und pestverursachte Bevölkerungsrück-
gang wurde in der Altstadt Brandenburg (*) schon 1625 schmerzhaft. Noch beträchtliche Zeit nach der Landung schwedi-
scher Truppen in Pommern (1630) suchte
Kurbrandenburg dem von König Gustav Adolf
geforderten Bündnis auszuweichen, um von
diesem schon 1635 im Prager Frieden mit dem
Kaiser wieder zurückzutreten. Der jämmerli-
che Zustand eigener Defensionskräfte machte
die Mark zu den von der Kriegsfurie mit am
schwersten heimgesuchten Gebieten Deutschlands. In den Schlachten von Wittstock (*) und
Pflügkuff (1636 bzw. 1644) siegreich, trugen
Schwedens Söldnergeneräle und marodierende

Soldateska zur Ausplünderung bei, der nur hier und da die Selbstbewaffnung des Landvolkes wehren konnte (*Barenthin). In ihr erkannten aber einheimische Feudale bald mehr als nur Notwehr gegen den Krieg und erreichten nach 1648 das kurfürstliche Verbot solcher »Zusammenrottungen«.

Die Bilanz war für manche Landesteile wie die Prignitz verheerend (*Meyenburg), für andere, so das Havelland, mit etwa 30 Prozent Bevölkerungsverlust schlimm genug. Überall gab es einzelne Ortschaften, die der 1652 Umritt haltende Landreiter »ganz wüst« antraf (*Steinhöfel, *Prötzel, *Strausberg, *Groß Ziethen, *Kleinmachnow).

Dabei reihte der von vielen literarischen Zeitgenossen, so auch von dem erzlutherischen Liederdichter Paul Gerhardt (*Mittenwalde), besungene Westfälische Friedensschluß Kurbrandenburg territorialpolitisch durchaus unter die Kriegsgewinner ein. Zwar konnte die 1637 fällige Erbnachfolge in Pommern durch schwedischen Machtspruch nur in dem hafenlosen Hinterpommern angetreten werden. Aber die Anwartschaft auf das Herzogtum Magdeburg (1680 fällig) und der Erwerb u. a. des Stiftslandes Halberstadt bedeuteten für die Stärkung des Kurstaates viel.

Mit dem neuen Kurfürsten Friedrich Wilhelm (1640/88) begann die Geschichte des Absolutismus in Brandenburg. Erster der damit unvermeidlichen Konflikte innerhalb der Feudalklasse bildete die mit dem Aufbau eines stehenden Heeres (ab 1644) verknüpfte Steuerfrage, die der Kurfürst auf »niederländische« Weise mit der Auflage einer Akzise zu lösen versuchte. Hingegen wollten die Landstände ihre alte finanzpolitische Prärogative nicht ohne weiteres aufgeben. Schließlich kam auf dem Landtag von Brandenburg (*) 1653 jener historische Rezeß zustande, der dem Kurfürsten die Bewilligung einer alle Bauern erfassenden Steuer, der Kontribution, zugunsten des Heeresaufbaus (zunächst auf sieben Jahre) brachte und dem kurmärkischen Adel die Bestätigung aller bisher expansiv erreichten gutsherrlichen Rechte in all den Orten, wo sie bereits Gewohnheitsrecht geworden waren. Hierzu gehörte die als »zweite Leibeigenschaft« apostrophierte, enge, durch Patrimonialgerichtsbarkeit noch gefestigte Bindung der Dienstpflichtigen an das Gut und auch die prinzipiell ausgesprochene adlige Freiheit vom Kornzoll.

Die Kriegsauswirkungen begünstigten z. T. ein weiteres Ausgreifen der Feudalausbeutung auf den schon während der Agrarkonjunktur des 16. Jh. gewiesenen Wegen. Die Vielzahl wüstliegender Bauernstellen erlaubte (oder erzwang) eine mitunter beträchtliche Vergrößerung des Gutslandes (*Schlalach). Gern wurden Vorwerke auf ehemaligem Bauernland errichtet, auf dem Fläming in ganz neuer waldwirtschaftlicher Betriebsweise (*Reetzer Hütten). Wenn wieder Bauern angesetzt wurden, dann, örtlich verschieden, zu schlechterem Recht (*Gersdorf, *Wiesenburg). Dessen extreme Ausbildung, das lassitische oder Laßrecht, das die bloße, widerrufbare Nutzung des Bodens gestattete und keine Eigentumsqualität besaß, war offenbar seit dem 16. Jh. besonders in der Uckermark in steigender Verbreitung. Ähnlich ließ auch der Abt von Neuzelle (*) ab 1660 Bauernstellen zu Bedingungen neu ausgeben, die Wellmitzer Bauern zu Klagen vor die (hier seit 1657 zuständigen) Zentralbehörden des Herzogtums Sachsen-Merseburg trieben. Förmliches Bauernlegen ist vor allem für die Adelsdörfer der Beeskow-Storkower (*) Lande bezeugt, in letzterem verfünffachte sich die Zahl der Hausleute und Büdner bis um 1750. Allgemeiner anzutreffen war die Dienstmehrbelastung der Bauern (*Lebus, *Badingen) – eine Folge des Teilbetriebscharakters der Gutswirtschaft, die ohne die Fronen nur im Ausnahmefall auskam (*Seelow, *Buckow). Für Bauernland, das die Herrschaft sich zugelegt hatte, versuchte diese, die Rechtsqualität steuerfreien Ritterlandes zu erhalten, wogegen der Landesherr es »kontribuabel« zu halten wünschte (*Heinersdorf). Hierin, auch in der Aufkaufpolitik Friedrich Wilhelms, die dieser zur Stärkung des Domaniums z. B. auf den Südostteltow, den sog. Ämterkreis, richtete, schließlich angesichts der adligen Überbelastung der Bauern, die aus zentraler Sicht als Steuerzahler und nun auch als Rekruten verfügbar bleiben sollten, zeigten sich Grenzen des Grundkonsensus von 1653. Dessen beträchtliche Tragfähigkeit bestand in dem auch außer-ökonomischen, allerdings sehr partiellen Machtverzicht des Monarchen, der dem ständisch-adligen Eigenleben auf der Kreis- und der lokalen Ebene neu zu erstarken erlaubte. Statt der (bis 1786 kassierten) Landtage fanden in den »Kreisen«, aus der alten vogteilichen Landesgliederung herrührenden Territorialeinheiten, Adelsversammlungen als Kreistage statt, die alle »inneren« Fragen selbständig berieten (*Kleinmachnow, *Beeskow). Das

1702 erstmals so bezeichnete Landratsamt, nach 1626 aus dem Ursprung landesherrlicher und an kriegsbedingte Anlässe gebundener »commissio« erwachsen, wurde stets mit einem Vertreter des kreisständischen Adels besetzt. Gemischt staatlich-ständisch agierte ab 1675 die Kurmärkische Landschaft als Nachfolgerin des Kreditwerks.

In den Städten gelang es ab 1682 nach Widerständen vor allem der Ratsoligarchien (*Brandenburg, *Neuruppin) die Akzise durchgängig als staatliche obligatorische Steuer einzuführen. Damit wurde die Kurmark steuerrechtlich (ähnlich die meisten Territorien unter der Hohenzollernkrone) in die Kontribution zahlenden agrarischen Bereiche und in die Akzise zahlenden Städte aufgeteilt, so der frühere landständische Interessenverbund von Adel und Städten an der Wurzel getroffen. Die mit der Akziseverwaltung beauftragten staatlichen Steuerräte durchbrachen die Ratsautonomie.

Aus der Sicht des zeitgenössischen Merkantilismus wies der Kurstaat Entwicklungsrückstände auf. Kanalbau-Initiativen wie der Oder-Spree-Kanal (*Müllrose) verbesserten zwar ab 1669 die handelsgeographische Lage Berlins, aber nicht nur zum Nachteil Stettins, sondern auch Frankfurts (*). Bemerkenswert sind die Gewerbeansiedlungen Friedrichs v. Hessen-Homburg (1662–1700, *Neustadt/Dosse, *Hohenofen), Kunckels Glashütten (ab 1678, *Potsdam) sowie die Rüdersdorfer (*) Kalkbrecheransiedlung (1660).

An dem geringen Ertrag der ziemlich bedenkenlosen Allianzwechsel in der Außenpolitik Friedrich Wilhelms war das Gewicht des »Machtstaates« Brandenburg und Empfängers französischer Subsidien ablesbar: Trotz des Sieges von »Fehrbellin« (1675; *Hakenberg), der hochgelobten Feuerprobe des jungen stehenden Heeres (*Gusow, *Lichterfelde), wurde das konstante Nahziel Pommern abermals verfehlt. 1660 hatte aber die Souveränität über Preußen erlangt werden können.

Glaubhaft religiös-sozial motiviert, diente das Edikt von Potsdam (*) 1685 vor allem dazu, die bereits 1650 eingeleitete Peuplierungspolitik auf eine neue Stufe zu heben. Um die in Frankreich religiös verfolgten Hugenotten nach Kurbrandenburg zu ziehen, bot das Edikt recht günstige Ansiedlungsbedingungen (*Altlandsberg, *Eberswalde-Finow, *Bernau, *Groß Ziethen); im konkreten Umfeld hingegen gab es z. T. Widerstand der Einheimischen. Das Land empfing eine Vielzahl neuer Produktivkräfte. Hugenotten und andere Neusiedler verstärkten auch das ländliche Siedlungswerk, vor allem in der Uckermark und in den Ämtern Chorin und Ruppin (*Lindow). Jeder vierte der 20 000 eingewanderten Hugenotten wohnte in Berlin, das seit Gründung des Friedrichswerders und der Dorotheenstadt und mit der Zunahme seiner Zentralfunktionen in gleichsam »multiplizierter« städtischer Entwicklung allen märkischen Städten immer weiter vorauseilte. Auch die österreichischen Juden, die nach dem Schutzedikt (1671) einwandern durften, bevorzugten Berlin, daneben Frankfurt, saßen in kleineren Städten nur selten (*Biesenthal, *Friedland) – als »Vergleitete« geschützt, aber nach wie vor unter minderem Recht. Unter den vor allem von Hugenotten errichteten, meist kurzlebigen und von zünftlerischen Protesten behinderten manufakturellen Unternehmen konnte sich die Spiegelmanufaktur zu Neustadt/Dosse (*) behaupten. In der Landwirtschaft wurde vereinzelt nach holländisch-niederrheinischem Vorbild Grünland durch Melioration gewonnen, so schon 1659 um Neuholland (*), später im Dossebruch und Rhinluch (*Linum, *Friedenshorst).

Diese Ansätze eines »modernen« Landesausbaus, denen westeuropäische, vor allem niederländische Reiseeindrücke zugrunde lagen, waren begleitet von landeskulturellen Maßnahmen mit ganz anderer Zwecksetzung: Die Schlösser Oranienburg (1652), Altlandsberg (um 1670), Caputh (1671), Potsdam (1661/78), Köpenick (1677/88) u. a. sollten die Hauptresidenz Berlin wie eine Plejade umsäumen.

Die barockabsolutistische Verbindung von Merkantilismus und Monarchenkult geriet unter dem Nachfolger Kurfürst Friedrich III. (1688–1701) – als König Friedrich I. (1701/13) – immer einseitiger. Mochte dem ins Bizarre wachsenden höfisch-repräsentativen Wesen wie auch der Rangerhöhung zum König »in« Preußen (1701) ein politischer Zweck, die Schaffung eines Klientelsystems, innewohnen, wirtschaftete doch all dies das Land herunter. Das Beste an Friedrichs nicht allein persönlich verursachter Repräsentationssucht war ihr mäzenatischer Geist, der 1694 der Universität Halle, 1696 der Akademie der Künste, 1701 der Sozietät der Wissenschaften ins Leben half und mit der Kraft Schlüters und seiner Kunstgenossen Berlin erstmals zu einem »Spree-Athen« zu veredeln begann.

Dagegen begann unter dem »Soldatenkönig«

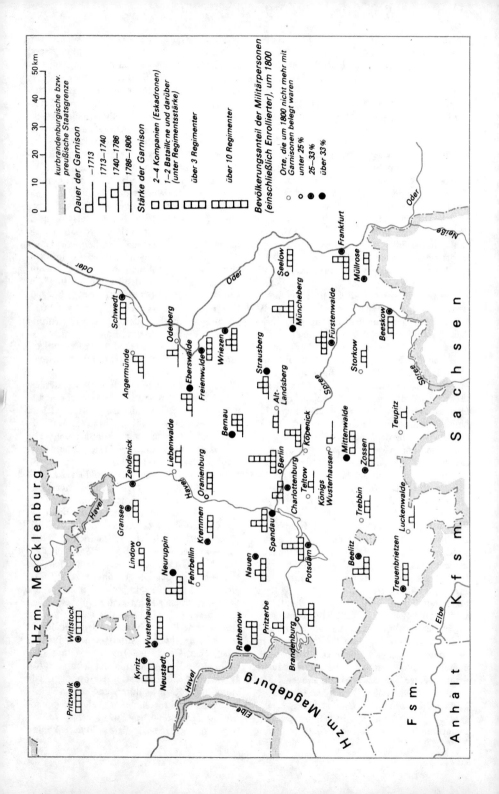

Friedrich Wilhelm I. (1713/40) die rigoroseste Zusammenfassung aller inneren Landesressourcen, die zweckvolle Militarisierung aller Lebensbereiche, begann die Zeit des Hochabsolutismus, den Preußen in singulärer Gestalt als »unhöfischen Militär-Absolutismus« und dabei »reiner« als jeder andere deutsche Staat des Reiches ausbildete: als Regierung »aus dem Kabinett«, mit Absorbierung aller Entscheidungsbefugnis älterer Zentralbehörden durch die Monarchenpersönlichkeit (*Königs Wusterhausen). In Preußen hatte nicht »ein Staat eine Armee, sondern eine Armee einen Staat«. Nur hier wuchsen die unter dem Großen Kurfürsten geschaffenen Kriegskommissariate über den militärischen Zweck hinaus. Ihre Nachfolgebehörden, die Kriegs- und Domänenkammern, bemächtigten sich der gesamten inneren Finanz- und »Polizey«-Verwaltung. 1723 wurde daraus mit Begründung des Generaldirektoriums als Oberinstanz die behördenorganisatorische Konsequenz gezogen. Der Landadel fand in dem neuen Militärabsolutismus doppelte Revenue: als Gutsherr und nach Einführung des Kantonsystems (1733) als Kompagniechef.

Individuelle ratsoligarchische Stadtverfassungen ersetzte der Soldatenkönig durch nivellierende Einzel-Reglements. Ein solches beendete 1715 z. B. die hadervolle Nachbarschaft der beiden Städte Brandenburg (*), ein anderes hielt das im verordnend sprunghaft wachsende Potsdam (*) unter steuerrätlicher Kuratel (1722); schon 1712 hatte eine königliche Instruktion den Steuerräten Eingriffe in die Stadtverwaltung anbefohlen, die über die Akzise hinaus fast die gesamte städtische »Polizey« betrafen. Hinzu trat die äußerlich sichtbare Uniformierung. Den »preußischblauen« Rock trugen nicht nur die Rekruten in den Garnisonstädten (*Brandenburg, *Neuruppin, *Kyritz), sondern auch die entlassenen Invaliden und Veteranen, oft mehr als ein Drittel der Stadtbevölkerung. Der Antrieb für die Gewerbe, der vom Heeresbedarf herrührte, war nicht unbeträchtlich. Nun kamen auch die neuen zentralisierten Manufakturen notwendig besser auf. Das 1713 gegründete Berliner Lagerhaus produzierte monarchieweit Heeres-, in der Metropole selbst meist Offizierstuch,

z. T. auch in dezentralisierten Teilfertigungen; in Strausberg (*), Treuenbrietzen, Brandenburg (*) Mannschaftstuch. Für die Importentlastung wurde in Potsdam (*) und Spandau eine eigene Gewehrmanufaktur errichtet, die dafür angeworbenen wallonischen Spezialisten erfreuten sich günstiger Privilegien. Dagegen gerieten die in den 30er Jahren der habsburgischen Unterdrückung entfliehenden deutschböhmischen und tschechischen Exulanten bald unter den Druck Berliner Verleger. In Potsdam (*) sollte das Militärwaisenhaus (1722) den Nachwuchs disziplinierter Arbeitskräfte sichern helfen.

Zu den »Waisenkindern« der spartanischen Zeit König Friedrich Wilhelms I. gehörten Wissenschaft und Kunst, wenn sie nicht, wie die Chirurgie, spezifischen Nutzen versprachen. Solchen konnte der hallische Pietismus vorweisen. Christian Wolff hingegen, dem der Kronprinz Friedrich (II.) bei allen geglückten Disziplinierungsmaßnahmen des Vaters unter den von ihm gelesenen Aufklärungs-Autoren einen Ehrenplatz erhielt, mußte »die preußischen Staaten« verlassen. Unter dem Stock des Soldatenkönigs richteten sich die Hoffnungen vieler auf den Rheinsberger (*) Verfasser des »Anti-Macchiavell«.

Doch mit Regierungsantritt Friedrichs II. (1740/86) schlugen das väterliche Erbe und die »Bestimmung« des preußischen Militärstaates durch. Noch vor Jahresende eröffnete der 28jährige König die Kette der drei Schlesischen Kriege (*Rheinsberg), die durch den schlesischen Besitzwechsel den preußischösterreichischen Dualismus begründete; deren letzter — der Siebenjährige Krieg 1756/63 (*Reitwein, *Wustrau) — brachte die finanzielle Ausblutung Sachsens und ließ Preußen zur zweiten deutschen Großmacht werden. 1772 folgte die Einverleibung Westpreußens, so daß sich Preußen nun nach Staatsgebiet und Bevölkerung etwa verdoppelt hatte. Auch innenpolitisch folgte Friedrich II. seinem Vater, soweit er daran festhielt, »alle Welt hurtig und pünktlich« zu machen und Ökonomie nach Ansprüchen des Militärstaates zu bemessen. Während seiner Regentschaft verdreifachten sich die jährlichen preußischen Staatseinkünfte auf 20 Millionen Taler. Wichtigste Neuerungen seines aufgeklärt-absolutistischen Staatsausbaus waren eine Reihe von Departementsgründungen, die modernen »Fachministerien« nahekamen, so noch 1740 für Manufaktur- und Kommerziensachen, 1746 für Mili-

Brandenburgische Standorte und Stärke der Garnisonen (nach »Historischer Handatlas von Brandenburg und Berlin«)

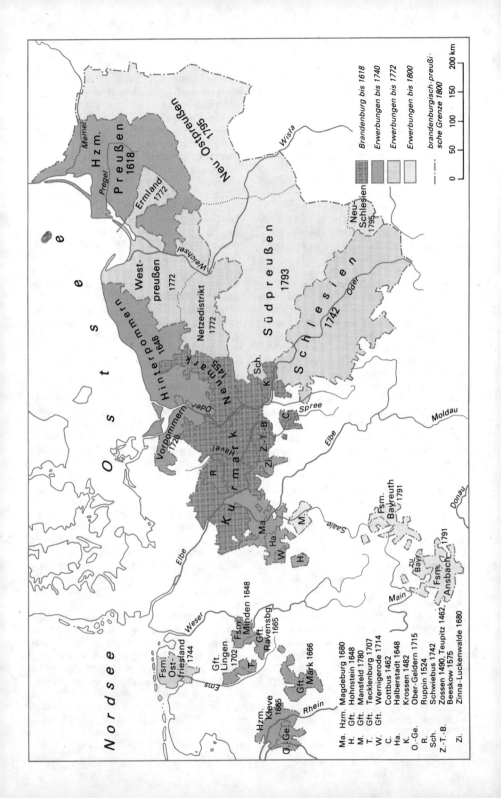

Nordsee

Ostsee

Hzm. Preußen 1618

Memel
Pregel

Ermland 1772

Neu-Ostpreußen 1795

West-preußen 1772

Weichsel

Wisła

Netzedistrikt 1772

Neu-Schlesien 1795

Südpreußen 1793

Hinterpommern 1648

Vorpommern 1720

Oder

Neumark 1455

Kurmark

Schlesien 1742

Oder

Sch.

K.

C

Spree

Z.-T.-B.

Zi.

R

Havel

Elbe

Moldau

Ma.

Ha.

H. M.

W.

Saale

Fsm. Bayreuth 1791

zu Bayr.

Fsm. Ansbach 1791

Main

Donau

Elbe

Weser

Ems

Rhein

Fsml Ost-Friesland 1744

Gft. Lingen 1702

Fsm. Minden 1648

T.

Gft. Ravensbg. 1665

Hzm. Kleve 1665

O.-Ge.

Gft. Mark 1666

Ma.	Hzm.	Magdeburg 1680
H.	Gft.	Hohnstein 1648
M.	Gft.	Mansfeld 1780
T.	Gft.	Tecklenburg 1707
W.	Gft.	Wernigerode 1714
C.		Cottbus 1462
Ha.		Halberstadt 1648
K.		Krossen 1482
O.-Ge.		Ober-Geldern 1715
R.		Ruppin 1524
Sch.		Schwiebus 1742
Z.-T.-B.		Zossen 1490, Teupitz 1462, Beeskow 1575
Zi.		Zinna-Luckenwalde 1680

Brandenburg bis 1618
Erwerbungen bis 1740
Erwerbungen bis 1772
Erwerbungen bis 1800
brandenburgisch-preußische Grenze 1800

0 50 100 150 200 km

tär-, Magazin-, Proviant-, Marsch-, Einquartierungs- und Servis-Sachen, 1766 für Akzise und Zoll – die sog. Regie, unter deren Reglementierung die Frankfurter (*) Messen arg litten –, schließlich 1768 für Bergwerke und Hütten (*Rüdersdorf). Ihre Zusammenfassung fanden sie in der Person des Königs. Solch äußerste absolutistische Konsequenz schlug zunächst positiv zu Buche, wo Aufklärungsideen politische Praxis wurden wie im Rechtsbereich durch Samuel v. Coccejis (*Frankfurt) Justizreform und den 1748 veröffentlichten »Codex Fridericianus Marchius«. Das von Friedrich II. favorisierte Potsdam (*) wurde mit 11 Millionen Talern, namentlich durch Oberhofbaurat Manger, Johann Boumann (*Fürstenwalde), Knobelsdorff (*Rheinsberg) und Gontard, zu einer von Spätbarock und Rokoko geprägten Residenz von europäischer Geltung ausgebaut. Um Sanssouci entstand eine einmalige Kunstlandschaft, indes Potsdam (*) als *die* preußische Garnisonstadt eine ebenso einmalige militärbürokratische Überformung erfuhr.

Im Manufakturwesen geriet manches in Bewegung, freilich primär in der Linie des Hof- und Heeresbedarfs und zu ausschließlich die Berliner Wirtschaftsentwicklung fördernd, insbesondere bislang importaufwendige Luxusgewerbe wie die von Friedrich II. meistprotеgierte Seidenweberei (*Potsdam, *Frankfurt, *Bernau). Ohne solch »künstlichen Flor« merkantilistischer Protektion mußten hingegen Berliner Baumwollmanufakturier wie Wegely auskommen, sich zudem gegen das königliche Lagerhaus auch im ländlichen Verlag behaupten (*Buckow). Dafür beruhten die Zeug- und Kattunproduktion nicht mehr allein auf der Heeresversorgung, sondern zunehmend auf dem Massenbedarf nach wohlfeilen Textilien und auf einem breit entfalteten zünftlerischen Gewerbe (*Strausberg, *Luckenwalde, *Wittstock), verstärkt durch böhmische Exulanten (*Potsdam-Nowawes). Gründungen auf dem platten Lande wie die Barchent- und Leinenmanufaktur Vernezobres von 1754 in Amalienhof (*Falkenberg) blieben die Ausnahme, hier allerdings von einem Kranz »industrieller« Gründungen begleitet (*Hohenfinow). Die allgemeine Spinnernot rief friderizianische Koloniebildungen mißwirtschaftender Entrepreneure im berlinnahen Raum hervor (*Neu

Zittau, *Schönwalde, *Oranienburg-Sachsenhausen), ein Jahrzehnt später auch im Oderbruch (*Buschdorf). Der Bewaffnung des preußischen Heeres dienten Neugründungen königlicher Eisenhammerwerke (*Gottow, *Weißenspring). Die Berliner Hofbankiers Splittgerber und Daum stiegen über Pacht königlicher Gründungen wie Eigenbesitz (*Eberswalde-Finow) zu den bedeutendsten Metall- und Waffenproduzenten der Mark auf. Ihre Namen stehen für den zeitweiligen Kompromiß zwischen spätfeudalem Staat und privilegiertem Berliner Handels- und Manufakturbürgertum der Zeit. Mit der Eberswalder (*) Messer- und Stahlwarenmanufaktur betrieben sie eine der wenigen lokal zusammengefaßten Manufakturen Preußens. Doch auch hier blieben die arbeitsteiligen Prozesse unentwickelt, stellte sich keine Konkurrenzfähigkeit zu Westeuropa her, eine Situation, die für das friderizianische Manufakturgewerbe insgesamt mehr oder weniger typisch war (*Rheinsberg, *Schöneiche); einzelnes wie die bald weithin gehandelten Spechthausener (*) Büttenpapiere einmal ausgenommen. Allerdings lag ihm immer ein großer östlicher Absatzmarkt offen. Zukunftsweisend war die Aufstellung der ersten preußischen (deutschen) Dampfmaschine im mansfeldischen Hettstedt 1785 (*Zehdenick).

Zu den friderizianischen Leistungen zählen umfängliche Meliorationen, die Urbarmachung von 400 000 Morgen Land wie weitere Peublierung und Kanalbauten zwischen Elbe und Havel sowie Havel und Oder (*Finowfurt). Die ingenieurtechnischen Arbeiten bei der Oderverlegung und -bewallung 1747/53 gehören zum größten dieser Art und Zeit in Europa (*Wriezen), nicht ohne Widerstand des hier seit alters nahezu einzigen Erwerbszweiges der Fischerei (*Falkenberg). Der Eindeichung schlossen sich landwirtschaftliche Pionierarbeit an, die Urbarmachung von für märkische Verhältnisse außerordentlich fruchtbarem Boden (*Wustrow) und eine wesentliche Siedlungsverdichtung zunächst vor allem auf königlichem Domanialland (*Neutrebbin) – überwiegend als Büdnerkolonisation (*Neubarnim) –, aber auch auf adliger (*Bliesdorf) und städtischer Flur (*Rathsdorf). Stärker als bei den Spinnerkolonien gelang hier der königlich verfügte Zuzug »ausländischer« Kolonisten,

---

Territorialentwicklung des brandenburgisch-preußischen Staates bis 1800 (nach »Atlas zur Geschichte«, Bd. 1)

Folgende Seiten:
Friderizianische Kolonisation in der Mark (nach »Historischer Handatlas von Brandenburg und Berlin«)

43

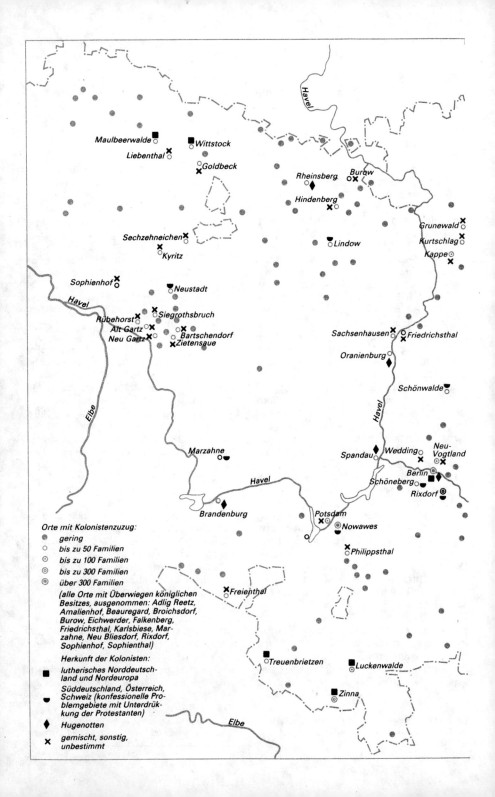

Maulbeerwalde■
Liebenthal✕
■ Wittstock
Goldbeck
✕
Rheinsberg
Hindenberg
✕
Burow
✕
Sechzehneichen✕
Kyritz
Grunewald✕
Kurtschlag✕
Kappe⊙
✕
Lindow
Sophienhof✕
Neustadt▽
Rübehorst✕
Alt Gartz✕
Neu Gartz✕
Siegrothsbruch
Bartschendorf✕
Zietensaue✕
Sachsenhausen✕
Friedrichsthal
Oranienburg♦
Schönwalde▽
Marzahne▽
Spandau♦
Wedding♦
Neu-Vogtland✕
Berlin■◎
Schöneberg
Rixdorf◎
Brandenburg♦
Potsdam✕
Nowawes◉
Philippsthal✕

Orte mit Kolonistenzuzug:

⬤ gering
○ bis zu 50 Familien
⊙ bis zu 100 Familien
◎ bis zu 300 Familien
◉ über 300 Familien

(alle Orte mit Überwiegen königlichen Besitzes, ausgenommen: Adlig Reetz, Amalienhof, Beauregard, Broichsdorf, Burow, Eichwerder, Falkenberg, Friedrichsthal, Karlsbiese, Marzahne, Neu Bliesdorf, Rixdorf, Sophienhof, Sophienthal)

Freienthal✕

Herkunft der Kolonisten:

■ lutherisches Norddeutschland und Nordeuropa

▽ Süddeutschland, Österreich, Schweiz (konfessionelle Problemgebiete mit Unterdrückung der Protestanten)

♦ Hugenotten

✕ gemischt, sonstig, unbestimmt

Treuenbrietzen■
Luckenwalde■
Zinna■

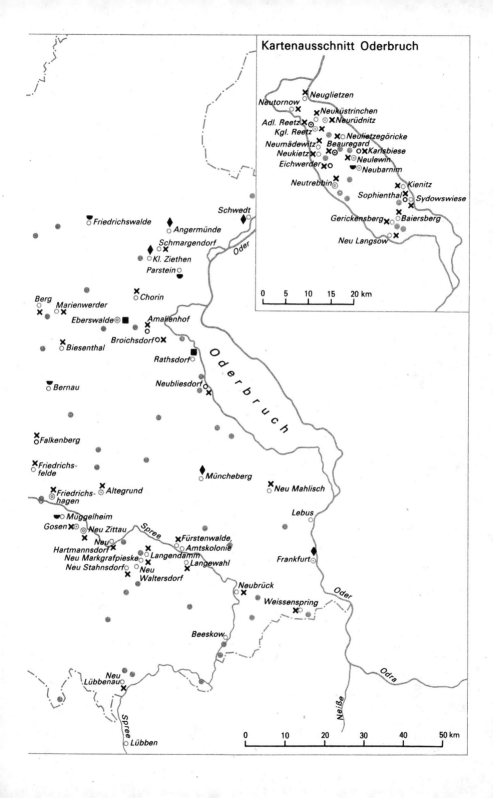

Kartenausschnitt Oderbruch

Neuglietzen
Neutornow
Neuküstrinchen
Neurüdnitz
Adl. Reetz
Kgl. Reetz
Neulietzegöricke
Neumädewitz
Beauregard
Karlsbiese
Neukietz
Neulewin
Eichwerder
Neubarnim
Neutrebbin
Kienitz
Sophienthal
Sydowswiese
Gerickensberg
Baiersberg
Neu Langsow

0   5   10   15   20 km

Schwedt
Friedrichswalde
Angermünde
Schmargendorf
Oder
Kl. Ziethen
Parstein
Berg
Chorin
Marienwerder
Eberswalde
Amalienhof
Broichsdorf
Biesenthal
Rathsdorf
Oderbruch
Bernau
Neubliesdorf
Falkenberg
Friedrichs-
felde
Altegrund
Müncheberg
Friedrichs-
hagen
Neu Mahlisch
Müggelheim
Lebus
Gosen
Neu Zittau
Spree
Neu
Fürstenwalde,
Hartmannsdorf
Amtskolonie
Neu Markgrafpieske
Langendamm
Frankfurt
Neu Stahnsdorf
Langewahl
Neu
Oder
Waltersdorf
Neubrück
Weissenspring
Beeskow
Neu
Lübbenau
Neiße
Odra
Spree
Lübben

0   10   20   30   40   50 km

freilich nur durch eine, verglichen mit den wenigen Altdörfern (*Letschin), sehr begünstigte Rechtsstellung (*Neutrebbin); über 60 000 Menschen sollen während der Regentschaft Friedrichs II. in der Mark neu angesetzt worden sein (*Storkow, *Langewahl, *Neustadt/Dosse, *Pritzwalk). Das Oderbruch wurde volkskundlich geradezu ein Innovationsgebiet, wesentlich unterschieden von den angrenzenden Höhenlandschaften (*Altwriezen, *Reitwein, *Wustrow).

Auch sonst setzte in der jahrhundertelang dreifelderwirtschaftlich – häufig sehr extensiv (*Willmersdorf) – betriebenen Landwirtschaft auf märkischen Böden nach der Jahrhundertmitte ein allmählicher, aber steter Wandel ein. Anfangs waren es die als »Pestilenz der Landwirtschaft« erkannten dörflichen »Gemeinheiten«, deren Aufteilung erstrebt wurde, zunächst meist als Separierung des Guts- vom Bauernland, sehr früh mit Friedrichs II. Unterstützung 1754 im Hohenfinow (*)-Tornower Gutskomplex derer v. Vernezobre (*Schönfließ). In der Regel kam die – teils durch adlige »Konservation der Schäfereien« erschwerte oder verschleppte – Separation erst in den siebziger Jahren (*Wustrau) in Gang und den Gutswirtschaften zugute, die fortan frei von Flurzwang auf arrondiertem Feldbesitz rationeller zu wirtschaften vermochten. Sie wurde aber auch von Bauern angestrebt (*Letschin). Übergänge zu neuen Bodennutzungssystemen wurden namentlich auf den königlichen Domänen und von bürgerlichen Pächtern gesucht, teils nach englischer Literatur oder aus eigener Anschauung; wo die Ämter lange Pachtzeiten gestatteten oder faktisch »vererbbar« in der Hand bestimmter Pächterfamilien blieben (*Chorin, *Sachsendorf), war natürlich größtes Interesse an gesteigerter Bodenfruchtbarkeit und wachsenden Viehbeständen gegeben. Adlige Gutsbesitzer wie die v. Kameke (*Prötzel), die 1766 mit der »englischen Wirtschaft« begannen und den tiefpflügenden englischen Schwingpflug einsetzten (*Saarmund, *Mühlenbeck), stellten vorerst noch die Ausnahme dar. Die 2. Hälfte des 18. Jh. ist weniger vom »selbstwirtschaftenden Adel«, vielmehr von steigenden Verpachtungen der großen Eigenwirtschaften (*Großbeuthen, *Falkenberg, *Sternebeck-Harnekop), vor allem von kurzen, zum Raubbau verleitenden Zeitpachten an meistbietende Bürgerliche charakterisiert (*Ragow). Bezeichnenderweise lebten in den siebziger Jahren von 679 adligen

Grundherren der Kurmark 219 gar nicht auf ihren Gütern; dafür sind 116 Generalpächter für meist mehrere Adelsgüter bezeugt – vermögende Bürger, die ihr Kapital in der Landwirtschaft anlegten und hier als »Rechenmeister« wirtschafteten. Im übrigen gelangten noch zu Zeiten Friedrichs II. – obschon dies verpönt war – über zehn Prozent aller adligen Rittergüter in bürgerlichen Besitz (*Groß Behnitz, *Schöneiche, *Blankenfelde). Auf den »Haselbergschen (*) Gütern« ging der Leiter der Berliner Lagerhaus-Manufaktur Kammerrat Wolff 1781/83 zur Mecklenburgischen Koppel- oder Schlagwirtschaft über (*Vehlefanz, *Altfriedland, *Groß Rietz), nahm bald anstelle des Klees die Kartoffel (*Hohenfinow, *Lindow) in den Fruchtwechsel auf, die auf den Sandböden weit besser gedieh (*Kienitz) und erst die Märkische Koppelwirtschaft begründete. Immer ging es, ob Koppel-, Vierfelder- oder englische Wirtschaft, zunächst um eine durch Nutzung der Brache verbesserte Dreifelderwirtschaft mit stabiler Viehhaltung und Düngergewinnung – noch um 1780 sollen in der Kurmark bis zu 20 Prozent des Getreidelandes nur feldgraswirtschaftlich genutzt worden sein. Wo günstige Marktbedingungen gegeben waren, wie im Umfeld des Konsumtionszentrums Berlin mit seinen 150 000 Einwohnern (1789) oder im Oderbruch, drängten auch Bauern auf agrarischen Fortschritt, nahmen den Anteil bäuerlichen Marktgetreides (*Altlüdersdorf), den Anbau von Spezialkulturen (*Groß Ziethen) sowie der Landhunger dörflicher Unterschichten zu (*Gusow).

Trotz gesetzgeberischer Schritte zum »Bauernschutz« sind unter Friedrich II. nur bescheidene bäuerliche Frondienstentlastungen auf einigen Domänenämtern erreicht worden. Dagegen stehen Domänen und Vorwerke (*Lebus, *Sachsendorf, *Seelow), wo die feudale ostelbische Gutswirtschaft in ihrer klassischen Form des gänzlich oder weitestgehend auf bäuerlicher Arbeitsrente fußenden Gutsbetriebes bis zum Jahrhundertende dominierte. Bäuerlicher bzw. acker- und mittelbürgerlicher Widerstand – meist als jahrzehntelanges Prozessieren – blieben so in den Dörfern (*Badingen, *Neuzelle) wie Mediatstädten (*Lebus, *Seelow) nicht aus, zumal wenn die Dienste wie in letzteren durch landesherrliche Vorspannleistungen für die preußische Armee während des Siebenjährigen Krieges unerträglich gesteigert wurden. Militärische Exekution erfolgte 1769 gegen die Wollspinnerdörfer im Amt Wollup

(*Sophienthal); bereits »hausherrlich« beendete Splittgerber (*Eberswalde-Finow) 1763 Tumulte seiner Manufakturarbeiter gegen sich verteuernde Rohmaterialien.

Der aufgeklärte Absolutismus Friedrichs II. hat große Geister der Zeit nach Berlin und an die philosophie- wie musikfreudige Potsdamer (*) »Tafelrunde« gezogen, war der Berliner Aufklärung um Nicolai und Mendelssohn wie auch der Frankfurter (*) Viadrina förderlich. Die Berufung der Mathematiker Maupertuis und Euler kam einer Neubegründung der Berliner Akademie der Wissenschaften gleich. Aus dem Zusammenleben deutscher, französischer und jüdischer Bürger in der königlichen Hauptstadt erwuchs ein von vielen Clubs, literarischen Salons und Gesellschaften sowie Zeitschriften gestütztes geistiges Zentrum, das kritisch-bürgerliches Eigenleben und nationale Wirkung gewann. Dem fügten sich in der Provinz die märkische Landschulwesen aufbessernde Reformpädagogik v. Rochows (*Rekkahn), das Schmettausche Kartenwerk (*Garzau) sowie die bürgerliches Bewußtsein atmende Neubebauung Neuruppins (*) an, standen aber auch messianisches Wirken und gesteigerte Endreicherwartungen in Barnimdörfern (*Biesenthal) entgegen.

In der auf Friedrich II. folgenden »Ära Wöllner« (*Groß Rietz) machte sich während dessen allmächtiger Ministerschaft obskurer politischer Geist am Berliner Hof Friedrich Wilhelms II. (1786/97) breit, empfindlich spürbar im Religionsedikt von 1788 (*Bliesdorf) und in Maßregelungen an der Viadrina (*Frankfurt). Ein seit 1780 vorbereitetes Gesetzbuch trat erst 1794 nach altständischer Opposition (*Alt Madlitz) und Tilgung aufklärerischen Erbes als »Allgemeines Landrecht für die preußischen Staaten« in Kraft. Nach den preußisch-österreichischen Interventionskriegen gegen das revolutionäre Frankreich (1792) »wehrten« preußische Truppen dem Jakobinismus 1793/94 in Polen sowie nahezu zeitgleich im Frühjahr 1793 durch Zerschlagung der Mainzer Republik und »Befriedung« von 20 000 Webern im schlesischen Aufstandsgebiet. Indes wirkte die Bauschule der Gillys (*Schwedt, *Freienwalde, *Paretz, *Steinhöfel), schufen Karl Gotthard v. Langhans (*Freienwalde, *Kunersdorf) und Johann Gottfried Schadow Bleibendes in der Mark (*Blumberg, *Kunersdorf, *Potsdam, *Schöneiche).

Der Regierungswechsel auf Friedrich Wilhelm III. (1797–1840) half der politischen Verkrustung und feudalreaktionären Erstarrung des nachfriderizianischen Preußens nicht ab. Lediglich auf den Domänenämtern vollzog sich zwischen 1799 und 1805 mit der Aufhebung der Erbuntertänigkeit ein stiller Reformbeginn (*Seelow), begleitet von analogen Einzelvorgängen auf Gütern reformwilliger Adliger (*Groß Rietz, *Reckahn, *Altfriedland, *Kuhbier, *Wustrau). Noch vor der militärischen Katastrophe von Jena und Auerstedt 1806 hatte Preußen für sein Wohlverhalten und als Ausgleich seiner linksrheinischen Verluste eine Reihe von Bistümern, Abteien und freien Reichsstädten, vor allem die kurmainzischen Besitzungen in Thüringen mit Erfurt und dem Eichsfeld, von Napoleon erhalten, im Reichsdeputationsschluß von 1803 festgehalten. Nun, Ende Oktober 1806, hielt der französische Kaiser in Berlin und Potsdam(*) Einzug, fielen widerstandslos die mächtigen preußischen Festungen Erfurt, Spandau, Stettin, Küstrin (*Kietz) und Magdeburg, verkündete Napoleon von Berlin aus noch im November die Kontinentalsperre gegen England. Indes war die in Berlin neugebildete kurmärkische Regierung nach Potsdam (*) verlegt worden und Friedrich Wilhelm III. ins ferne östliche Memel ausgewichen, ohne den russisch-französischen Friedensvertrag von Tilsit Mitte 1807 verhindern zu können, durch den Preußen etwa der Hälfte seines Territoriums und seiner Bevölkerung verlustig ging sowie immense Kriegskontributionen zu leisten hatte; hierfür wurden u. a. Domänengüter (*Königs Wusterhausen, *Zossen) und geistlicher Besitz (*Lietzen) aufgelöst, während die märkischen Damenstifte (*Heiligengrabe, *Lindow, *Stepenitz) bestehen blieben.

Nach dem Zusammenbruch des altpreußischen Staates suchten seine besten Kräfte angesichts des verfallenden Feudalsystems und einer aus der napoleonischen Fremdherrschaft (*Kyritz, *Potsdam) hervorgehenden bürgerlich-patriotischen Bewegung nach gesellschaftlicher Erneuerung. Unter dem Ende September 1807 zum leitenden Minister berufenen v. Stein kam ein Reformwerk an Haupt und Gliedern in Gang, beginnend mit dem Oktoberedikt zur Aufhebung der bäuerlichen Leibeigenschaft zum Martinitage 1810, einer grundlegenden Heeresreform unter Scharnhorst, v. Boyen und v. Gneisenau und der Bildung von Fachministerien. Im November 1808, kurz vor Steins von Napoleon erzwungener Entlassung, folgte die neue preußische Städteordnung, die bürgerliche Selbstverwaltung mit einem durch Vermögenszensus beschränkten Wahlrecht (*Potsdam, *Müllrose, *Märkisch Buchholz) und das Ende der Mediatstädte brachte, wenn gelegentlich auch junkerlich hintertrieben (*Buckow, *Freyenstein). Namentlich Staatskanzler v. Hardenberg (*Marxwalde) hat seit Sommer 1810 den vom Oktoberedikt vorgezeichneten reformerischen »preußischen Weg« zu kapitalistischen Verhältnissen in der Landwirtschaft konsequent mit bürgerlichen Fachkräften wie Scharnweber beschritten. Der Gutsnachbar Thaers (*Möglin, *Tempelberg), der hier am Ort der ersten Landwirtschaftlichen Akademie (1806) die Fruchtwechselwirtschaft als höchstentwickeltes Bodennutzungssystem einführte, wußte um die Potenzen einer »rationellen Landwirtschaft«. Mit dem »Edikt zur Regulierung der gutsherrlichen und bäuerlichen Verhältnisse« vom November 1811 wurden Mittel und Wege zu vollem bäuerlichen Eigentum und Loskauf von feudalen Leistungen konkretisiert, was auf den härtesten Widerstand der v. d. Marwitz (*Friedersdorf) geführten altständischen Adelsopposition stieß. Ein Dritteil (*Dannenwalde) bzw. die Hälfte an bäuerlichem Landverlust je nach Erb- oder lassitischem Besitzrecht zugunsten der feudalen Grundeigentümer erschien ihr unzureichend und zog die Deklaration vom Mai 1816 nach sich: Hierdurch wurden der Kreis regulierungsfähiger Bauern auf spannfähige, (für Brandenburg) schon seit 1763 bestehende Hofstellen beträchtlich eingegrenzt und so die den Gütern erforderlichen Handdienste – für die Junker eine Schlüsselfrage der preußischen Agrarreform (*Friedersdorf) – über die Regulierung hinweggerettet (gesetzgeberisch erst 1850 abgeschlossen). Die Ablösungsordnung von 1821 schließlich betraf die spannfähigen Hofstellen zu gutem Erbrecht und damit immerhin weit über die Hälfte aller preußischen Bauern (*Reichenberg). Statistiken über die Regulierungs- und Ablösungsvorgänge bis zur Jahrhundertmitte zeigen regional gravierende Unterschiede, so für die Uckermark als ausgesprochenem Junkerland (*Greiffenberg) die mit Abstand größten Regulierungsanteile in der Mark Brandenburg. Zu dem Bündel an weiteren Reformen gehörten obenan die Gewerbefreiheit und das Ende der Zunftordnung (1810/11), ferner die Umgestaltung des Bildungswesens unter Wilhelm v. Humboldt – der Berliner Universitätsgründung 1810 folgte ein Jahr später die Auflösung

der Viadrina (*Frankfurt, *Neuzelle) – sowie die Judenemanzipation (1812), schließlich 1813 Landwehredikt (*Karwe) und Landsturmordnung. Damit erreichte Preußen jenes Maß gesellschaftlicher Neubewegung aller Klassen und Schichten, um den Befreiungskampf gegen die napoleonische Fremdherrschaft aufnehmen, ja, sich an die Spitze des nationalen Unabhängigkeitskrieges 1813/14 stellen zu können. Als preußische Hauptstadt war Berlin durch das Wirken der Reformer und einer Plejade namhafter Patrioten geradezu zum Zentrum der patriotischen Bewegung in Deutschland geworden. Hier hatte Fichte 1807/08 seine »Reden an die deutsche Nation« gehalten, von hier war das Schillsche Regiment (*Groß Schönebeck) 1809 aufgebrochen, hatte 1810 die deutsche Turnbewegung unter Jahn und Friesen ihren Ausgang genommen; andere wie Heinrich v. Kleist (*Frankfurt) sind hier an den zusammengedrängten gesellschaftlichen Widersprüchen jener Jahre gescheitert (1811), schwankend zwischen Feudalismuskritik, übersteigertem Patriotismus und Ängsten vor kapitalistischem Progreß. Mit General v. Yorcks (*Mittenwalde, *Potsdam) Konvention zu Tauroggen Ende 1812 begann – gegen königlichen Willen – Preußens Ablösung vom französischen Kriegsbündnis gegen Rußland. Boyen, Clausewitz und Stein waren schon auf russischer Seite (*Jahnsfelde, *Blumberg), bevor Mitte März 1813 die preußische Kriegserklärung gegen Napoleon und der überfällige königliche Aufruf »An mein Volk« ergingen. Der Herbstfeldzug mit der Schlacht bei Großbeeren (*), den Gefechten bei Hagelberg (*) und Dennewitz (*) verlief für die Verbündeten – Österreich und Schweden waren dem russisch-preußischen Waffenbündnis vom Februar sommers über beigetreten – im ganzen erfolgreich, brachte vor allem den preußischen Landwehreinheiten (*Friedersdorf, *Hagelberg) ihre Bestätigung. Hier wie im weiteren, auch über die Leipziger Völkerschlacht hinaus, lagen entscheidende Initiativen wesentlich bei der Schlesischen Armee unter Feldmarschall v. Blücher und dessen Generalquartiermeister v. Gneisenau. Durch die Schlußakte des Wiener Kongresses 1815 erhielt Preußen weite rheinische Gebiete sowie auf Kosten Sachsens dessen nördliche Landesteile um Wittenberg und Torgau (*Belzig) einschließlich der Niederlausitz (*Beeskow, *Friedland) sowie oberlausitzisches Gebiet um Görlitz zugesprochen.

Integriert in den Deutschen Bund und die Heilige Allianz des Jahres 1815, erfuhren die politischen Verhältnisse Preußens eine zeitweilige feudale Konsolidierung, drang die Adelsreaktion wieder vor, ablesbar seit 1817 an den Polizeiaktivitäten v. Kamptz' gegen Burschenschafter und oppositionelle Professoren, schließlich 1819 an den Rücktritten des Kriegsministers v. Boyen und Wilhelm v. Humboldts sowie an den von Preußen mitinitiierten Karlsbader Beschlüssen. Die staatliche Reorganisation gliederte die Monarchie 1815 in Provinzen, Regierungsbezirke und Kreise; Brandenburg wurde eine der acht Provinzen mit Sitz der Oberpräsidenten in Potsdam (*) bzw. Berlin und geteilt in die beiden Regierungsbezirke Potsdam und Frankfurt, jeweils einem Regierungspräsidenten unterstehend. Während der Potsdamer Regierungsbezirk mit 14 Landkreisen etwa das alte brandenburgische Gebiet (Prignitz, Mittelmark, Uckermark) und die sächsischen Neuerwerbungen umfaßte, erstreckte sich der Frankfurter Regierungsbezirk mit 16 Landkreisen – bis auf das Lebuser Land und die Niederlausitz – ostwärts der Oder. Die Altmark wurde der preußischen Provinz Sachsen zugeschlagen. Bewußt antiständische Kreiseinteilungen v. Hardenbergs wurden im Falle der Herrschaft Schwedt verhindert (*Vierraden) oder 1832/36 rückgängig gemacht (*Friedersdorf, *Beeskow). Die Kreise standen unter Leitung der traditionell von Rittergutsbesitzern gewählten Landräte. Die Kreistage blieben ständisch zusammengesetzt; alle preußischen zusammengenommen, saßen hier über 12 600 Großgrundbesitzer etwa 3 500 städtischen und Gemeindevertretern gegenüber. Dominant war der Adel auch in den 1823 unter Bruch des königlichen Verfassungsversprechens von 1815 ständisch eingerichteten Provinziallandtagen (*Potsdam). Mit der Preußischen Union (1817) vereinigten sich Lutherische und Reformierte zur evangelischen Landeskirche.

Die märkische Baukunst der ersten Jahrhunderthälfte wie der Klassizismus überhaupt sind entscheidend vom preußischen Oberlandesbaudirektor Schinkel (*Neuruppin, *Kränzlin) geprägt worden. Sein erstes großes Betätigungsfeld fand er in Neu-Hardenberg (*Marxwalde), erhaltend hat er in Chorin (*) gewirkt; in seiner Nachfolge wurde Alexander Ferdinand v. Quast (*Radensleben) 1843 zum »Konservator« der preußischen Kunstdenkmäler. Zeugen von Schinkels Bautätigkeit sind weit verstreut in der Region zu finden (*Dennewitz, *Gransee, *Großbeeren, *Letschin, *Potsdam, *Rüdersdorf, *Schiffmühle, *Seelow, *Werder), Krönungen in Berlin (Neue Wache, Schauspielhaus, Altes Museum). Ähnlich umfassend hat der Gartenarchitekt Lenné (*Potsdam-Bornstedt) als Generaldirektor der preußischen Hofgärten in der Mark gewirkt (*Blumberg, *Dahlwitz-Hoppegarten, *Frankfurt, *Kunersdorf, *Marxwalde), insbesondere in Berlin sowie Babelsberg und Sanssouci (*Potsdam). Der Baumeister Persius (*Potsdam), des weiteren die Bildhauer Rauch (*Eberswalde-Finow, *Hakenberg, *Kunersdorf, *Potsdam, *Rüdersdorf) und Tieck (*Kunersdorf, *Neuruppin, *Potsdam, *Rüdersdorf) wären zu nennen. Repräsentationsdrang, im Falle König Friedrich Wilhelms IV. auch eigene Bauherrschaft, haben hier Bleibendes gezeigt.

Weit komplizierter gestaltete sich unter Restaurationsbedingungen und kapitalistischer Ernüchterung das literarische Schaffen. Es war am Spätwerk der Berliner Romantiker Chamisso (*Kunersdorf), Tieck und E. T. A. Hoffmann, an den Berliner Jahren v. Brentanos und de la Motte Fouqués (*Nennhausen), an Achim v. Arnims (*Wiepersdorf) frühem Schaffensende ablesbar. Provinziell, dabei im besten Sinne märkischer Geschichte und Landschaft verhaftet, blieb die Poesie Schmidts von Werneuchen (*). Bis auf einige kleine Musensitze (*Kunersdorf) und Akademien (*Eberswalde-Finow) im brandenburgischen Raum wurde das geistige Leben zunehmend von Berlin beherrscht. Dessen bürgerliche Universität mit starkem Forschungsprofil erlangte binnen weniger Jahre nationale Strahlkraft, namentlich durch ihre ideellen Mitgründer und ersten Rektoren Fichte und Schleiermacher, durch Hufelands Medizin, v. Savignys Historische Rechtsschule, Hegels dialektische Philosophie, Rankes (*Frankfurt) wissenschaftliche Quellenkritik in der Geschichtsforschung, Alexander v. Humboldts naturwissenschaftlich grundlegende »Kosmos«-Vorlesungen.

Im Gefolge der Agrarreformen vollzogen sich in der brandenburgisch-preußischen Landwirtschaft, in der 1825 noch über 60 Prozent der Bevölkerung beschäftigt waren, bei Sanierung

Folgende Seiten:
Burgen, Schlösser, Gutshäuser in der Region (Auswahl von E. Badstübner/Chr. Osterwald)

Meyenburg · Freyenstein ▲

○ Putlitz

Helle, Ot. Langerwisch ☐   △ Zaatzke

○ Wittstock

Goldbeck ○

Rheinsberg △   Zernikow

△

Dannenwalde △

Fretzdorf △

△ Hoppenrade   Badingen ▲

▲ Demerthin   Sechzehneichen, Ot. Tornow   △ Meseberg   Zehdenick △

Bantikow ☐ ☐   △ Blankenberg   Liebenberg, Ot. Neulöwenberg

Dessow ☐   Lögow ☐ Kränzlin

Plänitz △   Löwenberg △

Lohm   Metzelthin △ ☐ Ganzer

▲ Garz   Liebenwalde ☐

Wustrau ☐

Beetz ☐

Kleßen △   Schwante   Oranienburg

Görne ☐   Vietznitz ☐   Staffelde △ △   △   Oranienburg △

Gr. Ziethen   ○ Vehlefanz

Hohenauen △   ▲ Wagenitz   Stolpe ○

Nennhausen   △ Pessin

☐   Ribbeck ☐

△ Böhne   Pawesin, Ot. Bagow

Ketzür △ ▲   Priort ☐

Roskow   Kartzow ☐   WEST-BERLIN

Plaue ☐   Götz   Marquardt   ☐

Groß Kreutz △ △   Krielow   ○

△ Kemnitz   Potsdam   Güterfelde ☐   Diedersdorf ☐

Reckahn △   Plessow   Werder, Ot. Petzow

Caputh ☐   Genshagen △

Löwenbruch ☐

○ Ziesar   Großmachnow ☐

Märkisch Wilmersdorf △

☐ Gräben, Ot. Dahlen   Blankensee △   Zossen ▲

☐ Fredersdorf

Potsdam:

△ Sanssouci   Schmerwitz   ○ Belzig

△ Neues Palais   Wiesenburg ☐

△ Marmorpalais   ○ Raben   Stülpe △

☐ Charlottenhof

☐ Cecilienhof

☐ Schloß Babelsberg   △ Hohenalsdorf

△ Jagdschloß Stern in Drewitz   Wiepersdorf

☐ Schloß Lindstedt in Bornstedt   Bärwalde ○

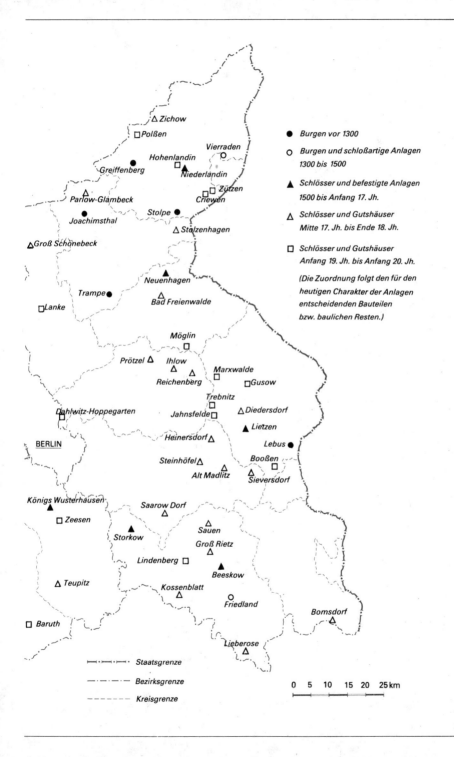

△ Zichow
□ Polßen
Vierraden
Hohenlandin ○
Greiffenberg ● □ Niederlandin
△ □ Zützen
Parlow-Glambeck Criewen
Stolpe ●
Joachimsthal ●
△ Stolzenhagen
△ Groß Schönebeck

Neuenhagen ▲
Trampe ● △ Bad Freienwalde
□ Lanke

Möglin
□
Prötzel △ Ihlow
△ △ Marxwalde
Reichenberg □ Gusow
Trebnitz
Dahlwitz-Hoppegarten □ Jahnsfelde □ △ Diedersdorf
▲ Lietzen
BERLIN Heinersdorf △
Lebus ●
Steinhöfel △ Booßen
△ □
Alt Madlitz Sieversdorf

Königs Wusterhausen ▲
□ Zeesen Saarow Dorf
△
▲ Sauen
Storkow △
Groß Rietz
Lindenberg □ △
△ Teupitz Beeskow ▲
Kossenblatt
△
Friedland ○
Bomsdorf
□ Baruth △

Lieberose △

● Burgen vor 1300

○ Burgen und schloßartige Anlagen
1300 bis 1500

▲ Schlösser und befestigte Anlagen
1500 bis Anfang 17. Jh.

△ Schlösser und Gutshäuser
Mitte 17. Jh. bis Ende 18. Jh.

□ Schlösser und Gutshäuser
Anfang 19. Jh. bis Anfang 20. Jh.

(Die Zuordnung folgt den für den
heutigen Charakter der Anlagen
entscheidenden Bauteilen
bzw. baulichen Resten.)

—·—·—·— Staatsgrenze
—·—·— Bezirksgrenze
- - - - - Kreisgrenze

0 5 10 15 20 25 km

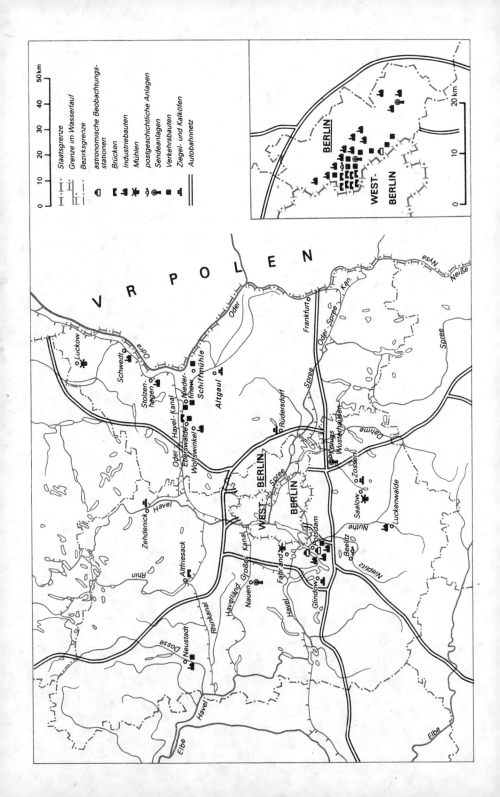

Legend:

‖	Staatsgrenze
¦	Grenze im Wasserlauf
¦	Bezirksgrenze
◐	astronomische Beobachtungsstationen
⟩	Brücken
✳	Industriebauten
)	Mühlen
◉	postgeschichtliche Anlagen
■	Sendeanlagen
◖	Verkehrsbauten
	Ziegel- und Kalköfen
══	Autobahnnetz

Scale: 0 10 20 30 40 50 km

VR POLEN

Oder · Neiße · Nysa · Spree · Oder-Spree-Kan. · Frankfurt · Rüdersdorf · Dahme · Königs Wusterhausen · Zossen · Luckenwalde · Saalow · Nuthe · Niepliz · Beelitz · Glindow · Potsdam · Fahrland · Havelland Großer Kanal · Nauen · Rhinkanal · Havel · Dosse · Neustadt · Altfriesack · Rhin · Zehdenick · Altgaul · Schiffmühle · Niederfinow · Eberswalde · Wolfswinkel · Oder-Havel-Kanal · Stolzenhagen · Schwedt · Luckow · Odra

BERLIN · WEST-BERLIN

20 km · 10 · 0

des Adels und Erhalt seines politischen Herrschaftsanspruchs sozialökonomische und landeskulturelle Veränderungen, die wohl als »Basisprozeß der gesamten bürgerlichen Umwälzung« anzusehen sind. Nach zwei Jahrzehnten bäuerlichen »Bilanzierens auf der Spitze« – Ende der dreißiger Jahre war die Masse der Regulierungen abgeschlossen – zeigte sich eine breite Schicht marktproduzierender Groß- und Mittelbauern mit einer nun den Ablauf der Industriellen Revolution unterstützenden Kaufkraft. Sich verdoppelnde Getreideernten (*Wustrow), wachsende Kartoffelanbauflächen und erster Zuckerrübenanbau (*Kienitz), zunehmende Viehbestände (*Wellmitz) – im futterreichen Oderbruch Ochsenmast für den Berliner Markt (*Seelow) –, sowie steigende Marktquoten wurden von bäuerlichen Spitzenbetrieben und kapitalistisch wirtschaftenden Domänenämtern gemeldet. Die Bodenpreise im fruchtbaren Oderbruch erreichten gelegentlich (1837) schon das Dreifache des sonst im Brandenburgischen üblichen, und die bäuerliche Familie lebte hier bereits abgetrennt vom Gesinde »von einer besseren Küche« (*Wustrow). Freilich sind retardierende Elemente, der teils qualvolle »preußische Weg« des Loskaufs (*Kuhbier, *Wiesenburg) wie auch bäuerliche Beharrungskraft nach Jahrhunderten feudaler Bevormundung, nicht zu übersehen. Vom »Schlendrian der Dreifelderwirtschaft« wird – trotz allerwärts aus dem Boden schießender Landwirtschaftsvereine (*Wriezen) noch bis zur Jahrhundertmitte aus dem Storkower Gebiet und anderen südlichen Teilen des Regierungsbezirks Potsdam berichtet bzw. von einer »mit Benutzung der Brache durch Erdtoffeln und Klee« verbesserten Dreifelderwirtschaft, wie sie 1837 für den Kreis Lebus landesüblich war. Größte Veränderungen haben sich an den sozialen Polen der kapitalistischen Agrarumwälzung ergeben: Den junkerlichen Landgewinnen (*Karwe) von wohl über einer Million Hektar durch bäuerliche Bodenabtretung, Bauernauskauf und Einziehen erledigter Höfe, besonders vieler durch die Kolonisation geschaffener Büdnerstellen, stehen die bald die Dörfer auf- und überfüllenden unterbäuerlichen Schichten gegenüber – die durch Dismembrationen vermehrten Kleinstellen (Büdner, Insten), die Einlieger

Technische Denkmale in der Region (Auswahl von D. Hallfahrt)

und Tagelöhner (*Gusow, *Schlalach), die das Landarbeiterpotential der großen Güter stellen, schließlich die Auswandererschiffe füllen (*Wuschewier). Als »nützlichste Menschenklasse« hat Thaers verdienstvoller Mitstreiter und kapitalistische Pächter par excellence Koppe (*Möglin, *Reichenow, *Kienitz) die Tagelöhner bezeichnet; er war es auch, der als erster Wanderarbeiter aus dem Wartebruch saisonweise einsetzte (*Wollup). Solch ländliches Proletariat wuchs namentlich um jene großen Guts- und Domänenbetriebe mit einem Kranz industrieller Folgeeinrichtungen wie Brennereien, Ölmühlen, Ziegeleien (*Gusow, *Reichenow). Vor allem die Kartoffelspritproduktion ist hier herauszuheben, die bis zur Jahrhundertmitte die traditionelle Kornbrennerei überflügelte und – ähnlich den enorm wachsenden Schafbeständen für den Bedarf der expandierenden Wollverarbeitungsindustrie – »eine neue Lebensfrist für das Junkertum« (Engels) brachte, das ostelbische Preußen über das 19. Jh. hin zur »Zentralschnapsfabrik der Welt« werden ließ (*Marxwalde).

Für die staatliche Fürsorge im preußischen Handels-, Gewerbe- und Bauwesen stehen das ministerielle Wirken von Gottlob Johann Christian Kunth (*Baruth), Karl Georg Maaßen und Peter Christian Wilhelm Beuth; letzterer gründete zur Ausbildung entsprechender bürgerlicher Fachkräfte 1821 in Berlin die Technische Gewerbeschule und übernahm ihre wie auch der Allgemeinen Bauschule Direktion. Letzte Meßbehinderungen fielen, und die Frankfurter (*) Messen gingen einer Spätblüte über die Jahrhunderthälfte hinweg entgegen. Zum Manufakturstandort Berlin und schlesischen Textilgebiet waren dem neuen Preußen mit der Rheinprovinz und Westfalen zwei weitere Gewerbezonen zugewachsen, so daß es sich mehr und mehr zu solcher Wahrnehmung bürgerlich-ökonomischer Interessen gedrängt sah. Mit der Zollgesetzgebung von 1818 ließ Preußen die Zölle zwischen seinen Provinzen fallen (*Beeskow) und wurde im weiteren zum Vorreiter des Deutschen Zollvereins (1834). Das preußische Textilgewerbe – auch in den traditionellen brandenburgischen Standorten (*Wittstock, *Pritzwalk, *Luckenwalde), ganz obenan Berlins – vermochte trotz übermächtiger englischer Konkurrenz dank des sich rasch ausdehnenden inneren Marktes eine Pionierrolle in der Industriellen Revolution wahrzunehmen; das schloß lokal auch Stagnation und

Verfall ein, wo man sich nicht zu Dampfkraft und Fabrik zu verstehen vermochte (*Strausberg) oder antiquierte Kämpfe gegen das nach der Gewerbefreiheit vordringende Landhandwerk führte (*Wriezen). Innerhalb zweier Jahrzehnte seit 1823 verfünffachte sich das Volumen der preußischen Baumwollverarbeitung, deren Bedarf an Werkzeugmaschinen wiederum Bergbau, Hüttenwesen und Maschinenbau stimulierte. Der umfänglichen Chaussierung im weiteren Berliner Umfeld (*Müncheberg, *Schwedt, *Seelow) folgte der material- und kapitalaufwendige Eisenbahnbau, mit den Kurz- und Fernstrecken nach Potsdam (*) und Jüterbog (*) 1839 bzw. 1841 beginnend. Weitere Eisenbahnlinien kamen hinzu (*Bernau, *Eberswalde-Finow, *Fürstenwalde, *Frankfurt) – und Nachfolgewerkstätten (*Potsdam) –, gelegentlich mit junkerlicher Unterstützung (*Angermünde), in der Regel aber wegen des Bodeneigentums noch in härtesten Auseinandersetzungen zwischen Bourgeoisie und Adel. Erstes industrielles Zentrum wurde Berlin, wo bis zur Jahrhundertmitte über 30 Maschinenbaufabriken entstanden, über 100 Dampfmaschinen und 20 000 Fabrikarbeiter zum Einsatz gelangten. Dem folgten in der Mark die Städte Brandenburg (*) und Eberswalde-Finow (*); zeitfühlig brachte Karl Blechen mit seinem Gemälde »Eisenwalzwerk bei Eberswalde« erstmals eine Industrielandschaft in die deutsche Kunst ein. Die Nähe Berlins ließ ganz neue Industrien entstehen, so in Rathenow (*) die optische, in Oranienburg (*) die chemische. Erste Standortverlagerungen erfolgten, wo traditionelle Gewerbe wie die Baumwollweberei vor der aufkommenden Berliner Konfektionsindustrie auswichen (*Bernau); umgekehrt zog das explosionsartig gesteigerte Berliner Baugeschehen Wochenpendler des dörflichen Umfeldes an, ließ dort erste »Arbeiterkolonien« wachsen (*Schönwalde). Ziegelindustrie (*Premnitz) und der bald führende Veltener (*) Ofenbau kamen auf, die Ruppiner Bilderbogen bezeugten einen weiteren märkischen Druckereistandort (*Neuruppin). Braunkohle wurde abgebaut (*Bad Freienwalde, *Rauen), Dampfschneidemühlen und Sägewerke entstanden (*Liepe, *Oderberg). Zur Industriellen Revolution in Preußen gehörten aber auch der besonders im Berliner Ballungszentrum offenbare Pauperismus, Kinderarbeit (*Luckenwalde) sowie drückendste soziale Not (*Potsdam-Nowawes), wie sie in Bettina v. Arnims (*Wiepersdorf) Schilderung des Berliner Arbeiterelends (»Dies Buch gehört dem König«) 1843 erstmals öffentlich wurde, dann nach dem schlesischen Weberaufstand 1844 unüberhörbar durchschlug.

Nach der französischen Julirevolution 1830 kam es zu Arbeiter- und Gesellenunruhen im Rheinland und in Berlin sowie zu sympathiebekundenden Polenvereinen. Vormärzgeist wehte aus vielen Teilen der preußischen Monarchie, greifbar in Leben und Werk des Düsseldorfer Dichters Heine (*Potsdam) wie der Breslauer Schriftsteller Hoffmann v. Fallersleben und Willibald Alexis (*Lehnin), im Wirken des Magdeburger utopischen Kommunisten Wilhelm Weitling wie bei der Berliner Verhaftung Fritz Reuters 1833 (*Belzig). Die Berliner Universität wurde zum Hauptschauplatz des ideologischen Kampfes; hier stießen Marx und Engels zu den tonangebenden Junghegelianern.

Auch der Thronwechsel 1840 auf Friedrich Wilhelm IV. brachte nicht die »Nationalrepräsentation«. Unter den rheinischen Industriellen und Bankiers Hansemann, Camphausen und Mevissen formierte sich eine liberale bürgerliche Opposition. Links davon standen radikale bürgerliche Kräfte wie der Königsberger Jacoby oder die um die »Rheinische Zeitung« bis zu deren Verbot 1843. In der Krisensituation von 1847 mußten die acht Provinziallandtage vom Vereinigten Landtag nach Berlin einberufen werden. Marx bereitete von London aus mit Gründung des Bundes der Kommunisten (1847) die erste deutsche Arbeiterpartei vor, deren Wirkung wohl nicht zufällig die 48er Revolution in Preußen Anfang März mit einer Massenkundgebung Kölner Arbeiter einsetzen läßt. Die Berliner Barrikadenkämpfe am 18./19. März markieren bereits den Höhepunkt der bürgerlich-demokratischen Revolution in Deutschland. Nach der erzwungenen königlichen Ehrenbezeigung für die Berliner Märzopfer mit Friedrich Wilhelm IV. nach Potsdam (*) aus. Die 48er Revolution ist in der Provinz nur an wenigen Punkten Ereignis geworden, am frühesten noch wie in Schlesien auf dem platten Lande (*Gusow, *Wiesenburg), in Verbrüderung mit durchreisenden Polen (*Fürstenwalde), schließlich in konservativ-königstreuer (*Brandenburg) sowie in bürgerlich-liberaler bzw. kleinbürgerlich-demokratischer Vereinsbildung (*Frankfurt); die Brandenburger (*) und Potsdamer (*) Mai-Ereignisse waren stärker sozial motiviert. Die zentralen Berliner Vorgänge in diesen Monaten blieben letztlich insular, konnten rückgängig gemacht werden, wie das liberale preußische Märzministerium Camphausen, oder erst in der Folgezeit wirksam werden, wie Stephan Borns in Berlin gegründetes »Zentralkomitee für Arbeiter« vom April.

Die konservative Konterrevolution hatte sich in der Hofkamarilla (*Potsdam), um die »Kreuz-Zeitung« und den Verein für König und Vaterland (*Nauen) sowie im Bülow-Verein und seinem Berliner »Junkerparlament« gesammelt. Nach der »Septemberkrise« und dem Fall Wiens sah sie die Stunde gekommen, ihre konstitutionell ausgerichteten Staatsstreichpläne in die Tat umzusetzen (*Potsdam). Die Übergangsregierung des Generals v. Pfuel (*Jahnsfelde) wurde am 2. November 1848 durch das Kabinett des Grafen von Brandenburg (*Tempelfelde) abgelöst, das am 9. November das preußische Parlament in die Provinzstadt Brandenburg (*) verlegte und vertagte sowie Truppen in Berlin einmarschieren ließ. Trotz der parlamentarischen Steuerverweigerung wurde Preußen mit der am 5. Dezember 1848 vom König oktroyierten Verfassung konstitutioneller Staat bei kaum eingeschränkter Königsmacht und einem Zweikammersystem anstelle des Revolutionsparlamentes. Die im Januar 1849 gewählte II. Kammer (*Brandenburg) wurde vom König bereits im April wieder aufgelöst, da sie die Annahme der Reichsverfassung und der Kaiserkrone empfahl. Die Neuwahl vom Juli 1849 nach dem im Mai eingeführten Dreiklassenwahlrecht erbrachte eine konservative Mehrheit im Abgeordnetenhaus. Unter Führung des Prinzen v. Preußen (*Potsdam) trugen die preußischen Truppen maßgeblich dazu bei, die revolutionären Zentren der »Reichsverfassungskampagne« in Dresden, Baden und der Pfalz zu zerschlagen (*Neuruppin). Zu den Opfern des Badenfeldzuges gehörte der Potsdamer (*) Revolutionär Max Dortu.

Der Niederlage der Revolution folgte eine Periode offener politischer Reaktion, behördlicher und polizeilicher Repressalien und Verfolgungen. Sie stand unter Regie der Hofkamarilla, des Ministerpräsidenten v. Manteuffel (1850/58) und des Berliner Polizeipräsidenten bzw. preußischen Generalpolizeidirektors v. Hinckeldey, dem Initiator des Deutschen Polizeivereins (1851) und der Berliner Politischen Polizei. Wie in den anderen Staaten des wiederhergestellten Deutschen Bundes richteten sich die Maßnahmen insbesondere gegen bürgerliche Demokraten sowie gegen die Arbeiterverbrüderung und den Bund der Kommunisten (*Groß Schönebeck). Die revidierte Verfassung (1850), das Vereinsgesetz (1850), die neuen Gemeinde- und Städteordnungen (1850/53) brachten das politische Leben und Vereinswesen nahezu völlig zum Erliegen, beschränkten konstitutionelles System wie bürgerliche Selbstverwaltung und führten das Dreiklassenwahlrecht auch in den Kommunen ein. Die I. Kammer wurde 1854 zum Herrenhaus umgewandelt, dessen Mitglieder der König ernannte. Repressive Vorschriften belasteten auch Kultur, Wissenschaft und Bildungswesen. Künstlerische und sozialwissenschaftliche Interessen waren – sofern sie sich nicht auf der staatsoffiziellen Linie bewegten – auf kleine Zirkel und Musensitze angewiesen (*Potsdam, *Bad Freienwalde).

Dagegen förderte die staatliche Wirtschaftspolitik die kapitalistische Industrialisierung. Nicht zufällig blieb das im April 1848 neugegründete Handels- und Gewerbeministerium als eine der wenigen Revolutionserrungenschaften bestehen. Das königliche Gewerbeinstitut Berlin war 1856 Ausgangspunkt für die Gründung des Vereins Deutscher Ingenieure. Im Gegensatz zur Politik erhielt die Bourgeoisie in Ökonomie, Ausbeutung und kommunaler Interessenwirtschaft relativ freie Hand. Mitten in der Mark konnte sich Berlin im Rahmen seiner in der ersten Jahrhunderthälfte entstandenen Industriestruktur durch die Anfänge der Chemieindustrie und den Aufstieg der Elektro-Großindustrie zum dritten industriellen Ballungsgebiet der deutschen Staaten neben dem Ruhrgebiet und Sachsen entfalten. Mit der staatlichen Preußischen Bank (1846, seit 1876 Reichsbank) und den privaten Bankgründungen von 1851, 1856 und 1870 begann Berlins Entwicklung zum zentralen deutschen Bankplatz.

Auf die Mark Brandenburg wirkte sich die Industrialisierung der 50er/60er Jahre nur vergleichsweise schwach, indirekt oder berlinabhängig aus. Potsdam (*) als zweite Residenz- und bevorzugte Garnisonstadt der Hohenzollern blieb industriefrei, die Beamten- und Garnisonstadt Frankfurt (*) industriearm. Unter den märkischen Städten fanden die alten Tuchmacherorte (*Brandenburg, *Luckenwalde, *Neuruppin, *Wittstock, *Pritzwalk) sowie die Standorte älterer oder neuer Spezialfertigungen Anschluß an die kapitalistische Entwicklung – so die optische (*Rathenow)

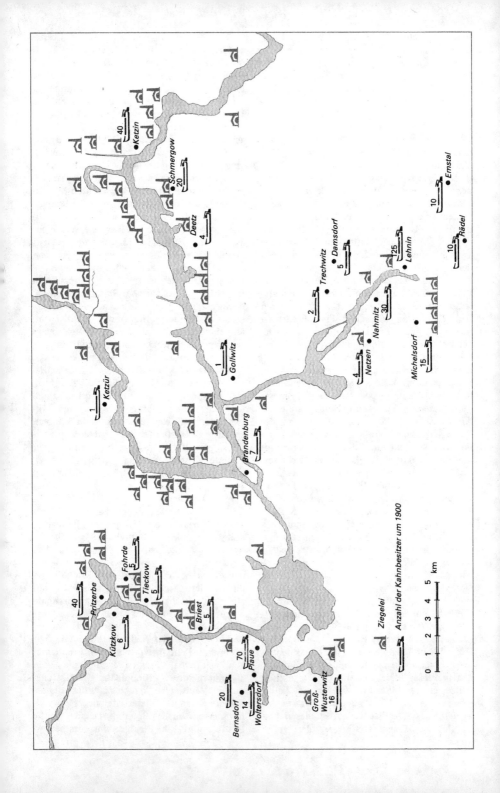

Ketzin 40

Schmergow 20

Deetz 4

Trechwitz

Damsdorf 5

Ernstal 10

Lehnin 25

Rädel 10

Nahmitz 30

Netzen 4

Michelsdorf 15

Gollwitz 1

Ketzür 1

Brandenburg 7

Föhrde 5

Tieckow 5

Pritzerbe 40

Kützkow 6

Briest 5

Plaue 70

Bernsdorf 20

Woltersdorf 14

Groß-Wusterwitz 16

Ziegelei

Anzahl der Kahnbesitzer um 1900

0   1   2   3   4   5 km

und die chemische Industrie (*Oranienburg, *Erkner), der Ofenbau (*Velten), die Holzindustrie (*Oderberg) mit dem Umschlagplatz Liepe (*), die Dachpappenindustrie (*Eberswalde) und die Glasindustrie (*Klasdorf). Der Großbauplatz Berlin stimulierte die Baustoffindustrie, neben den älteren Kalk- (*Rüdersdorf, *Zossen) und Gipswerken (*Sperenberg) vor allem das Ziegeleiwesen (*Glindow, *Götz, *Herzfelde, *Ketzin, *Premnitz, *Rathenow, *Wildau, *Bad Freienwalde) und das damit verbundene Schiffergewerbe (*Caputh, *Lehnin). Der Berliner Industrie- und Hausbrandbedarf wurde vorerst noch mit Holz und Torf (*Neuruppin) gedeckt, bevor sich die Kohle durchsetzte. Südöstlich Berlins fand der Niederlausitzer Braunkohlenbergbau ein Nebenrevier (*Rauen, *Schenkendorf, *Eisenhüttenstadt, *Brieskow-Finkenheerd).

Nach dem Scheitern der Revolution 1848/49 blieb für den Abschluß der bürgerlichen Umwälzung und die Gründung eines Nationalstaates nur der Weg einer Revolution von oben. Das Preußen der »Ära Manteuffel« war – zumal nach dem Scheitern der Unionspläne (1850) – kaum als Träger einer entsprechenden »kleindeutschen« Lösung geeignet. In der »Neuen Ära« (1858/62) unter dem Prinzregenten bzw. (seit 1861) König Wilhelm I. (*Potsdam) wurden daher ein gemäßigt liberales Ministerium berufen, die Innenpolitik gelockert und eine Heeresreorganisation eingeleitet. Die ökonomisch erstarkte Industrie-, Handels- und Finanzbourgeoisie konnte sich nun wieder in Vereinen, Parteien und Interessenorganisationen sammeln – so 1861 in der Fortschrittspartei, der Partei der liberalen preußischen Bourgeoisie, und dem Deutschen Handelstag, der Dachorganisation der halbstaatlichen Handelskammern. Sie gewann an Selbst- und Nationalbewußtsein, suchte dabei immer stärker die Anlehnung an den preußischen Staat und seine Geschichte. Das drückte sich in den Schillerfeiern 1859 ebenso aus wie in der Gründung weiterer Geschichtsvereine (*Neuruppin, *Frankfurt, *Müncheberg, *Brandenburg), in Theodor Fontanes (*Neuruppin) geschichtsverbundenen »Wanderungen durch die Mark Brandenburg« (seit 1862) und im historisierend-neoklassizistischen Schaffen F. A. Stülers (*Potsdam). Der 1836/37 in Berlin gegründete und bis 1862 von Adolf Friedrich Riedel geleitete Verein für die Geschichte der Mark Brandenburg und seine Zeitschrift »Märkische Forschungen« (seit 1887/88 »Forschungen zur Brandenburgischen und Preußischen Geschichte«, 1899 bis 1915 unter Leitung Gustav Schmollers eine der führenden, sozialgeschichtlich ausgerichteten Zeitschriften) nahmen einen neuen Aufschwung, in ihrem Gefolge auch die Museen (*Eberswalde-Finow).

Zunächst scheiterte das Übereinkommen zwischen preußischem Staat und Bourgeoisie im Heeres- und Verfassungskonflikt (1860/66). Im Machtkampf um die Heeresreorganisation und um das Budgetrecht des Abgeordnetenhauses geriet die preußische Monarchie in die Krise. 1862 fand sie den Ausweg in der Berufung Otto v. Bismarcks zum Ministerpräsidenten (*Potsdam). Der erklärte konservative Macht- und Realpolitiker, der seine politische Laufbahn 1847/49 begonnen hatte (*Brandenburg), trieb den Konflikt mit der liberalen Mehrheit des Abgeordnetenhauses auf die Spitze. Mit seiner entschlossenen Innen-, Außen- und Kriegspolitik im Dänischen und Österreichischen Krieg (1864/66), bei der Gründung des Norddeutschen Bundes (1867), im Deutsch-Französischen Krieg (1870/71) und bei der Reichsgründung (1871) brach er die liberal-parlamentarische wie die ultrakonservative (*Neuruppin) Opposition. Seine Politik entsprach den Grundinteressen der Bourgeoisie, ohne ihr die politische Führung zu überlassen. Gegen den Widerstand des gerade in Berlin starken linken Flügels der Fortschrittspartei schwenkte die Mehrheit der Liberalen mit der nachträglichen »Indemnitätserklärung« der Militärausgaben (1866) und mit der Gründung der Nationalliberalen Partei (1867) in das Lager Bismarcks. Viele der an den Auseinandersetzungen und Entscheidungen der 60er Jahre führend beteiligten Politiker, Beamten und Militärs hatten Ämter in der Mark inne bzw. erwarben wie Berliner Industrielle, Bankiers und Zeitungsunternehmer märkische Güter (*Güterfelde, *Sternebeck-Harnekop, *Frankfurt, *Potsdam, *Schenkendorf, *Blankenfelde). Damit verstärkte sich das bürgerliche Element in Großgrundbesitz und Verwaltung der Mark. Mit der ökonomischen Annäherung, im gemeinsamen Klassengegensatz zur Arbeiterklasse und im Kampf gegen die junge Arbeiterbewegung fügte sich das Klassenbündnis von Junkertum

Ziegeleien und Schiffahrt um 1900 im Havelraum (K. Kreschel/U. Buchholz)

und Großbourgeoisie als sozialer Basis der Revolution von oben und des Deutschen Kaiserreiches.

Seit der »Neuen Ära« entstanden in Preußen wieder legale Arbeiterorganisationen, anfangs unter dem Einfluß der liberalen Bourgeoisie: Mittels Arbeitervereinen, den Schulze-Delitzschschen (*Potsdam) Genossenschaften und den Hirsch-Dunckerschen Gewerkvereinen schuf sich die liberale Bourgeoisie Anhang unter den Arbeitern. In den 60er Jahren konstituierten sich in Form von Vereinen, Parteien und Gewerkschaften eine selbständige Arbeiterbewegung und mit ihr die Arbeiterklasse als »Klasse für sich«. Lassalles Allgemeiner Arbeiterverein (1863) hatte eine Hochburg in Berlin. Von dort strahlte er auch in die Mark aus (*Frankfurt, *Brandenburg). Im Kampf gegen die liberale Bourgeoisie suchte sich Lassalle an Bismarck und den preußischen Staat anzulehnen, bestärkt von einigen Demokraten wie Franz Ziegler (*Brandenburg) und Sozialkonservativen wie Hermann Wagener (*Segeletz), die vom preußischen Staat die Lösung der »Sozialen Frage« erwarteten. Dagegen wuchs dem Bismarck-Staat in der marxistischen Sozialdemokratischen Arbeiterpartei (1869) der innenpolitische Hauptgegner heran. Die »Eisenacher« faßten in Berlin und wenigen märkischen Städten Fuß (*Luckenwalde, *Jüterbog).

Mit der Revolution von oben wurde Berlin Hauptstadt, Herrschafts- und Verwaltungszentrum zunächst des Norddeutschen Bundes, dann des Deutschen Kaiserreiches, u. a. Sitz der Reichsleitung und -behörden, des (Norddeutschen) Reichstages und des Bundesrates, der Parteien, der zentralen Interessenverbände von Bourgeoisie und Junkertum.

Die nunmehr königlich-kaiserliche Residenz wurde wie die Sommerresidenz Potsdam (*) Schauplatz zahlreicher Staatsakte, Hoffeste und Paraden. Als Reichshauptstadt wuchsen Berlin und seine City bis zur Jahrhundertwende zur Kultur-, Wissenschafts- und Techniikstadt von internationalem Rang, zur Zentrale des deutschen Finanz- und Monopolkapitals. Hier saßen die Elektrogiganten Siemens und AEG (1883). Das »steinerne Berlin« mit seinen Repräsentations-, Verwaltungs-, Geschäfts-, Kultur- und Vergnügungsbauten im Zentrum, den Industriegebieten, den vornehmen bürgerlich-aristokratischen Villen- und den proletarischen Mietskasernenzonen stand im schärfsten Kontrast zur märkischen Umgebung. Hatte sich Berlins Einwohnerzahl zwischen 1852 und 1871 auf über 800 000 verdoppelt und damit erstmals die österreichische Hauptstadt Wien übertroffen, so überschritt sie 1877 bereits die Millionengrenze.

Berlin blieb Sitz der preußischen Zentralbehörden und Vertretungskörperschaften. Wenn das neue Reich auch föderativ aufgebaut war, die Einzelstaaten erhielt und manchen regionalen Anachronismus fortschrieb, so verringerte die Reichsgründung doch das Gewicht des Regionalen. Die Geschichte des Königreiches Preußen war fortan engstens mit der des Reiches verknüpft. Als Gründerstaat des Deutschen Reiches prägte es in vielem dessen Züge. Der preußische König wurde deutscher Kaiser, der preußische Ministerpräsident Reichskanzler. Im Bundesrat hatte Preußen ein Drittel der Stimmen. Kriegsministerium und Generalstab Preußens besaßen faktisch gesamtstaatliche Funktionen. Die Dominanz des preußisch-deutschen Militarismus fand in den um Berlin rasch wachsenden Truppenübungsplätzen (*Jüterbog, *Kummersdorf, *Döberitz, *Wünsdorf, *Zossen) und Kasernen (*Potsdam, *Frankfurt, *Brandenburg, *Neuruppin, *Rathenow) Ausdruck. Das von Bismarck bonapartistisch regierte Reich blieb ohne offizielle Reichsregierung. Nur für bestimmte Exekutivbereiche entstanden – mitunter erst nach Jahren oder Jahrzehnten – Reichsämter mit Staatssekretären an der Spitze. Die preußische Regierung fungierte weitgehend als faktische Reichsregierung. Der sog. Kulturkampf, den Bismarck in den 70er Jahren gegen die antipreußisch-föderalistische, katholische Zentrumspartei führte und verlor, ging von Preußen aus, wo in seinem Verlauf immerhin 1872/74 die geistliche Schulaufsicht teilbeseitigt und die Zivilehe eingeführt wurden. Ansonsten blieben die innenpolitischen Verhältnisse Preußens stark von den Gesetzen der Reaktionsperiode bestimmt. Weiterhin galten die alte Verfassung, das Vereinsgesetz (bis zum Reichsvereinsgesetz 1908) und – im Gegensatz zum Reichstagswahlrecht – das Dreiklassenwahlrecht. Die vom Reich übernommene Gewerbeordnung des Norddeutschen Bundes (1869) – gewissermaßen die Gewerbe- und Sozialverfassung des Kaiserreiches – wurde in Preußen weitaus repressiver als im Reich und in den meisten anderen Bundesstaaten gehandhabt.

Wenn auch von Berlin liberale und z. T. demokratische Bestrebungen in die Mark wirkten

(*Potsdam), wenn auch Berliner Persönlichkeiten wie der linksliberale Politiker Johannes Kaempff (*Neuruppin) und die Führerin der linken bürgerlichen Frauenbewegung, Minna Cauer (*Freyenstein), aus der Mark stammten und zu ihr Kontakt hielten, so blieb die Provinz Mark Brandenburg doch eine Domäne des junkerlichen Konservatismus. Bis 1918 wurden die Potsdamer (*) und Frankfurter Ober- bzw. Regierungspräsidenten ausnahmslos von konservativen und adligen Beamten und Politikern gestellt. Die Dienststellen und Landratsämter der beiden Regierungsbezirke galten als exklusiv und förderlich für die höhere preußische Beamtenlaufbahn. Die nunmehr kapitalistisch wirtschaftenden Junker beherrschten die Landratsämter und Selbstverwaltungsorgane der Agrarkreise (*Kyritz, *Neuruppin, *Angermünde), die bis zur Kreisreform 1872 ihr ständisch-ritterschaftliches Gepräge behielten. Erst mit dieser zunächst junkerlich heftig befehdeten Reform wurden die Kreistage gewählt und das Landratsamt zu einem rein staatlichen Verwaltungsorgan der mittleren Ebene. Gleichzeitig erhöhten die geweiteten Kreistags- und Landratsbefugnisse deren Bedeutung als junkerliche Einflußsphäre. Zwar wurde die unmittelbar gutsherrliche Polizeigewalt aufgehoben, die Gutsbezirke aber blieben bestehen. Die 1879 begonnene Schutzzollpolitik und die preußische Steuerreform 1891 stärkten die ökonomische Stellung der Junker. Klassische Gebiete landschaftsbestimmenden Großgrundbesitzes und ostelbischer Junkerherrschaft stellten in der Mark Brandenburg die Uckermark (*Greiffenberg), der Oberbarnim (*Prötzel), das Land Ruppin und die Prignitz (*Zernitz-Neuendorf, *Putlitz) dar. An der Spitze des kurmärkischen Großgrundbesitzes standen die uckermärkischen v. Arnim, die v. Solms-Baruth (*), die v. Bredow (*) und die v. Hardenberg (*Marxwalde). Märkische Großgrundbesitzer wie die v. Eulenburg-Hertefeld (*Liebenberg) und v. Oldenburg-Januschau (*Lichterfelde) waren einflußreiche Politiker des preußischen Konservatismus. In den adligen Damenstiften (*Heiligengrabe, *Zehdenick, *Stepenitz, *Lindow) besaßen die brandenburgischen Junker konservative Zöglings- und Versorgungsstätten.

Die in den 50/60er Jahren relativ abgeschlossene Kapitalisierung der Landwirtschaft setzte zahlreiche Arbeitskräfte frei. Das Gros wanderte in die Städte ab und wurde Industriearbeiter. Die Landarbeiter, Tagelöhner und Saisonarbeiter waren auch nach der Aufhebung der Patrimonialgerichtsbarkeit (1849) der diskriminierenden Gesindeordnung und den Ausnahmegesetzen gegen das Landproletariat (1854) unterworfen und damit im Gegensatz zu den Industriearbeitern von der relativen Koalitions- und Streikfreiheit ausgeschlossen. Fast die Hälfte der Berliner Zuzügler kam um die Mitte der 60er Jahre aus der Provinz Brandenburg. Der empfindliche Landarbeitermangel verstärkte um die Jahrhundertwende die Tendenz, Landarbeiter auf gutseigenen Parzellen anzusiedeln und ihnen Deputatlöhne zu zahlen, wodurch die Arbeiter wieder stärker an die Güter gebunden wurden.

Der großstädtische Bedarf Berlins förderte die Produktions- und Produktivkraftentwicklung in der märkischen Landwirtschaft. Einige Güter wiesen beträchtliche Züchtungserfolge auf (*Petkus). Bei Wiesenburg (*) begann 1856 der märkische Lupinenanbau. In der Obst- und Gemüseversorgung Berlins nahm die Mark den ersten, in der Fleischversorgung (*Seelow, *Neutrebbin) nach Pommern den zweiten Platz ein. Das ältere Obstbaugebiet um Werder (*), das jüngere um Gransee (*), die Reformsiedlung Oranienburg (*)-Eden sowie die Gemüseproduktionszentren von Markee (*) und im Oderbruch (*Gorgast) mit dem Hauptumschlagplatz Wriezen (*) waren vor allem auf Berlin gerichtet. Mit dem preußischen Heeresbedarf dehnten sich die Gestüte von Neustadt (*) aus. Dahlwitz (*)-Hoppegarten wurde zum Zentrum des Pferderennsports und seines Berliner Klubwesens. In und bei Berlin entstanden zahlreiche Baumschulen (*Ketzin). Das Mühlengewerbe nahm einen neuen Aufschwung, teils mit Großmühlen (*Brandenburg), teils mit modernisierten Windmühlen (*Saalow, *Petkus, *Fahrland). Neben dem Kreditwesen der Raiffeisengenossenschaften bildete sich ein junkerlich-großbäuerlich beherrschtes Vereins- und Weiterbildungssystem (*Pritzwalk) heraus. Großagrarisch bestimmte, märkische Organisationen wie der Landwirtschaftliche Centralverein für die Mark Brandenburg nahmen maßgeblichen Anteil an der Gründung des halbstaatlichen Deutschen Landwirtschaftsrates (1872), der junkerlich beherrschten Deutschkonservativen Partei (1876) und des eng mit ihr verbundenen Bundes der Landwirte (1893).

1875 setzte die neue Provinzialordnung dem Ständewesen ein Ende – mit Ausnahme der Niederlausitz, die ihren Sonderstatus behielt.

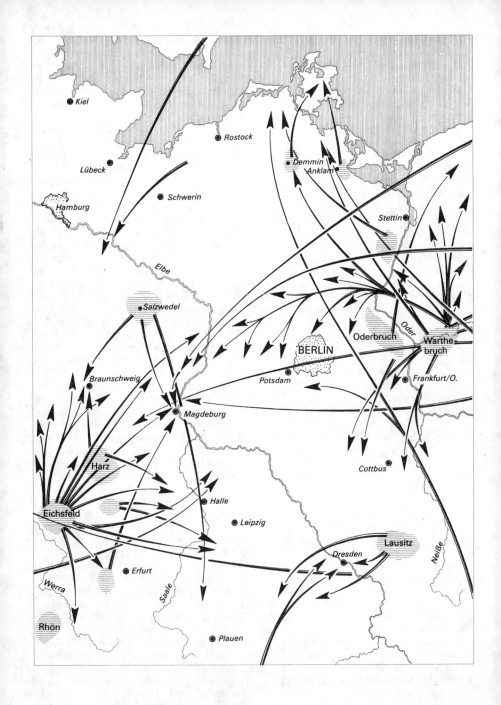

Wege der Ernte-Wanderarbeiter (I. Weber-Kellermann)

Der Provinziallandtag wurde nunmehr gewählt. Dem Potsdamer Oberpräsidenten trat der »Provinzialverband der Provinz Mark Brandenburg« als Selbstverwaltungsorgan (Sitz: Berlin) 1876 bis 1945 zur Seite. Er bestand aus dem Provinzialausschuß, den der Provinziallandtag aus seiner Mitte berief, und einem beamteten »Landesdirektor«. Die Selbstverwaltungsbefugnisse waren auf bestimmte Bereiche des Sozial-, Versicherungs-, Siedlungs-, Meliorations-, Verkehrs- und Bauwesens sowie durch die kommissarische Aufsicht des Oberpräsidenten eingeschränkt, dem weiterhin die wichtigsten Provinzialbehörden unterstanden. Die meisten von ihnen hatten ebenso wie die Provinzialkirchenverwaltung ihren Sitz in Berlin. Von den Handelskammern Brandenburg, Frankfurt, Sorau, Cottbus und Potsdam wurde letztere 1901 mit der Berliner zusammengelegt.

Die politische Struktur Berlins unterschied sich deutlich von der Provinz Brandenburg. Trugen Hof, Reichsleitung und preußische Regierung konservativen Charakter, so beherrschten die Linksliberalen der Fortschritts- bzw. späteren Freisinnigen Parteien die Stadtverwaltung und über die dominierende Position der Berliner Oberbürgermeister auch den Brandenburgischen (1873), den Preußischen (1896) bzw. den Deutschen Städtetag (1903/ 05). Das proletarische Berlin wiederum ließ die Sozialdemokratie seit 1887 zur wählerstärksten Partei bei den Reichstagswahlen werden. Nicht zuletzt an der Furcht, die politische Emanzipation der Bourgeoisie und des Berliner Proletariats zu fördern, scheiterten alle Versuche, Berlin aus der Provinzialverwaltung herauszulösen, seinen Selbstverwaltungsstatus anzuheben oder seine absurden Stadtgrenzen, die schließlich mitten durch das Häusermeer gingen, zu verändern. Zwar wurde Berlin 1881 Stadtkreis mit den faktischen Befugnissen eines Regierungsbezirkes, blieb aber weiterhin dem Potsdamer Oberpräsidenten unterstellt. Der Zweckverband (1911) zwischen Berlin und seinen Vororten beschränkte sich auf Bau- und Verkehrsfragen.

Die Nähe der Groß- und Industriestadt Berlin beeinflußte in den sog. Gründerjahren, in den Jahrzehnten der »Großen Depression« und nach dem Übergang zum Imperialismus immer stärker die sozialökonomische und siedlungsgeographische Entwicklung der Mark Brandenburg. Dabei änderte und weitete sich deren zunächst schwaches industrielles Profil.

Der Niedergang alter Gewerbe und Handelsbeziehungen führte in Bernau (*) zu krassestem Webernotstand und zum Ende der Frankfurter (*) Messen, in Brandenburg (*), Luckenwalde (*), in kleinerem Maßstab auch in Neuruppin (*) zu industriellen Neuansätzen und zum Strukturwandel. Lediglich die Prignitzstädte Pritzwalk (*) und anfangs auch Wittstock (*) hielten der Konkurrenz der Niederlausitzer Tuchindustrie stand. Nur wenige der älteren Industriestädte wie Rathenow (*), Oranienburg (*) und Velten (*) entwickelten sich kontinuierlich im Rahmen der hier ansässigen Spezialindustrien. Mit der Zement- (*Rüdersdorf) und Ziegeleigroßindustrie (*Zehdenick), der Randwanderung der Berliner Großindustrie (*Teltow, *Schönow, *Wildau, *Hennigsdorf) und der Verlagerung Berliner Betriebe in märkische Städte (*Potsdam-Babelsberg, *Oranienburg, *Fürstenwalde) entstand ein Kranz markanter Industriestandorte um Berlin. Während das Finowtal zum »märkischen Wuppertal« entwickle (*Eberswalde-Finow), verkümmerte ein ähnlicher Ansatz im Schlaubetal (*Weißenspring). Zur Verarbeitung land- und forstwirtschaftlicher Produkte entstanden in vielen märkischen Städten Kleinbetriebe sowie einige größere Konserven- und Zuckerfabriken (*Nauen, *Ketzin), wenn auch die brandenburgische Zuckerproduktion bei weitem nicht die Bedeutung wie in der Provinz Sachsen erlangte.

Ausschlaggebend für die Standortwahl und damit Industrialisierungsimpulse waren häufig die im Umfeld Berlins rasch wachsenden Verkehrsanschlüsse, wobei die bürgerlich geführte Kreisverwaltung Teltow (*) Bahnbrechendes leistete. Im Verlauf des Eisenbahnbaus entstand in Wustermark (*) der damals größte deutsche Verschiebebahnhof. Das Kanalnetz wurde erheblich ausgebaut (*Zehdenick, *Fürstenwalde, *Eisenhüttenstadt, *Teltow, *Hohensaaten, *Niederfinow, *Schwedt, *Brandenburg). Die Verkehrsanschlüsse und die Einführung des Berliner Vororttarifs (1891) zogen weitere berlinnahe Dörfer und Städte in den Sog großstädtischer Entwicklung. Neben den frühen Arbeiterkolonien (*Schönewalde) entstanden zahlreiche proletarisch bewohnte Vororte mit starkem Pendelverkehr in die Berliner Industriebetriebe (»Rucksackberliner«) sowie bürgerliche Wohngemeinden, die sich vor allem dann in den 20er Jahren ausdehnten (*Grünheide, *Kleinmachnow, *Falkensee, *Birkenwerder, *Rangsdorf, *Schönefeld,

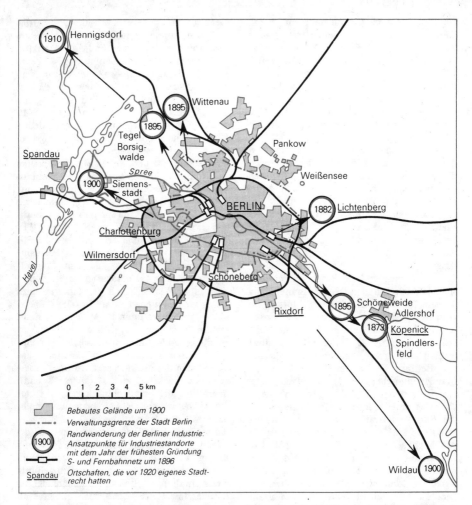

Randwanderung der Berliner Industrie (H. Mauter)

*Mahlow, *Dahlwitz-Hoppegarten, *Bad Saarow-Pieskow). Der Fremdenverkehr nahm erheblich zu (*Falkenberg, *Wandlitz, *Rüdersdorf, *Bad Saarow-Pieskow, *Altenhof). Neben Berlin zählte nun auch die Mark Brandenburg zu den Gebieten mit wachsender Bevölkerung. Im Sog des Hochschul-, Wissenschafts- und Kunstzentrums Berlin, wo sich der Universität, den Hochschulen und den Preußischen Akademien der Wissenschaften und der Künste u. a. die Technische Hochschule (1879) und die Handelshochschule (1906) zugesellten, wo die Idee des »Großbetriebes der Wissenschaft« entstand und in der Physikalisch-Technischen Reichsanstalt (1887) und der Kaiser-Wilhelm-Gesellschaft (1911) realisiert wurde, blieb die Mark Brandenburg hochschulfrei. Doch entstanden in und bei Potsdam (*) sowie in Lindenberg (*) mehrere Observatorien und Institute. Die Eberswalder (*) Forstakademie erlebte ihre Blütezeit. In enger Bindung an Siemens, die AEG und ihre 1903 gemeinsam gegründete Telefunken GmbH wurden in der Mark technische Pionierleistungen vollbracht (*Eberswalde-Finow, *Teltow, *Potsdam, *Nauen). Potsdam (*) und die Rhinower (*) Berge waren Schauplätze früher Flugversuche vor allem der Gebrüder Lilienthal. In Borkheide (*) richtete der Flugpionier Hans Grade ein Flugzeugwerk ein. In Potsdam (*) und Staaken wurden Luftschiffhäfen und -werke angelegt, wie die Funktechnik schon zu vorwiegend militärischen Zwecken. Im Umfeld Berlins entstand eine Reihe staatlicher, kirchlicher bzw. privater medizinischer Einrichtungen (*Fürstenwalde, *Lehnin, *Beelitz, *Teupitz, *Brandenburg, *Waldsieversdorf, *Lobetal). Namhafte Naturforscher entstammten der Mark oder hatten hier ihre zeitweiligen Wirkungs- und Aufenthaltsstätten (*Potsdam, *Pritzwalk, *Niemegk, *Rüdersdorf, *Zechlinerhütte, *Lindenberg).

Mehrere aus der Mark gebürtige Künstler blieben in der Tradition Fontanes eng mit der märkischen Landschaft verbunden oder suchten alternative Wege (*Werder, *Zechlin Dorf, *Erkner, *Blankensee, *Kremmen, *Mansfeld, *Woltersdorf). Sie wandten sich gegen die offizielle Hofkunst (*Frankfurt). 1912 erschien Tucholskys Buch über seine Rheinsberger (*) Ferienidylle. In Bad Freienwalde (*), in Erkner (*) und Chorin (*) sammelten sich Künstlerkreise. Berliner Reformarchitekten fanden u. a. in Potsdam (*), Nauen (*) und Hennigsdorf (*) Aufträge. Nachdem Berlin 1895/96 durch die Projektionen der Gebrüder Skladanowsky und Oskar Meßters zum Ausgangspunkt der deutschen Filmproduktion geworden war, wuchs seit 1911 bei Postdam (*) eine regelrechte Filmstadt heran.

Nach dem Zusammenschluß von »Eisenachern« und Lassalleanern zur Sozialistischen Arbeiterpartei Deutschlands (1875) wurde die Arbeiterbewegung zu einem gesellschaflichen Machtfaktor in der Reichshauptstadt. Der Bismarck-Staat trat ihr mit Repressivmaßnahmen (»Ära Tessendorf«, 1874/78; »Sozialistengesetz«, 1878/90) entgegen. Gleichzeitig erwog er eine positive Sozialpolitik, um damit auch die »Soziale Frage« des Kapitalismus »von oben«, d. h. von Staats wegen, zu lösen. Strategische Konzepte dafür entwarfen neben dem Sozialkatholizismus und einzelnen sozialkonservativen Denkern nun auch die liberalen »Kathedersozialisten«, Sozialreformer und kleinbürgerliche Ideologen (*Potsdam), die militant-konservativen sozialprotestantischen Kreise um den Berliner Hofprediger Adolf Stoecker und den Prignitzer Landpfarrer Rudolf Todt (*Barenthin) sowie die »nationalsoziale« Richtung Friedrich Naumanns und Paul Göhres (*Frankfurt). Sie wurden von zahlreichen bürgerlichen Arbeiterorganisationen, von einzelnen Unternehmern sowie von der Bismarckschen Sozialversicherungs-Gesetzgebung (1884/89) aufgegriffen, die das in Potsdam (*) unterzeichnete und von den preußischen Innenministern v. Eulenburg (*Liebenberg) und v. Puttkamer (*Frankfurt) mitverantwortete Sozialistengesetz begleitete.

Trotz dessen Repressivmaßnahmen wurden in Berlin erstmals Sozialisten in das Stadtparlament gewählt und die Arbeiterpartei wählerstärkste Partei bei den Reichstagswahlen. Hier wie auch in einigen märkischen Städten (*Brandenburg) erwies sich die Verbindung legaler und illegaler Kampfformen als wirkungsvoll. In Rathenow (*), Velten (*) und Potsdam (*) kam es zu Streikaktionen. Mit Arthur Stadthagen (*Bernau) wurde 1890 erstmals ein Sozialist in einem märkischen Reichstagswahlkreis gewählt. Der Sturz Bismarcks und das Ende des Sozialistengesetzes besiegelten 1890 den Fehlschlag der »Zuckerbrot-und-Peitsche«-Politik.

Seit 1890 wurde Berlin Führungssitz der als marxistische Massenpartei neugegründeten Sozialdemokratischen Partei Deutschlands, der freien Gewerkschaften und der meisten anderen sozialistischen Arbeiterorganisationen, darunter des 1909/13 gegründeten Deutschen Landarbeiter Verbandes, Vorort der internationalen und »Hauptstadt« der marxistischen deutschen Arbeiterbewegung. Mit der Verlagerung des von Bebel und Liebknecht geleiteten Führungszentrums von Leipzig nach Berlin kamen zahlreiche Arbeiterführer nach Berlin. Vor allem nach der Bildung der Groß-Berliner Parteiorganisation (1905), die mit den Wahlkreisorganisationen Teltow–Beeskow–Storkow–Charlottenburg und Niederbarnim auch Teile der brandenburgischen Parteiorganisation einschloß, traten sie häufig in der märkischen Umgebung auf. In Berlin konzentrierten sich die Arbeiterkultur- und Volksbühnenbewegung in zeitweiser enger Verbindung zum Friedrichshagener Dichterkreis (*Erkner) sowie die proletarische Freidenker- und Frauenbewegung, zu deren Mitbegründerinnen Clara Zetkin und Emma Ihrer (*Velten) gehörten. In enger Bindung an Berlin und nunmehr legal, nahmen Sozialdemokratie, freie Gewerkschaften, Arbeitergenossenschaften usw. seit 1890 auch in der Mark einen gewaltigen Aufschwung, am deutlichsten in der Industriestadt Brandenburg (*). In Potsdam (*), Frankfurt (*) und einer Reihe kleinerer Industriestädte (*Eberswalde-Finow, *Fürstenwalde, *Wittstock, *Pritzwalk, *Neuruppin, *Luckenwalde) faßten sie festen Fuß. In Zechin (*) begann 1894 Wilhelm Piecks Wanderschaft. Der

»Märkische Arbeiter-Turnerbund« 1892 (*Brandenburg) wurde zum Ausgangspunkt der deutschen Arbeitersportbewegung.

Das Breitenwachstum, die parlamentarischen, sozial- und kommunalpolitischenTeilerfolge, der »Reiz praktischer Tätigkeit« schlossen die Gefahr ein, sich »von der Linie abbringen zu lassen«, wie Paul Singer im Dezember 1898 auf der Berliner Konferenz der sozialdemokratischen Gemeindevertretung der Provinz Brandenburg warnte. Aber auch das »Brandenburger Programm« dieser Konferenz, das erste übergreifende kommunalpolitische Dokument der Partei, begünstigte reformistische Tendenzen (*Brandenburg, *Potsdam). »Munizipalsozialismus«, gewerkschaftlicher Sozialreformismus und der Bernsteinsche Revisionismus begannen nach der Jahrhundertwende, die Arbeiterbewegung opportunistisch zu zersetzen. Gegen die Gefahr, die marxistische in eine reformistische Partei zu verwandeln, führten die vor allem in Berlin konzentrierten revolutionären Linken einen – vom Zentrismus immer wieder unterlaufenen (*Bernau) – Kampf. Die Linken standen an der Spitze der Arbeiterjugend- (*Bernau) und -bildungsbewegung (*Potsdam), der preußischen Wahlrechtsbewegung 1907/10 (*Brandenburg), der Protestaktionen gegen den Zaren-Besuch 1910 (*Potsdam) und gegen die monarchistisch-chauvinistischen Hohenzollernfeiern 1912 (*Brandenburg). Karl Liebknecht, der seit 1899 in Berlin als Anwalt wirkte (*Seelow, *Brandenburg, *Stolpe Dorf) und seit 1901 im Reichstagswahlkreis Potsdam (*)-Spandau-Osthavelland kandidierte, hatte maßgeblichen Einfluß auf den Ausbau und die Linksentwicklung dieser Wahlkreisorganisation (*Velten, *Ketzin, *Golm). 1912 eroberte er den »Kaiserwahlkreis« für die Sozialdemokratie. 1908 übernahm er eines der acht trotz Dreiklassenwahlrecht erstmals erkämpften sozialdemokratischen Mandate im preußischen Abgeordnetenhaus.

Ungeachtet der Antikriegsdemonstrationen (*Brandenburg) arbeiteten Kaiser (*Potsdam), Reichsleitung (*Hohenfinow) und Militärs in der Julikrise 1914 auf den Krieg zu. Während die rechten SPD- und Gewerkschaftsführer auf die »Burgfrieden«-Politik einschwenkten, eine »Verteidigungs«-Stimmung unter ihren Anhängern erzeugten und den Krieg unterstützten, durchbrach Liebknecht – u. a. von seinen Potsdamer (*) Anhängern ermutigt (*Bernau) – Ende 1914 die Fraktionsdisziplin und stimmte als zunächst einziger Reichstags-

abgeordneter gegen die Kriegskredite. Damit gab er dem Antikriegskampf ein Fanal, als dessen entschiedenste Kraft sich 1915/16 die Spartakusgruppe der Linken formierte.

Zahlreiche Industriebetriebe wurden während des ersten Weltkrieges auf Rüstungsproduktion umgestellt (*Hennigsdorf, *Wildau, *Eberswalde-Finow, *Brandenburg). In Premnitz (*) entstand eine große Pulverfabrik, zur Nauener (*) kam die Königs Wusterhausener (*) Heeresfunkenstation hinzu. Berlin wurde zum Zentrum der staatsmonopolistischen Kriegswirtschaft, entsprechender Ämter und Verbandszusammenschlüsse wie des Kriegsausschusses der Deutschen Industrie (1914). Der Kriegsausschuß der Berliner Metallindustrie (1915) diente dem »Hilfsdienstgesetz« (1916) zum Vorbild. Solche Ansätze zu »Arbeitsgemeinschaften« zwischen Unternehmerverbänden und Gewerkschaften waren in den herrschenden Klassen ebenso umstritten wie die Arbeiter- und Gewerkschaftspolitik der preußischen Militärbehörden und die zaghaften »Neuorientierungs«-Versuche der Kanzler Bethmann Hollweg (*Hohenfinow), Michaelis (*Bad Saarow-Pieskow) und Hertling.

Bei wachsender Not und Zahl der Kriegstoten und bei sich abzeichnender militärischer Niederlage nahm die Antikriegsbewegung nach den russischen Februar- und Oktoberrevolutionen 1917, dem sowjetischen Friedensangebot und den Brest-Litowsker Friedensverhandlungen Massencharakter an. Der Januarstreik 1918 brachte bereits eine umfangreiche Räteorganisation hervor. Er stand anfangs unter Führung der Spartakusgruppe sowie der aus der Berliner lokalistischen Gewerkschaftsbewegung hervorgegangenen, revolutionären Obleute des Metallarbeiter-Verbandes. Der Streik erfaßte auch die Rüstungsbetriebe der Randzonen und mehrerer märkischer Städte. Er verstärkte hier den Einfluß der 1917 gegründeten Unabhängigen Sozialdemokratischen Partei Deutschlands (USPD), ihrer revolutionären Gruppen (*Fürstenwalde, *Hennigsdorf, *Eberswalde-Finow) und der oppositionellen Berliner Arbeiterjugendbewegung (*Stolpe Dorf). Parlamentarisierung, Regierungsaufnahme von Sozialdemokraten sowie Arbeitsgemeinschaftsverhandlungen zwischen Gewerkschaftsführern und Großindustriellen wie Borsig (*Groß Behnitz), Siemens und Rathenau (*Bad Freienwalde) konnten die Revolution nicht verhindern, wiesen aber der Konterrevolution die Strategie und Taktik.

Trotz konzentrierter kaisertreuer Truppen und Räteverbot (7.11.) erfaßte die Novemberrevolution im Umfeld des Berliner Generalstreiks und bewaffneten Aufstandes am 9./10. November 1918 die Mark Brandenburg. In den Garnison- und Arbeiterstädten (*Potsdam, *Frankfurt, *Neuruppin, *Brandenburg), an den Heeresfunkenstationen (*Nauen, *Königs Wusterhausen) und in einer Reihe kleinerer Städte (*Bad Freienwalde, *Trebbin) entstanden im Gefolge weitgehend unblutiger Massenaktionen Arbeiter- und Soldatenräte. In Frankfurt (*), Brandenburg (*), Neuruppin (*) wurden die Räte zunächst von Mitgliedern des am 11. November formierten revolutionären Spartakusbundes sowie anderen linken und unabhängigen Sozialdemokraten geführt. Diese wie die meisten örtlichen sowie die späteren Zenträräte für die Provinz und die beiden Regierungsbezirke (*Potsdam) folgten bald der Politik der am 10. bzw. 12. November als »Revolutionsregierungen« für das Reich und Preußen gebildeten Räte der Volksbeauftragten. Der Vollzugsrat der Berliner Arbeiter- und Soldatenräte, am 10. November als provisorisches oberstes Räteorgan gewählt, trat ihnen am 23. November auch formell die Exekutivgewalt in Reich und Preußen ab. Obwohl paritätisch von SPD und USPD gebildet, bestimmten die rechten Sozialdemokraten die Politik beider Volksbeauftragten-Gremien. In Konsequenz ihrer 1914 eingeschlagenen Politik ließen sie keinen Zweifel daran, daß sie lediglich die begrenzte »Demokratisierung« und »Sozialreform« anstrebten und sich gegen die weiterführende Revolution und gegen die sozialistische Perspektive stellen würden. Auf der Grundlage der ersten Revolutionsergebnisse – Sturz der Hohenzollernmonarchie, Waffenstillstand, politische und soziale Rechte und Freiheiten – nahmen sie Kurs auf eine parlamentarische Republik und den Abbau der Rätemacht. Den Volksbeauftragten-Aufrufen (12./13. November), dem Arbeitsgemeinschaftsabkommen zwischen Unternehmerverbänden und Gewerkschaften (12./15. November) und dem Exekutivverzicht des Vollzugsrates folgend, beschränkten sich die meisten märkischen Räte auf Demobilmachungs- und Versorgungsfragen. Sie ließen die Unternehmer und Großgrundbesitzer weitgehend unbehelligt und arbeiteten bei begrenzter Kontrolltätigkeit mit den alten Behörden zusammen, sofern sich diese nur auf den »Boden der Tatsachen« stellten (*Potsdam, *Nauen).

Währenddessen zog die Oberste Heeresleitung entsprechend ihrem Geheimabkommen mit Friedrich Ebert (10. November) und den Plänen vor allem Kurt v. Schleichers (*Brandenburg) ausgesuchte Fronttruppen um das Revolutionszentrum Berlin zusammen (*Potsdam). Nach dem voreiligen Berliner Putsch (6. Dezember) und dem eher demonstrativen Truppeneinmarsch am 10./11. Dezember in Berlin und Potsdam (*) gab die Entscheidung des Reichsrätekongresses (16./20. Dezember) für Wahlen zur Nationalversammlung den Ausschlag zugunsten der Konterrevolution. Der (scheiternde) Truppenangriff auf die Berliner Volksmarinedivision (23./24. Dezember) veranlaßte die USPD-Vertreter zum Austritt aus den beiden Volksbeauftragten-Gremien. Der Spartakusbund und andere Gruppen der revolutionären Linken gründeten um die Jahreswende 1918/19 im Berliner Preußischen Abgeordnetenhaus die Kommunistische Partei. Erste KPD-Ortsgruppen entstanden im Umfeld Berlins im Januar 1919 in Bernau (*), Fürstenwalde (*), Brandenburg (*) und Nowawes bei Potsdam (*), im Februar/März 1919 auch in Frankfurt (*) und Potsdam (*).

Unterdessen formierten Bourgeoisie und Junkertum ihre Kräfte. Im Vorfeld der Wahlen bildeten sich – mit Ausnahme der Zentrumspartei – ihre Parteien um. Während sich die Deutsche Demokratische Partei (DDP) in linksliberaler Berliner Tradition auf den Boden der »Demokratisierung« und der Republik stellte, hatte die konservative Deutschnationale Volkspartei (DNVP) auf dem flachen Lande (*Lichterfelde, *Friedersdorf, *Liebenberg) sowie in den traditionellen Zentren Potsdam (*) und Frankfurt (*) antirepublikanische Domänen in der Mark. Es entstanden elitäre Führerorganisationen wie der jungkonservative Juni- (später: Herren-)Klub und der Reichsbürgerrat unter der späteren Führung v. Loebells (*Lehnin) sowie frühfaschistische Vereinigungen wie die Antibolschewistische Liga, die den Rätegedanken ausnutzten und die Fäden für den Bürgerkrieg gegen die revolutionären Massen und die junge KPD spannen.

Die Oberste Heeresleitung und der neue »Volksbeauftragte« Noske (*Brandenburg) bildeten nach dem Fiasko der Fronttruppen in den »Weihnachtskämpfen« in und um Berlin Freikorps (*Zossen, *Potsdam, *Döberitz), Einwohnerwehren (im März 1919 offiziell in Preußen) und Zeitfreiwilligenverbände. Freikorps hatten sich bereits als »Grenzschutz Ost« gegen Sowjetrußland und Polen »bewährt« (*Frankfurt). Sie wurden nun in den Berliner Januarkämpfen, bei der Ermordung Karl Liebknechts und Rosa Luxemburgs sowie im Märzfeldzug gegen das revolutionäre Berlin eingesetzt. Sie stellten einen großen Teil des Kaderstamms bzw. der Kaderreserve der seit Februar 1919 aufgebauten, 1920 entsprechend dem Versailler Vertrag zahlenmäßig begrenzten, in ihrer Führungsstruktur gestrafften Reichswehr. Das Reichswehr-Truppenamt übernahm die Funktionen des verbotenen Großen Generalstabes sowie zahlreiche Dienststellen des ehem. kaiserlichen Heeres, darunter das Potsdamer (*) Reichsarchiv.

Während das Berliner Proletariat in den Januar- und Märzkämpfen 1919 blutig niedergeschlagen wurde, hob die am 19. Januar gewählte Nationalversammlung im thüringischen Weimar die bürgerliche Republik unter dem rechten Sozialdemokraten Friedrich Ebert als Reichspräsidenten und mit sozialdemokratisch-bürgerlichen Koalitionsregierungen aus der Taufe. Im Zuge der Konterrevolution entstanden, war sie doch das nach der KPD-Gründung wichtigste Ergebnis der Revolution. In den Augen ihrer Gegner haftete der Weimarer Republik der »Ludergeruch der Revolution« an. Sie mußte einen Teil der Revolutionserrungenschaften übernehmen, wies unter den imperialistischen Ländern die damals freiheitlichste und fortschrittlichste Staats- und Sozialverfassung auf und bot der Arbeiterbewegung einen relativ günstigen Kampfboden. Parlamentarismus und neues Wahlrecht (*Potsdam, *Brandenburg) schränkten die obrigkeitsstaatlichen Strukturen ein, das neue Tarif-, Schlichtungs- und Betriebsrätewesen die »Herrn-im-Hause«-Rechte der Unternehmer. Bei erhaltenen bourgeoisen und junkerlichen Machtgrundlagen, vertiefter Spaltung der Arbeiterbewegung, rechtsopportunistischer Koalitions- und Arbeitsgemeinschaftspolitik schlugen diese Veränderungen jedoch in erster Linie der industriellen Monopolbourgeoisie zu Buche. Deren gesellschaftliches Gewicht erhöhte sich zum Nachteil der Junker. Die flexible Realpolitik schrittweiser »Wiedererstarkung« fand in der Berliner Führung des neugegründeten Reichsverbandes der Deutschen Industrie (RDI) ein strategisches Zentrum.

Mit der Revolution waren die Pläne gescheitert, einen Einheitsstaat zu schaffen bzw. das übergroße, in viele historische Regionen und Wirtschaftsräume hineinreichende Preußen in seine Provinzen aufzulösen. Der Reichsaufbau blieb föderativ. Bei republikanisch-parlamentarischen Verfassungen hatten die Länder weitgehende innen-, kultur- und bildungspolitische Befugnisse. Der 1919/20 gebildete Freistaat Preußen erhielt am 30. November 1920 seine Verfassung. Der Versailler Vertrag, dessen Folgen auch in der Mark spürbar waren (*Wünsdorf, *Zossen, *Frankfurt), verkleinerte sein Territorium. Berlin blieb Sitz des preußischen Staatsministeriums, des nunmehr einheitlichen preußischen Landtages und des Staatsrates, der nun als Vertretung der zehn preußischen Provinzen fungierte; die Provinz Brandenburg entsandte fünf Staatsratsmitglieder. Mit Ausnahme einer rein bürgerlichen Regierung 1921 und der Regierungskrise 1925 wurde das Land Preußen bis zum Staatsstreich 1932 von sozialdemokratisch-bürgerlichen Koalitionsregierungen regiert, an deren Spitze seit 1920 der rechte Sozialdemokrat Otto Braun stand. Das »sozialdemokratische Bollwerk« Preußen war ein bevorzugtes Objekt zunächst föderalistisch-separatistischer, seit 1924 unitaristischer Angriffe der Rechtskräfte. Die Kirchenverwaltung der »Altpreußischen Union« einschließlich ihrer Berlin-Brandenburgischen Landeskirchenverwaltung blieb in den Händen vorwiegend konservativer Theologen und Kirchenpolitiker und auch nach dem Kirchenvertrag mit dem republikanischen preußischen Staat (1931) auf eine »autoritäre« Staatsidee gerichtet.

Nach der brandenburgischen Provinzialverwaltung (Provinzialausschuß und Provinziallandtag) zog auch der – nunmehr bürgerliche – Oberpräsident nach Berlin. Nach der Bildung der Stadtgemeinde Groß-Berlin (1920) verblieb die Hauptstadt zwar im Provinzialverband, doch mit einem fast autonomen Status. Dieser erst durch die Novemberrevolution ermöglichte Zusammenschluß der bisherigen Berliner Stadtbezirke mit den Städten Köpenick, Lichtenberg, Charlottenburg, Neukölln, Schöneberg, Spandau und Wilmersdorf sowie mit 59 Landgemeinden und 27 Gutsbezirken vereinheitlichte den als Wirtschafts- und Verkehrsgebiet längst zusammengewachsenen Berliner Raum und schuf mit der 4-Millionen-Stadt die bevölkerungsreichste Großstadt des Kontinents. Die Randkreise verloren damit erhebliche Gebiete an Groß-Berlin (*Teltow, *Woltersdorf). Die eigentliche Provinz Brandenburg ohne Groß-Berlin umfaßte nunmehr in den Regierungsbezirken Potsdam und

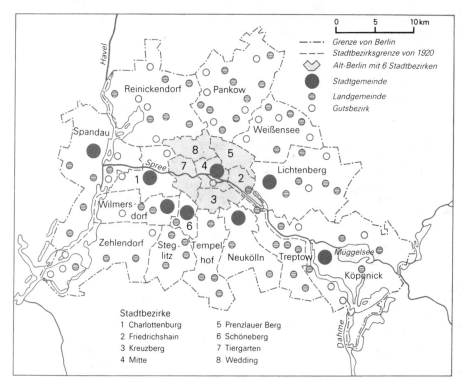

Bildung Groß-Berlins 1920 (nach »Berlin – 800 Jahre Geschichte in Wort und Bild«)

Stadtbezirke

1 Charlottenburg	5 Prenzlauer Berg
2 Friedrichshain	6 Schöneberg
3 Kreuzberg	7 Tiergarten
4 Mitte	8 Wedding

Frankfurt 2,5 Millionen Einwohner in 31 Land- und zehn Stadtkreisen.
Wie im Reichsmaßstab u. a. die Sozialisierungsbestrebungen und die Aktionen der »Zentralfunkleitung« (*Königs Wusterhausen), so wurden auch in Preußen die gesellschaftlichen Neuansätze der Novemberrevolution in die Bahnen bürgerlicher Reformen und staatsmonopolistischer Prozesse gelenkt. Charakteristisch waren die vom Staatssekretär bzw. Kultusminister C. H. Becker initiierten bildungs- und wissenschaftspolitischen Reformen an den Universitäten und Hochschulen, bei der Gründung der Notgemeinschaft der Deutschen Wissenschaft (1920) als wichtigster halbstaatlicher Fördergesellschaft wie bei der Gründung Pädagogischer Akademien für die Lehrerausbildung, an der Adolf Reichwein (*Tiefensee) maßgeblichen Anteil hatte. Die während der Revolution vom preußischen Rat der Volksbeauftragten verheißene, vom linken Kultusminister Adolph Hoffmann und entschiedenen

Schulreformern (*Birkenwerder) eingeleitete, von den bürgerlichen und rechtssozialdemokratischen Politikern abgebrochene Schulreform wurde unter Becker in Kompromißbahnen geführt. Sie ließ im Unterschied zu anderen Ländern weltliche Schulen zu, erweiterte die Bildungs- sowie die Einflußmöglichkeiten der Eltern, ohne damit das gesamte Schulwesen zu verweltlichen und zu demokratisieren und ohne das bürgerliche Bildungsmonopol zu brechen. Immerhin fanden die 1919/20 gegründeten, fortschrittlichen Lehrerorganisationen wie der Bund entschiedener Schulreformer, der Verband sozialistischer Lehrer, die Freie Lehrergewerkschaft und mit ihnen auch marxistische Pädagogen (*Frankfurt) in Preußen relativ günstige Wirkungsmöglichkeiten.
Die Aufhebung der Gesindeordnung (November 1918) und der Gutsbezirke (1928), die das Tarifrecht einführende vorläufige Landarbeiterordnung (Januar 1919) und das Reichssiedlungsgesetz (August 1919) als Bodenreform-»Ersatz« beschränkten die Privilegien der Großgrundbesitzer. Der Verband Märkischer Arbeitgeber 1919 mußte eine Provinzialarbeitsgemeinschaft und Tarifabschlüsse mit

den Landarbeiterverbänden eingehen und eine brandenburgische »Landarbeitsordnung« erlassen. Die Junker gingen sehr bald zur Offensive gegen die »Novemberkonzessionen« über. Sie organisierten sich in Landbünden, deren größter der Brandenburgische war und die 1921 im Reichs-Landbund aufgingen. Mit Hilfe des 1920 von ihnen gegründeten »gelben« Brandenburgischen Landarbeiterverbandes versuchten sie, das Tarifrecht zu unterlaufen, und forderten, das Anfang 1922 während des Eisenbahner- und Berliner Gemeindearbeiterstreiks erlassene Streikverbot für sog. gemeinnützige Betriebe auf die Saat- und Erntearbeiten auszudehnen. Zwar scheiterten solche Vorstöße z. B. an den Ruppiner und Oberbarnimer Landarbeiterstreiks 1922 (*Wildberg, *Altranft). Doch offenbarten diese Arbeitskämpfe die Schwäche des reformistisch geführten Deutschen Landarbeiter-Verbandes ebenso wie die ungebrochenen, durch Landräte, Polizei und Streikbrecher gestützten Machtpositionen der Junker. Viele märkische Güter wurden Sammelpunkte der als »Schwarze Reichswehr« berüchtigten, als Arbeitskommandos getarnten paramilitärischen Verbände (*Bollersdorf, *Frankfurt, *Döberitz).

Die republikanische Reichshauptstadt Berlin war Sitz und Zentrum der Parteien und der meisten Organisationen der revolutionären und der reformistischen Arbeiterbewegung, darunter des 1919 gegründeten Allgemeinen Deutschen Gewerkschaftsbundes (ADGB), der seine Bundesschule in Bernau (*) einrichtete. Anfangs war die USPD die stärkste Arbeiterpartei in Berlin. Gegen die zentristische Führung errang der linke Flügel rasch wachsenden Einfluß, zog zahlreiche kampferfahrene Revolutionäre wie Erich Baron (*Brandenburg) nach Berlin und setzte schließlich Ende 1920 die Vereinigung der USPD-Mehrheit mit der KPD durch. Unter zunächst illegalen Bedingungen mußte die in Berlin ansässige, von Wilhelm Pieck, Clara Zetkin, Heinrich Brandler, Paul Levi u. a. geleitete KPD-Zentrale mit Hilfe Lenins und der Kommunistischen Internationale die gerade in Berlin starken ultralinken Tendenzen sowie sektiererische Positionen in der Parlaments- und Gewerkschaftsfrage überwinden und zur Aktionseinheits- und Bündnispolitik finden. In den ökonomischen (*Rüdersdorf) und politischen Klassenkämpfen, in der Betriebsrätebewegung, bei der Abwehr reaktionärer Aufmärsche (*Potsdam), in den Massenaktionen gegen den extremreak-

tionären Kapp-Putsch 1920, gegen die polnische Intervention in Sowjetrußland 1920 (*Fürstenwalde), gegen die Morde der Organisation Consul (*Döberitz) an Erzberger und Rathenau 1921/22 (*Potsdam, *Bad Freienwalde) sowie gegen die Cuno-Regierung 1923 (*Eberswalde-Finow) gewannen die vereinigte KPD und ihr Jugendverband trotz Rückschlägen und Abspaltungen an Masseneinfluß und Autorität.

Der Kapp-Putsch hatte in den Garnisonen und Militärlagern der Provinz Brandenburg, auf vielen märkischen Gütern (*Lichterfelde, *Klosterfelde, *Schenkendorf) und in Einrichtungen wie der Eberswalder (*) Forstakademie ein erhebliches Putschpotential. Das Militärlager Döberitz (*) gehörte zu den Verschwörungszentren und war am 12./13. März 1920 Ausgangspunkt des Putsches, der von der Reichswehrführung gedeckt wurde, während die Reichsregierung flüchtete und zum Generalstreik aufrief. Obwohl ein zentrales Einheitsfrontabkommen nicht zustande kam, fanden die Arbeiterorganisationen in Aktionsausschüssen, Streikleitungen und Arbeiterwehren zum gemeinsamen Handeln. An ihrem entschlossenen und opferreichen Generalstreik (*Brandenburg, *Hennigsdorf, *Eberswalde-Finow, *Potsdam, *Klosterfelde, *Fürstenwalde, *Neuruppin) scheiterte der Putsch am 17. März. Vielerorts wurde der Streik mit dem Ziel fortgesetzt, die Putschistengruppen aufzulösen und eine Arbeiterregierung zu bilden. Sofern es Reichswehrführung und zurückgekehrter Reichsregierung nicht gelang, den Streik durch Verhandlungen zu beenden (*Brandenburg), ließen sie die Streikzentren nach Verhängung des Belagerungszustandes und unter Einsatz von Putschtruppen blutig zerschlagen (*Hennigsdorf, *Königs Wusterhausen, *Schenkendorf, *Eberswalde-Finow). Die im März 1920 gewonnene Erfahrung, daß eine Diktatur ohne Massenbasis keine Chance hat, bestimmte fortan die taktischen Auseinandersetzungen der imperialistischen Führungsgruppen. Mit Ausnahmerecht, Ermächtigungsgesetzen und Militärdiktatur wurden Ende 1923 unter Abwehr rechtsextremer Putschversuche – in Preußen der »Schwarzen Reichswehr« (*Kietz) – die bürgerlichen Währungs-, Wirtschafts-, Ausbeutungs- und Machtverhältnisse stabilisiert.

Der von einer außen-, handels- und reparationspolitischen Verständigung mit den Westmächten und vom ausländischen Kapitalzustrom begleitete Wirtschaftsaufschwung der Stabilisierungsperiode ermöglichte seit 1924 eine rasche Produktivkraftentwicklung. Die neuen Massenmedien Film (*Potsdam) und Rundfunk (*Königs Wusterhausen) erweiterten die Bildungsmöglichkeiten der Werktätigen und zugleich die Manipulationsmöglichkeiten der herrschenden Klasse. Wissenschaftlich-technische Innovationen, kapitalistische Rationalisierung und Investitionen, die Konzentration und Zentralisation von Produktion und Kapital griffen tief in das Industrie-, Energie- und Verkehrsgefüge Berlins und der Mark ein (*Brandenburg, *Premnitz, *Rathenow, *Hennigsdorf, *Fürstenwalde, *Brieskow-Finkenheerd, *Bernau, *Eisenhüttenstadt, *Niederfinow).

Dagegen verschlechterte die chronische, seit 1927 akute Agrarkrise trotz Zollpolitik und staatlicher Subventionen die ökonomische Situation nicht nur der Klein- und Mittel-, sondern auch der Großbauern und Junker. Die agrarischen Produktivkräfte und Landwirtschaftswissenschaften (*Müncheberg, *Großbeeren) blieben deutlich hinter dem industriellen Bereich zurück. Die 1928/29 vom preußischen Staat organisierte »Ostpreußenhilfe« und die nach dem Reichs-»Osthilfe«-Gesetz (März 1931) unter Ausschaltung Preußens auch auf brandenburgisches Gebiet ausgedehnten Subventionen stützten zwar den Großgrundbesitz (*Radensleben), brachten ihn aber in stärkere Abhängigkeit von der Großindustrie.

Bei intensivierter Ausbeutung, trotz Dauer- und Massenarbeitslosigkeit sowie Abbau des Achtstundentages hob der Wirtschaftsaufschwung das materielle Lebensniveau vieler städtischer Werktätiger. Besonders in Städten wie Berlin, Luckenwalde (*) und Brandenburg (*), wo die Arbeiterparteien in der Stabilisierungsperiode Mehrheiten in den Stadtparlamenten und -verwaltungen innehatten, verbesserten sich die Wohn- und Sozialbedingungen der Werktätigen durch das Wirken sozialdemokratischer, kommunistischer und bürgerlich-demokratischer Kommunalpolitiker, Gewerkschaften, Betriebsräte, Genossenschaften und Krankenkassen spürbar. Hier und in weiteren Orten um Berlin (*Bernau, *Eberswalde-Finow, *Rathenow, *Brieskow-Finkenheerd, *Caputh, *Geltow, *Dahlewitz) erhielten progressive Reformarchitekten Aufträge und Baumöglichkeiten. Berlin wurde zum Mittelpunkt einer breiten proletarischen und de-

mokratischen Kultur- und Bildungsbewegung, Anziehungspunkt für fortschrittliche Schriftsteller, Künstler und Wissenschaftler (*Grünheide, *Bad Saarow-Pieskow, *Berkenbrück, *Neuenhagen, *Bollersdorf, *Wandlitz, *Biesenbrow, *Brandenburg), Anreger für die märkischen Reformzentren (*Oranienburg-Eden, *Neuruppin).

Die imperialistischen Führungsgruppen begannen 1924 mit flexiblen Methoden zum Ausbau der Weimarer Republik als »starken Staat« des deutschen Imperialismus. Die Wahl Hindenburgs zum Reichspräsidenten (1925) und die Bürgerblockkabinette unter Beteiligung von Deutschnationalen (1925/26, 1927/28) waren ebenso wie die Pläne für eine »Reform« von Reich, Verfassung und Sozialpolitik und für die Abfindung der 1918 gestürzten Fürsten deutliche Anzeichen dieser Rechtsentwicklung der Weimarer Republik in ihrer Stabilisierungsperiode. Sie hielt autoritäre und faschistische Varianten in der Reserve. In dem traditions- und symbolträchtigen Potsdam (*) standen sie unter den Fittichen konservativer Kommunalpolitiker und unter dem dirigierenden Einfluß der gestürzten Hohenzollern, die die »republikanische Wendung« der DNVP und ihren Regierungseintritt ablehnten. Neben der ehemaligen Residenzstadt wurden vor allem Rheinsberg (*) und Großbeeren (*) regelrechte Wallfahrtsstätten solcher Gruppen, Frankfurt (*) zur »Hauptstadt der mittleren Ostmark«. Märkische Gutsbesitzer zählten zu den eifrigen Förderern und Akteuren vor allem des militaristischen Massenverbandes Stahlhelm-Bund der Frontsoldaten, der durch seine Überfälle auf Arbeiterorganisationen und 1928 durch seine Fürstenwalder (*) Haßbotschaft hervortrat, anderer militant-konservativer Organisationen sowie der 1925 neugegründeten NSDAP und ihrer Gliederungen (*Wuhden, *Arensdorf, *Liebenberg, *Altlandsberg, *Friedersdorf, *Birkenwerder, *Stülpe). Die Reichswehr stellte dem Stahlhelm und der SA ihre Truppenübungsplätze zur Verfügung (*Döberitz, *Wünsdorf, *Zossen). In den Arbeiterstädten kam die faschistische Partei auch nach ihrer Neuorganisation in die Gaue Berlin, Kur- und Ostmark (*Frankfurt) und trotz massiver Unterstützung aus Berlin nicht zum Zuge (*Brandenburg).

Die Ereignisse 1923, die Stabilisierungsoffensive der herrschenden Klasse und die Rechtsentwicklung der Weimarer Republik erforder-

ten mehr denn je die Aktionseinheit der Arbeiterbewegung. In der KPD erhielten zunächst ultralinke Kräfte Auftrieb. Unter dem Ende 1925 gebildeten Thälmannschen Zentralkomitee wurde der KPD-Bezirk Berlin–Brandenburg–Lausitz–Grenzmark mit dem »roten Berlin« als Zentrum zum mitgliederstärksten Parteibezirk. An seiner Spitze standen mit Wilhelm Pieck (1926/29), Walter Ulbricht (1929/32) und Wilhelm Florin (1932/33) bewährte, leninistische Funktionäre. Pieck leitete (nach seiner Wahl von Dezember 1924 im Wahlkreis Teltow–Beeskow–Storkow) die preußische KPD-Landtagsfraktion sowie die Fraktion kommunistischer Kommunalpolitiker im Deutschen Städtetag. Zusammen mit Clara Zetkin (*Birkenwerder) stand er an der Spitze der proletarischen Hilfsorganisationen. Im Umfeld Berlins waren zentrale Parteieinrichtungen tätig (*Schöneiche-Fichtenau), lagen Ausweichquartiere für die Parteiführung (*Wandlitz), führten Leitungsgremien der Kommunistischen Internationale (*Woltersdorf), des 1924 gegründeten Roten Frontkämpferbundes (RFB) (*Tiefensee), des Kommunistischen Jugendverbandes (*Brieselang, *Strausberg, *Prieros) usw. Beratungen, zentrale Kundgebungen und Lehrgänge durch, wurde 1929 der kommunistische Studentenverband (*Prebelow) gegründet. Die starke Berliner Partei- und RFB-Organisation unterstützte die märkischen Ortsgruppen (*Bernau, *Brandenburg, *Potsdam, *Frankfurt, *Teltow, *Fürstenwalde, *Eberswalde-Finow, *Werneuchen) sowie die Landagitation und die Bauernhilfsaktionen (*Bernau, *Schwante).
1926 erreichte die KPD das gemeinsame Handeln beider Arbeiterparteien in der Fürstenenteignungskampagne. Der Volksentscheid wies in den Arbeiterstädten (*Brandenburg) und industrienahen Dörfern einen entschieden höheren Ja-Stimmen-Anteil auf als auf dem sonstigen flachen Lande (*Arensdorf). Der negative Ausgang des Volksentscheids ermöglichte in Preußen den bereits 1925 vorbereiteten Vergleich mit den Hohenzollern (*Potsdam, *Rheinsberg). Der Ansatz zur Aktionseinheit konnte nicht ausgebaut werden. Die reformistische Politik der rechten SPD- und ADGB-Führer stärkte die bürgerliche Republik und die kapitalistische Wirtschaft. Ihr Antikommunismus führte die Spaltung bis in die Gewerkschaften (*Altranft) und in die proletarische Sport-, Lehrer-, Kultur- und Freidenkerbewegung, verantwortete Arbeiterzusammenstöße

(*Werneuchen), den Berliner Blutmai 1929 und das anschließende RFB-Verbot (*Brandenburg, *Eberswalde-Finow) und rief im Gegenzug die Sozialfaschismus-These in der KPD hervor. Damit wurde die Spaltung der Arbeiterbewegung zu einem Zeitpunkt vertieft, als die Stabilisierungsperiode ihrem Ende entgegenging und die Klassenkampf- und Sozialabbauoffensive der Monopolbourgeoisie an Schärfe gewann (*Hennigsdorf).
Die Weltwirtschaftskrise traf das Industrieproletariat mit der Wucht enorm gesteigerter Massenarbeitslosigkeit (*Brandenburg) und vernichtete auch zahlreiche kleinbürgerliche und -bäuerliche Existenzen (*Schwante). Die krisenbedingten Zentralisationsprozesse stärkten die Positionen z. B. der Berliner Elektromonopole (*Hennigsdorf, *Wildau). Die Notverordnungspolitik der Präsidialkabinette (1930/33) führte die 1927/28 eingeleitete Demokratie-, Sozial- und Lohnabbauoffensive der herrschenden Klasse zu einer Krisenpolitik weiter, die die Lasten auf die Werktätigen abwälzte und das demokratische Herrschaftssystem schrittweise durch ein diktatorisches ersetzte. Das neue Berlin-Verfassungs-Gesetz (1931) gab dem Oberbürgermeister eine fast autoritäre Stellung gegenüber dem Stadtparlament. In den zahlreichen Arbeitsdienstlagern (*Zossen, *Brieselang) des sog. Freiwilligen Arbeitsdienstes (1931) ging es weniger um die Beschäftigung als um die reaktionäre ideologische Beeinflussung und paramilitärische Ausbildung arbeitsloser Jugendlicher. Von Rechtsverbänden unterhaltene »Förderkreis für Märkische Arbeitslager« plante und errichtete über 15 solcher Jugendlager. Die Nazipartei empfahl sich mittels Terror und Demagogie als Bürgerkriegstruppe gegen die Arbeiterbewegung und als Massenbewegung mit vor allem kleinbürgerlichem Anhang. Nunmehr von Teilen der Großindustrie und des Junkertums, vom Hugenberg-Flügel der Konservativen und den Hohenzollern offen unterstützt (*Potsdam) sowie von den Präsidialkabinetten mehr oder weniger begünstigt, zog sie den größten Teil des Wählerpotentials der traditionellen bürgerlichen Parteien an sich, die ihrerseits eine starke Rechtsentwicklung nahmen und die Politik der Präsidialkabinette weitgehend mittrugen. Je mehr sich der Hitler- gegen den Strasserflügel (*Brandenburg, *Bernau) und dessen Sozialismusdemagogie durchsetzte, desto mehr schwanden die großindustriellen Vorbehalte gegen die faschistische Partei.

Dem vordringenden Faschismus stand keine klassen- und parteiübergreifende antifaschistische Bewegung gegenüber. Die rechten SPD- und ADGB-Führer glaubten dem Faschismus entgegenzutreten, indem sie die Brüning-Kabinette (1930/32) als vermeintliche »Bollwerke der Demokratie« tolerierten, im Frühjahr 1932 Hindenburg als dem »kleineren Übel« erneut in das Präsidentenamt verhalfen und die staatsmonopolistischen Sanierungs- (*Brandenburg) und »Arbeitsbeschaffungs«-Maßnahmen unterstützten. Als preußische Regierungspartei verantwortete die SPD eine scharfe antikommunistische Innenpolitik. Selbst die Ende 1931 als antifaschistischer Kampfbund gegründete Eiserne Front verhielt sich antikommunistisch. In der Reaktion auf diese Politik verstärkten sich trotz der »Programmerklärung zur nationalen und sozialen Befreiung des deutschen Volkes« (1930) und ihrer Generallinie des antifaschistischen Kampfes zunächst sektiererische Tendenzen in der KPD (*Brandenburg). 1931 beteiligte sich die KPD in Preußen an dem vom Stahlhelm und NSDAP initiierten Volksentscheid gegen die Braun-Severing-Regierung und erlitt dadurch erheblichen Prestigeverlust unter den Arbeitern. Die abenteuerlich-ultralinke Politik Heinz Neumanns fand im kommunistischen Jugendverband zeitweise starke Resonanz (*Strausberg) und konnte nur unter persönlichem Einsatz Ernst Thälmanns unterbunden werden (*Prieros). Die Wende zur Antifaschistischen Aktion 1932 verstärkte die Rolle der KPD als antifaschistischer Hauptkraft. Die auch dem faschistischen Wahlsieg bei den preußischen Landtagswahlen (April 1932) und den tätlichen Naziangriffen im preußischen Landtag auf Wilhelm Pieck gegründete Antifaschistische Aktion ermöglichte erste Basiserfolge (*Bernau, *Oderberg) und Kontakte zu sozialdemokratischen Funktionären u. a. der Berliner SPD-Bezirksleitung. Im preußischen Landtag verhinderte die KPD den Sturz der sozialdemokratisch geführten Minderheitsregierung durch die faschistisch-konservative Parlamentsmehrheit.

Die faschistische Gefahr verstärkte sich unter der Papen-Regierung, dem »Kabinett der nationalen Konzentration« (Juni 1932), dem nun mit Schleicher (*Döberitz) der eigentliche Drahtzieher der Faschisierungspolitik in der Reichswehrführung direkt angehörte. Er führte z. T. die – scheiternden – Verhandlungen mit Hitler über dessen Regierungsbeteiligung

(*Fürstenberg). Papen stürzte am 20. Juli 1932 die Preußen-Regierung. Die Sozialdemokraten wichen dem Staatsstreich kampflos und begnügten sich mit dem Urteil des Staatsgerichtshofes (Oktober 1932), das der Preußen-Regierung ein Schattendasein erlaubte. Der notverordnete Tariflohnabbau (September 1932) ermutigte auch die Gutsbesitzer zum Tarifbruch und zum Einsatz faschistischer Streikbrecher gegen die streikenden Landarbeiter (*Eichstädt). Das schließlich isolierte Papen-Kabinett mußte im Dezember 1932 der Regierung des »sozialen Generals« Schleicher weichen, dessen Konzeption einer gewerkschaftlichen »Querfront« vom ADGB bis zu den faschistischen Organisationen trotz positiver Aufnahme durch die ADGB-Führung (*Bernau) scheiterte. Schleichers Kabinett fungierte als Schrittmacher der Hitler-Diktatur, auf die neben den notorischen Faschismus-Förderern wie Hjalmar Schacht (*Lindow-Gühlen) nun auch Teile der RDI-Führung hinarbeiteten. Den von der KPD angebotenen Generalstreik gegen das am 30. Januar 1933 eingesetzte Hitler-Kabinett lehnten SPD und ADGB ab (*Brandenburg).

Das zunächst konservativ »eingerahmte« faschistische Regime errichtete die offen terroristische Diktatur der reaktionärsten und aggressivsten Kräfte des deutschen Finanzkapitals legal im Rahmen der Weimarer Reichsverfassung. Die letzten Wahlen, die diesen Namen verdienten, fanden im März 1933 bereits bei faschistischem Straßenterror und unter dem Ausnahmerecht der »Verordnung zum Schutze von Volk und Staat« (28. Februar 1933) statt (*Potsdam, *Brandenburg, *Bernau, *Herzfelde). Immerhin verweigerte die Mehrheit der Wähler der NSDAP ihre Stimme. Das faschistische Regime war bei seinen »Gleichschaltungs«-Maßnahmen noch auf die übrigen bürgerlichen Parteien angewiesen (*Potsdam, *Brandenburg). Die meisten bürgerlichen Abgeordneten beteiligten sich am 21. März an dem Spektakel des »Tages von Potsdam« (*), der unter aktiver Mitwirkung etwa des Potsdamer (*) Carl-Eduard-Kuratoriums und nach Verhaftung zahlreicher Kommunisten das Bündnis von Faschismus und Militarismus symbolisieren und Konservatismus, Kirchen und Preußentum an den »neuen Staat« heranführen sollte. Am 23. März stimmten die bürgerlichen Parteien dem faschistischen Ermächtigungsgesetz zu. Danach blieb ihnen nur noch die Selbstauflösung (Juni/Juli 1933). Die im

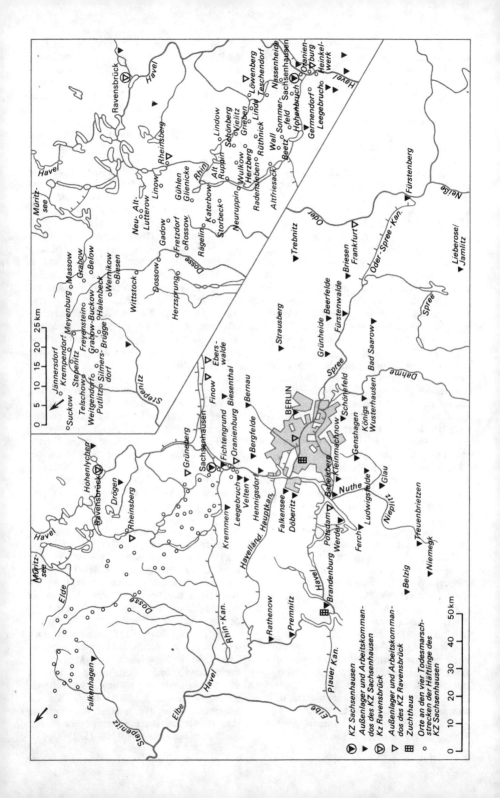

März gewählten Länder- und Kommunalparlamente wurden noch im Jahre 1933 aufgelöst, der Reichstag in einen reinen Akklamationskörper umgewandelt.

Das preußische Schattenkabinett war bereits am 6. Februar 1933 im Rahmen eines »zweiten Staatsstreiches« amtsenthoben, Göring zum neuen Ministerpräsidenten und Innenminister ernannt worden. Ihm unterstanden damit die preußische Polizei sowie die im April in Preußen gegründete und dann auf das gesamte Reichsgebiet ausgedehnte und der SS unterstellte faschistische Politische Polizei, die Geheime Staatspolizei (Gestapo). Die Gesetze über die »Reichsstatthalter« (April 1933) und den Reichsneuaufbau (Januar 1934) beseitigten die relative Selbstständigkeit der Länder und damit auch Preußens. Darüber hinaus wurden 1934/35 die preußischen mit den Reichsministerien zusammengelegt. Der Gauleiter des neugebildeten NSDAP-Gaues »Kurmark« (Sitz Berlin, *Frankfurt, *Potsdam) übernahm in Personalunion die Funktion des Oberpräsidenten der Provinz Brandenburg. Als faschistische »Reichshauptstadt« erhielt Berlin 1933/34 (Stadtverfassungsgesetz vom 29. Juni 1934) den Provinzialstatus mit einem Staatskommissar als faktischem Oberpräsidenten, der Oberbürgermeister und Magistrat kontrollierte.

Der Terror richtete sich vor allem gegen die kommunistischen Organisationen, die seit dem 28. Februar faktisch verboten waren. Die freien Gewerkschaften wurden im Mai 1933 beseitigt und in die faschistische Zwangsorganisation der Deutschen Arbeitsfront (DAF) überführt. Staatliche »Treuhänder der Arbeit« traten 1933 an die Stelle des Tarif- und Schlichtungssystems, faschistische »Vertrauensleute« als Unternehmer- und Staatsbeauftragte 1934 an die Stelle der Betriebsräte. Im Juni 1933 wurde die SPD verboten (*Brandenburg). Die Kommunisten gingen als einzige organisiert in die Illegalität und in den antifaschistischen Widerstand (*Potsdam, *Brandenburg, *Frankfurt, *Mittenwalde, *Biesenthal, *Schönow, *Bad Freienwalde). Schon Ende 1932 war die bisherige KPD-Bezirksleitung im Hinblick auf die mögliche Illegalität in die Berliner und in die Brandenburg-Lausitzer Bezirksleitung mit Max Herm (*Brandenburg)

und Willy Sägebrecht (*Liebenwalde) an der Spitze zweigeteilt worden. Die illegale ZK-Tagung vom 7. Februar 1933 (*Ziegenhals) zog Schlußfolgerungen aus der Niederlage. Nach den Verhaftungs- und Prozeßwellen 1934/35 wurde der Widerstand neu organisiert und erreichte nach den Volksfrontbeschlüssen 1935/36 eine breitere Basis von Antifaschisten sowie auch die Betriebe, Arbeitsdienstlager, Autobahnbaustellen und faschistischen Massenorganisationen (*Wildau, *Hennigsdorf, *Rheinsberg, *Zossen, *Bernau, *Eberswalde-Finow).

Tendenzen zur »zweiten Revolution« in der Massenbasis, Interessen- und Taktikgegensätze in der herrschenden Klasse sowie Rivalitätskämpfe der faschistischen Führungsgruppen brachten das Regime mehrfach in kritische Situationen. Bei dem vorgeblichen »Röhm-Putsch« vom Juni 1934 rechnete die SS, deren Mordaktion nachträglich für »rechtens« erklärt wurde, auch mit Schleicher (*Potsdam) und anderen Rivalen der jetzigen Machthaber ab (*Oranienburg). 1938 kam es innerhalb der Wehrmachtspitze zu tiefgreifenden Auseinandersetzungen (*Zossen, *Jüterbog, *Frankfurt). Konservative Gruppen, die dem Regime 1933 mit in den Sattel verholfen hatten, in seinen Dienst getreten waren (*Potsdam, *Friedersdorf, *Rathenow, *Neuenhagen), den Faschismus und den »Tag von Potsdam« als »Aufbruch Preußens an die Front!« (»Preußische Führerbriefe« vom 1. April 1933) begrüßt hatten, sahen sich spätestens nach den »Gleichschaltungs«-Maßnahmen in Preußen und dem Sturz Hugenbergs beiseite geschoben. Der konservative kurmärkische Generalsuperintendent Otto Dibelius wurde bald nach seiner Potsdamer (*) Predigt von den 1932 im preußischen Kirchenwahlkampf formierten faschistischen »Deutschen Christen« und ihrem Reichsbischof amtsenthoben. Die maßgeblich von dem Berlin-Dahlemer Pastor Martin Niemöller (*Oranienburg-Sachsenhausen) gegen die »Deutschen Christen« organisierte Bekennende Kirche (*Brandenburg, *Oranienburg) zwang dem faschistischen Regime einen Kirchenkampf innerhalb und um die evangelische Kirche auf.

Hauptkonsolidierungs- und -herrschaftsmittel des faschistischen Regimes war der Terror. Auf der Grundlage der »Reichstagsbrand«-Verordnung vom 28. Februar 1933, die den permanenten Ausnahmezustand einführte und damit gewissermaßen zur »Verfassung« der faschisti-

Konzentrations- und Außenlager mit Todesmarschstrecke der Häftlinge des KZ Sachsenhausen (H. Maur)

schen Diktatur wurde, errichteten faschistischer Staat, Gestapo, SA und SS außergerichtliche, demagogisch als »Schutzhaft« bezeichnete Konzentrationslager für Antifaschisten. Nach dem ersten preußischen Konzentrationslager Oranienburg (*) richtete die SA weitere frühe KZ ein (*Wittstock-Alt-Daber, *Börnicke, *Neuruppin, *Hennigsdorf-Meissnershof). Seit Sommer 1933 wurde der Terror »geordnet«, konzentriert und systematisiert. Die kleinen, frühen KZ wurden aufgelöst, das Lager Oranienburg (*) ausgebaut und weitere größere Lager eingerichtet, z. T. schon wie Brandenburg (*) unter SS-Bewachung. 1934/35 wurden auch diese Lager aufgelöst, alle bestehenden KZ der SS unterstellt, die spezielle »Totenkopf«-Verbände und eine zentrale KZ-Verwaltung bildete und seit 1936 Massenlager für Antifaschisten sowie aus rassischen und anderen Gründen Verfolgte bzw. (seit Kriegsbeginn) Vernichtungslager anlegte (*Oranienburg-Sachsenhausen, *Fürstenberg-Ravensbrück). 1942 übernahm das SS-Wirtschafts-Verwaltungshauptamt die Leitung der Konzentrationslager, der SS-Betriebe und -Versorgungseinrichtungen und die Vermittlung von KZ-Häftlingen an die Rüstungsbetriebe. Das Zuchthaus Brandenburg(*)-Görden wurde während des Krieges neben Berlin-Plötzensee zur wichtigsten faschistischen Hinrichtungsstätte.

Den physischen ergänzte der geistige Terror. Ungezählte nicht- und antifaschistische Politiker, Beamte und Geistesschaffende wurden amtsenthoben, diffamiert, ins Exil (*Caputh) oder in die innere Emigration (*Hennigsdorf, *Caputh, *Grünheide, *Biesenbrow, *Falkensee) gezwungen, während die meist korrupte Naziprominenz ihren Aufstieg auch äußerlich durch die Anlage luxuriöser Sommersitze um Berlin zur Schau stellte (*Joachimsthal, *Lanke, *Bad Saarow-Pieskow, *Bad Freienwalde-Sonnenburg). Slawische Ortsnamen wurden »ausgemerzt« (*Potsdam-Babelsberg, *Märkisch Buchholz), natur- und sozialwissenschaftliche Pseudotheorien gefördert. Einige bereiteten die späteren Massenvernichtungsaktionen vor, wie z. B. das berüchtigte »Euthanasie«-Programm (*Brandenburg), gegen das sich unter Christen und Ärzten mutiger Widerstand erhob (*Brandenburg, *Lobetal).

Das faschistische System mußte zu einer kombinierten Herrschaftsmethodik von Gewalt, Demagogie, Erfolgsbestechung und Sozialpolitik greifen. Es erzielte durch den Mißbrauch

der Olympischen Spiele 1936 Prestigegewinn (*Döberitz). Die »Arbeitsbeschaffungs«-Maßnahmen, der um Berlin im großen Stil begonnene Autobahnbau (*Bernau, *Eberswalde-Finow, *Rüdersdorf), die Arbeitsdienstpflicht, die Bauerntums- und Erbhofgesetze (Juli/September 1933), die landwirtschaftlichen »Erzeugungsschlachten« trugen ökonomischen, massenpolitischen und kriegsvorbereitenden Charakter. Die märkischen Industriestandorte erlangten durch günstige militärstrategische und Verkehrslage sowie das erweiterte Arbeitskräftepotential große Bedeutung für die faschistische Rüstungs- und Kriegswirtschaft. Exemplarisch war der Ausbau Brandenburgs (*) von einem mittleren Industriestandort zum Rüstungszentrum. Daneben wurden vor allem die Großbetriebe in Hennigsdorf (*), Wildau (*), Eberswalde-Finow (*), Premnitz (*), Potsdam (*)-Babelsberg für die direkte und mittelbare Kriegsproduktion erweitert. In Fürstenwalde(*)-Ketschendorf entstanden ein großes Reifenwerk, in Ludwigsfelde (*) ein Motorenwerk auf parzelliertem Gutsgelände, in Potsdam (*)-Babelsberg, Brandenburg (*), Oranienburg (*), Schönefeld (*) Flugzeugwerke bzw. Verwaltungssitze der Arado-, Henschel- und Heinckel-Flugzeugkonzerne. In den Oranienburger (*) Auer-Werken wurden während des Krieges im Rahmen des Atombombenprojektes Thorium- und Uranerze aufbereitet. Die Quandt-Gruppe (*Pritzwalk) drang in zahlreiche Unternehmen der Elektro-, Kali- und Waffenindustrie sowie in das internationale Waffengeschäft ein. Die meisten KZ-Außenlager waren mit Rüstungsbetrieben gekoppelt. Zusammen mit dem 1942 eingesetzten Generalbevollmächtigten für den Arbeitseinsatz organisierten SS und Gestapo in den Konzentrationslagern, ihren zahlreichen Außenstellen sowie Kriegsgefangenen- und Zwangsarbeiterlagern (*Belzig, *Ludwigsfelde, *Premnitz, *Falkensee, *Großbeeren, *Eisenhüttenstadt, *Fürstenwalde, *Brieskow-Finkenheerd) den Einsatz in Rüstungsindustrie und Landwirtschaft, die Ausbeutung und die »Vernichtung durch Arbeit«. Wie in Brandenburg (*) wuchs die Bevölkerung der Rüstungsstandorte und der Berliner Randgemeinden rasch an. Es entstanden umfangreiche Arbeitersiedlungen. Finow (*Eberswalde-Finow), Velten (*) und Königs Wusterhausen (*) erhielten 1935 Stadtrecht.

Im Rahmen der militärischen Kriegsvorbereitung wurden nach Einführung der Wehrpflicht

(1935) die brandenburgischen Garnisonen (*Potsdam, *Brandenburg) sowie die älteren Kasernenanlagen und Truppenübungsplätze um Berlin (*Kummersdorf, *Jüterbog, *Döberitz, *Zossen) erweitert bzw. neu angelegt. Kummersdorf (*) wurde vor Peenemünde zum Raketenversuchsgelände. Um Lieberose (*) begann ein überdimensionaler Truppenübungsplatz der Waffen-SS zu entstehen. Die waldreiche Umgebung Berlins eignete sich vorzüglich zur Anlage getarnter militärischer Kommandostellen (*Zossen, *Bernau, *Potsdam) als Planungs- und Führungszentren der Überfälle auf die ČSR (*Jüterbog) und Polen (*Bernau), des Luftkrieges (*Fürstenwalde) und der Kriegsoperationen der faschistischen Heeres- und Marinestreitkräfte.

Berlin-Brandenburg gehörte zu den Zentren der großen kommunistischen Widerstandsgruppen der Uhrig-Organisation (1939/42, *Eberswalde-Finow) und der Saefkow-Jacob-Bästlein-Organisation (1940/44, *Hohen Neuendorf, *Schönow, *Oranienburg-Sachsenhausen, *Brandenburg). Letztere bildete gemäß dem »Manifest des Nationalkomitees ›Freies Deutschland‹« 1943/44 die illegale operative Landesleitung der KPD. Sie stand mit den KPD- bzw. NKFD-Widerstandsgruppen in Potsdam, Frankfurt, Brandenburg (*), Bernau, Fürstenwalde, Hennigsdorf (*), Luckenwalde, Oranienburg und mehreren Niederlausitzer Städten, mit Betriebsgruppen (*Ludwigsfelde, *Wildau), mit der ausgedehnten Schulze-Boysen/Harnack-Organisation (»Rote Kapelle«, 1939/42, *Stahnsdorf, *Teupitz) und deren kommunistischer Gruppe »Innere Front« (*Oranienburg), mit der kommunistischen »Europäischen Union" (1943, *Brandenburg) u. a. in Verbindung. Kontakte bestanden auch zu Teilen der bürgerlichen Widerstandsbewegung, die Attentat und Staatsstreichversuch des 20. Juli 1944 trug und sowohl sozialdemokratische (*Tiefensee, *Potsdam), linksbürgerliche (*Hennigsdorf) und christliche (*Fürstenberg-Ravensbrück) als auch militärische (*Potsdam, *Zossen, *Jüterbog, *Frankfurt), großbürgerliche (*Groß Behnitz) und konservative (*Potsdam, *Marxwalde) Kreise einschloß. Die meisten Führer der großen kommunistischen und bürgerlichen Widerstandsorganisationen wurden nach den Verhaftungen 1942 bis 1944 in Berlin-Plötzensee und im Zuchthaus Brandenburg(*)-Görden hingerichtet. Letzteres gehörte wie das KZ Sachsenhausen (*Oranienburg) zu den Zentren des antifaschistischen Widerstandskampfes in der Region.

Seit 1940 schlug der faschistisch begonnene Luftkrieg auf Deutschland zurück. Die systematischen alliierten Luftangriffe beschränkten sich in der Region zunächst auf Berlin. Bei herannahender sowjetischer Front trafen sie 1944/45 daneben auch Brandenburg (*), Oranienburg (*) und Potsdam (*).

Ende Januar/Februar 1945 erreichte die Sowjetarmee bei 500 km Breite die Oder und begann, Brückenköpfe zu bilden (*Kienitz, *Reitwein, *Kietz). Mitte April 1945 eröffneten die 1. und 2. Belorussische Front von der Oder (*Seelow, *Gartz), die 1. Ukrainische Front von der Neiße (*Baruth) her sowie die in ihren Verbänden kämpfenden polnischen Truppen (*Hohen Neuendorf) die Großoffensive gegen die faschistische »Reichshauptstadt«. Die faschistische Führung versuchte, mit den Westmächten der Antihitler-Koalition in Kontakt zu treten, entblößte die Westfront und setzte alle verfügbaren Kräfte gegen die sowjetische Berlin-Offensive ein (*Seelow). Mit Terror, Mord (*Hartmannsdorf, *Schwedt, *Frankfurt) und geschürter Furcht vor sowjetischer Vergeltung verhinderte sie die Kapitulation, zwang die Zivilbevölkerung in den »Volkssturm« und die neugebildete »Armee Wenck« (*Wiesenburg). Viele brandenburgische Städte wurden zu Festungen erklärt. Der sinnlose faschistische Widerstand führte – besonders in der Kesselschlacht von Halbe (*) – zu gewaltigen Opfern auf beiden Seiten und zu unermeßlichen Zerstörungen (*Frankfurt, *Fürstenwalde, *Schwedt, *Gartz, *Lebus, *Kietz, *Küstrin, *Golzow, *Wriezen, *Beeskow, *Rathenow, *Potsdam). Die faschistische Luftwaffe bombardierte bereits befreite Orte (*Eberswalde-Finow, *Baruth). In wenigen Tagen wurde die Mark Brandenburg zu einem der meistzerstörten deutschen Territorien. Beim Heranrücken der Sowjetarmee konnten die Antifaschisten im Zuchthaus Brandenburg (*)-Görden und im Außenlager Falkensee (*) die Macht übernehmen, in mehreren Orten den faschistischen Widerstand unterbinden (*Felgentreu, *Belzig, *Hohen Neuendorf). Der rasche Vormarsch der Sowjetarmee verhinderte im Frauenkonzentrationslager Ravensbrück (*Fürstenberg) die Evakuierung, die im KZ Sachsenhausen zum Todesmarsch führte (*Wittstock). Trotz erbitterten Widerstandes erreichten die sowjetischen und polnischen Armeen die Berliner Stadtgrenze (*Altlandsberg, *Bernau,

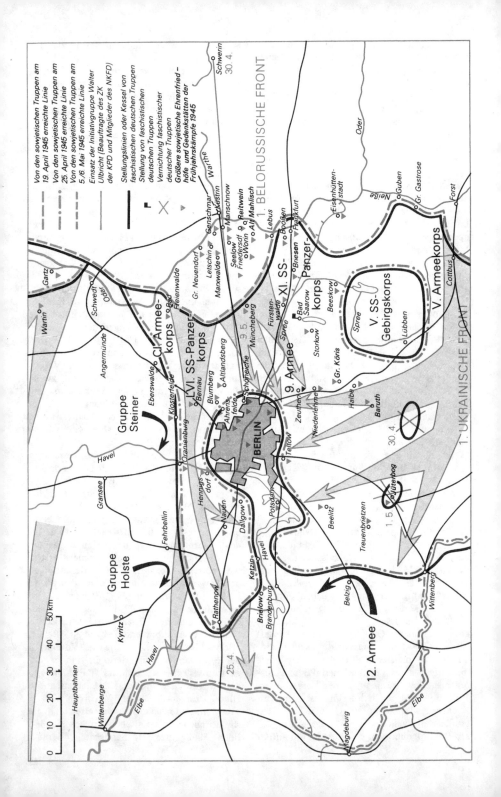

*Hohen Neuendorf, *Kleinmachnow, *Teltow) und schlossen am 25. April den Ring um Berlin (*Ketzin). Der Sturm auf Berlin endete am 8. Mai 1945 mit der bedingungslosen Kapitulation des faschistischen Deutschlands in Berlin-Karlshorst.

Noch während der Kämpfe um Berlin wurde in den befreiten märkischen Orten und Berliner Stadtbezirken das Leben normalisiert und mit dem Aufbau demokratischer örtlicher Verwaltungs- und Machtorgane, einer antifaschistischen Polizei und Justiz begonnen (*Potsdam, *Brandenburg, *Frankfurt, *Eberswalde-Finow, *Storkow, *Brieselang, *Bernau). Dabei mußten die sowjetischen Kommandanturen und die deutschen Antifaschisten auch faschistische Kräfte aus den Verwaltungen entfernen (*Potsdam-Babelsberg, *Meyenburg, *Mittenwalde), Anschläge irregeleiteter »Werwolf«-Angehöriger (*Fürstenwalde) sowie Versuche abwehren, ehemalige bürgerliche Organisationen wiederzubeleben (*Belzig).

Die am 27. April in Moskau für den Bereich der 1. Belorussischen Front geschaffene und am 30. April gelandete KPD- bzw. NKFD-Initiativgruppe Ulbricht leitete von Bruchmühle (*) bzw. Berlin aus den antifaschistischen Neubeginn und den KPD-Parteiaufbau für Berlin-Brandenburg. Zu ihr stießen die aus den Zuchthäusern und Konzentrationslagern befreiten (*Bagow, *Oranienburg-Sachsenhausen), aus der Illegalität bzw. aus der sowjetischen Armee (*Reitwein) und ihren Frontschulen (*Rüdersdorf, *Geltow, *Königs Wusterhausen) kommenden Kommunisten und NKFD-Angehörigen. Sie bildeten den Kern der KPD, der sich viele aufbauwillige Werktätige anschlossen und deren Parteiaufbau trotz gelegentlicher Irrwege (*Königs Wusterhausen, *Pritzwalk, *Blankenfelde) rasch voranschritt. Potsdam (*) wurde Sitz der unter Leitung Sägebrechts (*Liebenwalde) entstehenden brandenburgischen Bezirksorganisation, Schmerwitz (*) ihrer Landesschule. Bereits einen Tag nach der Parteizulassung durch die am 9. Juni gebildete Sowjetische Militäradministration Deutschlands (SMAD) veröffentlichte die KPD am 11. Juni 1945 den richtungsweisenden Aufruf zum antifaschistisch-demokratischen Neuaufbau.

Die Potsdamer (*) Konferenz (17. Juli bis

2. August 1945) der Sowjetunion, der USA und Großbritanniens verabschiedete das völkerrechtlich verbindliche Aktionsprogramm für die demokratische Nachkriegsentwicklung Deutschlands und für eine künftige Friedensordnung. Berlin wurde im Juli 1945 Sitz des Alliierten Kontrollrates als gemeinsames Regierungsorgan für die im Februar/Juni 1945 von der Antihitlerkoalition vereinbarten vier Besatzungszonen sowie der Alliierten Kommandantur für die vier Besatzungssektoren Berlins. Wünsdorf (*) wurde Kommandositz der Gruppe der sowjetischen Streitkräfte in Deutschland. In Berlin konstituierten sich die Arbeiterparteien KPD und SPD (15. Juni), die am 19. Juni ein Aktionsabkommen schlossen, sowie der Freie Deutsche Gewerkschaftsbund (17. Juni) als Einheitsgewerkschaft mit zentraler Bundesschule 1946 in Bernau (*). Es entstanden die bürgerlich-antifaschistischen Parteien CDU (26. Juni) und LDPD (5. Juli), die am 14. Juli mit den beiden Arbeiterparteien den Antifaschistischen Block (später: Berliner Zentralausschuß des Demokratischen Parteienblocks) bildeten. Mit dem Aufbau Deutscher Zentralverwaltungen (Juli/August) wurde Berlin im Sommer 1945 Ausgangs- und Mittelpunkt der Durchführung des Potsdamer Abkommens, die in den westlichen Besatzungszonen und -sektoren zunehmend behindert und unterbunden wurde. Seit dem 3. Juli 1945 schufen antifaschistische Künstler des Exils und der inneren Emigration den Kulturbund zur demokratischen Erneuerung Deutschlands (*Potsdam), in Berlin u. a. Friedrich Wolf (*Lehnitz), Fritz Erpenbeck und Johannes R. Becher (*Bad Saarow-Pieskow). Ebenfalls nach den Prinzipien der Blockpolitik entstanden Genossenschaften sowie Sport-, Frauen- und Jugendausschüsse (*Bernau), aus denen 1946 bis 1948 zentrale Organisationen hervorgingen. Die Freie Deutsche Jugend eröffnete nach ihrem Gründungsjahr 1946 in Lanke (*) die Jugendhochschule und hielt in Brandenburg (*) ihr I. Parlament ab.

In Potsdam (*) konstituierte sich am 4. Juli 1945 anstelle des ehem. Oberpräsidenten und des alten Provinzialverbandes das Präsidium der brandenburgischen Provinzialverwaltung unter dem Sozialdemokraten Karl Steinhoff. Im Oktober 1945 erhielt es Gesetzgebungsbefugnisse. Das Wirtschaftsressort leiteten nacheinander die führenden KPD-Agrarexperten Edwin Hoernle (*Kloster Zinna) bzw. Heinrich Rau. Am Potsdamer (*) Sitz der Provinzialver-

Sowjetische Apriloffensive 1945 (nach O. Groehler und »Gedenkstätten«)

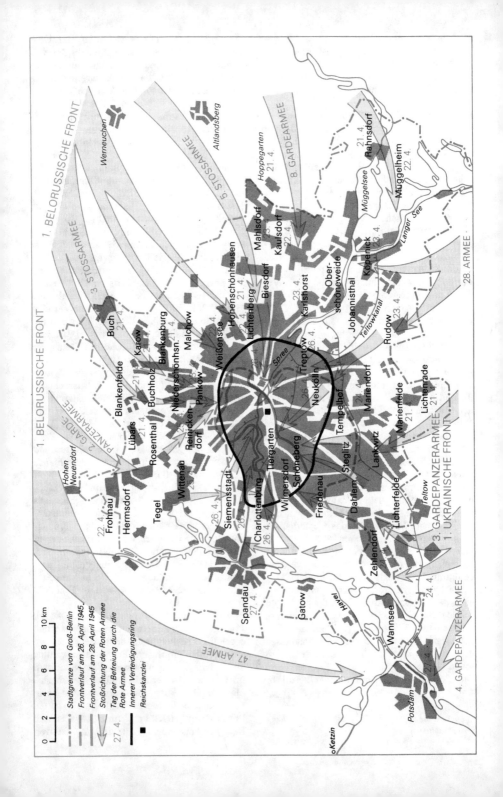

waltung entstanden im August 1945 der Bezirksvorstand der SPD unter Vorsitz Friedrich Eberts (*Brandenburg), im Herbst 1945 die Provinzialvorstände der CDU und der LDPD, am 1. September 1945 der Provinzial-Aktionsausschuß der beiden Arbeiterparteien und am 22. November 1945 der Provinzial-Parteienblock, der seit Juli 1946 Beratende Versammlungen für die Tätigkeit der Provinzialverwaltung bildete (*Potsdam, *Bernau). Sie war für neun Stadt- und 21 Landkreise zuständig und 1945/47 in die Oberlandratsämter Brandenburg (*), Eberswalde, Bernau und Cottbus anstelle der aufgelösten Regierungsbezirke untergliedert. Elf ehemalige neumärkische Kreise fielen gemäß der im Potsdamer Abkommen fixierten Oder-Neiße-Grenze (*Frankfurt, *Kietz) an die künftige VR Polen. Neben Mecklenburg wies die Provinz Brandenburg eine besonders hohe Umsiedlerquote auf (*Marxwalde, *Alt Tucheband, *Leegebruch). Bei der Nachkriegsernte im Sommer 1945 bildeten vor allem die Ostprignitz (*Kyritz), das Ruppiner Land und das schwerverwüstete Seelower Gebiet Zentren der Landeinsätze. Am 2. September 1945 erläuterte der KPD-Vorsitzende Pieck auf einer Bauernversammlung des Kreises Ostprignitz in Kyritz (*) das im August veröffentlichte Bodenreformprogramm der KPD. Die Konferenz gab den Auftakt für die Reform in der Sowjetischen Besatzungszone, die das Junkertum beseitigte, eine starke Schicht werktätiger Bauern und damit gute bündnispolitische Voraussetzungen für die weitere antifaschistisch-demokratische Umwälzung schuf. In der Provinz Brandenburg wurde sie nach einem gemeinsamen Aufruf der Arbeiterparteien und bürgerlicher Politiker (3. September) mit der Provinzialverordnung vom 6. September 1945 und mit der Plänitzer (*) Aktion vom 23. September eingeleitet. Insgesamt waren in der Provinz Brandenburg eine Provinzial-, vier Bezirks-, 21 Kreis- und 2 204 Gemeindekommissionen an der Bodenreform beteiligt. Deren Mitglieder waren überwiegend parteilos, Landarbeiter und Kleinpächter. Ein Großteil des junkerlichen Großgrundbesitzes wurde bereits bis Ende 1945 enteignet und entweder in Individualbesitz vor allem landloser oder -armer Bauern, Kleinpächter, Landarbeiter und Umsiedler oder für

den Aufbau eines kräftigen Sektors volkseigener Güter (VEG) bereitgestellt (*Karwe, *Kränzlin, *Greiffenberg, *Marxwalde, *Hohenfinow, *Friedersdorf, *Frankfurt, *Friesack), der Rest bis 1947/48 (*Bredow, *Groß Behnitz).

An der Bodenreform schieden sich erstmals die politischen Geister in den bürgerlichen Parteien. Nicht nur unter den betroffenen Großgrundbesitzern (*Zernitz-Neuendorf, *Dahlewitz), sondern auch in der CDU und LDPD regte sich Widerstand (*Kyritz, *Rossow). Nach dem Führungswechsel in der CDU und der Erklärung auch der neuen CDU-Vorsitzenden Jakob Kaiser und Ernst Lemmer (*Kleinmachnow) gegen die Unterstützung der Neubauern hatten Otto Nuschke (*Hennigsdorf) und andere progressive CDU-Politiker in der Provinz Brandenburg (*Potsdam, *Belzig, *Kleinmachnow) maßgeblichen Anteil daran, daß auch die CDU im Dezember 1945 dem brandenburgischen Neubauernhilfsprogramm zustimmte (*Potsdam). Die Neubauern wurden durch die örtlichen Ausschüsse (Komitees) der gegenseitigen Bauernhilfe unterstützt, die sich aus den Bodenreformkommissionen entwickelten und 1946/47 mit den wiedererstandenen bäuerlichen Handels- und Kreditgenossenschaften zur Vereinigung der gegenseitigen Bauernhilfe (VdgB) zusammenschlossen (*Nauen, *Potsdam), zeitweise aber auch von Großbauern ausgenutzt wurden (*Kyritz). Nach dem SMAD-Befehl vom September 1947 begann das Neubauern-Bauprogramm (*Alt Tucheband). Aus den VdgB-Maschinenhöfen entstanden 1949 Maschinen-Ausleih-Stationen (MAS) mit billigen Tarifen für Neubauern (*Letschin) und anfangs mit sowjetischen, später mit Traktoren eigener Produktion (*Brandenburg).

Mit der demokratischen Justizreform entstand ein neues Gerichtswesen (*Brieselang, *Potsdam), das neben bürgerlichen Fachjuristen zunehmend auf Volksrichter aus der Arbeiterklasse zurückgreifen konnte. Deren Befugnisse wurden durch die brandenburgische Provinzialverordnung vom 23. Juni 1946 geregelt. Ein neuer, fachlich solide ausgebildeter Kaderstamm für die revolutionär-demokratische Staatsmacht und ihre Justiz mußte über Jahre an den Fakultäten der neueröffneten Universitäten und an der 1948 geschaffenen Verwaltungsakademie bzw. späteren Akademie für Staats- und Rechtswissenschaft (*Kloster Zinna, *Potsdam-Babelsberg) herangebildet

Sowjetische Berlinoperation und Befreiung der Berliner Stadtbezirke (nach O. Groehler)

werden. Die demokratische Schulreform erhielt nach der Wiederaufnahme des Schulbetriebes (Herbst 1945) in der Provinz Brandenburg am 31. Mai 1946 ihre gesetzliche Grundlage. Neben der Entnazifizierung, der Neulehrerausbildung, neuen Fächern, Lehrbüchern und Bildungsinhalten, der konsequenten Verweltlichung und Verstaatlichung des Schulwesens erlangte in der Provinz Brandenburg der Abbau der Einklassen-Landschulen besondere Bedeutung (*Mahlow, *Blankenfelde, *Stahnsdorf, *Potsdam). In Storkow (*) entstand der erste Schulneubau der Sowjetischen Besatzungszone. Für die Lehrerausbildung wurde neben der Pädagogischen Fakultät der Berliner Universität 1948 die Brandenburgische Landeshochschule und spätere Pädagogische Hochschule Potsdam (*) gegründet. Der vom 1. KPD-Kulturtag (Februar 1946 in Berlin) vorgezeichnete kulturelle Neuaufbau war neben Theatern und Kulturbund (*Potsdam, *Jüterbog) in besonderem Maße auf die Massenmedien angewiesen. Im Mai 1946 entstand auf dem ehem. UFA-Gelände Potsdam (*)-Babelsberg die »Deutsche Film-AG« (DEFA) mit ihren Nachfolgestudios.

Nach der vom Potsdamer Abkommen vorgeschriebenen Demontage der Rüstungsbetriebe und der Aufnahme der Zivilproduktion (*Eberswalde-Finow, *Brandenburg, *Fürstenwalde, *Wildau, *Potsdam-Babelsberg) und dem beispielgebenden brandenburgischen Wiederaufbauplan (*Potsdam) begannen mit der Bildung von SAG-Betrieben für Reparationszwecke sowie mit dem im Oktober 1945 eingeleiteten Sequestrationsverfahren auch in der Provinz Brandenburg die Entflechtungs- und Enteignungsmaßnahmen im Banken-, Bergbau- und Industriebereich (*Potsdam). Sie wurden nach dem sächsischen Volksentscheid über die entschädigungslose Enteignung der Nazi- und Kriegsverbrecher vom Juni 1946 durch Provinzialverordnung vom 5. August 1946 abgeschlossen, beseitigten die monopolistischen Produktionsverhältnisse und schufen die Voraussetzungen für einen volkseigenen Wirtschaftssektor (*Potsdam-Babelsberg, *Hennigsdorf, *Brandenburg, *Eberswalde-Finow, *Fürstenwalde, *Wildau). Für den privatkapitalistischen Sektor der gewerblichen Wirtschaft entstand 1945/46 die brandenburgische Industrie- und Handelskammer Potsdam.

Im Februar/März 1946 vereinigten sich die Arbeiterparteien auf Orts- und Kreisebene (*Neuruppin, *Potsdam, *Frankfurt, *Zossen),

am 7. April auf Provinzial- (*Potsdam) und am 21. April auf zentraler Ebene in Berlin zur Sozialistischen Einheitspartei Deutschlands (SED). Wie die zentralen »Sechziger-Konferenzen«(Dezember 1945/Februar 1946) hatten in der Provinz der SPD-Bezirksparteitag und die KPD-Bezirksfunktionärskonferenz vom November 1945 sowie eine gemeinsame Funktionärskonferenz am 16. Februar 1946 den Weg zur Vereinigung gebahnt. Die Einheitsgegner um das westdeutsche SPD-»Büro Schumacher« hatten zwar unter Berliner Sozialdemokraten beträchtliche, in der Provinz Brandenburg hingegen trotz der Berlinnähe nur geringe Resonanz gefunden (*Luckenwalde). Selbst ehem. rechte Sozialdemokraten wie Eugen Ernst (*Werder) hatten die Vereinigungsinitiative der Berliner Parteiführungen unterstützt. Die kurz vor der Vereinigung in Liebenwalde (*) eröffnete Parteischule der KPD wurde zur zentralen Bildungsstätte der SED, Vorläuferin der SED-Parteihochschule »Karl Marx« (*Kleinmachnow).

Nach den Herbstwahlen 1946 (*Potsdam) – den ersten Wahlen seit der Befreiung vom Faschismus – entstanden im November/Dezember 1946 in Potsdam (*) Landtag und Provinzialregierung unter Karl Steinhoff als erstem Ministerpräsidenten. Mit der Auflösung des Landes Preußen durch das Kontrollratsgesetz vom Februar 1947 wurde die Provinz zum Land Brandenburg mit eigener Verfassung (6. 2. 1947). Zusammen mit den übrigen vier Ländern und Berlin bildete es bis zur Gründung der Deutschen Demokratischen Republik (1949) den hauptsächlichen bzw. bis zur Bezirksbildung (1952) den regionalen staatlichen Rahmen des 1945 in der Sowjetischen Besatzungszone eingeleiteten revolutionären Prozesses.

Die 1947/48 heranreifenden Entscheidungen erhöhten die Anforderungen an die Blockpolitik, zumal die bürgerlichen Parteien über die Mandatsmehrheit im brandenburgischen Landtag verfügten und zeitweise restaurative Kräfte wieder stärkeren Einfluß in ihnen erlangten. Doch setzten sich – auch unter dem Druck der Basis (*Kyritz) und nach der Ablösung Kaisers und Lemmers durch Nuschke (1947/48) als CDU-Parteivorsitzenden – die progressiven bürgerlichen Politiker durch. Die Landesvorstände der beiden Parteien beteiligten sich in ihrer Mehrheit an der Ende 1947 von der SED initiierten Volkskongreßbewegung für eine einheitliche demokratische deutsche Republik und für einen gerechten Friedensvertrag (*Potsdam, *Kyritz). Zu heftigen Auseinandersetzungen im Landes-Parteienblock führten 1948 die Umwandlung der 1947 gegründeten Deutschen Wirtschaftskommission (DWK) in ein mit Gesetzgebungs- und Regierungsbefugnissen ausgestattetes Organ, die Währungsreform, der Entwurf des Zweijahrplanes und die Gründung der Vereinigung Volkseigener Betriebe (VVB). Als notwendige Gegenmaßnahmen gegen die westliche Politik des »Kalten Krieges«, der Spaltung Deutschlands und Berlins und damit des Bruchs des Potsdamer Abkommens, die 1948/49 mit der »Berlin-Krise« ihren ersten Höhepunkt erreichte, liefen sie auf eine Stärkung des volkseigenen Wirtschaftssektors und auf die Zentralisation der Staatsmacht hinaus. Der um die 1948 neugegründeten Parteien (Deutsche Bauernpartei, National-Demokratische Partei Deutschlands) erweiterte Landes-Parteienblock stimmte im Oktober 1948 dem Zweijahrplan zu (*Potsdam).

Brandenburgische Politiker übernahmen Leitungsfunktionen in den neuen Staats- und Selbstverwaltungsorganen. Rau wurde Vorsitzender der DWK, Ebert Oberbürgermeister des im November 1948 neugebildeten, demokratischen Magistrats von Berlin, Nuschke einer der drei Vorsitzenden des im März 1948 gewählten Deutschen Volksrates. Die seit dem II. SED-Parteitag (September 1947) in zahlreichen Beratungen bekräftigte Notwendigkeit, die Stellung der Arbeiterklasse und ihrer Partei in Staat, Wirtschaftsverwaltung und Justiz auszubauen, wurde auf der 1. Staatspolitischen Konferenz der SED vom Juli 1948 in Werder (*) verbindlich. Mit den Erfolgen der vor allem in Brandenburg (*) und Hennigsdorf (*) aufgegriffenen Aktivisten- und Wettbewerbsbewegung wurden die dortigen sowie die Werke in Wildau (*), Fürstenwalde (*), Potsdam (*)-Babelsberg und Eberswalde (*) Schwerpunktobjekte des Zweijahrplanes (1949/50).

Mit der Gründung der DDR am 7. Oktober 1949 wurde Berlin Hauptstadt, Volkskammer-, Präsidenten- und Regierungssitz, Verwaltungs-, Wissenschafts-, Kultur- und Tagungszentrum sowie ein wesentlicher Wirtschaftsfaktor der DDR. Der um die Massenorganisationen erweiterte Parteienblock bildete 1949/50 die Nationale Front, die die ersten Volkskammerwahlen vom Oktober 1950 mit gemeinsamem Wahlprogramm und Einheitslisten durchführte (*Eberswalde-Finow). Um

Berlin nahmen weitere zentrale Bildungseinrichtungen ihren Sitz (*Waldsieversdorf, *Bantikow). Die Gründung des zentral regierten Staates der Arbeiter- und Bauernmacht, die 1951 beginnende Periode der Fünfjahrpläne und der von der II. SED-Parteikonferenz im Juli 1952 beschlossene Aufbau der Grundlagen des Sozialismus erforderten eine umfassende Verwaltungsreform. Sie hatte den föderativen Staatsaufbau durch Organisationsformen des demokratischen Zentralismus zu ersetzen, die der veränderten Wirtschaftsstruktur und der zentralen Planung und Leitung entsprachen. Bereits im April/Juni 1950 waren durch Landtags- und Volkskammergesetze die meisten brandenburgischen Stadtkreise – mit Ausnahme von Potsdam und Brandenburg – aufgelöst, mehrere Landkreise umgebildet und einzelne Gebiete mit den Nachbarländern ausgetauscht worden (*Frankfurt, *Eberswalde-Finow, *Rathenow, *Seelow, *Fürstenwalde). Die von der Volkskammer am 23. Juli 1952 beschlossene Verwaltungsreform löste die Länder auf und schuf an ihrer Stelle Bezirke. Die Kompetenzen der örtlichen bzw. territorialen Volksvertretungen (Stadtverordnetenversammlungen, Kreis- und Bezirkstage) und Staatsorgane (Räte) wurden nach den Beschlüssen der 3. SED-Parteikonferenz (1956) neu bestimmt. Auch die Parteien und Massenorganisationen gliederten ihren Organisationsaufbau nach der neuen Verwaltungsstruktur.

Der größte Teil des Landes Brandenburg ging in die Bezirken Potsdam (*) und Frankfurt (*) auf, die meisten Niederlausitzer Kreise im Bezirk Cottbus. Teile der Prignitz und der Uckermark fielen an die Bezirke Magdeburg, Schwerin und Neubrandenburg. Die bisherigen Großkreise wurden aufgeteilt (*Mahlow). 23 ehem. brandenburgischen Kreisen standen nunmehr 41 in den Bezirken Potsdam (17), Frankfurt (10) und Cottbus gegenüber. Neue Landkreise wurden Brandenburg, Gransee, Königs Wusterhausen, Oranienburg, Potsdam, Pritzwalk, Wittstock, Zossen bzw. Beeskow, Bernau, Eisenhüttenstadt-Land und Strausberg.

Die sozialistische Revolution veränderte die gesellschaftlichen Verhältnisse in den beiden Bezirken tiefgreifend. In der Periode des Übergangs zum Sozialismus ließen vor allem die

Folgende Seiten:
Das Land Brandenburg bzw. die Bezirke Potsdam und Frankfurt in der territorial-politischen Gliederung der DDR (nach R. Badstübner)

Dresden *Sitz der Landesregierung*

*(in Thüringen Wechsel des Regierungs-
sitzes von Weimar nach Erfurt)*

—··—··— *Staat*

— — — *Landkreis*

——— *Landkreis*

.... Gera *Stadtkreis, namensgleich mit dem
Landkreis, in dem er liegt*

.... Jena *Stadtkreis, der einen anderen Namen
trägt, als der Landkreis, in dem er liegt*

.... *Sektorengrenzen in Berlin*

0   25   50   75   100 km

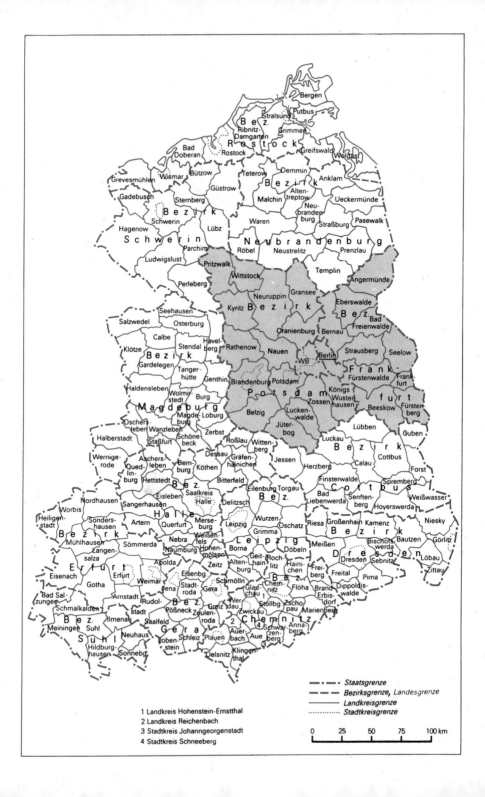

1 Landkreis Hohenstein-Ernstthal
2 Landkreis Reichenbach
3 Stadtkreis Johanngeorgenstadt
4 Stadtkreis Schneeberg

Staatsgrenze
Bezirksgrenze, Landesgrenze
Landkreisgrenze
Stadtkreisgrenze

0   25   50   75   100 km

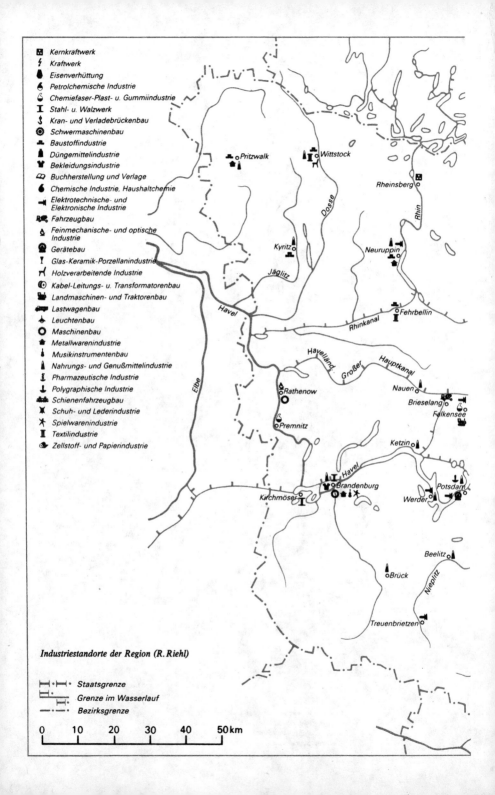

Legende

⊞	Kernkraftwerk
ϟ	Kraftwerk
⬥	Eisenverhüttung
⌒	Petrolchemische Industrie
⌒	Chemiefaser-Plast- u. Gummiindustrie
I	Stahl- u. Walzwerk
⌇	Kran- und Verladebrückenbau
◉	Schwermaschinenbau
⬦	Baustoffindustrie
⬧	Düngemittelindustrie
♈	Bekleidungsindustrie
⏗	Buchherstellung und Verlage
◖	Chemische Industrie, Haushaltchemie
◀	Elektrotechnische- und Elektronische Industrie
🚘	Fahrzeugbau
♦	Feinmechanische- und optische Industrie
⬕	Gerätebau
!	Glas-Keramik-Porzellanindustrie
⊢	Holzverarbeitende Industrie
⬟	Kabel-Leitungs- u. Transformatorenbau
⬛	Landmaschinen- und Traktorenbau
🚛	Lastwagenbau
⚓	Leuchtenbau
O	Maschinenbau
♠	Metallwarenindustrie
♪	Musikinstrumentenbau
⬩	Nahrungs- und Genußmittelindustrie
⚗	Pharmazeutische Industrie
↓	Polygraphische Industrie
⚶	Schienenfahrzeugbau
X	Schuh- und Lederindustrie
⚚	Spielwarenindustrie
I	Textilindustrie
☙	Zellstoff- und Papierindustrie

Industriestandorte der Region (R. Riehl)

⊢·⊣·⊢	Staatsgrenze
⊢⊢⊢	Grenze im Wasserlauf
⊢·⊣·	Bezirksgrenze

0   10   20   30   40   50 km

Pritzwalk, Wittstock, Rheinsberg, Dosse, Rhin, Kyritz, Neuruppin, Jäglitz, Fehrbellin, Rhinkanal, Havel, Havelländ. Großer Hauptkanal, Nauen, Rathenow, Brieselang, Falkensee, Premnitz, Ketzin, Elbe, Havel, Potsdam, Brandenburg, Werder, Kirchmöser, Beelitz, Brück, Nieplitz, Treuenbrietzen

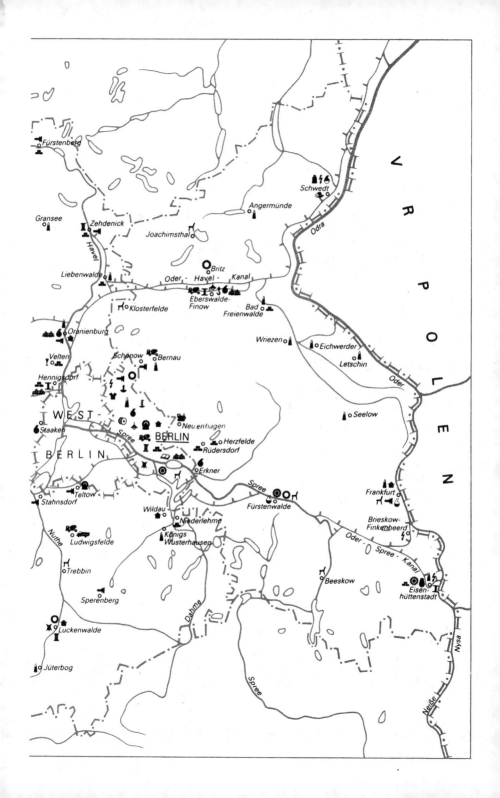

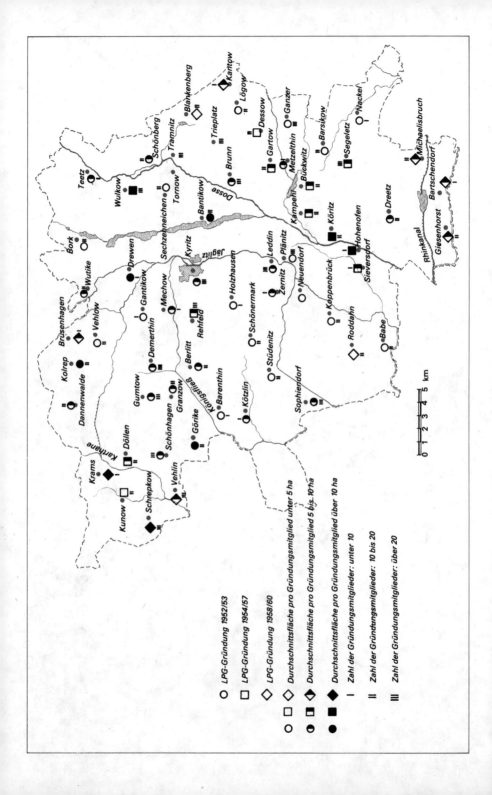

LPG-Gründung 1952/53

LPG-Gründung 1954/57

LPG-Gründung 1958/60

Durchschnittsfläche pro Gründungsmitglied unter 5 ha

Durchschnittsfläche pro Gründungsmitglied 5 bis 10 ha

Durchschnittsfläche pro Gründungsmitglied über 10 ha

I   Zahl der Gründungsmitglieder: unter 10

II   Zahl der Gründungsmitglieder: 10 bis 20

III Zahl der Gründungsmitglieder: über 20

0 1 2 3 4 5 km

Entscheidungs- und Bewährungssituationen im Juni 1953 (*Potsdam, *Brandenburg, *Eisenhüttenstadt), im Jahre 1955, im Herbst 1956 und im Sommer 1961 die Führungstätigkeit der SED-Bezirksorganisationen, der örtlichen und territorialen Staatsorgane reifen. Beide Bezirke sahen sich in besonderem Maße den ökonomischen und ideologischen Einwirkungen Westberlins gegenüber. Traditionelle Bindungen zu Berlin (West) begünstigten Abwerbung und Grenzgängertum (*Potsdam, *Bernau). Namentlich der Bezirk Potsdam, in dem sechs Kreise unmittelbar angrenzten und beträchtliche Industrie- und Landwirtschaftskapazitäten in den Grenzbereichen lagen, gewann für den Schutz der Staatsgrenze durch Kasernierte Volkspolizei (1952), betriebliche Kampfgruppen (1953), Grenztruppen (*Potsdam) und Nationale Volksarmee (*Strausberg, *Oranienburg) besondere Bedeutung. Zwischen der Hauptstadt der DDR und Potsdam (*) mußten neue Verkehrsverbindungen geschaffen werden. Nach dem 13. August 1961 waren Potsdamer (*) Kampfgruppen unmittelbar an den Grenzsicherungsmaßnahmen beteiligt. Frankfurt (*) andererseits wurde seit dem Oder-Neiße-Grenzabkommen 1950/51 wiederholt Stätte deutsch-polnischer Friedens- und Freundschaftstreffen sowie Transitpunkt zur VR Polen und Sowjetunion.

Wirtschaftlich entwickelten sich die bereits im Kapitalismus industriell durchsetzten und vom großstädtischen Ballungsraum Berlin beeinflußten brandenburgischen Agrargebiete zu leistungsfähigen Industrie-Agrar-Bezirken. An historisch gewachsenen Standorten wie auch auf »grüner Wiese« (*Eisenhüttenstadt, *Schwedt, *Neuruppin, *Wittstock) wuchsen in den 50er Jahren, dann nach dem Abschluß der Übergangsperiode zum Sozialismus in den 60er Jahren sowie in der Zeit des beschleunigten Aufbaus der entwickelten sozialistischen Gesellschaft nach dem VIII. SED-Parteitag (1971) um Potsdam (*), Teltow (*), Brandenburg (*), Premnitz (*), Rathenow (*), Hennigsdorf (*), Oranienburg (*), Eberswalde-Finow (*), Frankfurt (*), Eisenhüttenstadt (*) industrielle Ballungsgebiete. Der vom III. SED-Parteitag beschlossene Aufbau des Eisenhüttenkombinates Ost (*Eisenhüttenstadt) war das wichtigste Investitionsvorhaben des ersten Fünfjahrplanes (1951/55). Auch die anderen

Genossenschaftsbewegung im Kr. Kyritz (G. Hoppe)

Schwerpunktobjekte dieses Fünfjahrplanes im Lande Brandenburg bzw. in den Bezirken Potsdam und Frankfurt standen im Zeichen des vorrangigen Aufbaus der Schwer-(*Brandenburg, *Wildau, *Eberswalde-Finow) und einer zeitweiligen Flugzeugindustrie (*Ludwigsfelde). Das Chemie-Programm 1958 wirkte sich vor allem im Auf- bzw. Ausbau der Standorte Schwedt (*), Premnitz (*) und Erkner (*) aus, die Bildung des Forschungsrates (1957) im Aufbau des Halbleiterwerkes Frankfurt (*) und des ersten Kernkraftwerkes der DDR 1960/66 (*Neuglobsow). Neben der Luchmelioration und dem Flughafenbau (*Schönefeld) bildeten die Industriebauten von Schwedt und dem Eisenhüttenkombinat Ost die wichtigsten DDR- bzw. Bezirks-Jugendobjekte der 50er/60er Jahre in der Region. Mit den Kombinatsreformen der 60er/70er Jahre wurden Hennigsdorf (*), Eisenhüttenstadt (*), Schwedt (*), Ludwigsfelde (*) und Teltow (*) Kombinatssitze. Von Fürstenwalde (*) und Schwedt (*) gingen 1974/79 wichtige Wettbewerbs- und Rationalisierungsinitiativen aus. Im Gefolge vor allem der Industrialisierung entstanden neue Stadtkreise (*Eisenhüttenstadt, *Schwedt) und Städte (*Falkensee, *Hennigsdorf, *Premnitz, *Ludwigsfelde). Die kriegszerstörten und Industriestädte bildeten seit den 50er Jahren die Neubauzentren der beiden Bezirke, wobei im Rahmen des 1972 beschlossenen Wohnungsbauprogramms der Aufbau von Neubauvierteln außerhalb der Altstädte dominierte. Nach den frühen sozialistischen Wohnstädten der 50er Jahre (*Eisenhüttenstadt, *Ludwigsfelde) wurden in den 60er/70er Jahren Potsdam (*), seit Ende der 70er Jahre Bernau (*) zu den markantesten Beispielen geschlossener städtebaulicher Konzeptionen in der Region.

Den Weg zur Großproduktion und zu sozialistischen Produktionsverhältnissen in der Landwirtschaft beschritt neben den VEG seit 1952 die Genossenschaftsbewegung. Einer ihrer Pioniere wurde der Neubauer und Woriner (*) Bürgermeister Bernhard Grünert. Die Woriner Landwirtschaftliche Produktionsgenossenschaft (LPG) gehörte zu den frühesten der DDR und zu denjenigen, deren Antrag die LPG-Beschlüsse der II. SED-Parteikonferenz auslöste. Neben dem Seelower Kreis (*Worin, *Golzow) waren die Uckermark (*Greiffenberg), die Prignitz und das ehem. Ruppiner Land (*Karwe) Gebiete früher Genossenschaften in den Bezirken Frankfurt und Potsdam.

Nach zeitweise stagnierender bzw. rückläufiger LPG-Entwicklung rückte Ende der 50er Jahre der vollständige Übergang zur volkseigenen und genossenschaftlichen Agrarproduktion auf die Tagesordnung. In seinem Vorfeld entstanden 1958 in Hagelberg (*) die erste Dorfakademie der DDR, der Waltersdorfer (*) Aufruf und die Jugendbewegung zur Luchmelioration (*Paulinenaue). Der »sozialistische Frühling« 1960 schuf in der Pflanzen- und Tierproduktion sowie in der bereits auf genossenschaftliche Tradition zurückreichenden Gemüse- (*Gorgast) und Obstproduktion (*Gransee) durchgängig sozialistische Produktionsverhältnisse (*Jüterbog). In dem vorwiegend individuell produzierenden Obstanbaugebiet um Werder (*) bedurften sie – trotz der Ansätze 1957/58 (*Caputh, *Geltow) – besonderer Aktionen. Unter veränderten Produktions- und Eigentumsverhältnissen entstanden 1968/69 in Eberswalde (*) der erste beispielgebende Betrieb industrieller Schweinefleischproduktion und 1976/80 in Blankenfelde (*) die damals größte Milchviehanlage der DDR. Die Akademie der Landwirtschaftswissenschaften der DDR und die Berliner Universität unterhalten in den beiden Bezirken zahlreiche landwirtschafts- und forstwissenschaftliche Institute (*Potsdam, *Müncheberg, *Waldsieversdorf, *Marquardt, *Großbeeren, *Paulinenaue, *Eberswalde-Finow).

Auch im kulturellen, wissenschaftlichen, Alltags- und Freizeit-Bereich verband die sozialistische Revolution das historisch gewachsene Erbe der beiden Bezirke mit neuen Entwicklungen und Traditionen. Die touristischen, Erholungs-, Schulungs- und Siedlungsfunktionen weiteten sich beträchtlich. Das Staatsjagdgebiet Schorfheide (*Joachimsthal) wurde für die Regierungstätigkeit genutzt. 1951/53 entstand am Werbellinsee nach sowjetischem Vorbild eine »Pionierrepublik« (*Altenhof). Schülerexperimente wie in Falkensee (*) brachen dem polytechnischen Unterricht Bahn. Schriftsteller und Künstler fanden um Berlin Wohn- und Wirkungsstätten (*Bad Saarow-Pieskow, *Buckow, *Lehnitz, *Dollgow, *Zeuthen, *Märkisch Buchholz, *Schöneiche). Großbauplätze, wirtschaftliche und soziale Umwälzungen in den beiden Bezirken wurden Gegenstand von Kunstwerken (*Karwe, *Eisenhüttenstadt, *Dollgow, *Golzow, *Wittstock). Den historischen gesellten sich neue Volksfeste, Kulturtraditionen (*Bernau, *Belzig, *Werder, *Potsdam, *Frankfurt, *Chorin) und Museen (*Potsdam, *Wandlitz, *Altranft) zu; Potsdam (*) wuchs als Wissenschafts- und Hochschulzentrum.

Bezirk Potsdam

Kreis Potsdam-Stadt
Kreis Potsdam-Land
Kreis Königs Wusterhausen
Kreis Zossen
Kreis Luckenwalde
Kreis Jüterbog
Kreis Belzig
Kreis Brandenburg-Land
Kreis Brandenburg-Stadt
Kreis Rathenow
Kreis Nauen
Kreis Oranienburg
Kreis Gransee
Kreis Neuruppin
Kreis Kyritz
Kreis Wittstock
Kreis Pritzwalk

Kreis Potsdam-Stadt

Potsdam (1317)
Der Raum des Potsdamer Havelübergangs, zugleich im Schnittpunkt mehrerer Wasserwege, war wahrscheinlich ungefähr ab 10 000 v. u. Z (Ende des Jungpaläolithikums) besiedelt. Doch erst Jäger der Mittelsteinzeit (6 000–3 500 v. u. Z.) haben ihre Spuren hier hinterlassen, so am Nuthelauf (typische Feuersteinwerkzeuge bei *P.-Drewitz*, am *»Beetz«* bei P.-Babelsberg und am *»Schlaatz«*), bei Bergholz-Rehbrücke (auf dem Kaninchenberg wahrscheinlich ältester ermittelter Siedlungsplatz), Krampnitz (Knochenspitzen und Angelhaken) und Kleinmachnow (verzierter Hirschgeweihstab). Aufschlußreich für die Jagdtechnik ist der Fund eines erlegten Ur-Stiers mit beim Ausweiden benutzten Feuersteinklingen (Wohngebiet *»Schlaatz«*). Einzelne Funde früher bäuerlicher Gruppen der Jungsteinzeit (bis etwa 1 800 v. u. Z.) sind über die ganze Stadtmark verstreut, während bronzezeitliche Siedlungen vor allem am Ostrand des Stadtkerns an der Havel lagen. Bedeutendster Fund vom Übergang zur Eisenzeit ist ein Metallhort von *P.-Bornim*, zu dem u. a. ein eiserner Halskragen mit Kettenanhängern gehört.
In der späten Bronzezeit wurde auf einer Moränenkuppe am *Lehnitzsee* in P.-Sacrow in natürlich geschützter Lage eine Wehranlage errichtet, die *»Römerschanze«*, wahrscheinlich das politisch wirtschaftliche Zentrum eines Stammesgebietes. Der noch gut erhaltene Erdwall – damals mit Erde gefüllte Plankenwände – umschloß bei 175×125 m Durchmesser eine dicht bebaute Innenfläche. Toreingänge befanden sich an drei Stellen. Die Anlage zeugt wie andere befestigte Siedlungen dieser Zeit (*Frankfurt-Lossow) von Spannungen und kriegerischen Auseinandersetzungen zwischen Stämmen und Stammesteilen.

In den Jahrhunderten vor und nach der Zeitenwende gehörte der Potsdamer Raum zum Stammesgebiet der Semnonen. Zahlreiche Fundplätze in der Umgebung, darunter große Gräberfelder wie Plötzin und Kemnitz, belegen wie im ganzen Havelland eine erhebliche Siedlungsdichte. Im 9./10. Jh. wurde die *»Römerschanze«* von Slawen erneut als Burg benutzt. Eine zweifach gegliederte Vorburgsiedlung südwestlich des Hauptwalles bestand noch bis zum 11. Jh. (Funde: *Märkisches Museum Berlin*, z. T. Verlust, *Staatliche Museen zu Berlin, Museum für Ur- und Frühgeschichte P.*).
Die wohl im 8./9. Jh. errichtete slawische Burg gegenüber der Einmündung der Nuthe in die Havel (*Gelände der ehem. Heiliggeistkirche*), die bei urspr. Insellage eine Fläche von 60×700 m (Wall mit Holzpackwerk) bedeckte, besaß ebenfalls eine Vorburgsiedlung, die anscheinend wie die Burg bis ins 12. Jh. bestand. Dieses *»Poztupimi«* trat schon 993 in die schriftliche Überlieferung ein, als es mit *»Geliti«* (*Geltow) als königliche Schenkung der Reichsabtei Quedlinburg überschrieben wurde. 993 hatte der frühdeutsche Feudalstaat Teile des 983 mit der Brandenburg (*) verlorengegangenen Hevellerlandes noch einmal unterworfen. P. sollte wohl als unangreifbare geistliche Stiftung eine vorgeschobene Gegenposition gegen die polnische Eroberung vielleicht sogar Köpenicks (*Lebus) bilden. In den weiteren Kämpfen Ende des 10. Jh. behaupteten sich aber die einheimischen Slawenstämme.

Halskragen von Potsdam-Bornim (Museum für Ur- und Frühgeschichte Potsdam)

Die Lage Potsdams an einem Arm des havellanddurchquerenden West-Ost-Haupthandelsweges wird durch zwei jungslawische Schatzfunde auf der Halbinsel *Tornow* unterstrichen; einer davon umfaßte etwa 70 Münzen, 58 Perlen aus Karneol, Bergkristall, Glas und Ton sowie 21 Rohrbernsteinstücke (Funde wie die der »Poztupimi«-Siedlung und Körperbestattungen des zugehörigen Friedhofs im *Museum für Ur- und Frühgeschichte P.*, z. T. Verlust). Nach der endgültigen Sicherung der Brandenburg (1157) erreichte die frühdeutsche Feudalexpansion erneut recht bald auch P. Herrschaftsbildend könnten hier um 1160/70 zunächst die Erzbischöfe v. Magdeburg aufgetreten sein (*Jüterbog), wofür z. B. der im magdeburgischen Einflußbereich verbreitete Viereckgrundriß des Turmes der westlich von »Poztupimi« angelegten frühdeutschen Burg (*Gelände des nachmaligen Stadtschlosses*) spräche. Die Einheit der (grabenlosen und ungegliederten) Burg mit der ummauerten Stadt weist der Gesamtanlage eine starke Wehrfunktion zu. Die neue Burg-Stadt-Anlage P., askanisch oder stiftsmagdeburgisch, entstand offenbar in Grenzlage. Eine solche bestand jedoch nur, solange der magdeburgische Einfluß auf die sog. Ostzauche südlich der Havel anhielt und die von den askanischen Markgrafen spätestens um 1200 eingeleitete Aufsiedlung des nordwestlichen Teltow östlich der Nuthe noch nicht begonnen hatte. P., das bei Ersterwähnung der nächstgelegenen Vogtei Fahrland (1197) sicherlich schon bestanden hat, gehört damit zu den ältesten Städten des mittleren Elbe-Oder-Raumes. Die geringe Feldmarkausstattung unterstreicht, daß P. vor der Zeit der Markgrafen Johann I. und Otto III. gegründet worden sein muß.

Da die deutsche Burg in P. nicht, wie sonst häufig, an die slawische Anlage anschloß, der Potsdamer Kietz (1349 ersterwähnt; Bereich *Kietzstraße*) nahe bei jener lag, stützt das Beispiel P. die Vermutung, dieser Typ Dienstsiedlung (*Brandenburg) sei erst in frühdeutscher Zeit entstanden.
1228 gab ein magdeburgischer Ministeriale *Drewitz* (Ot.) als erstes Dorf des Teltow (*) in geistlichen Besitz (Kloster Lehnin), der im Westteltow einen größeren Umfang erreichte.
P. wird vom 14. Jh. an als oppidum erwähnt (1345 einmal als civitas); obwohl nur klein, hatte es einige wichtige politische Rechte erlangt: 1345 Ratsverfassung, 1449 Bürgermeister bezeugt, spätestens 1411 Befreiung vom Vogteigericht. In der Zeit Karls IV. gehörte P. zu den wenigen Orten in Havelland und Zauche, aus welchen der Landesherr größere Ein

Der Große Kurfürst, Bildnis von Ph. Kilian nach M. Merian d. J. (Kupferstichkabinett Dresden)

künfte bezog, darunter die Urbede; verpachtet waren u. a. der Zoll und die Einnahmen aus dem Wasserregal; oftmalige Verpfändungen, so 1400/14 an die v. Rochow auf Golzow; 1426 wird P. erstmals als Amtssitz erwähnt. Nur 1393 stand P. als kleinste Stadt neben Oderberg in einem märkischen Städtebund; 7. Stadt der »Sprache Brandenburg« auf den Landtagen. Der »sitzende Rat« aus vier Mitgliedern erwarb 1571 anteilsweise das Lehnschulzenamt; 1704 verfügte er ganz darüber. 1571/72 und 1599 Klage über zunehmende Belastungen und Willküräkte durch die Amtsleute, die P. mehr und mehr abhängig machten (1467 erste Beschneidung städtischer Freiheiten).
Unter dem Eindruck seiner niederländischen Reisen griff Kurfürst Friedrich Wilhelm unausgeführte Pläne Joachims II. auf, die Umgebung von P. hortikulturell umzugestalten, mit einer Residenz als Zentrum. 1660/64 wurden sechs Dörfer aus adliger Hand gekauft und zur Herrschaft P. zusammengefaßt. Ab 1671 hielt sich Friedrich Wilhelm öfter im Stadtschloß auf. Er verstarb 1688 in P.

✦ Leibreitstall, sog. *Marstall*, 1679/82 von J. G. Memhardt(?), 1746 Umbau durch G. W. v. Knobelsdorff (seit 1985 *Filmmuseum der DDR*); Havelkolonnade (1746); Predigerwitwenhaus (*W.-Külz-Str. 25*), 1674(?) und 1826

In P. zahlten 1660 von 198 Häusern nur 50 Steuern, dabei Einquartierung von Teilen des seit 1644 aufgebauten stehenden Heeres; Neubau der Langen

Brücke (1662/64), südwestlich der Stadt Anlage der »Kurfürstlichen Freiheit«; Ansiedlung niederländischer Fayence-, Drell- und Damastmacher nach 1650, Stadt- und Kirchenordnung (1671), ein frühes Beispiel absolutistischer Eingriffe in den städtischen Bereich, regelte Brücken- und Mühlenwesen, Viehhaltung, Preiskontrolle für Fleisch, Brot, Bier, Wachdienste, Baureparaturen, Tageslohn, kirchliche Amtshandlungen; 1672 Gründung einer reformierten Gemeinde beim Schloß; 1685 Schweizer Kolonie, am Golmer Bruch

Die Spiegelglashütte in Drewitz (gegr. 1650), seit 1679 auf dem Hakendamm (Bereich Brücke *Friedrich-Engels-Str.*), war 1678/88 Wirkungsstätte Johann Kunckels, des Verfassers der »Ars vitraria experimentalis« (1679), des ersten bedeutenden Werkes der modernen Glashüttenkunde, Direktor des Kurfürstlich-alchemistischen Laboratoriums auf der Pfaueninsel bei P. (1685 Schmelzhütte). Kunckel erhielt vom Kurfürsten ein Privileg für Kristall- und Schockglas und stellte farbige Glasflüsse her. Nach dem Tod Friedrich Wilhelms fiel Kunckel in Ungnade, wurde wegen Betrugs angeklagt und emigrierte nach Schweden.

1685 ließ Kurfürst Friedrich Wilhelm das »Edikt von P.« verkünden und als Druckschrift in Frankreich illegal verbreiten. Dort hatte kurz zuvor Ludwig XIV. in Fontainebleau das Edikt von Nantes (1589) aufgehoben, das reformierte Bekenntnis und Gemeindeleben offiziell gestattet hatte. Die französischen Reformierten standen vor der »Wahl«, ihrem

Französische Kirche

Glauben abzuschwören oder exekutiert zu werden, Flucht war bei Leibesstrafe verboten. Um das vom 30jährigen Krieg schwer heimgesuchte, ökonomisch ohnehin nicht zu den entwickelten Gebieten des Reiches gehörende Land zu peuplieren, mußte der Kurfürst gegen die attraktiven Asylländer England und Niederlande günstige Ansiedlungsbedingungen anbieten. Das Edikt warb mit der Zugabe von Transporthilfen ab den Sammelplätzen Amsterdam, Köln, Frankfurt/Main; am Ansiedlungsort sollte Baumaterial geliefert, die Einquartierungs- und Abgabenfreiheit (außer der Konsumtionsakzise) auf zehn Jahre gesichert werden. Der Wunsch nach Einrichtung von Manufakturen kennzeichnet den ökonomischen Hintergrund des Peuplierungsplanes, als günstige Standorte wurden u. a. Brandenburg, Frankfurt, Rathenow, nicht jedoch P. empfohlen. Die Wirkung des Edikts war beträchtlich, etwa 20 000 Hugenotten kamen ins Land, die über vierzig neue Gewerbe mitbrachten (*Hohenfinow, *Neustadt/Dosse, *Eberswalde-Finow). In P. entstand erst 1723 eine französische Kolonie (*Französisch-reformierte Kirche,* 1751/53 von J. Boumann nach Entwürfen G. W. v. Knobelsdorffs).

Seit 1701 eine der königlichen Residenzen, wurde P. unter König Friedrich Wilhelm I. Garnison für das Leibregiment der »roten Grenadiere«, bald für weitere Eliteeinheiten. Diese unmittelbar vom König oder von Prinzen geführten Truppenteile sollten taktische und waffentechnische Neuerungen auf Anwendbarkeit erproben, wozu neben der Ausbildung die unter den Augen des Monarchen abgehaltenen Revuen dienten. Die besondere Vorliebe des »Soldatenkönigs« für die »langen Kerrels« drängte den Kult des Militärischen ins Bizarre. Die Sicherung »ordonnanzmäßiger Quartiere« für das Leibregiment wurde eine belastende Bürgerpflicht. Die »Potsdamschen Bettgelder« von jährlich 12 000 Talern mußte der Kreis Teltow aufbringen. P. in eine Pflanzschule des Heeres zu verwandeln war Hauptgrund, die kleine Stadt mit ihren 199 Häusern und 1 500 Einwohnern beträchtlich zu erweitern. Über dem sumpfigen Gelände des Faulen Sees, das mit holländischen Methoden trockengelegt und in Karrees aufgeteilt wurde, entstand 1721 die *Neustadt* nördlich des Kanals, mit Einbeziehung von Burgstraße, Kietz und Freiheit; ab 1732 nördlich davon die *»2. Neustadt«* bis an die heutige Hegelallee mit dem *Holländischen Viertel*, das an-

Stadtansicht um 1710 von D. Petzold

ders als die »Holländereien« anderer Fürsten-
höfe in militärisch geprägter Einheitlichkeit
ausgeführt wurde. Beim Tod des Königs (1740
in P.) zählte die Stadt das Achtfache an Einwohnern und 1 154 Häuser.
✦ *Jägertor* (1733); *Große Stadtschule (Friedrich-
Ebert-Str. 17,* 1738/39, nach P. v. Gayette); Reste der Akzisemauer (1722) in *Große Fischerstr.*

Holländisches Viertel, Wohnhäuser Mittelstraße

und *Schopenhauerstr. 33*; von der 1. Neustadt:
*O.-Nuschke-Str. 26, Yorckstr. 7, H.-Rau-Allee 4
und 4a; Bauhofstr. 9* (1726/36); von der 2. Neustadt: *Benkertstr. 1–5, 6–12, 14–24* (1737/42,
J. Boumann), *Dortustr. 1–17, 52–57, 65–74*
(1733/38, J. Boumann); *Holländisches Viertel*
(1733/42, J. Boumann, P. v. Gayette); *Jagdschloß Stern* (Ot. Drewitz, 1730/32, Vorläufer
der Backsteinbauten des Holländischen Vier-
tels)
Dieser Entwicklungsschub war durch engste
Verwobenheit des wirtschaftlichen Lebens mit

dem Militär gekennzeichnet. Der wachsende Bedarf der meist dezentralisiert im Bürgerquartier lebenden Soldatenschar hob die Gewerbetätigkeit. Zum anderen wurde über die langjährig Rekrutierten nur wenige Monate im Jahr direkt militärisch verfügt. Die bei »Urlaub« sonst übliche Heimkehr entfiel für P., weil hier das 1733 eingeführte Kantonreglement nicht galt und die Garden sich aus allen Regimentern Preußens rekrutierten.

Akzisemauer ab 1722 havelseitig durch Palisaden ergänzt, um Desertionen in die nahe kursächsische Exklave Busendorf–Klaistow–Kanin zu verhindern

Deutlichster Ausdruck militärisch geprägter Manufakturpolitik war die Gründung der Gewehrfabrik in P. und Spandau (1722), für die 50 Spezialisten aus Lüttich abgeworben worden waren. Die Berliner Bankierfirma Splittgerber & Daum finanzierte und betrieb sie als zentralisierte Manufaktur – der Guß der Läufe fand in Spandau, die Montage in P. statt. Nach der Spiegelmanufaktur Neustadt/Dosse (*) war sie eine der frühesten der Mark und eine der wenigen langlebigen. Bis 1730 stieg die Arbeiterzahl auf 232, davon 76 Meister; später auf 800. Die Jahresproduktion betrug 20 000 Gewehre und war nach 1763 auf Auslandsaufträge angewiesen.

Nach dem Vorbild der Franckeschen Stiftungen in Halle wurde 1722 das Militärwaisenhaus in P. gegründet, das ab 1725 auch Mädchen aufnahm. Die Erziehung zu Katechismustreue und Gewerbetüchtigkeit sollte zunächst Nachwuchs für die Gewehrfabrik und das Heer sichern, zu dessen Montierung das verordnete Strümpfestricken der Zöglinge beitrugen. Mit dem Wachstum Potsdams als Gewerbestandort wurde das Waisenhaus immer mehr von einer Erziehungs- zur Zwangsanstalt. Das Waisenhaus trat »auf königliche Kosten« selbst als Unternehmer auf, z. B. ab 1725 als Eigentümer der größten staatlichen Tuch- und Zeugmanufaktur, des Berliner Lagerhauses, sowie des Freienwalder (*) Alaunbergwerks, und begann, seine Zöglinge durch Mietverträge der Ausbeutung in Manufakturen auszuliefern.

Nach 1730 mietete als erster »Privater« David Hirsch für seine neu privilegierte Samt-, Plüsch- und Velvet-, später auch Seidenproduktion erstmals in größerer Zahl Waisen. Die Heranziehung begüterter Schutzjuden wie Hirsch gehörte zu den Maßnahmen des merkantilistischen Absolutismus, um Manufaktur-

gründungen trotz des noch verbreiteten Zögerns von Teilen des Handelskapitals im Interesse der positiven Handelsbilanz zustandezubringen. Die rechtlich schlechtergestellten jüdischen Handelskapitalisten konnten mit Androhung des Entzugs ihrer Handelskonzession oder Schutzbriefe noch am leichtesten gewonnen werden. Gerade in P. machten derart gegründete Etablissements 1769 ein gutes Drittel aller 34 Manufakturen aus. Hirsch hatte, wie sein Exklusivprivileg, Gewährung von Startkapital und mehrere Hausschenkungen zeigen, besonders günstige Bedingungen erreicht. Die Familienfirma bestand noch 1775.

Ab 1722 wird P. Amtssitz des Steuerrates für (ab 1737 neun) Städte meist der Zauche und des Teltow (ab 1742 noch für Brandenburg). Dieses im 17. Jh. mit Einführung der Akzise geschaffene Amt hatte seit 1712 Kontrollvollmacht über die meisten Materien städtischer Verwaltung zugesprochen bekommen und fand in P. zunächst den günstigen Boden traditionell und infolge häufiger königlicher Präsenz geringer Rechte des Rates vor. Den ausgedehnten Berichtsanforderungen des »lästigen Stadtvaters«, die die Wirkung zentraler Erlasse ermitteln und verbessern sollten, wichen die Magistrate oft aus, der von P. berief sich ab 1737 auf seine Immediatstellung. Seit etwa 1748 wurden die Steuerräte aus dem Justizwesen verdrängt, das ein die Magistratsstellen zunehmend ausfüllendes studiertes Berufsbeamtentum an sich brachte. In P. war seit 1751 der 1. Bürgermeister zugleich Polizeidirektor. Die Einführung der Regie (1766) als neuer Akzisezentralverwaltung beschränkte die Steuerräte im wesentlichen auf ökonomische, in P. vor allem Bau- und Manufaktursachen.

Die fiskalische preußische Gewerbepolitik zeitigte nach 1740 unter Friedrich II. in P. den bis dahin stärksten Gründungsschub an nichtzünftigen, zumeist Textilbetrieben: Von den 1769 bestehenden stammten nur vier aus der Zeit vor 1740; 12 waren vor, drei im, 17 nach dem Siebenjährigen Krieg entstanden. Zugunsten der Gewerbe wurde P., wie Berlin und Brandenburg, 1741 die Kanton- und Enrollementsfreiheit verliehen. Die Kompaniestärke der Garnison verdoppelte sich durch die Verlegung der vier Gardebataillone (1742) sowie des Füsilierregiments Prinz Heinrich (1743) nach P. auf 36 (1745) – bei knapp 12 000 Einwohnern laut Quartierrolle von 1750 4 630 Rekruten in 1 083 Bürgerquartieren.

*Friedrich II. vor seinem Regiment, Stich von
D. Chodowiecki (Staatliche Kunstsammlung Weimar)*

Mit den neuen Manufakturen setzte ein förmlicher »Wettlauf um Waisen« ein, zumal Ephraim & Gumperz ab 1745 die Brabanterspitzen-Klöppelei frühkapitalistisch reorganisierten und vor allem mit der neuerstarkten Berliner Gold- und Silberwirkwarenmanufaktur um die wohlfeilen und zur Disziplin gezwungenen Waisenkinder konkurrierten. Deren Zahl war 1740 auf 1 400 Jungen und 150 Mädchen gestiegen und nahm nach den Schlesischen Kriegen weiter zu.

Nach Berlin entstand in P. die mit Abstand zweitgrößte Konzentration von Seide produzierenden Manufakturen (fünf Betriebe, größter der von Hirsch) in der Mark. Auch das Waisenhaus legte 1750 in der Saarmunder Heide eine Plantage mit 6 000 von den Knaben zu pflegenden Maulbeerbäumen an, die aber nicht gedieh. Mit z. T. extremen Mitteln versuchte Friedrich II. das zentrale Vorhaben seiner Wirtschaftspolitik zur Blüte zu bringen. Jedoch vermochten alle weitgesteckten Fördermaßnahmen nicht, die preußische Seide (außer der Krefelder) auf auswärtigen Märkten konkurrenzfähig zu machen. Auch in der Seidenraupenzucht, an den Haspelmaschinen, Zwirnmühlen und Wickelbänken der Seiden-

bau-Musteranstalt Jägerhof (1765) waren Waisen eingesetzt. Insgesamt verlief die Seidenproduktion teils in Manufakturen, teils als Verlag zünftischer Webermeister.

Das spartanische Bild der mit Fachwerkhäusern in Fluchtlinien bebauten Stadt mit dem von Friedrich II. 1748 verkündeten Fassadenzwang formte sich zu einem streckenweise geschlossenen Ensemble von »Scheinpalästen«. Die Kosten dieses »starken Baues«, der über die gesamte Regierungszeit des auf die Schaustellung seiner architektonischen Ideale bedachten Königs anhielt, nahm dieser den Bürgern z. T. durch Zuschüsse ab, um seiner nach Errichtung des Schlosses *Sanssouci* ab 1747 bevorzugten Residenzstadt P. einen über ganz Europa ausstrahlenden Glanz zu verleihen. Mit dem starken Zuwachs der Baugewerke kamen namhafte Baumeister und Künstler, die ein Inserat in der Berlinischen Privilegierten Zeitung schon 1740 zur Niederlassung in die Residenzen Berlin und P. einlud. Für die soziale Geltung und Lage auch der namhafteren Künstler blieb die Abhängigkeit vom autokratischen Einspruch Friedrichs II. kennzeichnend. Nur die Mitglieder des 1747 gegründeten Französischen Ateliers waren fest besoldet, die deutschen Bildhauer erhielten auftragsweise Honorare.

Schloß Sanssouci (1745/47 von G. W. v. Kno-

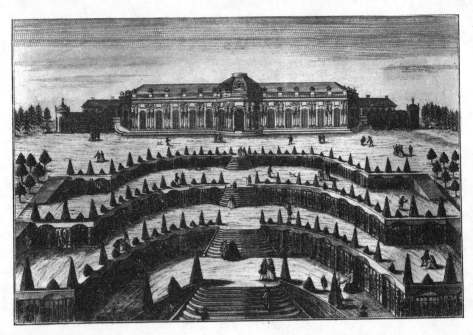

Terrassen und Schloß Sanssouci, Südseite; kolorierter Kupferstich 2. Hälfte 18. Jh. (Staatliche Schlösser Potsdam-Sanssouci)

belsdorff, Ausführung: J. Boumann, Plastiken von F. C. Glume; zur Innenarchitektur trugen u. a. J. A. Nahl, die Brüder Hoppenhaupt, Glume und A. Pesne bei – Hauptwerk des friderizianischen Rokoko); *Neue Kammern* (urspr. Orangerie nach Knobelsdorff, 1747; 1771/75 unter K. v. Gontard umgestaltet); *Große Bildergalerie* (1755/63 nach J. G. Büring; ältester erhaltener deutscher Museumsbau); *Obeliskportal* (1747, v. Knobelsdorff); *Rehgarten* (Waldpark, 1746/50, nach v. Knobelsdorff); *Teehaus* (1754/56 nach Angaben Friedrichs II. von J. C. Büring)

In der Stadt: *Rathaus* (1753 von J. Boumann und C. L. Hildebrant nach Palladio-Entwurf); *Knobelsdorff-Haus* (1750 von Knobelsdorff, heute zusammen mit Rathaus *Kulturhaus »Hans Marchwitza«*); *Nauener Tor* (1755 nach Friedrich II. von J. C. Büring); Kommandeurhaus Garde du Corps (*Il.-Rau-Allee 3*, 1752/53 v. Knobelsdorff); in *Bauhofstr. 11–13* enthalten: Kommandantur (1752, Knobelsdorff); Kaserne für Beweibte des Garderegiments (*W.-Pieck-Str. 73/74*, 1753, J. Boumann, 1964 verändert); Infanteriekaserne (*Schopenhauerstr. 2/4*, 1754, J. Boumann); Kaserne für beweibte Grenadiere (*O.-Nuschke-Str. 28/29*, 1753, Fassade vor 1850 verändert); Kaserne der Leibeskadron der Garde du Corps (*Berliner Str. 11/13*, 1756 von H. L. Manger)

Ab 1747 wurde das Weinbergschloß Sanssouci, das erstmals den absolutistischen Herrscheranspruch nicht mehr äußerlich durch Zentral- oder Axiallage unterstrich, sondern den Wunsch ausdrückte, in der Abgeschiedenheit zu regieren, zu philosophieren und sich zu vergnügen, zum sommerlichen Treffpunkt der Tafelrunde berühmter Zeitgenossen, die Friedrich II. um sich zu versammeln liebte. Hierher kamen u. a. Francesco Algarotti, Vermittler der Gedanken Newtons und französischer Aufklärer nach Italien, Pierre-Louis Moreau de Maupertuis, Mathematiker und Präsident der von Friedrich II. neubelebten Berliner Akademie der Wissenschaften, und die Aufklärer Julien Offray de La Mettrie und François-Marie (Arouet) Voltaire. Mit Übersetzungen stoischer antiker Autoren ins Französische, klassizistischen Gedichten, moralischen und staatstheoretischen Schriften, darunter einer Kritik von Montesquieus »Geist der Gesetze«, nahm Friedrich II. aktiv an der Aufklärung teil. Revolutionen vorzubeugen war für ihn wesentliches Ziel eines »weisen Regiments«. Lessing, der 1755 in P. sein bürgerliches Trauerspiel »Miß Sara Sampson« schrieb (*Frankfurt), verurteilte die Enge friderizianischer Zensurfreiheit.

1738/67 stand Carl Philipp Emanuel Bach (*Frankfurt) als Cembalist und Komponist im Dienst der von Friedrich II. ebenfalls neubelebten preußischen Hofkapelle, die unter Karl Heinrich Graun zu einem bedeutenden musikalischen Zentrum wurde, u. a. auch dank der Mitwirkung von J. J. Quantz, der für den mitwirkenden König 199 Flötenkonzerte schrieb, und G. F. Benda. C. Ph. E. Bachs Engagement gab 1747 den Anlaß zu einer Einladung an Johann Sebastian Bach nach P., der danach sein »Musikalisches Opfer« schrieb.

1751 wurde aus »Sandschellen« bei *Neuendorf* die tschechische Weberkolonie *Nowawes* gegründet (Grundstück *Benzstr. 2* noch mit Merkmalen der frühen Koloniezeit). Die vor Ansiedlung versprochenen 50 Taler wurden nur an fünf von 156 Familien ausgezahlt, 63 bekamen nur vier Taler. Die Wollversorgung hatte auf Befehl des Königs der Ortsgründer v. Retzow zu übernehmen – Adlige traten sonst selten im Gewerbeverlag o. ä. auf (*Hohenfinow). Schon 1756 übernahmen Benjamin Wulffs Söhne aus Berlin das Geschäft. Gegen den Wulffschen Verlag, der 149 Spinner und 63 Weber erfaßte, suchten diese ihre Selbständigkeit zu wahren und eine Produktion auf eigene Rechnung teilweise zu behaupten (*Luckenwalde). Eine Deputation, die sich bei der Kammer gegen den angesonnenen »Leibeigenen«-Status verwahrte, wurde festgesetzt. Ein 1765 geschlossener neuer Vertrag machte den Ortsschulzen zum Faktor, der die Kolonisten als Zwangsmahlgäste seiner Windmühle

Abendmusik im Schloß Sanssouci, Friedrich II. als Flötist; Holzschnitt von E. Kretzschmar (Kupferstichkabinett Dresden)

(1750 um P. zwanzig Windmühlen) und über ein »Monopol« für den Lebensmittelhandel abhängig machte. Doch 1769 erscheinen die Gewerke der Kattun- bzw. der Barchentweber jeweils selbst als »Entrepreneur«. 1770 hatte ein Faktor offenbar wieder einen eigenen Verlag aufgebaut, von dem die Weber immer abhängiger, schließlich als Unternehmer verlost wurden. 1785 fehlte auf 100 Stühlen in Nowawes die Arbeit. Im zunehmenden Elend kam es 1785/86 zu einem förmlichen Aufstand, dem ersten seiner Art im Umfeld von Berlin und P., der mit der Verschleppung der »Rädelsführer« ins Zuchthaus Spandau endete. Der gleichfalls umkämpfte tschechische Gottesdienst wurde noch bis 1809 gehalten.

Nach dem Siebenjährigen Krieg – 1760 hatten streifende österreichische Truppen P. erreicht und 60 000 Taler Kontribution genommen – wurde die Garnison nochmals vermehrt, 1773 durch reitende Artillerie. Bei der angeblich viermal stärkeren Belegung als in jeder anderen Stadt Preußens stehen aber auch Unrangierte, Invaliden, Militärangehörige als Militärpersonen in Rechnung, insgesamt 8 000 (mit Hofstaat) bei 17 000 zivilen Einwohnern (1770). Allmählich wuchs auch der Anteil der Kasernierten, die in 96 über die Stadt verstreuten Kasernenhäusern mit 1 054 Stuben wohnten. Immer krasser wurde die Ausbeutung im Militärwaisenhaus. Auch Mädchen mußten ab 1763 37 Arbeitsstunden pro Woche und eine siebenjährige Lehrzeit absolvieren. 1777 lag von 2 000 Insassen fast jeder 4. im Waisenhauslazarett, war die Sterblichkeit seit 1725 von 3 auf 15 Prozent gestiegen, verursacht vor allem durch Skrofulose, Skorbut, »Auszehrung«. Steigende Pachten und die Kritik des Philantropismus trugen zum Ende der Kindervermietung an Manufakturen bei (1795).

✦ Bauten um Sanssouci und in P. (1763/86): *Neues Palais* (1763/69, überwiegend nach J. G. Büring, ab 1765 unter K. v. Gontard, Bauplastik u. a. von J. P. Benckert, J. G. Heymüller, Innenräume von Gontard und J. C. Hoppenhaupt d. J.); *Commns* (1766/69 nach J. L. Le Geay, von K. v. Gontard); *Freundschaftstempel und Antikentempel* (1768/70, Gontard); *Belvedere* (1770/72, G. C. Unger); *Drachenhaus* (1770/72, Gontard) – Anteile Friedrichs II. (1786 in P.-Sanssouci gest.) an den Gestaltungen *Ständehaus* (*Potsdam-Museum*, 1770, G. C. Unger); *Reit- und Exerzierhaus* »Langer Stall« (*W.-Seelenbinder-Str. 9*, erhalten Kopfbau, 1781, Unger); ehem. Oberrechnungskammer (*Yorckstr. 19/20*, 1776, nach Gontard); ehem. Großes Militärwaisenhaus (*O.-Nuschke-Str. 34a/Dortustr. 36*, 1771/78 von Gontard, un-

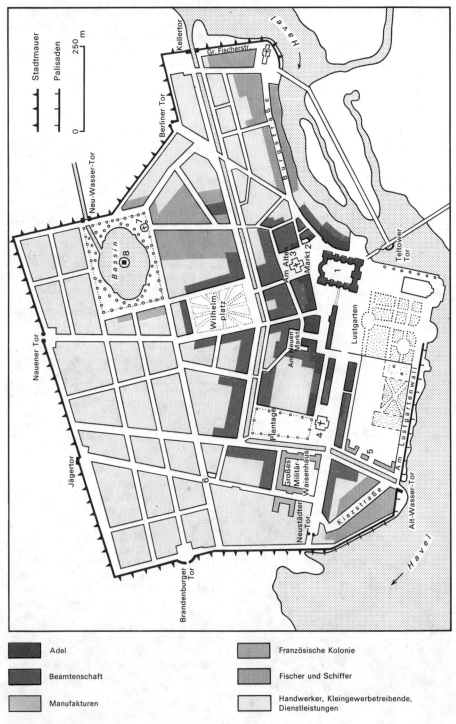

Stadtmauer

Palisaden

250 m

0

Havel

Kellertor

Gr. Fischerstr.

Berliner Tor

Burgstraße

Neu-Wasser-Tor

Teltower Tor

Bassin

7

8

Am Alten Markt

3

2

1

Nauener Tor

Wilhelm-platz

Am Neuen Markt

Lustgarten

Am Lustgartenwall

Jägertor

Plantage

4

5

6

Großes Militär-Waisenhaus

Neustädter Tor

Kiezstraße

Alt-Wasser-Tor

Brandenburger Tor

Havel

Adel

Beamtenschaft

Manufakturen

Französische Kolonie

Fischer und Schiffer

Handwerker, Kleingewerbetreibende, Dienstleistungen

ter Einbeziehung von Teilen der zwei Vorgängerbauten); ehem. Ordonnanzhaus (*W.-Pieck-Str. 31*, 1782, Unger); ehem. Predigerhaus (*Bauhofstr. 12*, 1777, Unger); ehem. Gewehrfabrik (*Hoffbauerstr. 2/5*, 1776/80, Unger; 1864 durch Umbau zur Kaserne stark verändert); ehem. Kleine Kaserne der Garde-Jäger (*Gemeindehaus* der ehem. Heiliggeistkirche, *W.-Pieck-Str. 67/68*, 1779, H. L. Manger); weitere Kasernenbauten: *O.-Nuschke-Str. 35/39* (1764/65 Manger), *Hegelallee 33/35* (1782, Manger), *Kleine Gasse 1/3* (1773, Unger); Umgestaltungen der 2. Neustadt nach 1770 besonders in *Hegelallee, Schopenhauer-* und *W.-Pieck-Str., W.-Staab-Str.* (außer Nr. 6 80er Jahre des 18. Jh., zumeist von Unger, *Nr. 9* Neubau im Zuge der vorbildlichen Restaurierung von 1951/57), *Hermann-Elfleinstr.*

1767 in P. Wilhelm v. Humboldt geboren; nach 1827 wiederholter Aufenthalt Alexander v. Humboldts in P., u. a. im Schloß Charlottenhof (»Zeltzimmer«) Öffnung des Parks von Sanssouci unter König Friedrich Wilhelm II.; Übernahme einiger Lasten der Naturaleinquartierung durch kurmärkische Behörden; in P. fiel die Entscheidung für die Teilnahme Preußens am gegenrevolutionären Koalitionskrieg gegen Frankreich 1792/95 (*Marmorpalais* am Heiligen See, 1787/91 von Gontard und K. G. Langhans, und *Neuer Garten*, 1787/91 von J. A. Eyserbeck d. J., 1816 von P. J. Lenné umgestaltet); die Belegung des 1774 gegründeten Armen- und Arbeitshauses wuchs mit der Zahl bankrotter Handwerker und Hausbesitzer, der Invaliden und Soldatenwitwen; trotz zunehmenden Konkurrenzdruckes Berlins gingen in P. noch immer 790 Webstühle, davon 441 für Baumwolle und Leinen, hiervon ein Drittel in Nowawes, bedeutendste Manufakturneugründung war die Tammsche »Spanische Tuchfabrik« (1792), die in das Geschäft mit feinem Offizierstuch eindrang.

1792/99 verrichtete Heinrich v. Kleist, seit 1795 als Fähnrich der Garde, in P. Militärdienst, den er fortan »herzlich verachtete« (*Frankfurt). 1801 bzw. 1804 wurden die Brüder Moritz Hermann und Carl Gustav Jacobi, später bahnbrechende Physiker und Mathematiker, in P. geboren.

Die französische Besatzung, die nach Jena und Auerstedt in P. ihr Hauptkavalleriedepot einrichtete (1806/08), die Rohstoffverknappung infolge der in Berlin dekretierten Kontinentalsperre, die die Nowaweser Baumwollverarbeitung zeitweise stillegte, die Kontributions- und Einquartierungslast bei kriegsbedingtem, in P. starkem Bevölkerungsverlust (1805:

Soziotopographische Struktur der Residenz- und Garnisonsstadt um 1800 (D. Schulte)

1 Stadtschloß 2 Rathaus 3 Nikolaikirche 4 Garnisonskirche 5 Gewehrfabrik 6 Wache 7 Französische Kirche 8 Lusthaus

Wohnhaus Friedrich-Ebert-Straße 122, vermutlich 1771 durch K. v. Gontard erbaut

27 000, 1809: 20 000), die zusammen 924 000 Taler betragen haben soll, führten zum bisher stärksten Anstieg der Massenarmut. Gegen die Auflagen der befehlshörigen kurmärkischen Kammer leistete sich der Magistrat von P. erstmals oppositionelle Töne, 1812 auch gegen die Hohenzollern, zumal Friedrich Wilhelm III., der erste in P. geborene Monarch, 1808 für die bankrotten Stadtfinanzen nichts getan hatte.

Mit der Ende 1808 verkündeten Städteordnung, die den Steuerrat abschaffte, die Stadtverordnetenversammlung als erste aus Bürgerwahlen hervorgegangene Vertretung, auch den Magistrat als Wahlorgan ausprägte, Finanz-, Schul-, Gesundheits- und Armenwesen an die städtische Selbstverwaltung zurückverwies, Polizei und Gericht jedoch an staatliche Behörden, wurden auch in P. Anfänge bürgerlicher Autonomie möglich. Die Stadtverordnetenwahlen fanden hier, als erste in der Mark, bereits im März 1809 statt. Auf Grund des Vermögenszensus nahmen in P. nur 947 Stimmfähige teil (in Berlin 11 000 von 156 000 Einwohnern). Die Norm von zwei Dritteln Hausbesitzern unter den Verordneten wurde in P. mit 81 von 84 weit überboten.

Der 1759 in P. geborene Johann David York v. Wartenburg schloß im Dezember 1812 die Konvention von Tauroggen, mit der der sonst legitimistisch gesinnte General der Opposition gegen das preußisch-

Marktplatz, anonymer Stich (Staatliche Schlösser Potsdam-Sanssouci)

französische Bündnis und der deutsch-russischen Waffenbrüderschaft in den Kämpfen des Jahres 1813 die Bahn brach; Friedrich Wilhelm III. empfing in der *Orangerie* die Nachricht von der gegen seinen Willen geschlossenen Konvention (*Gedenktafel*).

Die 1785 in P. geborene und im Potsdamer Waisenhaus aufgewachsene Eleonore Prochaska fiel als »Jäger August Renz« 1813 in den Reihen des Lützower Freikorps.

Nach fehlgeschlagenem Versuch, die Universität Halle in P. anzusiedeln, nahm 1809 die neugebildete Regierung der Kurmark, 1817 die Oberrechnungskammer als bereits zwölfte Behörde ihren Sitz in P., das sich zu einer Beamtenstadt entwickelte. 1813/15 war nach der Niederlage Napoleons die preußische Regionalverwaltung gänzlich neu geregelt worden: Aus der ehem. Kur- (ohne Alt-)mark, Teilen der Neumark sowie der ehem. sächsischen Markgrafschaft Niederlausitz wurde die Provinz Brandenburg mit einem Oberpräsidenten und einer Provinzialregierung gebildet, P. war im Wechsel mit Berlin deren Sitz (1815/23, 1843-1918; Gebäude *Fr.-Ebert-Str. 79/81*, heute *Rat der Stadt*)

1819 und 1823 zogen die Garde-Ulanen bzw. Garde-Husaren in P. ein; zugleich ging der Gewerbeanteil und innerhalb dessen der Anteil der Manufakturen

zurück. Hatte P. um 1800 1 760 Manufakturarbeiter, dann 1836 noch 513. Unter den 1821 erfaßten 28 sog. »Fabriken« prosperierten lediglich die Gewehrfabriken und die für Militärtuchfertigung. Bürgerliche Kapitalschwäche bedingte Aktivitäten der Königlichen Seehandlung, die 1817 in P. eine Dampfschiffswerft gründete. Die von P. ausgehende Wiederbelebung des Seidenbaus wirkte regional bis zum Krefelder Seidenmonopol (ab 1860).

1817 kam Wilhelm Christian v. Türk nach P., gründete das Lehrerseminar, dem die 1809 gegründete Bürgerschule zugeordnet wurde, 1820 das Zivil-Waisenhaus und 1821 eine Baugewerkschule. Türk förderte im Geiste Pestalozzis Talente aus armen Schichten in der »Friedensgesellschaft«, das Turnen und regte zur Einrichtung von Kinderbewahr- und Waisenversorgungsanstalten an.

Nach 1826 fand sich der Gartengestalter Peter Joseph Lenné, seit 1816 im preußischen Staatsdienst und 1824 Gartendirektor, mit dem Architekten Karl Friedrich Schinkel (*Neuruppin; seit 1815 Oberbaurat) in den Entwurfsarbeiten zu *Schloß Charlottenhof* zusammen, das mit umgebenden Anlagen südlich an den Sanssouci-Park anschließen sollte. Lennés Lebensziel der umfassenden »Verschönerung der Insel P.«, um »die Havel als einen See mit einem großen Park von Baumgartenbrück bis zur Pfaueninsel zu umgeben«, wurzelte in der Intention, das Gesellschaftsganze ästhetisch zu durchdringen, die auch Schinkel mit beabsichtigter Breiten- und Modellwirkung seiner Projekte teilte. Der »Charlottenhof

Haus in der Russischen Kolonie Alexandrowka

oder Siam« überschriebene Plan von dem vollendeten Schloß und Park (1839) weist diese als Sinnbild philantropisch-utopischer Weltverbesserungsgedanken aus, die die Erziehung des mitplanenden Bauherrn Kronprinz Friedrich Wilhelm (IV.) mitgeprägt haben und hier auf einem geschlossenen Gebiet Gestalt annehmen sollten. Jenseits der Wendung Friedrich Wilhelms IV. zu reaktionär-ständischen, immer zeitferneren Staatstheorien, die seine Regierungszeit (ab 1840) bestimmten, verschönerten die Kunstwerke der »Ära Lenné-Schinkel« auch dank begabter Schüler (L. Persius, später F. A. Stüler) über P. hinaus die Mark Brandenburg vielerorts (*Marxwalde).

✦ *Nikolaikirche* (an der Stelle der mittelalterlichen Stadtkirche St. Katharinen, 1831/37 von K. F. Schinkel, Kuppel 1843/49 von L. Persius, 1975/83 rest.); *Dampfmaschinenhaus* (1841/42, nach Persius, Moschee mit Minarett im »maurischen Stil«) mit zweitältester in der DDR erhaltener Dampfmaschine, zusammen mit dem Wasserreservoir auf dem *Ruinenberg* (nördlich von Schloß Sanssouci, um 1750 von Bellavite, ab 1841 von Lenné neugefaßt) für den Betrieb der 80 Fontänen im Park Sanssouci bestimmt; *Schloß Charlottenhof* (1826/29 nach Schinkel, Park im wesentlichen von Lenné); *Römische Bäder* (1828/44, Schinkel, Persius); *Fasanerie*

(1842/44, Persius); *Friedenskirche* (1845/54, von L. Hesse und F. v. Arnim, Mosaik aus S. Cipriano bei Venedig, 12. Jh.); Kolonie *Alexandrowka* (1826 gegründet) mit *Griechischer Kapelle* (1826/29); *Haus Behlertstr. 31* (Ende 18. Jh., Gilly-Schule); *Heilandskirche am Port* (Ot. Sacrow; 1841/44, Persius nach frühchristlichem Vorbildbau)

1818/30 hatte Carl v. Clausewitz, der Theoretiker der Scharnhorstschen Militärreformen, in P. das Direktorat der Kriegsschule inne.
1821 war P. Geburtsort des Physikers Hermann v. Helmholtz, 1834 des Entwicklungszoologen Ernst Haeckel, 1832 des preußischen Generalstabschefs (1888/91) Alfred Graf v. Waldersee; 1843/47 leitete der später führende liberale Politiker Hans Victor v. Unruh den Eisenbahnbau P.–Magdeburg.
Auch nach Gründung der Eisenbahnwerkstatt auf dem Gelände des Rittergutes (bis 1814 Vorwerk) P. im Gefolge des Eisenbahnanschlusses durch Eröffnung der Strecke Berlin–P. (1838) blieben für P. geringe Betriebsgrößen typisch (erst 1860 zwei Betriebe mit über 200 Arbeitern: Werkstatt und Zuckersiederei Jacobs). Deren Inhaber gehörte vor 1846 zu den Hauptinteressenten und -betreibern der Bahnverlängerung nach Magdeburg, dem Umschlagplatz für die Börde als Hauptgebiet des Rübenbaus. Bei der Bahntrassierung wurden die landschaftsgestalterischen Vorschläge Lennés übergangen.

Der Mangel an Industrialisierung, in P. gewolltes Resultat der Haltung des Königshauses, zeitigte vor allem in Nowawes eine 1817/18

Karikatur auf die Abwehr bürgerlicher Petitionäre durch König Friedrich Wilhelm IV.

beginnende Kette von Hungersnöten, bei nach 1842 drastisch steigenden Lebensmittelpreisen. 1844 standen in Nowawes bereits über 300 Stühle still; im gleichen Jahr nahm die Potsdamer Polizei erstmals von Karl Marx' Wirken Notiz. In der ökonomischen und politischen Krise fand in P. 1847 erstmals eine preußische Stadtverordnetenversammlung öffentlich statt. Die kurzfristige Verdopplung des Kartoffelpreises, indes die arbeitslosen Weber nur kurzfristig im Uferstraßenbau bei Caputh beschäftigt werden konnten, zwang den Magistrat zum Aufkauf von Lebensmitteln, um sie an die Armen abzugeben.

Erster Widerschein der Berliner revolutionären Märzereignisse in P. war die Gründung der Bürgerwehr bereits am 17. 3. 1848. An der Aufbahrung der Märzgefallenen nahmen nur sieben Potsdamer Stadtverordnete teil, deren Mehrheit rechtsliberale Positionen einnahm. Nach dem 19. März strömten in P. die konterrevolutionären Führungskräfte Preußens zusammen, nur Wilhelm Prinz v. Preußen zog zunächst das englische Exil vor. Am 25. März kam auch König Friedrich Wilhelm IV. nach seiner Berliner Demütigung in P. an, riet aber im Stadtschloß einer murrenden Offiziers- und Beamtenversammlung vom sofortigen Losschlagen gegen die Revolution aus taktischer Rücksicht ab. Seinem Befehl, neben der preußischen die schwarzrotgoldene Kokarde zu tragen, verweigerte sich die Garnison ganz. Nach Bildung des liberalen Märzministeriums Camphausen-Hansemann trafen sich am 30. März 1848 in P. einflußreiche konservative Politiker des Vormärzsystems in P. zum »er-

sten Versuch zur Gründung eines ministére occulte« – so Leopold v. Gerlach, Militär und führender Kopf dieses Kreises, aus dem die Hofkamarilla als Leitorgan der preußischen Konterrevolution hervorging (*Nauen). In Audienzen Anfang April setzte der König Camphausen und Hansemann, die lediglich die Vereinbarung einer Verfassung zwischen Krone und einer gewählten Versammlung erbaten und auch ein Zweikammersystem hinzunehmen erklärten, hinhaltenden, dann aber vergeblichen Widerstand entgegen.

Höhepunkt proletarischer Aktionen in der Revolutionszeit war die Demonstration von 300 Arbeitslosen vor dem Rathaus am 22. Mai 1848, die sich spontan zu einer Erhebung auszuweiten drohte. Auf die massiv erhobene Forderung nach Arbeit und Brot hin wurde erstmals die Bürgerwehr mobilisiert, die schon nach einem Aufzug Nowaweser Kinder mit gleichem Ansuchen am 15. April von der Garnison Waffen erbeten und bekommen hatte. Arbeitsbeschaffungsmaßnahmen beschränkten sich erneut auf Wegebau. Die Nowaweser Weberei blieb nach wie vor ohne Absatz.

Die Septemberkrise führte in P. zu wachsenden Aktivitäten, hier zunächst der Reaktion, in deren Mitte der Prinz v. Preußen bereits im Juni zurückzukehren wagte (Wohnsitz: *Schloß Babelsberg*, nach Entwürfen K. F. Schinkels 1834/35 und 1844/49 von L. Persius und J. H. Strack; heute: *Museum für Ur- und Frühgeschichte*). Gegen schlechte Behandlung protestierende Soldaten wurden am 12. 9. 1848 inhaftiert, ein Befreiungsversuch scheiterte. Im Oktober kamen die entschiedenen Anhänger der Revolution, die sich um Max Dortu und dessen »Politischen Verein« scharten, zu mehreren großen, für den Hof besorgniserregenden Volksversammlungen zusammen. Auf ihnen forderte die mitgliederstärkste, sich vor allem aus den notleidenden frühproletarischen Bevölkerungsschichten rekrutierende politische Organisation in P. durch Max Dortu die Entfernung reaktionärer Truppenteile und die Entlassung General v. Wrangels. Dortu verwies auf die erneuernde Kraft, die von der Erhebung des revolutionären Wien ausgehe. Durch Dortus Wirken bildeten Potsdamer und Nowaweser Arbeiter die Hauptkraft der demokratischen Bewegung am Ort, wenngleich in der unbehobenen physischen Not ökonomische

Schloß Babelsberg, heute Museum für Ur- und Frühgeschichte Potsdam

Zielsetzungen dominierten und ein selbständiger Arbeiterverein erst keimhaft entstand. Der Staatsstreich der Reaktion Anfang November mit Besetzung und Belagerungszustand in Berlin löste in P. spontane Aktionen gegen die Transport- und telegraphischen Verbindungen des Militärs und erregte Demonstrationen vor dem Stadtschloß aus. Am 2. 11. 1848 hatte Friedrich Wilhelm IV., bestärkt von der seit September dauerhaften Gegenwart des Gerlach-Kreises, in seiner Residenz *Sanssouci* Abgeordneten der Berliner Nationalsammlung die Einsetzung eines demokratischen Ministeriums verweigert, am 9. 11. hier Vertagung und Verlegung der Konstituante nach Brandenburg(*) genehmigt, am 5. 12. 1848 die oktroyierte Verfassung unterzeichnet. Angesichts dieses Sieges begann der sog. »Romantiker auf dem Thron«, seine alte Triumphstraßen-Idee zu verwirklichen. Die uneinheitlichen Regungen gegen den Staatsstreich endeten mit einer wirkungslosen Adresse von Stadtverordnetenversammlung und Magistrat am 13. November, die mit dem Ersuchen, die Verlegung der Nationalversammlung und Auflösung der Berliner Bürgerwehr zurückzunehmen, dem Hof erst- und letztmalig opponierten. Am 18. März 1849 lehnte die Stadtverordnetenversammlung die Feier des Tages ab.

✦*Triumphtor* (1851), unter den Terrakotten »Auszug und Heimkehr der Krieger« – Anspielung auf den Einsatz preußischer Truppen zur Niederschlagung des badischen Volksaufstandes in der Reichsverfassungskampagne, zu den auf Befehl des Prinzen v. Preußen standrechtlich Erschossenen gehörte auch Max Dortu; *Orangerie* (1851/60 nach L. Persius von A. Stüler; heute *Staatsarchiv Potsdam*)

Um die Hof- und Residenzstadt von einer selbstbewußten Bourgeoisie und erst recht von der Arbeiterklasse freizuhalten, verlegten Hof und Behörden 1853 die Gewehrfabrik aus P. nach Spandau, unterdrückten in P. – mit Ausnahmen des unumgänglichen Ausbaus der 1838 gegründeten Eisenbahn- zur Lokomotivwerkstatt (später Waggonreparatur, größte deutsche D-Zug-Werkstatt, heute: *RAW P. am Bahnhof P.-Stadt*) –jegliche Industrie und hielten für Nowawes die 1837 verhängte Zuzugssperre aufrecht. Lediglich die dort 1856 als Musterwerkstatt eingerichtete Plüschweberei sollte dem ärgsten Weberelend steuern.

1853/56 hielt sich der wegen antidänischer Aktivitäten aus seiner Husumer Heimat vertriebene Theodor Storm in P. (Wohnstätten u. a. heutige *Klement-Gott-*

wald-Str. 70, Dortustr. 68) auf; seinem literarischen »Rütli-Kreis« gehörten u. a. Theodor Fontane und Franz Kugler an.

P. entwickelte sich nach Revolutionsniederlage und Reichsgründung zum bevorzugten Wohn- und Ruhesitz vor allem konservativer und – mit der Nähe Berlins – großbourgeoiser Kreise Preußens und dehnte sich dabei in die Vorstädte und Siedlungen aus (*Villenkolonien in der Berliner, Nauener und Jäger-Vorstadt* sowie die zu *Klein Glienicke* 1925 gelegte *Kolonie »Neubabelsberg«*, wo 1907 Ludwig Mies van der Rohe mit dem *»Haus Riehl«, Spitzweggasse 3,* seinen ersten eigenen Bau errichtete). 1905 erreichte die Hof-, Behörden- und Garnisonsstadt über 60 000 Einwohner, darunter 11 Prozent Militärpersonen. 1908 umfaßte die Garnison P. die Königliche Kommandantur, die Stäbe der Garde-Infanterie-Brigade, des I. Garde-Regiments zu Fuß, des Garde-Jäger-Bataillons und des Lehr-Infanterie-Bataillons, das Regiment der Garde du Corps, das Leib-Garde-Husarenregiment, das 1. und 3. Garde-Ulanenregiment, das 2. und 4. Garde-Feldartillerieregiment, die Garde-Maschinengewehrabteilung I, die Garde-Schloß-Kompagnie, die Leib-Gendarmerie des preußischen Königs, eine Kriegsschule, eine Unteroffiziersschule, ein Kadettenhaus und das Große Militär-Waisenhaus, außerdem auf dem ehem. Landgut Eule (»Neubabelsberg«) die Zentralstelle für wissenschaftlich-technische Untersuchungen (Waffen- und Munitionstechnik). Die sozial dominierenden Offiziere, Beamten, Pensionäre und Hoflieferanten waren die Träger des berüchtigten »Geistes von Potsdam«, den Kaiser Wilhelm II. 1891 bei der Vereidigung der Rekruten des I. Garde-Regiments zu Fuß vor dem *Langen Stall (Wilhelm-Külz-Str.)* extrem artikulierte, als er bedingungslosen Gehorsam auch im Bürgerkriegseinsatz gegen die eigenen Verwandten verlangte.

1843 bis 1918 war P. erneut Sitz des Oberpräsidenten der Provinz Brandenburg und des Provinzialrates; in diesen Jahrzehnten waren mehrere namhafte und führende preußisch-deutsche Politiker Oberpräsidenten in P., u. a. Gustav Wilhelm v. Jagow (1862/79), der nachmalige Reichskanzler Theobald v. Bethmann Hollweg (1899-1905, *Hohenfinow) und der spätere preußische Kultusminister August v. Trott zu Solz (1905/09), Rudolf Wilhelm v. d. Schulenburg (1914/17), Friedrich Wilhelm v. Loebell (1909/10, 1917/19, *Lehnin)

✦ Exerzierplatz *»Bornstedter Feld«* auf dem ehem. Domänenvorwerk; *Landgericht (1883/85,*

Adolf Damaschke

Eugen Dühring

Hegelallee); Kriegsschule auf dem Brauhausberg (1902, heute: *SED-Bezirksleitung); Gebäude der Königlichen Provinzialregierung* (1902/06, heute: *Rat der Stadt P., Friedrich-Ebert-Str. 79/81*); *Reichsrechnungshof* (1907, heute: *Büro für Territorialplanung, Dortustr. 30/33*); Kadettenanstalt (im Kern 18. Jh., ehem. Waisenhaus, Umbau 1911, heute: *Rat des Bezirkes P., Heinrich-Mann-Allee*)

Nur vereinzelt ließen sich in und bei P. liberale und kleinbürgerliche Politiker und Ideologen nieder, darunter Hermann Schulze-Delitzsch, der Begründer des bürgerlichen Genossenschaftswesens (1862 Vereinstag der deutschen Erwerbs- und Wirtschaftsgenossenschaften in P.) und Mitbegründer der großen liberalen Parteien, der Philosoph und Nationalökonom Eugen Dühring (in Nowawes), gegen den 1878 Friedrich Engels seinen »Anti-Dühring« richtete, sowie der Begründer und Vorsitzende des Bundes Deutscher Bodenreformer (1898), Adolf Damaschke (*Damaschke-Bank Ecke Horstweg/Heinrich-Mann-Allee*). 1881 Gründung des demokratischen Vereins Waldeck für P. und Umgebung als Zweig des Berliner Waldeck-Vereins zur Linksentwicklung der Deutschen Fortschrittspartei, 1885 von den liberalen Kräften gleichgeschaltet. Auf *Schloß Sanssouci* residierte König Friedrich Wilhelm IV., der unter dem Einfluß der ultrakonservativen Hofkamarilla die Reaktionsperiode des preußischen Ministerpräsidenten Otto v. Manteuffel (1850/58) verantwortete und hier 1861 kinderlos und geistig *umnachtet starb (Grabstätte Friedenskirche*). Auf *Schloß Babelsberg* bei P. residierte sein Bruder und designierter Nachfolger Wilhelm, der »Kartätschenprinz« von 1849, als »Prinz von Preußen«, 1858/61 preußischer Regent, seit 1861 als Wilhelm I. König von Preußen, 1871/88 deutscher Kaiser. Nach seiner Politik der »Neuen Ära« (seit 1858) in den preußischen Heeres- und Verfassungskonflikt (1860/66) mit dem vorwiegend liberalen Abgeordnetenhaus geraten, empfing er hier im September 1862 Bismarck in jener histori-

schen Audienz, die zu dessen Berufung an die Spitze des »Krisenkabinetts« führte und die »Revolution von oben« einleitete (*Siegessäule im Park Babelsberg* zur Erinnerung an die Kriege 1864, 1866, 1870/71). Nach der Reichsgründung war Schloß Babelsberg Wilhelms Sommerresidenz, 1878 Unterzeichnerort des Sozialistengesetzes durch den als Bismarck-Gegner geltenden Kronprinzen Friedrich Wilhelm; dessen Residenz war das *Neue Palais*, wo er 1831 geboren worden war und 1888 nach nur 99 Tagen Herrschaft als Kaiser Friedrich III. starb (*Mausoleum bei der Friedenskirche*).

Unter seinem Sohn, Kaiser Wilhelm II. (1888–1918), wurde das *Neue Palais*, wo er 1859 geboren worden war, kaiserliche Sommerresidenz und wichtigste Hohenzollernresidenz nach Berlin, Schauplatz zahlreicher Militärparaden, Hoffeste, Staatsakte, u. a. des »Sühnebesuchs« des chinesischen Prinzen 1901 nach dem Boxeraufstand (veranlaßt durch die Erschießung des 1853 in P. geborenen deutschen Gesandten Klemens Freiherr v. Ketteler) und der darauf folgenden bewaffneten Intervention der europäischen Kolonialmächte, und des Treffens Wilhelms II. mit dem russischen Zaren Nikolaus II. 1910, in dessen Gefolge 1911 das »Potsdamer Abkommen« über die Abgrenzung der Einflußsphären in Persien, der Türkei, dem Irak abgeschlossen wurde. Als Kronprinzenpalais und letztes Hohenzollernschloß in P. entstand 1913/17 *Schloß Cecilienhof im Neuen Garten* nach Plänen des Werkbund-Mitbegründers und späteren faschistischen Architekten Paul Schultze-Naumburg.

Seit den 60er Jahren förderten die Behörden die durch die Bahnanschlüsse 1838/79 begünstigte Entwicklung der zum Landkreis Teltow gehörenden Gemeinden Nowawes und Neuendorf zu Industriestandorten (1860/62 Aufhebung der Zuzugs- und Bauverbote) der Textilindustrie (1862 Baumwollspinnerei, 1865 Berlin-Neuendorfer Aktienspinnerei, 1890 Tuchfabrik Pitsch KG, 1912 Seidenweberei) sowie des Maschinenbaus und der elektrotechnischen Industrie (1898/99 Lokomotivfabrik des Berliner

Orenstein & Koppel- Unternehmens am *Bahnhof Drewitz*, größter hiesiger Betrieb, heute: *VEB Maschinenbau »Karl Marx« P.-Babelsberg*). 1907 wurde Neuendorf (*Rathaus*, 1892/94, heute: *Berufsschule »Ernst Thälmann«*) nach Nowawes (*Rathaus*, 1898/99, heute: *Kreiskulturhaus, Karl-Liebknecht-Str. 135*) eingemeindet, das 1924 Stadtrecht erhielt.

Seit 1869 (Ortsverein P. der Maschinenbauer und Eisenarbeiter) Anfänge der organisierten Arbeiterbewegung in P. und Nowawes; 1871 Ortsvereine der Lassalleaner in beiden Orten, unter dem Sozialistengesetz als »Rauchclub« und »Gesangsverein« getarnte, sozialdemokratische Organisation in P.; März/April 1890 Streik der Potsdamer Tabakarbeiter.

Seit der ersten Delegiertenkonferenz der Sozialdemokraten des Regierungsbezirkes vom November 1890 war P. häufiger Tagungsort solcher Konferenzen. Im Juni 1891 entstand in P. ein sozialdemokratischer Wahlverein als Keimzelle der Parteiorganisation des Reichstagswahlkreises P.–Spandau–Osthavelland. Wie die Stadt, deren Stadtparlament infolge des kommunalen Dreiklassenwahlrechtes und der sozialen Zusammensetzung Potsdams bis 1918 rein bürgerlich blieb, schien auch der Reichstagswahlkreis als sog. Kaiserwahlkreis eine für die Arbeiterpartei unüberwindliche Domäne der Konservativen zu sein. Mit der Nominierung Karl Liebknechts 1901 als Kandidaten für die Reichstagswahl 1903 war die Arbeiterbewegung in P. und im Reichstagswahlkreis fortan mit dem Wirken des künftigen Führers der »Linken« in der deutschen Sozialdemokratie verbunden, der hier eine unermüdliche Aufklärungs- und Versammlungstätigkeit leistete. 1901/14 trat er im Wahlkreis insgesamt 132mal, in P. 23mal, in Nowawes einmal auf. Bei den Wahlen 1903/07 wurde die Sozialdemokratie wählerstärkste Partei des Wahlkreises, doch endete die Stichwahl zwischen Liebknecht und dem konservativen Abgeordneten beide Male nach offenen Eingriffen der Behörden und mit den freisinnigen Stimmen knapp zugunsten des Konservativen. Bei den Wahlen 1912 setzte sich Liebknecht in der Stichwahl durch und eroberte damit den »Kaiserwahlkreis« für die Arbeiterpartei.
✦ *Karl-Liebknecht-Forum* mit Großplastik Theo Baldens *am Interhotel; Gedenkstätte Hegelallee 38; Gedenkstein im Ot. Bornstedt; Gedenktafel am Kino »Charlott«, Leninallee 37*

An der 1906 gegründeten Arbeiterbildungsschule (*Hegelallee 38*) wirkten u. a. 1911/12 Wilhelm Pieck und Hermann Duncker; im Rahmen der Wahlrechtskämpfe (*Brandenburg) zwischen Februar und April 1910 mehrere Großveranstaltungen in P. und Nowa-

Karl Liebknecht im Jahre 1912, als er den »Kaiserwahlkreis« Potsdam-Spandau-Osthavelland der Sozialdemokratie eroberte

wes; November 1910 sozialdemokratische Protestkundgebung gegen den Zarenbesuch (*»Viktoriagarten«*, heute: Kino »Charlott«)

1874/79 entstand auf dem *Telegraphenberg* das *Astrophysikalische Observatorium* (1889, 1897/99 erweitert, seit 1909 unter Leitung des 1916 in P. verstorbenen Astronomen und Atomtheoretikers Karl Schwarzschild). Hier führte 1881 der amerikanische Physiker Albert A. Michelson erstmals seine Experimente zum Nachweis des sog. Lichtäthers durch, deren negativer Ausgang zum entscheidenden Ansatzpunkt der Relativitätstheorie Albert Einsteins wurde, der seinerseits den Bau eines speziellen Observatoriums (1920/21 von Erich Mendelsohn aus Mitteln der von Berliner Naturwissenschaftlern und Nobelpreisträgern organisierten »Albert-Einstein-Spende« errichtet, heute: *»Einstein-Turm« mit Gedenkplastik*) anregte. Seit 1888/90 wurden im Astrophysikalischen Observatorium auch geomagnetische Messungen vorgenommen, aus denen das *Observatorium für Erdmagnetismus* hervorging (1902/28 von dem Geophysiker Adolf Schmidt geleitet, *Niemegk). 1892 verlegte Friedrich Robert Helmert (1917 in P. vestorben) das seit 1886 von ihm geleitete *Geodätische Institut* mit dem Zentralbüro der europäischen und (seit 1886) internationalen Erdmessung auf den *Telegraphenberg.* 1893 entstand hier das *Meteorologische Observatorium,* das als »Säkularstation« internationalen Ruf erlangte.

✦ Heute auf dem *Telegraphenberg Sitz des Forschungsbereiches Geokosmos der Akademie der Wissenschaften der DDR* (mit den Zentralinstituten für Astrophysik und Einsteinturm sowie Physik der Erde, Hauptabteilung des Instituts für Atmosphärenforschung), des *Meteorologischen Dienstes der DDR* sowie des 1954 gegründeten *Amtes für Standardisierung, Material- und Warenprüfung der DDR*

1911/13 verlegte der Astronom Hermann v. Struve die 1711 gegründete, 1835 reorganisierte, seit 1904 von ihm geleitete Berliner Sternwarte auf den *Babelsberg* bei P. (*Hauptgebäude* von 1911/13, 1918/46 Universitätssternwarte Berlin-Babelsberg, heute: *Institut für relativistische und extragalaktische Forschung im Zentralinstitut für Astrophysik der AdW, Rosa-Luxemburg-Str. 17a*).

Seit 1891 Flugversuche Otto Lilienthals (*Rhinow, *Stölln) vom *Windmühlenberg* bei Drewitz; 1909 auf dem *Bornstedter Feld* Ausbildungs- und Schauflüge des Amerikaners und Welt-Motorfliegers Orville Wright, seit 1910 hier Militärflüge, Landeplatz für Siemens-Schuckert-Luftschiffe; 1911/12 Anlage des neben Staaken zweiten Luftschiffhafens für Berlin am *Templiner See* (1914/18 militärisch genutzt, heute: *Sportgelände des ASK »Vorwärts« P.*); hier Flugversuche Hans Grades (*Borkheide); Siemens-Enkel, Konstrukteur und Flug-Weltrekordler (1911) Werner Alfred Pietschker 1887 in P.-Bornstedt geboren (von seiner Mutter gestiftetes, erstes Potsdamer Hallenbad *»Werner-Alfred-Bad«, Hegelallee; Grabstätte Bornstedter Friedhof*)

Einsteinturm

1897 stellten die Berliner Funktechniker und Physiker Adolf Slaby und Georg Graf v. Arco (in Stahnsdorf begraben) zwischen dem heutigen Ot. *Sacrow (Glockenturm der Heilandskirche)* und P. (Empfangsanlagen Pfaueninsel und *Schwanenallee*) die erste deutsche Funkverbindung her, wobei sie das im gleichen Jahr bekanntgewordene, englische Marconi-Modell im Auftrag der AEG weiterentwickelten. Das Funksystem Slaby-Arco wurde eine der wissenschaftlich-technischen Produktionsgrundlagen der 1903 von AEG und Siemens in Berlin gegründeten Telefunken GmbH, die maßgeblich die funktechnische Ausrüstung von Heer und Marine (*Nauen) und die Entwicklung des deutschen Rundfunks (*Königs Wusterhausen) bestimmte.

1911 erwarb die Berliner »Deutsche Bioskop Gesellschaft« Gebäude und Gelände einer ehem. Kunstblumenfabrik in der *Stahnsdorfer Str. Ot. Babelsberg* und errichtete hier die ersten Großateliers und Außenanlagen der deutschen Filmindustrie. Seit 1912 entstanden hier Spielfilme mit Massenszenen (darunter 1914 »Der Golem«). Die Anlagen wuchsen zu einer regelrechten Filmstadt, die 1921 von der 1917 gegründeten »Universum-Film-A.G.« (UFA) übernommen und 1927 mit dieser dem Hugenberg-Konzern einverleibt wurde. 1929 entstanden hier die ersten deutschen Tonfilmateliers. Die von Hugenberg entwickelte Methode indirekter ideologischer Manipulation mittels »unpolitischer« Unterhaltungsfilme wurde nach 1933 von der faschistischen Ideologieproduktion perfektioniert, wobei die »private« Produktion vor allem der UFA auch nach Hugenbergs Sturz bestimmend blieb. 1937/38 wurde sie wie die übrigen Filmgesellschaften durch Aktienaufkauf vom faschistischen Staat übernommen.

1911/19 war der Potsdamer Seidenfabrikant Heinrich Friedrichs Vorsitzender des 1895 gegründeten Bundes der Industriellen.

1916 wurde in Nowawes der seit 1939 in Schweden ansässige Schriftsteller, Maler und Filmregisseur Peter Weiss geboren.

In der Julikrise 1914 nach dem Sarajewoer Attentat auf den österreichischen Thronfolger bekräftigten Kaiser Wilhelm II., der Kanzler Bethmann Hollweg (*Hohenfinow) und die erreichbaren Vertreter der obersten Reichs- und Militärbehörden im *Neuen Palais* den österrei-

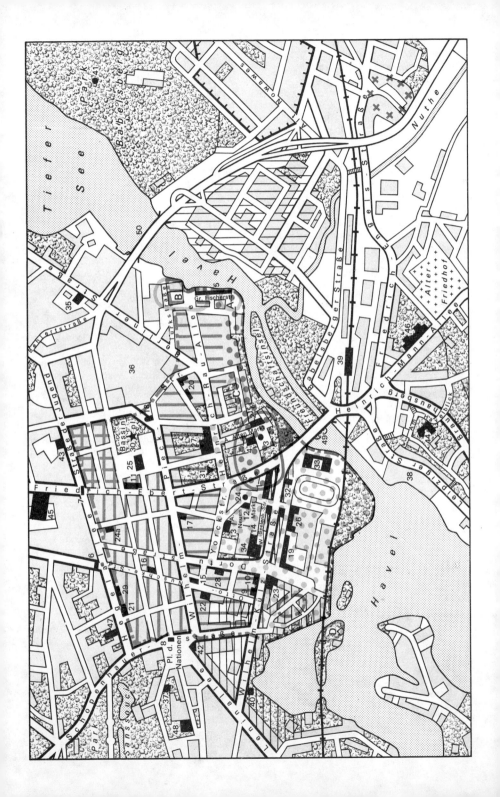

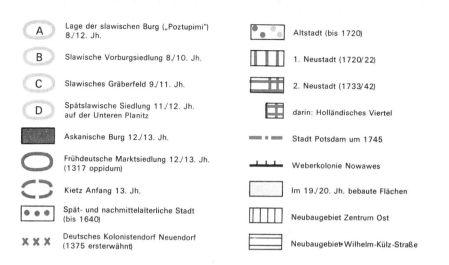

A — Lage der slawischen Burg („Poztupimi") 8./12. Jh.

B — Slawische Vorburgsiedlung 8./10. Jh.

C — Slawisches Gräberfeld 9./11. Jh.

D — Spätslawische Siedlung 11./12. Jh. auf der Unteren Planitz

Askanische Burg 12./13. Jh.

Frühdeutsche Marktsiedlung 12./13. Jh. (1317 oppidum)

Kietz Anfang 13. Jh.

Spät- und nachmittelalterliche Stadt (bis 1640)

x x x — Deutsches Kolonistendorf Neuendorf (1375 erstwähnt)

Parks, Gärten

Altstadt (bis 1720)

1. Neustadt (1720/22)

2. Neustadt (1733/42)

darin: Holländisches Viertel

Stadt Potsdam um 1745

Weberkolonie Nowawes

Im 19./20. Jh. bebaute Flächen

Neubaugebiet Zentrum Ost

Neubaugebiet Wilhelm-Külz-Straße

Stadtkernentwicklung von Potsdam

1 Ehem. Leibreit- bzw. Marstall (heute: Filmmuseum) und Havelkolonnade 2 Ehem. Rathaus und »Knobelsdorffhaus« (Klubhaus »Hans Marchwitza«) 3 Alter Markt mit Obelisk 4 Pfarrkirche St. Nikolai 5 Reste der Akzisemauer (1722) 6 Jägertor 7 Nauener Tor 8 Brandenburger Tor 9 Ständehaus (Potsdam-Museum) 10 Ehem. Großes Militärwaisenhaus 11 Große Stadtschule 12 Ehem. Kutschstall 13 Ehem. Oberrechnungskammer 14 Ehem. Reit- und Exerzierhaus (Kopfbau) 15 Ehem. Alte Wache 16 Ehem. Kommandantenhaus 17 Ehem. Ordonnanzhaus 18 Französische Kirche 19 Ehem. Kaserne des 1. Garderegiments zu Fuß 20 Ehem. Kleine und Große Kaserne des Garde-Jäger-Bataillons 21 Ehem. Infanteriekaserne des Regiments Prinz von Preußen 22 Ehem. Gardelazarett 23 Hiller-Brandt-Häuser (Potsdam-Museum) 24 Ratswaage 24a Armen- und Freischule 25 Katholische Kirche St. Peter und Paul

26 Ehem. Garnisonsschule/Predigerhaus/Kommandantenhaus 27 Hauptpost 28 Ehem. Reichsrechnungshof 29 Karl-Liebknecht-Gedenkstätte 30 Sowjetischer Ehrenfriedhof 31 Mahnmal des Antifaschistischen Widerstandskämpfers 32 Karl-Liebknecht-Forum mit Jugend- und Künstlerklub 33 Interhotel 34 Datenverarbeitungszentrum

Bereiche der alten Vorstädte:
35 Zivilwaisenhaus 36 Ehem. Armen- und Arbeitshaus (Kern des heutigen Bezirkskrankenhauses) 37 Ehem. Hofmarschallhaus 38 Ehem. Getreidemagazin 39 Bahnhof Potsdam-Stadt 40 Dampf-Maschinenhaus 41 Flatow-Turm 42 Ehem. Gardeulanenkaserne 43 Ehem. Freimaurerloge (heute: Haus der DSF) 44 Ehem. Kriegsschule (heute: Bezirksleitung der SED) 45 Ehem. Provinzialregierung (heute: Rat der Stadt und des Kreises) 46 Ehem. Kadettenanstalt (heute: Rat des Bezirkes) 47 Werner-Alfred-Bad 48 Hans-Otto-Theater 49 Lange Brücke 50 Humboldt-Brücke

chisch-ungarischen Botschafter nach dem Motto »Jetzt oder nie!« in der Kriegsdisposition. Nach der vorgetäuschten Urlaubsidylle der Reichsspitzen verordnete Wilhelm II. im *Neuen Palais* Anfang August Mobilmachung, Kriegserklärungen sowie den Überfall auf die neutralen Länder Belgien und Luxemburg.
Am 4. November 1914 sprach Karl Liebknecht, der am 4. August nur aus Fraktionsdisziplin den Kriegskrediten zugestimmt hatte, vor dem sozialdemokratischen Wahlverein P. im Gewerkschaftshaus (*Hegelallee 38*) über

»Die deutsche Schwerindustrie und der Krieg«. Die Forderung der Potsdamer Sozialdemokraten und Liebknecht-Anhänger, sich in der Kriegskredit-Frage nicht länger dem Fraktionszwang zu unterwerfen, bestärkte Liebknecht in seinem Entschluß, am 2. Dezember 1914 als einziger Reichstagsabgeordneter gegen erneute Kriegskredite zu stimmen. Die meisten Mitglieder der Wahlkreisorganisation unterstützten auch 1915/16 Liebknechts konsequenten Antikriegskampf, vereitelten mit Vertrauensvoten den Versuch der sozialchauvinistischen Parteiführung, Liebknecht mit Hilfe der Wahlkreisorganisation das Reichstagsmandat abzusprechen, und erklärten sich mit Liebknechts Berliner Manifestation vom 1. Mai 1916 solidarisch.

Nach Liebknechts Verurteilung begannen in der Wahlkreisorganisation heftige Auseinandersetzungen zwischen den Anhängern der Parteiführung einerseits und der oppositionellen Sozialdemokratischen Arbeitsgemeinschaft bzw. der Spartakus-Gruppe andererseits um den Ersatzwahl-Kandidaten. Als es den Spartakus-Anhängern im Dezember 1916 gelang, Franz Mehring zur Wahl als Nachfolgekandidat zu bringen, spalteten die Mehrheitssozialisten die Wahlkreisorganisation. Ihr Kandidat siegte bei der Ersatzwahl vom März 1917 mit den bürgerlichen und sogar den junkerlichen Stimmen des Bundes der Landwirte gegen Mehring.

Am 9. November 1918 erfaßte die Revolution die Residenzstadt. Neben einem Arbeiter- entstand in P. ein Soldatenrat mit Offizieren meist unterer Chargen, tags darauf der Arbeiterrat Nowawes und der Vereinigte Arbeiter- und Soldatenrat von P. unter Vorsitz Wilhelm Staabs, des bis 1933 in P. führenden sozialdemokratischen Funktionärs (*Grabstätte Neuer Friedhof, Heinrich-Mann-Allee*). Nur das *Rathaus Nowawes* mußte erobert werden, ansonsten stießen die revolutionären Aktionen auf keinen nennenswerten Widerstand. Das begünstigte den Einfluß der rechten SPD-Führer um Ebert, die direkten Kontakt zum Potsdamer Arbeiter- und Soldatenrat sowie zu den am 24. November gebildeten Zentralräten für Provinz und Regierungsbezirk hielten. Die Potsdamer Räte erklärten sich für Wahlen zur Nationalversammlung, beließen Magistrat sowie Provinzial- und Regierungsbezirksbehörden im Amt, ließen die kaiserliche Familie unbehelligt und ermöglichten der ehem. Kaiserin am 27. November das Exil. Der Potsdamer Arbeiter- und Soldatenrat wurde vom Magistrat besoldet und duldete sogar, daß die vorrevolutionäre, rein bürgerliche Stadtverordnetenversammlung am 22. November zusammentrat. Der Spartakusbund konnte erst im Dezember 1918 eine Ortsgruppe für P. und Nowawes bilden, aus der am 3. Januar 1919 die KPD-Ortsgruppe für Nowawes (*Gedenktafel Karl-Gruhl-Str. 55*) und im März die für P. hervorgingen. Die bürgerlichen und militärischen Kräfte Potsdams – darunter die Kommandeure fast aller Truppenteile – stellten sich im Vertrauen

auf den konterrevolutionären Kurs der »Revolutionsregierung« Ebert dem Potsdamer Arbeiter- und Soldatenrat zur Verfügung, wobei Prinz Leopold v. Preußen so weit ging, auf seinem *Schloß Klein-Glienicke* die rote Fahne zu hissen. Anfang Dezember 1918 zog der General Lequis zwischen P. und Berlin starke militärische Verbände zusammen. Der wie in Berlin vom Oberbürgermeister feierlich gestaltete Gardeeinmarsch am 11. Dezember in P. signalisierte den Terraingewinn auch der militärischen Konterrevolution. Übereiltes Vorgehen des Gardekommandeurs gegen das *Rathaus Nowawes* und den Potsdamer Soldatenrat führte zu seiner Abberufung, wie sich überhaupt die bestehenden Militärverbände als untauglich für Bürgerkriegszwecke erwiesen. Um die Jahreswende 1918/19 begannen sich in und bei P. konterrevolutionäre Freiwilligenverbände (*Zossen) zu sammeln, die bei den Januar- und Märzkämpfen in Berlin eingesetzt wurden, sich als Freikorps »Potsdam« und »Hülsen« formierten, in der Reichswehrbrigade 3 aufgingen und 1920 aktiv am Kapp-Putsch (*Döberitz) teilnahmen.

Die nunmehr unter bürgerlich-parlamentarischen Bedingungen und nach dem Verhältniswahlrecht durchgeführten Stadtverordnetenwahlen vom März 1919 brachten erstmals die Arbeiterparteien in das Potsdamer Stadtparlament. Die wahlbeteiligten Parteien SPD und USPD erreichten in P. einen Mandatsanteil von 35 Prozent (in Nowawes 67 Prozent), die bürgerlichen Parteien somit die eindeutige Stimmen- und Mandatsmehrheit. Das Gros der bürgerlichen Mandate entfiel auf die rechtsstehende, konservative Deutschnationale Volkspartei (DNVP), die auch den neuen Oberbürgermeister stellte, in Nowawes dagegen auf die betont republikanische Deutsche Demokratische Partei (DDP). Nach der Revolutionsniederlage entzogen Stadtverordnetenversammlung und Magistrat von P. dem Arbeiter- und Soldatenrat im Juli 1919 die Mittel, der daraufhin seine Arbeit einstellte.

1919/20 entstand in der ehem. *Kriegsschule auf dem Brauhausberg* das Reichsarchiv mit den Beständen des ehem. Kriegsarchivs. Als zivile Dienststelle getarnt, setzte es die kriegsgeschichtliche Abteilung des kaiserlichen Generalstabs fort und war dem Reichswehr-Truppenamt – in der Nachfolgedienststelle des Generalstabs (bis 1920 unter Hans v. Seeckt) unterstellt. Präsident des Reichsarchivs wurde der bisherige Oberquartiermeister K. (Kriegsgeschichte) des Generalstabs, Hermann Mertz v. Quirnheim, Direktor der kriegsgeschichtlichen Forschungsabteilung Hans v. Haeften. Die meisten Mitarbeiter waren ehem. kaiserliche Offiziere, die wesentlichen Anteil an der Verbreitung der Dolchstoßlegende hatten. Neben den militärischen übernahm das Reichsarchiv die Akten der Reichsbehörden.

Das bürgerliche P. bejubelte den Kapp-Putsch 1920 (*Döberitz), der Potsdamer Reichswehr-Brigadekommandeur trat offen zu den Putschisten über. Er ließ die Versorgungs- und Verkehrseinrichtungen und das Arbeiterzentrum Nowawes überwachen, verbot Streiks, verstärkte die Potsdamer Sicherheitspolizei, ohne damit den Generalstreik in P. und Nowawes und Arbeiter-Aktionsausschüsse am 13. März verhindern zu können. Sein Versammlungsverbot löste am 16. März Protestversammlungen und einen Demonstrationszug mit über 1 000 Teilnehmern zum Stadtschloß aus. Die Schloßwache erhielt Feuerbefehl und ermordete auf dem *Alten Markt* vier der Demonstranten. Nach dem Zusammenbruch des Putsches wechselte der Brigadekommandeur am 17. März die Position, um nunmehr als »Ordnungsmacht« gegen den Generalstreik und besonders gegen das »rote Nowawes« vorzugehen, das am 21. März einer Militärstrafaktion und Verhaftungen unterlag. Am 23. März kam der Streik im Potsdamer Gebiet zum Erliegen. Auch die Hohenzollern mit dem Ex-Kaiser Wilhelm II. hatten Hoffnungen auf den Kapp-Putsch gesetzt. Von dessen holländischen Exil in Doorn aus betrieben sie ihre Restaurationsstrategie und versuchten, eine politische »Einheitsbewegung« aller Rechtskräfte gegen die »Deutsche Saurepublik« (Wilhelm) zu schaffen. Das Signal sollten die geplanten, schon seit dem Herbst 1920 intensiv vorbereiteten Beisetzungsfeierlichkeiten für die ehem. Kaiserin in P. geben (Beisetzung im April 1921 im *Antikentempel von Sanssouci*), dessen Hohenzollerntraditionen und militaristische Symbolik, begünstigt durch die Berlin-Nähe und die deutschnationale Magistratspolitik, besondere Erfolgsaussichten verhießen. Erstes Glied in der Kette nationalistischer, revanchistischer, militaristischer und monarchischer Großaufmärsche in P. sollte die sog. Tannenberg-Feier unter Schirmherrschaft Hindenburgs werden, die aber am 28. August 1921 infolge der öffentlichen Empörung über den Erzberger-Mord (26. August), massiver Gegendemonstrationen (u. a. auf dem *Bassinplatz* unter Teil-

nahme von nahezu 50 000 Berliner Arbeitern) und notgedrungen »dämpfender« Maßnahmen der Behörden nur in reduzierter Form im ehem. *Luftschiffhafen* (heute: *Sportgelände des ASK »Vorwärts« P.*) stattfinden konnte. Der Polizeimord an zwei demonstrierenden Arbeitern veranlaßte eine spontane Protestdemonstration vor dem Stadtschloß. Als ein Jahr später nach dem Rathenau-Mord die DNVP-Jugendorganisation ihren Bundestag 1922 in P. vorbereitete und die Berlin-Brandenburger Gauorganisation des Kommunistischen Jugendverbandes eine Gegendemonstration ankündigte, griff der sozialdemokratische preußische Innenminister Carl Severing mit den Erfahrungen des Vorjahres diesmal durch und verbot den DNVP-Bundestag in P., der nach Danzig verlegt wurde.

Die preußische Regierung stimmte – nach finanz- und steuerpolitischen Kontroversen zwischen Magistrat und Stadtparlament – im September 1923 der Auflösung der Stadtverordnetenversammlung zu und ermöglichte so dem deutschnationalen Oberbürgermeister bis Anfang 1924 eine nahezu diktatorische Politik, der dann aber infolge seiner skandalösen Lebensführung einem ebenfalls deutschnationalen, aber flexibleren Nachfolger weichen mußte. Bei der Stadtverordnetenwahl vom März 1924 erlangte die DNVP in P. die absolute Mehrheit; die Mandatszahl der SPD ging auf fünf zurück, die erstmals wahlbeteiligte KPD erlangte drei Mandate; auch in Nowawes kam es zu einer bürgerlichen Mehrheit. Das neue Potsdamer Stadtparlament beschloß den Aufbau eines Garnisonsmuseums und den Antrag auf Verbot republikanischer Veranstaltungen in dem »monarchisch gesinnten« P.

Dieser Rechtsruck begünstigte das Auftreten extremrechter Organisationen in P., so den 1. Deutschen Akademikertag »völkischer« Alt-Akademikerverbände, der Deutschen Burschenschaft, der 1919 gegründeten, nunmehr antirepublikanisch geführten Deutschen Studentenschaft, des sie beherrschenden Deutschen Hochschulringens (*Stülpe) u. a. im Hotel »Stadt Königsberg« (*Brauerstr. 1/2*). Das Hauptreferat hielt der Wiener Universalismus- und Ständestaatstheoretiker Othmar Spann. Die verabschiedeten »Potsdamer Grundsätze« forderten die »Wehrhaftigkeit aller Deutschen«, den »Schutz des deutschen Volkstums«, »deutsche Führer« und den »völkischen Staat als Machtstaat«.

Nach den Reichspräsidentenwahlen vom März/April 1925, die die Positionen der antirepublikanischen Kräfte weiter festigten, seit 1926 forciertes Auftreten der Rechtsverbände in P., so im März 1926 Bismarck-

Feier der Stahlhelm-Gauorganisation (mit der 1923 gegründeten, mitgliederstarken Ortsgruppe P.), im Mai 1926 der »Ulanentag«, im Februar 1927 die (seit 1914) erste Lustgarten-Parade vor dem neuen Chef der Heeresleitung, General Heye, im Mai 1927 der vom Magistrat finanziell unterstützte Gesamtdeutsche Stahlhelm-Tag, im September 1927 das 1. Reichstreffen der 1923 gegründeten Stahlhelm-Zweigorganisation »Wehrwolf« mit einer Parade vor Ludendorff und Erhardt (*Döberitz) im ehem. *Luftschiffhafen*; regelmäßige Sedan-, Reichsgründungs- und »Kaisergeburtstags«-Feiern; Oktober 1926 »Erster nationalsozialistischer Freiheitstag der Mark Brandenburg« (sog. 1. Märkertag) mit dem neuen Berlin-Brandenburger Gauleiter Goebbels – erstes öffentliches Auftreten der Nazifaschisten in P., die hier infolge der Dominanz konservativer Reichsverbände trotz ihres gesteigerten »Versammlungsfeldzuges« 1927 zunächst einen schweren Stand hatten.

Vor diesem Hintergrund wurde P. zu einem Schwerpunkt revolutionärer Gegenpropaganda des Roten Frontkämpferbundes (RFB, 1926 Ortsgruppe P.). Zum Antikriegstag am 1. August 1926 führte er in P. eine von der Berliner Organisation unterstützte Demonstration von 7 000 RFB-Mitgliedern vom damaligen *Kleinen Exerzierplatz* (heute: *Straßenbahndepot*) über die *Lange Brücke* zum *Bassinplatz* durch. Die in Großalarm versetzte Polizei provozierte ein Handgemenge um den im Demonstrationszug mitgeführten Sarg mit der Aufschrift »Jedem Krieger sein eigenes Heim«, das zur späteren Anklage und Verurteilung von fünf RFB-Mitgliedern führte (Gedicht Bertolt Brechts 1927 »Zu Potsdam unter den Eichen«). Während der Fürstenenteignungskampagne kam es zu Einheitsfrontaktionen von RFB und sozialdemokratisch geführtem Reichsbanner (1924 Ortsgruppen P. und Nowawes), so am 19. Juni 1926 – dem Vorabend des Volksentscheids – zu einer gemeinsamen Großkundgebung auf dem *Bassinplatz*. In der ehem. Residenzstadt mit ihrem umfangreichen, 1918 beschlagnahmten Hohenzollernbesitz spitzten sich die Auseinandersetzungen besonders zu. Die am 20. Juni erreichten knapp 12 000 Ja-Stimmen für die Enteignung bedeuteten in dem bürgerlich beherrschten P. einen relativ großen Erfolg, obwohl sie weit unter dem Reichsdurchschnitt lagen, anders in Nowawes, nicht zuletzt aus Empörung darüber, daß der *Babelsberger Schloßpark* 1926 für die Nowaweser Arbeitersportler wieder gesperrt worden war.

Bei dem nach dem gescheiterten Volksentscheid im Oktober 1926 zwischen dem Land Preußen und dem ehem. preußischen Königshaus getroffenen Vergleich erhielten die Hohenzollern in P. die Prinzensitze *Schloß Cecilienhof* und *Villa Liegnitz* (im Park von Sanssouci), das *Schloß Lindstedt* und größeren Grundbesitz in und um P. zurück, während das Stadtschloß, *Schloß und Park Sanssouci* sowie *Schloß und Park Babelsberg* (seit 1883 selbständiger Gutsbezirk, 1928 aufgelöst, nach Nowawes eingemeindet und öffentlich zugänglich) beim preußischen Staat verblieben.

In den 20er Jahren geringes Bevölkerungs- (auf knapp 65 000 Einwohner) und starkes Flächenwachstum; 1926/28 Eingemeindungen verschiedener Gutsbezirke; neben den älteren Vorstadtsiedlungen »*Daheim*« (1897) und »*Im Bogen*« (1910) in der Teltower bzw. Brandenburger Vorstadt entstanden u. a. die Siedlungen »*Stadtheide*« und »*Sonnenland*« in der Brandenburger Vorstadt, die Beamtensiedlung »*Vaterland*« auf dem *Bornstedter Feld*, die Siedlung »*Eigenheim*« auf Initiative des Bundes Deutscher Bodenreformer, städtische Siedlungshäuser in der *Zeppelinstr.* sowie die Bauten des Beamten-Wohnungs-Vereins am *Kapellenberg* und *Drevestr.-Alte Zauche*

Trotz anhaltend konservativ-militaristischer Veranstaltungen (u. a. »Ulanen-Tag«, Juli 1930; Ausstellung »Die Deutsche Front«, 1931 mit Hindenburg-Besuch; wehrpolitische Schulungstagung der Deutschen Studentenschaft, Juni 1931 mit Hjalmar Schacht; Stahlhelm-Tag, September 1932) verfiel während der Weltwirtschaftskrise der schon seit 1928 rückläufige deutschnationale Einfluß in P. Sein Erbe traten die Nazifaschisten an, die es in P. außerordentlich raffiniert verstanden, ihre soziale Demagogie mit der konservativ-militaristischen Symbolik zu verbinden. Dabei wurden sie von der Familienstrategie der Hohenzollern unterstützt, die sich seit dem republikanischen Arrangement der DNVP immer mehr der NSDAP zuwandten – trotz aller Vorbehalte gegen ihre »plebejischen« Methoden der Nazis. Mit Billigung Wilhelms traten 1928 die Prinzen Oskar und August Wilhelm (im Nazijargon »Prinz Auwi«) der NSDAP bzw. SA bei. August Wilhelm betätigte sich als Propagandaredner für die NSDAP und kandidierte auf ihrer Liste für den Reichstag. In seiner Potsdamer »*Villa Liegnitz*« verkehrten Hitler und andere Nazi-Größen. Der Kronprinz und Stahlhelm-Führer Wilhelm forderte beim zweiten Wahlgang der Präsidentschaftswahlen 1932 zur Wahl Hitlers statt Hindenburgs auf.

Erstmals drei NSDAP-Mandate bei den Stadtverordnetenwahlen vom November 1929, faschistische

Schloß Cecilienhof

Großkundgebungen im August/September 1930 mit Goebbels, Februar und Pfingsten 1931 mit Göring und Rosenberg, März 1932 mit Prinz August Wilhelm, April 1932 mit Hitler im ehem. *Luftschiffhafen* und abendlichen Fackelzug zur geöffneten Gruft Friedrichs II. in der Garnisonskirche; im 2. Wahlgang der Präsidentenwahlen (10. April) und bei der preußischen Landtagswahl (24. April) stieg die NSDAP in P. zur wählerstärksten und in Nowawes (nach der SPD) zweitstärksten Partei auf.

Während die KPD bei den Reichstagswahlen 1932 ihren bei dem preußischen Volksentscheid 1931 in P. erheblichen Rückschlag ausgleichen und ihre antifaschistische Einheitsfrontpolitik in P. und Nowawes verstärken konnte (Kundgebungen vom 1. und 16. Juli 1932 in beiden Städten), mußte die SPD vor allem infolge ihrer kapitulantenhaften Haltung beim Papen-Staatsstreich gegen Preußen Stimmverluste hinnehmen. Die letzte antifaschistische Demonstration fand am 30. Januar 1933 in Nowawes statt.

Am 18. Januar 1933, dem »Reichgründungstag«, hatte Carl Eduard v. Coburg-Gotha, einer der langjährigen, hochadligen Faschismus-Förderer, selbst NSDAP-Mitglied, 1930/36 Präsident des Berliner Nationalklubs, ein Carl-Eduard-Kuratorium mit Sitz in P. gegründet, einen Freundeskreis »nationaler Männer aus Staat, Wirtschaft, Kunst und Wissenschaft« zur »Wiedergutmachung des 9. November im Dritten Reich«. Ihm gehörten u. a. mehrere Hohenzollern, namenhafte Industrielle und Bankiers sowie hohe Ministerialbeamte an. Nach der Errichtung der faschistischen Diktatur sah das Kuratorium seine Aufgabe darin, »Die Brücke zu schlagen ... zu vielen wichtigsten Herren der Wirtschaft, die nicht Mitglied der NSDAP werden wollen«, aber »zu idealler und materieller Unterstützung und Mitarbeit bereit sind«.

Für die Stadtverordnetenwahl vom März 1933 durften die Arbeiterparteien bereits keine Wahlversammlungen mehr durchführen, erreichten in Nowawes dennoch fast die Hälfte der Mandate, in P. neun von 43. Die NSDAP wurde zwar in beiden Städten mandatsstärkste Partei, blieb aber mit 19 Mandaten in P. unter der 50 Prozent-Grenze und erreichte in N. mit 11 Mandaten nur ein knappes Drittel; für die pseudolegale »Gleichschaltung« war sie auf das Bündnis mit den Konservativen und auf die Annullierung der Arbeitermandate angewiesen. Der an sich botmäßige deutschnationale Oberbürgermeister von P. wurde im März 1933 durch ein NSDAP-Mitglied ersetzt.

Am 21. März 1933 inszenierten die faschistischen Machthaber den Zusammentritt des am 5. März gewählten Reichstages (außer den mandatsannullierten und meist bereits verhafteten KPD- und den fernbleibenden SPD-Abgeordneten) in der Garnisonkirche als Staatsakt, der das Bündnis zwischen Konservatismus, Militarismus und Faschismus als »Staatsidee des Dritten Reiches« symbolisieren sollte und von vielen Konservativen als Aufbruch »Preußens an die Front!« (»Preußische Führerbriefe«, 1. 4. 1933) begrüßt wurde. Vorausgegangen waren »Sicherheitsmaßnahmen« des faschistischen (später Berliner) Polizeipräsidenten Graf Helldorf, bei denen etwa 80 Kommunisten aus P. und dem Kreis Zauch-Belzig verhaftet wurden. Der »Tag von Potsdam« – Jahrestag der Reichstageröffnung vom 21. März 1871 – begann mit konfessionell getrennten Gottesdiensten in der *Nikolai-* (Predigt des evangelischen Generalsuperintendenten der Kurmark, Otto Dibelius) und der katholischen *Peter- und Paulskirche.* Den Ansprachen und symbolischem Händedruck von Hindenburg und Hitler in der Garnisonkirche folgten – unter Teilnahme mehrerer Hohenzollern und hoher Generale – Kranzniederlegungen an den Särgen der preußischen Könige und eine gemeinsame Parade von Reichswehr-, SA-, SS- und Stahlhelmverbänden.

Bei dem vorgeblichen »Röhm-Putsch«, der SS-Mordaktion vom 30. Juni 1934 gegen SA- und NSDAP-Funktionäre sowie konservative Politiker wurden auch in P. alte Rechnungen beglichen. Prominentestes Opfer früherer Rivalitäten war hier der ehem. Reichskanzler Kurt v. Schleicher (*Brandenburg, *Döberitz, *Fürstenberg), der in seiner Neubabelsberger *Villa Griebnitzstr. 4,* einem Geschenk des Industriellen Otto Wolff (später Reichsschule des Rassenpolitischen Amtes der NSDAP), zusammen mit seiner Frau und seinem Mitarbeiter, General v. Bredow, erschossen wurde.
Seit 1935 unter einem General als Oberbürgermeister Ausbau als Garnisonstadt; seit 1934 Aufbau des Arado-Flugzeugkonzerns mit Werk und Hauptverwaltung P.-Babelsberg; in *P.-Wildpark* Gefechtsstand des Luftwaffenführungsstabes; am 31. August 1939 gab Göring von hier den Einsatzbefehl für die faschistische Luftwaffe als Beginn des Luftkrieges.

Mit den Eingemeindungen 1935 (Bornim, Bornstedt, Eiche, Nedlitz) und 1939 (Drewitz, Sacrow, Krampnitz, Fahrland, Grube, Geltow, Bergholz-Rehbrücke sowie der Stadt Nowawes, die mit der Villenkolonie Neubabelsberg zum Stadtteil »Babelsberg« zusammengeschlossen wurde – Teil der Naziaktion zur Ausmerzung slawischer Ortsnamen und ein Versuch, die Erinnerung an das »rote Nowawes« zu tilgen) stieg die Einwohnerzahl Potsdams von 83 000 auf 127 000, wurde P. damit zur größten Stadt des faschistischen Gaues »Kurmark« (*Frankfurt).
1937 wurden in P., Nowawes, Werder, Beelitz u. a. Orten um P. 95 aktive Antifaschisten verhaftet und gegen 44 von ihnen 1938 in Berlin ein Prozeß mit hohen Freiheitsstrafen durchgeführt.
✛ *Ehrenhaine: Neuer Friedhof, Heinrich-Mann-Allee, Bahnhof Griebnitzsee, Mahnmal Platz der Einheit, Ehrenmal* und *Gedenkstätte Neuer Friedhof* für die in P. ermordeten sowjetischen und politischen Kriegsgefangenen; *Gedenkstein Friedhof P.-Drewitz* für die 1945 erschossenen KZ-Häftlinge

1944 hatte die Verschwörung bürgerlicher und konservativer Hitlergegner, die zum Staatsstreichversuch am 20. Juli 1944 führte, in P. eines ihrer Zentren, teils infolge früherer familiärer und beruflicher Bindungen (so bei dem Tegeler Gefängnispfarrer Harald Poelchau und bei Adam v. Trott zu Solz, die beide 1903 bzw. 1909 in P. geboren worden waren, bei Albrecht Mertz v. Quirnheim sowie Hans-Bernd und Werner v. Haeften als Söhnen des ersten Reichsarchivbeamten), teils als Wohnsitz (so bei Ulrich v. Hassell, *Villa am Heiligen See,* heute: *Sitz der Britischen Militärmission,* bei dem Sozialdemokraten Hermann Maaß in P.-Babelsberg, heute: *Hermann-Maaß-Str. 37,* bei Fritz Dietlof Graf v. d. Schulenburg, der seine Jugend- und Referendarzeit in P. verbracht hatte, nun als Angehöriger des Potsdamer Regiments Nr. 9 Frontoffizier war, dessen Familie in P. wohnte (*Karlstr. 6*), bei Henning v. Tresckow, dessen Schwester in der Villenkolonie Neubabelsberg, heute *Puschkinallee* wohnte. In den Wohnungen von Maaß, Schulenberg und der Schwester Tresckows fanden mehrere Zusammenkünfte u. a. mit Stauffenberg statt. Zu den Potsdamer Verschwörern gehörten im Umkreis des Reichsarchivs, der Garnison und der höheren Beamtenschaft mehrere bis vor kurzem bzw. noch im Dienst Stehende, so der Potsdamer Regierungspräsident Gottfried Graf v. Bismarck-Schönhausen, der Garnisonskommandant Graf Erich v. Brockdorff-Ahlefeld, der ehem. Reichsarchivpräsident (1935/43) Friedrich v. Rabenau. Der berlinnahen Garnisonsstadt P. kam in den Staatsstreichplänen eine militärische Schlüsselrolle zu: So sollten die Panzer-Truppenschule P.-Krampnitz, die Fahnenjunkerschule und die Heeresunteroffiziersschule die Berliner Truppen bei der Abriegelung des Regierungsviertels unterstützen, die Panzeraufklärungskompanie in Nedlitz die Sendeanlagen in Königs Wusterhausen zerstören. Auch das Elite-»Wachbataillon Großdeutschland« in Döberitz war in die Einsatzpläne einbezogen.

Am 14. April 1945 wurde das seit 1940/41 nur gelegentlich von angloamerikanischen Verbänden angeflogene Stadtzentrum von P. in einem gezielten britischen Bombenangriff weitgehend zerstört, wobei etwa 4 000 Menschen ums Leben kamen. Vom 24. bis 27. April nahmen die sowjetischen Truppen in heftigen Kämpfen das zur »Festung« erklärte P. und am 30. April P.-Babelsberg ein. Ein Sonderkommando unter Jewgeni F. Ludschuweit schützte die *Schlösser und Gärten von Sanssouci* vor Kampfhandlungen und Zerstörung (*Gedenktafel Haupteingang; Sowjetische Ehrenfriedhöfe Bassinplatz und Michendorfer Chaussee; Panzerdenkmal P.-Bornstedt, Pappelallee*).

Bereits am 4./5. Mai 1945 kontrollierte in P.-Babelsberg ein Aktionsausschuß von Kommunisten und Sozialdemokraten die alte Stadtverwaltung, berief zum 6. Mai eine Versammlung ein, an der die Verwaltungsangestellten teilnehmen mußten, und sorgten dafür, daß der sowjetische Stadtkommandant (Sitz: *Mauerstr.*) am 12. Mai eine nunmehr antifaschistische Verwaltung in P.-Babelsberg einsetzen konnte. In P. selber bildete sich am 7. Mai ein gemeinsamer Zehnerausschuß von KPD und SPD. Am 19. Mai nahm die aus Kommunisten, Sozialdemokraten und bürgerlichen Antifaschisten zusammengesetzte Stadtverwaltung ihre Tätigkeit auf. Ihr gehörten als Stadtrat Hans-Paul Ganter-Gilmans an, später Mitbegründer der CDU, der neben dem Otto Nuschke (*Hennigsdorf) maßgeblichen Anteil daran hatte, daß die CDU-Provinzial- bzw. Landesorganisation die Bodenreform und die späteren antifaschistisch-demokratischen Maßnahmen mittrug. Die Stadtverwaltung konzentrierte sich zunächst auf Enttrümmerungs- und Alltagsfragen, schuf ein System

von Straßen- und Hausobleuten und bildete einen »zivilen Ordnungsdienst«. Ab Herbst 1945 wurde sie von einem »Zwölferausschuß« der vier antifaschistischen Parteien unterstützt, der sich im April 1946 in erweiterter Form als Stadtvorparlament konstituierte. Auf Initiative einer gemeinsamen KPD/SPD-Funktionärskonferenz vom 5. Juli 1945 in P. wurde der Verwaltungsapparat Potsdam systematisch von den knapp 400 festgestellten ehem. aktiven Nazifaschisten gesäubert.

Seit Ende April 1945 leiteten Richard Gyptner (*Brandenburg) und andere Instrukteure der KPD-Initiativgruppe Ulbricht (*Bruchmühle), seit Ende Mai dann der dem Todesmarsch der Sachsenhausen-Häftlinge (*Wittstock) entronnene Willy Sägebrecht (*Liebenwalde) den Aufbau der KPD-Bezirksorganisation und -leitung für die Provinz Brandenburg, die die Initiative beim Aufbau der antifaschistisch-demokratischen Provinzialverwaltung in P. übernahm. Auf der 1. KPD-Bezirksfunktionärskonferenz vom 27. Juni in Berlin erläuterte Walter Ulbricht das KPD-Programm vom 11. Juni und die abzuleitenden Aufgaben für die Provinz Brandenburg. Er gab damit die konzeptionelle Grundlage auch für die Mitwirkung der zur Aktionseinheit entschlossenen SPD-Funktionäre, wie Friedrich Ebert (*Brandenburg), Georg Spiegel und Karl Steinhoff, die im August 1945 den SPD-Bezirksvorstand bildeten und leiteten, sowie der bürgerlichen Antifaschisten. Das Präsidium der Provinzialverwaltung wurde am 4. Juli von der Sowjetischen Militäradministration bestätigt und nahm tags darauf seine Tätigkeit unter dem Präsidenten Steinhoff (SPD) auf (Sitz in der ehem. Kadettenanstalt, in der Nazizeit sog. NAPOLA, heute: *Rat des Bezirkes, Heinrich-Mann-Allee*). Vizepräsidenten waren die KPD-Funktionäre Bernhard Bechler (Inneres, ehem. NKFD-Angehöriger) und Edwin Hoernle (Wirtschaft; führender Agrarexperte) bzw. nach seiner baldigen Berufung nach Berlin und Forst Zinna (*Kloster Zinna) Heinrich Rau (ebenfalls Agrarexperte der KPD, Spanien- und Widerstandskämpfer, 1948/49 an die Spitze der Deutschen Wirtschaftskommission in Berlin berufen), der Sozialdemokrat Fritz Rücker (Volksbildung; NKFD-Mitbegründer) und der Liberaldemokrat Georg Remak (Justiz; im Oktober 1945 durch Frank Schleusener, CDU, ersetzt, der sich aber in der Folgezeit auf restaurative Positionen begab.) Die Provinzialverwaltung erhielt am 22. Okto-

Die Potsdamer Konferenz der Siegermächte der Antihitlerkoalition

ber 1945 von der Sowjetischen Militäradministration das Gesetzgebungsrecht zugesprochen. Das neue Gerichtswesen der Provinz entstand nach dem entsprechenden SMAD-Befehl vom 4. September 1945 mit dem Oberlandesgericht P., den Landgerichten P., Cottbus, Eberswalde und Neuruppin sowie 68 Amtsgerichten.

Im Juni 1945 Wiederaufnahme des Theaterbetriebes mit Lessings »Nathan der Weise« im ehem. *Konzerthaus* (heute: *»Haus der Offiziere«, Hegelallee*); im August 1946 Eröffnung des Landestheaters Brandenburg im *Schloßtheater des Neuen Palais* mit Goethes »Iphigenie auf Tauris«, seit 1949 neue Spielstätte in einer umgebauten Gaststätte *Zimmerstr. 10* (seit 1952 *»Hans-Otto-Theater«*)

Am 4. Juli 1945 – einen Tag nach der Berliner Gründungskundgebung – gründeten der damals in P.-Rehbrücke wohnende Maler und Graphiker Otto Nagel, der in Werder bzw. bis zu seinem Tode 1951 in Klein Glienicke lebende Schriftsteller Bernhard Kellermann und der in B.-Babelsberg bis zu seinem Tode 1948 wohnende Arbeiter-Astronom und Schriftsteller Bruno H. Bürgel die Ortsgruppe P. des Kulturbundes zur demokratischen Erneuerung Deutschlands, am 10. Juli zusammen mit dem Maler Magnus Zeller (*Caputh) eine Kulturbund-Provinzialleitung, der seit seiner Exil-Rückkehr 1946 nach P.-Babelsberg auch der Arbeiter-Schriftsteller Hans Marchwitza (1965 hier verstorben) angehörte.

✦ *Haus des Kulturbundes der DDR »Bernhard Kellermann«, Mangerstr. 34/36; Kulturhaus »Hans Marchwitza«, Alter Markt; Bruno-H.-Bürgel-Gedenkstätte Neuer Garten, Gedenktafel an seinem Wohnhaus Merkurstr. 10, Grabstätte Friedhof Goethestr.*

Vom 17. Juli bis 2. August 1945 (unterbrochen vom 25. bis 28. Juli) fand im *Schloß Cecilienhof* die zunächst für Berlin vorgesehene, daher als »Berliner Konferenz« bezeichnete, letzte Kriegskonferenz der Regierungschefs (Josef W. Stalin, Harry S. Truman, Winston Churchill bzw. seit 28. Juli Clement Attlee) und Außenminister der drei Hauptmächte der Antihitlerkoalition UdSSR, USA und Großbritannien statt. Trotz sich verstärkender antisowjetischer und Westpakttendenzen verabschiedete sie mit dem Potsdamer Abkommen ein völkerrechtlich verbindliches Aktionsprogramm für die Nachkriegsentwicklung, dem sich im August 1945 auch Frankreich als vierte Besatzungsmacht anschloß. Es betraf die Entnazifizierung, Entmilitarisierung und Demokratisierung des nicht zerstückelten, sondern in die vier Besatzungszonen aufgeteilten Deutschlands, die Tätigkeit des Alliierten Kontrollrates als zonenübergreifendes Organ der Siegermächte mit Gesetzgebungsbefugnis, die Oder-Neiße-Grenze. Es zeichnete die Konturen einer künftigen Friedensregelung und europäischen Sicherheitspartnerschaft.

✦ *Historische Gedenkstätte im Schloß Cecilienhof; Gedenktafel P.-Babelsberg, Karl-Marx-Str. 27, der Residenz der sowjetischen Delegation; Residenzen der amerikanischen und britischen Delegation im ehem. »Kleinen Weißen Haus« Karl-Marx-Str. 2 sowie Ringstr. 23 (P.-Babelsberg)*

Am 1. September 1945 bildeten KPD und SPD in P. einen Einheitsausschuß für die Provinz Brandenburg, nachdem sie im Sommer 1945 schon in den verschiedenen Selbstverwaltungsorganen, in den neuentstehenden Frauen-, Jugend-, Sportausschüssen, Konsumgenossenschaften sowie in den Betriebsräten und Gewerkschaftsorganisationen zusammengearbeitet hatten. Nach der Kyritzer (*) Bauernversammlung erließen sie am 3. September gemeinsam mit den sich formierenden bürgerlichen Parteien CDU und LDPD einen Bodenreform-Aufruf, dem am 6. September die Bodenreform-Verordnung der Provinzialverwaltung folgte. Nachdem die bürgerlichen Parteien im Oktober ihre Provinzialvorstände gebildet hatten, entstand am 22. November 1945 in P. der Provinzialblock aller vier Parteien sowie des FDGB. Die zweite Blocksitzung verabschiedete am 27. November in P. den nach Instruktionen Ulbrichts von der KPD-Bezirksleitung ausgearbeiteten und schon am 10. Oktober im Beisein Piecks von Sägebrecht in P. vorgestellten »Plan für den Wirtschaftsaufbau 1945 bis 1946«, der für die anderen Länder und Provinzen der Sowjetischen Besatzungszone beispielgebend wurde. Die Blocksitzung vom 12. Dezember 1945 schließlich, die über das Neubauernhilfsprogramm und damit über die materielle Sicherstellung der Bodenreform zu befinden hatte, wurde zur Bewährungsprobe des Provinzialblocks, nachdem sich die damalige CDU-Führung gegen diesen weiterführenden Schritt ausgesprochen hatte. Unter dem maßgeblichen Einfluß von H.-P. Ganter-Gilmans stimmten die CDU-Vertreter dem Programm zu.

Am 14. Januar 1946 eröffnete Rücker in der Potsdamer *Einstein-Schule (Hegelallee 30)* den ersten mehrmonatigen Neulehrer-Lehrgang der Provinz, der mit den u. a. in Blankenfelde (*) gesammelten Schulreform- und Neulehrererfahrungen auch ein dreiwöchiges Landpraktikum vorsah. Insgesamt fanden 1946 in der Provinz 13 solcher Lehrgänge statt – ein entscheidender Schritt zur demokratischen Schulreform, die am 31. Mai 1946 mit dem Schulgesetz ihre gesetzlichen Grundlagen in der Provinz Brandenburg erhielt.
Die Provinzialkonferenz der Bauernkomitees der Provinz am 16./17. März 1946 in P. wurde zur Geburtsstunde der VdgB (*Nauen) in der Provinz Brandenburg.

Nachdem der erste SPD-Bezirksparteitag vom 3./4. November 1945 und die KPD-Bezirks-Funktionärskonferenz vom 29. November 1945 den Weg zur Vereinigung der beiden Arbeiterparteien abgesteckt und die ideologischen Klärungsprozesse weitgehend abgeschlossen hatten, legte die gemeinsame Funktionärskonferenz beider Parteien am 16. Februar 1946 in P. die unmittelbaren Vereinigungsschritte fest. Danach schlossen sie sich auf Stadt- und Kreisebene (*Neuruppin) und am 7. April 1946 in P. auf Landes(Provinzial-)ebene zur Sozialistischen Einheitspartei Deutschlands (SED) zusammen, wobei die beiden bisherigen Bezirksvorsitzenden, Sägebrecht und Ebert, zu gemeinsamen Vorsitzenden gewählt wurden. (*Gedenktafeln Klement-Gottwald-Str. 49/52* für die Gründung der SED-Stadtorganisation und *»Hans-Otto-Theater«, Zimmerstr. 10* für die Gründung der Landesorganisation).
Am 17. Mai 1946 wurde im ehem. *Althoff-Atelier der UFA* P.-Babelsberg die »Deutsche Film-AG« (DEFA) gegründet. Der Leiter der SMAD-Informationsabteilung, Oberst S. I. Tulpanow, übergab die Ateliers dem neuernannten DEFA-Direktor, dem Schauspieler Hans Klering, und dem Regisseur Kurt Maetzig, Begründer und Chefredakteur der Wochenschau »Der Augenzeuge« (seit Februar 1946 im Kinoeinsatz), der 1947 mit »Ehe im Schatten« einen der für das frühe antifaschistische DEFA-Filmschaffen prägenden Filme schuf. Am 16. März 1946 hatten die Dreharbeiten für den ersten DEFA-Spielfilm »Die Mörder sind unter uns« von Wolfgang Staudte begonnen. 1948 entstand das *DEFA-Studio für Dokumentarfilme (Alt-Nowawes 116/118)* und 1954 in P.-Babelsberg die Deutsche Hochschule für Filmkunst unter Maetzig als erstem Rektor (heute: *Hochschule für Film- und Fernsehen der DDR »Konrad Wolf«*), 1981 im ehem. *Marstall am Karl-Liebknecht-Forum* das *Filmmuseum der DDR*.

Auf Beschluß des Provinzialblocks vom 24. Mai 1946 entstanden in den folgenden Monaten bei den Selbstverwaltungsorganen der Provinz Beratende Versammlungen (*Bernau), Ende Juli 1946 in P. die Beratende Versammlung bei der Provinzialverwaltung unter Vorsitz Eberts. Auf ihrer zweiten Sitzung am 2. August 1946 bereitete sie die Verordnung der Provinzialverwaltung über die Enteignung der Nazi- und Kriegsverbrecher vor.

Die am 5. August 1946 im Sinne des sächsischen Volksentscheids erlassene Verordnung legte fest, welche der nach den SMAD-Befehlen vom Oktober/November 1945 sequestrierten Betriebe enteignet und welche ihren Besitzern zurückgegeben wurden. In P. betrafen die Entflechtungs- und Enteignungsmaßnahmen vor allem den ehem. Orenstein & Koppel-Konzern mit seinen Werken in P.-Babelsberg, Dessau, Nordhausen und Gotha. Das teilzerstörte und als Rüstungsbetrieb demontierte Babelsberger Werk wurde nach der Verordnung über die Leitung der provinzeigenen Betriebe (19. Oktober 1946) der neugebildeten Wirtschaftsorganisation »Provinzialbetrieb Mark Brandenburg« unterstellt und danach landesbzw. volkseigen. Nach der provisorischen Zivilproduktion und dem Lokomotivbau für den Export in die UdSSR konzentrierte sich das 1948 in VE Betrieb des Landes Brandenburg, Lokomotivfabrik »Karl Marx« umbenannte Werk in den 60er Jahren auf den Bau von Dieselloks und wurde 1970 der VVB (später Kombinat) Luft- und Kältetechnische Anlagen angeschlossen und in seiner Produktion umgestellt (heute: *VEB Maschinenbau »Karl Marx«*).

Als halbstaatliche Organisation für die privaten Unternehmer entstand seit Oktober 1945 in P. die Industrie- und Handelskammer der Provinz Brandenburg. Bei den Gemeinderatswahlen vom 15. September 1946 – den ersten Wahlen seit der Befreiung vom Faschismus – ging die SED in P. wie in der Provinz und der Sowjetischen Besatzungszone insgesamt als wähler- und fraktionsstärkste Partei hervor; die Stadtverordnetenversammlung trat am 14. Oktober 1946 in der damaligen *Mädchenoberschule V* (heute: *15. POS Friedrich-Ebert-Str. 17*) zusammen.

Bei den Kreistags- und Landtagswahlen vom 20. Oktober 1946 kandidierte die SED mit dem Parteivorsitzenden Pieck sowie mit den in der Provinz führenden Funktionären Sägebrecht, Ebert und Steinhoff an der Spitze. Mit 43,9 Prozent der Stimmen und 44 Mandaten wurde sie stärkste Fraktion des anstelle der bisherigen Beratenden Versammlung gewählten Landtages, blieb aber trotz Fraktionsgemeinschaft mit den fünf VdgB-Abgeordneten unter den Stimmen- und Mandatsmehrheit der bürgerlichen Parteien (CDU: 30,6 %, LDPD: 20,6 %). Das Ergebnis lag deutlich unter den in den anderen Ländern und Provinzen erzielten Ergebnissen – Ausdruck der noch beträchtlichen bürgerlichen Positionen in der Provinz. Der brandenburgische Landtag trat am 22. November 1946 am Sitz des Präsidiums der Provinzialverwaltung (heute: *Rat des Bezirkes, Heinrich-Mann-Allee*) zusammen und wählte Ebert zum Landtagspräsidenten. Nach seinem Amtsantritt 1948 als Berliner Oberbürgermeister folgte ihm 1949/52 Otto Meier (ehem.

maßgeblicher SPD-Pressepolitiker, nach der Befreiung aus dem KZ Sachsenhausen führend am Wiederaufbau der SPD und an der Vereinigung beteiligt) in dieser Funktion. In der am 6./18. Dezember aus dem bisherigen Präsidium der Provinzialverwaltung gebildeten Provinzialregierung besetzte die SED die Schlüsselpositionen des Ministerpräsidenten (Steinhoff) sowie des Wirtschafts- (Rau), Volksbildungs- (Rücker) und Innenministers (Bechler), während die Justiz-, Finanz- und Arbeitsministerien von CDU (2)- und LDPD (1)-Politikern geleitet wurden. Nach der Auflösung des Landes Preußen wurde die Provinz Mark Brandenburg offiziell in »Land Brandenburg« umbenannt. Die Landtagsparteien beschlossen am 10. März 1947 neue Richtlinien für die Arbeit des Landesblocks und bildeten nach der Oder-Überschwemmungskatastrophe vom Frühjahr 1947 (*Alt Tucheband) einen Landtagsausschuß unter Vorsitz des CDU-Landesvorsitzenden Wilhelm Wolf. Vertreter aller brandenburgischen Parteien nahmen Ende 1947 am Ersten Deutschen Volkskongreß in Berlin teil, führten am 14. Dezember 1947 in P. den Landes(Volks)kongreß Brandenburg durch und bildeten einen 45köpfigen Landesausschuß unter Vorsitz Eberts (*Kyritz). Während die Fraktionen der bürgerlichen Parteien allen wesentlichen Landtagsgesetzen zustimmten, stellten sie sich im September 1948 zunächst gegen den SED-Antrag zur Durchführung des Zweijahrplanes und stimmten erst nach heftigen Auseinandersetzungen in den Landes- und Fraktionsvorständen am 7. Oktober 1948 einer entsprechenden Vereinbarung des Landesblockes zu.

Am 20. Oktober 1948 wurde im *Theater des Neuen Palais* eine Brandenburgische Landeshochschule vorrangig für die Lehrerausbildung gegründet (1951 zur ersten Pädagogischen Hochschule der DDR umgewandelt, seit 1971 *Pädagogische Hochschule »Karl Liebknecht«*, zunächst *Dortustr. 37*, später u. a. in den *Communes am Neuen Palais*). Erster Rektor wurde 1949/51 der aus Basel berufene antifaschistische Pädagoge und Philosoph Arthur Baumgarten. Mit dem Aufbau des einheitlichen sozialistischen Bildungssystem in der DDR wurde die Pädagogische Hochschule P. seit 1962/63 stark ausgebaut.

November 1948 Erster Kongreß der Aktivisten der brandenburgischen Landesgüter in P.

Am 25. Juli 1952 fand in P. die letzte Sitzung

Fußgängerzone am Brandenburger Tor

des brandenburgischen Landtages statt, der in 1. und 2. Lesung das vom Ministerpräsidenten Rudi Jahn begründete Landesgesetz über die Verwaltungsreform verabschiedete und die Bezirke P. und Frankfurt begründete. Von den neugebildeten 38 Land- und drei Stadtkreisen kamen 15 Landkreise sowie die Stadtkreise P. und Brandenburg zum Bezirk P., dem damit flächengrößten Bezirk der DDR. Die aus diesen Gebieten gewählten 100 Landtagsabgeordneten konstituierten sich am 8. August 1952 als *Bezirkstag P.*, der regionale Staatsapparat als *Rat des Bezirkes* (am Sitz der ehem. Landesregierung und des ehem. Landtages, *Heinrich-Mann-Allee*).

Die Bezirksstadt P. (1981: 132 623 Einwohner) entwickelte sich in den folgenden Jahrzehnten vor allem als Industriestandort des Maschinen- und Rationalisierungsmittelbaus und der Mikroelektronik, als Zentrum der meteorologischen, astro- und geophysikalischen, landwirtschaftlichen, staats- und rechtswissenschaftlichen sowie pädagogischen Forschung und Lehre, des Archiv-, Schallplatten- und Filmwesens: *Zentrales Staatsarchiv der DDR (Berliner Str.)*, 1955 mit den nicht kriegszerstörten Beständen des ehem. Reichsarchivs gegründet; *Staatsarchiv P. (Orangerie)*,

ging aus dem 1883 gegründeten Brandenburgischen Provinzialarchiv (für die Mark Brandenburg und die Reichshauptstadt) als Abteilung des Preußischen Geheimen Staatsarchivs hervor, 1949 Landesarchiv, seit 1951 Landeshauptarchiv Brandenburg, seit 1965 Staatsarchiv des Bezirkes P.; *Fachschule für Archivwesen der DDR (Berliner Str.); Hochschule für Finanzwirtschaft P.-Babelsberg; Institut für Lehrerbildung*, 1952 im ehem. Großen Militärwaisenhaus *(Otto-Nuschke-Str.)* gegründet; *Institut für Leitung und Organisation des Volksbildungswesens* der Pädagogischen Akademie *(Friedrich-Ebert-Str. 4/7); Institut für Ernährungswissenschaft Bergholz-Rehbrücke; Institut für Getreideverarbeitung (Rehbrücke); Institut und Forschungszentrum für Mechanisierung der Landwirtschaft (P.-Bornim); VEB Deutsche Schallplatte P.-Babelsberg (Tuchmacherstr. 45/49); Fontane-Archiv* (1936/39 durch die Brandenburgische Provinzialverwaltung gegründet, seit 1969 Teil der Deutschen Staatsbibliothek Berlin); *Filmmuseum (Marstall)*.

1953 wurde die Deutsche Verwaltungsakademie in Forst Zinna (*Kloster Zinna) mit der Hochschule für Justiz zur Deutschen Akademie für Staats- und Rechtswissenschaft »Walter Ulbricht« in P.-Babelsberg (heute: *Akademie für Staats- und Rechtswissenschaften der DDR, August-Bebel-Str. 89*) vereinigt.

Seit 1954 werden in P.-Sanssouci die »Parkfestspiele« durchgeführt – einer der ersten Ansätze in der DDR, Park- und Schloßanlagen der Feudalzeit für die Begründung sozialistischer Volkskulturtraditionen zu nutzen.

Das an Berlin (West) grenzende P. und beson-

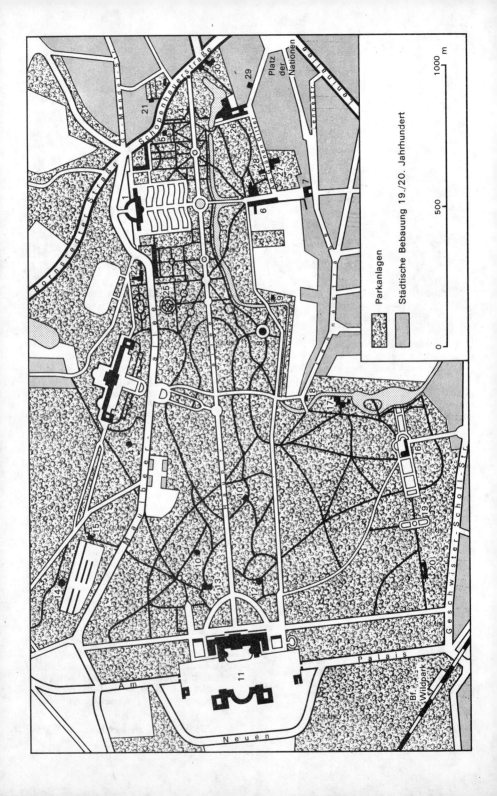

Parkanlagen

Städtische Bebauung 19./20. Jahrhundert

0   500   1000 m

Park Sanssouci

1 Schloß Sanssouci (1745/47) mit Weinbergterrassen   2 Neue Kammern (1747)   3 Bildergalerie (1755/63)   4 Obeliskportal (1747)   5 Neptungrotte (1751/57)   6 Gärtnerhäuser (1752)   7 Lordmarschallhaus (1764)   8 Chinesisches Teehaus (1754/56)   9 Chinesische Küche (1763)   10 Kolossalthermen (Mitte 19.Jh.)   11 Neues Palais (1763/69) und Communs (1766/69)   12 Freundschaftstempel (1768/70)   13 Antikentempel (1768/70)   14 Belvedere (1770/72)   15 Drachenhaus (1770/72)   16 Schloß Charlottenhof (1826/28)   17 Römische Bäder (1829/40)   18 Meierei (1833/34)   19 Hippodrom (1836)   20 Fasanerie (1842/44)   21 Winzerhaus (1849) auf dem Mühlberg   22 Neue Orangerie (1851/60)   23 Windmühlenberg mit Müllerhaus (1847) und Felsentor (1840)   24 Paradiesgarten (1844)   25 Sizilianischer und Nordischer Garten (1857/60)   26 Friedenskirche (1844/54)   27 Villa Liegnitz (1841)   28 Kleines Kabinettshaus, sog. Villa Illaire (1844/46)   29 Zivilkabinettshaus (1842/43)   Elisabethhaus (1843) und Dreikönigstor (1850/51)

ders der Stadtteil Babelsberg erhielten bei durchgehendem S-Bahn-Verkehr und hoher Grenzgängerquote einen zentralen Stellenwert in der Grenzproblematik und für den Schutz der Staatsgrenze der DDR. In den 50er Jahren entstanden eine besondere Grenzbrigade »Ring um Berlin« und der Reichs- und S-Bahn-Außenring über den *Templiner See* mit einem über 1 km langen *Seedamm (Hauptbahnhof* 1956/59). Die im November 1953 gebildete Kampfgruppe des *Karl-Marx-Werkes* wurde unmittelbar nach den Grenzsicherungsmaßnahmen vom 13. August bis Ende September 1961 gemeinsam mit der Kampfgruppe des *DEFA-Studios* an der Westberliner Grenze von P.-Babelsberg eingesetzt.

Seit 1960 wurden die unzerstörten Teile des barocken Stadtzentrums sowie die Schloß- und Parkanlagen rekonstruiert und in die städtebauliche Konzeption für den Wiederaufbau des Stadtzentrums einbezogen. Die damalige Wiederaufbau- und Neubaukonzeption stand auch im Zeichen der Abgrenzung von den reaktionären Preußen- und Hohenzollerntraditionen. Daher wurden von den halbzerstörten Stadtdominanten nur die *Nikolaikirche* und das ehem. *Rathaus* wieder aufgebaut, die Garnisonkirche und das Stadtschloß dagegen abgerissen. 1975/79 wurde die Fußgänger- und Verkaufszone Klement-Gottwald-Str. rekonstruiert, 1976 die gesamte barocke Innenstadt unter Denkmalschutz gestellt.

Neubaugebiete: *Joliot-Curie-Str.* (1958/61); *Zentrum-Süd* (1961/74); *Waldstadt I* (1959/64); *Interhotel »Stadt Potsdam«* (1967/69); *Wohngebiet »Auf dem Kiewitt«* (1967/71); *Gluckstr.* (1970/72); *Potsdam-West* (1972/75); *Zentrum-Ost* (1972/82); *Wohngebiet »Am Stern«* (1973/77); *Wilhelm-Külz-Str.* (1975/82); *Waldstadt II* (1977/83); *Neubaugebiet »Am Schlaatz«* (seit 1981)

Im Juni 1966 fanden in P. und im Bezirk die 8. Arbeiterfestspiele der DDR statt.

Das *Zentralinstitut für Physik der Erde auf dem Telegraphenberg* war am ersten kosmischen Experiment zur Fernerkundung der Erde aus dem All, seit 1976 am Interkosmos-Programm der sozialistischen Länder und am gemeinsamen Weltraumflug von W. Bykowski/UdSSR und S. Jähn/DDR vom August/September 1978 beteiligt. Bei ihrem anschließenden Besuch auf dem *Telegraphenberg* enthüllten die beiden Kosmonauten am 26. September 1978 eine *Einstein-Gedenktafel* am *Zentralinstitut für Astrophysik.*

Am 21./22. Mai 1983 fand in P. ein internationales Friedens-Jugendtreffen der sozialistischen Länder statt; Ansprache Erich Honeckers auf dem *Platz der Nationen;* Verabschiedung einer »Friedensmanifestation an die Jugend der Welt«, veranlaßt durch die unmittelbar bevorstehende Stationierung atomarer Mittelstreckenraketen in Westeuropa.

Kreis Potsdam-Land

Beelitz (1247)

In der kaiserlichen Schenkung eines Burgwards »Belizi« an das Erzstift Magdeburg (997) kann – aus ortsnamenkundlicher Sicht und trotz fehlender archäologischer Belege – neben Belzig (*) auch B. vermutet werden. Die frühdeutschen Herrschaftsverhältnisse im Raum B. sind unklar. Am ehesten dürfte der 1216 ersterwähnte Burgward B. – zumal er wahrscheinlich eine Burgwardparochie besaß – auf erzbischöflich-magdeburgische oder kleinadlige Herrschaftsbildung (*Treuenbrietzen) des 12. Jh. zurückgehen. Als solche grenzte die 1287 ersterwähnte »terra B.« im Osten und Süden, nördlich und westlich dagegen an die Zauche-Wälder. Ende des 13. Jh.

beherrschten die Markgrafen von Brandenburg das Gebiet.

Wie später in Zehdenick (*) und Heiligengrabe (*) wurde 1247 die Wunderblutlegende von B., nach der eine angeblich von einem Juden geschändete Hostie Bann- und Heilkraft gewonnen habe, Ausgangspunkt des Wallfahrtsortes B. (heutige *Pfarrkirche St. Marien,* im Kern 13. Jh., spätgotischer Hallenbau des 16. Jh., 1889 neogotisch überarbeitet). Die Legende ist zugleich ältestes Zeugnis der Anwesenheit von Juden in der Mark. Legenden dieser Art breiteten sich nach dem IV. Laterankonzil aus, begründeten Wallfahrten und z. T. den religiösen Antisemitismus des Mittelalters.

Die Stadt B. entwickelte sich im Schutze der dann zu unbekannter Zeit abgerissenen Burg, wobei bis zum 15. Jh. in ihre Feldmark vier Dörfer eingingen, unter denen die Bauern von Neuendorf bis 1873 als »Neuendorfer Hufnerschaft« eine separate Ackergemeinschaft behaupteten. Um 1375 hatte die Beelitzer Oberschicht unter den kleineren Städten der Mittelmark schon nach Berlin, Cölln und Brandenburg den stärksten Lehnsbesitz. Immerhin 15 Familien nahmen in 25 Dörfern Feudalrenten ein.

Albert Einsteins Sommerhaus in Caputh

1543/50 unternahm in B. eine Salzgewerkschaft, getragen von Berliner Kaufmannskapital, einen der seltenen und wenig erfolgreichen Versuche, die Mark von Lüneburger u. a. Salzimporten unabhängig zu machen (*Lehnin).

In B. eine der besterhaltenen Posthaltereien des 18. Jh. auf dem Gebiet der DDR (*Wohnhaus Poststr. 16,* 1789).

1898 bis 1902 errichtete die Landesversicherungsanstalt Berlin an der 1879 angelegten Bahnstrecke Berlin−Güsten die Heilstätten B. (1927 erweitert), vor allem als Lungenheilstätte mit Sanatorien, Liegehallen, Zentralbadehaus. Sie wurden mit den Gütern Breite und Blankensee und der *Siedlung »Am Weinberg«* ausgestattet und waren im ersten Weltkrieg Vereinslazarett des Roten Kreuzes (nach 1945 ein Teil den sowjetischen Streitkräften überwiesen).

Von der Funkempfangsstelle B. (1930; *Königs Wusterhausen) als erster Station am 4. Oktober 1957 Signale des ersten künstlichen Erdsatelliten »Sputnik I« (UdSSR) aufgenommen

Caputh

Wertvoller Schatzfund der jüngeren Bronzezeit (zwei goldene Armringe, goldblechgetriebenes Gefäß, Golddrahtspiralen) im *Lienewitzer Forst,* belegt Austauschbeziehungen zum südostmitteleuropäischen Herkunftsgebiet

Gut und Schloß beim 1317 ersterwähnten C. seit 16. Jh. kurfürstlich, 1662 (mit Jagdschloß von 1608) an Philippe de la Chièze verliehen, seit 1671 Kurfürstin(witwen)- und Prinzessinnensitz (*Schloß,* 1662, nach 1673 erweitert, Innenausstattung 1687/94, Süd-

Selbstbildnis Magnus Zellers, Bleistift 1962 (Sammlung Friedrich, Seifersdorf/Kr. Dresden)

Bronzezeit mit stilisierten Vogelfiguren und Rinderhörnern gefunden (heute: *Museum für Ur- und Frühgeschichte Potsdam*). Ähnliche Wagen aus der Lausitz und Schlesien gehören wie der Wagen von E. zum Kultgerät der Lausitzer Kultur, in deren Symbolgut Wasservögel und das Rind einen besonderen Platz einnahmen (*Dorfkirche,* überkuppelter Zentralbau 1771, westlicher Anbau 1880/81).

Fahrland
Nach Brandenburg wurde 1197 F. mit Spandau als Vogteisitz der askanischen Markgrafschaft genannt. Die zugehörige Burg schloß, wie einige andere frühe Burgstellen, nicht an eine slawische Vorgängeranlage an. Anders als die Vogtei wurde die Burg 1375 noch im Landbuch erwähnt. Das im 14./15. Jh. mehrfach als »civitas« und »Städtchen« genannte F. war eine der vielen märkischen »Minderstädte«, seit 1734 Amtssitz (*Dorfkirche* im Kern spätmittelalterlich, im 18. Jh. erneuert; *Windmühle* 1758 als Bockwindmühle errichtet, später zur Paltrockmühle umgebaut, funktionstüchtiges *Technisches Denkmal*)

westflügel 1908/09; *Park,* 17. Jh., 1820 von P. J. Lenné umgestaltet)
Das Schifferdorf wurde Anfang des 19. Jh. Umschlagplatz des Zauch-Havelländischen Ziegeleidistrikts (*Glindow) für den Wassertransport der Ziegel nach Berlin; nach dem Rückgang der Ziegelproduktion entwickelte sich C. (*Dorfkirche,* neoromanisch, Mitte 19. Jh., nach F. A. Stüler; *Fischerhäuser Am Templiner See,* 18. Jh./1. Hälfte 19. Jh.) seit dem späten 19. Jh. zum Obstanbau- und Erholungsgebiet für Potsdam und Berlin.
1928/32 war C. Sommerwohnort Albert Einsteins; nach dessen Protesten gegen den braunen Terror, Austritt aus der Preußischen Akademie der Wissenschaften und Emigration (1933) wurde Einsteins Besitz in C. 1935 enteignet: *Einsteinhaus,* 1928/29 von K. Wachsmann (*Frankfurt), einzig erhaltene Wohnstätte des Physikers auf dem Gebiet der DDR; *Denkmal.*
Seit 1937 wohnte der proletarisch-revolutionäre Maler und Graphiker Magnus Zeller in der inneren Emigration in C. und arbeitete trotz Diffamierung als »entarteter« Künstler weiter; 1945 gehörte er in Potsdam (*) zu den Begründern des Kulturbundes, seit 1966 Ehrenbürger von C. (ehem. *Wohnhaus Geschwister-Scholl-Str. 8)*
Im Oktober 1957 in C. Gründung der ersten Gärtnerischen Produktionsgenossenschaft der DDR; 1961 legte der Landwirtschaftsminister der DDR den Grundstein für den zweiten Bauabschnitt des *GPG-Gewächshauses* C.

Eiche
Am Südhang des *Ehrenpfortenberges* bei E. wurde ein bronzener Kultwagen der jüngeren

Geltow
993 von König Otto III. mit Potsdam (*) der Abtei Quedlinburg übereignet
Beim heutigen Ot. *Baumgartenbrück* soll Schill 1809 den Befehl, seinen Freischärlerzug abzubrechen, erhalten haben.
Sog. *Bayerisches Häuschen* am *Schäfereiberg,* um 1900 Ort vertraulicher Treffpunkt des Staatssekretärs im Auswärtigen Amt und Reichskanzlers Bernhard v. Bülow
✚ *Chausseehaus Potsdamer Str. 92* (2. Viertel 19. Jh.); *Aussichtsturm Hohe Warte* auf dem *Franzensberg* (neogotisch, um 1830; dortselbst

Sog. Vogelwagen von Eiche (Museum für Ur- und Frühgeschichte Potsdam)

Villenkolonie, ab 1873); *Villa Auf dem Franzensberg 1/3* (1926/28, wohl von H. van de Velde in Bauhausformen); *Gedenkstein (Platz der Thälmannpioniere)* für Heinrich Luther, KPD-Gründer und Leiter des RFB in G., 1942 ermordet

Im September 1945 wurde die sowjetische Frontschule der 2. Baltischen Front von Rüdersdorf (*) nach G. verlegt; aus ihr ging im März 1946 die SMAD-Schule in Königs Wusterhausen (*) hervor.

Glindow

In dem 1317 ersterwähnten G. (*Dorfkirche,* neogotisch 1852/53 nach A. Stüler) wurden nachweislich seit dem 15. Jh. Ton abgebaut und Ziegel gebrannt. In der 2. Hälfte des 19. Jh. entwickelte es sich mit dem Berliner Großbedarf zum »Großen Ziegelofen der Residenz« (Fontane). Zeitweise waren bis zu 50 Ringöfen in Betrieb (erhalten: *2 Ringöfen als technische Denkmale, Aufsehertum, Arbeitshaus im VEB Tonwarenfabrik G., Jahnufer),* die anstelle der alten Ein- (*Altgaul) bzw. Mehrkammeröfen einen kontinuierlichen Brennvorgang ermöglichten. 1817/95 stieg die Einwohnerzahl von rund 350 auf 2 500. Wenige Familien, die »Ziegellords«, beherrschten die Produktion. Die Arbeitsbedingungen der etwa 500 Saisonarbeiter (»Eichsfelder«, »Lipper«) und Tagelöhner, darunter Kinder und Frauen, gehörten zu den schlechtesten in der Mark. Nach der Jahrhundertwende ging die Glindower Ziegelproduktion bei Aufkommen weiterentwickelter Technologien (*Zehdenick) und moderner Baustoffe rasch zurück.

1958 in G. Gründung der ersten Spezial-MTS für den Obstbau (*Werder)

Golm

Das potsdamnahe G. (*Dorfkirche,* 1718; *Neue Kirche,* neogotisch 1883/86 unter der Bauherrschaft des Kronprinzen Friedrich Wilhelm) gehörte zu den sozialdemokratischen Stützpunkten im Reichstagswahlkreis Potsdam (*)–Spandau–Osthavelland. Unter dem Einfluß Karl Liebknechts entstand hier 1906 ein sozialdemokratischer Wahlverein. 1907 erhielt Liebknecht in dem kleinen G. schon über 70 Stimmen. Im Juli 1910 führte er, da sich kein anders geeigneter Raum fand, in der Waschküche einer Golmer Arbeiterfamilie eine Veranstaltung gegen das preußische Dreiklassenwahlrecht durch (*Gedenkstein Potsdamer Str. 34).*

Groß Kreutz

Das 1300 ersterwähnte Straßendorf mit späterem Gut war im 16. Jh. im Besitz derer v. Rochow, 1604 bis 1801 derer v. Hake (*Gutshaus,* 1765, ländliche Schloßarchitektur in der Knobelsdorff-Nachfolge; *Park,* 19./

20. Jh.; *Gutsarbeiterhäuser* 18./19. Jh.; *Chausseehaus,* 1. Hälfte 19. Jh.; *Dorfkirche,* 13. Jh., 1775 erweitert). Der von Schloß Laaske (Prignitz) stammende, ehem. Diplomat Wolfgang Gans Edler Herr zu Putlitz, der 1939 mit dem Nazifaschismus gebrochen hatte und nach England emigriert war, ließ sich nach seiner Übersiedlung in die DDR (1952) in Berlin nieder (Memoiren »Unterwegs nach Deutschland«, 1955; *Grabstätte* in G. K.).

Güterfelde

Der Rittersitz in dem 1263 (beim Tausch an Kloster Lehnin) ersterwähnten Teltowdorf Gütergotz (*Dorfkirche,* 1. Hälfte 13. Jh.; seit 1937 G.) kam schon 1657 aus Amts- in bürgerlichen Besitz (bis 1721), dann 1830 erneut; 1873 vom Kriegsminister v. Roon (seit 1868 auf G.) an den Hofbankier und Bismarck-Intimus Gerson v. Bleichröder verkauft, 1893 an die Stadt Berlin, die Rieselfelder und eine Lungenheilstätte einrichtete (*Schloß,* um 1805 nach D. Gilly, 1868 völlig verändert, Neorenaissance).

✦ Auf dem *Waldfriedhof: Ehrenfriedhof mit Obelisk* für 1 389 ermordete sowjetische Kriegsgefangene und Zwangsarbeiter; *Ehrenfriedhof* für 1 103 Opfer der faschistischen KZ Sachsenhausen und Wewelsburg

Kemnitz

Am Nordostufer des *Plessower Sees* lag ein u. a. 849 Urnengräber umfassender germanischer Friedhof, auf dem vor allem im 1./2. und bis zum 4. Jh. bestattet worden ist. Zur Ausstattung der Männergräber gehörten Waffen, Spo-

Bockwindmühle von Fahrland

ren, Feuerstähle, zu den Frauengräbern Schmuck, Knochenkämme, Schnallen und Spinnwirtel. In wenigen, sehr reich ausgestatteten Gräbern – u. a. mit Gold- und Silberschmuck und römischem Importgut – wurden offenbar Angehörige des Sippenadels bestattet. Das mittlere Sterbealter der Erwachsenen lag bei 35 Jahren (Funde: *Museum für Ur- und Frühgeschichte Potsdam).*

1375 ersterwähntes Gassendorf (*Dorfkirche* im Kern spätmittelalterlich) mit späterem Gut (*Herrenhaus,* 1702)

Kleinmachnow
Schon vor 1400 kam das 1375 mit 48 Hufen ersterwähnte Machnow »uffm Sande« an die v. Hake, die bis 1945 im Ort saßen – eines der selteneren Beispiele adliger Besitzkontinuität (*Großbeeren, *Golzow, *Friesack, *Blankensee). 1608 unter den »Schloßgessenen« des märkischen Adels, brachten die v. Hake bis 1624 die ganze Feldmark an sich, außer acht, mit halber Abgabe belegten Bauernhufen; 1652 auch diese, die aber »kontribuabel« blieben. 1654/92 war Otto v. Hake erster Kreiskommissar des Teltow; zu seinen Befugnissen gehörte u. a. die Abgabenbefreiung bei Neusiedlungen, auch Vorwerken. 1800 zahlten auf 20 Feuerstellen 148 »Einlieger« nur 45 Taler Steuern – ein Ausweis der Armut in K.
✦ *Dorfkirche* (15./16. Jh. mit Netzgewölben und Breitturm, bedeutender Schnitzaltar von 1599, zahlreiche Grabdenkmäler); *Friedhofsmauer mit Backsteintor* (1684); *Parktor* (Ende 17. Jh., Rest der 1943 zerstörten Schloß- und Parkanlagen); *»Hakeburg«* (heute: *Gästehaus der SED-Bezirksleitung,* neogotisch 1907)

Nach Anlage des *Teltow(*)-Kanals* (1900/06 mit einziger *Schleuse* in K.) und späterer günstiger Verkehrsverbindungen über Zehlendorf (heute Berlin-West) in die Berliner Innenstadt entwickelte sich K. vor allem in den 20er Jahren zu einer Berliner Stadtrandsiedlung, zumal für Kunst- und Kulturschaffende (bereits 1920 Umwandlung des Gutsbezirkes zur Landgemeinde, 1932 Anschluß der Siedlungen Dreilinden, Eigenherd und Hakeburg; heute mit 13 549 Einwohnern (1979) größte Landgemeinde der DDR

Im Rahmen ihrer »Berliner Operation« erreichten am 22. April 1945 bei K. sowjetische Truppen an den äußersten faschistischen Verteidigungsring an *Teltow-Kanal* und Berliner Stadtgrenze; am 24. April begann der Angriff auf die Kanal-Linie (*Sowjetisches Panzerdenkmal* zum Gedenken an die 3. sowjetische Gardepanzerarmee; *Rudolf-Breitscheid-Str.; Sowjetischer Ehrenfriedhof und Ehrenmal Leninallee).*

1945/48 war Ernst Lemmer, Mitbegründer und (seit Dezember 1945) stellvertretender CDU-Vorsitzender, in K. ansässig. Er beteiligte sich zunächst an der neuen Selbstverwaltung, wurde in der Gemeindeverwaltung K. im April 1945 erster Dezernent für Kultur-, Bildungs- und Propagandafragen, stellte sich aber bald wie der CDU-Vorsitzende Jakob Kaiser gegen die weitere antifaschistisch-demokratische Umwälzung, verfolgte ein restauratives politisches Konzept, geriet mit seinem am Religionsunterricht festhaltenden Bildungskonzept in Widerspruch mit der demokratischen Schulreform. Nach Abwahl aus seiner Parteifunktion (Ende 1947) versuchte er von Westberlin aus die bürgerlich-restaurativen Kräfte in der Randgemeinde K. zu unterstützen, denen hier die progressiven CDU-Politiker Luitpold Steidle und Carl Siebenpfeiffer entgegentraten (*Hennigsdorf).

1948 nahm die zunächst in Liebenwalde (*) ansässige, dann nach Berlin verlegte SED-Parteihochschule »Karl Marx« in K. ihren Sitz (heute: *Parteischule »Karl Liebknecht« beim ZK der SED, Am Hochwald 30);* das 1948/49 hier ansässige neue Forschungsinstitut für wissenschaftlichen Sozialismus ging 1949 im neugegründeten Marx-Engels-Lenin-Institut/Berlin auf (heute: Institut für Marxismus/Leninismus beim ZK der SED)

Krielow
Im 1248 ersterwähnten K. scheint – möglicherweise der seltene Fall einer Schulzenburg des 12./13. Jh. – der Dorfschulze eine eigene Wehranlage besessen zu haben. Die kleine Rundburg lag hinter dem Grundstück des Schulzen, etwa 100/150 m vom Dorf entfernt, in einer Niederung. Mittelalterlicher Adelsbesitz ist für das zunächst markgräfliche, dann 1248 bis 1541 dem Kloster Lehnin gehörende Dorf nicht überliefert. Wenn die Deutung als Schulzenburg zutrifft, wird K. zu den frühesten deutschen Siedlungen in der Zauche gehört haben, der Ortsname wohl aus den Niederlanden übernommen (*Reckahn) und slawisiert worden sein (*Dorfkirche,* 18. Jh., Westturm Anfang 19. Jh.; *Gutshaus,* um 1800).

Reesdorf
Die Flurkarte von 1841 bezeugt mit einzeln in der Feldmark des 1375 ersterwähnten Dorfes R. (*Dorfkirche,* 1755) verstreutem Ackerland, das in unregelmäßigen, langstreifig parzellierten Stücken lag, eine auf Sandböden in der Mark nach 1648 verbreitete Tendenz, von der

Dreifelderwirtschaft zu zelgenfreiem, jährlichem Anbau auf den besseren und Roggenbau auf den geringeren Böden in mehrjährigem Abstand überzugehen. Dabei überwog die Weidefläche. R. liegt am Rande des Beelitzer Sanders.

Ruhlsdorf
1930 gründete der Tierzüchter Wilhelm Stahl in R. (*Dorfkirche*, Feldstein 13. Jh., Westturm 1759) eine Versuchs- und Forschungsanstalt für Schweinehaltung (heute: *Wissenschaftlich-technisches Zentrum für Schweinezucht, Dorfstr. 1*)

Saarmund
Möglicherweise wurde die 1216 als Burgward ersterwähnte Burg S. (*Reste im ehem. Amtsgarten* nachgewiesen) ähnlich wie die Neuburg bei Drewitz im erzbischöflich–magdeburgischen Vorstoß aus dem Raum Jüterbog (*) nach Norden an einem seit alters wichtigen Flußübergang errichtet. Wahrscheinlich begann östlich von S. und Trebbin der Herrschaftsbereich der Markgrafen von Meißen. Im 13. Jh. setzten sich dann die Markgrafen von Brandenburg als Herren der Burg und Umgebung durch. Am Ende der wittelsbachischen Zeit (1373) hatten die Markgrafen von ihren Immediatburgen nur noch wenige – darunter S. – in der Hand. S., wohin 1375 neun Dörfer der Zauche und des Teltow zinsten, hatte im 14. Jh. an dem Nutheübergang der nunmehr wichtigen Straße Wittenberg–Berlin erhöhte Bedeutung erlangt und lag nach den Zolleinnahmen z. Zt. des Landbuches nach Schnakenburg/Elbe und Oderberg an dritter Stelle der mittelmärkischen Grenzzollstätten (seit 1470 Amtssitz). Der bis zur Mitte des 19. Jh. zeitweilig Stadt genannte Burg- und Marktflekken S. blieb amtsuntertänig.

Noch 1537 ließ Bischof Mathias v. Jagow (*Brandenburg) den reformatorischen Prediger Bartholomäus Hansko aus S. gefangennehmen; als 1539 v. Jagow dem Teltower (*) Adelskreis nahetrat, gelangte Hansko wieder ins Amt. 1749 wurde im Amt S. erstmals in der Mark das »Tiefpflügen« mit einem Rajohlpflug erprobt, sodann in Altlandsberg und in sieben pommerschen Ämtern fortgeführt (*Prötzel); es hatte wohl mit dem beginnenden (*Hohenfinow), 1748 in Stahnsdorf versuchten Kartoffelanbau zu tun (*Dorfkirche*, neoromanisch 1846/48 von F. A. Stüler unter Bauherrschaft König Friedrich Wilhelms IV.; *Pfarrhaus*, Anfang 19. Jh.; *Wohnhäuser am Markt* und in der *Beelitzer Str.*, 19. Jh.).

Stahnsdorf
Das Teltowdorf (*Feldsteinkirche*, 13. Jh.) entwickelte sich nach 1900 zum Industriestandort und zur Randberliner Siedlungsgemeinde mit Friedhöfen für die Großstadt Berlin: *Südwestfriedhof und Wilmersdorfer Waldfriedhof (Bahnhofstr.)* mit Grabstätten bekannter Berliner Künstler (u. a. Lovis Corinth, Heinrich Zille, Hans Baluschek, Hugo Lederer, Wilhelm Murnau, Engelbert Humperdinck), des Schauspielers Joachim Gottschalk, der Antifaschisten Hans Otto, Hanno Günther, Rudolf Breitscheid und Georg Benjamin; Erbbegräbnis Wissinger (1920 von Max Taut, expressionistische Arkatur aus Beton); *Gedenkstätte OdF-Platz; Gedenkstein Anna-Krauß-Str.* für die in S. ansässige, parteilose Antifaschistin Anna Krauß und ihren Lebensgefährten, den kommunistischen Journalisten John Graudenz, die 1941/42 zur Kundschaftergruppe

Saarmund um 1710 von D. Petzold

John Graudenz und Anna Krauss, Stahnsdorfer Widerstandskämpfer

der Schulze-Boysen/Harnack-Organisation (»Rote Kapelle«) gehörten.

Unter dem im Juni 1945 als damals einzigem kommunistischen Lehrer und Schulleiter des Kreises Teltow eingesetzten Willi Lemke gehörte die Schule S. zu den der antifaschistischen Schulreform bahnbrechenden Landschulen. Bereits seit Oktober 1945 konnten hier »Gegenwartskunde« und Russisch unterrichtet, im Januar/Februar 1946 ein Umschulungskurs für 26 Biologielehrer durchgeführt werden, während sonst der Lehrer- und Schulbuchmangel die Aufnahme dieser für das neue Bewußtsein wichtigen Fächer verzögerte.

Teltow (1265)

In der 2. Hälfte des 12. Jh. wurde die Umgebung des spärlich slawisch besiedelten Tales der Telte (auch »Bäke« genannt, im wesentlichen heute vom *Teltow-Kanal* genutzt) von deutschen und wohl zum bedeutenden Teil slawischen Bauern unter deutscher Herrschaft partiell aufgesiedelt. Deutlich zeigte sich das Zusammenwirken im Falle des 1242 erwähnten »slatdorp«: Als »villa slavicalis« bezeichnet, besaß es aber einen deutschen Namen. Auch der Name »Wenddorf« für zwei zu Giesendorf und Lichterfelde (heute Berlin-West) gehörigen Fluren könnte sich auf slawische Dörfer dieser Siedlungsperiode beziehen, die in der Regel klein, hufeisenförmig oder platzartig waren. Möglicherweise leiteten im westlichen Teil des Teltetales die askanischen Markgrafen die von Potsdam und Spandau in den Teltow (Landschaftsname erst in der 2. Hälfte 13. Jh. sicher belegt) vordringende Siedlung, östlich davon aber die Erzbischöfe von Magdeburg (*Jüterbog).

In einer zweiten Siedlungsphase, im 13. Jh., enstand

wohl die Stadt T. als nur umwallte Plananlage ohne Burgnähe, 1299 bis Mitte 16. Jh. Mediatstadt der Brandenburger Bischöfe, später Amtsstädtchen (*Pfarrkirche*, unter Verwendung mittelalterlicher Teile 1811/12 nach K. F. Schinkel, um 1910 verändert); *Wohnbauten* 18./19. Jh., u. a. *Hoher Steinweg 13, Ritterstr. 17, 19, 21*).

Im April 1539 erklärten zehn Teltower Adlige und der Brandenburger Bischof Mathias v. Jagow in T., die reformatorische Lehre bekennen, ihr ergebene Prediger anstellen und altgläubige Priester auf Ruhegeld setzen zu wollen; diesem nach vielen städtischen Regungen bisher massivsten pro-lutherischen Signal märkischer Feudaler folgte dann endlich auch Kurfürst Joachim II.

1815/71 war T. Landratssitz des Kreises Teltow, der einen großen Teil des Berliner Randbereiches umfaßte und daher eine Schlüsselfunktion für die administrative Lösung der hier anstehenden Infrastruktur- und Urbanisierungsprobleme hatte. In der Amtszeit des Landrates Ernst v. Stubenrauch (1885–1907, Sitz seit 1871 Schöneberg, heute: Berlin-West) wurde das Verkehrsnetz des Kreises seit 1881 durch den international bahnbrechenden Auf- und Ausbau des elektrischen Straßenbahnnetzes über Lichterfelde (heute: Berlin-West) durch Werner v. Siemens und die Siemens & Halske AG sowie 1900/06 durch den Bau des *Teltow-Kanals* (37 km Länge zwischen Potsdam-Babelsberg und Berlin-Grünau, *Hafen T.*, 1924 Teltowkanal AG) beispielgebend erweitert. Von den damit verbundenen Berliner Industrialisierungsimpulsen zehrte auch das Ackerbürgerstädtchen T. (u. a. Niederlassung der Askania-Werke). Bei Bildung Groß-Berlins 1920 verlor der Kreis Teltow eine Stadt

Teltower Siegel mit Stadtwappen

(Köpenick), 25 Landgemeinden und neun Gutsbezirke an die Reichshauptstadt.

Die am 7. Juni 1925 auf dem Teltower Sportplatz geplante Fahnenweihe der im April 1925 gegründeten Ortsgruppe des Roten Frontkämpferbundes sowie mehrerer Berliner RFB-Abteilungen scheiterte an einer Provokation der hiesigen monarchistischen Friedrichs-Schützengilde; beim Einsatz preußischer Landjäger wurden ein RFB-Mitglied erschossen und mehrere schwer verletzt (*Gedenkstein am Kino »Diana-Klause«*); am 11. Juni Protestdemonstration von rund 15 000 Arbeitern von Lichterfelde nach T.

Nach Erreichen des *Teltow-Kanals* begann am 24. April der sowjetische Angriff auf Berlin (Gefechtsstand Marschall Konews im *Postamt* T.; *Sowjetischer Ehrenfriedhof auf dem Friedhof*).

Mit dem aus den Askania-Werken hervorgegangenen *VEB Geräte- und Reglerwerk »Wilhelm Pieck«* und dem *VEB Elektronische Bauelemente »Carl von Ossietzky«* entwickelte sich T. in den 60er/70er Jahren nach Berlin und neben Frankfurt (*) und dessen Zweigwerk im nahen Stahnsdorf zum herausragenden Standort der elektrotechnischen und elektronischen Industrie der DDR in dieser Region. 1978 wurde

Werder um 1710 von D. Petzold

das Ossietzky-Werk Kombinat und nach Vereinigung mit dem Kombinat Elektronik Gera Stammbetrieb des *VEB Kombinat Bauelemente »Carl von Ossietzky«*. Die Gründung dieses und des Kombinates Mikroelektronik leitete die 1977/81 laufende dritte Welle von Kombinats-Neugründungen ein, die sich auf die bisher strukturschwachen Zweige der Leicht- und Lebensmittelindustrie sowie auf die zukunftsträchtige elektronische Industrie konzentrierte.

Werder (1317)

Stadtgründung (vermutlich erst des 13. Jh., sehr regelmäßige Anlage auf Havelinsel) in dem wohl schon im 12. Jh. askanisch beherrschten Gebiet, mit 46 Hufen für frühe Städte typisch geringe Feldmark; 1317 vom Kloster Lehnin (*) erkauft (Ersterwähnung), eine der wenigen Mediatstädte bereits der askanischen Zeit; 1542 zum Amt Lehnin gelegt (*Rathaus*, 1. Hälfte 18. Jh.; *Pfarrkirche* 1857, neogotisch nach F. A. Stüler; Wohnhausbau 18./19. Jh., besonders *Am Markt 186d, Fischerstr. 105*)

Lehnschulzengut im heutigen Ot. *Petzow* (1419/20 erstwähnt) seit 1640 bei der Familie Kaehne, diese nach Besitzvergrößerungen 1840 geadelt, 1845 landtagsfähiges Rittergut

✦ Ausgedehnte Gutsanlage, eines der besterhaltenen ländlichen Ensemble des frühen 19. Jh. in der Mark: *Schloß* (neogotisch um 1825, angeblich nach K. F. Schinkel) mit *Wirtschaftsgebäuden, Park* (1820 von P. J. Lenné), *Fischerhütte* (nach K. F. Schinkel), *Erbbegräbnis* (angeblich nach K. F. Schinkel), *Wohnhäuser Dorfstr., Dorfkirche* (neoromanisch 1841/42 von F. A. Stüler nach K. F. Schinkel unter Beteiligung König Friedrich Wilhelms IV.)

1848 wurde in W. der märkische Landschaftsmaler Karl Hagemeister geboren (*Gedenktafel am Geburtshaus Kirchstr. 14*).

Westgiebel des Rathauses in Werder

In der 2. Hälfte des 19. Jh. entwickelte sich das schon im Mittelalter beachtliche und vom Kloster Lehnin geförderte Obst- und Weinbaugebiet um W. zur »Obstkammer« und zum Ausflugsziel Berlins (seit 1860 jährliches »Fest der Baumblüte«). 1853 verkehrte mit dem Dampfschiff »Marie Luise« der erste, 1926 mit dem Schlepper »Paul« der letzte Schiffs-Obsttransporter, danach gingen nur noch Straßen- und Bahntransporte nach Berlin.

Die mit Eigentumsrechten begründete Mordtat des Petzower Gutsbesitzers Kähne, ohnehin bekannt als »Schieß-Kähne«, 1921 an einem 16jährigen Jungen führte u. a. in Geltow, Glindow und Potsdam zu Protestdemonstrationen und im Oktober 1923 zu einem Prozeß vor dem Potsdamer Schwurgericht, das Kähne freisprach.
1926 bis zu seinem Tode 1954 lebte Eugen Ernst erneut in W., im Kaiserreich einer der führenden Sozialdemokraten Berlins und Preußens, 1918/19 preußischer »Polizeiminister«, 1919/20 Berliner Polizeipräsident, 1926/33 Stadtrat in W. Im Bruch mit früherer rechtssozialdemokratischer Politik trat er 1945/46 entschieden für die Vereinigung mit der KPD ein, unterzeichnete im März 1946 mit 25 weiteren SPD-Veteranen einen Vereinigungsaufruf und nahm als Ehrengast an den Vereinigungsparteitagen sowie an den SED-Parteitagen bzw. -konferenzen bis 1950 teil.

Am 23./24. Juli 1948 führte der SED-Parteivorstand in W. die erste Staatspolitische Konferenz mit leitenden Staatsfunktionären und Juristen sowie mit den Landesvorsitzenden der Partei über die Aufgaben der Staats- und Justizorgane bei der Durchführung des Zweijahrplanes und über die Bewältigung der Mitte 1948 eingetretenen neuen Lage durch. Der Referent Walter Ulbricht und die Beschlüsse der Konferenz forderten angesichts bürgerlicher Vorbehalte gegen die längerfristige Wirtschaftsplanung und des hohen Anteils bürgerlicher Juristen und Verwaltungsfachleute die verstärkte Ausbildung von Arbeiterkadern (*Kloster Zinna), die weitere Zentralisierung der Staatsmacht und den verstärkten Einfluß der Arbeiterklasse und der SED auf Staat, Wirtschaft und Justiz.
Trotz vereinzelter Genossenschaftsgründungen (so auch 1958 in W. mit elf Mitgliedern) dominierten im Havelländischen Obstbaugebiet um W. die individuellen Anbaumethoden bei zudem konservativer Gesinnung vieler Obstbauern und genossenschaftsfeindlicher Agitation aus Westberlin. GPG-Austritte und Republikflucht nahmen zu. Vom »sozialistischen Frühling« Anfang 1960 blieb das größte geschlossene Obstbaugebiet der DDR nahezu unberührt. So rückte es im Sommer 1960 in den Mittelpunkt der SED-Agrarpolitik. Ein Operativstab des Politbüros und ein politischer Kampfstab der Kreisleitung entsandten 30 Genossen für längere Zeit in das Obstbaugebiet. Auf der Grundlage eines Sofortprogrammes wurde eine Zentrale Arbeitsgemeinschaft »Havelländischer Obstbau« mit 88 Wissenschaftlern und Praktikern zur ökonomischen und technischen Entwicklung des Gebietes gegründet. Noch im August 1960 entstanden in W. und weiteren Orten neue GPG. Der Zuwachs verstärkte sich nach den »Wochen des Havelobstbaugebietes« (November/Dezember 1960, Februar/März 1961), nach der Erntehilfe Sommer 1961 und der klärenden Wirkung der Grenzsicherung vom 13. August 1961. Im Oktober 1961 war W. vollgenossenschaftlich, 1962 entstanden die letzten GPG des Gebietes. Im Februar 1963 wurden auf Beschluß der SED-Bezirksleitung die damals 31 GPG, zehn Spezial-LPG, vier VEG, die Spezial-MTS Glindow (*), das Versuchsinstitut Marquardt sowie die Berufs- und Fachschulen in W. zum Produktionsgebiet »Havelländischer Obstbau« zusammengeschlossen (seit 1975 Zentrales Jugendobjekt *»Kooperative Vereinigung Havelobst«, Gedenktafel Eisenbahnstr./Karl-Marx-Platz*, seit 1976/77 Aufbau des Wohn- und

Waldfriedhof Halbe: 20 000 deutsche Soldaten in Einzel- und Massengräbern, Opfer der Kesselschlacht, des militärisch sinnlosen faschistischen Widerstandes

Ausbildungskomplexes *Jugendhöhe* und des *Fruchtsaftbetriebes* W., z. T. in Kooperation mit bulgarischen Betrieben).

Kreis Königs Wusterhausen

Blossin
1528 befehdete der Gutsschäfer von B. das hiesige Queißsche Rittergut; das war der Anlaß der Aufsehen und die Mißbilligung Luthers erregenden sog. Minckwitzschen Fehde, die Nickel v. Minckwitz und andere Landadlige gegen den Bischof von Lebus begannen, der als Lehnsherr dem v. Queiß Hilfe gegen die aufsässigen Untertanen schuldig geblieben war (*Fürstenwalde).

Großziethen
Um das 1375 als Ort ersterwähnte G. liegt das Kerngebiet flächenhafter Verbreitung der Hufengewannflur (mit drei Gewannen) auf dem Teltow. Die für die von deutschen Bauern mitgebrachte Dreifelderwirtschaft besonders günstige Flurform bildete sich hier, in der zweiten frühdeutschen Besiedlungsphase (bis um 1250), erst aus, wogegen sie auf dem Barnim

(*Schönfeld) – wie auch dort das Anger- und Straßendorf (*Eggersdorf) – stärker vorherrschte (*Feldsteinkirche* 1. Hälfte 13. Jh., 1745 verändert, Westturm von 1877).

1652 fand in G. der erste Kreistag des Teltows statt. Mindestens 24 Jahre war das Rittergut G. in der 2. Hälfte des 18. Jh. an einen Bauern verpachtet.

Halbe
Im Verlaufe ihrer »Berliner Operation« drängte die Rote Armee am 17./18. April 1945 an der Oder geschlagene faschistische Armeen (*Seelow) in den Waldgebieten von H.–Teupitz–Märkisch-Buchholz, insgesamt etwa 200 000 Soldaten, Zivilisten und Flüchtlinge, zusammen. Nachdem ein faschistischer Entsatz-Versuch bei Treuenbrietzen (*) gescheitert, der sowjetische Ring um Berlin geschlossen war (*Ketzin) und der Kessel-Kommandeur das sowjetische Kapitulationsangebot ausgeschlagen hatte, begann am 25. April der sowjetische Angriff. Die Kesselschlacht von H., die Zehntausenden deutscher und sowjetischer Soldaten sowie Zivilisten das Leben kostete, endete am 1. Mai mit der bedingungslosen Kapitulation der deutschen Truppen, deren Befehlshaber geflohen war (*Gedenkstätte Zentraler Waldfriedhof; Mahnmal Baruther Str.: Sowjetische Ehrenfriedhöfe* in H. und sieben weiteren Dörfern).

Kablow

Auf dem »*Großen Wederberg*«, einer Talsandinsel in der Dahmeniederung, befanden sich germanische Ansiedlungen des 1. Jh. v. u. Z. bis zum 3. Jh. u. Z. mit insgesamt mehr als 60 Haus- und Hüttengrundrissen verschiedener Bauperioden. Nachgewiesen sind u. a. Großhäuser mit Wohnraum und Stallteil von 15/20 m Länge, Speicher, Webhütten, eine Schmiede sowie mehrere Brunnen. Bei Gebäuderesten gefundene Hundeskelette deuten auf Bauopfer (Funde: *Märkisches Museum Berlin*, z. T. Verlust). Auf dem nahen »*Acker Kerstan*« in der Dahmeniederung lag ein weiteres germanisches Dorf mit ähnlichen Bauten.

Klein Köris

Am Nordrand des Ortes nahe dem See liegt ein ausgedehntes germanisches Siedlungsareal des 3./5. Jh. mit eingetieften Wohn- und Wirtschaftsbauten, ebenerdigen Pfostengebäuden sowie steinausgekleideten Kalkbrennöfen. Besonders bemerkenswert ist die Werkstatt eines Feinschmiedes mit zahlreichen Abfällen der Schmuckherstellung aus Silber und Bronze. Funde von Drehscheibenkeramik belegen auch hier die Übernahme entwickelter Keramiktechnologie aus provinzialrömischen Gebieten. Diese Keramik wurde wahrscheinlich schon von Spezialisten hergestellt. Bei einem verlandeten Gewässer haben sich Hauspfosten, Bauhölzer, Fragmente hölzerner Gefäße, Ruderblätter und Keulen erhalten (Funde: *Museum für Ur- und Frühgeschichte Potsdam*).

Königs Wusterhausen (1935)

Wohl schon in wettinischer oder askanischer Zeit zur Sicherung eines Notte-Überganges errichtet, 1320 ersterwähnte Burg W.; neben diesem Wendisch-W., 2 km westlich, Deutsch-W.; spätestens 1427 fielen Burg und Herrschaft aus landesherrlichem in Lehnsbesitz der v. Schlieben, Ende 15. Jh. bis 1652 an die Schenken v. Teupitz (*); durch gezielte Aufkaufpoli-

tik an das kurfürstliche Haus. Friedrich III. übergab die Herrschaft W. 1698 dem Kronprinzen Friedrich Wilhelm (*Schloß* im wesentlichen 16. Jh.; *Kreuzkirche* von 1697, 1822 neoromanischer Umbau und Westturm, Querschiff und Chor 1889).

Auch als König (1713/40) hielt der dem prunkvollen und kostspieligen Hofleben seines Vaters abholde, auf Rationalität, straffe Zentralisierung, Ökonomie und ein schlagfähiges Heer bedachte Friedrich Wilhelm I. an W. als Lieblingsaufenthalt fest. Seit dieser Zeit kam der Name K. W. auf. Hier schuf er eine Musterdomäne, kaufte 1716/37 17 Dörfer und das Städtchen Teupitz (*) hinzu, baute das *Schloß* 1717/18 zum Jagdschloß um (1862 verändert, nach Brand 1945 dann 1965/70 wiederhergestellt). Jagd und »Wettrauchen« wurden die hiesigen Passionen des »Soldatenkönigs«; im *Schloß* und im nahen Gartenhaus tagte das königliche »Tabakkollegium«. Im Alter malte der gichtgeplagte Monarch hier seine (meist Soldaten-) »Bilderchen«.

Im Oktober 1726 schlossen im *Schloß* der König und der kaiserliche Gesandte Friedrich Heinrich v. Seckendorff den Vertrag von W., mit dem Preußen die »Pragmatische Sanktion« anerkannte und von Österreich seinen Besitzstand garantiert erhielt.

Als auch das Domänengut K. W. 1809 zur Begleichung napoleonischer Kontributionsforderungen veräußert wurde, machten die Hohenzollernprinzen, die hier Renten bezogen, Skandal und die bereits getroffenen »Entfremdungen« rückgängig. Die privaten Käufer saßen auf ungesicherten Besitztiteln und bekamen keinen Kredit. Adressenstürme an den König führten erst 1819 zum Vergleich. 1843 wurde der Restbesitz in K. W. als königliches Hausfideikommiß vom Domänengut abgetrennt, letzteres seit 1877 parzelliert.

Nach Eisenbahnanschluß (1866), der Aufnahme des Vorortverkehrs nach Berlin (1891), mit dem Aufstieg des nahen Industrieortes Wildau (*) entwickelte sich K. W. (im 18. Jh. »Flecken« genannt, 1832 Markt) zur Randberliner Trabantensiedlung mit 1860 bis 1910 vervierfachter Bevölkerung.

1915 errichtete das preußische Kriegsministerium auf dem Mühlenberg (heute: *Funkerberg*) bei K. W. eine Heeresfunkstation für den Inlandfunkverkehr, die u. a. den täglichen Heeresbericht »An alle« und Musiksendungen für Soldaten sendete. Nach Besetzung der Funkstationen K. W. und Nauen (*) bildeten die Nachrichteneinheiten am 9. November 1918 einen Zentralsoldatenrat, der sich dem Berli-

ner Vollzugsrat der Arbeiter- und Soldatenräte unterstellte und von diesem als »Zentralfunkleitung« anerkannt wurde, aber im Dezember 1918 in der vom Rat der Volksbeauftragten gebildeten Reichsfunkkommission aufging. In ihr arbeiteten unter dem ehem. Telefunken-Manager Hans Bredow (*Nauen) Behörden und Elektrokonzerne zusammen und bereiteten den Aufbau eines halbstaatlichen Rundfunksystems vor. K. W. wurde 1919 Hauptfunkstelle der Deutschen Post. Über sie gingen sämtliche Blitz- und Auslandstelegramme (»Transradio«) und die Nachrichten der wichtigsten Berliner Nachrichtenagenturen, seit 1920 auch die drahtlose Telephonie (»Rundspruchdienst« als Wirtschaftsfunk), für die auf dem *Funkerberg* der erste deutsche Rundfunksender der Berliner Eildienst GmbH errichtet wurde. Nach Ausstrahlung der ersten Berliner Unterhaltungsrundfunksendung (Oktober 1923) und Gründung der Reichs-Rundfunk-Gesellschaft (1926) entstanden 1927/28 auf dem *Funkerberg* und im nahen Zeesen (dort 1945 demontiert) die Großanlagen für den »Deutschlandsender« der »Deutschen Welle«, damals der stärkste Sender Europas auf höchstem technischem Niveau. Als erster deutscher Langwellensender ergänzte er die Musikpro-

gramme der Regionalsender durch politisch-publizistische Sendungen. 1928 wurden hier erstmals Bildfunkversuche, 1929 Funksprechversuche nach Südamerika durchgeführt (*6-Turm-Sende-Anlage* sowie *100-kw-Mittelwellensender*, letzterer 1930/33 in Berlin-Tegel errichtet, 1950 nach K. W. umgesetzt, *technisches Denkmal*).

Nach dem Kapp-Putsch (*Döberitz) wurde der *Funkerberg* am 20. März 1920 von den ehem. Putschverbänden und nunmehrigen „Regierungstruppen" der „Baltikumer" (*Hennigsdorf) besetzt, die von hier aus die Schenkendorfer (*) Arbeiterwehr angriffen.

In K. W. zogen Kommunisten nach der Befreiung vom Faschismus voreilige Lehren aus der historischen Spaltung der Arbeiterbewegung, indem sie den Aufbau einer SPD-Ortsgruppe zu umgehen versuchten und alle ehem. Sozialdemokraten in die neue KPD-Ortsgruppe aufnahmen; so aber wäre der notwendige ideologische Klärungsprozeß beider Arbeiterparteien bis zum April 1946 (*Potsdam) nicht zustande gekommen.

Im März 1946 verlegte die Sowjetische Militäradministration die zunächst in Rüdersdorf (*), dann in Geltow (*) ansässige Frontschule als zentrale SMAD-Schule nach K. W. (ehem. *Blindenschule, Salvador-Allende-Str. 20*, 1898/1900 errichtet, heute: *Zentrale Blindenschule der*

Schloß Königs Wusterhausen (links)
Tabakskollegium von König Friedrich Wilhelm I.,
Öl auf Leinwand

Funkerberg Königs Wusterhausen, Großsender (243 m)
mit Verwaltungsgebäuden um 1930

DDR). Bis April 1948 wurden hier in sechs Dreimonate-Lehrgängen rund 900 deutsche Antifaschisten aller Parteien, Klassen und Schichten auf ihre zukünftige Tätigkeit in der Sowjetischen Besatzungszone vorbereitet. Zu den Lektoren gehörten Wilhelm Pieck, Paul Verner und Oberst S. I. Tulpanow, Chef der SMAD-Informationsabteilung.

Märkisch Buchholz (1809)

Burg (1301 ersterwähnt) und Flecken Wendisch B. vielleicht zunächst meißnisch, dann brandenburgisch; grundherrliches Städtchen (1449), heute noch eine der kleinsten Städte der DDR; slawisch bezogener Ortsname von den Faschisten 1937 in M. B. geändert; 1945 lag der Ort im Halber (*) Kessel.
M. B. war Wohnsitz des seit 1950 in Berlin als Kulturpolitiker, Journalist, Lyriker, Erzähler, Essayist und Nacherzähler antiker Mythen tätigen Franz Fühmann (*Grabstätte Friedhof).*

Mittenwalde (1307)

Auf dem *Pennigsberg* bei M. lag eine slawische, wohl sprewanische Burg. Hier wie im sprewanischen Stammeszentrum Köpenick sowie in den östlichen Teilen des Teltows und des Barnims erfolgten wohl nach 1180 markmeißnische Vorstöße aus dem nahen niederlausitzischen Grenzsaum (*Teupitz). Dabei entstanden wohl die Burgstelle »Am Hausgrabenberg« und ein frühstädtischer Siedlungsansatz (Flurstück »Alte Stadt«). Auch Charakteristika der Pfarrausstattung und meißnische Diözesanansprüche auf M. und Köpenick, bei der römischen Kurie geltend gemacht, weisen auf die Kollision markmeißnischer bzw. markbrandenburgischer Territorialbildung in diesem Raum. Denn die Markgrafen v. Brandenburg hatten 1239 die Burgen M. und Köpenick in ihrem Besitz, den die Markgrafen von Meißen bestritten. Der stiftsmagdeburgische Schiedsspruch (1240) begünstigte Meißen und löste eine Fehde aus, die 1245 mit dem askanischen Sieg endete. Spätestens jetzt entstand im »Kolonialschema« die Stadt M. am Notte-Übergang eines Berlin-Lausitzer Straßenzuges und als »Port der Mark« gegen die Lausitz (1473) mit Rat/consules (1307/17), ausgedehnten Holzungsrechten im Lande Teupitz, großer Feldmark (einschließlich des vor 1450 erworbenen Dorfes Ragow) und Teilnahme an fast allen märkischen Städtebünden zwischen 1308 und 1434.
✦ *Pfarrkirche St. Moritz* (Halle 14./15. Jh., Turmuntergeschoß 13. Jh., Aufsatz 1877/78); *Spitalkapelle St. Georg* (15. Jh.); *Berliner Tor mit*

Berliner Tor in Mittenwalde

Vortor und Zwingerresten (Ende 15. Jh.); Wohnhausbau des frühen 19. Jh. auf weitgehend mittelalterlichem Stadtgrundriß, vor allem *Katharinen-, Schützen- und Paul-Gerhardt-Str.* sowie *Baruther Vorstadt; Rathaus* (1840)

M. wurde im Dreißigjährigen Krieg vergleichsweise stark betroffen: 1637 Totalplünderung durch kaiserliche Truppen, 1638 Stadtbrand.
1651/57 war der lutherische Liederdichter Paul Gerhardt Propst und Inspektor in M.; zahlreiche Patenstellen belegen seine Verbindung mit »Hohen und Niedrigen« in M., die noch in den Querelen Gerhardts als Propst zu St. Nikolai in Berlin mit dem reformierten Kurfürsten Bestand hatte (ehem. *Propstei, Puschkinstr. 25,* um 1740).
1799 bis 1806 war J. D. v. Yorck zu Wartenburg (*Potsdam), der spätere Initiator der Militärkonvention von Tauroggen (1812), Kommandant der seit 1746 bestehenden Garnison M. (ehem. *Hotel Yorck, Puschkinstr. 45,* um 1740, *Gedenktafel/Büste*).
1896 wurde Erich Steinfurth in M. geboren, seit 1925 Bezirksleiter der Roten Hilfe für Berlin-Brandenburg, Landtagsabgeordneter der KPD; im März 1933 verhaftet und 1934 zusammen mit John Scherr in Berlin von einem Gestapo-Sonderkommando ermordet (*Geburtshaus Hauptstr. 11, Gedenktafel, Gedenkstein*)

Prieros

Wohl um 1200 nahe eines Dahme-Überganges angelegtes Rundplatzdorf, 1314 erstwähnt, gehörte bis

1952 zu Amt und Kreis Beeskow—Storkow *(Heimathaus in ehem. Bauernhaus,* 18. Jh.); heute Erholungsort

Am 14./15. November 1932 legte Ernst Thälmann auf einer Tagung des Zentralkomitees des Kommunistischen Jugendverbandes in P. Grundpositionen antifaschistischer Einheitsfront- und Massenpolitik gegen die gerade unter den zum Avantgardismus neigenden jungen Kommunisten noch nachwirkenden, linkssektiererischen Parolen der Neumann-Gruppe dar. Anfang 1932 war unter Neumannschem Einfluß Artur Becker (*Strausberg) vom KJVD-Vorsitz verdrängt und mit Fritz Große erst im Oktober ein neuer Vorsitzender gefunden worden, der die Thälmannsche Linie durchsetzte *(Ernst-Thälmann-Gedenkstätte im Gelände der Berliner FDJ-Bezirksjugendschule).*

Schenkendorf

Um Sch. (spätgotische *Feldsteinkirche)* in der 2. Hälfte des 19. Jh. beginnender Braunkohlenabbau im hier ausstreichenden Lausitzer Revier, seit 1870 Grube »Centrum« des Siemens-Konzerns mit zeitweise fünf Tagebauen; hiesiges 600-ha-Gut im Besitz des liberalen Berliner Zeitungsverlegers Rudolf Mosse (1920 hier verstorben)

Noch am 20. März 1920 marschierte die aus einem illegalen Waffenlager des Gutes bewaffnete Schenkendorfer Arbeiterwehr gegen die »Baltikumer« (*Königs Wusterhausen). Im Gefecht am *Notte-Kanal* fielen drei Arbeiter aus Sch. sowie zwei aus Bestensee und Eichwalde, die Arbeiterwehr mußte sich zurückziehen. Am 22. März verhafteten die »Baltikumer« über 50 Arbeiter aus Sch. und Mittenwalde und verschleppten sie auf den Funkerberg.

Schönefeld

Das bald nach 1200 gegründete, 1375 ersterwähnte Teltowdorf *(Dorfkirche,* Feldstein, 1. Hälfte 13. Jh.) entwickelte sich im 19./20. Jh. zur Berlin-Randsiedlung; seit 1934/35 Verwaltungssitz, Zweigwerk und Werkflughafen der Henschel-Flugzeugwerke AG, 1945 als Rüstungsbetrieb reparationsbeschlagnahmt

Im April 1955 übergab die Sowjetunion den Flughafen Sch. der DDR, die ihn als Berlin-Flughafen ausbaute, am 1. Juli 1955 die Deutsche Lufthansa (seit 1963 Interflug GmbH) mit Arthur Pieck als erstem Generaldirektor gründete und am 16. September 1955 die erste offizielle Maschine mit einer Regierungsdelegation zur Unterzeichnung des Staatsvertrages mit der Sowjetunion startete. Im Februar 1956 wurde in Sch. der planmäßige Liniendienst Berlin—Warschau, im Oktober 1956 Berlin—

Moskau, im Juni 1957 der Inlandverkehr aufgenommen. Nach dem V. SED-Parteitag erfolgte 1959/65 der Ausbau (zentrales Jugendobjekt) des heutigen *Flughafens Berlin-Sch.* für den modernen Strahltriebflugverkehr und als Basisflughafen der Interflug GmbH (1978/85 Großbaustelle *Bahnhof Berlin-Sch.).*

Schulzendorf

Zwischen 1375 (Ersterwähnung) und 1450/51 entstand in Sch. mit schließlich 33 Hufen damals größte ritterliche Landbesitz eines Teltowdorfes. Hier wie in Diedersdorf (mit 31 herrschaftlichen Eigenhufen 1450/51) erfolgte der für die Landbuchzeit ungewöhnliche Zuwachs, weil die Rittersitze verstanden, verlassene Bauernstellen für extensives Wirtschaften zu nutzen, während sonst eher Besitzlabilität typisch war (*Mahlow). Sch. lag in dem konzentriertesten Verbreitungsgebiet der Ritterhöfe am Rande des Teltowplateaus; hier waren alle Dörfer mit mehreren Adelshöfen: Rudow mit 5, Wilmersdorf und Britz mit je 4 *(Dorfkirche,* neogotisch 1865/66).

Teupitz (14. Jh.)

Die wahrscheinlich im 12. Jh. am Teupitzer See entstandene, 1307 ersterwähnte Burg war vielleicht wie Zossen (*) und Baruth (*) Mittelpunkt einer selbständigen lausitzischen Herrschaft, deren ältestes Zubehör sich wohl im Pfarrbezirk T. mit sechs Dörfern zeigt. Die ersten Inhaber der Herrschaft traten ab 1295 in markbrandenburgischem Gefolge, ihre (seit 1350) Nachfolger, die Schenken v. Landsberg, dagegen in markmeißnischem auf. Die Lage zwischen den beiden Territorialgewalten nutzten die Schenken zur Stärkung ihres nach 1472 durch (Königs) Wusterhausen (*) vermehrten, 1497 auf 20 Orte angewachsenen Territoriums aus, traten aber seit 1442 endgültig unter markbrandenburgischen Schutz, bei

bis 1742 bestehender böhmischer Oberlehnsherrschaft. 1718 fiel die Herrschaft als Amt T.
an die Herrschaft Königs Wusterhausen (*)
(von spätmittelalterlicher Burg *Backsteinturm
mit Umfassungsmauern* erhalten, dabei *Burg-
haus*, 1788/91 und *Amtshaus*, 1769).

Das Städtchen war nur durch die Nennung eines ge-
ringbefugten Rates (im 14. Jh. »consules«) und von
Bürgern als solches kenntlich und im 17. Jh. die
kleinste Stadt des Teltows; bei Gründung der Provin-
zial-Irrenanstalt auf dem *Jesenberg* 1908 verdreifachte
sich die Einwohnerzahl 1905/10 *(Kirche,* im Kern
14. Jh., 1855/59 erneuert; *Rathaus,* Ende 18. Jh.;
Wohnhaus Baruther Vorstadt 56, 1817)
Das ehem. *Gasthaus »Zum goldenen Stern« am Markt
(Gedenktafel)* war 1942 ein konspirativer Treffpunkt
der Antifaschisten Harro und Libertas Schulze-Boy-
sen aus der »Roten Kapelle«.

Töpchin

Die weilerartigen Streusiedlungen der alt- wie
jungslawisch besiedelten Flur T. rückten wohl
noch im 12. Jh. zu einer Gehöftreihe am Westufer des Sees zusammen und diese bald danach als Gassendorf an die Baruther Landstraße. Dorfform, die mit 16 Hufen kleine
Feldmark, geistliche Zugehörigkeit zu einer
sog. Burgwardparochie (Stadtpfarrei mit einem
mehrere Dörfer einbeziehenden Sprengel, der
einem alten Herrschaftsbereich entsprach) weisen die Neuorganisation des Dorfes der ersten
Phase der frühdeutschen Siedlungsbewegung
(1150–1200) zu, die slawische Bauern einbe-
zog. T. (1473 ersterwähnt) gehörte später zur
sog. Wendischen Seite der Herrschaft Zossen (*) mit 22 ähnlich charakterisierten Dörfern.

Wildau

Der *Schillsberg* bei dem 1375 ersterwähnten
Teltowdorf Hoherlehme (heute Ot. von W.)
trägt einen im Südostteltow und in der Herrschaft Zossen insgesamt in zehn Ortsfluren belegten Wüstungsnamen, meist in der Variante
»Schilleschen«, der in neun Fällen mit gehäuf-
ten slawischen Flurnamen verbunden und
wohl Namensrelikt einer Siedlungskonzentra-
tion in der zweiten Phase des frühdeutschen
Landesausbaus ist. Nur bei Hoherlehme
konnte bisher eine Vorgängersiedlung des
deutschen Dorfes, ein slawischer Weiler auf
dem *Schillsberg* nachgewiesen werden.

In der 1. Hälfte des 19. Jh. entstanden bei Hoher-
und dem benachbarten Niederlehme mehrere Ziegeleien, darunter 1846 die »Springziegelei«, die schon

1855 zum Ackergut umgewandelt und W. benannt
wurde.

1900 errichteten die Berliner Maschinenbau AG (vorm. L. Schwartzkopff) in dem seit
1866 eisenbahnnahen Gutsbezirk W. eine Lokomotivfabrik, 1907 die Maffei-Schwartzkopff-
Werke GmbH eine Maschinen- und Apparate-
fabrik, beide nach 1914 mit umfangreicher
Kriegsproduktion, später folgte die AEG mit
einem Flugzellenwerk. 1931 gerieten die
Schwartzkopff-Werke unter AEG- und Sie-
menseinfluß, wurden zeitweise stillgelegt und
nach 1933 nahezu vollständig auf die Rü-
stungs- und Kriegsproduktion umgestellt. Der
Name W. wurde 1922 auf die neuen Industrie-
und Arbeitersiedlungen übertragen.

1935/42 bestanden in der Lokomotivfabrik und in
Niederlehme zwei KPD-geführte, auch Sozialdemokraten einschließende, antifaschistische Widerstandsgruppen, die z. T. sogar militärische Übungen durchführten; nach Verhaftungen 1942/43 ergingen acht
Todesurteile und hohe Zuchthausstrafen *(Gedenksteine vor Haus 13 des VEB Schwermaschinenbau*

Die Wildauer Rüstungswerke wurden 1945/48
für Reparationszwecke demontiert, 1949 die
Werkanlagen auf SMAD-Beschluß in Volkseigentum überführt und eine Lokomotivfabrik
errichtet. Nach dem III. SED-Parteitag vom
Juli 1950 wurde sie zum Großbetrieb des
Schwermaschinenbaus (Bergbau-, Schiffsbau-
ausrüstungen, Walzstraßen) ausgebaut und damit ein Schwerpunktbetrieb des ersten Fünfjahrplanes 1951/55 (heute: *VEB Schwermaschinenbau »Heinrich Rau«* im Schwermaschinen-
baukombinat »Ernst Thälmann«, Magdeburg;
vor Haus 13 Büste Heinrich Raus, seit 1953
Schwermaschinenbauminister der DDR).

Zeuthen

Z. und Schmöckwitz (heute Stadtteil Berlins) einzige
Orte des Teltows, die das Landbuch Karls IV. 1375
(Ersterwähnung) ausdrücklich als hufenlos bezeich-
net; beide waren Fischerdörfer.
Bis zu seinem Tode 1979 lebte der Komponist Paul
Dessau, 1948 aus USA-Exil nach Berlin zurückge-
kehrt, in Z., wo er an der heutigen *POS »Paul Dessau«*
seit 1961 »Aushilfs«-Musikunterricht gab, um die
Kinder anzuhalten, »sich produktiv mit der Musik zu
beschäftigen«, von rhythmischen Übungen bis zur
Komposition kleiner Lieder (1968 Broschüre »Musik-
arbeit in der Schule«).

Ziegenhals, Ot. von Niederlehme

Am 7. Februar 1933 fand in der ehem. Gaststätte »Sporthaus Z.« die sorgfältig getarnte, illegale Tagung des Zentralkomitees der KPD

Gaststätte »Sporthaus Ziegenhals«, heute Gedenkstätte für die letzte Tagung des Thälmannschen Zentralkomitees

(auch »Zeuthener Tagung« genannt) statt. Ernst Thälmann referierte vor etwa 40 leitenden KPD-Funktionären über die Ursachen der Niederlage vom 30. Januar, über die Notwendigkeit, die KPD rasch in die Illegalität zu überführen, und über die künftigen Aufgaben des antifaschistischen Widerstandskampfes, die in die Richtung der Volksfrontbeschlüsse von 1934/35 wiesen. Der verdächtige Aufbruch »zufälliger« Gäste erzwang, die Tagung vorzeitig zu beenden. Alle Teilnehmer konnten sich vor Eintreffen von SA-Leuten in Sicherheit bringen, auch Thälmann, der am 3. März in Berlin verhaftet wurde. Anstelle der wegen Baufälligkeit abgetragenen Gaststätte wurde 1953 die *Gedenkstätte Z.* (mit erhaltenem *Vereinszimmer* als Kern, *Gedenkmauer, Ehrenhof, Bootshaus)* eingeweiht.

Kreis Zossen

Baruth (1616)
Burg und nichtummauerter Flecken (1234 ersterwähnt) entstanden wahrscheinlich im Rahmen der von Jüterbog (*) ausgehenden, auf Lebus (*) orientierten stiftsmagdeburgischen Expansion am Übergang einer Straße durch das Baruther Urstromtal und überkreuzte sich hier mit der markmeißnischen Expansion (*Mittenwalde). Die Pfarrei B. blieb magdeburgische Exklave inmitten brandenburgischer und meißnischer Diözesangebiete. 1328 schlossen die mühsam um ihre Anerkennung ringenden wittelsbachischen Markgrafen mit denen v. Schlieben, einem um Wendisch Wusterhausen begüterten Geschlecht, das bis 1582 die Herrschaft B. besaß und seinen Burgsitz außerhalb der Mark hatte, den wohl ersten märkischen Öffnungsvertrag, dem ähnliche Verträge mit Inhabern der Herrschaften Wiesenburg (*) und Altenplathow folgten. Seit 1596/97 saßen die Grafen v. Solms auf B. Ihre Rechtsstellung ähnelte bis zur Eingliederung in Preußen 1815 einer Niederlausitzer Standesherrschaft (*Lieberose), doch ohne eigene Behörden. Die 1679 gefürsteten Solms-B. standen mit einem Grundbesitz von knapp 70 000 ha (davon 12 000 ha im Kreis Jüterbog-Luckenwalde mit B.) nach den in der Uckermark ansässigen Arnims in den 20er/30er Jahren des 20. Jh. schließlich an zweiter Stelle des Großgrundbesitzes im Regierungsbezirk Potsdam.

✦ *Schloß* (im Kern 17. Jh., im 19./20. Jh. verändert) mit *Park* (1838 nach einem Plan von P. J. Lenné); *Pfarrkirche St. Sebastian* (im Kern wohl Anfang 16. Jh., im späten 16. Jh. und 1671 erneuert, Anbau bis 1909); ehem. *Pfarrhaus Am Kirchplatz* (Fachwerk, 18. Jh.)

1757 wurde in B. Gottlob Johann Christian Kunth geboren, 1777/89 Erzieher der Gebrüder Humboldt, seit 1796 führender preußischer Gewerbepolitiker,

»Von den hohen Oefen Eisenhüttenwerk Baruth/Mark«, Stich von J. D. Schleuen d. Ä.

setzte während der preußischen Reformen maßgeblich eine staatliche Gewerbepolitik und -gesetzgebung durch, die Kapitalismus und moderne Produktionsmethoden förderte, 1811 an der Einrichtung der Technischen Gewerbe- und Handelsdeputation, 1818 am Zolltarif beteiligt; seine Reiseberichte (1816/29) als »Handelskommissar« geben einen exakten Überblick über den Entwicklungsstand der gewerblichen Produktivkräfte in Preußen vor der industriellen Revolution.

Bei ihrem Vorstoß von der Görlitzer Neiße-Linie auf Berlin befreite die 1. Ukrainische Front am 20. April 1945 B., das am 21. April faschistischen Luftangriffen ausgesetzt war und dabei zu 90 Prozent zerstört wurde (*Sowjetischer Ehrenfriedhof und Panzer-Gedenkstätte* am nördlichen Ortsausgang)

Blankenfelde

Bei B. frühgermanisches Urnengräberfeld (etwa 500 – 50 v. u. Z.) mit Bronze- und Eisenbeigaben, darunter Gewandhaften mit Korallenbesatz und ein Kollier eines Kettenplattenschmucks ergraben (Funde: *Museum für Ur- und Frühgeschichte Potsdam*)

1800 erwarben die v. Eckardstein (*Prötzel) das Gut in dem 1375 erstwähnten Angerdorf (*Feldsteinkirche*, Mitte 13. Jh., barock erweitert), 1836 auch die Rittergutsqualität für Deutsch Wilmersdorf. Der zwar schon nach dem Dreißigjährigen Krieg (erneut häufiger) vorkommende, aber noch unter Friedrich II. verpönte Rittergutsbesitz Bürgerlicher (*Groß Behnitz) konnte mangels Kapital beim Adel und infolge der stark steigenden Grundstückspreise im 18. Jh. nicht ernsthaft verhindert werden. Der Trend war auf dem berlinnahen nördlichen Teltow besonders stark, so vor 1800 in Buckow und Siethen. 1800 standen 12 Rittergutsbesitzern schon 11 bürgerliche Generalpächter gegenüber. Von 20 Ritterbürtigen auf altem Familienbesitz (1724) waren 100 Jahre später im Kreis Teltow nur noch fünf übriggeblieben. In Groß- und Kleinziethen sowie Schulzendorf wurden nach 1849 auch jüdische Berliner Finanziers »Gutsnachbarn«.

Den Antifaschisten am Ort gelang im Mai/Juni 1945 die rasche Umgestaltung der ehem. »NS-Mustergemeinde«. Anfängliches Selbstverständnis hiesiger Kommunisten als bloße »Kader«-Gruppe wurde nach der Berliner KPD-Provinzial-Kreisleiterkonferenz vom 27. Juni überwunden.

Im August/September 1945 fand in der »*Karl-Liebknecht-Schule*« B. der erste Neulehrerkurs des Kreises Teltow mit etwa 40 Teilnehmern statt, auf dem der Landrat Richard Meschkat (*Mahlow), mehrere Schulräte sowie sowjetische Pädagogen zu Erziehungsproblemen der antifaschistischen Umwälzung, der Arbeits-

schulpädagogik und der Methodik einzelner Fächer sprachen. Solchen ersten Versuchen der Demokratisierung der Schule folgten in der Provinz seit 1946 längerfristige Neulehrerkurse, u. a. in Potsdam und Kleinmachnow. Zeitgleich fanden in der Schule sowie in Teltow, Trebbin und Zossen Umschulungskurse für nicht faschistisch belastete Lehrer sowie in B. eine Tagung der Kreisjugendausschüsse mit einem Vortrag des entschiedenen Schulreformers Paul Oestreich statt. Die Blankenfelder Schule war neben den Schulen von Waltersdorf und Lüdersdorf bahnbrechend für den Übergang zur Zentralschule in der Provinz Brandenburg, seit September 1948 hier bereits mit einer Abiturklasse.

Im Herbst 1945 konnte der Kreis Teltow als erster der Provinz Brandenburg in B. einen freien Markt landwirtschaftlicher Produkte und Industriewaren durchführen.

Im Fünfjahrplan 1976/80 entstand hier die bis dahin größte Milchviehanlage der DDR in enger wissenschaftlich-technischer Zusammenarbeit mit der UdSSR und als Bezirksjugendobjekt der FDJ (*VEG Milchproduktion B.*).

Dahlewitz

In dem 1305 erstwähnten späteren Gutsdorf D. (*Dorfkirche*, 2. Hälfte 13. Jh., Anbau 16./17. Jh.) und dem 1471 wüsten Gersdorf besaß der Markgraf noch z. Z. des Landbuches Karls IV. die Gerichtsbarkeit, verfügte über zwei Drittel der Gefälle, die (hier geringen) Dienste und die bäuerlichen Steuerabgaben, während ansonsten der »Ausverkauf« markgräflicher Befugnisse an geistliche wie weltliche Feudale und an Bürger weit gediehen war. Auf dem Teltow drängte vor allem das Lehnsbürgertum Berlins und Cöllns in den Erwerb dieser Rechte.

In D. als typischer Berliner Randsiedlung errichtete 1926/29 der Reformarchitekt Bruno Taut, nach seiner Magdeburger Zeit in Berlin Hauptvertreter des eng an die Gewerkschaften gebundenen »sozialen Bauens«, sein *Wohnhaus (Wiesenstr. 13).*

Genshagen

Das 1289 erstwähnte G., im Mittelalter zum Bistum Meißen gehörig, bezeichnet einen westlichen Grenzpunkt des um 1180 eingeleiteten Vorstoßes der wettinischen Markgrafen der Niederlausitz (*Mittenwalde). Hatte G. 1450 einen Rittersitz mit acht Hufen (bei 31 Hufen Feldmark), dann nahmen die

v. Hake (*Kleinmachnow) die 1602/24 noch vorhandenen 19 Bauernhufen bis 1652 ganz an sich – ein extremes Beispiel adligen Ausverkaufs der Bauernstellen. Deren Fluranteile wanderten offenbar auf die unverhuften Außenschläge der durch Zugang der (halben) Wüstung Damsdorf vergrößerten Feldmark ab *(Dorfkirche* 1707, über älterem Kern; *Schloß* neobarock, 1910, mit *Landschaftspark).*

Gröben

Vermutlich zunächst selbständige, erst seit dem 13. Jh. lehnsabhängige Kleinherrschaft der im 12. Jh. bei Magdeburg begüterten v. G., Herrschaftssitz 1352 ersterwähnte Burg G., später wohl Burg (*Groß-) Beuthen; seit Anfang 15. Jh. im Besitz derer v. Schlabrendorff, die um 1500 einen Havelberger Bischof stellten und im 16. Jh. ein Rittergut bildeten; das bis 1576 zurückgehende Kirchenbuch ist wohl das älteste der Mark *(Herrenhaus,* 1720; *Dorfkirche,* spätgotischer Feldsteinbau, 1858/60 verändert, Westturm 1909; *Dorfkrug,* Fachwerkbau mit Vorlaube, 18. Jh.).

Großbeeren

Am 23. August 1813 besetzte die französisch-sächsische Berlinarmee unter Marschall Oudinot, nachdem sie am 20./22. August die Verteidigungslinien der antinapoleonischen Koalitionsarmee an Havel, Nuthe und Notte durchbrochen hatte *(Gedenksteine in Mellensee und am Schanzenberg bei Wietstock)* und damit in ihrem Offensivkonzept gegen die Ermattungsstrategie der divergierende Interessen verfolgenden Nordarmee bekräftigt worden war, das Dorf G. Der unerwartete Angriff der Verbündeten, bei dem G. durch preußischen Artilleriebeschuß schwer getroffen wurde, brachte ihnen den Sieg und die napoleonische Berlin-

Schlacht bei Großbeeren, kolorierter Kupferstich von 1818 und Gedenkturm

Offensive zum Scheitern (*Dennewitz, *Hagelberg). Nach Potsdam (*) und Rheinsberg (*) gehörte G. in Kaiserreich, Weimarer Republik und unter dem Faschismus zu den bevorzugten Stätten altpreußisch-militaristischer Legenden- und Traditionsbildung.
✦ *Denkmal* (Eisenkunstguß 1817 nach Entwurf K. F. Schinkels, Sockel 1853); *Gedenkturm mit musealer Einrichtung* (1913); *Bülow-Pyramide am Ortsrand* (1906); *Soldatengräber auf dem Friedhof,* dem Hauptkampfplatz; *Dorfkirche G.* neugotisch 1818/20 nach Plänen Schinkels anstelle der 1760 zerstörten Kirche; *Dorfkirche* im Ot. Kleinbeeren (Feldsteinbau 14. Jh., Anfang 18. Jh. verändert)

1858 begann in G. der Bau der mit 24 Meilen bis dahin längsten Teltow-Chaussee nach Mittenwalde, Marienfelde (heute Berlin-West) und zurück, seit 1853 von einem Consortium bei 30 Prozent Baukapital der Anlieger und Staatszuschuß von 6 000 Talern pro Meile projektiert; sie kreuzte die seit 1852 gepflasterte Ost-West-Verbindung Potsdam–Güterfelde–Körbiskrug.
1925 legte J. Reinhold für die Lehr- und Forschungsanstalt für Gartenbau Berlin-Dahlem die Moorversuchsfelder G. an (1936 Institut für Gemüsebau, seit 1950 *Zentralforschungsinstitut für Gemüsebau der DDR,* heute: *Institut für Gemüseproduktion* der Akademie der Landwirtschaftswissenschaften).
1942/45 Zwangsarbeiterlager der Berliner Gestapo-Leitstelle, das etwa 25 000 ausländische Zwangsarbeiter und antifaschistische Häftlinge passieren mußten, unter ihnen Werner Seelenbinder, insbesondere für den Rüstungsbetrieb Ludwigsfelde (*); fast 2 000 von ihnen kamen hier ums Leben *(Mahn- und Gedenkstätte).*

Großbeuthen
Die 1367 ersterwähnte Burg Beuthen (im Ot. Klein Beuthen) war Herrschaftszentrum der Gröben (*)-Dörfer, dann 1381 bis 1410/12 bei denen v. Ziesar, bis die v. Quitzow sie dann mit Gewalt und Betrug an sich brachten. 1414 wurde die Burg von einem Aufgebot der v. Torgow (*Zossen), Jüterbogs, Brietzens und Beelitz' sowie der Klöster Lehnin und Zinna gebrochen. Sie fiel 1416/63 mit sieben Dörfern an die seit 1608 »schloßgesessenen« v. Schlabrendorff (*Gröben), Anteile in beiden Beuthen (1597, 1703) an die v. Görzke. Wie in Genshagen (*) waren in G. (1370 ersterwähnt; *Dorfkirche,* 1713/14, mit Backsteinturm, 1847) 1624 alle Hufen (bis auf eine) gutsherrlich. 1717 stellten sich die v. Görzke und v. Hake-Genshagen an die Spitze eines erfolgreichen Adelsprotests gegen Pläne in der Umgebung

König Friedrich Wilhelms I., adligen Lehnsbesitz an gewöhnliches Erbrecht anzupassen. 1717 verpachteten die Gutsherren von G. die Wirtschaft, ein recht frühes mittelmärkisches Beispiel für den Rückzug der Feudalklasse aus der Produktionsregie.

Großmachnow
Nach dem Landbuch Karls IV. war das 1375 ersterwähnte G. mit 80 Hufen größtes Teltowdorf (vielleicht als Marktort geplant). Noch weitere 15 Dörfer liegen über der Regelgröße des Teltows (39–53 Hufen) und finden sich häufiger in dessen östlich-zentralem Teil, vielleicht die Folge einer Nachbesiedlung in dem bis 1245 wettinischen Gebiet, die die Askanier vorgenommen haben könnten. Zwei Adelshöfe entstanden in G. erst Ende 16. Jh. durch die v. Flans, nach Besitzwechseln kaufte 1725 König Friedrich Wilhelm I. G. und Groß Kienitz für die Herrschaft Königs Wusterhausen (*), unter der G. Amtssitz wurde. Die Verpachtung (1738) scheint die hier erst spät einsetzende Verminderung der Bauernhufen gefördert zu haben (1800: 37 gegen 43 Ritterhufen).
✦ *Dorfkirche* (Feldstein, 13. Jh.); *Gutshof* mit *Gutshaus* und *Uhrenturm* (1815); ehem. *Jagdhaus* und *Gasthof Dorfstr. 36* (1670)

Heinersdorf, Ot. von Osdorf
Die Gutsherren v. Hake (*Kleinmachnow) auf H. (1299 ersterwähnt) waren 1670 federführend bei dem stürmischen Protest des (Teltower) Adels gegen den kurfürstlichen Beschluß, ans Gut gefallene Bauernhufen steuerpflichtig zu halten und damit die Gutseinkünfte am Getreideanbau zu schmälern; der Kurfürst antwortete mit verstärkten Güterkäufen, die vor allem auf dem südöstlichen Teltow, dem sog. Ämterkreis, zu einem starken Hohenzollernbesitz führten.

Klasdorf
1716 verpachteten die Fürsten zu Solms-(*) Baruth ein Waldgebiet nahe dem alten Glasmacherort K. (1234 Glasherstellung belegt) und ließen eine Glashütte anlegen. Hier arbeiteten zeitweise die Söhne des Alchimisten, Chemikers und Glastechnologen Johann Kunckel (*Potsdam). 1770/1880 betrieben die Solms sie in eigener Regie. Die 1861 neuerrichtete Hütte mit dem zwischen 1800 und 1870 planmäßig angelegten *Hüttenkomplex (Wohnhäuser* der Hüttenarbeiter, *Schmiede,*

Arthur Ladwig, Ludwigsfelder Widerstandskämpfer

Paul Oestreich, einer der führenden Köpfe der entschiedenen Schulreformer

Schule, Backofen) exportierte nach Nord- und Westeuropa (besonders Wein- und Säureballons sowie Lampenschirme), war bis 1980 in Betrieb und gehört zu den sozialgeschichtlich aussagekräftigsten technischen Denkmalen der Glasherstellung.

1866 in G. Reinhold Burger geboren, Miterfinder der 1903/04 patentierten Thermosflasche

Kummersdorf, Gut
Seit 1875 verlegte der Militärfiskus den Schießplatz und die Artillerie-Prüfungskommission von Tegel (heute Berlin-West) in die ausgedehnten Forsten um K. und richtete die sog. Kanonenbahn dorthin ein. 1885 wurden für Artillerieschießplatz, Kasernement und Militärsiedlung etwa 900 ha des Forstes zum fiskalischen Gut K. zusammengefaßt.

Seit 1935 erprobte die faschistische Wehrmacht auf diesem Gelände neuentwickelte ballistische Waffen. K. wurde Versuchsgelände für die Berliner Raketen-Arbeitsgruppe unter General Walter Dornberger, die die seit 1929 betriebenen raketen- und raumfahrt-technischen Versuche Wernher v. Brauns und Hermann Oberths für Kriegszwecke fortsetzte. Bereits 1937/38 erprobten die Arbeitsgruppe und namentlich v. Braun in K. die Flüssigkeitsrakete, die dann in Peenemünde weiterentwickelt und als »V 2«-Waffe eingesetzt wurde.

Ludwigsfelde (1965)
Nahe der 1753 auf dem Löwenbrucher Anteil der wüsten Feldmark Damsdorf angelegten

Kolonie L. *(Dorfkrug, 1751)* erwarb 1935/36 der Daimler-Benz-Konzern ein großes Waldstück des seit 1928 parzellierten Genshagener (*) Gutes und errichtete ein Flugzeugmotorenwerk mit sprunghaft ansteigender Arbeitskräfteanzahl (1944: 15 600), wovon bis zu 60 Prozent Zwangsarbeiter (*Großbeeren) oder KZ-Häftlinge aus Sachsenhausen (*) und Ravensbrück (*Fürstenberg) waren. In das 1942 angelegte Kriegsgefangenenlager mit zeitweise bis zu 18 000 Gefangenen wurde 1943 ein SS-Strafbataillon gelegt, 1944 die Montagehalle Birkengrund-Süd zum Frauen-KZ ausgebaut (*Ehrenmal Friedhof).

1941/43 illegale KPD-Betriebszelle und Widerstandsgruppe unter Leitung Arthur Ladwigs mit illegaler Betriebszeitung, Flugblättern sowie Kontakten zu den Häftlingen und Zwangsarbeitern; 1943 ergingen zehn Todesurteile, Ladwig wurde 1944 in Brandenburg(*)-Görden hingerichtet (*Gedenkstätte Friedhof, Gedenkstein* vor EOS »Arthur Ladwig«).

Auf dem Gelände des nach 1945 demontierten Rüstungsbetriebes entstand seit 1952 der VEB Industriewerke L., der u. a. Motorroller (seit 1955) und Flugzeugtriebwerke (seit 1954) für die zeitweilige Flugzeugindustrie der DDR mit ihrem Fertigungszentrum in Dresden herstellte. Nach deren Einstellen (1961) begann 1962 auf Ministerratsbeschluß und in RGW-Kooperation der Aufbau des *VEB IFA-Automobilwerke L.*, Stammbetrieb des IFA-Nutzkraftwagen-Kombinates und größter LKW-Hersteller der DDR (Produktionsbeginn 1965 mit W 50, seit 1986 L 60). Seit 1951 wuchs L. mit einem umfangreichen Neubauprogramm zur ersten sozialistischen Wohnstadt des neuen Bezirkes Potsdam (*Kulturhaus »Arthur Ladwig«*, 1959).

Mahlow
Glasow (heute Ot. von M.; in beiden *Feldsteinkirchen* des 13./14. bzw. 13. Jh., die von M. mit Turmaufsatz, 1755/58), Rotzis (seit 1938 Rotberg) und mehrere andere Teltowdörfer wiesen im 14. Jh. verminderte Feudalabgaben auf, wohl um die drohende Entsiedelung aufzuhalten. In G. und sechs weiteren Teltowdörfern bestanden die 1375 bezeugten Ritterhöfe 1450/51 nicht mehr. Die mit der spätmittelalterlichen Agrarkrise einhergehende Besitzlabilität hatte auch die herrschaftlichen Freihufen ergriffen.

1926 errichtete die Berliner Universität in M. ein nach den Methoden Vincenz Prießnitz' arbeitendes Naturheilkrankenhaus (1945 Ausweichklinik für die ausgebombte Berliner Charité, 1949 Brandenburgisches Landeskrankenhaus, seit 1952 *Krankenhaus M.*).

1945/52 war M. Sitz der Teltower (*) Kreisverwaltung, des Kreistages sowie der Kreisparteiorganisationen. Erster Landrat war bis 1947 Richard Meschkat, vor 1933 der USPD bzw. KPD und dem Bund Entschiedener Schulreformer zugehörender Lehrer aus Premnitz. Für die Schulreform berief er ehem. führende Mitglieder des Bundes als Schulleiter nach Glasow und M. und bat den damals in Zehlendorf (Westberlin) wirkenden Paul Oestreich, den ehem. Vorsitzenden des Bundes, mehrfach – so am 20. September 1945 auf der ersten Kreislehrerkonferenz in M. – zu Vorträgen.

Saalow
✛ 1903 errichtete Bockwindmühle, 1936 abgebrochen und als *Paltrockwindmühle* am heutigen Standort neuerrichtet, mustergültig erhaltener Vertreter dieses jüngeren Mühlentyps, bei welchem sich das gesamte, bis Erdnähe reichende Mühlengebäude auf einem Rollenkranz vor dem Wind dreht (*technisches Denkmal*)

Schöneiche
Der Flurname »Alt-Sch.« belegt einen Ortswüstungsvorgang, der wohl durch Umlegung der slawischen Vorgängersiedlung im Zuge der feudalen deutschen Ostexpansion verursacht war. Sie erfaßte den Raum Sch. vielleicht noch im 12. Jh., weil die Rundlingsform des Dorfes in Gegenden einer frühen Ausbauphase häufiger verbreitet war, so auf der »Wendischen Seite« (*Zossen) und in den durch erheblichen Anteil slawischer Flurnamen gekennzeichne-

ten Orten Egsdorf, Tornow, Pätz, Kleinbesten, Nächstwünsdorf. Noch 1591 und 1623 wurde hier das Wendische als vorherrschend genannt.

Nach 1860 Ziegeleien auf dem Gelände *Schöneicher Plan*, nach 1900 Truppenübungsplatz des Wünsdorf (*)-Zossener (*) Geländes

Sperenberg
Bereits unter Kurfürst Joachim II. Gipsabbau bei S. (*Dorfkirche*, stattlicher Barockbau 1752/53, Westturm 1846 verändert), seit 1786 als Mehl-, später als Putzgips breiter Absatz; 1860 höchster Bestand an Gewerbegebäuden eines Teltow-Dorfes; um 1900 Niederlassung der Berliner Gipswerke AG, wobei die älteren Mühlen z. T. stillgelegt und zu Wohnzwecken umgebaut wurden

25. August 1813 Nachhutgefecht nach Großbeeren (*), (Gedenkstein)

Thyrow
Aus einem Sackgassen- oder Angerdorf (1340 ersterwähnt, *Feldsteinkirche* 2. Hälfte 13. Jh.) und mehreren Kolonien 1932/50/57 zusammengewachsene Siedlungsgemeinde; bis zu seiner Emigration 1933 lebte in der *Kolonie T. (Wohnhaus Wilhelmstr.)* der Schachweltmeister (1894–1920), Philosoph, Mathematiker und wohl bedeutendste Schachtheoretiker seiner Zeit, Emanuel Lasker

Wietstock
Älter als das 1346 ersterwähnte angerförmig erweiterte Dorf W. dürfte der im 18. Jh. »Schloßwall« genannte frühdeutsche Turmhügel (*Vehlefanz) sein, der an dem zur Teltowhochfläche führenden Damm liegt. Vor 1378, vielleicht in dem Vergleich von 1240 (*Mittenwalde), kam W. zur Herrschaft Zossen (*), deren Nordwesten das (feste) »Haus W.« schützte. Nachdem Zossen an Kurbrandenburg fiel (1490), bildeten W. und neun andere Dörfer die »Deutsche Seite« des Amtes Zossen. Es überwogen Hufenausstattungen (meist über 40), wie sie auf dem Teltow der Besiedlungsphase des 13. Jh. entsprachen, hinsichtlich der Dorfformen aber die älteren Sackgassen- und Runddörfer (*Dorfkirche*, 1746, wie die meisten der »Deutschen Seite« barockisiert).

Wünsdorf
Seit 1909 wurde W. in das entstehende Zossener (*) Truppenübungsgelände einbezogen. Während des ersten Weltkrieges entstand hier ein großes Kriegsgefangenenlager mit Moschee und einer für die russischen Gefangenen bestimmten Technischen Schule. Erstere blieb nach 1918 zentrale Kultstätte für die Bekenner

des Islam in Deutschland, die Schule erhielt eine russische Siedlung. Die Reichswehr stellte das Gelände der nunmehrigen Heeressportschule W. seit etwa 1930 auch SA und Stahlhelm zur Verfügung; 1935/39 Sitz von Panzertruppen, einer Heereskraftschule und von Teilen der Wehrmachtsführung (*Zossen).

Seit 1945 ist W. Sitz des Oberkommandos der Gruppe der Sowjetischen Streitkräfte in Deutschland.

Zossen (1355)

Bei dem spätslawischen Burgwall rechts der Notte legten entweder die Markgrafen v. Meißen bei ihrem Vorstoß nach 1180 (*Mitten-

Jahrestagsfeier des konterrevolutionären Freikorps »Lützow« in Zossen 1920

walde) eine Grenzfeste gegen den askanischen (oder magdeburgischen) Teil des Teltows an, oder die Burg (erst 1320 erwähnt) entstand im 12. Jh. als Zentrum einer selbständigen Adelsherrschaft, die, seit 1349 nachweislich, die v. Torgow innehatten. Spätestens seit dem 14. Jh. gehörte Z. wie die Herrschaften Teupitz (*) und Baruth (*) zur markmeißnischen (Nieder-)Lausitz und bildete eine der dortigen Standesherrschaften mit Obergericht und Vasallen. Nach dem Gubener Frieden (1370) kam Z. mit der Lausitz zur böhmischen Krone, der die Herrschaft Z., auch nachdem sie an den brandenburgischen Kurfürsten fiel (1490), bis 1742 als Lehen folgte. Mit den 22 Dörfern der »Wendischen Seite« (*Töpchin) und zehn Dörfern der »Deutschen Seite« (*Wietstock) gehörte das nunmehrige Amt Z. zu den größten der Mark. Der 1430 ersterwähnte Kietz von Z. wies eine von der sonst üblichen Straßendorfform abweichende Dreiecksform auf. Der Marktflecken Z. hatte zwar einen Rat und erwarb das (Schulzen)- Niedergericht, blieb aber Mediatstadt.

✦ Von der Burg *Bastion* des 16. Jh. und spätgotisches *Torhaus* erhalten, Burggelände heute *Park;* nördlich ehem. *Gutshaus* (heute: Rat des Kreises) im Kern 17./18. Jh., stark verändert, Sonnenuhr von 1824; Stadt nach Bränden 1662/71 mit großem angerartigem *Markt* wie-

deraufgebaut: *Pfarrkirche* (1739, 1873/75 verändert); Wohnhausbauten 18./19. Jh., vor allem *Otto-Grotewohl-Str. 1/Kirchplatz* (1783), *Puschkinstr. 7* (2. Hälfte 18. Jh.), *Puschkinstr./ Marktplatz, Leninplatz 17, Bahnhofstr. 56/57*

Anders als in Königs Wusterhausen (*) wurde unter Staatskanzler v. Hardenberg (*Marxwalde) der größte Teil an Besitz und Rechten des »Hauses Z.« ohne Einspruch der Hohenzollern für die von Napoleon geforderten Kontributionen veräußert.

Nach Chausseebau Baruth–Z.–Berlin (1838/39) und Eisenbahnanschlüssen nach Jüterbog, Berlin, Dresden (1874/75/80) entstanden Gartenbau, Ziegeleien (seit 1852) und Kalkwerke (*Kalkbrennöfen Wasserstr. 5, technische Denkmale,* um 1852/80).

Seit 1909 legte der Reichsmilitärfiskus zwischen Z. und Wünsdorf (*) für das III. Armee- und Gardekorps den nach Jüterbog (*) und Kummersdorf (*) dritten großen Truppenübungsplatz südlich von Berlin an. Ähnlich wie Döberitz (*) wurde der Ort Zehrensdorf dabei 1910/11 ausgekauft und umgesiedelt, das gesamte Militärgelände reichseigener Gutsbezirk mit über 3 000 ha.

Unter dem Kommando General Maerckers war das »Zossener Lager« seit Dezember 1918 ein Sammelpunkt sog. Freikorpsverbände, die zuerst in den Ostgebieten als gegen Sowjetrußland und Polen gerichteter »Grenzschutz Ost«, nun vor allem um das Revolutionszentrum Berlin entstanden (*Döberitz, *Potsdam). Am 4. Januar 1919 besichtigten die Volksbeauftragten Ebert und Noske auf Einladung General v. Lüttwitz' (*Döberitz) das Freikorpslager Z. Die dabei paradierenden Freikorps-Söldner wurden in den folgenden Tagen gegen die revolutionären Berliner Arbeiter eingesetzt.
Am 1. Juni 1919 wurde die am 31. Mai aus dem Landwehrkanal geborgene Leiche Rosa Luxemburgs auf Noskes Befehl in das Lazarett des Truppenlagers Z. gebracht, um eine ordentliche Obduktion und politische Demonstration zu verhindern. Die Mörder vom 15. Januar waren in der Justizfarce vom April 1919 wegen »Beweisnot« freigesprochen worden. Am 5. Juni 1919 überführte Rosa Luxemburgs Sekretärin die Leiche über Mahlow nach Berlin, wo sie am 13. Juni von Zehntausenden Menschen das letzte Geleit nach Friedrichsfelde erhielt.

Nach dem Versailler Vertrag lag das »Zossener Lager« weitgehend brach. Zehrensdorf wurde seit 1921 wieder aufgesiedelt. Teile des Lagers dienten in den 30er Jahren als Arbeitsdienst-Stammlager, in dem bis Juli 1933 eine KPD-Zelle Aufklärungs- und Widerstandsarbeit unter den Arbeitsdienstverpflichteten versuchte.

1935/36 wurde Zehrensdorf zum Artillerie-Zieldorf für den nun erheblich ausgebauten Truppenübungsplatz bestimmt und endgültig aufgelöst. Im Militärgelände von Z. und Wünsdorf entstanden bis 1939 die gut getarnten und militärisch schwer gesicherten Befehlszentralen der faschistischen Wehrmachtsführung und der Landstreitkräfte »Maybach I und II«. Hier saßen das Oberkommando der Wehrmacht unter Keitel, das 1938 anstelle des aufgehobenen Reichskriegsministeriums als Stab Hitlers fungierte, mit seinem strategischen Planungszentrum, dem Wehrmachtsführungsamt/stab unter Jodl (seit 1944 Guderian) sowie der Hauptteil des Heeres-Generalstabes, der hier zum sog. Hauptquartier des Oberkommandos des Heeres unter v. Brauchitsch als Oberkommandierenden und Beck bzw. seit August 1938 (*Jüterbog) Halder als Generalstabschef zusammengefaßt war. Z. wurde zum wichtigsten Planungs- und Führungszentrum der faschistischen Kriegsoperationen bis zum Überfall auf die Sowjetunion 1941 und blieb es dann in Abstimmung mit dem sog. Führerhauptquartier für die Landstreitkräfte. 1943/44 waren Generalstabsoffiziere an den Putschplänen beteiligt; Albrecht Mertz v. Quirnheim (*Potsdam), zeitweise Generalstabsoffizier in Z., gehörte zu den Hauptverschwörern des 20. Juli 1944. 1945 wurden von den Zossener Kommandozentralen die faschistischen Abwehrkämpfe gegen die Offensive namentlich der Roten Armee geleitet, die Kommandozentralen am 20./22. April unter schweren Kämpfen von der sowjetischen 1. Ukrainischen Front erobert, nachdem sich die faschistischen Generalstäbler nach Norden abgesetzt hatten (*Sowjetischer Ehrenfriedhof/Denkmal Leninplatz*).
Am 24. März 1946 Vereinigung der KPD- und SPD-Organisationen des Kreises Teltow (*Mahlow) unter Anwesenheit der Bezirksvorsitzenden beider Parteien in Z. (*Gaststätte »Deutsches Haus«, Gedenktafel*); 1952 wurde Z. Kreisstadt für 51 Orte des ehem. Kreises Teltow und für 10 Orte des ehem. Kreises Jüterbog–Luckenwalde.

Kreis Luckenwalde

Blankensee

Frühdeutsche, 1234 ersterwähnte Burg mit Kietz bei unklaren Herrschaftsverhältnissen; Anfang 14. Jh. nahmen hier die Herren v. Ruppin und v. Trebbin sowie das Stift Quedlinburg sich z. T. überschneidende

Hermann Sudermann

Gehöft Klaus in Kemnitz, Bauernhof vom Nuthe-Nieplitz-Typ

Rechte wahr; 1333/40 fiel die Kleinherrschaft an Sachsen-Wittenberg (bis 1815) und wurde an die v. Thümen verliehen.

1902 bis zu seinem Tode 1928 besaß der naturalistisch beeinflußte Erfolgsdramatiker und -romancier Hermann Sudermann Schloß B.

✦*Schloß* (1701, *Sudermann-Gedenkzimmer* mit Teilen seiner Kunstsammlung, weitere Stücke im *Park*); *Dorfkirche* (im Kern mittelalterlich, 16./17. Jh. verändert); *Wohnhaus Dorfstr. 4 (Heimatmuseum* mit bäuerlich-volkskundlicher Sammlung), wohl 1649 errichtet, später verändert, eines der ältesten zweistöckigen Mittelflurhäuser des Bezirkes mit »Schwarzer Küche« und Fachwerk-Schlot.

1920 gründete der Maurer und Heilmagnetiseur Joseph Weißenberg in B. eines der größten, privaten Siedlungswerke der Weimarer Zeit, die Christliche Siedlungsgenossenschaft »Waldfrieden«. Auf Baugrund in B. und Trebbin schuf er 1928/29 das Kirchenzentrum für die 1926 von ihm gegründete »Evangelisch-Johannische Kirche«, die 1935 von den Nazis verboten und deren Zentrum in B. zur Panzerwerkstatt umgebaut wurde (heute: *Kirchenzentrum B. der Johannischen Kirche der DDR,* die etwa 7 000 Mitglieder zählt).

Felgentreu

In der Außenstelle F. des Zuchthauses Luckau bildete sich eine illegale internationale Widerstandsgruppe unter Führung des deutschen Kommunisten Wilhelm Mayer. Sie konnte sich Waffen aus Jüterbog beschaffen, am 17. April 1945 den Ortskommandanten und die Wachmannschaften festnehmen und einem SS-Angriff widerstehen. Am 22. April erreichte W. Mayer im Alleingang sowjetische Stellungen bei Luckenwalde (*), worauf F. am 24. April befreit werden konnte.

Gottow

Schon im 15. Jh. Raseneisensteinhütte der Zinnaer (*) Mönche; 1752/53 Hoher Ofen in G., 1760 Hammerwerk, 1764 Zainhammer; das »königliche Hüttenwerk« produzierte Roheisen und Munition, vor allem Kanonenkugeln; 1837 wurde es als unrentabel geschlossen; vom 1945 weitgehend zerstörten Hüttenkomplex ist das *Amtshaus* erhalten, von der technischen Ausrüstung ein Amboß im Kreismuseum Luckenwalde.

Kemnitz

✦ *Gehöft Klaus* – im 18. Jh. errichteter, im Nuthe-Nieplitz-Gebiet und Niederen Fläming noch anzutreffender *Vierseithof* lockerer Fügung, das alleinstehende *Torhaus* mit Laube, die *Scheune* mit zwei Einfahrtstoren, *Stallgebäude* mit oberem Laubengang, zweigeschossiger Sondertyp des *Mittelflurhauses* (*Schlalach) *mit Giebelvorbau und Stalloberlauben;* spätmittelalterliche *Feldsteinkirche,* Westfront 1739

Kliestow

K. (1375 erserwähnt), Neuendorf (seit 1938 Wiesenhagen) und (seit 1897 Klein-)Schulzendorf, Zubehördörfer der Herrschaft Trebbin (*), haben über die Landbuchzeit hinaus starke slawische Strukturmerkmale bewahrt: die Institution des »leman« – vermutlich roßdienstpflichtige Lehnbauern ähnlich den sorbischen »Witsassen«, die auch nach Einführung der Schulzenverfassung an Freihufen und am Gericht beteiligt blieben; Kleingewannfluren, slawische Flurnamen sowie – nur in K. – die sonst in der Mark unbekannte Abgabe des Slawenscheffels. Der Flurname »Alten Cliestow« und zweimaliges Auftreten des Ortsnamens »Neuendorf« im Nutheland bezeugen Siedlungsumlegungen. Bei K. lag ein Burgwall mit offener Vorburgsiedlung.

Luckenwalde (1285)

Wie in Jüterbog (*) liegt ein altslawischer Burgwall als Mittelpunkt eines Burgbezirkes außerhalb des späteren Stadtgebietes, und zwar 1,7 km östlich in der Niederung des Königsgrabens. Vermutlich wurde er im 10. Jh. als deutscher Burgward ausgebaut. Die Wallanlage ist durch Straßen- und Erdarbeiten stark gestört, unter dem slawischen Fundmaterial eine verzierte bronzene Riemenzunge des 9./10. Jh. besonders bemerkenswert (Funde: *Museum für Ur- und Frühgeschichte Potsdam, Heimatmuseum Luckenwalde).*

Die 1216 erserwähnte deutsche Burg am nordöstlichen Stadtrand von L. (*Straße »Die Burg«*) ist wohl ebenfalls über einer slawischen Burg errichtet worden. Befestigungsspuren sind an der Oberfläche nicht erhalten (Funde: *Heimatmuseum L.).* Diese Burg war wohl eine stiftsmagdeburgische oder eigenständige Herrschaftsbildung über mindestens elf Dörfer, bis 1285 bei denen v. Richow, dann im Besitz des Klosters Zinna (*), nach dem der westliche

Marktturm und Pfarrkirche St. Johannes in Luckenwalde

Teil des Gebietes den Namen »Männeken-land« (Mönchenland) trägt.

Stadt mit vor allem im 15. Jh. entfalteter Marktfunktion für das umliegende Agrargebiet, 1430 Brau- und Handwerksrechte erzbischöflich bestätigt, 1431 Lateinschule, 1471 Bürgermeister und Ratsmannen, 1493 Leineweberinnung erwähnt; im 16. Jh. *Jüterboger und Trebbiner Vorstadt* angelegt; Schneider und Schmiede 1559 bis 1681 in einer Zunft zusammengefaßt, was den unausgereift-landstädtischen Status der Stadt belegt (*Pfarrkirche St. Johannes*, 2. Hälfte 15. Jh. mit Resten des Vorgängerbaus des 13. Jh., Südkapelle um 1520, Nordkapelle 1905; *Marktturm*, Feldstein, 12./13. Jh. und 2. Hälfte 15. Jh., vielleicht auf eine erste deutsche Burg zurückgehend)

1680 wurde L. mit dem Herzogtum Magdeburg – anders als Jüterbog (*) – kurbrandenburgisch. Schon 1684 wurde eine Faktorei gegründet. 1717 erneut angesiedelte, meist sächsische Weber erhielten 1724 ein Innungsprivileg, fanden Absatz auf Leipziger Messen, waren aber im Wolleinkauf verlagsabhängig. Wegen Garnmangel wurde ab 1750 die Spinnerkolonie in der *Jüterboger Vorstadt* angelegt. 1772 traten drei Webermeister als Verleger ihrer Zunftgenossen auf, 1782/91 wurde ein hiesiger Tuchhändler für den Engroshandel privilegiert. Dabei wuchs die Luckenwalder Innungsproduktion feiner »spanischer Tuche«, 1801 schafften 168 Meister (1748: 47) einen Produktionswert, der über dem einiger Lausitzer Tuchstädte lag. Die Existenz selbständiger Lohnhandwerksbetriebe für Färberei und Tuchscheren bezeugt vorangeschrittene Arbeitsteilung.
1780/82 wurden Geraer Zeugweber nach dem dortigen Stadtbrand abgeworben, in der *Geraer Vorstadt* angesiedelt und erhielten 1782 ein Zunftprivileg. Nachdem die Berliner Unternehmer Wegely, Lange und du Titre abgelehnt hatten, fand sich der Magdeburger Thomas de Vins zum Verlag der »Geraer« bereit, lehnte es aber ab, Produzentenanzahl, Produktionsmenge und -bedingungen der »Geraer« – wie gefordert – zu fixieren und »Selbstetablissements« für eigene Rechnung arbeitender Weber zu akzeptieren, sondern begann ein zentralisiertes Manufakturregime. Es drückte die Weber zu Teilarbeitern herab, schnitt sie von Rohstoff und Rohprodukt wie vom veredelten Endprodukt ab. Der Manufakturist schmälerte den ohnehin erbärmlichen Wochengewinn der Weber, hielt sie mit Garn knapp, gab ihnen häufig »schlechte Gewebe« zurück, stellte unzünftige Hilfskräfte ein und spaltete die Zunft,

indem er nur einigen Webern Vertragstreue zusagte. De Vins' Finanzschwäche, mangelhafte Rohstoffbeschaffung, 1801 erstmals schärfere Absatznot infolge englischer Konkurrenz, die »finanzwidrige Combinaison« (de Vins) von Kolonisten- und Zunftrechten mit frühkapitalistischem Profitstreben führten 1802 zum Konkurs. 1806 ersteigerte der Tuchmachermeister Gottlieb Busse die »Große (Woll)Fabrik« weit unter ihrem Wert und fand bis 1827 alle Zeugweber für den Verzicht auf ihren Kolonistenstatus ab. Der nunmehr erste kapitalistische Textilbetrieb in L. setzte 1815 die erste Spinnmaschine und 1828 eine Dampfmaschine ein, hatte 60 Stühle und zeitweise eine eigene Walke. Kinderarbeit, seit 1822 an Cockerillschen Spinnmaschinen, nötigte 1828 das preußische Kultusministerium zu dem »Kompromiß«, den Zehnstundentag für Kinder unter neun Jahren, das Verbot der Nachtarbeit und eine Fabrikschule anzuordnen, die wenigstens drei Unterrichtsstunden sichern sollte. 1840/46 – bei Bahnanschluß Luckenwaldes 1841 – sank die Zahl der Meister weiter ab (von 80 auf 67), während sich in ihren Betrieben die Zahl der Webstühle verdoppelte und L. nunmehr elf Dampfmaschinen zählte. Busses »Große Fabrik« hielt ein Drittel der Tuchproduktion. 1835 war hier die Zylinderschermaschine erfunden worden. Die Vor- und Folgegewerke gingen nur z. T. in die »geschlossenen Etablissements« ein. Der seit 1858 in L. eingeführte mechanische Webstuhl blieb in der Minderzahl (1880: 335 gegen 820 Handstühle). Die so strukturierte Tuchindustrie von L. hatte 1864 den Gipfel erreicht und wurde seitdem mit jeder Krise anfälliger.
✦ *Rathaus* (1844, in Schinkel-Nachfolge); Wohnhausbau des 18./19. Jh., vor allem: *Platz der Jugend 12* (1726); *Baruther Str. 2, 6, 30, 31, 32* (Fachwerk, 18. Jh./1. Hälfte 19.Jh.); *Ernst-Thälmann-Str.* (drei Häuser am Rathaus, 18. Jh./1. Hälfte 19. Jh.); *Käthe-Kollwitz-Str. 73* (1. Hälfte 19. Jh.); *Rudolf-Breitscheid-Str. 157* (um 1860)

In L. und Jüterbog (*) formierten sich 1869/70 die ältesten märkischen Ortsorganisationen der »Eisenacher« Sozialdemokratischen Arbeiterpartei; 1874/76 gab es unter Luckenwalder Arbeitern mit 255 von 414 ungewöhnlich viele nichtkirchliche Eheschließungen.

1882 lag L. hinter Forst an zweiter Stelle unter den Textilstandorten der Provinz Brandenburg bei beginnender Kammgarnverarbeitung, Kunstwoll- und (seit 1872/75) Hutfabrikation.

Hutfabrik Luckenwalde, Bau des Reformarchitekten Erich Mendelsohn

Als die Krise der 90er Jahre die Tuchfabrikation wieder schwer traf, gelang in L. der Übergang in den »modischen« Bereich der Hutindustrie, begünstigt durch ein disponibles Arbeitskräftereservoir und einen örtlichen Maschinenbau, der früh spezifische Technik bereitstellen konnte. 1901 hatte L. schon zwölf Hutfabriken. Die Konkurrenz in Berlin und vor allem Guben erzwang 1907 ein Reichs-Konditions-Kartell, nach dem in L. nur noch neun, dafür aber einige der größten deutschen Hutfabriken bestanden, die 1914 für die profitable Heeresproduktion ein spezielles Verkaufskontor gründeten. Anfang der 20er Jahre waren in der Tuchindustrie nur noch 1 700 Arbeiter beschäftigt, in der Hutindustrie dagegen 3 000 und in der seit 1881 entwickelten Metallwarenindustrie 2 300 (heute strukturbestimmend).

L. war seit dem Zuzug streikentlassener Crimmitschauer Textilarbeiter (1904) und damit steigendem sozialdemokratischem Einfluß, besonders aber nach der Novemberrevolution (Arbeiter- und Soldatenrat L., dem sich der Kreistag am 14. November 1918 unterstellte, Gründung einer KPD-Ortsgruppe 1919) ein Zentrum der Arbeiterbewegung in der Provinz Brandenburg, galt als »rotes L.«. Die Arbeiterparteien besaßen die Mehrheit im Stadtparlament. In L. betrieben Sozialdemokratie und Gewerkschaften eine Brandenburg (*) vergleichbare, reformorientierte Kommunal- und Siedlungspolitik, die zusammen mit der Auftragspolitik der hiesigen Großindustrie später führende Reformarchitekten anzog, namentlich Erich Mendelsohn, der hier seinen ersten Großauftrag erhielt und seinen neben Leningrad (1925) einzigen Industriebau ausführen konnte, und Richard Neutra, der nach Potsdam-Bornim 1921/22 im Stadtbauamt L. eng mit Mendelsohn zusammenarbeitete und dann in die USA übersiedelte. Mendelsohn gehörte nach seinen Arbeiten in L. und Potsdam (*) neben Gropius, den Gebrüdern Taut (*Chorin, *Dahlewitz), Mies van der Rohe (*Potsdam) 1923 zu den Begründern der Berliner Architektenvereinigung »Der Ring«.

✦ *Fabrikgebäude VEB Wälzlager, Industriestr.* (urspr. *Färberei und Trockenturm einer Hutfabrik,* 1919/20 von E. Mendelsohn); *Waldfriedhof* (um 1920 von R. Neutra und J. Bischof); *Siedlung Jänickendorfer Str.* (um 1920 von J. Bischof); *Siedlung Gottower Str./Upstallweg* (um 1920 von E. Mendelsohn); *Siedlung Am Anger;* zwischen 1928/31 Gewerkschaftsjugendheim,

Walderholungsheim für Arbeiterkinder und Volksheimsiedlung der Gewerkschaftshaus- und Volksheim GmbH (1928/32)

1933 faschistischer Terror in der Arbeiterstadt (Folterstätte im heutigen *Kreis-Pionierhaus Goethestr., Gedenktafel*); während des Krieges großes Kriegsgefangenen- und Zwangsarbeiterlager (*Zentrale Gedenkstätte Stadtpark*); im April 1945 erbitterte Kämpfe der vorrückenden sowjetischen l. Ukrainischen Front gegen faschistische Einheiten der Armeen Busse (*Halbe) und Wenck (*Wiesenburg); *Sowjetischer Ehrenfriedhof, Waldfriedhof*
Am 5. Dezember 1945 in L. SPD-Funktionärsversammlung, auf der Gustav Dahrendorf, ehem. Brandenburg(*)-Häftling, Mitunterzeichner des KPD-SPD-Aktionsabkommens vom 19. Juni, Vizepräsident der Deutschen Zentralverwaltung für Brennstoffindustrie, seinen Frontwechsel zum rechten SPD-Flügel und zu den Einheitsgegnern erkennen ließ; im Februar 1946 folgte sein Übertritt in die Westzonen.

Petkus
Vermutlich bronzezeitlich und dann wieder frühdeutsch besiedelte Wehranlage bei P.; dieses 1229 ersterwähnt, mit Jüterbog bis 1815 kursächsisch (*Dorfkirche* im Kern Feldsteinbau 13. Jh., Turm

Luckenwalder Wohnsiedlung Jänickendorfer Straße im sog. Heimatstil

2. Hälfte 19. Jh.; 1835 errichtete Bockwindmühle, 1950 zur *Paltrockmühle* umgebaut, *technisches Denkmal*)

Gut und Dorf kamen 1816 an die v. Lochow. Ferdinand v. Lochow baute hier seit 1876 nach den Anregungen des hallischen Agrarwissenschaftlers Julius Kühn einen landwirtschaftlichen Musterbetrieb auf. Die Petkuser Schweinezuchtanlagen galten in der Provinz Brandenburg als vorbildlich, der Lochowsche Gelbhafer als bester deutscher Hafer; Lochows seit 1880 gezüchteter Petkuser Roggen wurde 1891 von der Deutschen Landwirtschaftsgesellschaft als bester seiner Art anerkannt und bestimmte später 75 Prozent des deutschen Roggenanbaus (*Gedenkstein am ehem. Landhaus,* heute: *VEG Saatzucht P.*).

Stülpe
Wohl in der 2. Hälfte des 12. Jh. zur Sicherung des von Jüterbog (*) aus okkupierten Gebietes des Niederen Flämings errichtete, 1342 ersterwähnte Burg, im 15. Jh. an die v. Schlieben in Baruth, im 16. Jh. an die v. Hake im 17. Jh. bis 1945 an die v. Rochow (*Schloß* 1744, mit *Landschaftspark,* 19. Jh.), Bauteile der vom Kloster Zinna (*) vor 1437 auf dem *Golm* als Wallfahrtszentrum errichteten, schon 1522 eingegangenen Marienkapelle in der *Dorfkirche* (1562)

Schloß und Landschaftspark Stülpe

Im Oktober 1932 auf *Schloß S.* letzter Vertretertag des 1920 gegründeten extremreaktionären, nun vom nazifaschistischen Studentenbund aus seiner beherrschenden Stellung in der Deutschen Studentenschaft verdrängten Deutschen Hochschulrings; u. a. auf ihrer Stülper Tagung suchten die Hochschulringgruppen vergeblich eine neue Plattform vor allem mit dem Stahlhelm-Studentenring im Bündnis, aber nicht als Juniorpartner der faschistischen Studenten; im Juli 1933 gingen sie mehr oder weniger konfliktlos in der faschistischen Studentenschaft auf.

Trebbin (1373)

Wie Luckenwalde (*) frühdeutsche Herrschaftsbildung entweder des Erzbistums Magdeburg oder eines selbständig handelnden Adelsgeschlechtes, zunächst vielleicht vom Burgwall Kliestow (*) aus, dann auf Burg T. (1216 ersterwähnt), die noch im 13. Jh. askanisch wurde; 1412/13 in der Hand eines Quitzow-Parteigängers, von den Hohenzollern erobert; 1412 Bürgermeister und Rat erwähnt, der nach 1690 und vor 1704 das Lehnschulzengericht erkaufte

✤ *Pfarrkirche St. Marien* (um 1740, Turm 1755); *Hospitalkapelle St. Anna* (15. Jh., 1920); Wohnhäuser *Luckenwalder Str. 4* (1788, Pfarrhaus) und *Beelitzer Str. 47* (frühes 19. Jh.)

1510 Geburtsort des in Zauche und Teltow beliebten »märkischen Eulenspiegels« Hans Clauert
1860 erste Fabriken, ab 1870 stärkere Industrialisierung und nahezu Verdopplung der Häuserzahl bis 1900
November 1918 Beschluß des örtlichen Arbeiter- und Soldatenrates, den Großgrundbesitz um T. entschädigungslos zu enteignen, 1919 rückgängig gemacht; frühe KPD-Ortsgruppengründung (Februar 1919), 1922 hier eines der Gastspiele des »Roten Geigers« Eduard Soermus

Kreis Jüterbog

Bärwalde

Die Anfänge der Kleinherrschaft B., zu 1157 wenig glaubwürdig bezeugt, treten erst 1294 ins Licht, als die Herren v. B. in askanischem Gefolge erscheinen, wenngleich zwischen der Mark und B. das stiftsmagdeburgische Land Jüterbog lag. Die meißnisch-brandenburgische Diözesangrenze verlief zwischen B. und Wiepersdorf sowie den übrigen fünf Orten der Herrschaft. B. war wohl schon vor 1562, als Kurbrandenburg die Herrschaft als Lehen übernahm, durch die Lausitz an die Krone Böhmens gebunden, die die Oberlehnsherrschaft erst 1815 abgab. B. war immer an Adelsfamilien verlehnt, seit 1780 an die v. Arnim (*Wiepersdorf); vom spätmittelalterlichen Schloß über der stark ausgebauten Burg erhalten: *Turmruine, Kellergewölbe.*

Dennewitz

Nach den Niederlagen von Großbeeren (*) und Hagelberg (*) sah sich das napoleonische Heer abermals zur Offensive seiner »Armée de Berlin« gezwungen, da es auf dem böhmischen Kriegsschauplatz trotz seines Dresdner Erfolges keinen strategischen Gewinn zu erzielen vermochte. Die Verbündeten vereinigten die bei Treuenbrietzen stehende Armee General v. Bülows, des Siegers von Großbeeren, mit aus Wittenberg verdrängten Truppen und den von Niemegk und Rabenstein herangerückten Verbänden Bernadottes. Am 6. September 1813 bereiteten sie bei D. den napoleonischen Truppen eine weitere schwere Niederlage, die in panikartiger Flucht mit hohen Verlusten endete. Damit war Napoleons Offensivkonzept zur Farce geworden. Trotz politischen Taktierens vor allem Österreichs bereitete Marschall Blüchers Eilmarsch elbabwärts die letztlich entscheidende Völkerschlacht von Leipzig vor.
✦ *Denkmal* auf dem Anger; *Gedenkkreuz* westlich von D.; *Ehrenmal* auf Anhöhe Richtung Niedergörsdorf, neugotische Fiale in Eisenkunstguß nach Entwurf Schinkels; Fachwerkgebäude um 1800: *Hof Höhne* mit Wohnhaus vom Nuthe-Nieplitz-Typ, d. h. mit giebelseitigem kleinerem Vorhaus; *Hof Nr. 41*, Mittelflurhaus (*Schlalach) zweistöckig, Torhaus und Stall je mit Oberlaube; *Dorfkirche*, 1858, erweiterter gotischer Feldsteinbau.

Jüterbog (1174)

Etwa 3 km südlich von J. am Quellauf der Nuthe liegt die bisher älteste bäuerliche Siedlung der Jungsteinzeit im Bezirk Potsdam (Linienbandkeramische Kultur, etwa 4000 v. u. Z.). Bemerkenswerte Funde sind neben typischen Gefäßen Sicheleinsätze aus Feuerstein (Funde: *Museum für Ur- und Frühgeschichte Potsdam*). Die Siedlung zeugt von früher bäuerlicher Kolonisation aus dem bandkeramischen Altsiedelgebiet an der Mittelelbe.

Die erste Erwähnung des Ortes erfolgte 1007, als ein deutsches Heer polnische Truppen (*Lebus) bis »Jutriboc« verfolgte. J. lag offenbar an einer größeren Straße zwischen Magdeburg und Schlesien und war wohl ein Zentralort des slawischen Siedlungsgebietes um die Nuthe (Überreste des Burgwalls am *Schloßberg* westlich der heutigen Altstadt). Bald nach 1150 okkupierte Erzbischof Wichmann v. Magdeburg den Raum J. Der Burgwall wurde zu einer deutschen Burg ausgebaut (Verlauf des *Burggrabens* an Nord- und Ostseite des *Parks* noch erkennbar). Im östlich gelegenen, wohl schon spätslawischen Suburbium (heutiger Ot. *Damm*) ließen sich deutsche Dienstmannen, Handwerker und Kaufleute nieder. Die zugehörige Kirche stand vermutlich schon 1161 und sollte die Hauptkirche des ganzen Landes J. werden. 1174 entschloß sich Wichmann zu einer planmäßigen Stadtanlage östlich vom Suburbium. Wichmanns Privileg kann als markantestes Zeugnis für die planmäßige Gestaltung von Stadt-Land-Beziehungen in der Frühphase der deutschen Ostexpansion gelten. J. war als Zentrum des umliegenden Landes sowie des Fernhandels vorgesehen – die Bürger der erzbischöflichen Städte Magdeburg, Halle, Calbe/Saale und Tuch (Taucha bei Leipzig oder Tucheim bei Brandenburg) bekamen Zollfreiheit in J., dessen Bürger wiederum in den genannten Städten. Daneben sollten das dörfliche Siedlungsgefüge der Umgebung durch kleinere Marktorte ergänzt werden, alle Siedlungen in Austauschbeziehungen stehen und ein ökonomisches Ganzes bilden.

Wichmanns Stadtanlage mit Straßenmarkt zunächst nur im westlichen Teil der Hauptdurchgangsstraße; erst Anfang 13. Jh., nach vorübergehender Zerstörung durch Slawen (1179), führte ein zweiter Ausbau zum Umfang der heutigen Altstadtsiedlung (1221 Einweihung einer Katharinenkirche, mutmaßlich Vorläuferin der *Nikolaikirche*). Die Siedlung *Neumarkt*, bald nach 1174 entstanden und dem Namen nach ebenfalls kaufmännisch orientiert, sank mit der Stadterweiterung auf eine dörfliche Stufe herab. Der Name »J.« konzentrierte sich auf die Planstadt, deren Mauer 1317 erstmals erwähnt wurde; *Neumarkt* und *Damm* blieben selbständige Siedlungen, Damm bis 1936, dessen Pfarrei für ein Drittel von J. zuständig blieb.

Ältestes erhaltenes Innungsprivileg ist das für die Bäcker (1313). Um 1400 zählte die Innung 14 Meister (1467 in Brandenburg-Neustadt 25). Die Gewandschneider hatten aber wahrscheinlich die älteste Berufsgenossenschaft in J., denn schon 1183 ist eine solche für Magdeburg bezeugt, von dem J. sein Stadtrecht hatte. Die größte Zunft bildeten die Tuchmacher, die sich zwischen 1425 und 1454 mit den Gewandschneidern zusammenschlossen (um 1500 200 Meister) und dadurch sozial aufstiegen. Die neue Zunft, wohl auch schon die Tuchmacher und die Gewandschneider gesondert, bildeten mit Fleischern und Schuhmachern die »Vierwerke«, als deren »Stamm« sie das vierte Gewerk seit der 2. Hälfte des 15. Jh. hinzuwählten – nach der Vereinigung der Tuchhändler und -macher war offenbar ein Platz frei geworden. 1425 galt eine Rangfolgeordnung für kirchliche Umzüge, die die Gewandschneider an die Spitze stellte, Schuhmacher, Fleischer, Tuchmacher, Schneider, Bäcker, Kürschner, Leineweber, Gerber, Schuhflicker u. a. folgten.

Vor der Ersterwähnung eines Rates in Magdeburg (1244) stand wohl auch in J. zunächst allein der 1181 bzw. 1218 erstmals genannte Schulze mit seinen Schöffen, eingesetzt vom Erzbischof oder dessen Vogt, der Bürgerschaft vor. Im Unterschied zu den Schulzenrechten in einigen Dörfern, die Wichmann gründete (z. B. in Wusterwitz, *), nahm der Schulze in J. anfangs nur die niedere Gerichtsbarkeit wahr, während der Vogt die hohe (Bluts-) Gerichtsbarkeit ausübte. Erst im 14. Jh. scheint dem Schulzen die volle Gerichtsbarkeit übertragen worden zu sein. Der Magdeburger Erzbischof zog im 15. Jh. sogar vorübergehend das Schulzenamt ein und gab es an den Amtshauptmann aus, den Nachfolger des Vogtes auf der Burg, doch spätestens ab 1483 – wohl unter dem Druck der Bürger – wurden wieder Stadtschulzen eingesetzt.

1282 wurde in J. erstmals der Rat als Organ partieller Selbstverwaltung der Bürgerschaft erwähnt, an dessen Spitze ab der 2. Hälfte des 14. Jh. Bürgermeister traten. Zunächst wohl auch kaufmännisch beherrscht, forderten schon im 14. Jh. die größeren Zünfte Ratsbeteiligung. Einige ihrer Forderungen erfüllte der Erzbischof bei seinem Eingreifen 1454. Neben den vereinigten Gewandschneider-Tuchmachern erhielten die Schuhmacher und Fleischer Sitze im Rat, kurze Zeit später auch das »Wahl«-Mitglied der »Vierwerke«. Innungsvorsteher sollten nicht im Rat, nur dessen Rechnungslegung beisitzen. Die Konflikte flackerten 1457 erneut auf, als der Erzbischof den Bürgern heimliche und offene »Sammlungen« gegen den Rat verwies. Außerdem behielt er sich eigenmächtige Eingriffe vor. Noch vor 1473 mußten aber weitere Zugeständnisse gemacht werden: Die Bürger wählten nunmehr 18 Ratsherren mit drei Bürgermeistern, von denen je ein Drittel für ein Jahr regierte, so daß im vierten Jahr wieder die des ersten Jahres das Amt bekleideten. Diese eigenartige Praxis hielt sich bis 1669.

✦ *Stadtbefestigung* 13. und Anfang 14. Jh., Reste der Mauer, fünf *Mauertürme*, mehrere *Weichhäuser*, Teile des *Zinnaer*, *Damm-* und *Neumarkter Tores*; von der Mauerverstärkung und -erhöhung 1478: *Vortore* am Damm- und Neumarkttor; *Rathaus* Anfang 16. Jh., vom Vorgängerbau *Gerichtslaube*, 1493 vollendet; *Marienkirche* im Ot. *Damm*, älteste Teile im östlichen Langhaus 1. Hälfte 13. Jh., Chor Ende 15. Jh., Turm 18. Jh.; *Nikolaikirche* 2. Hälfte 14. Jh., doppeltürmiger Westbau 15. Jh.; spätromanische *Feldsteinkirche* mit eingezogenem Chor und Apsis im Ot. *Neumarkt* (um 1200); vom Zisterzienser-Nonnenkloster in der *Dammvorstadt*, gegründet 1282, erhalten: *Zellenhaus der Klausur* (um 1500); *Franziskanerkirche* (1480–1510) und -*kloster* (Tochtergründung des Grauen Klosters zu Wittenberg), Ostflügel der Klausur Ende 15. Jh.; *Abtshof* des Zisterzienserklosters Zinna um 1500, heute *Heimatmuseum J.*; Katholische *Pfarrkirche (Schulstr.)*, 15. Jh.

Kurfürst Rudolf v. Sachsen besetzte 1406 J., das zur Auslösung 400 Schock böhmischer Groschen beisteu-

Das Dammtor in Jüterbog

ern mußte. Bald darauf suchten die v. Quitzow das Land J. heim, worauf das Bürgeraufgebot 1414 an der Belagerung der Burg Beuthen teilnahm (*Großbeuthen).

In dem wohlhabenden J. hielt 1517 Johann Tetzel Einzug, dessen »heiliger Handel« mit Ablaßzetteln zum Freikauf von begangenen und zukünftigen Sünden zum Anlaß für Martin Luthers 95 Thesen wurde. Der Dominikaner Tetzel antwortete noch in J. mit Verbrennung der ihm Gotteslästerung vorwerfenden Lutherthesen und kündigte den Gegenschlag an, zu dem das Provinzialkapitel seines Ordens Anfang 1518 in Frankfurt (*) mit 106 Gegenthesen und der förmlichen Einleitung eines Ketzerprozesses in Rom ausholte.

Das Wirken Franz Günthers seit 1519 in J., dessen Septemberthesen 1517 in Wittenberg erstmals Luthers Gnadenlehre als entscheidenden Hebel gegen den damaligen Kirchenbetrieb öffentlich vorgetragen hatten, führte hier zu heftigen Angriffen der Jüterboger Franziskaner, deren In-Lutheranos-Artikel die Leipziger Disputation Luthers mit Dr. Eck verschärften. Günther und sein kurzzeitiger Nachfolger Thomas Müntzer mußten J. verlassen, ehe es hier 1520 zum ersten reformatorischen Abendmahl kam. Viele Jüterboger »excurrirten« fortan ins nahe kursächsische Oehna, um dort Günthers Predigten zu hören. Die zeitgleichen kurbrandenburgischen Verhältnisse unter Joachim I. sind durch die Verschleppung eines evangelischen Predigers aus J. (1529) gekennzeichnet. Trotz Zusage freier Religionsausübung durch den Magdeburger Erzbischof für J. (1540) konnte hier noch 1545 auf Drängen reicher, altkirchlich gesinnter Bürger die erste dauerhaft angestellte evangelische Prediger amtsenthoben werden. 1562/63, bei der ersten Kirchenvisitation im magdeburgischen Stiftsland, erhielt der Rat beide Klöster zu Pfarrkirchen und für Schulzwecke.

1549 bis 1683 mehrere Fürstenkongresse in J., als bedeutender der von 1611 um die Jülicher Erbstreitigkeiten, unter Teilnahme der Kurfürsten v. Brandenburg und Sachsen und Christians I. v. Anhalt, des Führers der protestantischen Union; von 67 Kreistagen des Obersächsischen (Reichs)-Kreises fanden in dem Zeitraum 14 in J. statt, nächst Leipzig die meisten.

Auf dem Religionsgespräch von 1549 berieten Moritz v. Sachsen, Joachim II. v. Brandenburg, Georg III. v. Anhalt, Julius Pflug, Bischof v. Naumburg, Melanchthon, Pfeffinger und Agricola, »was mit gutem Gewissen den Papisten könne nachgegeben werden, um Beschwerung zu vermeiden«. Das Thema entsprach der Situation nach dem Sieg der kaiserlich-katholischen Seite im vorausgegangenen Schmalkaldischen Krieg, aber auch den territorial- und reichspolitischen Kalkulationen der beiden Kurstaaten und einigen Grundlinien phillippistischer Theologie.

Mit dem Fläming gehörte J. zu den am stärksten vom Dreißigjährigen Krieg heimgesuchten Räumen zwischen Elbe und Oder: 1620 hatte J. 613 Häuser, davon 194 brauberechtigten Großerben, 252 Kleinerben gehörig; 167 lagen außerhalb der Stadtmauer. 1646 waren noch 120 Häuser mit 300 Einwohnern besetzt, 1664 erst wieder 300, noch 1703 270 wüste Hausstellen, erst 1855 Häuserzahl von 1620 wieder erreicht. Nachteilig für J. wirkte sich die Grenzziehung von 1680 aus, als das Stiftsland überwiegend als Herzogtum Magdeburg an Kurbrandenburg fiel, das Amt J. jedoch an das 1657 gebildete Sekundogenitur-Herzogtum Sachsen-Weißenfels (bis 1746). Die Stadt, nunmehr in Grenzlage, verlor zwei Drittel ihres Banngebietes für den Absatz ihrer Gewerbe.

Durch friderizianische Schutzzollpolitik weiterer wirtschaftlicher Rückgang, Strumpfstrickerei und Tagelohn als Ersatznahrungszweige (um 1766), Abwanderung z. T. nach Luckenwalde (*), lebhafter Schmuggelhandel und Belebung als Marktort (seit 1706 sechs Märkte) infolge der preußischen Akzise; um 1790 44 Tuchmacher, 39 Leinewebermeister, Schuhmacherei am stärksten besetzt; erste Tuchfabrik im *Abtshof* (1800), die seit 1846 Baumwollartikel herstellte

Das seit 1815 preußische J. wurde im 19. Jh. zu einer der wichtigsten Garnisonen Preußens ausgebaut (1832/50 Standort einer Artilleriebrigade, 1860 einer Abteilung der Fußartillerie), wofür der Militärfiskus große Teile der Bergheide zwischen J. und Treuenbrietzen aufkaufte und den Ausbau des Eisenbahnnetzes förderte: 1841 Berlin–Anhalter Bahn, 1893 J.–Treuenbrietzen, 1897 Militäreisenbahn Berlin–Kummersdorf(*)–J. (»Kanonenbahn«). 1864 wurde bei J. ein großer Truppenübungs- und Schießplatz angelegt, 1870 das »Alte Lager«, 1889 das »Neue Lager«, 1890 der Stadtteil Jüterbog II errichtet, im gleichen Jahr die Feld- und Fußartillerieschießschule von Berlin nach J. verlegt. Als einer der Hauptexerzierplätze der preußisch-deutschen Armee handelte es sich bei J. das Spottlied »Jammerbock, oh Jammerbock, wie eng wird mir mein Waffenrock!« ein.

Nach Luckenwalde (*) entstand 1870 in J. eine der frühesten Ortsgruppen der »Eisenacher« in der Provinz Brandenburg. In der Weimarer Republik gehörte J. mit Ortsgruppen der KPD (1920), des RFB (1924)

153

und des Kampfbundes gegen den Faschismus (1931) zu den Stützpunkten der revolutionären Arbeiterbewegung in der Provinz.

1933 richtete die SA im »Lindengarten« eines der ersten KZ des Fläming-Gebietes ein, ein typisches KZ der ersten Monate der faschistischen Diktatur (*Börnicke; *OdF-Ehrenmal Schillerstr.; *Gedenktafel Rathaus* für die antifaschistischen Widerstandskämpfer der Stadt).

Seit 1934 wurden die militärischen Anlagen um J. unter Auflassen mehrerer Dorfmarken – u. a. der von Kloster Zinna – ausgebaut.

Am 30. Mai 1938 fand in der Jüterboger Artillerieschule eine Geheimbesprechung Hitlers mit dem im Februar 1938 gebildeten Oberkommando der Wehrmacht (OKW) statt. Hier fiel die prinzipielle militärische Entscheidung für den baldigen Einmarsch in die ČSR (»Operation Grün«, März 1939), wobei der Heeres-Generalstabschef Ludwig Beck (*Frankfurt, *Zossen) zwei Tage zuvor eine Gedenkschrift vorgelegt hatte, die eine längerfristige Annektionsvorbereitung forderte. Diese erneuten taktischen Auseinandersetzungen führten zu einer neuen Krise in der militärischen Führungsspitze des faschistischen Deutschlands

Abtshof des Zisterzienserklosters Zinna, heute Heimatmuseum Jüterbog

(*Zossen). Beck mußte im August 1938 den Dienst quittieren. 1944 gehörte er zum engsten Kreis der Verschwörer des »20. Juli«, war als »Generalstatthalter« (Reichspräsident) vorgesehen und wurde noch am Putschtag erschossen.

Die Heimatspielgruppe des Kulturbundes der DDR (1948 gegründet) bietet ein frühes Beispiel der Erschließung märkischen volkskulturellen Erbes: 1949 »Klaus Totengräber«; 1954 »Hans Clauert«, ein Stück über den märkischen Eulenspiegel (*Trebbin). Beratung der Abt. Landwirtschaft des ZK der SED am 16. 9. 1960 über die weitere Stärkung der innergenossenschaftlichen Demokratie nach dem »sozialistischen Frühling« mit über 200 Genossenschaftsbauern in J.

Kloster Zinna

1170/71 gründete Erzbischof Wichmann v. Magdeburg im Land Jüterbog (*) am Nordrand des Flämings in der Nuthe-Niederung das Zisterzienserkloster Z. und besetzte es mit Mönchen aus Altenkamp bei Köln. Wahrscheinlich verband Wichmann mit der Gründung das Ziel, die landwirtschaftliche Erschließung des Jüterboger Raumes zu fördern und unter 'Slawen zu missionieren. Die erst einer Urkunde von 1225 zu entnehmende

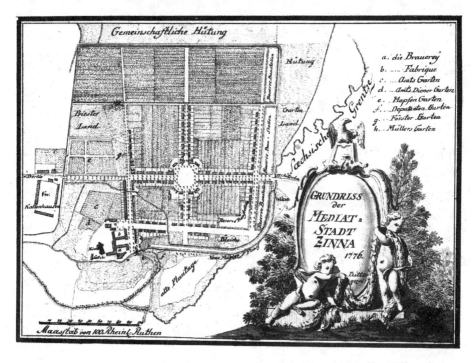

Grundriß der Mediatstadt Zinna 1776 (Deutsche Staatsbibliothek Berlin)

nicht umfangreiche Erstausstattung erfaßte hauptsächlich nahes Niederungsland und einige Streubesitzungen, darunter Seen, Salzpfannen, Mühlen im Land Jüterbog, bei Magdeburg und in Halle. Das Kerngebiet war, wie ein slawischer Burgwall nahe bei Z. und der wohl eine Wüstung bezeichnende Name »Kaltenhausen« der ersten Grangie vermuten lassen, schon von Slawen, wenn auch dünn besiedelt. Für Z. ist belegt, daß die Mönche das Land, das sie in Eigenwirtschaft nutzten, wenigstens teilweise selbst gerodet hatten. Das noch heute bei Z. liegende Dorf Grüna entstand erst nach Urbarmachung des zugehörigen Ackerlandes. Eine zweite Grangie des Kerngebietes, Neuhof, wurde wohl um 1400 in ein Dorf verwandelt. Das Gebot der ausschließlichen Eigenbewirtschaftung – erst 1208 von der Generalversammlung des Zisterzienserordens aufgehoben – hielt Z. zunächst im wesentlichen ein, doch schon vor 1205 wurde mit Werder ein Dorf erworben, dessen Bauern zu Leistungen an das Kloster verpflichtet wurden. Wahrscheinlich handelte es sich um deutsche Bauern, deren günstige Rechts-

stellung es nicht erlaubte, ihre Höfe aufzuheben.

Der Einfall slawischer (pommerscher) Völker aus dem Raum nördlich Berlins in das Land Jüterbog um 1180 traf auch Z. Erst unter Erzbischof Albrecht begann das Kloster mit einer umfassenden Erwerbspolitik, die sich zunächst auf die Flämingdörfer südwest- und südöstlich von Z. und deren bäuerliche Feudalrenten richtete. Vielleicht noch vor 1232 erwarb Z. weitab im südöstlichen Barnim ein größeres Gebiet, in dem wahrscheinlich unter Leitung des Klosters deutschrechtliche Hufendörfer entstanden (*Rehfelde). Die Zinnaer Mönche holte Heinrich d. Erlauchte, Markgraf v. Meißen und der Lausitz, dorthin. Nach 1240 (*Mittenwalde) fiel dieses Gebiet an die märkischen Askanier, die den Klosterbesitzungen den weltlichen Schutz boten. Der größte Zuwachs gelang 1285 mit dem Kauf von Burg und Ort Luckenwalde (*) mit elf zugehörigen Dörfern, wofür die riesige Summe von 2 700 Mark Silber gezahlt wurde. 1317 erreichte der Landerwerb des Klosters im wesentlichen sein Ende. In den 70er Jahren des 15. Jh. umfaßte der Klosterbesitz den Marktflecken Luckenwalde und rund 40 bestehende Dörfer: knapp 30 im Land Jüterbog und etwa

155

zehn auf dem Barnim. Z. besaß in Jüterbog, Wittenberg, Berlin und Strausberg Häuser, die sicherlich auch der besseren Abwicklung der Handelsgeschäfte dienten. Der Getreideexport nach Wittenberg (wahrscheinlich Zwischenstation nach Hamburg) ist für 1504/05 belegt und wird sicherlich nicht erst in dieser Zeit entstanden sein. Das 1300 erworbene Monopol für Wasser- und Windmühlen in und um Treuenbritzen (*) rief dort bis zum Ende der Klosterzeit (1553) ständige Streitigkeiten hervor.

✦ *Kirche* (Ende 12. Jh. und 1. Hälfte 13. Jh.), Teile des *Westflügels* der *Klausur* (wohl Konversenhaus, 2. Hälfte 13. Jh.), *Neue Abtei* (Mitte 15. Jh., heute *Heimatmuseum*); *Siechen- und Gästehaus* (Anfang 14. Jh., heute *Rat der Gemeinde*); im Nordosten der Anlage ein etwa 100 m langer Überrest der *Klostermauer*; »*Fresken von Z.*« im Obergeschoß der Abtskapelle (vor 1480: »Schutzmantelmadonna«, Hl. Mauritius, Hl. Bernhard v. Clairvaux, 1958 wiederentdeckt und rest.)

1667 vereinbarte Kurbrandenburg in einer Konvention in Z. mit Kursachsen den »Zinnaer Münzfuß«. Danach konnten vom Reichsfuß abweichende billigere Kleinmünzen geschlagen werden, die u. a. für das aufzubauende stehende Heer benötigt wurden. Nach Braunschweig-Lüneburg (1668) traten noch rund 50 weitere Reichsstände bei, womit die Konvention nach leichter Korrektur durch den »Leipziger Münzfuß« zu einem wichtigen Schritt zur Vereinfachung des Münzwesens wurde.

1764/67 Begründung einer Weber- und Spinnerkolonie (*Potsdam, *Wollup) in Z. für 200 aus Sachsen einwandernde Familien (*Kolonistenhäuser* der Entstehungszeit Berliner- und Klosterstr., z. T. Baumaterial aus dem ehem. Klosterbezirk)
In der Notlage von 1846/47 Hungerkrawalle in Z.

Im Militärgelände *Forst Zinna* eröffneten im Oktober 1948 Walter Ulbricht und die Präsidenten der Deutschen Zentralverwaltung für Volksbildung, Inneres und Justiz mit einem Kurzlehrgang von 172 Teilnehmern die Deutsche Verwaltungsakademie F. Z. Deren Gründung erfolgte auf Beschluß des II. SED-Parteitages (September 1947) und eines folgenden SMAD-Befehls. Ihr Profil bestimmten die staatspolitischen Beschlüsse der Konferenz von Werder (*) und der 1. SED-Parteikonferenz; Peter Alfons Steiniger wurde erster Akademiepräsident, Edwin Hoernle (*Potsdam) 1949 Vizepräsident und Dekan der aufzubauenden Agrarpolitischen Fakultät. Während des Zweijahrplanes wurde der zunächst schmale Lehrkörper mit eigenen Absolventen erweitert sowie von leitenden Staatsfunktionären und sowjetischen Gastprofessoren unterstützt. 1950 konnte zur langfristigen Ausbildung übergegangen werden. 1951 wurde die Akademie dem Innenministerium unterstellt, 1952/53 mit der Hochschule für Justiz zur Deutschen Akademie für Staats- und Rechtswissenschaften mit Sitz in Potsdam (*)-Babelsberg vereinigt. Neben Verwaltungskadern wurden fortan Juristen, insbesondere Richter und Staatsanwälte, ausgebildet.

Niedergörsdorf

Im Gebiet der vom Erzstift Magdeburg aus geleiteten frühdeutschen Besiedlung des Flämings (*Jüterbog, *Kloster Zinna) gelang 1911 die Ergrabung eines Bauernhauses vermutlich der Besiedlungszeit (12.–14. Jh.). Mit Ausnahme solcher noch seltenen Funde setzt das Material der volkskundlichen Hausforschung erst in spätfeudaler Zeit ein. Jenem Besiedlungsvorgang gehören auch wehrhafte spätromanische *Feldsteinkirchen* mit eingezogenem Chor und Apsiden (*Danewitz) an (rund 20 im Kreisgebiet, u. a. im Ot. *Kaltenborn*, 1. Hälfte 13. Jh.); ferner *Feldsteinkirchen* in N. (im Kern spätromanisch) und den Ot. *Gölsdorf* (2. Hälfte 13. Jh.) sowie *Wölmsdorf* (14. Jh.)

Siechen- und Gästehaus von Kloster Zinna sowie Neue Abtei (heute Heimatmuseum)

Treuenbrietzen um 1710 von D. Petzold

Streitigkeiten um die Einführung der Reformation führten in N. 1538 zur Ermordung des letzten altgläubigen Pfarrers Michael Gröbitz.

Treuenbrietzen (1290)

Wahrscheinlich begründete das 1194 bzw. 1208 genannte Reichsministerialengeschlecht der »Burchardiner« aus dem Gebiet um Aken/Elbe, das sich später nach Brietzen nannte, in dem wohl schon vor 1150 von der deutschen Expansion erfaßten Raum eine eigenständige Kleinherrschaft, die kurz nach 1200 in Abhängigkeit vom Erzbistum Magdeburg geriet. Vor 1290, als erstmals Rechte der Markgrafen aus johanneischer Linie überliefert sind, fielen Brietzen und umliegende Dörfer an die brandenburgischen Askanier.

Wohl noch in »burchardinischer« Zeit entstand der Marktflecken um die *Marienkirche*, in magdeburgischer und askanischer Zeit ist vielleicht das »Nikolai-Viertel« mit *Neuem Markt* gegründet worden, das schließlich mit der »Marien-Siedlung« zu einer Stadt verwuchs. Die ersten erhaltenen städtischen Urkunden (ab 1290) lassen wenigstens eine vollausgebildete, stets civitas genannte Stadt mit Ratsverfassung (1301 ersterwähnt) erkennen. Spätestens 1319 ging die gesamte Gerichtsbarkeit an den Stadtschulzen über. Auch sollte die in Verfall geratene Burg nie wieder aufgebaut werden (*Rathenow), die Stadt erhielt zwischen 1282 und 1304 Zollfreiheit. Brietzen begann, sich eine eigene Feldmark anzulegen, wobei u. a. Sernow (1301, mit ausdrücklicher Erlaubnis zum Abriß) wüst wurde. 1348/49 gehörte die Stadt während des Auftretens des

sog. »Falschen Waldemar« zu den wenigen märkischen Städten (*Frankfurt), die auf der Seite der Wittelsbacher blieben (daher »T.«). Als Gegenleistung erließ Ludwig d. Ä. 1348 die Bede (einzige Bedebefreiung nach Brandenburg-Altstadt; 1366 ermäßigt wieder eingeführt).

✦ *Marienkirche* (Anfang und 2. Hälfte 13. Jh., Ende 15. Jh.); *Nikolaikirche* (2. Viertel 13. Jh., mächtiger, in der Mark einmaliger Vierungsturm, um 1290); *Rundturm* der *Stadtbefestigung* (14. Jh.); *Heiliggeistkapelle* (15./16. Jh.), heute: *Heimatmuseum*)

Lateinschule zu St. Marien, 1370 bezeugt, eine der ältesten der Mark

1423 Bürgeropposition gegen Ratswahlmodus der Selbsterneuerung aus dem geschlossenen Kreis der ratssässigen Familien. Die Stadtordnung von 1525 zeigt dann bereits die fürstliche Beeinträchtigung der städtischen Selbständigkeit. Für T. erscheint zweifelhaft, ob der Rat in der Regel der kaufmännischen Gewandschneidergilde entstammte, deren Rechte in T. nach einer Urkunde von 1401 z. B. auf den Verkauf eigenen Tuchs begrenzt waren. Nach 1423 könnten dem ratssässigen Kreis auch einige Familien aus Zünften gehört haben.

Nach dem Tod Kurfürst Joachims I. (1535) stellte T. als erste kurbrandenburgische Stadt einen lutherischen Vikar ein. Nach Kauf des Patronats vom Domstift Tangermünde (1537) durch den Rat bat dieser Luther um einen neuen Kandidaten, zum heftigen Unwillen Joachims II., der gleiches der Stadt Spandau verwehrte.

In T. 1522 Martin Kemnitz geboren, Schüler von Philipp Melanchthon, in den 70er Jahren Mitautor der urspr. zur Sammlung des Lutheraner bestimmten, vor allem aber gegen das Reformiertentum abgrenzenden Konkordienformel (1573)

Seit 1671 fünf Jahr-, vier Vieh-, Pferde- und Flachsmärkte; 1726 130 (kleine) Brauberechtigte; 1780: 85 Tuchmacherstühle, zwei Walkmühlen; die ab

Gartenseite von Schloß Wiepersdorf

1832 bestehenden Textilfabriken gingen vor 1900 unter der Konkurrenz Luckenwaldes (*) ein.
Am 24./25. April 1945 wehrte die sowjetische 1. Ukrainische Front in verlustreichen Kämpfen den Versuch der neugebildeten faschistischen 12. Armee (*Wiesenburg) ab, im Raum T.–Beelitz–Luckenwalde den um Berlin sich schließenden Ring (*Ketzin) zu durchbrechen (*Sowjetischer Ehrenfriedhof Jüterboger Str.*).

Waltersdorf

Öffentlicher Entschluß der Bäuerin Lucie Wolter aus W., die Kälberzucht in ihrer LPG zu verbessern, durch den FDJ-Zentralrat aufgegriffen, der am 2. Juli 1958 die Mädchen aufrief, sich den genossenschaftlichen und volkseigenen Landwirtschaftsbetrieben als Viehzüchterinnen zur Verfügung zu stellen, und an die Jungen appellierte, durch die Melioration größerer Brachegebiete neue Milchviehzuchtgebiete zu erschließen (*Paulinenaue)

Wiepersdorf

1814 zog Ludwig Achim v. Arnim mit seiner 1811 in Berlin geehelichten Frau Bettina v. Brentano nach W., das mit der Herrschaft Bärwalde (*) seit 1780 Familienbesitz war. Das

Treuenbrietzener Heimatmuseum in der ehem. Heilig-Geistkapelle

Ehepaar lebte hier gemeinsam nur bis 1817, dann trieb es Bettina nach Berlin zurück, während v. Arnim bis zu seinem Tode (1831) die hiesigen Güter bewirtschaftete und in seiner literarischen Produktion versiegte (in W. Roman »Der Kronenwächter«). 1838/45 weilte Bettin wiederholt in Bärwalde, wo sie u. a. an ihrem »Königsbuch« schrieb, nach dortigem Schloßbrand in W. Das zusammengetragene Material über das schlesische Weberelend für ein geplantes »Armenbuch« ließ sie nach ihren Erfahrungen im Magistratsprozeß ungedruckt. ✦ *Herrenhaus* (1731/38), heute Bettina-v.-Arnim-Heim; *Landschaftspark* um 1800 mit barocken Freiplastiken (um 1800); ehem. *Gutskirche,* spätmittelalterlicher Feldsteinbau, 1894/95 durchgreifend umgestaltet, mit *Grabstätten* des Dichterpaares

Kreis Belzig

Belzig (1269)
997 verlieh Kaiser Otto III. dem Erzstift Magdeburg ein burgwardium »Belizi« als einzig namentlich genannten Ort des Slawengaues Ploni, der sich zwischen dem Fläming und der Zauche-Hochfläche erstreckte und 948 mit neun weiteren slawischen Siedlungsgebieten dem neuen Bistum Brandenburg (*), zugespro-

Stadtansicht von M. Merian d. Ä.

chen worden war. Mit größerer Wahrschein-
lichkeit als Beelitz (*) kann unter diesem Ort
B. vermutet werden, wo bei der *Burg Eisenhardt*
eine slawische Kulturschicht des 9. und 11. Jh.
nachgewiesen ist. Die Unterwerfung der 983
aufständischen Slawenstämme, an der Otto
seit 993 selbst teilnahm, mißlang auch 997.
Bei der Neugründung des Domkapitels Brandenburg (*) erschien 1161 B. neben Jüterbog
(*), Wiesenburg (*) und acht weiteren Burg-
wardmittelpunkten an der Grenze zum Archi-
diakonat Leitzkau. Doch liegen die Anfänge
deutscher Herrschaft hier im Dunkeln. Wahrscheinlich gelang es um 1150 dem ostsächsi-
schen, vor allem südlich Magdeburgs begüterten Adelsgeschlecht v. Jabilinze, die Belziger
Gegend zu okkupieren und dort eine selbständige Herrschaft zu errichten. Neben dem frühdeutschen Suburbium »*Sandberg*« (heute Ot.)
entstand wohl erst im 13. Jh. die Marktsiedlung dieser Herren zu B. an einem bald an
Bedeutung verlierenden Handelsstraßenzug
(erst 1702 konnte B. durch Kauf des Unterge-
richts den Status einer schriftsässigen Stadt erwerben). Wohl schon bald nach 1150 erhielten
die Herren von B. vom König das Burggrafenamt zu Brandenburg (*), aus dem sie aber um
1230/40 von den askanischen Markgrafen verdrängt wurden. Zugleich geriet ihre Herrschaft
in die Lehensabhängigkeit der ebenfalls askanischen Herzöge von Sachsen (mit Zentrum
Wittenberg).

Nach Aussterben derer von B. (1251 letztmalig
erwähnt) wandelten die Herzöge die Grafschaft in eine Vogtei (1276 erstgenannt) um,
wobei die Burg B. einem vom Vogt abhängigen
Ministerialen unterstellt wurde (1277 Ersterwähnung eines Kastellans). Nach Aussterben
ihrer markgräflichen Vettern (1319) ergriffen
die Wittenberger Herzöge von der Zauche und
anderen Teilen der Mittelmark Besitz und unterstützten 1348/50 den »Falschen Waldemar«
gegen die Wittelsbacher. Neben dem Abt von
Lehnin (*) gehörte der vorletzte Askanierher-
zog Rudolf III. zu den stärksten Förderern des
ersten Hohenzollern Friedrich I. Mit der sächsischen Kurwürde fiel B. 1423/25 an die Wettiner. Die Burg des 1394 vergeblich magdeburgisch belagerten, 1406 hingegen von erzbischöflichen Truppen erstürmten und weitgehend zerstörten, 1429 bereits wieder von den
Hussiten belagerten, 1450 vom brandenburgischen Kurfürsten erstürmten B. wurde infolge
der nunmehr exponierten Lage im »Dreilän-
dereck« nach 1467 von den Wettinern zur Festung ausgebaut und mit Steinbüchsen be-
stückt. 1547 wurde die Stadt von den Spaniern
gebrandschatzt, 1636 Burg und Stadt von den
Schweden fast völlig zerstört (erstere 1685/91
als Schloß wiederhergestellt).
✦ *Burg Eisenhardt* (heute u. a. Heimatmuseum); *Bergfrit* und *Mauerteile* der Anlage des
12./13. Jh.; *Ringmauer mit mehreren Rundtür-
men*, *Torhaus* und *Speicher* (ehem. *Salzmagazin*)
der Anlage nach 1467; nahe der Burg *Briccius-*

Burg Eisenhardt

Kapelle (ehem. *Burgkapelle*), 1186 ersterwähnt, heutiger Bau 2. Hälfte 15. Jh./Anfang 17. Jh.); vor der Burg die nächst Brück (*) nördlichste sächsische *Postmeilensäule* (1725); in der Stadt: *Pfarrkirche St. Marien* (im Kern 2. Viertel 13. Jh., im 15. Jh. erweitert, Turmoberbau und Haube nach 1636); *Hospitalkapelle St. Gertraud* (2. Hälfte 15. Jh./Anfang 17. Jh.) mit *Friedhof* (zahlreiche Grabplatten und -kreuze des 17.–19. Jh.); *Heilig-Geist-Hospital Wittenberger Str. 1* (1776); Wohnhausbau des 17. bis 19. Jh., vor allem *Str. der Einheit, Wiesenburger Str., Kirchplatz, Magdeburger Str.*

Von dem ehem. Burglehn *Sandberg* aus und unter Einbeziehung ihres Niemegker Besitzes begründeten seit dem 14./15. Jh. die v. Oppen eine mehrere Dörfer umfassende, die kurbrandenburgisch-kursächsische Grenze überschreitende Grundherrschaft; 1577 zählte die Familie zu den »Schloßgesessenen« der Mark und begann spätestens 1624, ihre Eigenwirtschaft auszudehnen (*Schlalach).

Nach Einführung der Reformation in Kursachsen (1527/28) hielt Martin Luther 1530 die erste Kirchenvisitation in B. selbst ab.

Das Anfang des 16. Jh. mit dem Amt Rabenstein vereinigte Amt B.(*Burg* als Amtssitz) fiel nach dem Schmalkaldischen Krieg mit dem Wittenberger Kurkreis an das albertinische Sachsen.

1712 Aufenthalt Zar Peters I. auf *Burg Eisenhardt*; 1813 von hier aus Proklamation des russischen Generals Wittgenstein an das Volk Sachsens, sich dem antinapoleonischen Feldzug anzuschließen; im Juni 1813 vor der Niederlage von Hagelberg (*) Parade französischer Truppen vor Napoleon in B.

1815 wurde das kursächsische Amt B. preußisch, mit dem altpreußischen Kreis Zauche vereinigt und Landratssitz für den bis 1952 bestehenden Kreis Zauch-Belzig.

26./27. März 1837 Übernachtung des 1833/36 wegen seiner Jenaer Burschenschafterzeit verhafteten und zum Tode bzw. Festungshaft verurteilten Demokraten und späteren Dichters Fritz Reuter, eskortiert von Militär auf dem Wege in die Magdeburger Festung, im *Gasthaus »Goldener Stern« (Wiesenburger Str. 11, Gedenktafel)*

1942/43 bis 1945 bestand in B. das faschistische Außenlager Industriewerk Röderhof der Munitionsfabrik Silberwerke Treuenbrietzen mit Häftlingskommandos der KZ Sachsenhausen (*Oranienburg) und Ravensbrück (*Fürstenberg), bis zu 1 000 Häftlingen in Barackenlager bei Zwangsarbeit u. a. in der Ziegelei Borkheide und in Baitz (*Gedenkstätten »Grüner Grund«, Lübnitzer Str., Gertraudenfriedhof*)

Im April 1945 erzwangen Belziger Bürger die kampflose Übergabe der Stadt an die Sowjetarmee; maßgeblich beteiligt war der katholische Pfarrer Erich

Kursächsische Postmeilensäule vor der Belziger Burg

Tschetschog, erster CDU-Kreisvorsitzender in Zauch-Belzig und Vertreter des von Otto Nuschke (*Hennigsdorf) geführten linken Flügels der CDU.

Im Juni 1945 ging von B. der Versuch aus, eine »Deutsche Arbeitsgemeinschaft des Antifaschistischen Landvolkes« mit zunächst acht Ortsgruppen im Kreis Zauch-Belzig zu gründen. Ein entsprechender Antrag an die Potsdamer Provinzialverwaltung nannte weitere 140 Ortsgruppen im Aufbau. Hier sammelten sich u. a. ehemalige Mitglieder bürgerlich-demokratischer Bauernbünde und verschiedener Siedler- und Pächtervereinigungen der Weimarer Zeit. Die Belziger Aktion bot Gegnern der Bodenreform Anknüpfungspunkte und wurde daher unterbunden.

Borkheide

1910 errichtete der Potsdamer Flugpionier Hans Grade (*Denkmal Grade-Platz, Grabstätte Waldfriedhof*) am Bahnhof B. eine Flugzeugfabrik. 1909 war hier das Flugfeld »Mars« angelegt worden, wo seitdem Flugvorführungen und jährliche Flugtage stattfanden. 1912 richtete Grade die erste Luftpostlinie zwischen Bork und Brück ein. Die »Grade-Fliegerwerke« produzierten seit 1913 Eindecker und zählten 1914 bereits 1 000 Beschäftigte. 1919 begann hier die Auto-Produktion (»Grade-Wagen«).

Brück (1360/74)

Urspr. wohl Burg der Grafen v. Belzig (*), seit Mitte 13. Jh. herzoglich-sächsische Grenzfeste gegen die Mark; 1249 mit einem »miles de Brugge« ersterwähnt; niederländisch-flämische Siedlungsmerkmale auch im Lambert-Patrozinium der *Pfarrkirche* (im Kern spätgotisch); nicht ummauerter Marktflecken, seit 1423 wettinisch, 1815 preußisch (nördlichste kursächsische *Postmeilensäule*, 1730; Reste des *Berliner Tors*, nach 1834)
Aus B. stammte Gregor Heynis, nachmals v. Brück, dessen Vater als Bürgermeister von B. schon 1515 die noch keimhaft-reformatorischen Gedanken Luthers bejahte. Als Kanzler des ernestinischen Kurfürsten Friedrichs des Weisen sicherte Gregor v. Brück das Auftreten Luthers auf dem Wormser Reichstag (1521).

Dahnsdorf

1227/29 gründeten die askanischen Herzöge von Sachsen(-Wittenberg) und ihre Lehnsträger, die Grafen von Belzig (*), in dem Kolonisationsdorf eine Kommende des Deutschen Ordens. Die 1248 genannte *Alte Mühle* (»Komturmühle«) dürfte die neben der Schloßmühle

Belzig älteste des Gebietes sein. 1434 erstritt die Bauerngemeinde von der Kommende eine »wilkor«, die die Deutschherren der Flurordnung verpflichtete. Dergleichen war nur in einem solchen »vermengten« Dorf möglich, wo im 15. Jh. wenige der 16 Hüfner dem Komturhof Dienste schuldeten, dieser also nicht Dorfobrigkeit, sondern »Nachbar« war. Das Gut blieb bis 1776 im Ordensbesitz, wurde dann veräußert und 1830 Rittergut (*Feldsteinkirche* mit eingezogenem Chor und Apsis, 1. Hälfte 13. Jh.; *Pfarrhaus*, 1712).

Hagelberg

Am 27. August 1813 bekräftigte der Sieg preußischer Landwehreinheiten und eines Kosakenkorps über eine französische Division bei und in H. den Erfolg von Großbeeren (*) und trug wie das spätere Gefecht von Dennewitz (*) zur Räumung des ostelbischen Sachsens durch die französischen Truppen bei. In H. hatte die im März 1813 begründete Landwehr ihren »Offensiv-Ehrentag« (v. Boyen), bestätigte die Idee der Heeresreformer, mit einer Volksbewaffnung alle Kräfte gegen den Eroberer zu mobilisieren (*Borussia-Denkmal*, 1849, verfallen; *Denkmal der deutsch-russischen Waffenbrüderschaft*, 1955).

Im März 1958 wurde in H. die erste Dorfakademie der DDR gegründet; die Mehrzahl dieser Aus- und Weiterbildungseinrichtungen entstand 1959/60.

Niemegk (1298)

1161 als burgwardium ersterwähnt, Burg 1441 letzterwähnt, später Rittergut; in Anlehnung an die Burg vermutlich im 13. Jh. Stadtsiedlung; ab 1425 kursächsisch, seit 1815 mit Amt Belzig preußisch

✦ *Pfarrkirche St. Johannis* (neogotisch 1853 nach F. A. Stüler); *Rathaus*, 1570; sächsische *Postmeilensäule*, 1710; sog. *Kloster (Hauptstr.)*, 13./14. Jh.

1868/69 übte Robert Koch, Begründer der wissenschaftlichen Bakteriologie, in N. seine erste Praxis als Landarzt aus (*Gedenktafel, Großstr. 69.*)

1930 wurde das Erdmagnetische Observatorium von Potsdam (*) wegen dessen zunehmender Elektrifizierung nach N. verlegt (heute: *Adolf-Schmidt-Observatorium für Erdmagnetismus der AdW*).

Raben

Die wohl noch im 12. Jh. entweder von den Herzögen von Sachsen-Wittenberg oder von den Grafen von Belzig (*) als Herrenburg angelegte, 1248 ersterwähnte *Burg Rabenstein* war im 14./15. Jh. als sachsen-wittenbergisches Lehen mehrfach im Besitz derer v. Oppen (*Belzig) bei Dienst- und Zinshoheit über mehrere Fläming-Dörfer, bis Anfang 16. Jh. Amtssitz, 1813 Hauptquartier Bernadottes vor dem Gefecht von Dennewitz (*), 1815 mit Amt Belzig preußisch,1928 nach R. eingemeindet. An der mittelalterlichen Besiedlung des Flämings hat sicherlich eine Gruppe niederländischer Bauern teilgenommen (*Reckahn-Meßdunk). Doch standen unter dem jus Flamingorum, das für die Besiedlung günstige Bedingungen (*Wusterwitz) schuf, wohl auch Bauern anderer ethnischer Herkunft.

✦ *Burg Rabenstein*, ovale Vor- und Hauptburg-anlage mit *Bergfrit* (12. oder 13. Jh.), sog. *Rittersaal* (im Kern 13. Jh.), *Ring- und Umfassungsmauern, Wohnflügel, Torhaus* (alle 18./19. Jh. auf mittelalterlichen Fundamenten), *Wirtschaftsgebäude* (17.–19. Jh.); *Dorfkirche* (Mitte 13. Jh., Dachturm 18. Jh.)

Reetzerhütten

Unweit des 1161 als burgwardium erwähnten Reetz (Kolonisationsdorf des 13. Jh.) entstand die 1592 ersterwähnte Reetzer Teerhütte – älteste einer neuen Siedlungsart für Waldgewerke in der Brandtsheide, die sich beim zweiten Wiederaufbau der Brandtschen Herrschaft (*Wiesenburg) nach dem 30jährigen Krieg ausprägte. 1716 zählte sie bereits 22 Hauswirte. Acht ähnliche Siedlungen entstanden bis 1755. Die Bewohner waren Waldarbeiter, Pechsieder, Holzhauer. Sie wohnten in herrschaftseigenen Häusern und hatten Jagddienste zu leisten. An neun Orten standen an die Teerbrenner verpachtete Brennöfen. Die Brandtschen Forsten erwiesen sich so als in Krisenzeiten wahrhaft rettende Goldgruben. 1857 stellte die «Alte Hölle» bei Wiesenburg als letzte Teerhütte den Betrieb ein.

Schlalach

Schon 1375 hatten die v. Oppen (*Belzig) im 1342 ersterwähnten Sch. (im Kern spätmittelalterliche *Feldsteinkirche*, bedeutender Schnitzaltar um 1500) die meisten Einkünfte, aber noch gehörte keine der 30 Hufen des Kolonisationsdorfes zu einem Ritterhof. Über den Erwerb des Lehnschulzengutes (4 Hufen) begannen sie, ein Rittergut zu etablieren, das bis Ende 17. Jh. auf 14 Hufen anwuchs, noch in Gemengelage mit den restlichen Bauernhufen. Ein Drittel der Bauern und mehr als die Hälfte der Kossäten drückten sie in lassitisches Besitzrecht, den verbliebenen Erbbauern zwangen sie den Erbuntertanenstatus auf. Nach Kauf des verschuldeten Gutes durch Kurfürst Friedrich Wilhelm (1681) wurden erstmals ehem. Guts- und nun Vorwerksäcker zu Bauernwirtschaften und parzellenweise erbverpachtet. Das Gut verschwand aus der Gemarkung. Neben dem mit der Erbpacht einhergehenden Aufstieg bessergestellter Kossäten traten landarme Büdner in Erscheinung. Nach den Agrarreformen gingen die Bauern- und Kossätenstellen bei Abschluß der Ablösung (1865) zurück, die Büdnerzahl stieg dagegen erheblich an, obwohl ihr Landanteil immer noch geringer als der bäuerliche war.

Burg Rabenstein

Das 1727 erbaute, nunmehr abgerissene Mittelflurhaus von Sch. verkörperte markant die frühe Übergangsform aus dem älteren, urtümlich Stall- und Wohnzonen vereinenden, niederdeutschen Hallenhaus, das noch 1903 in 13 Dörfern der Westprignitz nachweisbar war. Den Endtyp erreichte das Mittelflurhaus als reines Wohnhaus ohne Stallzone.

Schlamau

Als letztes der im Dreißigjährigen Krieg zerstörten Vorwerke richtete die Herrschaft Wiesenburg (*) 1693 das Vorwerk *Schmerwitz* (Ot.) auf der wüsten Flur des 1388 ersterwähnten Dorfes Sch. auf, wobei erst ein Drittel der Anbaufläche besät war. Als erstes Brandtsches Gut kam 1721 *Arensnest* (Ot.) in Pacht, ein frühes Beispiel besitz-bäuerlichen Pächterstandes, der schon als Agrarunternehmer auftrat. Der Pachtvertrag (1756) über das nunmehrige Gut Sch. schrieb dem Pächter Wiesewachs, Schäferei und Viehhaltung, die Getreidepacht aus vier Dörfern, Branntweinbrennerei und -verlag, Frondienste und Vogelfang u. a. von Sch. zu. Ackermelioration kam nicht in Anschlag. Der Vertrag galt auf zwei Jahre. Seit 1765 war Schmerwitz Sitz der Herrschaft Wiesenburg vierten Anteils, noch die größte der Teilherrschaften und einzige im Brandtschen Besitz (*Schloß*, 1. Hälfte 18. Jh., neobarocke Flügelbauten Ende 19. Jh. in Sch. *Feldsteinkirche*, 13. Jh., 1701 verändert).

Im August 1945 begann die KPD im *Schloß Schmerwitz* den ersten Lehrgang ihrer Propagandaschule für die Provinz Brandenburg, der späteren Landesparteischule der KPD bzw. SED. Für diese wurden Schloß und Gut Schmerwitz sowie das Vorwerk Arensnest im Januar 1946 von der sowjetischen Militärkommandantur Belzig der KPD übereignet.

Wiesenburg

Das 1161 in einer stiftsbrandenburgischen Urkunde als einer von elf Burgwardvororten (*Belzig) genannte, um 1200 einem magdeburgischen Ministerialen verlehnte castrum W. sicherte einen Übergang im Grenzwald der alten Slawengaue Moraziani und Ploni. Seit 1356 ging die Oberlehnsherrschaft durch Kauf und Tausch an die Kurfürsten v. Sachsen(-Wittenberg), die in W. (*Pfarrkirche* Mitte 13. Jh., Westturm 1879) einen bis 1431 mehrfach erwähnten Vogtsitz einrichteten. 1456 ging W. als Lehen an die Brandt (-v. Lindau) und wurde Zentrum der Brandtschen Herrschaft, die nach 1524, als die v. Thümen (*Blanken-

see) auf ihre letzten hiesigen Rechte verzichtet hatten, über alle zugehörigen Rechte und Einkünfte verfügte. Zu ihr gehörten um 1500 das »stetlein« W., fünf Dörfer und der Wald »Brandtsheide«, der über 25 Wüstungen stand, die vielleicht zur alten Vogtei W. gehört hatten.

✦ *Schloß* (Vierflügelanlage über der alten Burg nach 1547, erweitert um 1730, neugestaltet 1864/66, 1868/80 im Neorenaissancestil; *Torhaus* und *Bergfrit* im Kern Anfang 13. Jh., im 19. Jh. umgestaltet; *Landschaftspark* (19. Jh.)

Mit der Neugründung von Medewitz (1525/30) begann ein forcierter innerer Landesausbau durch Rodung (zuerst um 1569 Groß Briesen), vor allem aber durch Gründung von (insgesamt acht) Vorwerken auf meist wüster Feldflur (Mahlsdorf, bald nach 1534 als ältestes, als größtes, das sämtliche Bauernhufen an sich zog). Das Arbeitsaufkommen mußten die Bauern und Kossäten der benachbarten Dörfer sichern. Doch hielten die Vorwerke zunehmend eigenes Spannvieh. Wüstungsäcker gaben die Brandt zu Laßrecht aus. Um den Kolonistenzuzug anzuregen, schafften sie im Amt Belzig als dessen Hauptleute 1591 das Abzugsgeld ab. Mit dem Erwerb von Klein-Glien (1595) wurde die Herrschaft W. zum geschlossenen Gebietskomplex. Die Brandt schufen sich eine teils märkisch-schloßgesessene, teils kursächsisch-schriftsässige Sonderstellung, die aber mit dem Dreißigjährigen Krieg und den seit 1627 wiederholt erfolgenden Erbteilungen verfiel. Während die Dörfer noch lange nach dem Dreißigjährigen Krieg nur teilbebaut waren (am längsten Reppinichen, noch 1684 wüst, 1755 erst die Hälfte der Hofstellen in Nutzung), richtete die Herrschaft W. ihre Vorwerke eher wieder auf (*Schlamau). Die handwerklich tätigen Häusler von W., sowohl »Herrschaftsleute« als auch innungsgeschützt, mußten trotz angestrengten Prozesses (1754) vor allem auf dem wachsenden Brandtschen Wiesenland fronen, neben Schafzucht und Waldgewerben (*Reetzerhütten) wichtigste herrschaftliche Einnahmequelle. Ihre Kinder waren sogar dem Gesindezwang unterworfen. Die Kossäten von W. vermochten im Zuge des Brandtschen »Retablissements« 1766 ihr schlechtes lassitisches Besitzrecht gerichtlich abzuwerfen und nach dem Übergang an Preußen das Eigentumsrecht durch die für die vormals sächsischen Landesteile abgewandelten Agrarreformen zu gewinnen. Denen setzten

Torhaus und Gartenseite von Schloß Wiesenburg

die seit 1765 vier selbständigen »Anteils«-Herrschaften hinhaltenden Widerstand entgegen. Die Separation erfolgte auf der Feldmark W. erst 1837. So gehörte das Gebiet im März 1848 zu den ländlichen Unruhezentren der Mark. Erst 1885 waren in W. die Dienste völlig abgelöst, wobei es zu starken Landverlusten kam: Bis 1880 hielten sich nur 5 von 18 Wirtschaften in W. Das ausgekaufte Land legte die Gutsherrschaft meist ihren Forsten zu.

In der »*Brandtsheide*« bei W. wurde 1856 erstmals in der Mark der schon von Friedrich II. empfohlene, auf den provinzsächsischen Gütern Pitzpuhl und Lupitz erstmals in großem Maßstab und nach wissenschaftlichen Bodenbauuntersuchungen begonnene Lupinenanbau eingeführt, der eine intensivere Tierhaltung ermöglichte.

In der *Oberförsterei »Alte Hölle«* bei W. befand sich der Stab der am 9. April 1945 unter General Walter

Wenck neugebildeten, faschistischen 12. Armee; hier berieten am 23. April Wenck und Keitel (*Zossen) den dann am sowjetischen Ring (*Ketzin) scheiternden Entsatz der »Reichshauptstadt Berlin« (*Treuenbrietzen).

Kreis Brandenburg – Land

Bagow, Ot. von Päwesin

Das ehem. *Gutshaus* (um 1545) des 1324 ersterwähnten B. gehörte neben Königs Wusterhausen (*) zu den frühen Beispielen neuzeitlichen Schloßbaus vom Typ »Festes Haus« (*Demerthin) in der Mark; die v. Schlieben zu B. zählten 1577 und 1612 zu den »Schloßgesessenen«.

Am 29./30. April 1945 übernachteten etwa 100 aus dem Zuchthaus Brandenburg (*) befreite Kommunisten und Sozialdemokraten auf ihrem Zug nach Berlin in B. Am 30. April konstituierten sie hier eine Arbeitsgemeinschaft der ehem. politischen Gefangenen des Zuchthauses Brandenburg-Görden und verabschiedeten eine Entschließung, die als »Schwur von B.« zu den programmatischen Vorstufen des antifaschistisch-demokratischen Neuaufbaus und der SED-Gründung gehörte (*Erinnerungsstätte, Ausstellung* und *Gedenktafel, Schloß*), führten hier und in Wernitz Maifeiern durch.

Buckau

Die mehrfache urkundliche Erwähnung von B. im 10. Jh. (965, 967, 973) betrifft den dicht nordöstlich von B. gelegenen Burgwall mit Vorburgsiedlung als Stützpunkt der deutschen Macht im zeitweilig eroberten slawischen Siedlungsgebiet. Die deutsche Burg ist wahrscheinlich auf einer slawischen Anlage errichtet worden (*Dorfkirche* und ältester bekannter Grabstein der Mark vom Ende 12./Anfang 13. Jh., Schnitzaltar von 1440).

Götz

Das 1193 ersterwähnte G. gehörte zu zwei Dritteln mit Rädel, Schwina (heute: Emstal) und vier später aufgegebenen Orten zur Erstausstattung des Klosters Lehnin (*). Vom 10. bis 13. Jh. wurde G. zweimal verlegt, letztmals infolge des Mühlenstaus bei Anlage von Wassermühlen und Stauwerken in frühdeutscher Zeit. Die nach der ersten Verlegung entstandene spätslawische Siedlung des 11./12. Jh. geriet nach Anlage des Brandenburger Mühlenwehrs in den Hochwasserbereich. In der Talniederung entstanden Flachmoortorfschichten, im nahen Deetz bis zu einem Meter Mächtigkeit und einen spätslawischen Brunnen überdeckend. Die Ortslage G. wanderte auf die Tal-

Ehem. Gutshaus in Götz

randhöhe *(Dorfkirche* im Kern mittelalterlich, 1. Hälfte 19. Jh. umgebaut, Breitturm um 1250; *Gutshaus,* Fachwerkbau um 1800).

In der 2. Hälfte des 19. Jh./Anfang 20. Jh. Standort dreier Ziegeleien (*Glindow), deren Restlöcher heute schachbrettartige Teichanlagen und damit im Umfeld von *Götzerberge* (Sitz der Bezirksgewerkschaftsschule Potsdam) ein eigenartiges Landschaftsbild bieten

Golzow

Die urspr. wohl den Grafen von Belzig (*) gehörige, dann markbrandenburgische (Ort 1219 ersterwähnt) G. ging 1329/51 als Lehen an das altmärkische Geschlecht derer v. Rochow und wurde Herrschaftsmittelpunkt dieser neben dem Kloster Lehnin (*) stärksten Zauche-Grundbesitzer; die Rochows gehörten mit den Quitzows zu den Hauptgegnern des als Kurfürst designierten Hohenzollern, so daß ihre Burg 1414 zerstört wurde (nach Wiederaufbau im 17. Jh. Verfall, späterer Schloßbau 1945 abgebrannt). Trotz Erbteilungen blieben die Rochows bis 1945 die in der Zauche tonangebenden Großgrundbesitzer. Das 1335/1451 als »stedeken« bezeichnete G. erlangte niemals Stadtrechte *(Dorfkirche,* 1750, Patronatsloge, Gruft).

Lehnin

1180 stiftete Markgraf Otto I. das Kloster L. (»Himmelpfort am See«) als erste Zisterzienserniederlassung in der askanischen Markgrafschaft sowie askanisches Hauskloster und besetzte es mit Mönchen aus Sittichenbach. Die Lage entsprach der »Waldeinsamkeit« und aktive Kultivierung fordernden Ordensregel, nicht aber die Dotierung mit sechs oder sieben nahen Zauche-Dörfern (*Götz), Wiesen, Seen und Salz aus Brandenburg. In den slawischen Orten regte sich Widerstand gegen die Unterwerfung und Christianisierung: Bald nach 1180 wurde der erste Abt Siebold durch Nahmitzer Fischer getötet. Unter den nächsten, u. a. adligen Stiftungen für Seelenmessen der Mönche befanden sich schon 1204 Besitzungen im Havelland (Wachow). Nahmitz kam bereits 1201 durch Pfand und Kauf an L., das magdeburgische Loburg 1207 als Schenkung. 1228 wurden mit Drewitz (heute Ot. von Potsdam) der erste Teltow-, 1242 mehrere Barnimorte (*Klosterfelde) erworben. Im 14. Jh. war das Kloster neben den Rochows (*Golzow) stärkster Grundeigentümer der Zauche; 1375 gehörten ihm dort rund 20 Dörfer und das Städtchen Werder. Zwischen Stiftung und Säkularisation unterstanden ihm insgesamt (ständig, zeitweilig, manchmal nur anteilig) mehr als 70 Dörfer.

Die L. 1180 zugesprochene Immunität löste seine Besitzungen weitgehend aus dem Bereich markgräflicher Abgaben und Rechtsprechung heraus und durchbrach die landesherrliche Vogteiverfassung (*Biesenthal). Dem Vogt verblieb nur der Vollzug von Strafen an Leib und Leben. In dem ausgedehnten Klosterbesitz wurden bis 1217 mindestens sieben Orte (u. a. drei der Erstausstattung) wüst, darunter das 1208 als bewohnt, 1532 erneut als wüst benannte Wendisch-Tornow, der frühest erwähnte Wendisch-Ort der Mark. Nach der askanischen Erbteilung (1258, *Brodowin) wurde L. Hauskloster der (bis 1317 bestehenden) ottonischen Linie und Mutterkloster u. a. von Mariensee (*Chorin) und Himmelpfort (*). Als Grablege wurde L. auch von den (ebenfalls askanischen) Herzögen v. Sachsen (-Wittenberg) sowie von Kurfürst Joachim I. beansprucht, dessen Pläne allerdings durch die Reformation überholt wurden.

Unter den Äbten der »Loburger Partei« (1. Hälfte 14. Jh.) und dann in der 2. Hälfte des 14. Jh. wurde L. in die feudalen Fehden hineingezogen. Abt Heinrich VI. Stich gehörte

Siegel der Abtei Lehnin von 1260

Willibald Alexis (Deutsche Staatsbibliothek Berlin)

als Gegner der Quitzows (*Friesack) zu den Parteigängern des Hohenzollern Friedrich I. Seit dem 15. Jh. führten die Äbte den Titel eines kurfürstlichen Rates. Trotz Rückgang seiner Anbaufläche verschiffte das Kloster noch 1416 Korn bis Hamburg, hielt Markttage in L. und (seit 1459) in Werder. Um 1468 beteiligte es sich an einer Pfännerschaft, die bei Saarmund Salz zu gewinnen suchte. Spätestens ab 1432 unternahm das Kloster dauerhaft Geldleihgeschäfte, am häufigsten zur Reformationszeit. Der letzte Abt Valentin, 1519 Beiwohner der Leipziger Disputation, suchte Martin Luther vergeblich im Sinne einer humanistischen Ausgleichstheologie zu beeinflussen. 1541 stimmte die Mehrheit des Konvents gegen Abt Valentin der reformatorischen Kirchenordnung Kurbrandenburgs zu. 1542 verbot der Kurfürst die Abtneuwahl; 15 Mönche erklärten ihren Klosteraustritt. Das reichste märkische Kloster wurde mit seinen Besitzungen kurfürstliches Amt mit 25 Ortschaften.

✦ *Klosterkirche St. Marien* (spätromanische/frühgotische Basilika, Baubeginn um 1190, 1262 oder 1270 geweiht, bedeutendster Bau dieser Art in der Mark, neben bemerkenswerten Ausstattungsstücken Grabsteine Markgraf Ottos IV. (gest. 1303) und eines Abtes (gest. 1509); *Klausur* (Anfang 13. Jh., Reste erhalten); *Klostermauer* (mit *Wartturm* und *Kapellenruine*); *Kornhaus* (14. Jh.); *Abtshaus* und *Falko-*

Der antifaschistische Arzt Johannes Kreiselmeier

nierhaus (Mitte 15. Jh.); *Belvedere* im ehem. Wirtschaftshof (18. Jh.)

Unter dem Domänenamt 1691 Ansiedlung Schweizer Kolonisten, die dem Schweizer-Direktorium in Berlin unterstanden *(Kolonie Neuhäuser);* Einrichtung einer reformierten Predigerstelle; 1811 verpachtet, um napoleonisch geforderte Kontributionen aufzubringen
1815 Amtsbehörden nach Brandenburg verlegt
1846/48 Aufenthalt des Schriftstellers Willibald Alexis; hier entstand sein Roman »Die Hosen des Herrn von Bredow« *(Willibald-Alexis-Denkmal am Burgwall Mittelsee)*
1851 Gut L. mit Vorwerk Tornow eigener Gemeindebezirk, seit 1905 parzelliert, 1912 nach L. eingemeindet; 1855 Wiederbelebung der Jahrmärkte (1925 Marktflecken); Aufschwung als Standort der seit 1733/36 ansässige Ziegelherstellung (1900: 12 Betriebe) und der Binnenschiffahrt, seit 1801 (1913: 125 Schiffer); Schifferhäuser im Ot. *Kaltenhausen;* 1912 *Louise-Henrietten-Stift* im ehem. Kloster
1855 wurde in L. Friedrich Wilhelm v. Loebell geboren, führender konservativer preußischer Verwaltungsbeamter (u. a. Oberpräsident der Provinz Brandenburg) und Politiker; seit 1919 Präsident des Reichsbürgerrates (Leitzentrum der November 1918 entstandenen konterrevolutionären Bürgerräte), 1931 in Brandenburg verstorben
1928/38 leitete Johannes Kreiselmeier, bekannt als »Arzt des Volkes«, das Lehniner Krankenhaus; als späterer Betriebsarzt in Teltow gehörte er zur Saefkow-Jacob-Bästlein-Widerstandsorganisation, wurde 1944 verhaftet und im Zuchthaus Brandenburg hingerichtet *(Ehrenmal).*

Pritzerbe (1225)

Der Burgward P. gehörte 948 mit Ziesar (*) und der halben Dominsel Brandenburg zur Erstausstattung des Bistums Brandenburg (*). Das urkundlich wie archäologisch gesicherte Herrschaftszentrum P. erschien auch bei der Neugründung des Bistums 1161 als einer der Burgwardvororte. 1216/75 urkundete der Bischof wiederholt in P., dessen Burgstelle aber vielleicht schon im 14. Jh. wüst lag. Das Städtchen P. kam zum bischöflichen, ab 16. Jh. kurfürstlichen Amt Ziesar *(Pfarrkirche St. Marien* 1690, 1740 umgebaut mit Joachim-Wagner-Orgel), ist seit dem 19. Jh. Arbeiterwohnstadt für Brandenburg, Premnitz, Rathenow.

Reckahn

Das 1375 ersterwähnte *Meßdunk* (Ot.) war neben Nahmitz das einzige Zauchedorf ohne Hufenordnung; der Ortsname, dessen Grundwort in Flurnamen der Mark und der Zauche mehrfach vorkommt, geht wohl auf einen Ort des heutigen Belgiens zurück und bildet einen sicheren ortsnamenkundlichen Beleg des Anteils niederländisch-flämischer Siedler am frühdeutschen Landesausbau in der Mark (*Krielow) R. gehörte schon bei seiner Ersterwähnung (1351) denen v. Rochow (*Golzow) und war seit 1520 Sitz einer eigenen Herrschaft; den Fronstreik der Bauern von R. (1560) – der frühestbezeugte in der Mark (*Friesack) – und die folgenden Auseinandersetzungen beendete ein Kammergerichtsurteil, das denen v. Rochow ungemessene Dienste zugestand.

1773 begann der in R. als Gutsbesitzer ansässige »märkische Pestalozzi« Friedrich Eberhard v. Rochow seine 1772/73 publizierten, von der Aufklärung geprägten Reformideen in der Dorfschule R. umzusetzen. Sie schafften die Prügelstrafe ab, zielten auf alltagsbezogene Wissensvermittlung, Verbesserung der Lehrerbildung und des märkischen Landschulwesens, das trotz allgemeiner Schulpflicht (1717) nur einklassige Küsterschulen kannte und lediglich Einmaleins, ABC und Katechismus lehrte, dem städtischen Schulwesen weit hinterherhing. Rochows Lesebuch »Der Kinderfreund« (Erstauflage 1776, vielfach nachgedruckt und übersetzt) nahm den Lesestoff erstmals nicht vornehmlich aus der Bibel. Dem *Schulneubau* von 1773 folgten weitere in Göttin (1777) und Krahne (1779). Rochows weitverzweigter Briefwechsel betraf pädagogische, literarische, auch agrarökonomische Fragen. Als neuen Anbaumethoden aufgeschlossener Landwirt leitete er die »Märkische Ökonomische Gesellschaft zu Potsdam« (*) und nahm in R. 1796 die Geldablösung der Frondienste vor.
✦ *Gutshaus* (um 1720, mit *Grab- und Gedenkstätte* F. E. v. Rochows, heute Oberschule); *Altes Schloß* (Ende 16. Jh., urspr. »Festes Haus«, später Wirtschaftsgebäude) mit *Landschaftspark; Dorfkirche* (1739)

Riewend, Ot. von Päwesin

Der am nördlichen Ufer des *Riewendsees* gelegene slawische Burgwall von 80 m Durchmesser und mit noch 2,5 bis 5,5 m hoher Umwallung war wahrscheinlich im 7. bis 12. Jh. Mittelpunkt eines Burgbezirks im Stammesgebiet der Heveller. Die hiesigen Ausgrabungen von A. Götze (1901/12) waren bahnbrechend für die Erkenntnis der zeitlichen Abfolge der unverzierten frühslawischen Keramik über kammstrichverzierte mittelslawische zu gutverzierter spätslawischer Ware (Funde: *Märkisches Museum Berlin*, z. T. Verlust).

Bei dem 1324 ersterwähnten markgräflichen Dorf R. *(Dorfkirche,* im Kern 1718) ist die bisher nicht lokalisierte, mittelmärkische Landgerichtsstätte Klinke (12.–14. Jh.) vermutet worden.

Saaringen, Ot. von Klein Kreutz

Nördlich des Ortes liegt in der Havelniederung ein ausgedehntes slawisches Hügelgräberfeld mit urspr. mehr als 100 Hügeln. Diese messen 5 bis 15 m Durchmesser, sind 0,35 bis 0,80 m

Titelblatt von Rochows »Kinderfreund«

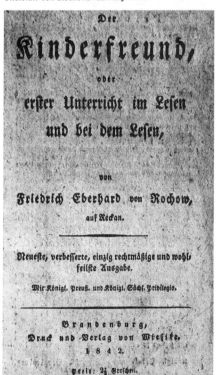

hoch und besitzen 1,5 bis 2,0 m breite, umlaufende Gräben. Bei den altslawischen Brandgräbern des 7. bis 9. Jh. waren Leichenbrand, Scherben und Holzkohle in der Hügelschüttung verstreut. Im 10./11. Jh. sind Körpergräber als Nachbestattungen angelegt worden. Der Wechsel in der Bestattungssitte geht auf christlichen Einfluß zurück (Funde: *Heimatmuseum Brandenburg,* meist Verlust).

Wusterwitz

Das früher zum Erzbistum Magdeburg gehörige W. bietet mit seiner wahrscheinlich 1159 ausgestellten Ortsgründungsurkunde einen der ältesten Belege frühdeutscher Siedlungstätigkeit im slawischen Osten bei flämischer Mitwirkung, die auch im askanischen Herrschaftsraum orts- und flurnamenkundlich belegt ist (*Krielow, *Reckahn). Das Dorf W. blieb mit allem Zubehör Neusiedlern vorbehalten. Dem bald zum Schulzen eingesetzten Lokator wurde – ungewöhnlicherweise – die gesamte Gerichtsbarkeit übertragen. Der Ort stand von Anfang an außerhalb gräflicher bzw. vogteilicher Befugnisse. Von den Gerichtseinnahmen erhielt der Schulze das auch sonst übliche Drittel, ferner vier Freihufen. Die Bauern erhielten vermutlich je zwei Hufen mit fest bemessenem, geringfügigem Zins. Alle Siedler entrichteten den vollen Zehnten als Hauptabgabe, brauchten aber dem Erzbischof keine Dienste zu leisten. Der Plan, durch einen Jahrmarkt W. zu einem Handelsmittelpunkt (villa fori) zu machen, scheiterte. Die gute Rechtsstellung der Bauern von W. wurde bis zum 14./15. Jh. für die Gebiete östlich von Elbe und Saale typisch – allerdings ohne höhere Gerichtsbarkeit des Schulzen und bei leichter Steuer- (Bede-) und Dienstbelastung *(Dorfkirche,* spätromanisch, 12. oder 13. Jh., im Chor spätgotische Deckenbemalung, Turmaufsatz 18. Jh.).

Ziesar (1337)

Mit Pritzerbe (*) gehörte Z. 948 zur Erstausstattung des Bistums Brandenburg, die im Slawenaufstand 983 verlorenging und im 12. Jh. nach dem Wendenkreuzzug wieder in Besitz genommen wurde. Der deutsche Burgward des 10./12. Jh. befand sich am südlichen Ortsrand (ehem. Halbinsel im verlandeten »Alten See«) auf dem Gelände einer altslawischen Burganlage. Seit 1214 ist Z. neben Pritzerbe (*) als brandenburgischer Bischofssitz bezeugt, während die Dominsel in Brandenburg dem Dom-

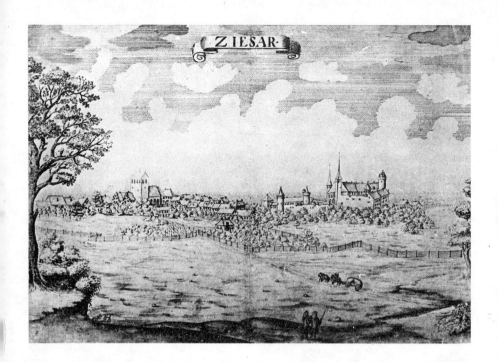

Ziesar um 1710 von D. Petzold

kapitel überlassen blieb. Seit dem 14. Jh. bis 1560 war Z. feste Residenz der Bischöfe *(Burg, im Kern spätgotisch, mit mittelalterlichem Bergfrit; Burgkapelle,* 1470, heute katholische Kirche; *Rundturm* der Vorburg, spätes 15. Jh.). Die markgräflichen Zehntrechtbeschränkungen beim Tauscherwerb Löwenbergs (*) 1267/70 begünstigten gemeinsam mit Steuerbewilligung und Teilnahme der Bischöfe am kurfürstlichen Rat die vom Landesherrn angestrebte, 1447 bestätigte Landsässigkeit der Bischöfe, die bis zur Aufhebung des Bistums 1560 die Prälatenkurie auf den kurbrandenburgischen Landtagen anführten.

Neben einem Suburbium mit Peterskirche (spätere Vorstadt) entstand Anfang 13. Jh. eine Stadtanlage um Straßenmarkt; 1226/71 Franziskanerkloster (nach Brandenburg-Altstadt verlegt); 1330/40 Zisterziensernonnenkloster *(Gebäude* 14./17. Jh.) bei der spätromanischen *Stadtkirche St. Crucis* (gleichzeitige Klosterkirche); Stadt grundherrlich, später amtsuntertänig; die ehem. Bischofsresidenz wurde nach Reformation/Säkularisation Amts- und später auch Gutssitz; 1772 gegen Luckenwalde (*) an das Herzogtum Magdeburg vertauscht, gehörten Burg und Stadt Z. bis 1952 zur preußischen Provinz Sachsen; seit 18. Jh. starkes Töpfergewerbe, nach 1870 12 Tonwarenfabriken

Brandenburg (1170)
Die gewässerreiche Landschaft um B. zog bereits Jäger und Sammler der Endaltsteinzeit und der Mittelsteinzeit an, wie zahlreiche Rastplätze am Südufer des Breitling-Sees, an der Havel bei B.-Plaue sowie in B.-Görden bezeugen. Für den Zeitraum vom Neolithikum bis in die germanische Zeit gehört das Brandenburger Havelland zu den fundreichsten Gebieten im Bezirk Potsdam (Funde: *Heimatmuseum Brandenburg).*
Bei der slawischen Landnahme im 6./7. Jh. entstand auf der *Dominsel* in B. eine Siedlung, die sich spätestens Anfang 9. Jh. zum Hauptort und Fürstensitz des Heveller-Stammes entwickelte; diesen erwähnte erstmals der sog. Bayrische Geograph. Die Mitte 7. Jh. errichtete Burg bzw. deren ungewöhnlich starke Holz-Erde-Befestigungsmauer wurde bis ins 10. Jh. mehrfach erneuert (Planken- und Rost-, später Kastenkonstruktion, 20 m breit, ebenso der 2 m tiefe Wassergraben). Die Burg des 10. Jh. maß bei 120 m Außendurchmesser zusammen mit der Vorburg 1,5 ha besiedelter Innenfläche und bildete ein frühes Beispiel der großen, mehrgliedrigen Burgen, die bei den

Slawen westlich der Oder in der Regel erst nach 1000 entstanden.

928/929 gelang es Heinrich I., König des benachbarten frühdeutschen Staates, die Brandenburg zu erobern. Nachdem erneuter slawischer Widerstand gebrochen war, gründete Otto I. 948 das Bistum B. (daneben Havelberg). Der Bischof erhielt die nördliche Hälfte von Insel und Burg; die südliche Hälfte, vormals Hauptburg, blieb Wehranlage und ging in das Eigentum des Königs über. Die Slawen schüttelten in ihrem großen Aufstand 983 die deutsche Herrschaft ab. Zu Anfang des 11. Jh. war B. wieder slawischer Fürstensitz. Bei ihm entwickelte sich ein vorstädtisches Produktions- und Handelszentrum an der Fernhandelsroute Magdeburg–Poznań. Die Burg auf der Dominsel wurde nochmals auf 200 bis 300 m Durchmesser bei gut 3 ha Innenfläche (mit reihenartig angeordneten Blockbauten und Flechtwerkhäusern) erweitert, in der der eigentliche Fürstensitz wahrscheinlich einen gesonderten Bezirk hatte. Der völligen Rückkehr zum Stammeskult entsprach die Errichtung eines Triglav-Heiligtums auf dem heuti-

Schnitt durch die slawischen Befestigungen des 7. bis 10. Jh. mit Resten der Holzkonstruktion auf der Brandenburger Dominsel

gen *Marienberg.* Als handwerkliche Produktionszweige sind u. a. Töpferei, Drechslerei, Buntmetallverarbeitung und Glasschmuckherstellung archäologisch bezeugt: in gedrechselten Holzgefäßen, farbigen Glasfingerringen und einer kleinen bronzenen Pferdeplastik – vermutlich Darstellung eines Tempelpferdes. Im Umkreis der Burg entstanden weitere Siedlungen, so auf der Dominsel westlich der Burg sowie auf dem Gebiet der späteren Neustadt, wo auch ein Gräberfeld angelegt wurde. Nach möglicher lockerer Abhängigkeit von den Obodriten Anfang des 12. Jh. begannen die Hevellerfürsten sich an den deutschen Feudalstaat anzulehnen, um zunehmenden inneren sozialen Spannungen zu begegnen und eventuelle Angriffe des deutschen Feudaladels abzulenken. Der letzte Hevellerfürst, Pribislaw (1127/50), unterwarf sich wahrscheinlich der Lehnshoheit des deutschen Königs und setzte – vielleicht kurz vor 1147 – den Askanier Albrecht den Bären als Nachfolger ein. Zum Christentum übergetreten, ließ er auf der Burg eine Kapelle und in dem frühstädtischen *Parduin,* das zur Burg gehörte und in dem wahrscheinlich bereits deutsche Kaufleute dominierten, die *Gotthardtkirche* (Untergeschoß des Westwerks vielleicht vor 1150, Hauptbau 14./15. Jh.) errichten, an die er Prämonstratenser aus Leitzkau holte. Die Brandenburg besaß jetzt eine Münzstätte. Erst 1157 konnte sich Albrecht der Bär hier endgültig behaupten. Er wurde aber nicht unumschränkter Herr der Burg, denn König Friedrich I. Barbarossa stellte die in der Bistumsgründungsurkunde von 948 fixierten Rechtsverhältnisse wieder her. Der Bischof erhielt erneut die Nordhälfte von Insel und Burg, während die königlichen Besitzrechte einem Burggrafen, Baderich I. v. Jabilinze (1160 erstmals in diesem Amt erwähnt, *Belzig), übertragen wurden. Ob dieser in der Lage war, den Süden der Insel einzunehmen, oder ob Albrecht gleichwohl die Burg behauptete, ist ungeklärt. Erst in den 30er Jahren des 13. Jh. konnten die Markgrafen das Burggrafenamt beseitigen. Die bereits verfallene Burg wurde nicht wieder wehrhaft gemacht; ihr Platz ging im Lauf des 13. Jh. an den Bischof über. Dieser hatte nach 1161 in seiner Burghälfte mit dem Bau des Domes begonnen und 1165 die Prämonstratenser aus Parduin, deren Konvent 1161 zum Domkapitel erhoben worden war, auf die Insel geholt, die nun ebenfalls dort ihre Kurien errichteten. 1237 übereigneten die Markgrafen Johann I. und Otto III.,

Kapitelsiegel des Brandenburger Bistums von 1238

wohl nach der Verdrängung des Burggrafen, dem Bischof die auf dem Areal der einstigen Hauptburg gelegene *(Petri-)Kapelle*.

✦ *Dom* (Nordturm des Westbaus 2. Hälfte 12. Jh.; unter Chor und Vierung zweischiffige Krypta, 1220/40 – seit 1953 *Gedächtnisstätte für die Blutzeugen der evangelischen Kirche 1933/ 45;* im 14./15. Jh. Umbau, dabei u. a. Erhöhung der Hochschiffmauern und Einwölbung); von der mittelalterlichen Anlage des Domkapitels *Ost-* und *Nordflügel* erhalten (Aus- und Umbauten des 13., 14. und 15. Jh., in der Neuzeit fortgesetzt; seit 1979 *Dommuseum); Westflügel* (neogotisch, 19. Jh.; *Domarchiv, Bibliothek* mit kostbaren Altbeständen, *Domschatz); Petrikapelle* (um 1300, Unterbau in Granitquadern, 12. Jh., vielleicht bis in die Zeit Pribislaws zurückreichend, der hier begraben sein soll)

Auf der Dominsel lagen ferner drei sog. Kietze – Großer und Kleiner Domkietz im Osten bzw. Süden und der Neustädter Kietz, so benannt nach den späteren, von den Markgrafen belehnten Besitzern. Die Entstehung der Kietze setzt die neuere Forschung, die sie für Dienstsiedlungen bei frühdeutschen Burgen ansieht, in die Zeit nach 1150. Stimmt diese Deutung, dann weisen die insgesamt vier Kietze – hinzu kommt der urkundlich erstgenannte Altstädter Kietz (1249) auf dem Havelnordufer östlich von Parduin – darauf hin, daß auch für die deutsche Zeit eine Großburg zumindest geplant war. Denn die rund 40 »ech-

ten«, d. h. im Mittelalter entstandenen Kietze dieser Region gehörten im allgemeinen paarweise zu verschiedenen Burgen. Die Kietze waren kein Siedlungsteil der benachbarten Städte, wurden häufig von Slawen unter Burgrecht bewohnt, lagen, in Straßendorfform, oft in Gewässernähe. In den meisten Kietzen war deutsche Keramik allein oder bestimmend vorhanden, doch gehört B. zu den Ausnahmen, so daß hier vor 1150 slawische Dienstsiedlungen gelegen haben könnten, nur zu der Zeit wohl unter anderem Namen und mit anderer Siedlungsstruktur.

Nach 1157 bildete sich nahe Parduins um den Altstädtischen Markt eine zweite Siedlung (womöglich auch nur Siedlungserweiterung). Initiator war wahrscheinlich der wohl auch Parduin beanspruchende Burggraf. Beide Siedlungen traten spätestens seit der 1. Hälfte des 13. Jh. als einheitliche Stadt auf, die den Namen der Brandenburg übernahm.

Bemühungen der Askanier um diese »Altstadt B.« oder auch um eine eigene Stadtgründung gab es schon mit dem großen Privileg Markgraf Ottos I. von 1170, der *cives nostri brandenbur-*

Krypta des Domes

genses mit weitgehender Zollfreiheit in seiner Mark ausstattete, ohne nähere Ortsangabe. Vielleicht hat die erste stadtherrliche Unternehmung der Askanier auch dem durch das typisch kaufmännische Nikolaipatrozinium seiner Kirche auffälligen, 1174 ersterwähnten Luckenberg gegolten (*Nikolaikirche*, 1170 bis 1230, einziger romanischer Bau in B.). Jedenfalls gründeten die Askanier vor 1196 auf dem Zauche-Ufer der Havel, aufgrund des Patengeschenks Pribislaws seit etwa 1130 markgräfliches Eigen, die »Neustadt B.«, deren Konkurrenz zur Altstadt auch nach Verdrängung der Burggrafen nicht aufhörte. Beide Städte besaßen spätestens im 13. Jh. Stadtmauern (Restpartien des 14./15. Jh. an *Wassertorpromenade, Humboldthain, W.-Rathenau-Platz* für die Alt-, bzw. an *St.-Annen-Promenade, Grabenpromenade* und am *Deutschen Dorf* für die Neustadt). Während die Neustadt im 13. Jh. wohl noch einmal um Stutzdorf (d. i. »Deutsches Dorf«) vergrößert wurde, behielt die Altstadt das Anfang 13. Jh. erreichte Ausmaß bei. Die sog. Wassertore beider Städte B. deuten auf alte, später verlagerte Havelübergänge des 12. Jh. Vom 13. Jh. an hatte jede Stadt vier Haupttore, nach heutigen Bezeichnungen in der Altstadt das Plauer, Rathenower und Mühlen-, in der Neustadt das Stein- und Mühlentor, außer-

Epistolarium des Brandenburger Domschatzes

Taufbecken der Gotthardkirche

dem drei Tore, deren Namen im 19. Jh. verschwanden.
✦ *Plauer Torturm* (15. Jh., oberer Abschluß von 1928/29); *Rathenower Torturm* (2. Hälfte 14. Jh. und 16. Jh.); (neustädtischer) *Mühlentorturm* (lt. Inschrift 1411 vollendet); *Steinturm* (Mitte 15. Jh.)

Mit beiden Städten B. entstand ein System von Wassermühlen. Nördlich und südlich der Dominsel wurde die Havel durch Dämme gestaut, um den Wasserdruck auf die Mühlen zu erhöhen. Dadurch stieg oberhalb (östlich) von B. der Wasserspiegel um mehr als 1 m, so daß zahlreiche der dort befindlichen Siedlungen verlegt werden mußten (*Götz).

Die frühesten direkten Nachrichten über Gilden und Zünfte in B. stammen aus den Jahren 1320/21 (Ersterwähnung der Gewandschneider) und 1335, als einerseits Markgraf Ludwig der Ältere der Gewandschneidergilde der Neustadt das Monopol des Gewandschnitts bestätigte (oder verlieh), andererseits Rechte der Schuhmacher- und Gerberzunft (wohl der Altstadt) auf Frankfurt übertragen wurden. Statuten sind erst aus dem Ende des 14. Jh. bekannt (Zunftbrief von 1391 für die Fleischer der Neustadt). Eine einzige Brandenburger mittelalterliche Quelle gibt die Zahl der Meister an: 1467 hatte die Bäckerzunft 2 Ober- und 23 Meister. Erstmals 1408 sind Fleischer, Bäkker, Schuh- und Tuchmacher als gesonderte »Vierwerke« benannt.

Die Handelsverbindungen der Städte B. erstreckten sich (vermutlich vor allem auf dem Flußweg über Hamburg) bis in das Niederrheingebiet, worauf u. a. Dortmunder Urkunden von 1322 und 1333 hinweisen. Vorherrschend war aber der Handel innerhalb der Mark bzw. mit Randgebieten, besonders mit Zerbst, Burg, Magdeburg. Der Getreideexport rief teilweise Teuerungen hervor, so daß z. B. 1479 die Grafen v. Lindow-Ruppin den Brandenburgern die Getreideausfuhr aus ihrem Herrschaftsgebiet verboten.

Alt- und Neustadt B. besaßen bis Ende 15. Jh. jeweils zwei Wochenmärkte und drei Jahrmärkte, davon zwei gemeinsame; der dritte stand nur der Neustadt zu. Seit 1249 Erwerb von Dörfern, Mühlen, Wald und Weideland in der Umgebung, zuerst durch die Altstadt B. Bis Mitte 15. Jh. kamen 6–7 Dörfer an die Alt-, 10–12 an die Neustadt (jeweils mit einem der Kietze). Einige gingen ein bzw. wurden schon als Wüstung erworben (z. B. zwecks Anlage einer Landwehr), andere Dörfer hatten den Städten zu zinsen. Beide B. konkurrierten wirtschaftlich, in die seit dem 14. Jh. vielfältigen Auseinandersetzungen griff 1420/23 Kurfürst Friedrich I. ein; Streitpunkte waren Markt- und Fischereirechte, die Verfügung über Mühlen und Weinberge, der freie Durchgang u. a.

Seit dem 13. Jh. erlangten die Städte B. bedeutende politische Rechte. So ging die Blutgerichtsbarkeit höchstwahrscheinlich noch vor 1300 vom markgräflichen Vogt auf die Schulzengerichte über (Erwähnung dieses Rechts erst 1315, auch nur für die Neustadt). 1263 ist erstmals die Ratsverfassung für Alt- und Neustadt B. belegt, aber sicher schon länger vorhanden. Zu der Zeit war der Einfluß der Mehrheit der Bürgerschaft auf den Rat bereits beseitigt, falls er überhaupt bestand, denn der amtierende Rat bestimmte die Zusammensetzung des nachfolgenden. Das ergibt sich aus der Rechtsbelehrung, die der Berliner Rat in Übertragung brandenburgischen Rechts bald nach 1250 Frankfurt erteilte. Danach besaß der Rat auch das Recht, Zunftzusammenschlüsse zu genehmigen oder abzulehnen. Im 15. Jh. erhoben sich die Zünfte, vor allem die Vierwerke, gegen den von den Gewandschneidern beherrschten Rat. 1427 kam es in der Neustadt zu bewaffneten Auseinandersetzungen, in die sich der Sohn des Kurfürsten Friedrich I. auf der Seite des Rates einmischte, ohne allerdings Konzessionen an die Bürgerschaft, die die Rechnungslegung des Rates mit

kontrollieren durfte, verhindern zu können. Der Kompromiß entspannte die Situation nicht. Offenbar wurden sogar Bürgerversammlungen einberufen und die altstädtischen Zünfte als Bundesgenossen gewonnen. Erst 1490 war mit Hilfe des Kurfürsten Johann Cicero die Ratsherrschaft wiederhergestellt.

Die Brandenburger Schöffen errangen eine außerordentliche Stellung im Rechtswesen der Markgrafschaft. Die meisten Städte der Mark hatten Brandenburger Recht erhalten, so daß im 13. Jh. wahrscheinlich die Gewohnheit erwuchs, sich in Brandenburg Rechtsauskünfte zu holen. Daraus entwickelte sich ein oberer Rechtshof der Brandenburger Schöffen, deren Entscheidungen letzte Geltung bekamen. 1315 ist dieses Recht (für die Neustadt) erstmals belegt. Urspr. gaben die beiden Schöffengerichte getrennte Auskünfte; im 14. Jh. entstand dann ein einheitlicher, nur für Rechtsbelehrungen zuständiger Schöffenstuhl (Ersterwähnung 1348), in den einige der Alt- und der Neustädter Schöffen delegiert wurden. Tagungsort bis zum Jahr 1700 ein Pfahlbau in der Havel, der sich neben der die beide Städte verbindenden Brücke (der heutigen *Jahrtausendbrücke*) befand.

Die Städte B. bemühten sich seit dem 13. Jh. um eine Senkung ihrer finanziellen Verpflichtungen an die Markgrafen. So erließen diese – wahrscheinlich gegen Ablösesummen – 1275 den Bürgern der Altstadt den Zins von den Hufen der städtischen Feldmark, 1280 den Zins für die Hausgrundstücke der Stadt und 1295 die Steuer, die sog. Bede. Die vollständige Bedebefreiung ist für keine andere märkische Stadt bekannt und wurde nicht auf die Neustadt übertragen. Die übrigen Abgaben scheinen dagegen auch der Neustadt erlassen worden zu sein. Doch die seit dem 14./15. Jh. zunehmenden Sondersteuern konnte keine der beiden Städte umgehen.

Im ersten märkischen Städtebund am Ende der Askanierzeit (1308/09), der Übergriffe der Markgrafen der johanneischen Linie, Otto IV. und Waldemar, gegenüber den Rechten der Städte der ottonischen Linie verhindern sollte, spielte die Neustadt zusammen mit Berlin und Cölln eine dominierende Rolle, während die Altstadt wahrscheinlich zu Otto und Waldemar hielt. Nach dem Aussterben der märkischen Askanier traten dann aber beide Städte führend in dem großen Städtebund auf, der sich 1321 für die Nachfolge des Askaniers Herzog Rudolf v. Sachsen-Wittenberg in der Mark

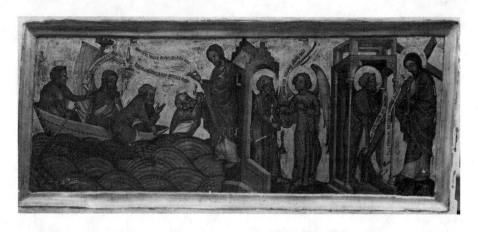

Predellenflügel des Böhmischen Altars im Dom

aussprach. Doch schon zwei Jahre später ging die Altstadt als erste märkische Stadt zu den Wittelsbachern über, demonstrierte also in dieser Zeit eine extreme Politik des Lavierens. 1324 schloß sich auch die Neustadt den Wittelsbachern an. Gut 20 Jahre später waren die Beziehungen der Städte B. zu den Wittelsbachern jedoch wegen derer oftmaligen Geldforderungen und Vernachlässigung der Landfriedenswahrung ins Gegenteil umgeschlagen, und die Altstadt wurde nunmehr die erste märkische Stadt, die 1348 von den Wittelsbachern abfiel und den »falschen Waldemar« anerkannte (*Müncheberg). Bald folgte auch – mit den meisten märkischen Städten – die Neustadt. Aber den Kurswechsel König Karls IV. 1349 akzeptierten beide Städte nicht, so daß sie 1350 der Reichsacht verfielen. Erst 1355, nachdem der »falsche Waldemar« ausdrücklich zugestimmt hatte, gingen Alt- und Neustadt B. – zusammen mit Görzke als letzte – wieder zu den Wittelsbachern über.

Die Wirren der Quitzowzeit am Ende des 14. und zu Beginn des 15. Jh. versuchten anscheinend beide Städte – vor allem die Altstadt – ohne großen Krafteinsatz zu überstehen. Sie beteiligten sich zwar an den Städtebünden von 1393 und 1399 und auch an einigen Maßnahmen zur Wahrung des Landfriedens – so wurde Busso v. Alvensleben, einer der mächtigsten märkischen Ritter der damaligen Zeit, trotz eines riesigen Lösegeldangebots von 1 000 Schock Groschen in der Neustadt hingerichtet –, aber die entscheidenden Kämpfe des Jahres 1414, in denen die in der Nähe von B. gelegenen Burgen Golzow und Plaue, die den

Rochows bzw. den Quitzows gehörten, gebrochen wurden, lassen kaum Aktivitäten der Brandenburger Bürger erkennen.

Als die Hohenzollern nach dem Niederschlagung der Adelsopposition darangingen, die städtischen Freiheiten einzuengen, lehnten sich Alt- und Neustadt B. anfangs dagegen auf und schlossen sogar 1431 noch einmal mit Berlin-Cölln und Frankfurt einen Städtebund, den letzten dieser Art, der der Verteidigung der Gerichtsautonomie, vor allem der Frankfurts (*), galt. Aber schon 1476 konnte Kurfürst Albrecht Achilles die Teilnahme der Städte B. an den Hansetagungen unterbinden. (Beide Städte waren wohl im 14. Jh. Mitglied der Hanse geworden, doch eine größere Rolle zu spielen.) 1490 wagte es dann Kurfürst Johann Cicero anläßlich der Beendigung der innerstädtischen Auseinandersetzungen in der Neustadt, von »seinem Rat« zu sprechen, ihn gleichsam als kurfürstliches Amtsorgan zu betrachten.

✦ *Katharinenkirche* (neustädtische Pfarrkirche, um 1400 von H. Brunsberg, vom romanischen Vorgängerbau südlicher Unterbau des Westturms erhalten); *Franziskanerkirche* (13. Jh., seit 1945 Ruine); *Dominikanerkirche* und *-kloster* (1286 gegründet, Kirche 1. Hälfte 14. Jh., erster gotischer Bau in den Städten B.); *Altstädtisches Rathaus* (15. Jh.) mit urspr. neustädtischem *Roland* (1477); *Ordonnanzhaus* (spätmittelalterliches Wohnhaus, mit Substanz des 13. Jh.); *Jakobskapelle* 14. Jh., in Backstein; 1892 um 11 m versetzt)

Nach Berlin machte unter märkischen Städten die Neustadt B. am frühesten (1521) den Versuch, einen evangelischen Prediger anzustellen, scheiterte aber damit am Domkapitel, dem Patron beider Pfarrkirchen, dessen Senior als Sekretär zur Umgebung des altgläubigen Kurfürsten Joachim I. gehörte. Doch konnte der Patriziersohn und bischöfliche Generalvikar Thomas Baitz seit seiner Berufung zum Katharinenpfarrer (1528) eine dem Besitzbürgertum genehme, von Volkskämpfen »unbelastete« Einführung zunächst der Deutschen Messe erreichen. Für die Übergabe wertvoller Schätze an Joachims II. aufwendiges Berliner Domprojekt erlangte der Rat der Neustadt B. schon 1536/37 die »evangelische Freiheit« zugesagt, damals einziges Beispiel im Land (*Treuenbrietzen). Inzwischen kam mit der Wendung des Bischofs Mathias v. Jagow zu Luther (*Saarmund) wie schließlich mit dem Spandauer Abendmahlsgang Joachims II. (1539) die »Reformation von oben« in Kurbrandenburg in Gang und rückte die Rechte der geistlichen Herrschaftsträger an die Seite. Während der vom Berliner Hof ausgehenden, von Wittenberg kritisierten, zum Augsburger Interim (1548) führenden Politik (*Jüterbog) kam es in der Stiftsstadt B., anders als in Wittstock und Lebus, nicht zu Rekatholisierungstendenzen. Als letztes der beiden Bettelordensklöster gelangte das der Franziskaner jedoch erst 1561 unter Ratsverfügung.

1566 warf die Bürgeropposition dem Neustädtischen Rat Usurpation gemeinbürgerlicher Rechte z. B. an der Stadtheide und die willkürliche Verteilung landesherrlicher Steuerlasten, die durch Biergeld und

Dominikanerkloster St. Pauli

Mahlzinse erhöht worden waren, vor. 1571 flackerten die Unruhen trotz Verhaftungen und hoher Bußgelder wieder auf, unter stärker plebejischen Vorzeichen. Auch in der Altstadt wurde 1572 ein gemeinbürgerlicher Vertretungsausschuß eingesetzt.

Durch die Kanalprojekte des 16. Jh. verbesserte sich Brandenburgs handelsgeographische Lage nur scheinbar. Schon 1548 angelegte Schleusen schlossen es an den Wasserweg zwischen Oder und Unterelbe an, der schlesische Handelsprodukte zum Nachteil des pommerschen Stettin an den aufstrebenden Handelsplatz Hamburg heranbringen sollte (*Müllrose). Aber das kaiserlich verliehene Niederlagsrecht (1564) vermochte die Herrschaft des vorteilhafteren Stapelplatzes Magdeburg über den Elbhandel nicht zu schmälern. Umgekehrt schädigte das Auftreten sog. »Hamburger« und »Schotten« – nichtmärkischer Verkäufer englischen Tuchs – die hiesige Tuchmacherei, wie Klagen der Gewandschneidergilde mehrfach belegen. Hemmend wirkte auch der adlige Korn- und Wollexport (*Friesack). 1587 soll die Gesamtsumme rückständiger Steuergelder in der Altstadt über 120 000 Gulden betragen haben. Die den Adel begünstigende Steuerumlage von 1594 zwang den beiden Städten B. eine höhere Steuersumme auf, als sie die über 200 Adelsdörfer und einige Mediatstädtchen der Zauche und des Havellandes zusammen zu zahlen hatten. Der 1611 eingeführte Neue Zoll wurde auch von B. erhoben, dessen alte Zollfreiheit bröckelte. 1619 verloren die Städte B. auch ihr Recht der freien Ratswahl, das sie

bis dahin als einzige der Mark ohne landesherrliche Bestätigung ausgeübt hatten.

Entgegen dem in der Mark unbestrittenen Rang des
Schöffenstuhls B. suchte die Bürgerschaft seit etwa
1570 häufiger schon in erster Instanz das fürstliche
Kammergericht auf.

Die Bürgerausschüsse der »32er« und der (altstädtischen) »20er« verloren an Wirksamkeit,
zumal die Räte 1644 unter landesherrlichem
Zuspruch das Wahlrecht der Bürgergemeinde
zum Präsentationsrecht verkümmern ließen.
Steuerrückstände und Heidenutzung bildeten
die Kernpunkte der unbehobenen Streitigkeiten von 1645 bis 1675. Die in der Bürgerord-
nung von 1604 als geringster Einwohnerstand
benannten Budenmänner bildeten eine in der
Mark noch in Strausberg derart bezeichnete
vorproletarische Unterschicht. Sie wohnten in
Mietshäusern, zahlten Schutz- und Brunnen-
geld, leisteten keinen Bürger-, sondern den
»Budeneid« (seit 1610), durften nicht hökern,
keine Gärten abmieten, nur ein Schwein halten, an der Fischerei und Holznutzung nicht
teilhaben. Nach ihrer letzten Erhebung 1622
unterlagen sie seit 1655 einer diskriminierenden »Budenordnung«.

Die Altstadt B. wurde im ansonsten mit 30 Prozent
Bevölkerungsverlust weniger schwer betroffenen Havelland vom Dreißigjährigen Krieg am härtesten
heimgesucht. Der altstädtische Kietz war 1626 fast
»ganz ruiniert«. 1643 waren nur noch 75 der 365 Vor-
kriegs-Feuerstellen benutzt; der Verlust an Menschenleben lag bei 48 Prozent, 1645 wurden 129 Häuser bewohnt.

1643 fand die Erbhuldigung der märkischen
Städte für den neuen Kurfürsten Friedrich
Wilhelm I. erstmals nicht in der alten »Chur-
und Hauptstadt«, sondern in Berlin statt; doch
wurde 1653 der Landtagsrezeß, der dem Kurfürsten ein stehendes Heer und Alleinverfü-
gung über die Reichs- und Außenpolitik zugestand, dem Adel dafür aber Gutsherrlichkeit,
Patrimonialgerichtsbarkeit und Erbuntertänigkeit seiner Hintersassen bestätigte, in B. ge-
faßt.
1661 baten Bürgerschaftsabgeordnete, in den
Städten B. eine »Accise« zur Bewältigung der
leidigen Kontributionsrückstände erheben zu
dürfen. Der vom Kurfürsten selbst geplanten
neuartigen Verbrauchssteuer sekundierten die

Doppelwappen von 1715

Räte scheinbar, indem sie eine Akziseordnung
verfügten, gehörten aber im gleichen Jahr mit
den Räten aller märkischen Immediatstädte zu
den Opponenten dieser den städtischen Ober-
schichten sehr unwillkommenen Verbrauchssteuer. Erst 1667 schien Kurfürst Friedrich
Wilhelm I. die Zeit für ein allgemeines Edikt
gekommen, 1669 wurde die Akzise in beiden
B. eingeführt. Damit unterlag die vielumstrit-
tene Finanzverwaltung der Ratsfamilien mehr
und mehr Eingriffen landesherrlicher Regie,
die für jeweils mehrere Städte Steuerräte einsetzte (*Potsdam). Das Stadtreglement von
1685 beließ zwar die Ratsverfassung, traf aber
genaue Vorschriften über die Bewirtschaftung
des städtischen Kammergutes und die Führung der Kämmereirechnungen – der Anfang
absolutistischer Einebnung der Ratsautonomie.

1705 Gründung der Ritterakademie auf der Dominsel
als Standesschule des märkischen Adels (1921/45
Realgymnasium).

Das »Kombinationsreglement« vereinigte 1715
Neu- und Altstadt B. Ein Magistrat mit zwei
Kollegien, die getrennte Zuständigkeiten hatten (Rechtspflege bzw. »Polizey«, d. h. Verwaltung mit Ausnahme des dem Potsdamer Steuerrat unterstellten Kämmereiwesens), führte
die städtischen Geschäfte. (Rats-)Stellenkauf
ersetzte das altoligarchische Selbstergänzungs-
prinzip, wenngleich nicht vollständig. Der
Spruch des Garnisonskommandanten –

*Roland am Altstädtischen Rathaus, nach Zerstörung des
Neustädtischen Rathauses 1945 hierher umgesetzt*

1713/39 lag das Königliche Leibregiment der »Langen Kerls«, bei häufigen Quartiernahmen des Soldatenkönigs, z. T. in B. – prägte die Stadtverhältnisse mit, wie die »Lärmkanone« auf dem Marienberg, die bei Desertionen gelöst wurde.

Die 1724 gegründete Russische Kompagnie, die Militärtuch ins Zarenreich Peters I. lieferte, bewirkte einen bis 1739 anhaltenden Aufschwung der Brandenburger Tuchmacherei, die außerdem für das Berliner Lagerhaus Mannschaftstuche fertigte, weshalb B. neben Berlin und Potsdam 1740 »Enrollements«-Freiheit erhielt.

Karl Friedrich Daums von Friedrich II. angeregte Gründung einer Barchent- und Kanevas-Manufaktur (1754), für die 100 Webermeister geworben und 500 Spinnerkolonisten in sechs Dörfern angesetzt werden sollten, um die gesamte Kur- und Neumark sowie Pommern und das Magdeburg-Halberstädter Land zu versorgen, wuchs bis 1764, trotz des frühen Ausscheidens Daums, auf 66 Meister (mit 120 Stühlen), von denen aber bald viele in die Leineweber- und Tuchmacherzünfte übertraten, da die Spinnerkolonien nur ein Sechstel des Bedarfs zu liefern vermochten und der zeittypische Garnmangel zu aufwendigen Käufen im »Ausland« zwang. 1804 ging der Betrieb ein.

Der 1752 berufene »Stadtdirektor« wurde unmittelbar der Domänenkammer und dem Generaldirektorium in Berlin unterstellt; 1787 nahm die Akzise- und Zolldirektion der Alt-, Mittel- und Uckermark ihren Sitz in B.; 1811 stellte der Brandenburger Schöppenstuhl – schon lange von der Juristenfakultät der Universität Frankfurt als Appellationsinstanz überholt – seine Spruchtätigkeit ein; bei der preußischen Verwaltungsreform wurde B. 1816 zum Kreis Westhavelland geschlagen.
1807 in B. Theodor Hosemann geboren, Illustrator des Berliner Volkslebens und der Märzrevolution 1848
1839 Unruhen unter den Seidenwirkern des Etablissements Meyer & Co. (mit 550 Arbeitern größtes gewerbliches Unternehmen der Stadt) wegen ausgebliebener Löhnung

Der reformentschlossene Oberbürgermeister Franz Ziegler (seit 1839, seit 1828 als Justizkommissar in B.) rückte der städtischen Mißwirtschaft zu Leibe, verbesserte das Kassen-, Rechnungs-, Armen-, Sozial- und Schulwesen, setzte – gegen den Widerstand der besitzenden Bürger und der Stadtverordnetenversammlung – erstmals in einer deutschen Stadt eine progressive Einkommensteuer durch und

Oberbürgermeister Franz Ziegler, ein entschiedener Liberaler (Museum Brandenburg)

erzwang – ein Jahr nach Potsdam (*) – im Februar 1848 die Öffentlichkeit der Stadtverordnetensitzung. Er förderte den seit 1840 von Potsdam (*) aus betriebenen Bau der Bahnlinie Potsdam–Brandenburg–Magdeburg (1846/47 eröffnet, *Hauptbahnhof*, einer der ältesten erhaltenen Bahnhöfe der DDR) und erreichte 1840, daß B. zumindest in der Kommunal- und Polizeiverwaltung aus dem westhavelländischen Kreis herausgelöst wurde (erst 1881 Bildung eines eigenen Stadtkreises). Ende Mai 1848 kam es in B. zu tumultartigen Lohnkämpfen zwischen Tuchmachern und dem Tuchfabrikanten Dähne (sog. Dähnescher Krieg), die durch die Bürgerwehr niedergeschlagen wurden. Ansonsten blieb B. von den revolutionären Ereignissen ziemlich unberührt. Das bewog den König und das konterrevolutionäre Kabinett Brandenburg, zu Beginn des Staatsstreichs am 9. November 1848 die preußische konstituierende Versammlung nach B. zu verlegen und auf den 27. November zu vertagen. Dieser Willkürakt veranlaßte den bisher gemäßigt-konstitutionellen, bei Nachwahlen für den Kreis Zauch-Belzig im Oktober auch mit den konservativen Stimmen in das preußische Parlament gewählten Ziegler, mit der Mehrheit der Abgeordneten nach dem Einmarsch Wrangels in Berlin zu bleiben und dort den Steuerverweigerungsbeschluß mitzutragen. Am 27. November 1848 trat das rechte Rumpfparlament im Brandenburger *Dom* zusammen, war aber selbst im Sinne des konstitutionell bemühten Staatsstreichs beschlußunfähig. Die Linken versuchten vergeblich, in einer Versammlung im »Schwarzen Adler«

und durch Proteste Abgeordnete aller Fraktionen zum Widerstand zu gewinnen. Mit der oktroyierten Verfassung wurde das Brandenburger Rumpfparlament am 5. Dezember 1848 vom König aufgelöst.

Bei den Wahlen für die II. preußische Kammer vom Januar 1849 kandidierte im Wahlkreis Westhavelland-Zauch-Belzig-B. Ziegler für die liberalen Gruppen gegen Otto v. Bismarck, der die Wahl mit den konservativen Stimmen der überwiegend agrarischen Kreise gewann, während Ziegler über einen Berliner Wahlbezirk in die Kammer kam. Nach ihrer Auflösung und dem erzwungenen Dreiklassenwahlrecht wurde Bismarck im Juli 1849 in B. erneut in die II. Kammer gewählt (bis 1853). Ziegler wurde im Oktober 1849 – unmittelbar vor dem Königsbesuch zur 900-Jahr-Feier des Domes – verhaftet, dann in einem schmählichen Prozeß amtsenthoben, verurteilt und aus B. ausgewiesen. Er schloß sich dem Berliner Jacoby-Kreis kampfbereiter norddeutscher Demokraten an, trat mit dem Sozialreformer Rodbertus und mit Lassalle in enge Verbindung, verstand sich als »demokratischer Bismarck« (wie er 1866 an Rodbertus schrieb) innerhalb der liberalen Fortschrittspartei.

Nach 1850 entstanden in B. mehrere größere Tuchfabriken, die aber nach dem USA-Einfuhrverbot 1867 ihre wichtigsten Marktpositionen verloren und der Konkurrenz vor allem der Niederlausitzer Tuchindustrie erlagen. Die Brandenburger Textilindustriellen verlegten ihre Betriebe an entwicklungsträchtige Standorte – vor allem nach Łódź – oder wichen in absatzsichere und entwicklungsfähige Industriezweige aus – so etwa bei der Gründung der Eisengießerei »Elisabeth-Hütte« 1874 durch einen Tuchfabrikanten (später Flügel- und Klavierplattenherstellung, heute VEB »Elisabethhütte«). Die 1877 aus einer Schlosserei gegründete Wiemannsche Eisengießerei wandelte sich zur Werft (heute: VEB Volkswerft »Ernst Thälmann«). Bei günstiger Verkehrslage im Havel-Seen-Gebiet (»Vorstadtschleuse«, 1883; »Silo-Kanal«, 1910) und Eisenbahnnetz (weiterer Anschluß 1904), Berlin-Nähe sowie brachliegenden Arbeitskräften, Grundstücken und Fabrikgebäuden begann sich B. seit den 70er Jahren zum wichtigsten, von der Metall- und Spielwarenproduktion dominierten Industriestandort der Provinz Brandenburg zu entwickeln. 1871 gründeten die Gebrüder Reichstein in der Neustadt (Gebiet Geschwister-Scholl-/Rosa-Luxemburg-Str.) eine Korbwarenfabrik,

die sich rasch zur größten deutschen Kinderwagen- und Korbwarenfabrik, seit 1880 zur ersten deutschen Fahrradfabrik (»Brennabor«) und zum mit Abstand größten Brandenburger Betrieb entfaltete. In den 90er Jahren folgten ihr in B. fünf weitere Fahrradfabriken. Drei unterlagen nach 1900 der »Brennabor«-Konkurrenz und der Krise, die anderen beiden gerieten über Kontingent- und Preiskonventionen in Abhängigkeit von den »Brennabor«-Werken, die ihrerseits durch die Kraftwagenproduktion (seit 1902/06) und die Granatenherstellung während des ersten Weltkrieges einen weiteren Aufschwung nahmen. Die 1881 gegründete Lehmannsche Blechspielwarenfabrik wurde Ausgangspunkt der exportträchtigen Brandenburger Metallspielwarenindustrie (heute: VEB Mechanische Spielwaren). Mit einer Kammgarn- (1877) und einer Feinjutespinnerei (1885) siedelten sich in B. moderne Textilgroßbetriebe an (heute: VEB Altenburger Wollspinnerei, Werk B.; VEB Feinjute- und Hanfspinnerei). Das traditionelle Brandenburger Mühlengewerbe profilierte sich Ende des 19. Jh. zur Großmühlen-Industrie mit einem ausgedehnten überlokalen Absatzgebiet für ihre Nahrungsmittelproduktion (Wasserrad als technisches Denkmal erhalten, um 1900 zum Antrieb von sieben Walzenstühlen der Brandenburger Mühlenwerke errichtet). 1912/14 entstand am »Silo-Kanal« das Hüttenwerk Rudolf Weber, das im späteren Besitz der Deutsch-Luxemburgischen Bergwerks- und Hüttengesellschaft AG zum größten Hüttenwerk Nordostdeutschlands und zum Ausgangspunkt der Brandenburger Stahl- und Walzwerke wurde. Während des ersten Weltkrieges folgten als kurzzeitige Rüstungsbetriebe ein Flugzeugwerk in B. und eine Pulverfabrik im nahen Dorf Möser (heute Ot. Kirchmöser). B. wurde Sitz der Handelskammer für B., die Nachbarkreise und die Prignitz. Vorausgegangen waren langwierige Verhandlungen mit der preußischen Regierung, die zunächst nur eine Handelskammer für den westlichen Teil der Provinz Brandenburg in Potsdam errichten wollte. Der 1897 gegründete Brandenburger Fabrikantenverein fungierte zugleich als Arbeitgeberverband der Gewerkschaften. Durch Arbeiterzuzug verdoppelte sich die Bevölkerungszahl Brandenburgs von 1880 bis 1925 auf 60 000; Fabrikanlagen, Fabrikantenvillen, Zweckbauten und proletarische Wohnviertel veränderten das Architektur- und Siedlungsbild.

✦ Wohnbauten des »Spar- und Unterstützungsvereins für Arbeiter« (seit 1848) *Vereinsstr. 15/21*; *Wilhelmsdorfer Vorstadt* (sog. Schwindelschweiz, Produkt kapitalistischer Boden- und Bauspekulation der »Gründerjahre«; Proletariermietskasernen *Wilhelm-Weitling-Str.* (um 1900); Fabrikantenvilla *Str. der Befreiung 2* (um 1910 von P. Schultze-Naumburg); Bürgerhaus *Plauer Str. 6* (1901, Jugendstil); *Krankenhaus Hochstr. 29* (seit 1901); *Bezirksnervenklinik Anton-Saefkow-Allee 2* (1911/15 für die nach B.-Görden verlegte Landesnervenanstalt errichtet)

1852 B. Geburtsort Fritze Bollmanns, einer legendenumwobenen Brandenburger Volksfigur (*Fritze-Bollmann-Brunnen, Hauptstr.*)
1868 »Historischer Verein zu Brandenburg«; gründete 1887 wie zuvor der Müncheberger (*) Verein ein eigenes Heimatmuseum, das wie die späteren Lokal- und Regionalmuseen eng mit der 1892 ins Leben gerufenen Gesellschaft für Heimatkunde der Provinz Brandenburg zusammenarbeitete
1882 wurde in B. Kurt v. Schleicher geboren, typischer »Büro-Offizier«, 1918/19 eine der Schlüsselfiguren konterrevolutionärer Politik und langfristiger Revisionsstrategie, einer der führenden militärpolitischen Köpfe der Weimarer Republik, der »Politiker«

Formerei der Elisabethhütte um 1905 (Museum Brandenburg)

in der Reichswehrführung, Intimus Hindenburgs, Drahtzieher der Präsidial- und Notverordnungs- bzw. Faschisierungspolitik (*Döberitz, *Fürstenberg, *Bernau), 1932/33 Reichswehrminister und letzter Reichskanzler der Weimarer Republik, Opfer der internen Machtkämpfe 1934 *Potsdam)

Mit dem nahezu vollzähligen Übertritt eines 1865 gegründeten, liberal geführten Arbeitervereins erreichte der ADAV-Ortsverein, den die im Allgemeinen Deutschen Tabakarbeiterverband organisierten, hiesigen Zigarrenmacher 1868 initiiert hatten, erstmals größeren Einfluß. Lassalleanische Traditionen wirkten in B. weit über die Vereinigung 1875 hinaus – trotz erbitterter Lohnkämpfe, starker Verfolgungen in der »Ära Tessendorf« (1874/78) und unter dem Sozialistengesetz. Mit dem Kern einer illegalen Parteiorganisation begann gegen Ende des Gesetzes in B. 1888/90 der Neuaufbau der lokalen Gewerkschaftsorganisation, wurden 1889 der Konsumverein »Vorwärts« und im Juli 1890 der sozialdemokratische Wahlverein gegründet. Nach dem Fall des Sozialistengesetzes wuchs die organisierte Arbeiterbewegung der Industriestadt rasch in die Breite. Unter Aufkauf eines bürgerlichen Blattes entstand 1890/91 die »Brandenburger Zeitung« als offizielles sozialdemokratisches Organ für die Reichtagswahlkreise B.-Westhavel-

land, Potsdam-Spandau-Osthavelland sowie Ruppin-Templin. Bis zu seinem Weggang nach Ostpreußen 1897/98 war der 1868 in B. geborene Gustav Noske ihr zweiter Redakteur, zeitweilig auch Vorsitzender des sozialdemokratischen Ortsvereins. Bis 1909 stellte dieser Verein zusammen mit der Ortsgruppe Rathenow die Wahlkreisorganisation für B.-Westhavelland und in ihr etwa 70 Prozent der Parteimitglieder. Anders als in Potsdam (*) wurden hier seit 1896 (mit Ausnahme der »Hottentottenwahlen« 1907) stets ein sozialdemokratischer Reichstagsabgeordneter – der anhaltinische, bald deutlich opportunistische Positionen beziehende Redakteur Heinrich Péus – gewählt und trotz reaktionärem Kommunalwahlrecht Mandate in der Stadtverordnetenversammlung erkämpft. Wahlergebnisse und Breitenwachstum, ein für die Provinz Brandenburg vergleichsweise starkes Gewerkschaftskartell (seit 1906 mit Arbeitersekretariat für Rechtsauskünfte, 1909/10 Erwerb und Ausbau der Versammlungs-, Herbergs- und Bildungsstätte *Volkshaus*, heute: *Jugendklubhaus »Philipp Müller«*), eine erfolgreiche Genossenschaftsbewegung (Konsumverein »Vorwärts«

Maschinenfabrik und Eisengießerei der Schiffswerft Gebr. Wiemann um 1905 (Museum Brandenburg)

mit 10 Verkaufsstellen und knapp 4 000 Mitgliedern 1914), diverse Gesangs-, Schach- und Sport- sowie Frauen- und Jugendvereine, ein Arbeiterbildungsausschuß (1907) kennzeichneten die starke Brandenburger Arbeiterbewegung.

Als die bürgerlich geführte Deutsche Turnerschaft den Brandenburger Arbeitersportlern die 1891 auf dem Gauturnfest in Nauen erkämpften Preise verweigerte, weil sie nicht in das übliche »Kaiserhoch« eingestimmt hatten, gründete der seit 1878 bestehende Brandenburger »Männer-Turnverein« unter Otto Gartz im Juni 1892 in B. den »Märkischen Arbeiter-Turnbund« mit zehn Ortsvereinen aus B., Berlin, Glindow, Köpenick, Rathenow, Velten, Luckenwalde und Fürstenwalde, darunter als bedeutendsten den 1890 gegründeten Berliner Turnverein »Fichte«. Zum 18. September 1892 berief der märkische Bund einen Turntag nach Berlin ein, der die Gründung des Arbeiter-Turner-Bundes (1893 in Gera, seit 1919 Arbeiter-Turn-und-Sport-Bund) beschloß.

1902 wurde Eckart Kehr als Sohn des damaligen Direktors der Ritterakademie in B. geboren; mit dem 1930 veröffentlichten Buch »Schlachtflottenbau und Parteipolitik 1894–1901«, das die materialistische Methode anwandte und zu den beeindruckendsten und aufsehenerregendsten Arbeiten linksliberaler bürgerlicher Historiker gehörte, wurde Kehr zu einem

Arbeiterfamilie um 1896, bezog 1910 Wohnung in der Brielower Straße (unten); der Vater, Max Albrecht, gelernter Former, als »Roter und Stänker« in Magdeburg wiederholt zu Gelegenheitsarbeiten gezwungen, wurde Formermeister in der Schiffswerft Wiemann (Museum Brandenburg)

der Begründer sozialgeschichtlicher bürgerlicher Geschichtsschreibung in Deutschland.

Die 1910 zu einer bis dahin beispiellosen Versammlungs-, Kundgebungs- und Demonstrationswelle verdichtete Wahlrechtsbewegung gegen das im Königreich Preußen und seinen Städten herrschende Dreiklassenwahlrecht fand bereits im Januar 1910 in B. eines ihrer Zentren in der Provinz Brandenburg, besonders aber dann im März/April nach der Vorlage des lange angekündigten, mit seinen nur marginalen Zugeständnissen die Massenforderungen brüskierenden »Reform«-Entwurfes. Bei einer dieser Protestkundgebungen kam es am 15. März in B. zum bewaffneten und blutigen Polizeieinsatz, der als »Polizeisäbel in B.« die demokratische Öffentlichkeit Preußens zu heftigen Protesten – so auch am 17. März in B. selber – veranlaßte.

Als Standort eines Kürassier-, eines Füsilier- und eines Feldartillerie-Regiments gehörte B. zu den großen Garnisonsstädten der Provinz; die zahlreichen Kasernenbauten aus der Zeit des Kaiserreiches geben Teilen der Stadt noch heute das Gepräge. Höhepunkt der preußentü-

melnden Traditionspflege waren die Feiern zum 500. Jahrestag des Einzuges des ersten Hohenzollernfürsten in B. mit Festgottesdienst, Paraden, historischem Umzug, Denkmals- und Stadthauseinweihung sowie dem Kaiserbesuch Wilhelms II. am 30. Mai 1912 als »Krönung«. Am Vorabend sprach Karl Liebknecht auf einer sozialdemokratischen Gedenkkundgebung im *Garten des Volkshauses* vor rund 5 000 Brandenburger Arbeitern über »Hohenzollerntum und Preußenrecht«.

1912/14 erhoben der Reichsverband zur Bekämpfung der Sozialdemokratie und der gelbe »Werkverein Brennabor« »Beleidigungs«-Klagen gegen den Linkssozialisten Erich Baron, seit 1907 verantwortlicher Redakteur der »Brandenburger Zeitung« und seit 1910 Stadtverordneter in B. Die weit über B. hinaus aufsehenerregenden Prozesse scheiterten, nicht zuletzt deshalb, weil Baron von prominenten Juristen der Partei (1912 von Wolfgang Heine, 1914 von Karl Liebknecht) verteidigt wurde.

Baron trat auf der letzten sozialdemokratischen Vorkriegsversammlung am 27. Juni 1914 im *Garten des*

Erich Baron (+) mit Arbeiterjugendlichen (Museum Brandenburg)

Volkshauses vor etwa 4 000 Teinehmern gegen den drohenden Krieg und später gegen die Kriegspolitik auf. 1918 trat er der USPD bei und wurde am 10. November zu einem der beiden Vorsitzenden des Zentralen Arbeiter- und Soldatenrates in B. (Tagungsstätte *Volkshaus*) gewählt, am 23. Januar 1919 aber von den rechten Sozialdemokraten aus dieser Funktion gedrängt. In Berlin war Baron dann 1919/20 leitender Redakteur des USPD-Zentralorgans »Die Freiheit«, trat 1920 zur KPD über und war 1924 bis zu seiner Ermordung 1933 Generalsekretär der Gesellschaft der Freunde des neuen Rußlands.

Im Dezember 1918 Gründung einer Ortsgruppe des Spartakusbundes, seit dem 1. Januar 1919 Ortsgruppe der KPD unter der Leitung des 1899 in B. geborenen Stahlwerkarbeiters Max Herm; in der traditionell sozialdemokratischen Arbeiterstadt hatte sie zunächst einen schweren Stand.

Während des Kapp-Putsches (*Döberitz) besetzte am 13./14. März 1920 eine Einheit der Brandenburger Garnison Post, Rathaus sowie Redaktion und Druckerei der »Brandenburger Zeitung«. Die Brandenburger Arbeiter traten in den Generalstreik, bildeten einen Aktions- und Vollzugsausschuß aller drei Arbeiterparteien, entwaffneten das putschende Militärkommando und den sog. Reichswasserschutz im heutigen Ot. Plaue, bewaffneten sich und hielten die Garnison in Schach, die daraufhin offiziell ihre »Neutralität« und beim Potsda-

187

mer Bezirkskommando ihre Ohnmacht erklärte. Dieses befahl statt des vom Oberbürgermeister erbetenen »besonnenen Stabsoffiziers« ein eilends bei Gollwitz zusammengestelltes Militär-Detachement unter einem später nazifaschistischen Offizier zum Einsatz nach B., wobei am 15./16. März fünf Arbeiter ermordet und zahlreiche verwundet und verhaftet wurden. Magistrat und Stadtverordnetenversammlung sowie die SPD-Mitglieder des Aktionsausschusses erklärten sich zur Entwaffnung der Arbeiter und zur Übergabe der Polizeibefugnisse an die Brandenburger Garnison bereit, wenn die Gollwitzer Einheit aus B. abziehe. Doch erst nach Verhandlungen mit dem Potsdamer Regierungspräsidenten und dem Reichswehr-Truppenamts-Chef Seeckt kam es am 21. März zum Abzug dieser Einheit und Abbruch des Generalstreiks.

1919/20 Bau der Eisenbahnwerke B.-West auf dem Gelände der ehem. Pulverfabrik im heutigen Ot. Kirchmöser, die binnen weniger Jahre zum Reparatur-Großbetrieb anwuchsen, zahlreiche Arbeitskräfte aus Mittel- und Ostdeutschland nach B. zogen, die nicht in den sozialdemokratischen Ortstraditionen standen (heute: VEB Werk für Gleisbaumechanik; Obelisk vor dem Klubhaus; Rathaus des Ot. Kirchmöser, 1924/25; Arbeitersiedlungen Kirchmöser-West und -Ost, seit 1922/23)

1926 vereinigte Friedrich Flick das in seinen Besitz übergegangene ehem. Webersche Stahl- und Walzwerk B. mit den vom Linke-Hoffmann-Lauchhammer-Konzern erworbenen Stahlwerken u. a. in Riesa, Lauchhammer und Hennigsdorf (*, Teilbesitz) zum Konzern Mitteldeutsche Stahlwerke und schuf so die zweitgrößte deutsche Stahl- und Walzwerkgruppe, die ihre Standort- und Konkurrenzvorteile vor allem aus der vorrangigen Verarbeitung des mitteldeutschen und Berliner Schrottaufkommens zog.

Trotz sozialdemokratischer Mandatsmehrheit im Stadtparlament 1919/24 blieb der Brandenburger Magistrat bis 1926 unter Leitung bürgerlicher Oberbürgermeister. Im November 1926 wurde der sozialdemokratische Magdeburger Kommunalbeamte Ernst Fresdorf mit den Stimmen von SPD und KPD zum Oberbürgermeister gewählt – der einzige Fall in der Provinz Brandenburg, daß ein Sozialdemokrat in dieses Amt gelangte. Er verstärkte die kommunale Reformpolitik, vor allem den Brückenbau, der die Arbeiterviertel mit den Werken und dem Bahnhof verband, und die öffentlichen Sozial- und Wohnungsbauten (u. a. Ausbau des Krankenhauses; *Zentral-Poliklinik*, ehem. Verwaltungsgebäude der Allgemeinen Ortskrankenkasse mit *Stadtbad, Kanalstr. 8/9*, 1929/30), förderte die Volkshochschule sowie die Umwandlung des Brandenburger Theaters in ein öffentliches Kulturunternehmen unter Beteiligung der Preußischen Landesbühne und des Verbandes der deutschen Volksbühnenvereine. Neben dem städtischen Fürsorgewesen entstand ein sozialdemokratischer Ausschuß für Arbeiterwohlfahrt, der u. a. ein eigenes Kindererholungsheim errichtete.

Die SPD, seit den Stadtverordnetenwahlen 1927 wieder stärkste Fraktion, buchte in B. unter den Erfolgen ihrer Reformpolitik auch den Bau des als »modernste, festeste und humanste« Strafanstalt Europas gerühmten *»Zuchthaus B.-Görden* (heute: *Strafvollzugsanstalt*, 1927/28 anstelle des alten, aus dem Landarmenhaus von 1790 hervorgegangenen Zuchthauses errichtet). Die in Fresdorfs Amtszeit sichtbaren Erfolge sozialdemokratischer Kommunalpolitik verstärkten den SPD-Einfluß und reformistische Illusionen unter den Brandenburger Arbeitern und ließen sie übersehen, daß diese Politik auch die bürgerlichen Verhältnisse stabilisierte.

Anfang 1925 entstanden in B. und in Kirchmöser RFB-Ortsgruppen, die den »Roten Tag« am 9. Mai 1926 zur ersten RFB-Großkundgebung in B. (5 000 Teilnehmer) gestalteten, auf der Ernst Thälmann zur Fürstenenteignung sprach (*Gedenkstein Rosa Luxemburg-/Ernst Thälmann-Str.*). Beim Volksentscheid am 20. Juni 1926 stimmten in B. knapp 56 Prozent für die Enteignung – ein für viele Arbeiterzentren typisches Resultat. Im Bemühen, die prokapitalistische Politik des Brandenburger Magistrats unter Fresdorf bloßzustellen, richteten die KPD-Ortsgruppe und -fraktion sowie seit 1929 die »Rote Brandenburger Zeitung« den Hauptangriff gegen die »regierende« SPD. Sie propagierten die »rote Einheitsfront«, die derart die Mehrzahl der Sozialdemokraten und ihrer Anhänger nicht erreichte, während SPD und freie Gewerkschaften ihren Antikommunismus verhärteten. Die KPD- und SPD-Fraktionsvorsitzenden Herm und Friedrich Ebert (Sohn des ehem. Reichspräsidenten, 1925/33 Chefredakteur der »Brandenburger Zeitung«, 1929/33 Fraktionsvorsitzender im Stadtparlament und Vorsitzender des SPD-Unterbezirkes B., 1928/33 SPD-Reichstagsabgeordneter), standen sich damals im Stadtparlament als Gegner gegenüber.

Bereits 1921 (Ortsgruppe des 1922 verbotenen »Deutschvölkischen Schutz- und Trutzbundes«), 1923 (»Sozialnationale Vereinigung«) und 1924 (Ortsgruppe der »Nationalsozialistischen Deutschen Freiheitsbewegung«) hatten faschistische Organisationen versucht, in der Arbeiterstadt Fuß zu fassen. Auch die nach der Neugründung der NSDAP im April 1925 entstandene Ortsgruppe, die zum »Kernstück der NSDAP in der Mark« erklärt wurde, stagnierte trotz provokantem Auftreten, gesuchten Zusammenstößen mit den RFB- und Reichsbanner-Ortsgruppen und massiver Berlin-Unterstützung (so beim ersten öffentlichen Auftritt im August 1925 mit 700 Berliner Faschisten). Bei den Stadtverordnetenwahlen 1929 gelangten erstmals zwei Nazifaschisten in das Brandenburger Stadtparlament, die sich 1930 Otto Strassers »Kampfgemeinschaft Revolutionärer Nationalsozialisten« (1931: »Schwarze Front«) anschlossen, da sie sich nur mit einer betonten Sozial- und Sozialismus-Demagogie Chancen ausrechneten, in einer Hochburg der organisierten Arbeiterbewegung wie B. Masseneinfluß zu erlangen. Der 1928 gegründete »Gau Brandenburg« der NSDAP (*Frankfurt) gehörte zu denjenigen Regionalorganisationen der Nazipartei, in denen sowohl die Strasser- wie 1931 die Stennes-Revolte beträchtliche Anfangserfolge erzielten. 1930 traten ganze Ortsgruppen (Michendorf, Zossen, Ketzin u. a.) zu Strasser über, 1931 fast die gesamte SA-Führung des Gaues zu Stennes. Die beiden Strasser-Anhänger im Brandenburger Stadtparlament mußten noch 1930 ihre Mandate niederlegen und wurden durch Hitler-Anhänger ersetzt.

1929 Konkurs der Elisabeth-Hütte und der Corona-Fahrradwerke, 1931 der Brennabor-Werke; unter 100 vergleichbaren Industriestädten erlangte B. die höchste Arbeitslosenquote und das niedrigste Lohnniveau; 1932 bildete ein Gläubiger-Konsortium unter Führung der Berliner Commerz- und Privatbank aus der Brennabor-Konkursmasse eine AG, wobei es trotz des damit verbundenen rigorosen Lohn- und Sozialabbaus von der SPD und dem örtlichen Gewerkschaftskartell unterstützt wurde.

Nach dem RFB-Verbot, das am 2. Juni 1929 in B. auf dem *Neustädtischen Kirchplatz* eine der fünf großen Protestversammlungen des Gaues Berlin-Brandenburg mit etwa 2 000 Teilnehmern zur Folge hatte, entstanden in B. 1930 eine Ortsgruppe des Kampfbundes gegen den Faschismus und 1931 eine »Rote Wehrstaffel« als Nachfolgeorganisationen. Schon bei der

Max Herm, KPD-Fraktionsvorsitzender im Brandenburger Stadtparlament, 1932 kommunistischer Reichstagsabgeordneter

Bürgermeister-Neuwahl vom Februar 1932, als nach dem Weggang Fresdorfs KPD und SPD den Versuch der bürgerlichen Parteien vereitelten, über Neuwahlen die sozialdemokratische Stadtverwaltung zu beseitigen, verstärkt dann mit den Einheitsfrontversammlungen Juni/Juli 1932 und der Wahl eines Einheitsfrontausschusses wandte die KPD-Ortsgruppe nun die Politik der Antifaschistischen Aktion an und erzielte bei den Reichstags- und Landtagswahlen 1932 beträchtliche Stimmengewinne; Herm wurde Reichstagsabgeordneter (*Potsdam). Doch schlug die SPD die Angebote zu gemeinsamen Aktionen (wie etwa nach der Einheitsfrontversammlung Mitte Januar 1933 in den *Alhambra-Lichtspielen* unter Teilnahme vieler sozialdemokratischer Arbeiter) aus. Der sozialdemokratische Stadtpolizeidirektor verbot am 30. Januar 1933 eine KPD-Protestkundgebung und ging im Februar 1933 so weit, im Auftrag der faschistischen Regierung Hausdurchsuchungen bei KPD-Funktionären durchführen zu lassen.

Die faschistischen »Gleichschaltungs«- und Terrormaßnahmen trafen in B. bald auch die sich mit ihrem bürgerlichen Legalitätsdenken selbst zur Passivität verurteilenden Sozialdemokraten: Am 21./28. Februar 1933 wurden ein faschistischer Polizeikommissar in B. sowie SA-, SS- und Stahlhelm-Leute als »Hilfspolizisten« eingesetzt, am 1. März der Polizeidirektor, am 30. März alle höheren sozialdemokratischen Beamten einschließlich des Oberbürgermeisters entlassen, ab März 1933 alle SPD-Versammlungen verboten.

Bei den Reichstagswahlen vom 5. März und den folgenden Kommunal- und Landtagswahlen erlangten KPD und SPD in B. mehr Stimmen und Mandate als die NSDAP, die zwar in die bürgerlichen und kleinbürgerlichen Wählerschichten eingedrungen war, aber die »nationale Mehrheit« nur mit Hilfe der angeschlagenen, alten bürgerlichen Parteien, durch die Annullierung der KPD-Mandate sowie durch die Verfolgung und Verhaftung der kommunistischen Abgeordneten erreichte. Nach dem Verbot aller nichtfaschistischen Parteien traten die SPD-Stadtverordneten mit Ebert an der Spitze im Juni 1933 zum letzten Mal (illegal) zusammen und wurden kurze Zeit später verhaftet (*Oranienburg). Am 29. Juni 1933 hatte B. eine rein faschistische Stadtverordnetenversammlung, deren Selbstverwaltungsrechte dann wie in allen Städten 1933/34 schrittweise aufgehoben wurden.

Bereits im Februar 1933 begann die Brandenburger Unterbezirksleitung der KPD mit der illegalen Herausgabe der »Roten Brandenburger Zeitung«, unterstützt von Sozialdemokraten – so bei der Wahl des ersten illegalen Druckortes in der Kirche von Neuendorf. In den heutigen Ot. Kirchmöser und Plaue wurden Flugblattaktionen gegen das faschistische Regime durchgeführt (*Ehrenmal Magdeburger Str./Vereinsstr.*). Im August 1933 wurde im alten, 1931 aufgelösten *Zuchthaus B.* (heute: *Rat der Stadt*) auf Anweisung des preußischen Innenministeriums ein von SS-Einheiten bewachtes Konzentrationslager für etwa 1 200 Häftlinge eingerichtet. Hierher wurden u. a. Hans Litten und Erich Mühsam verschleppt und als eines der ersten Opfer die KPD-Stadtverordnete Gertrud Piter ermordet (*Gedenktafeln am Rat der Stadt* und *Wohnhaus Mühlentorstr. 15; Grabstätte Altstädter Friedhof*). 1934 veröffentlichte die Prager »Neue Weltbühne« Berichte über die Zustände im KZ B. (Februar 1934 aufgelöst, Häftlinge nach Oranienburg* überführt).

Im Rahmen der faschistischen Rüstungsproduktion wurde B. strategische »Vorzugszone« für die Ansiedlung und den Ausbau kriegswichtiger Industriebetriebe und zu einem Musterbeispiel für die Entwicklung mittlerer, strategisch günstig gelegener Industriestädte mit ausgeprägter Infrastruktur und hoher Arbeitslosenquote zu Rüstungszentren. Dabei boten in B. die nahe Autobahn (1936) und der neue Mittellandkanal (1938) zusätzliche Standortvorteile. 1934 errichtete die Arado-Flugzeugwerke GmbH (*Potsdam) am *Neuendorfer Sand/Plauer See* ein Zweigwerk mit bald 6 000 Beschäftigten. 1935 verlegte die Opel

AG (General Motors Corporation) ihre gesamte LKW-Produktion nach B. (Werkanlage am *Silo-Kanal*), wodurch B. zum größten LKW-Hersteller des faschistischen Deutschlands wurde. Die »Brennabor«-Werke stellten sich seit 1936 weitgehend auf die Granaten- und Geschützteilherstellung um und gründeten 1938 das ausschließlich Rüstungsgüter produzierende »Havelwerk«. 1938 entstand der Staatsbetrieb Brandenburger Eisenwerke GmbH zur Panzerteilproduktion nahe dem nun auf den Bombenguß spezialisierten Flick-Stahlwerk; 1942 übernahm der Flick-Konzern die Lokomotivfabrik Kirchmöser und stellte sie auf die Panzerproduktion um. Dieser in der Region beispiellose Zuwachs an Rüstungsbetrieben führte bald zum Zuzug zahlreicher Facharbeiter aus allen Teilen Deutschlands, zum Aufbau neuer Wohngebiete (u. a. in *B.-Görden, Walzwerksiedlung, »Eigene Scholle«, Neuschmerzke*) und während des Krieges zum Masseneinsatz von schließlich etwa 12 000 ausländischen Zwangsarbeitern und Kriegsgefangenen, von denen hier viele ums Leben kamen (*Gedenkstätte Altstädter Friedhof; Ehrenmal Friedhof, Gedenkstein Hauptbahnhofsvorplatz*). Die Einwohnerzahl stieg bis 1939 auf etwa 90 000.

Seit 1935 Aufbau einer starken Wehrmachtsgarnison, teils in den alten Kasernenanlagen, teils in Neubauten (z. B. *Flakkaserne am Altstädtischen Bahnhof*); zahlreiche Spezialeinheiten, darunter seit November 1939 eine auf Sabotage, Diversion und psychologische Kriegsführung spezialisierte Sondereinheit, die nach ihrer Stammkaserne die »Brandenburger« hießen; Wiederbelebung altpreußisch-militaristischer Traditionen – die 1928 entfernten Königsbilder wurden im Magistratssaal wieder aufgehängt, Straßen und selbst NSDAP-Organisationen erhielten Hohenzollern-Namen.

Ende 1939 richtete der kurz zuvor gegründete »Reichsausschuß zur wissenschaftlichen Erfassung erb- und anlagebedingter schwerer Leiden« unter Leitung eines seiner Hauptgutachter, Hans Heinze, im *Zuchthaus B.-Görden* eine der ersten von insgesamt 28 »Kinderfachabteilungen« ein. Dieser Ausschuß fungierte als Zentrale der »Kinder-Euthanasie«, die an die Stelle der bisherigen »Verhinderung lebensunwerten Lebens« den in der Regel geheim gehaltenen oder pseudohuman als »Sterbehilfe« deklarierten Mord setzte. Ihr fielen bis 1945 etwa 5 000 Kinder zum Opfer. Auf der Grundlage eines Geheimbefehls Hitlers vom Oktober 1939 wurde die »Euthanasie« Anfang 1940 auf erwachsene Kranke und zu einem stabsmäßig organisierten Vernichtungsfeldzug ausgedehnt. Im alten *Zuchthaus B.*, (*Gedenktafel*) entstanden eine der ersten und größten Vernichtungsstätten der »Aktion Gnadentod«. Hier fand im Januar 1940 die erste »Probe-Ermordung« der ganzen Aktion – erstmals in einer Gaskammer – statt. Die Brandenburger Vergasungstests waren bereits auf die künftige »Endlösung der Judenfrage« konzipiert. In B. wurden fast 10 000 Menschen, vor allem Geisteskranke aus den Anstalten Neuruppin, Wittstock, Eberswalde, Jerichow, Buch und B.-Görden, aber auch Zigeuner, jüdische Bürger und Antifaschisten ermordet. Der Aktion fielen insgesamt mindestens 70 000 Menschen zum Opfer. 1941 mußte sie infolge massiver, vor allem kirchlicher Proteste offiziell eingestellt werden, ging aber im Geheimen weiter. Zu den mutigen Christen, die öffentlich protestierten, gehörte der Brandenburger Vormundschaftsrichter Lothar Kreyssig, aktives Mitglied der Bekennenden Kirche. Er wurde zwangspensioniert, viele seiner Mitstreiter jedoch von den Faschisten verhaftet und ermordet (*Dom-Krypta, Gedenkstätte* für die evangelischen Opfer des Naziregimes).

Das für etwa 1 800 Häftlinge projektierte *Zuchthaus B.-Görden* wurde seit 1937 zu einer

Ehrenmal Marienberg zum Gedenken an die im Zuchthaus Brandenburg ermordeten antifaschistischen Widerstandskämpfer

Zuchthaus Brandenburg-Görden 1937

der größten und berüchtigtsten faschistischen Haftanstalten (1942 etwa 2 500, im April 1945 4 500 Häftlinge) mit umfangreicher Rüstungsproduktion u. a. der Arado- und Brennabor-Werke sowie der Rathenower (*) Busch AG ausgebaut. Hier waren u. a. die Kommunisten Ernst Busch, Max Frenzel, Fritz Gäbler, Wilhelm Girnus, Fritz Große, Erich Hanke, Erich Honecker, Alfred Lemmnitz, Bruno Leuschner, Alfred Neumann, Erich Paterna, Herbert Sandberg, Kurt Seibt, Walter Weidauer inhaftiert, die trotz Isolation eine streng konspirative Parteiorganisation aufbauten, die seit 1943 das gesamte Zuchthaus umfaßte, einheitlich geleitet wurde und in Parteigruppen der einzelnen Anstaltshäuser gegliedert war. Sie stand mit der operativen Berliner Landesleitung der KPD um Saefkow und Jacob sowie – u. a. über Herm (1944 verhaftet und in das KZ Sachsenhausen eingeliefert) – mit den Widerstandsgruppen in den Brandenburger Rüstungsbetrieben in Kontakt.

Seit August 1940 war das *Zuchthaus B.-Görden* eine von insgesamt 21 offiziellen Hinrichtungsstätten des faschistischen Regimes. Anfangs fanden hier wöchentlich zwei, 1945 schließlich 50 Hinrichtungen statt. Insgesamt wurden in B.-Görden etwa 1 800 Hitler-Gegner hingerichtet (*Gedenkstätte Anton-Saefkow-Allee; Ehrenmal Marienberg; Friedhof Fohrder Str.*), unter ihnen die kommunistischen Widerstandskämpfer Siegfried Rädel, Werner Seelenbinder und Robert Uhrig, die Mitglieder der Berliner Widerstandsgruppe »Europäische Union« Georg Groscurth, Paul Rentsch und Herbert Richter-Luckian, die Führer der Berliner, Thüringer und Magdeburger Widerstandsorganisation bzw. illegalen KPD-Landesleitung Martin Schwantes, Theodor Neubauer, Hermann Danz. Saefkow verfaßte während der Brandenburger Hafttage sein »Politisches Testament«, das aus dem Zuchthaus geschmuggelt werden konnte. Hingerichtet wurden in B.-Görden auch ehem. führende Sozialdemokraten wie der frühere Vorsitzende des proletarischen Freidenkerverbandes, Max Sievers, an der Verschwörung des 20. Juli 1944 (*Potsdam) beteiligte bürgerliche Hitler-Gegner wie die Generale Fromm und Thüngen sowie öffentlich gegen das faschistische Regime aufgetretene, katholische Geistliche wie Max Josef Metzger und Alfons Wachsmann. Noch am 20. April 1945 wurden 28 Antifaschisten hingerichtet. Da die Evakuierungspläne nach dem Sachsenhausener Muster (*Oranienburg) am raschen Vordringen der sowjetischen Truppen scheiterten, mußte der Zuchthausdirektor am 22. April 1945 auf die Forderungen der illegalen KPD-Organisation eingehen und Gefangenenobleute neben den Wachen einsetzen, wodurch die Widerstandsorganisation des Zuchthauses einen halblegalen Status erlangte und einen Gefangenenausschuß bilden konnte, dem auch bürgerliche und sozialdemokratische Antifaschisten wie Otto Buchwitz und Gustav Dahrendorf angehörten und der von dem Kommunisten Martin Schmidt geleitet wurde. Nach der Flucht des Direktors und der Wachen übernahm der Gefangenenausschuß am 27. April die Leitung des Zuchthauses und trat in Kontakt zur sowjetischen Armee, deren Panzer am gleichen Tage das im Frontniemandsland liegende Zuchthaus sicherten, während die 1944/45 von angloamerikanischen Bombern schwer zerstörte Stadt B. am 1. Mai 1945 durch die Rote Armee befreit wurde.

✦ *Panzerdenkmal am Haupteingang der Strafvollzugsanstalt, Anton-Saefkow-Allee; Sowjetische Ehrenfriedhöfe Steintorturm, Kirchmöser-Ost und -Wusterau, Gedenktafel Str. des Friedens*

Noch während der Kämpfe um B. wurden Herm, der auf dem Todesmarsch der Sachsenhausen-Häftlinge (*Wittstock) bei Zechlin befreit worden war, und Richard Gyptner von der Initiativgruppe des ZK der KPD (*Bruchmühle) von Walter Ulbricht mit dem Aufbau einer antifaschistischen Stadtverwaltung B. aus Kommunisten, Sozialdemokraten und bürgerlichen Antifaschisten beauftragt. Im Mai berief die sowjetische Militärverwaltung einen antifaschistischen Magistrat mit Herm als Oberbürgermeister (1945/46, 1957/65). KPD und SPD schufen bis August 1945 in etwa 60 Brandenburger Betrieben gemeinsame Aktionsausschüsse, Betriebsräte und gewerkschaftliche Betriebsausschüsse mit rund 200 Vertrauensleuten. Die Ortsorganisationen beider Arbeiterparteien führten Ende Juni 1945 eine gemeinsame Funktionärskonferenz durch, bildeten einen Aktionsausschuß für die Stadt B., der mit einem Programm antifaschistischer und Wiederaufbaumaßnahmen an die Öffentlichkeit trat. Der Zusammenschluß zur SED-Stadtkreis-Organisation erfolgte am 24. März 1946 im *Volkshaus* (seit 1952 *Jugendklubhaus »Philipp Müller«*, erstes Jugendklubhaus der DDR).

1945/47 war B. Sitz eines der vier Oberlandratsämter; Oberlandrat war hier ein LDPD-, Stellvertreter ein KPD-Politiker.

Wilhelm Pieck unter Teilnehmern des I. FDJ-Parlaments in Brandenburg 1946

Pfingsten (8./10. Juni) 1946 fand in der *Stadthalle B.* (heute: *Stadttheater, Grabenstr. 14, Gedenktafel*) das I. Parlament der im März 1946 in Berlin gegründeten Freien Deutschen Jugend (FDJ) unter Teilnahme der SED-Vorsitzenden Wilhelm Pieck und Otto Grotewohl statt. Die über 600 Delegierten vertraten bereits rund 240 000 FDJ-Mitglieder der sowjetischen Besatzungszone und der Westzonen. Das Parlament wählte anstelle des provisorischen Vorstandes (*Bernau) den Zentralrat mit Erich Honecker als Vorsitzenden, verabschiedete die »Grundsätze und Ziele« sowie die Statuten der FDJ, beschloß die »Grundrechte der jungen Generation« und schloß damit den Gründungsprozeß der einheitlichen, antifaschistisch-demokratischen Jugendorganisation ab.

Als ein ehem. Zentrum faschistischer Rüstungsindustrie wies B. 1945/46 eine besonders hohe Demontagequote auf. In B. wurden 52 ehem. Rüstungsbetriebe bzw. Betriebe von Kriegsverbrechern und Naziaktivisten demontiert bzw. auf der Grundlage der SMAD-Be-

fehle vom Oktober 1945 sequestriert. Der größte Teil der sequestrierten Betriebe wurde nach dem sächsischen Volksentscheid vom Juni und der entsprechenden brandenburgischen Provinzialverordnung vom August 1946 enteignet und 1947/48 in Landes- bzw. Volkseigentum überführt, darunter die *Elisabeth-Hütte* und die aus diesem Anlaß umbenannte *Thälmann-Werft.* Die Metall-Großbetriebe waren nahezu alle kriegszerstört oder wurden demontiert – mit Ausnahme des ehem. Panzerwerkes Kirchmöser (1945 Reparaturwerkstätte, 1949 VEB Walzwerk »Willy Becker«, seit 1957 *Betriebsteil des Stahl- und Walzwerkes B.*) und des RAW Kirchmöser (seit 1953 Weichenwerk, heute: *VEB Werk für Gleisbaumechanik* mit zentraler Prüf- und Entwicklungsstelle des Verkehrswesens).

Auf Beschluß der Landesregierung bildete der Brandenburger Oberbürgermeister im August 1948 einen Kreisplanungsausschuß, der einen Aufbauplan für den Stadtkreis für den Zeitraum des Halbjahrplanes 1948 und des Zweijahrplanes 1949/50 vorlegte. Er sah den Ausbau der *Thälmann-Werft* und der *Elisabeth-Hütte* sowie den Aufbau eines Traktorenwerkes auf dem Gelände des demontierten »Brenna-

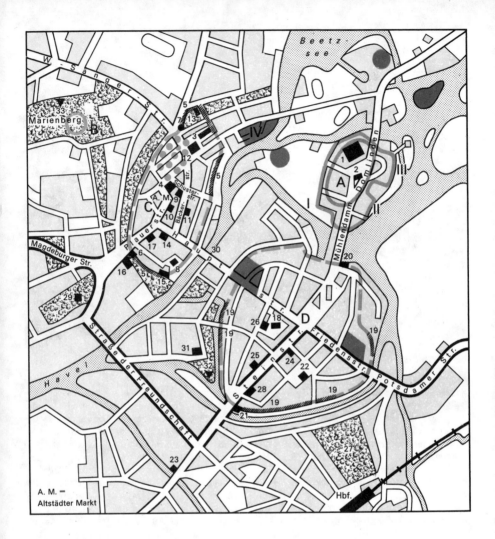

Spätslawisch-frühdeutsche Zeit (ca. 1150)

A Fürstenburg der Heveller

B Triglaw-Heiligtum und Standort der Marienkirche

Herrschaftssitz und Stadtentwicklung (seit ca. 1170)

⬤ Dominsel, in burg- und markgräflicher sowie bischöflicher Gewalt

I, II, III Domkietze

C Altstadt Brandenburg

IV Altstädter Kietz

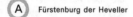 Spätslawische Siedlungshinweise

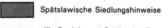 villa Parduin und Gotthardsstift (Lage strittig)

D Neustadt Brandenburg

 Bausubstanz 19./20. Jh.

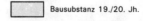 Parkanlagen

bor«-Werkes vor. Der neue VEB Brandenburger Traktorenwerke sicherte seit 1949 neben den Zwickauer Horchwerken die einheimische Traktorenausstattung der neuen Maschinen-Ausleih-Stationen auf dem Lande (*Letschin). 1961 ging das Werk zur Getriebeherstellung über, für die 1963/68 das neue Werk *Wilhelm-Bahms-Str. (VEB IFA Getriebewerk B.)* entstand. Von der hiesigen Industrie, die sich in der ersten Hälfte des Jahres 1948 bereits am Landeswettbewerb volkseigener Betriebe beteiligt hatte, ging 1948 die »Brandenburger Initiative« für den zentralen Wettbewerb aller volkseigenen Betriebe zur Produktionssteigerung und vorfristigen Erfüllung des Halbjahresplanes aus. Nach der Hochleistungsschicht Adolf Henneckes bildete sich in der *Elisabeth-Hütte* ein Hennecke-Kollektiv, das bald in der Aktivistenbewegung führend wurde (März 1949 Besuch Henneckes in B., 1. Mai 1949 Einweihung der *Aktivistensäule,* Ehrenname »Stadt der Aktivisten und Wettbewerbe«).
Im Dezember 1949 beschloß der DDR-Ministerrat den kurzfristigen Aufbau eines großen Stahlwerkes auf dem Gelände des demontierten Flickschen Stahlwerkes am *Silo-Kanal,* um den bis dahin nur von den sächsischen Werken, der »Maxhütte« Unterwellenborn und den 1948/49 wieder in Gang gesetzten Werken von Hennigsdorf (*) und B.-Kirchmöser repräsentierten stahlerzeugenden Sektor der insgesamt schwach entwickelten Schwerindustrie zu

stärken, die Disproportionen in der Volkswirtschaft abzubauen und dem zunehmenden BRD-Wirtschaftskrieg gegen die DDR zu begegnen. Am 15. Februar 1950 wurde der Grundstein gelegt, am 20. Juli bereits der erste Abstich vollzogen. 1950/51 war der *VEB Stahl- und Walzwerk B.* volkswirtschaftliches Schwerpunktprojekt Nr. 1 und wurde dann während der ersten drei Fünfjahrpläne sukzessive ausgebaut, 1957 um das Werk B.-Kirchmöser erweitert, in den 60er/80er Jahren modernisiert und gehört als größter Stahlerzeuger der DDR seit 1969 zum VEB Qualitäts- und Edelstahlkombinat Hennigsdorf (*).

1952 Eingemeindung von Plaue und Kirchmöser; 1950 neues Stadtwappen; seit 1957 Neubebauung vor allem der stark zerstörten Neustadt (1974 knapp 95 000 Einwohner)

✦ *Kaufhaus »Magnet«, Hauptstr. 1/5* (1951); vergrößerter *Neustädter Markt, Wohnhaus Katharinenkirchplatz 12/13* (1961/63); *Wohnhochhäuser an der Friedensbrücke* (1959/60) und *Friedensstr. 30/36* (1970); *Volksbad* (1967/69); *Regattastrecke Beetz-See* (1967/69); *Friedenswarte Marienberg* im »Park der Kultur und Erholung« (1974), Neubauwohngebiete *B.-Nord* zwischen *Marienberg* und »Silo-Kanal« (seit 1959) und *B.-Görden* (seit 1972)

Kreis Rathenow

Gapel, Ot. von Döberitz
1226 zu G. ein slawischer *magister civium villae* (»Dorfbürgermeister«) bezeugt, einziges bekanntes Beispiel in der Mark; Amtsbezeichnung auf ein späteres Schulzenamt übertragen; Dorf als Ganzes 1226 an Bischof bzw. Domkapitel von Brandenburg (bis 1872)

Hohennauen
Die wahrscheinlich um 1200 über einer slawischen Anlage errichtete, 1386 ersterwähnte Burg H. sicherte in frühdeutscher Zeit das Land Rhinow (*) nach Süden; für die Mark häufige wechselvolle Besitzgeschichte – von den brandenburgischen Markgrafen an die Grafen v. Ruppin (1350), vor 1386 an die Bischöfe v. Brandenburg, seit 1386 in wechselndem Adelsbesitz; Zersplitterung des Rittergutes zeitweise (17. Jh.) in vier Anteile, ab 1692 bzw. 1731 zwei Herrensitze (v. d. Hagen, seit 1492 in H.; v. Rauchhaupt, später v. Kleist-Bornstedt), die 1781 bzw. 1802 majorisiert wurden

✦ *Schloß,* 1792; zwei *Gutshäuser* (17. Jh.; 1778); *Dorfkirche,* um 1710/20, mit Westturm des romanischen Vorgängerbaus

Stadtkernentwicklung von Brandenburg

1 Dom und Domherrenkurien   2 Burgkapelle St. Petri   3 St. Gotthardkirche   4 Altstädtisches Rathaus   5 Reste des Altstädtischen Mauerringes   6 Plauer Torturm   7 Rathenower Torturm   8 Franziskanerkirche St. Johannis   9 Ordonnanzhaus   10 Syndikatshaus 11 »Quitzowhaus«   12 Ehem. Altstädtische Schule 13 Ehem. Bischofshof   14 Ehem. Massowsches Haus (Stadtmuseum)   15 Ehem. 1. Kaserne 16 Ehem. Landarmenhaus (heute: Rat der Stadt) 17 Ehem. Spielzeugfabrik   18 St. Katharinenkirche 19 Reste des Neustädtischen Mauerringes 20 Mühlentorturm   21 Steintorturm 22 Dominikanerkirche und -kloster St. Pauli 23 Jakobskapelle   24 Karpzowsches Haus 25 Bürgerhaus   26 Heutige Pestalozzischule 27 Neustädtischer Friedhof 28 Ehem. Volkshaus der SPD 29 Ehem. Kirche des Dorfes Luckenberg (St. Nikolai) 30 Jahrtausendbrücke   31 Brandenburger Theater 32 Sowjetischer Ehrenfriedhof   33 Ehrenmal für die im Zuchthaus Brandenburg-Görden hingerichteten antifaschistischen Widerstandskämpfer

Knoblauch, Ot. von Nitzahn
Anfang 1510 stahl der Bernauer Kesselflicker Paul Fromm aus der *Dorfkirche* des 1197 ersterwähnten K. (heutiger Bau barock, Fachwerk, 1962 verändert; *Kirche* von N. spätgotisch) eine Monstranz und zwei Hostien, die er einem Spandauer Juden weiterverkaufte. Dem beiden unter der Folter abgezwungenen Geständnis folgten weitere Aussagen, die den Kreis der angeblich an der Missetat Beteiligten auf schließlich 100 Juden aus 17 alt- und mittelmärkischen Städten erweiterten. Den Vorwurf der Hostienschändung ergänzte inzwischen die Anklage auf rituelle Kindestötung. Die meisten Angeklagten waren reich und hatten erst 1509 für die übliche Dreijahresfrist neue Schutzbriefe erkauft. So wurde der in Berlin stattfindende Prozeß zum Höhepunkt der bisherigen Judenverfolgung in der Mark. 41 wurden, wie Fromm, zum Feuertod verurteilt, zehn waren bereits unter der Folter verstorben. Auch die Freigesprochenen wurden, wie alle Juden der Mark, des Landes verwiesen. Hauptgrund, sich ihrer trotz der aus dem Schutzregal dem Kurfürsten zufließenden Einnahmen zu entledigen, war das Drängen der meist adligen, aber auch stadtbürgerlichen Schuldner, deren Grund- bzw. Hausbesitz durch die Zinsen an die jüdischen Gläubiger entwertet war, was den Judenhaß vielerorts verschärfte.

Milow
Unter dem ehem. Gut im Winkel zwischen Havel und Stremme liegt ein slawischer Burgwall des 9./10. Jh., südlich davon ein zeitgleiches Körpergräberfeld, nordöstlich des Ortes auf einer Halbinsel in der Havel ein kleiner, slawischer Burgwall mit Abschnittsbefestigung des 11./12. Jh. In welcher der beiden Anlagen der nach der deutschen Eroberung 1162 erwähnte Gernothus de Milowe bzw. der Kastellan Alvericus (1269) ihren Sitz hatten, ist noch ungeklärt. Der Zusatz »dei gratia castellanus« läßt an einen größeren Herrensitz denken (Funde: *Heimatmuseum Rathenow, Museum für Ur- und Frühgeschichte Potsdam*).
✦ *Dorfkirche,* Fachwerk, 1695; *Wohnhäuser Hauptstr. 24, 90, 91,* 1. Hälfte 19. Jh.

Nennhausen
1802/03 bis 1831/33 lebte hier der 1777 in Brandenburg geborene, 1779/94 u. a. auf den väterlichen Gütern in Sacrow (Ot. von Potsdam) und Lentzke ansässige, mit seinen meist trivial-romantischen Dichtungen vielgelesene »märkische Dichterfürst« Baron

Friedrich Heinrich Carl de la Motte Fouqué als zweiter Ehemann der verwitweten Gutsherrin in N. Hauptwerk »Undine«, 1811, von E. T. A. Hoffmann vertont, der wie August Wilhelm Schlegel, Karl August Varnhagen v. Ense, Adalbert v. Chamisso, Willibald Alexis, Heinrich v. Kleist u. a. häufig in N. weilte

✦ *Schloß* (1735/37, 1860 gotisierend verändert, erhalten: Süd- und Westflügel; Reste des *Landschaftsparkes* (Anfang 19. Jh.); *Dorfkirche* (im Kern spätmittelalterlich, Grabsteine derer v. Lochow Anfang 17. Jh.); *Wohnhaus Platz der Jugend* (Fachwerk 1. Hälfte 18. Jh.)

Premnitz (1962)
Die umfangreichen Tonvorkommen bei dem 1336 ersterwähnten Haveldorf (*Pfarrkirche,* neoromanisch 1858; *Wohnhaus Hauptstr. 26,* Anfang 19. Jh.) wurden erst im 19. Jh. entdeckt (1835/88 Bauernziegelei »Havelaue«, seit 1888 große Aktienziegelei, ehem. Tongrube *»Premnitzer See«*).

1914/15 kauften die Köln-Rottweiler Pulverfabriken die Anlagen der Märkischen Ziegelei- und Tonwarenfabrik P., legten diese still und errichteten eine große Pulverfabrik, die nach Kriegsende und Versailler Vertrag 1919 demontiert wurde. Die nunmehrige Köln-Rottweil AG stellte ihr Werk P. »im öffentlichen Interesse« und mit staatlicher Kapitalhilfe auf die Kunstfaserproduktion um. 1920/21 begann in P. die Produktion der Stapelfaser »Vistra« und damit international erstmals die Zellwollproduktion. Nach der Fusion mit der IG Farben (1926) wurde 1928 neben dem Vistra-Werk ein Kunstseidenbetrieb (»Agfa-Seide«) errichtet.

Zur Explosionskatastrophe vom Dezember 1932 im Vistra-Werk Reichstagsdebatte und parlamentarischer Untersuchungsausschuß erzwungen, Beisetzung der 11 Opfer unter Teilnahme von Arbeiterdelegationen aus Rathenow und Brandenburg Im Rahmen des kriegsvorbereitenden faschistischen Autarkie-Programms forcierte die IG Farben die Che-

Rathenow um 1710 von D. Petzold

miefaserproduktion in P., während des zweiten Weltkrieges Zwangsarbeiter- und KZ-Häftlings-Einsatz
(*Ehrenmal Ernst-Thälmann-Str.*)
Der nach 1945 demontierte ehem. Rüstungsbetrieb wurde seit 1951 zur Großproduktions-
stätte für synthetische Fasern ausgebaut,
1953/54 mit den Erfahrungen des Werkes Rudolstadt-Schwarza um ein Dederonfaserwerk
erweitert (1956 über 6 000 Beschäftigte). Damit begann in der DDR die Produktion von
Synthesefasern, die sich vor allem nach dem
Chemie-Programm von 1958 (*Schwedt) durch
den Ausbau in Schwarza und P. (»Pre-
lana«-Produktion) sowie durch das neue Gubener Werk stark ausdehnte (heute: *VEB Chemie-
faserwerk »Friedrich Engels«* im Chemiefaser-
kombinat Rudolstadt-Schwarza; Teil des Indu-
striegebietes P.-Rathenow, großflächige Neubaugebiete im Anschluß an die ehem. IG-Far-
bensiedlung von 1935/40).

Rathenow (1288)
Fundplätze aller urgeschichtlichen Perioden
belegen eine kontinuierliche Besiedlung der
Gegend um R. In frühgeschichtlicher Zeit lagen nahe dem Havelübergang bei R. mehrere
slawische Siedlungen des 7. bis 12. Jh., darunter drei Burgwälle des 7. bis 10. Jh. am östlichen Havelufer (Funde: *Heimatmuseum R., Museum für Ur- und Frühgeschichte Potsdam*). Ein
weiterer Burgwall am westlichen Havelufer bei
Steckelsdorf mit Namen »Alt-R.« (»Alter
Hof«) war vermutlich eine Burg des 12. Jh., an
die vielleicht die askanische Burganlage anschloß, um dann an den wichtigen Havelübergang bei der *Großen* und *Kleinen Burgstr.* verlegt zu werden, der Altmark und havelländi-

sche Neuterritorien verband (1216 Burgward).
Hier entstand eine frühstädtische Siedlung um
Mühlenplatz und Lappenberg mit der *Kirche
St. Marien und Andreas* (15./16. Jh. mit Quer-
schiffteilen des romanischen Vorgängerbaus
des frühen 13. Jh., Westturm 1824/28, nach
Zerstörung 1945 Langhaus vereinfacht wiederhergestellt; Chor Ruine). Spätestens Mitte
13. Jh. wurde zwischen Suburbium und Burg
die Planstadt mit dem *Stadtgraben* erbaut, der
R. zu einer wehrhaften künstlichen Insel
machte (*Stadtmauerreste* mit *Rundturmstumpf*
und *Weichhäuser-Teilen,* um 1400). Die in R.
räumlich besonders enge Burg-Stadt-Verbin-
dung endete 1295, als die Markgrafen die (dabei erst- und letztmalig beurkundete) Burg
niederlegten und nie wieder aufzurichten versprachen – ein Vorgang, der eine eigenständig
entwickelte Stadt voraussetzte. 1288 hatten die
Bürger freie Nutzung der Havel und Gerichts-
stand vor eigenem Schulzen (zwei Drittel der
Gefälle an den Markgrafen), 1294 Dorf und
Feldmark Jederitz erlangt. 1319 bekam R. das
Münzrecht. Der 1324 ersterwähnte Rat erwarb
1355/75 den landesherrlichen Mühlenbann,
1510 dauerhaft die Einkünfte aus dem Obergericht.
Mit drei Kietzen gehörte R. zu den wenigen
Orten der Mark mit mehr als einer Siedlung
dieser Art (*Brandenburg). Der 1339 ersterwähnte Oberkietz zwischen *Weinberg* und »Altem Hof« nahm vielleicht nach der Burgverle-
gung eine ungewöhnliche Eigenentwicklung,
die vor 1640 vom Typ der Dienstsiedlung weg
zu einem Kirchdorf führte. Der Mittel- und
der Jederitzer Kietz gehörten zur neuen Burgstelle, verloren aber schon vor 1295 ihre
Rechtsbindung an diese und wurden in die
städtische Entwicklung einbezogen.

In den nachaskánischen Wirren erreichte ein von den Grafen v. Ruppin (*Alt Ruppin) ins nördliche Havelland gerichteter Expansionsversuch 1327 mit dem pfandweisen Erwerb von R. seinen Höhepunkt (*Rhinow, *Friesack); 1333 tauschten sie es bei den zahlungsunfähigen Wittelsbachern gegen Wusterhausen und Gransee (*) ein.

1409 erwarben die Quitzows die 1394/96 magdeburgisch besetzte Stadt und ließen sie weiter befestigen; doch ging R. kampflos zum Hohenzollern-Kurfürst über.

Für die Ausfuhr vor allem bäuerlichen Korns wurden 1548 der *Stadtgraben* schiffbar gemacht und 1560/61 vor dem Mühlentor die Kesselschleuse (erste echte Kammerschleuse) errichtet.

1579 traten R. und die beiden Städte Brandenburg für die Bauern von Friesack (*) ein, da der gutsherrliche Eigenvertrieb den städtischen Korn-Zwischenhandel gefährdete. An der Zollstelle Lenzen bestritt das Adelskorn

1561 bereits zwei Drittel des mittelmärkischen Kornaufkommens. Deshalb klagten die Rathenower den v. Bredow des zwangsweisen Auskaufs bäuerlichen Besitzes an, mit dem der Anteil des auf städtischem Markt angebotenen Bauernkornes weiter sank.

Seit 1733 für die neue Rathenower Garnison neben der Altstadt R. (seit 1745 Immediatstadt, Wohnhäuser des 16./18. Jh. am *Kirchplatz*) Anlage der *Neustadt* in Gitterform, die 1741 bereits die Fläche der Altstadt erreichte und die Zahl der Rathenower Einwohner auf 2 600 hob; umfangreiches zünftiges Gewerbe in Alt- und Neustadt, vor allem Tuchmacherei; Brauort für das weitgehandelte Bier »Ehrenpreis«; königliche Kalkbrennerei; Barchentfabrik (1773) mit Bleiche; Baumwollmanufaktur (1763) mit Spinnerkolonie Neu Friedrichsdorf (1765/67) auf Stadtflur; 1815 Kreisstadt und Landratssitz für Westhavelland

✦ *Reste der neustädtischen Schutzmauer (1740); Quartier am Schleusenplatz* mit zweigeschossigen, barocken Typenhäusern (dort auch *Heimatmuseum*); *Haus Am Mühlentor* (18. Jh.); *Neustädtischer Friedhof* (1735/40, *Torhaus* 1759); *Denkmal des Kurfürsten Friedrich Wilhelm* (1736/38, u. a. mit Erinnerungsrelief an die

Stadtkernentwicklung Rathenows

1 Kirche St. Marien und Andreas 2 Stelle der Burg (1216/95) 3 Freihof 4 Stadtgraben 5 Denkmal des Großen Kurfürsten 6 Kulturhaus (1856/58)

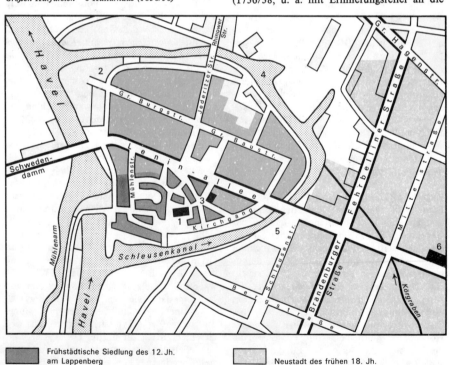

Frühstädtische Siedlung des 12. Jh. am Lappenberg

Planmäßige Stadtanlage Mitte 13. Jh.

Neustadt des frühen 18. Jh.

Einnahme Rathenows 1675) auf dem *Schleusenplatz* (ehem. neustädtischer Paradeplatz) 1800/01 errichtete Johann Heinrich August Duncker, Prediger an der Altstädtischen Pfarrkirche, in R. die königlich konzessionierte »Optische Industrie-Anstalt« zur Herstellung von Brillengläsern, in der Duncker und sein Teilhaber Wagner vor allem Schüler der Garnisonschule, Militärwaisen und invalide Soldaten beschäftigten. Die bis 1824 von Duncker geleitete Anstalt wurde über Preußen hinaus bahnbrechend für die optische Industrie, in R. selbst seit 1824 zum Vorbild weiterer, meist dezentralisierter Handwerksstätten (sog. Waschküchenbetriebe mit schlechten Arbeitsbedingungen). Nach Dunckers Tod (*Grabstätte Friedhof Burgstr.; Denkmal am Bahnhofsplatz; Gedenktafel am Geburtshaus Kirchplatz 12*) übernahm 1845 sein Enkel Emil Busch die Anstalt mit zuerst 70 Arbeitern, setzte 1846 die erste Dampfmaschine ein (1872 AG, 1900 etwa 400 Arbeiter). Im heftigen Konkurrenzkampf mit jüngeren Großunternehmen behauptete sich die Busch AG als Haupthersteller von Brillen. Bis 1884 entstanden in R. sieben weitere optische Werke bei Fortexistenz zahlreicher Handwerksbetriebe (1931: 130 optische Werkstätten).

Flugpionier Otto Lilienthal

Als Großstandort der märkischen Ziegeleiindustrie (1860: fünf Ziegeleien) und durch Kasernenbauten (nach 1880) starker Zuzug großstädtischer Bau- und Holzarbeiter mit dadurch verstärkten sozialdemokratischen Einflüssen: April/Juni 1885 Lohn- und Zehnstundentagsstreik der Rathenower Bauarbeiter, mit Teilerfolg

1928/29 zwang das Jenaer Zeiss-Unternehmen nach der Berliner Goertz AG auch die Busch AG und weitere Rathenower Firmen in die Konzernbindung. Letztere behielten zwar ihre juristische Selbständigkeit, unterlagen aber von nun an dem Produktionsdiktat der Jenaer Geschäftsführung (1928/29 *Siedlung am Friedrich-Ebert-Ring* von Otto Haesler, Musterbeispiel des bauhausbeeinflußten, rationellen Arbeiterwohnungsbaues). Im Rahmen des Zeiss-Konzerns wurden die Rathenower Werke in die faschistische Rüstungs- und Kriegswirtschaft einbezogen (*Gedenkstätte Waldfriedhof; Ehrenhain Städtischer Friedhof; VdN-Mahnmal Platz der Einheit*); die Busch AG errichtete im Zuchthaus Brandenburg (*)- Görden eine eigene Produktionsstätte.

Bei dem vorgeblichen »Röhm-Putsch« wurden am 30. Juni 1934 in R. und im Kreis Westhavelland 26 bekannte Konservative in »Ehrenhaft« genommen.

Vom 25. April bis 6. Mai 1945 verlustreiche Kämpfe zur Befreiung der Stadt, die besonders die Altstadt trafen und zu 60 Prozent zerstörten (*Sowjetischer Ehrenfriedhof Friedrich-Ebert-Ring*). Nach Entflechtung des Zeiss-Konzerns und Teilenteignung Gründung des Stadtbetriebes Rathenower Optische Werke mbH; 1980 Zusammenschluß mit weiteren Betrieben zum *VEB Rathenower Optische Werke »Hermann Duncker«* im VEB Kombinat Carl Zeiss Jena (Alleinhersteller von Brillengläsern und -fassungen in der DDR); Neubebauung der Stadt seit 1948/51, zunächst nach Plänen O. Haeslers; *Neubaugebiet R.-Ost*

Rhinow (1333)

1216 Burgwardmittelpunkt im gleichnamigen Ländchen, das wohl früh unter markgräflich-askanischen Einfluß kam: unter zwei oder drei Burgen (*Hohennauen*) etwa zehn Ortschaften; vermutlich wurde R. um 1300 zum Schutz vor Hochwasser südwärts verlegt (Flurname »Alte Stadt«). Mitte 14. Jh. bis 1376 gehörten Land und Städtchen R. (*Pfarrkirche,* 1734/45, im Kern mittelalterlich) den Grafen v. Ruppin (*Alt Ruppin, *Rathenow); 1386 Pfandbesitz des Bischofs v. Brandenburg, der es u. a. einem Rathenower Bürger weiterverpfändete (*Beelitz). Seit 1441 hatten R. die v. d. Hagen inne, die von R. und von der Mollenburg aus Einkünfte und Rechte in den meisten Orten des Ländchens erlangten, mit dem Schulzenhof bald Ober- und teilweise Niedergerichtsbarkeit. Dem 1443 erstbezeugten Rat blieb nur Mitsprache in kleinen Straf- und einigen Zivilsachen.

1892 verlegte der Flugpionier Otto Lilienthal seine Gleitflugversuche von Drewitz (*Potsdam) in die Rhinower Berge (*Stölln), wo ihm mit seinen Schwingen-Gleitapparaten Flüge bis zu 600 m gelangen, die er 1889 in seinem Buch »Der Vogelflug als Grundlage der Fliegekunst« theoretisch als möglich erwiesen hatte. Die Flugapparate wurden 1893/96 in einer Scheune in R. (*Gedenktafel Ernst-Thälmann-Str. 36*) montiert, auch für den Verkauf, da die Versuchskosten die Mittel aus den Gewinnen der Maschinenfabrik Lilienthals (1880 gegründet) überschritten.

Stölln
Seit 1894 Flugversuche Otto Lilienthals (*Potsdam, *Rhinow) am *Gollenberg* bei S., wo er auch einen motorisierten Flugapparat mit beweglichen Flügeln einsetzte; im August 1896 verunglückte er hier bei einem Flugversuch tödlich (*Gedenkstein; Gedenktafel Gaststätte »Zum ersten Flieger« in S.*).

Kreis Nauen

Börnicke
Am 1. Juni 1933 errichtete die SA in einer Wehrsportschule ein Konzentrationslager; hierher wurden etwa 140 Häftlinge meist aus dem Kreis Osthavelland verschleppt, die nach der Auflösung des Lagers (11. Juli 1933) in das KZ Oranienburg (*) überführt wurden (*Gedenkstätte am Ortsausgang*).

Bredow
1309 verlieh der letzte askanische Markgraf einem v. B., zugleich Vogt in Rathenow, das Dorf B. (1208 ersterwähnt). Das 1251 erstbezeugte Geschlecht erwarb schon in nächster Generation 1355 die Ländchen Friesack (*) und Kremmen (*), später auch Löwenberg (*). In Friesack traten sie in alle markgräflichen Rechte außer der Lehnsherrlichkeit ein. 1373 gehörten sie zu den sechs/sieben »schloßgesessenen« Adelsgeschlechtern der Mittelmark. In B. besaßen sie neben der Dorfherrschaft zehn Freihufen, deutlich mehr als die in den Bedeverträgen um 1280 gesetzte Norm von sechs Hufen. Im 19./20. Jh. hatten sie mit schließlich über 13 000 ha auf 14 Besitzungen den größten Grundbesitz des Havellandes und lagen nach den Arnims und Solms (*Baruth) an dritter Stelle im Regierungsbezirk Potsdam (1945 enteignet und aufgeteilt). Der über 600jährige Besitz der Dorfherrschaft in B. war ein seltener Fall in der märkischen Gütergeschichte (*Dorfkirche* neoromanisch, 1861; Herrenhaus 1945 zerstört), die Einführung der Fruchtwechselwirtschaft 1794 auf dem Gut B. eines der frühesten Beispiele für die Anwendung dieses Anbausystems auf separater Flur (*Möglin).

Brieselang
1927 fand in B. ein Lehrgang der Reichsverbandsschule des Kommunistischen Jugendverbandes Deutschlands unter Leitung Hermann Dunckers statt.

Nach dem Einmarsch der sowjetischen Truppen am 24. April 1945 begannen antifaschistische Kräfte in B. und der sowjetische Kommandant mit dem Aufbau einer örtlichen Selbstverwaltung, einer Polizeistation und eines »Bezirksgerichts«. Es war für B. und vier weitere Orte zuständig und verhandelte seit Juni 1945 zivil- und strafrechtliche Vergehen geringeren Ausmaßes. Damit gehörte das »Bezirksgericht« B. zu den frühen antifaschistisch-demokratischen Justizorganen vor der Reorganisation des Gerichtswesens durch den SMAD-Befehl vom 4. 9. 1945 und die nachfolgende Provinzialverordnung, die einen neuen Instanzenzug von Amts-, Land- und Oberlandesgerichten (*Potsdam) schuf, die nach Volksrichterlehrgängen sukzessive neu besetzt wurden.

Buchow-Karpzow
Östlich des Ortes befand sich auf einer Anhöhe oberhalb der Wublitz-Rinne ein Bestattungs- und Kultplatz der jungsteinzeitlichen Havelländischen Kultur. Einer verbrannten Totenhütte waren Gruben mit Überresten geopferter Rinder zugeordnet. Neben überaus zahlreichen Keramikresten, darunter Fragmenten kultverwendeter Tontrommeln, fanden sich viele Schmuckperlen aus Knochen und Tierzähnen. Ein etwa zeitgleicher, aber zur Walternienburger Kultur gehöriger Platz mit Rinderopfern in Gruben lag nur 1 km entfernt auf der Westseite der Wublitz-Rinne. Solche Befunde bezeugen die große Rolle des Kults bei frühen bäuerlichen Bevölkerungen und die Bevorzugung des Hausrindes als Opfertier (Funde: *Museum für Ur- und Frühgeschichte Potsdam*).

Döberitz, Ot. von Dallgow
Vor 1785 vermochten Bauern aus D., Dyrotz und Ferbitz die Rittergüter dieser Orte zu pachten; solche seltene bäuerliche Gutspachtungen weisen auf z. T. erhebliche Geldmittel einer dörflichen Oberschicht hin.

Das bereits im 18. Jh. als Manövergelände genutzte Gebiet der Döberitzer Heide (1713 Manöver der Derfflinger-Dragoner unter Anwesenheit des Königs) baute der Reichsmilitärfiskus 1894/1900 zu einem der damals größten

Schieß- und Truppenübungsplätze nahe der Reichshauptstadt aus. Dabei wurden 1898 Dorf und Gut D. mit Feldmarkteilen der umliegenden Dörfer zum reichseigenen Gutsbezirk D. zusammengefaßt, das Dorf D. selbst aufgelassen. Gleichzeitig entstanden ein Kasernenlager sowie zwei Scheindörfer für Zielübungen – Warendorf und Neu-D. Seit 1901 hob die »Heerstraße« vom Zentrum Berlins nach D. – eine von Wilhelm II. persönlich geförderte Pracht- und Monumentalallee – den Rang des Militärgeländes.

Am 12./13. März 1920 begann mit dem Nachtmarsch der rund 5 000 Mann starken Marinebrigade Ehrhardt von D. nach Berlin der Kapp-Putsch. Korvettenkapitän Hermann Ehrhardt gehörte zum engsten Verschwörerkreis um Kapp und Lüttwitz und zu den berüchtigtsten Freikorpsführern der Provinz. Das ehem. Freikorps Ehrhardt war 1919 in die Reichswehr übernommen worden und bis Januar 1920 auf etwa 20 Standorte im Raum Angermünde-Oderberg-Freienwalde verteilt. Es wurde im Lager D. zusammengezogen, um die sozialdemokratisch geführte Reichsregierung zu zwingen, der ultimativen alliierten Forderung auf Reduzierung der Reichswehr und Auflösung der Zeitfreiwilligenverbände und Einwohnerwehren zu widerstehen. Die Reichsregierung löste daraufhin die Marinebrigade sowie die

Jungsteinzeitlicher Knochen- und Tierzahnschmuck von Buchow-Karpzow (Museum für Ur- und Frühgeschichte Potsdam)

ebenfalls im Lager D. stationierten Baltikum-Verbände auf und verhandelte trotz nunmehr offener Putschvorbereitungen in Berlin und D. mit den Verschwörern. Am 11. März begab sich Lüttwitz als für die Provinz Brandenburg zuständiger Armeekorpskommandant selbst nach D. und beriet die Details des Putsches. Die Marinebrigade blieb auch nach dem Scheitern des Putsches in Berlin unbehelligt und zog erst am 21. März geschlossen nach D. zurück, nachdem sie unter den streikenden Berliner Arbeitern ein Blutbad angerichtet hatte. Im Lager D. fungierte die Marinebrigade noch als Bewachungstruppe für »Spartakisten«, unter ihnen die Beauftragten der von Reichswehreinheiten gestürzten Gothaer Landesregierung, Hermann Duncker und Emil Grabow. Erst am 31. Mai 1920 löste die neue Reichsregierung Müller die Marinebrigade auf. Der nun steckbrieflich verfolgte Ehrhardt baute in der Folgezeit die geheime Terrorgruppe »Organisation Consul« auf, die für die Morde an Erzberger und Rathenau 1921/22 verantwortlich wurde.

1923 war D. neben Küstrin (*Kietz), Spandau, Potsdam (*) und Rathenow einer der Stützpunkte der illegalen Schwarzen Reichswehr, die sich aus ehem. Ehrhardt- und Roßbach-Söldnern, reaktionären Studentenverbänden u. a. im Berliner Umkreis bildete, als sog. brandenburgische Rahmenformation vom Berliner Wehrkreiskommando III der Reichswehr geleitet; von D. aus wurden mehrere Feme-Morde (*Bollersdorf) verübt, die der antimilitaristische, demokratische Publizist Carl Mertens 1925 enthüllte. Seit 1930 stellte die Reichswehr die Truppenübungs-

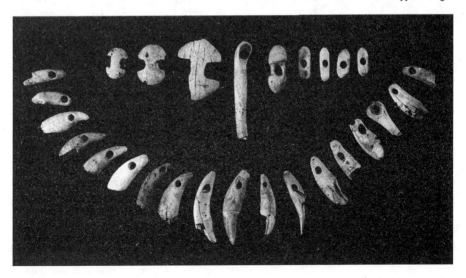

Döberitzer Führungskorps im Juni 1920

plätze D., Wünsdorf (*) und Zossen (*) dem Stahlhelm und der faschistischen SA zu militärischen Übungen zur Verfügung. Im Sommer 1932 hielt sich Reichswehrminister Kurt v. Schleicher (*Brandenburg, *Fürstenberg, *Potsdam, *Bernau) häufig im Lager D. auf, erläuterte am 16. Juni 1932 in der Infanterieschule hohen Reichswehroffizieren sein militärpolitisches Konzept, nutzte am 26. Juli eine Rundfunkrede aus D. zu scharfen Ausfällen gegen Frankreich und den Versailler Vertrag.

1936 richtete das Reichskriegsministerium in D. das Olympische Dorf für die Berliner Olympischen Sommerspiele (August 1936) ein. In 150 Einzelhäusern wurden 3 500 Sportler, die Sportlerinnen in Berlin untergebracht. Der als »Geschenk der deutschen Wehrmacht« gepriesene Komplex wurde nach dem Ende der Spiele rasch seiner eigentlichen militärischen Bestimmung zugeführt, zwischen Wustermark und Staaken der Flugplatz Elstal sowie zahlreiche Kasernen für motorisierte Truppen und Wohnsiedlungen für Militärpersonal hinzugebaut.

Falkensee (1961)
Um die Dörfer Falkenhagen (*Dorfkirche*, im Kern mittelalterlich) und Seegefeld (*Dorfkirche*, Mitte 13. Jh.)

entstanden seit etwa 1900 zahlreiche Industriekomplexe und Villenkolonien im Anschluß vor allem an Spandau, das Militärgelände Döberitz (*) und Hennigsdorf (*); 1923 zur Gemeinde F. zusammengeschlossen, in den Folgejahren weitere Dorf-, Siedlungs- und Gutsbezirkszusammenschlüsse, F. bis zur Stadterhebung größte Landgemeinde Europas mit rund 320 km Straßennetz auf 43 km² Fläche
Das 1935 errichtete *Haus Pflaum (Hansastr. 64)* gehört zu den Hauptbauten (*Krangen) des Berliner Reformarchitekten Hans Scharoun, Verfechter einer Konzeption des »organischen Bauens«.

Auf dem Gelände des ehem. Arbeitsdienstlagers Staaken wurde 1943 ein Außenlager für etwa 3 000 Häftlinge des KZ Sachsenhausen (*Oranienburg) errichtet, die Zwangsarbeit im Panzerausbesserungswerk der DEMAG leisten mußten. Auf Beschluß der illegalen Lagerleitung der KPD baute der spätere westdeutsche KPD-Vorsitzende Max Reimann seit Oktober 1944 in diesem Nebenlager eine militärische Widerstandsorganisation auf, der Ende April 1945 die Selbstbefreiung des Lagers, nicht aber die geplante Hilfe für das Stammlager Sachsenhausen gelang (*Mahnmal Ortsausgang Richtung Staaken* und *Gedenkstätte Kremmener Friedhof*).

Im Schuljahr 1954/55 begann die Oberschule F., über die bisher üblichen Landwirtschaftseinsätze hinaus die Abiturienten in einem Betriebspraktikum in der LPG und MTS Dallgow ausbilden zu lassen. Damit gehörte sie zu den ersten Schulen der DDR, die mit polytechnischen Ausbildungsversuchen begannen. Die Ergebnisse des Falkenseer Schulexperimentes wurden auf der II. pädagogischen Konferenz der SED-Bezirksleitung Potsdam vorgetragen und waren – ähnlich wie 1955/56 die Versuche in Golzow (Kr. Seelow) – bahnbrechend für die generelle Einführung des polytechnischen Unterrichtes seit 1958.

Friesack (1327)

Im unteren Rhinluch zeugen zahlreiche Rastplätze der frühen Mittelsteinzeit (8000–6000 v. u. Z.) von offenbar besonders günstigen Lebensbedingungen für die Jäger, Sammler und Fischer in diesem damals sandigen und mit zahlreichen kleinen Gewässern durchsetzten, noch nicht von organogenen Ablagerungen bedeckten Abschnitt des Berliner Urstromtales. Wenigstens jahreszeitlich große Bestände an Jagdwild – nachgewiesen sind u. a. Hirsch, Reh, Elch, Wildschwein, Biber und Wassergeflügel – lockten immer wieder Jägergruppen,

Harpunenspitzen von Friesack (Museum für Ur- und Frühgeschichte Potsdam)

ihre Saisonlager in der Talfläche aufzuschlagen. 3 km nordwestlich von F. liegt ein überregional bedeutender Wohnplatz dieser Zeit. In stark gegliederten Uferablagerungen eines einstigen Gewässers wurden neben Feuersteinwerkzeugen zahlreiche, z. T. einmalige Jagdwaffen und Geräte aus Knochen, Hirschgeweih, Holz, Rinde und Pflanzenfasern festgestellt, darunter Knochenspeerspitzen, Geweihhacken, Gerätefassungen aus Geweih und Holz, Fragmente von hölzernen Speeren, Pfeilen, Paddeln, Grabstöcken, von Holz- und Rindenbehältern sowie von Netzen aus Bastschnur, weiterhin Knochen der Jagdbeute (Funde: *Museum für Ur- und Frühgeschichte Potsdam*). Der Bestand an materieller Kultur und die Formen der Geräte belegen die Zugehörigkeit zur Maglemose-Kultur des erweiterten westbaltischen Flachlandraumes.

Ähnlich wie in der Prignitz die Gans (*Putlitz) und die Plotho (*Wusterhausen) konnten wohl bald nach dem Wendenkreuzzug (1147) erzstift-magdeburgische Ministeriale aus der Altmark und dem Lande Jerichow, 1164 erstmals als Edle v. F. bezeugt, eine allodiale Herrschaft über den kleinen »terra F.« (1216 ersterwähnt und damit indirekt auch die Burg) errichten; gemeinsam mit den Plotho besaßen sie das Münzrecht in Kyritz; 1290 wurde das Geschlecht letztmalig erwähnt, ihr Besitz kam an die Askanier; außer 1399 bis 1427 saßen seit 1335 die v. Bredow (*) auf F.

Die Burg F. wurde 1409 von Dietrich v. Quitzow erworben, der die westprignitzische Feudalfamilie vermutlich vor allem durch den Kornhandel auf ihren Höhepunkt führte, von dem aus sie versuchte, die damalige Krise der Landesherrschaft für ihre Interessen auszunutzen und an der Spitze der märkischen Adelsfronde gegen den als Reichsverweser designierten Hohenzollern Friedrich stand (*Oranienburg). Von seinen Burgen F. und Plaue (*Brandenburg) operierte Dietrich gegen den Hohenzollern, dessen Truppen und Verbündete, darunter viele märkische Städte (*Nauen), 1414 die Burg F. zerstörten, wobei das neuartige Riesengeschütz »Faule Grete« eingesetzt wurde.

Seit 1569 versuchte Hartwig (II.) v. Bredow im Bestreben, im Ländchen F. eine geschlossene Grundherrschaft zu formieren, den schon durch eine hohe Arbeitsrente (drei Gespanntage seit 1541) belasteten Bauern ungemessene Dienste aufzuzwingen. Die Bauern leisteten Widerstand, wobei ihnen zeitweise die Ungnade des Kurfürsten gegen den Junker zugute

kam. Ein Verhaftungsversuch in Brädikow führte 1579 zum Fronstreik (*Reckahn, *Freyenstein). Die Bauern setzten zwei Bredowsche Vögte fest, bewaffneten sich, wählten einen »Obersten und Rittmeister«, erschienen, obwohl die Ernte auf dem Halm stand, nicht zur Arbeit, boykottierten die patrimonialen Gerichte, riefen durch Boten die Untertanen anderer Gutsherren zum Anschluß auf. Diese Zuspitzung war damals ebenso einmalig wie das sich anbahnende Bündnis mit Bürgern Rathenows (*), die dem Konkurrenten im Kornexport Bredow vorrechneten, daß er binnen weniger Jahre 52 Bauernhufen zu seinen fünf neuen Vorwerken gelegt und dafür gezahlt habe, »was er gewollt«. An der Zollstätte Lenzen erschienen 1564/81 die v. Bredow unter den größten mittelmärkischen Exporteuren. Fronstreik und keimender Aufstand endeten mit einem Kammergerichtsspruch, der den Vertrag von 1541 bestätigte.
Der Burgflecken F., im 15. Jh. Stadt genannt, bekam erst 1571 und 1616 Statuten (*Pfarrkirche*, 1841/44).

Groß Behnitz

1753 wurde Johann Christoph Wöllner (*Groß Rietz) nach halleschem Theologiestudium hier Hauslehrer und Prediger bei denen v. Itzenplitz (seit 1752 in G. B.), pachtete nach dem Tod des Generals v. Itzenplitz 1762 dessen Güter. Seine Heirat mit der einzigen Erbin (1766) machte König Friedrich II. zunichte, indem er »Frau Wöllner« in die Berliner Hausvogtei verbannte und ihr Vermögen beschlagnahmte. Nach Friedrichs Tod wurde Wöllner, der schon früh gegen die Verpönung nichtadligen Rittergutsbesitzes aufgetreten war, geadelt und in Ehe und Gut G. B. wiedereingesetzt.

1866 erwarb das Berliner Maschinen- und Lokomotivbau-Unternehmen Borsig das Gut, das namentlich unter dem 1909 geadelten Ernst v. Borsig (1924/32 Vorsitzender der Vereinigung der Deutschen Arbeitgeberverbände, frühzeitiger Faschismus-Förderer) und seinen Söhnen häufig Schauplatz weitreichender geschäftlicher Verhandlungen und politischer Gespräche wurde. Nach dem finanziellen Zusammenbruch des Familienkonzerns (1931/32) wurde das 3 000 ha große Gut teilaufgesiedelt. Arnold v. Borsig, weltoffener Mäzen eines großen Wissenschaftler- und Künstlerkreises, stand jungkonservativ-ständischen Ideen nahe und dem Nazifaschismus ablehnend gegenüber, unterhielt u. a. Beziehungen zu Arvid Harnack und Helmuth James Graf v. Moltke. Im März 1942 trafen sich Moltke, Peter Yorck

v. Wartenburg und weitere Mitglieder·des antifaschistischen »Kreisauer Kreises« wie einige Gutsbesitzer auf Einladung Ernst v. Borsigs (jr.) auf dem Gut, um ein Nachkriegs-Agrarprogramm zu beraten.

Aus dem 1948 enteigneten Gut kamen 1 500 ha vorwiegend an Umsiedler (vom 1945 abgebrannten und abgebrochenen Schloß *Parkportal* mit Trophäenschmuck des ehem. Oranienburger Tors in Berlin erhalten).

Ketzin (1255)

1197 nannte eine markgräfliche Urkunde neben Knoblauch und Stolp (1375 wüst) zwei Orte namens »Porats« als Zubehör der Kirche K.: eine »slavica villa« P. (Paretz, Ot. von K.) und ein »alterius P.«. Jenes konnte in einer südlich des deutschen Dorfes gelegenen slawisch bestimmten Siedelstelle lokalisiert werden. Der Beleg »villa slavicalis«, der in der Mark bis 1375 rund 15mal vorkam, gilt als sicherstes Anzeichen des urspr. rein slawischen Charakters dieser Orte. 1375 gab es nur noch ein Paretz, dessen 16 Kossäten – recht viele für ein Dorf von 32 Hufen – in diesem Fall vielleicht als Nachfolger der Bewohner des ehem. Slawendorfes angesehen werden könnten.

Bei dem ebenfalls 1197 ersterwähnten, wohl nicht durch eine Burg gesicherten, späteren Städtchen K. gab es einen Havelübergang (mit 1375 erwähnter Fähre) zur Zauche (*Pfarrkirche*, 1758/63 mit mittelalterlichem Westturm).

Das seit 1797 der königlichen Schatulle bzw. Hofkammer zugehörige Dorf und Gut Paretz war zeitweilig Sommersitz (*Schloß* mit *Wirtschaftsgebäuden*, 1796/97; nach 1945 völlig verändert) des preußischen Kronprinzen Friedrich Wilhelm (III.) und seiner Gemahlin Luise (v. Mecklenburg-Strelitz) – zwischen 1795 und 1803 nach Plänen David Gillys d. Ä.: *Dorfanlage* mit einheitlicher klassizistischer Bebauung; ehem. *Schmiede* (neugotisch, *Gasthaus*); *Dorfkirche* (1797, neugotisch).

Nach Entdeckung wertvoller Ton- und Ziegelerde

längs der Havel entwickelte sich K. seit 1860 zu einem Zentrum der märkischen Ziegelindustrie (*Glindow, *Zehdenick), 1881: 14 große Ziegeleien und 13 Tongräbereien, meist mit Saisonarbeitern aus Schlesien und Westfalen; seit 1880 starker Zuckerrübenanbau mit großer Zuckerfabrik hiesiger Bauern und Bürger (1892) 1917 wurde die 1720 in Berlin gegründete Späthsche Baumschule in die nun vor allem land- und fischwirtschaftlich genutzte Ketziner Feldmark verlegt; unter den zahlreichen märkischen Baumschulen (u. a. Geltow, Oranienburg, Wriezen) war sie mit ausgedehnten Exportbeziehungen die bedeutendste. Mit Velten (*) gehörte K. zu den frühen sozialdemokratischen Stützpunkten in dem vorwiegend ländlichen Reichstagswahlkreis Potsdam(*)-Spandau-Osthavelland; Karl Liebknecht sprach hier zwischen 1902 und 1914 insgesamt 14mal; 1903 entstand der Wahlverein K., ihm folgten 1904/06 Vereine in Nauen und fünf weiteren Orten.

Am 25. April 1945 vereinigten sich Einheiten der von Seelow (*) Berlin nördlich umgreifenden 1. Belorussischen Front und der aus dem Oberlausitz-Dresdner-Raum auf Berlin vorstoßenden 1. Ukrainischen Front (*Baruth) bei K. und schlossen so den Ring um die faschistische Reichshauptstadt – Ausgangspunkt des letzten Abschnitts der Großoffensive der Ro-

Gotisches Haus (ehem. Schmiede) in Paretz

ten Armee auf Berlin (*Gedenkstein Platz der Befreiung; Gedenktafel Jugendklubhaus »Drushba«*). Die Kämpfe zogen sich bei K. bis Anfang Mai hin, da hier eine starke Gruppe der eingeschlossenen Berliner Garnison versuchte, nach Westen durchzubrechen, und dabei auf den sowjetischen Sperriegel stieß.

Markee
Das 1197 ersterwähnte M. erschien im Landbuch (1375) mit sechs zu mehreren Lehnsdiensten verpflichteten Adligen, die spätmittelalterliche Besitzzersplitterung hatte hier recht früh ein beträchtliches Ausmaß; 1546 brachten die v. Bredow (*) fast den ganzen Ort an sich (*Dorfkirche 1697; Dorfkirche* im Ot. Markau 1712 mit spätmittelalterlichem Westturm). Seit dem 19. Jh. bestand in M. mit bis zu 3 000 ha einer der größten deutschen Feldgemüsebetriebe, der 50 km Feldbahngleise besaß sowie zeitweise das Preisdiktat auf dem Berliner Markt (*Gorgast).

Nauen (1305)
1186 ersterwähntes N. in für die askanischen Markgrafen strategisch günstiger nordöstlicher Randlage zu den Ländchen Glin und Bellin auf einer Grundmoränenplatte nahe dem Havelländischen Luch; an der Herrschaftsbildung war wohl in askanischer Lehnsfolge ein erst im späten 13. Jh. belegtes Geschlecht »die Nowen« beteiligt, obwohl die Reichsabtei Quedlinburg hier 1323/1440 noch bisher ungeklärte lehnsherrliche Ansprüche geltend machte

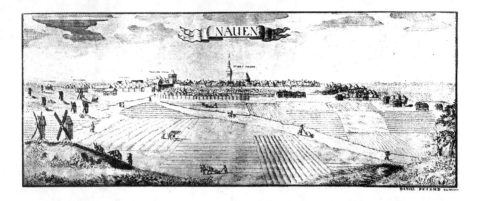

Nauen um 1710 von D. Petzold

(*Blankensee); die urkundlich nicht belegte Burg
könnte in der heutigen Stadtmitte gelegen haben.
Die Stadtwerdung war 1292 abgeschlossen, als N.
53 Ritter- und Bauernhufen erwarb und als markgräfliche Immediatstadt erschien. Den ausgereiften städtischen Status auch im Rechtssinne bezeugen der
Rathausbau (1302), die Teilnahme an Städtebünden
(vielleicht schon seit 1308), ausgedehnte Holzungsge-
rechtsame, Einnahmen von Juden (1315), die Existenz eines Rates (1320 ersterwähnt), die auf 120
(1323) ansteigende Hufenzahl städtischen Grundbe-
sitzes, die Befreiung von markgräflichen Marktabga-
ben (1354), eine ebenso hohe Landbede wie Spandau
(1356) und der Übergang des Obergerichtes an den
Schulzen (vor 1317). Hinzu kamen Lehnsbesitz, Darlehen an die Markgrafen und mehrere geistliche Stiftungen (*Pfarrkirche St. Jakobi*, spätgotisch, im 17./
19. Jh. stark verändert).
Nauens Parteinahme für den Hohenzollern Friedrich I. führte 1414 zum Angriff der Quitzow-Partei
(*Oranienburg, *Friesack) auf die zwar inzwischen
burglose, aber strategisch noch immer bedeutende
Stadt, die dabei völlig zerstört wurde, von Friedrich
dann auf zehn Jahre Abgabenfreiheit und ein Schul-
denmoratorium erhielt und Immediatstadt blieb; seit
1602 hatte der Kurfürst aber das Bestätigungsrecht
bei der Ratswahl, 1688 setzte er – trotz Immediatsta-
tus – sogar den Bürgermeister ein; seit 1713 hatte N.
eine Garnison, die nachmals mehr als ein Drittel der
Einwohner stellte.

Im Juli 1848 gründeten die konservativen Poli-
tiker um die Gebrüder Gerlach und um die
Staats- und Rechtswissenschaftler Friedrich
Julius Stahl und Friedrich Karl v. Savigny in
N. den Verein für König und Vaterland als
Zentralverein für die seit der Märzrevolution
entstandenen konservativen politischen Ver-
eine Preußens. Sie betonten – anders als das
Berliner »Junkerparlament« – nicht die mate-
riellen, sondern die politischen Ziele des Jun-

kertums, verfolgten einen konterrevolutionären Kurs auf konstitutioneller Grundlage, wie
er dann beim Staatsstreich vom November/De-
zember 1848 (*Brandenburg) praktiziert
wurde. Mit der »Neuen Preußischen Zeitung«
(»Kreuzzeitung«) stand ihnen die einfluß-
reichste konservative Zeitung zur Verfügung,
mit der sog. Hofkamarilla (*Potsdam) das Ein-
flußgremium beim König. Zwar verfiel der
1849 Treubund für König und Vaterland genannte Verein nach den Februar-Landtags-
wahlen. Andere konservative Organisationen
behielten aber ihre starke Stellung auf dem flachen Lande.

Seit 1826 Kreisstadt und Landratssitz für Osthavelland; Chausseebau Berlin–N.–Kyritz (ab 1829); früher Bahnanschluß (1846) und weitere Bahnverbin-
dungen um 1900 sowie die Erweiterung des *Havelländischen Hauptkanals* (1916, *Hafen* 1925/26) brachten
N. wieder an den Verkehr heran, begünstigten die
Textilindustrie (Spinnereien, Wattefabrik), die N.
1849 nach Potsdam und Brandenburg die drittgrößte
Beschäftigtenzahl der westlichen Kreise der Mark
aufwies, und zog die Zigarren- und Landmaschinen-
fabrikation an; 1888/89 eine der damals größten
deutschen Zuckerfabriken errichtet

✦ Relativ geschlossene Bebauung des frühen
19. Jh. zwischen *Bergstr., Str. der Jugend, Rosen-
bergstr.* und in der *Goethe-, Jüden-* und *Geb-
hardt-Eckler-Str.; Rathaus* (neogotisch, 1888/
90); *Kirche St. Peter und Paul* (neoromanisch,
1905/06); *Goethe-Oberschule Parkstr. 7* (1913/15
von Max Taut)

1905/06 errichtete die 1903 von AEG und Siemens gegründete Telefunken GmbH bei N. die
neben einer Nordseestation erste deutsche
»Großfunkstation«, um sich den funktechni-
schen Vorlauf und das Militärgeschäft gegen
die in Berlin starke Konkurrenz zu sichern.

1906 führte Hans Bredow (seit 1903 AEG-Ingenieur, seit 1906 kaufmännischer Direktor von Telefunken, nach 1919 Organisator des deutschen Rundfunks) die Station und eine spezielle Militär-Funkanlage Kaiser Wilhelm II. und der Presse vor. In enger Zusammenarbeit mit den Militärbehörden wurde die Station danach rasch ausgebaut, bei Kriegsbeginn 1914 offiziell vom preußischen Kriegsministerium übernommen, der kaiserlichen Marine unterstellt und als Auslandsstation betrieben, während in Königs Wusterhausen (*) die Inlandstation entstand. Über N. liefen während des ersten Weltkrieges sämtliche Funkverbindungen zu den Kolonien, der Nachrichtenverkehr zwischen Seekriegsleitung und Flotte sowie die Auslandspropaganda als Anfänge einer psychologischen Kriegsführung (*260-m-Sendeturm*, 1911; *Funkstation und Werksiedlung* bei N., 1917/19 von dem damals im preußischen Staatsdienst stehenden Werkbund-Architekten Hermann Muthesius).

Am 8. November 1918 besetzten Soldaten des Berliner Telegraphenbataillons die Station N. und setzten einen Funkspruch an das russische Proletariat nach

Großfunkstelle Nauen 1920, Hauptgebäude des drahtlosen Überseeverkehrs

Moskau (*Königs Wusterhausen) ab. Am 10. 11. bildete sich ein Arbeiter- und Soldatenrat, meldete sich über die Station N., beschränkte sich darauf, im Zusammenwirken mit dem kommissarischen Landrat Günther Gereke (*Kyritz, *Neuenhagen) die Ernährungslage zu verbessern.

Am 28. Oktober 1945 forderte Walter Ulbricht auf einer Bauernversammlung in N., die zeitweiligen Bodenreformkommissionen (*Kyritz) zu ständigen Vertretungen der werktätigen Bauern weiterzuentwickeln. Danach bildeten sich seit November 1945 örtliche Ausschüsse (Komitees) der gegenseitigen Bauernhilfe, parallel zu den wiedererstehenden bäuerlichen Handels- und Kreditgenossenschaften. Ausschüsse und Genossenschaften schlossen sich 1946 zur Vereinigung der gegenseitigen Bauernhilfe (VdgB) zusammen (*Potsdam), die bei den Herbstwahlen 1946 kandidierte und sich 1947 auf dem 1. Deutschen Bauernkongreß in Berlin für die gesamte Sowjetische Besatzungszone konstituierte.

Paulinenaue
1949 gründete der Agrikulturchemiker Eilhard Alfred Mitscherlich im ehem. *Gutshaus* von P. das Institut zur Steigerung der Pflanzenerträge der Deutschen Akademie der Wissenschaften. Als international führender Pflanzenphysiologe und Düngerspezialist er-

Eilhard Alfred Mitscherlich 1954

forschte Mitscherlich vor allem Wachstumsfaktoren und Düngerwirkung und machte die mathematisch-statistischen Methoden in der Agrarwissenschaft anwendbar. Nach seinem Tode (1956 in P.) übernahm der Agrarwissenschaftler, Betriebswirtschaftler und Thünen-Forscher Asmus Petersen die Leitung des Instituts, das er zum Moorforschungszentrum der DDR ausbaute, auf Großraumwirtschaft, Weidekombinate

Wohn- und Arbeitszimmer Clara Zetkins, Gedenkstätte Birkenwerder

und damit auf die genossenschaftliche Perspektive der Landwirtschaft einstellte (1962 in P. verstorben).

Mit dem Forschungsvorlauf des *Institutes für Grünland- und Moorforschung P.* (heute: *Institut für Futterproduktion der AdL*) wurden 1958/62 im Rhin-Havel-Luch (*Friedenshorst, *Linum), dem größten Luchgebiet der DDR, durch umfangreiche Meliorations- und Baumaßnahmen über 2 000 ha Weidefläche erschlossen, mehrere Rinderkombinate, zahlreiche Gräben, Dämme und Schöpfwerke (das von P. Herzstück der Luch-Wasserregulierung) errichtet. 1959 waren im Rahmen des Bezirks-Jugendobjektes »Milchader Berlin« fast 15 000 Jugendliche eingesetzt (Sitz des Stabes im Wald zwischen Paaren und Börnicke). Mit Luch-Großmelioration und Übergang zu sozialistischen Produktionsverhältnissen entstanden in P. (1972/75), Lentzke u. a. Luchdörfern Großanlagen der Futter-, Rinder- und Milchproduktion.

Wustermark
1906/08 entstand in W. im Anschluß an den 1902 eröffneten Streckenteil des Berliner Güteraußenringes der damals wohl größte deutsche Verschiebebahnhof; 1959 Bau der ersten 390-kV-Leitung der DDR zwischen den Zentralen Umspannwerken W. und Ragow

Kreis Oranienburg

Birkenwerder

Das 1355 ersterwähnte B., das einen spätslawischen Burgwall und wohl auch eine frühdeutsche Burg aufwies, dürfte eher als Bötzow (*Oranienburg) Ausgangspunkt askanischer Landnahme auf dem Barnim durch das Tal der Biese in Richtung Biesenthal (*) gewesen sein. Die Herrschaft B. (mit fünf Dörfern) gehörte vor 1480 schon einer Berliner Bürgerfamilie und kam dann 1504 über die Grafen v. Lindow (*) als Lehen an die Patrizierfamilie Wins. Sie prozessierten erfolgreich gegen Kurfürst Joachim I., der sie nach 1524 vertreiben wollte, vor dem Reichskammergericht.

Früh (1653) kam B. mit der Güterkaufpolitik Kurfürst Friedrich Wilhelms zur Herrschaft Oranienburg; Kurfürstin Luise Henriette (v. Oranien) setzte 1666 auf die vormaligen Ritterhufen in B. sechs Freibauern an.

Über Parzellierungen (1839/94) entwickelte sich B. zu einer der Berliner Randsiedlungen (*Dorfkirche*, 1847/49 von F. A. Stüler); als Ziegeleistandort erlag es vor 1914 der Zehdenicker (*) Konkurrenz.

Die Pädagogin Frieda Winkelmann unterhielt in B. ein Mädchenerziehungsheim (*Wohnhaus F.-Winkelmann-Str. 1*) und enge Kontakte u. a. zu Clara Zetkin und Rosa Luxemburg. Diese nutzte das Heim mehrfach als illegales Ausweichquartier. Nach ihrem USPD-Beitritt trat F. Winkelmann während der Novemberrevolution bis zum Scheitern der Pläne der entschiedenen Schulreformer im Januar 1919 in das preußische Kultusministerium ein. Ihr Heim wurde 1933 aufgelöst; sie starb 1943 in Gefängnishaft.

1929 erwarb Clara Zetkin in. B. ein *Wohnhaus (Gedenkstätte Summter Str. 4)* und zog von Stuttgart in das berlinnahe B. Bis zu ihrer Übersiedlung in die UdSSR 1931 empfing sie hier u. a. Theodor Neubauer, Martha Arendsee, Hugo Gräf sowie Helene Stöcker, die linke Führerin der bürgerlichen Frauenbewegung, präsidierte der Internationalen Roten Hilfe, engagierte sich für die antifaschistische proletarische Einheitsfront. In B. bereitete sie für ihre vermächtnishafte Eröffnungsrede als Alterspräsidentin des neuen Reichstages am 30. August 1932 vor, für die sie zum letzten Mal die Sowjetunion verließ.

Das Gut Lindenhof bei B. gehörte zu denjenigen berlinnahen Gütern, auf denen Stahlhelm, SA und andere rechtsextreme Wehrverbände, z. T. unter den Fittichen der Reichswehr, militärische Übungen für Bürgerkriegszwecke und künftige Kriegsrüstung durchführten. Die Wehrsportveranstaltung des Stahlhelms am 20. Oktober 1931 auf Gut L. hatte »prominente Gäste«, darunter Prinz Oskar, den ehem. Major, Spartakisten-Mörder und Putschisten Waldemar Pabst, den ehem. Freikorpsführer und Putschisten Wilhelm Reinhard und den ehem. Chef der Heeresleitung, Wilhelm Heye.

Eichstädt

Im Juli 1931 zwang ein Landarbeiterstreik auf den Rittergütern E., Bredow und Königshorst

den Gutsbesitzern Lohnzugeständnisse und Tarifverträge ab. Im September/Oktober 1932 brach das Gut E. den Tarifvertrag und würgte einen erneuten Landarbeiterstreik durch den Einsatz von Streikbrechern, darunter fast 30 SA-Leuten aus Neuruppin, ab. Danach terrorisierten die Angeworbenen vom Gut E. aus die Umgebung und ermordeten in Vehlefanz den kommunistischen Landarbeiter Otto Borowski (dort Grabstätte auf dem Friedhof und Gedenkstein am Ortsausgang).

Hennigsdorf (1962)

In dem 1375 ersterwähnten Havel-Fischerdorf saßen bis ins 19. Jh. ausschließlich Kossäten unter einem Lehnschulzen.

1910 erwarb die AEG in dem seit 1870 schwach industrialisierten, durch Eisenbahn und kanalisierte Havel gut erschlossenen Ort billig das Gelände einer stillgelegten Kalkbrennerei und verlagerte seit 1911 große Teile ihrer Berliner sowie der Produktion ausgeschalteter süddeutscher und hessischer Konkurrenten hierher. In wenigen Jahren entstanden ein Elektroporzellanwerk, Signal-, Druckapparate- und Schraubenfabriken, ein Kondensatoren- und Wärmespeicherwerk sowie 1914/18 kurzzeitig Rüstungsbetriebe. 1914/17 verlegte die AEG ihre Lokomotivfabrik von Berlin nach H., das nun in klassischer Weise die für die AEG typische größtmögliche Kombination wirtschaftlicher Einheiten unter zentralisierter Führung (so Emil Rathenau) widerspiegelte und nach Treptow und Oberschöneweide zum dritten großen Berliner Standort der AEG wurde. Für die zuströmenden Arbeiter entstanden umfangreiche Siedlungs- und Werkwohnungsbauten in der *Rathenau-, Klingenberg-, Paul Jordan-, Volt-, Watt-, Edinsonstr., Spandauer Allee*, darunter eine Kleinhaussiedlung von Peter Behrens (1910/11), einem der Pioniere industrieller Reformarchitektur.

H. wurde zu einer Hochburg des Deutschen Metallarbeiterverbandes (DMV) und der USPD in agrarischem Umfeld. Hennigsdorfer AEG-Arbeiter beteiligten sich u. a. an den April-Streiks 1917, am Rüstungsarbeiterstreik vom Januar 1918, am Berliner Metallarbeiterstreik vom Herbst 1919 und waren entschlossen, im Februar/März 1919 den mitteldeutschen Generalstreik zu unterstützen, immer bedroht durch die nahen Döberitzer (*) Truppen, die im September 1919 H. und im Januar 1920 den nahen Industrieort Velten (*) besetzten (traditionsreiche proletarische Gast- und Versammlungsstätten, auch der KPD-Ortsgruppe: *»Drei Linden«, Fabrikstr.,* und *»Brose«,* heute *Filmpalast »Aktivist«,* hier sprachen u. a. Karl Liebknecht, Wilhelm Pieck, Ernst Schneller, Albert Kuntz).

Im März 1920 gehörten H. und Velten zu den berlinnahen Zentren des Generalstreiks gegen den Kapp-Putsch, dem sich hier auch die Bahn-, Post- und Kommunalbeamten anschlossen. Arbeiterwehren entwaffneten Einwohnerwehren von Velten und Bötzow, versorgten sich mit Waffen des Spandauer Depots und stellten Ortswachen auf. Noch bei Verhängung des verschärften Belagerungszustandes für Berlin und die Provinz Brandenburg am 19. März ließ H. v. Seeckt die jüngst noch putschenden Baltikumer (*Döberitz) in Bötzow und Nieder Neuendorf (heute Ot.) einmarschieren, die am 21. März unter Artillerieeinsatz zum Sturmangriff auf die vorgebliche »Räterepublik H.-Velten« übergingen, wobei fünf Arbeiter im Abwehrkampf fielen und zehn weitere von den Baltikumern ermordet wurden (*Gedenkstätte Alter Friedhof, Kirchstr.*). Erst am 23. März wurde der Streikabbruch beschlossen und am 25. März realisiert.

1921/23 errichtete die AEG gemeinsam mit der Breslauer Linke-Hoffmann-Lauchhammer AG auf einem zweiten Industriegelände (der ehem. Pulverfabrik) in H. ein Stahl- und Walzwerk, das seinen Rohstoff nach dem Beispiel des Brandenburger (*) Werkes vornehmlich aus dem Berliner Schrottaufkommen bezog. 1926 ging es in Teilbesitz der Flickschen Mitteldeutschen Stahlwerke (*Brandenburg), in den 30er Jahren ganz in den Besitz von »Mittelstahl« über.

Am 23. Januar 1929 traten in diesem Werk rund 300 Arbeiter der Feinblechabteilung in einen Teilstreik gegen geplanten Lohnabbau und für soziale Verbesserungen. Ermutigt durch den Unternehmererfolg des sog. Ruhreisenkampfes vom Jahreswechsel 1928/29, sperrte die Direktion die Gesamtbelegschaft des Werkes (1 700 Arbeiter) aus, die nun den Streik aufnahm. Die DMV-Führung billigte aber nur den Teilstreik, wogegen die auf Initiative der Revolutionären Gewerkschafts-Opposition (RGO) gebildete übergewerkschaftliche Kampfleitung den Streik fortzusetzen beschloß. Die überwältigende Mehrheit der DMV-Mitglieder im Werk stimmten in einer Urabstimmung zu. Die DMV-Führung strich die Unterstützungsgelder und drohte den DMV-Mitgliedern der Kampfleitung den Ausschluß an. Da im Werk 85 Prozent der Belegschaft unorganisiert waren, konnten RGO und übergewerkschaftliche Kampfleitung, von der »Roten Hilfe«, zahlreichen Spenden und einem Schülerstreik in H. unterstützt, den Streik weiterführen, der damit zur ersten großen Bewährungsprobe solcher von der KPD-Führung gegen die reformistischen Gewerkschaftsführer gerichteten Kampfleitungen wurde. Der sozialdemokratische Innenminister Preußens verhängte im April den Ausnahmezustand über H. Unter dem massiven Druck der Unternehmensleitung, der Gewerkschaften und des Staatsapparates mußte der Streik Ende April abgebrochen werden (*Gedenktafel*).

1930/31 zog die AEG die Lokomotivproduktion des krisenbedrängten Berliner Borsig-Konzerns an sich, gründete die Borsig-Lokomotiv-Werke GmbH mit

Arbeiterwohnhaus der AEG in Hennigsdorf von Peter Behrens

60 Prozent AEG- und 40 Prozent Borsig-Aktien und baute in H. ein formell selbständiges zweites Lokomotivwerk. Von Anfang Mai bis Ende Juli 1933 richtete die SA in der »Führerschule« Meissnershof bei H. ein Konzentrationslager ein.

Seit 1939 verstärkte sich in den fast ganz auf Kriegsproduktion umgestellten AEG- und Flick-Betrieben in H. der Widerstandskampf, der Sabotage der Rüstungsproduktion und praktische Solidarität für die zahlreichen Zwangsarbeiter einschloß. Es bestanden enge Kontakte zu den Berliner Widerstandsgruppen um Uhrig, Schulze-Boysen/Harnack sowie zur illegalen Landesleitung der KPD. Die Wohnung von Klara Schabbel diente als Kundschafterunterkunft; bei den Gestapoaktionen gegen die »Rote Kapelle« wurde sie im Oktober 1942 verhaftet und 1943 hingerichtet (*Gedenkstätten Lenin-Platz und Waldfriedhof, Parkstr.*; dort auch *Gedenkstätte* für in H. ums Leben gekommene Zwangsarbeiter).

Nach anglo-amerikanischem Luftangriff auf die AEG-Werke im März 1945 wurde H. am 22. April 1945 durch einen Sturmangriff der Roten Armee befreit (*Sowjetischer Ehrenfriedhof, Roter Platz*).

Im Rahmen der Sequestrierungs- und Enteignungsverfahren gegen die Kriegsverbrecherkonzerne gingen aus den ehem. AEG-Betrieben die *VEB Lokomotiv- und Elektrotechnische Werke »Hans Beimler«* (Stammbetrieb des Kombinates Lokomotivbau-Elektrotechnische Werke) und aus dem ehem. Flick-Werk 1948/49 der *VEB Stahl- und Walzwerk »Wilhelm Pieck«* bevor. Am 13. März 1948 erfolgte hier der erste Stahlabstich. Es war das erste Großobjekt des Landes Brandenburg beim Aufbau einer volkseigenen Schwerindustrie, am 19. November 1948 Schauplatz der Initiativschicht des Stahlschmelzers Richard Schmidt, die der Wettbewerbs- und Aktivistenbewegung in der Metallurgie Bahn brach. Zu den entschiedensten Befürwortern der Enteignung und volkseigenen Produktion gehörte in der CDU Otto Nuschke, der sich 1933 als geschmähter Publizist und DDP-Politiker auf den bereits 1920 erworbenen Landsitz »Gertrudenhof« (Ot. *Nieder Neuendorf*) zurückgezogen hatte, hier verfolgten Antifaschisten half und Kontakt zur Widerstandsgruppe des »Kreisauer Kreises« hielt. 1945 wurde er Mitglied des »Berliner Gründerkreises« und Begründer der CDU-Ortsgruppe H. Er hatte in Berlin und im Landesverband Brandenburg maßgeblichen Anteil daran, die u. a. um Ernst

Otto Scharfschwerdt, sozialdemokratischer Widerstandskämpfer aus Hohen Neuendorf

Lemmer (*Kleinmachnow) gruppierten Gegner der weiterführenden antifaschistisch-demokratischen Umwälzung, der Wirtschaftsplanung und der von ihm mitinitiierten Volkskongreßbewegung (Ansprachen Nuschkes und Friedrich Eberts über deren Ziele Anfang Februar 1948 im *Stahl- und Walzwerk*, *Potsdam, *Eberswalde) zurückzudrängen und stand seit 1948 an der Spitze der CDU.

Im Rahmen des 1967 vom VII. SED-Parteitag ausgelösten Kombinatsschubes wurden zum 1. Januar 1969 parallel zum Eisenerz/Roheisen-Bereich (*Eisenhüttenstadt) die 15 Betriebe umfassende VVB Stahl und Walzwerk Berlin aufgelöst und an ihrer Stelle das *Qualitäts- und Edelstahlkombinat* mit den Kernbetrieben in H. (einschließlich des *Stahlinstitutes H.*) und Brandenburg (dort zunächst Kombinatssitz) gegründet. Damit entfiel die veraltete Leitungsebene der VVB, nahmen die ökonomischen und juristischen Beziehungen der kooperierenden metallurgischen Betriebe vorwiegend horizontalen Charakter an und überwanden die Bezirksgrenzen. Mit der Kombinatsreform der 70er Jahre, die die ökonomische und juristische Selbständigkeit der Kombinatsbetriebe wieder herstellte, wurde das Hennigsdorfer Werk Stammbetrieb, Leitungszentrum und Kombinatssitz.

Hohen Neuendorf

Der ehem. 2. Vorsitzende der deutschen Lokomotivführergewerkschaft, Otto Scharfschwerdt, leitete 1933/37 im Raum H. N.-Liebenwalde eine illegale sozialdemokratische Widerstandsgruppe und wurde 1943 im KZ Sachsenhausen ermordet (*Gedenktafel*

Wohnhaus, *Otto-Scharfschwerdt-Str. 8*); das Grundstück Anton Saefkows in H. N. war 1943/44 ein illegaler Treffpunkt der KPD-Landesleitung (*Gedenkstein Anton-Saefkow-Str.*).

Am 21./22. April 1945 besetzten Kommunisten und Sozialdemokraten das *Rathaus* der Randberliner Großgemeinde, verhafteten den Bürgermeister und andere Faschisten, versahen einen antifaschistischen Polizeidienst und konnten den Ort kampflos der im Verband der Roten Armee heranrückenden 1. Polnischen Armee übergeben, die hier bis zum 29. April die nördliche Flanke der »Berliner Operation« sicherte (*Grabstätten Alter Friedhof; Denkmal Platz der 1. Polnischen Armee*).

Kremmen (1298)

Wohl schon vor der burgwardbezogenen Ersterwähnung 1216 gehörte K. als nördlichster Punkt auf einer Talsandinsel im Rhinluch der vermutlichen Befestigungslinie K.-Schwante-Vehlefanz-»Tuchbant« (in der Flur des heutigen Dorfes Bötzow) an, die angelegt worden sein muß, als die Markgrafschaft Brandenburg erst Zauche und Havelland umfaßte und hier einen Luchweg aus dem Havelland nach Nordosten deckte. Wie in Rathenow (*) wurde der Kietz in die städtische Entwicklung einbezogen, deren ältester Teil radial zur Pfarrkirche lag, daneben die wohl ins 13. Jh. gehörende Plananlage.

Plan von Kremmen 1740

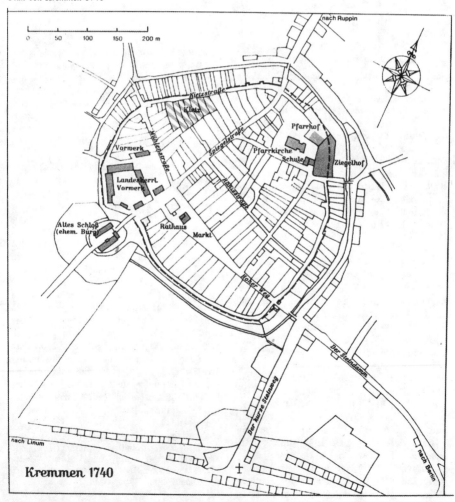

Friedrich Wolf (Lehnitz)   *Willi Sägebrecht (Liebenwalde)*

Mehrfache Vertragsstätte – so 1236, als das Land Stargard (*Fürstenberg) an die Mark fiel, und 1348, als sich in K. die pommerschen und mecklenburgischen Herzöge sowie die Grafen v. Holstein und v. Schwerin auf die Unterstützung des »Falschen Waldemar« gegen die Wittelsbacher einigten; mehrere Schlachten am »Kremmer Damm« – u. a. 1412, als der Hohenzoller Friedrich (*Brandenburg) seinen ersten Sieg in der Mark erfocht – bezeugen die militärstrategische Bedeutung Kremmens im Mittelalter. Die 1324 als grundherrlich belegte, bald unbedeutende Stadt fiel 1355 an die v. Bredow (*), die hier sogar das Burgbaurecht – Zeichen ihrer Sonderstellung – behielten. Seit 1634 mit mehreren »Obrigkeiten«, fiel der größere Teil 1718 an das königliche Amt Oranienburg (*Pfarrkirche St. Nikolai*, überwiegend 15. Jh., mit Teilen des Vorgängerbaus aus dem 13. Jh.; *Rathaus*, nach 1840; am *Markt* durchgängiger Wohnhausbau des frühen 19. Jh.).
Als einer der wenigen Geistlichen der Mark stimmte Peter Gustav Schweitzer, Schleiermacher-Schüler und ehem. Burschenschafter, 1847/50 Oberprediger in K., der Revolution von 1848 zu. Auf der von Panikstimmung ob des »drohenden« Trennung von Kirche und Staat geprägten Eberswalder Tagung des Märkischen Pastoralvereins (Juni 1848) trat Schweitzer für eine solche Trennung ein. Nach Untersuchung (1849) und trotz »Reue« wurde er 1850 amtsentlassen und konnte erst 1858 in Gotha wieder eine geistliche Anstellung finden.
Nach 1868 verlebte der naturalistisch-symbolistisch beeinflußte Dichter Richard Dehmel seine Kinder- und Jugendjahre im elterlichen *Forsthaus am Eichendamm*.
K. gehörte nach 1900 zu den Stützpunkten der Sozialdemokratie im Reichstagswahlkreis Potsdam (*)-Spandau-Osthavelland, wo der mehrfach in K. sprach, erhielt hier seit 1903 regelmäßig gegen 300 Stimmen (*Gedenktafel am Kino*, dem ehem. Parteilokal der Sozialdemokratie, später der KPD).

Leegebruch
Bei dem 1918 verstaatlichten und durch westpreußische Auswanderer aufgesiedelten ehem. Remontegestüt der Hohenzollern entstand seit 1936 eine Großsiedlung für die Arbeiter des Oranienburger (*) Heinkel-Flugzeugwerkes. 1946/47 wiesen Landesregierung und SED-Landesleitung die nach der Demontage des Werkes halbleere Siedlung den sudetendeutschen Einwohnern des Dorfes Nixdorf zu, unter ihnen viele Antifaschisten, ehem. Mitgliedern der Reichenberger Linken (deutsche Sektion der KPČ). Sie hatten mit Unterstützung der Sowjetarmee die geschlossene Umsiedlung in drei Wellen erreicht. Die Mehrheit der Umsiedler waren Messerschmiede, die hier einen Standort ihres Produktionszweiges begründeten.

Lehnitz
1938/45 Außenlager des KZ Sachsenhausen (Klinkerwerk) mit tausenden Opfern der Ausbeutung und des SS-Terrors (*Gedenkstätte Schleusenbrücke*)
1948 bis zu seinem Tode 1953 Wohnstätte Friedrich Wolfs, sozial engagierter Arzt und führender Repräsentant der revolutionären Arbeiterkulturbewegung, in sowjetischer Emigration 1943 NKFD-Mitbegründer; als Schriftsteller und Kulturpolitiker führend in der antifaschistisch-demokratischen Umwälzung, 1950/51 erster DDR-Botschafter in der VR Polen (*Gedenktafel und -stätte Wohnhaus Kiefernweg 5 mit Friedrich-Wolf-Archiv*)

Liebenwalde (1349)
Die 1244 ersterwähnte Burg L. (*Reste* unter Wirtschaftshof und Wohnhaus des frühen 19. Jh.) könnte – obwohl 1216 nicht als Grenzort miterwähnt – schon um 1200 entstanden sein. Auf dem östlichen Havelufer lag sie dem

Finowtal am nächsten und sicherte den Askaniern den Nordwestbarnim (*Birkenwerder, *Biesenthal) nach Norden. 1270 erstmals als Vogteisitz erwähnt, war sie 1319 bis 1485 häufig verpfändet und seit 1491 Amtshauptmannssitz.

Die offene, unplanmäßig gewachsene Stadtsiedlung war bei 1349 bezeugter Ratsverfassung und einmaligem selbständigem Auftreten in einem Städtebündnis stets Amts- und damit Mediatstadt (ab 1449 stedeken). 1573 stand sie unter den mittelmärkischen Städten mit kleinstem Lehnsaufgebot an letzter Stelle. Trotz Kanalnähe durch Bau des *Finowkanals* (1740), des *Voßgrabens* (1751), des *Malzer Kanals* (1828) und des *Voßkanals* (1882) nahm sie eine nur geringe wirtschaftliche Entwicklung (*Pfarrkirche mit Glockenturm*, 1833/35; *Pfarrhaus*, um 1835).

1914/24 verbrachte der aus Groß Schönebeck stammende Landarbeitersohn Willy Sägebrecht Kindheit und Jugend in L. (*Wohnhaus Mittelstr.*); nach 1927 Initiator der KPD-Ortsgruppe (Tagungsstätte im ehem. Gewerkschaftslokal »*Goldener Stern*«), 1931 KPD-Unterbezirksleiter in Berlin, 1932/33 Organisationssekretär der bald illegalen KPD-Bezirksleitung Brandenburg-Lausitz-Grenzmark; nach jahrelanger Zuchthaus- und KZ-Haft, zuletzt in Sachsenhausen (*), stand er 1945/46 an der Spitze der brandenburgischen KPD- bzw. SED-Leitung (*Potsdam).

Anfang 1946 nahm in L. das »Soziale Forschungsinstitut« der KPD seine Tätigkeit auf; nach der Vereinigung der Arbeiterparteien wurde es zentrale Partei(hoch)schule der SED und 1948 nach Kleinmachnow (*) verlegt.

Mühlenbeck

Der vielleicht niederländisch abzuleitende Ortsname stammt von den Lokatoren- und Adelsfamilie Molenbeke, die noch 1375 (Ersterwähnung) in M. Patronat, Pacht und Zins von mehreren Hufen hatte; fast die Hälfte der hiesigen 50 Hufen waren schon Ritterhufen – u. a. derer v. Bredow; nach 1415 Verwaltungssitz für die Besitzungen des Klosters Lehnin (*) auf dem Barnim (*Klosterfelde)

1769 wurde der englische Landwirt Brown von Prötzel (*) nach M. berufen, um die Domäne zum Mustergut für »englisches Wirtschaften« zu entwickeln. Aus der ganzen Kurmark wurden Domänenpächter schlechter Böden nach M. beschieden, um Browns neue Anbausysteme und verbesserte Ackergeräte zu studieren. Einige griffen die Anregungen auf – so in Fürstenwalde, Biegen, Oranienburg, Rüdersdorf, Vehlefanz. Die sechsjährige Pacht reichte nicht, um den erhofften Ertrag zu zeitigen. Brown floh, ein Prozeß wurde angestrengt, doch auch Browns Nachfolger auf dessen Produktionsmethoden verpflichtet. Schon unter Friedrich II. wurden vereinzelt längere Pachtzeiten angestrebt.

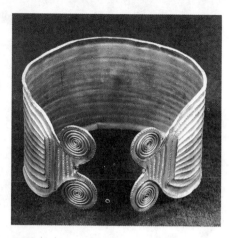

Goldarmband von Nassenheide (Museum für Ur- und Frühgeschichte Potsdam)

Nassenheide

Ein hier gefundenes Goldarmband mit Endspiralen aus der Bronzezeit (1200 v. u. Z.) belegt Austauschbeziehungen der mittelmärkischen Bevölkerung dieser Zeit mit dem Südosten Mitteleuropas (Fund: *Museum für Ur- und Frühgeschichte Potsdam*)

Neuholland

Ab 1659 zog Jobst Gerhard v. Hertefeld aus seiner klevischen Heimat und den Niederlanden Kolonisten zur großräumigen Erschließung des Bruchgebietes nordöstlich von Oranienburg heran, das Kurfürst Friedrich Wilhelm seinem engen Vertrauten 1650/51 überlassen hatte. Als Hofjägermeister und Hauptmann der Ämter Liebenwalde und Zehdenick (seit 1623) hatte v. Hertefeld den landständischen Einfluß zurückgedrängt, u. a. schon eine geregelte Forstwirtschaft begonnen, in der Kolonie N. seine Meliorationserfahrungen genutzt. Die (seit 1708) 52 Einzelhöfe bekamen die ausschließlich reformierten Kolonisten in Erbpacht (ohne Dienste) übertragen – ein Novum in der Mark (*Dorfkirche* von 1710, 1945 vereinfacht wiederhergestellt; zahlreiche *Vierseithöfe* des 17./18. Jh.).

Oranienburg (1652)
Bötzow (1350)

Wohl außerhalb der von Kremmen (*) ausgehenden, frühesten askanischen Befestigungslinie gegen Norden wurde B. 1216 als Burgward genannt, hier wohl ohne spätslawischen Vorgängerbau. Das beträchtliche Burgzubehör umfaßte Rechte und Besitz im Lande Glin und auf dem Barnim, als B. 1350 an die Grafen v. Lindow-Ruppin (*Alt Ruppin) fiel. Deren havelländischem Einfluß setzten allerdings schon 1376 die Abmachungen mit Karl IV. ein Ende.

Die 1346 ersterwähnte Burg Neue Mühle südwestlich von Sachsenhausen (Ot.) deckte einen Havelübergang, eine Mühle und den 1375 im Landbuch Karls IV. verzeichneten, vielleicht ältesten Eisenhammer der Mark; 1402 wurde sie von pommerschen und Ruppiner Truppen zerstört.

Mehrfach umkämpft, fielen Burg und Ort B. (Siedlungskern beim *Kirchgraben*) 1404 an die Quitzows, in deren Hand B. eine der gefürchtetsten mittelmärkischen Burgen wurde. Als selbsternannte Landeshauptleute der Mittelmark und im Besitz der Burgen und Städte B., Friesack (*), Plaue, Saarmund, Köpenick, Rathenow, Strausberg beherrschten die Quitzows Havelland, Barnim und Teltow, bis das Eintreffen des Hohenzollern Friedrich I. in der Mark, auf dessen Seite Quitzows Bötzower Vasall schon 1413 zeitweise übertrat, eine neue Konstellation schuf und die Macht der Quitzows ihrem Ende zuführte. Erst 1485 kam die Burg B. wieder in direkte landesherrliche Verfügung und wurde Amtssitz.

1650 wurde B. Residenz der Kurfürstin Luise Henriette (v. Nassau-Oranien), der Gemahlin Friedrich Wilhelms, die ein repräsentatives Schloß errichten ließ, dessen Name »Oranienburg« 1652 auf die Siedlung überging (Privileg 1548 mit Holzungs-, Fischerei- u. a. wirtschaftlichen Rechten, das auch einen Bürgermeister nennt; noch 1574 Lehnschulze). In das Amt O. wurden niederländische Wirtschaftsmethoden eingeführt, 1653 eine Meierei, 1665 das älteste märkische Waisenhaus (mit dem Dorf Velten und eigenem Gerichtsbezirk ausgestattet), Ende des 17. Jh. eine Hugenottengemeinde begründet. 1718/20 wurde die *Neustadt* angelegt und mit Kolonisten besetzt. Die so erweiterte Stadt O. erhob sich 1743 per Ratsreglement zur Immediatstadt. 1752/53 entstanden in Sachsenhausen (gut erhaltene *Dorfanlage* mit z. T. veränderten *Doppelhäusern*) und 1763 in O. Wollspinnerkolonien unter Zuzug aus Sachsen, Württemberg und Baden. 1790 bis 1842 bestand beim nahen Friedrichsthal eine Glashütte (heute Ot. *Glashütte*). Durch *Finowkanal* (1746), *Ruppiner Kanal* (1789) und Havelregulierung (1832/37) verfügte der Gewerbeort über eine gute Verkehrslage.

✦ **Schloß** (frühbarocker Neubau ab 1651 unter J. G. Memhard und M. M. Smidts, 1688 bis 1709 erweitert, Wiederaufbau 1948/60) mit *Schloßvorplatz* (*Platz des Friedens*) als Mittelpunkt der damals radial ausgerichteten Stadtanlage (*Denkmal Luise Henriettes*, 1858); *Park* (17./18. Jh., 1878/79, mit *Parktor*, um 1700, und *Orangerie*, 3. Viertel 18. Jh.); ehem. *Waisenhaus, Havelstr. 29* (2. Hälfte 17. Jh.); nur geringe Reste der barocken, 1945 stark zerstörten Stadtanlage: *Heimatmuseum, Breite Str. 1* (1657, um 1700); ehem. *Forsthaus, Sachsenhausener Str./Str. des Friedens* (1771/72); *Platz des Friedens 5* (um 1800); ehem. *Forstkasse, Havelstr. 18* (Ende 18. Jh.); Wohnhäuser des 18. Jh., u. a. *Havelstr. 27, 30, Str. des Friedens 1, 3*; *Pfarrkirche St. Nikolai* (1864/66 neoromanisch von F. A. Stüler, veränderter Wiederaufbau 1951/52)

Am 13. August 1813 Kriegsrat der preußischen Nordarmee im *Schloß* mit dem Entschluß der südlichen Verteidigung Berlins (*Großbeeren)

1816 richtete J. G. Hempel im *Schloß* eine Schwefelsäurefabrik ein, die zu den frühesten Bleikammer-Schwefelsäurefabriken Preußens gehörte sowie seit 1822 mit weiteren Fabrika-

Schloß Oranienburg

tionsanlagen eine der ältesten Leblanc-Soda-Fabriken Deutschlands war. 1832 ging sie als »Chemische Produkten-Fabrik zu O.« in Verwaltung der Berliner Seehandlung über. Dank der Erfindungen Friedlieb Ferdinand Runges und unter dessen technischer Leitung (1832/52) wurde O. Standort einer der damals mit etwa 150 Arbeitern und Angestellten (1840) größten chemischen Fabriken Europas. Hier entdeckte Runge später bahnbrechende Steinkohlenteerstoffe, insbesondere das nach 1845 zum »Anilin« weiterentwickelte »Phenol« (Karbolsäure), Ausgangsstoff industriell herstellbarer Teerfarben und damit der modernen Farben- und chemischen Großindustrie. Runge entwickelte Torfkoks als Bleichmaterial für die Rübenzuckerproduktion, begann 1834/35 in O. die erste deutsche Stearinkerzen- (sog. Palmwachs-)Fabrik und entwickelte einen »deutschen Guano«, ohne damit den billigen südamerikanischen Stickstoffdünger vom Markt verdrängen zu können. 1872 wurde die bereits 1855 aus dem *Schloß* verlegte Produkten-Fabrik Aktiengesellschaft und dann zwischen 1913/32 durch Fusionen mit schlesischen Unternehmen Großbetrieb (*Wohnstätten Runges bis 1842 im Schloß, dann Mühlenstr. 29; Grabstätte Städtischer Friedhof, Friedensstr. mit Porträtrelief,* 1873)

Die Wasserstraßenlage (erweitert durch den sog. Hohenzollernkanal, 1906/14, heute Oder-Havel-Kanal, *Hohensaaten, *Niederfinow), Bahnanschlüsse (1877, 1915) und Aufnahme des Vorortverkehrs nach Berlin (1891) begünstigten nach dem Ende der Krise 1900/03 eine starke Industriekonzentration in O.: Die chemische Großindustrie verstärkte sich schon 1885 durch die Verlegung der 1873 in Berlin gegründeten Byk-Guldenwerke Chemie-Fabrik AG nach O. und dann 1903 der Berliner Gasglühlichtfabrik Auer (1927 Chemiekonzern »Auergesellschaft«); weiterhin entstanden 1906 die Hüttenwerke Kayser (heute: *VEB Kaltwalzwerk O.*) sowie mehrere, überregional bedeutsame Brauereien.

1893 gründeten 18 Berliner Vegetarier unter Mitwirkung der Oranienburger Bau- und Kreditgesellschaft GmbH und Beteiligung der Gebrüder Gustav und Otto Lilienthal (*Rhinow) bei O. eine Obstbau-, Vegetarier- und Freigeld-Reformsiedlung, die bis 1932 um zahlreiche Plantagen auf knapp 3 000 ha Land, 220 Häuser und 900 Einwohner anwuchs (heute: Ot. *Eden mit Siedlung, Obstbaugenossenschaft und VE Obstverwertungsbetrieb*). Die Kolo-

Denkmal der Kurfürstin Luise Henriette im Schloßpark

Friedrich Ferdinand Runge (Heimatmuseum Oranienburg)

nie Eden war das spektakulärste Siedlungsobjekt bei Berlin auf der Suche nach Alternativen zur großstädtischen Lebensweise. Die Edener »Reform«-Produkte standen den »Reform-Läden« Pate. Die Kolonie strahlte u. a. nach Neuruppin (*) aus, unterhielt eine eigene Theatergruppe, die mit linksgerichteten Intellektuellen und der Roten Hilfe in Verbindung stand und bis 1939 spielte. Edener gehörten zu der KPD-geführten antifaschistischen Widerstandsgruppe »Nordbahn«.

Am 21. März 1933 richtete die Standarte 208 der Berliner SA-Führung in einer ehem. Brauerei in O. (später Fabrik der Ago-Elektrizitätsgesellschaft, nunmehr in Bankbesitz) das erste preußische Konzentrationslager ein. Als einziges frühes KZ des Regierungsbezirkes Potsdam wurde es bei der Gründung größerer Lager (*Brandenburg) im Sommer 1933 nicht aufgelöst, sondern bis zum April 1935 weitergeführt. Hier waren zeitweise bis 1 500 und insgesamt 5 500 Häftlinge inhaftiert. Bei Blumenberg bestand ein Nebenlager. Zu den in O. Ermordeten gehörte der Dichter und Publizist Erich Mühsam (*Gedenkstein Friedhof*). Im KZ O. waren zahlreiche prominente Kommunisten und Sozialdemokraten inhaftiert, unter letzteren Friedrich Ebert (*Brandenburg), der Vorsitzende der preußischen Landtagsfraktion Ernst Heilmann, der Berliner SPD-Vorsitzende und im April 1933 Leiter der illegalen SPD Franz Künstler, auch Funktionäre des kommunistischen Jugendverbandes wie Hans Coppi, der spätere Funker der »Roten Kapelle«. Die Flucht und Prager Schrift des sozialdemokratischen Reichstagsabgeordneten Gerhart Seger machte noch 1933 auf die Zustände im KZ O. aufmerksam. Im Zusammenhang mit der sog. Röhmaffäre im Sommer 1934 wurde hier auch der Jungkonservative Edgar Julius Jung als unbequemer Konkurrent und Kritiker von der SS ermordet.

✦ *Gedenkstätte und -tafel Leninallee 45a; Gedenkstätte Friedhof; Denkmal F. Cremers »Anklagende« (1948, Kopie) Platz des Friedens*

Durch den Ausbau der Auer-Werke und den Aufbau eines Zweigwerkes der süddeutschen Ernst Heinkel AG (seit 1936), in dem vor allem Nachtjäger und Langstreckenbomber hergestellt wurden, wurde O. Rüstungsstandort. Die Masse der etwa 10 000 Arbeitskräfte der Heinkel AG O. waren Pendler aus der Umgebung und Berlin sowie KZ-Häftlinge aus Sachsenhausen. Für die meist aus dem Ruhrgebiet, Taunus, Oberrhein, Erzgebirge, Oberschlesien und sogar aus Übersee zuziehenden Arbeitskräfte entstanden in O. (»Weiße Stadt«) und Leegebruch (*) große Siedlungen.

Mitglieder der Berliner Widerstandsorganisation »Die innere Front« gaben von O. und Lehnitz aus zehn weitere Nummern der seit 1934 erschienenen illegalen Zeitung »Die innere Front« heraus, stellten in O. Kontakte zu sowjetischen Kriegsgefangenen her und fanden Anschluß an die Berliner Saefkow-Jacob-Organisation.

Auf Befehl des Reichsführers der SS Himmler und auf Anweisung der Geheimen Staatspolizei begann im Juli 1936 bei dem seit 1900 zum Wohnvorort für O. entwickelten, heutigen Ot. *Sachsenhausen* der Aufbau eines der größten faschistischen Konzentrationslager. Im Unterschied zu den frühen SA- und Staatslagern wurde es ausschließlich von der SS bewacht und als Massenlager für zunächst 7 300 Häftlinge in 50 Baracken konzipiert. Als seit dem 2. Juni 1938 im Rahmen der Aktion »Arbeitsscheue Reich« über 6 000 jüdische Bürger zusammen mit Kriminellen u. a. im KZ S. eingesperrt wurden, entstand im zweiten Halbjahr 1938 zusätzlich das »kleine Lager« mit 18 Baracken, so daß das Gesamtlager nunmehr 10 000 Menschen aufnahm. O. wurde

1937 Sitz der SS-Inspektion der Konzentrationslager und nach Neubildung des SS-Wirtschaftsverwaltungs-Hauptamtes (1942) Sitz der Amtsgruppe »D« dieses Amtes, dem u. a. die Häftlingsvermittlung an die Rüstungsindustrie oblag. Während des Krieges stiegen die Häftlingszahlen durch die Verschleppungen aus den besetzten Ländern rapide an und erreichten Mitte Januar 1945 über 66 000. Insgesamt wurden zwischen 1936 und 1945 über 200 000 Menschen in das KZ S. eingeliefert, weit über 100 000 von ihnen aus 47 Nationen ermordet, darunter im sog. *Industriehof* 18 000 sowjetische Kriegsgefangene. Die Anzahl der SS-Bewachungsmannschaften schwankte; Mitte Januar 1945 lag sie bei knapp 4 000. Zum KZ S. gehörten bis zu 96 Außenkommandos; seine Häftlinge wurden in allen wichtigen Rüstungsbetrieben als Arbeitssklaven »beschäftigt« (*Gedenkstätte Auerwerke, Otto-Nuschke-Str./Lindenring*). In das KZ S. wurden prominente Hitler-Gegner wie der Führer der Bekennenden Kirche, Pastor Martin Niemöller verschleppt (1938/41 als »persönlicher Gefangener« Hitlers im *Strafbunker*, schon 1937 war im KZ S. der Justitiar Friedrich Weissler als erster Märtyrer der Bekennenden Kirche ermordet worden), auch einzelne Opfer interner fa-

Lageplan der Nationalen Mahn- und Gedenkstätte Sachsenhausen

1 Eingang 2 Museum des antifaschistischen Freiheitskampfes der europäischen Völker 3 Turm A 4 Lagermauer 5 Gedenkmauer 6 Lagerstraße 7 Standort des Galgens 8 Lagermuseum (ehem. Häftlingsküche) 9 Kino und Ehrensaal (ehem. Wäscherei) 10 Mahnmal 11 Station Z 12 Erschießungsgraben 13 Pathologie 14 Krankenbaubaracken 15 Schuhprüfstrecke 16 Zellenbau (Bunker) 17 Pfähle 18 Erdbunker 19 Wohnbaracken und Ausstellung über die Leiden und den Widerstandskampf der jüdischen Menschen 20 »Kleines Lager« 21 Kino und Einführungsraum

Nationale Mahn- und Gedenkstätte Sachsenhausen, Blick durchs Gitter des Eingangstores

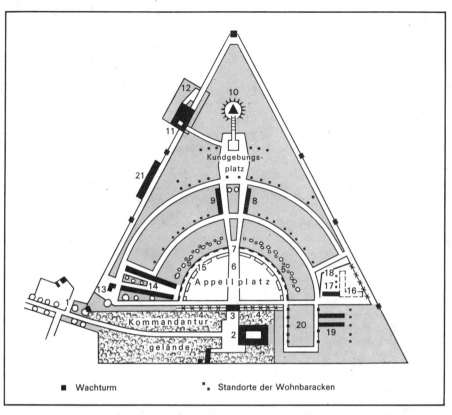

Kundgebungs-
platz

A p e l l p l a t z

Kommandantur-

gelände

■ Wachturm   ■ Standorte der Wohnbaracken

schistischer Machtkämpfe (so 1944 der ehem. Großindustrielle und bekannte frühe Faschismus-Förderer Fritz Thyssen im Sonderlager, das unmittelbar dem Reichssicherheitshauptamt unterstand), vor allem aber antifaschistische Widerstandskämpfer, unter ihnen die späteren Mitglieder der illegalen Landesleitung der KPD Bernhard Bästlein (1936/40), Franz Jacob (1936/40), Georg Schumann (1937/39) und Martin Schwantes (1936/41). Nach ihrer ersten illegalen KPD-Lagerleitung bildeten dann 1943/44 u. a. Matthias Thesen (1937/39, 1943/44 im KZ S.), Augustin Sandtner (seit 1936 im KZ S.) und Ernst Schneller (seit 1939 im KZ S.) eine neue illegale Parteileitung und Widerstandsorganisation, in deren Rahmen E. Schneller und der sowjetische General A. Sotow einen bewaffneten Aufstand planten. Sie trat mit der illegalen Landesleitung der KPD in Berlin in Verbindung und war an der Ausarbeitung des politischen Grundsatzdokumentes »Wir Kommunisten und das Nationalkomitee ›Freies Deutschland‹« vom April/Mai 1944 beteiligt. Die alarmierte Gestapo setzte im März 1944 ein Sonderkommando ein, um das Widerstandszentrum zu ermitteln; ab Sommer 1944 waren bis zu 200 Antifaschisten in der Isolierbaracke Block 58 zusammengepfercht. Am 11. Oktober 1944 wurden Schneller, Thesen, Sandtner, weitere 21 deutsche Antifaschisten und drei französische Widerstandskämpfer erschossen, am 20. Oktober 102 Antifaschisten aus dem Block 58 in das KZ Mauthausen überführt, unter ihnen Bruno Leuschner, Hans Seigewasser und Horst Sindermann. Vor der nahen Befreiung des Lagers durch sowjetische und polnische Truppen evakuierte die SS am 21. April 1945 über 33 000 Häftlinge (*Wittstock); etwa 3 000 blieben zurück. Am 29. April 1945 sammelten sich die dem Todesmarsch entronnenen Kommunisten im Lager und stellten sich dem antifaschistischen Neuaufbau zur Verfügung. Das Ausmaß der faschistischen Verbrechen im KZ S. kam während des sog. Sachsenhausen-Prozesses zutage, den ein sowjetisches Militärtribunal im Oktober/November 1947 in Berlin öffentlich gegen den Lagerkommandanten Anton Kaindl, 12 SS-Leute, den Leiter der sog. Schuhprüfungsstrecke und zwei kriminelle Häftlinge durchführte – zeitgleich mit den sog. Nürnberger Nachfolgeprozessen amerikanischer Militärgerichte. In zwei Fällen wurden 15 Jahre Haft mit Zwangsarbeit, 14mal lebenslängliche Haft mit Zwangsarbeit verhängt. Der Prozeß leitete eine Serie ähnlicher Prozesse deutscher Gerichte gegen faschistische KZ-Verbrecher ein.

✦ *Nationale Mahn- und Gedenkstätte Sachsenhausen (Str. der Nationen)*, errichtet 1956/61; Eingangsbereich mit *Museum des europäischen antifaschistischen Widerstandskampfes; Lagergedenkstätte* mit ehem. *Appellplatz* als Zentrum, *Mahnmal mit Sandsteingruppe »Befreiung«* von R. Graetz; *Granitblöcke* anstelle der ehem. Häftlingsbaracken; *Gedenkhalle* ehem. *»Station Z.«* mit *Gedenkstein* für die ermordeten sowjetischen Kriegsgefangenen; *Gedenksteine* im ehem. *Erschießungsgraben; Lagermuseum* in der ehem. Lagerküche; *»Saal der Nationen«* in der ehem. Lagerwäscherei; *Ausstellung* über die Leiden und den Widerstandskampf jüdischer Menschen im KZ S. in ehem. Baracke 38. Am 15. März 1945 wurden die Auer-Werke, in denen Thorium- und Uranerze aufbereitet wurden, und das Zentrum von O. durch einen Großangriff der amerikanischen Luftwaffe zerstört. Der Angriff erfolgte auf Drängen des militärischen Leiters des amerikanischen Atombombenprojektes, um die Produktionsvorgänge zur Herstellung der Atombombe auszuschalten und zu verhindern, daß die Unterlagen in sowjetische Hand fielen. Die Heinkel-Werke wurden bei einem zweiten Angriff im April zerstört. Am 22. April 1945 befreiten sowjetische und polnische Truppen O. (*Ehrenfriedhof Str. des Friedens, Sowjetisches Ehrenmal Platz des Friedens*).

Eine der ersten Einheiten der Nationalen Volksarmee wurde Ende April 1956 in O. formiert (seit 1966 Truppenteil »Hans Beimler«); Vereidigung in Anwesenheit des Verteidigungsministers Willi Stoph und des Oberkommandierenden der Gruppe der sowjetischen Streitkräfte in Deutschland, A. Gretschko
Der in der Nachfolge der Rungeschen Produktenanstalt produzierende VEB Chemiewerke O. wurde Ende der 50er Jahre nach Coswig verlegt und dafür der *VEB Chemisch-Pharmazeutisches Werk O.* neu errichtet, der sich u. a. auf Produktionserfahrungen der ehem. Byk-Werke stützen konnte.

Schönfließ
Nach dem Übergang der Gutswirtschaft (1375 vier, 1624 21 Ritterhufen zu seit 1535 bzw. 1691 drei Höfen) an die v. Pannwitz (1735) wurde Sch. zu einem frühen Beispiel adliger Initiative für neue Landwirtschaftsmethoden. Die hiesigen Saat- und Viehzuchtversuche gingen denen von Mühlenbeck (*) noch voraus. 1767, zwei Jahre vor der Einsetzung von Kreis-Separations-Kommissionen, wurde in Sch. separiert (*Hohenfinow) (*Feldsteinkirche* 13. Jh., um 1700 erweitert, neoromanischer Westturm 1877/78; *Dorfkrug*,

Dorfkrug Schönfließ

Fachwerkbau 18. Jh. mit Giebelvorlaube, Quergebäude nach 1920).

Schwante

Im 1355 ersterwähnten Sch. hatten die schon in der Altmark „Schloßgesessenen" v. Redern neben ihrem Hof, wie 1373 bezeugt, eine Burg der frühen askanischen Nordbefestigungslinie (*Kremmen) inne; 1577 erschienen sie unter den mittelmärkischen »Schloßgesessenen« (*Schloß*, Dreiflügelanlage 1. Hälfte 18. Jh.; *Dorfkirche*, Schiff im Kern spätmittelalterlich, ansonsten um 1780).

Im Oktober 1931 verhinderten von der KPD-Unterbezirksleitung Berlin-Nord mobilisierte Industrie- und Landarbeiter, Bauern und Arbeitslose im Ot. Neu-Sch. die Zwangsversteigerung eines Neusiedlerhofes, der, im Rahmen der »Osthilfe« entstanden, bei anhaltender Agrarkrise, wie viele dieser Höfe, mit Zins- und Steuerzahlung hoffnungslos in Rückstand geraten war. Über die bisherige Landagitation hinaus sollten Hilfsaktionen wie in Neu-Sch. den starken Rechtseinfluß (hier des Stahlhelms) zurückdrängen und das KPD-Bauernhilfsprogramm (Mai 1931) beleben.

Stolpe-Dorf

Zwischen 1355 (Ersterwähnung) und 1450 verzeichnete der hiesige Rittersitz einen ungewöhnlich frühen und starken Zugang an Bauernhufen; seit 1759 bei denen v. Pannwitz (*Schönfließ; ehem. *Gutshaus*, um 1760 *Dorfkirche*, 13. Jh., Turm 1822)
1906 sozialdemokratischer Sportfunktionär von einem Gendarmen erschossen (*Gedenktafel Adolf-Her-*

mann-Str.); 1910/11 vertrat Karl Liebknecht (*Potsdam) die Witwe vor Gericht.
Am 5. Mai 1918 führte die Freie Jugend Groß-Berlins, eine der stärksten oppositionellen Arbeiterjugendgruppen Deutschlands, im Wald südlich von S. (Richtung Wasserwerk, *Gedenkstein*) eine illegale Karl-Marx-Feier und Antikriegskundgebung mit rund 2 000 Berliner Jugendlichen durch.

Vehlefanz

Der Kremmener (*) Burgenlinie zugehörig, hatte V. (1355 erwähnt) zwei Burgen verschiedenen Typs aufzuweisen: den »*Bosselberg*« am Rande eines slawischen Burgwalls als gut erhaltener, im Havelland sonst seltener Turmhügel – ein der ersten Landnahmezeit des 12. Jh. zugehöriger, rein militärischer Zweckbau – sowie eine jüngere, ovale *Wasserburganlage (Mauerreste, Torturm*, 16. Jh.), die den grund- und dorfherrlichen Funktionen während und nach der Kolonisationszeit besser entsprochen haben dürfte (*Amtshaus*, um 1765); Wehrfunktionen hatte auch die abseits gelegene und damit wohl gegenüber der Dorfanlage ältere *Dorfkirche* (Feldsteinbau mit westlichem Breitturm, wohl 16. Jh., Joachim-Wagner-Orgel).

Seit 1780 wurde hier wie im Nachbaramt Oranienburg die Koppelwirtschaft (*Haselberg) angewandt. Rasch erhöhte sich die Zahl der Schläge, 1801 waren es vier Binnen-, vier Neben- und fünf Außenschläge; an den Umgestaltungen war hier J. G. Koppe (*Wollup) beteiligt.

Velten (1935)

Der in den *Pötterbergen* bei V. für die Mark einmalig mächtig anstehende weiße Töpferton wurde seit 1656 in Oranienburg verarbeitet und seit 1815 verstärkt vom Berliner Ofenbaugewerbe genutzt. 1828 siedelte sich der Ofenbau in dem bis 1817 zum Oranienburger Waisenhaus gehörenden Dorf an, seit 1835 in erster Fabrikfertigung (Fa. Seydlitz). Die folgenden Jahrzehnte machten V. zum märkischen Zentrum der Töpferwaren- und Kachelofenindustrie und Hauptlieferanten Berlins. Zwischen 1859/74 stieg die Einwohnerzahl fast um das Vierfache auf 2 300. V. zählte 1876 schon 22, 1894 34 Fabriken mit über 160 Brennöfen und mehr als 2 000 Arbeitern (heute: *VEB Plattenwerk »Max Dietel«*). Nach Bahnanschluß (1893) und Stichkanal zur Havel (1911) erweiterte sich das industrielle Profil um Ziegeleien und Maschinenbaubetriebe (nach 1933 Zweigwerk der Heinckel-Flugzeugwerke). Neben Spandau und Ketzin gehörte V. zu den frühen Stützpunkten der Sozialdemokratie im Reichstagswahlkreis Potsdam–Spandau–Osthavelland. Der fünf Monate während Lohnstreik der Veltener Kachelofenarbeiter (Mai/September 1885) stand offenbar unter illegalen sozialdemokratischen Einflüssen; 1888 wurden Lohnerhöhungen erzwungen. Zwischen 1890 und 1902 war V. Vorort der sozialdemokratischen Wahlkreisorganisation. Karl Liebknecht (*Potsdam) erhielt hier 1903/12 jedesmal über 1 200 Stimmen, d. h. das Mehrfache seines Gegenkandidaten (*Gedenkstein Karl-Liebknecht-Haus*).

Als Frau eines Apothekers lebte Emma Ihrer in V., in den 80er Jahren des 19. Jh. in Berlin Mitbegründerin der proletarischen Frauenbewegung, 1891 Begründerin der ersten sozialistischen Frauenzeitschrift »Die Gleichheit« (*Wohnhaus »Concordia«-Apotheke, Grabstätte Friedhof*).

Kreis Gransee

Altlüdersdorf

Eine der wenigen überlieferten Taxationen von Bauernwirtschaften des 18. Jh. bezieht sich auf einen Hof in Lüdersdorf (1318 ersterwähnt, 1525 wüst, 1537 Vorwerk, 1691 Schweizer Kolonisten-Dorf mit Entstehung von Neu-L., »A.« seit 1827; *Dorfkirche*, 1702, Fachwerk). Sie erwies zu 1727 den verbreiteten defizitären Jahresabschluß. Nach 1760 konnte der Hof jedoch fast die Hälfte seiner Getreideproduktion auf den Markt bringen – vielleicht aufgrund der den Schweizerkolonisten gewährten, für das Land Ruppin untypisch geringen Dienstbelastung. Die Chance einer Marktproduktion über Rentenleistung und eigene Reproduktion hinaus, die mit dem englischen Importbedarf, dem Konsumtionszentrum Berlin und mit Zunahme einer unterbäuerlichen Dorfbevölkerung wuchs, suchten viele märkische Bauern zu nutzen. Im Amtsdorf L. wuchsen die Getreideaussaatmengen eines Hofes 1727/98 von 73 auf 96 Scheffel.

Badingen

1267/70 ersterwähnt (*Dorfkirche*, Feldstein, im Kern 13. Jh.), kam B. mit anderen Orten des Ländchens Löwenberg (*) an das Hochstift Brandenburg, von diesem weiterverliehen und 1536 kurfürstlich, ab 1557 erbliches Lehen der v. Trott und mit dem säkularisierten Himmelpfort (*) 1571 vereinigt zur Herrschaft B.-Himmelpfort (*) frühes Haus, später *Amtshaus*, 2. Hälfte 16. Jh.); nach Lehnsrückfall 1727 Domänenamt mit elf Dörfern, im 19. Jh. mit dem Amt Zehdenick zusammengelegt

Bis dahin hatte sich, örtlich verschieden, in den Trottschen Dörfern die Zahl der Bauern zugunsten der Ritterhufen verringert; in den Dörfern mit Vorwerk hielten die Bauern aber noch über 70 Prozent in eigener Wirtschaft. Als das Domänenamt bald nach 1727 die Neuauflage des Dienstgeldes ankündigte, begann der bäuerliche Widerstand zunächst mit der Klage, nicht leistungsfähig zu sein, und mit der Bitte um fixierte vier Diensttage. Die Rutenberger verweigerten 1731, erstmals im Amt B., schon die Dienste. 1733 setzten in Ribbeck, Zabelsdorf und Bredereiche »turbulente Köpfe« die Dienste eigenmächtig herab. Die von den Bauern erstrebte Ablösung der Arbeitsrente durch Dienstgeld unterblieb jedoch in den Amtsdörfern. Zwischen 1764 und 1770 stellten sich die Bauern von Röddelin, Bredereiche und Altthymen bereits geschlossen den Vorwerkspächtern entgegen, verwiesen auf ihre

Frauenrechtskämpferin Emma Ihrer aus Velten (1903)

Not und verwahrten sich gegen Vorwürfe, »aufgewiegelt« zu sein. In Altthymen wurde der Dienst fast über die gesamte Erntezeit hinweg verweigert, nach Auspfändungsstrafen (*Freyenstein) nur zu zwei Tagen. Meist blieben die Dienste durch Kammerspruch auf der vom Pächter geforderten Höhe. Selbst bei Erbverpachtungen versuchte dieser, die Dienste teilweise beizubehalten. In Röddelin, Rutenberg und Altthymen konnten sie erst nach

Fürstenberger Schloß

mehrjährigen Verhandlungen in Dienstgeld umgewandelt werden. In B., Zabelsdorf und Mildenberg bestanden über 200 Diensttage noch bis zum Vergleich von 1811 und in die folgenden Jahre hinein fort.

Fürstenberg (1318)
Im Grenzsaum zwischen dem markbrandenburgischen Land Gransee (*) und dem pommerschen Land Stargard bei drei Havelläufen und Seen gelegen, dürfte die 1273 bei Ersterwähnung des Ortes sicherlich bestehende Burg F. noch vor Einnahme des Landes Stargard durch die Markgrafen errichtet worden sein. Bei dessen Lehnsübertragung an die Mecklenburger (1299) behielten die Askanier den wichtigen Platz, selbst nach der Niederlage von Gransee (*), wenn auch 1327 an die Grafen v. Lindow-Ruppin verpfändet. Erst nach Übertragung Stargards 1347 als Reichslehen erlangte Mecklenburg 1348 auch F., das bis 1952 mecklenburgisch (ab 1701 Mecklenburg-Strelitz) blieb.

In Leiterform und mit Straßenmarkt planmäßig angelegte, nach Brand 1807 begradigte Stadt F., im 17./18. Jh. Tuchmacherei, 1. Hälfte 19. Jh. Buttermarkt, Binnenschiffahrt (1837 Elde-Havel-Kanal), Mühlenwerke, Bahnanschluß 1876; 1836/41 Handlungsgehilfen-Lehre Heinrich Schliemanns in F.
✦ *Alte Burg* (geringe mittelalterliche Reste, Vierflügelanlage des 16. Jh., seit 19. Jh. eingreifend verändert); *Schloß* (1741/52, 1913); *Pfarrkirche* (1845/48); Wohnhausbau nach 1807, u. a. *Amtsstr. 2, Markt 5, Pfarrstr. 1, Puschkinallee 4, Thälmannstr. 55/56*

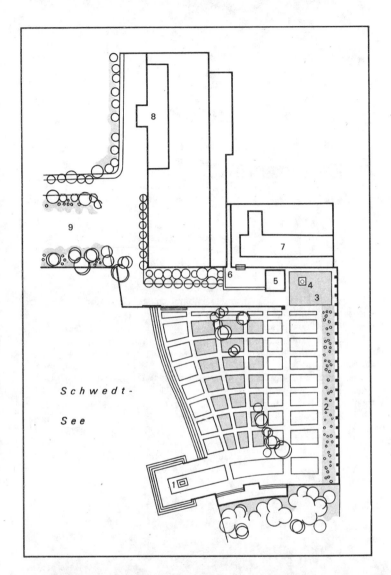

Lageplan der Nationalen Mahn- und Gedenkstätte Ravensbrück
1 Mahnmal   2 Massengrab   3 Frauengruppe   4 Flam- *menschale   5 Krematorium   6 Erschießungsgang* *7 Gedenkräume (ehem. Zellenbau)   8 Museum* *(ehem. Kommandantur)   9 Parkplatz*

Am 5. August 1932 fand in der Reichswehrkaserne F. die Geheimverhandlung zwischen Reichswehrminister Kurt v. Schleicher (*Brandenburg, *Döberitz, *Potsdam) und Naziführer Hitler über eine faschistische Regierungsbeteiligung statt, nachdem die NSDAP stärkste Reichstagsfraktion geworden war. Hitler forderte Kanzlerposten und Schlüsselministerien, Schleicher, der das Risiko eines Generalstreiks scheute und Hitler in der Rolle des Juniorpartners halten wollte, wich aus. Zwei Tage später lehnte die Papen-Regierung ab.

In das 1938/39 im heutigen Ot. *Ravensbrück* errichtete, nachmals größte faschistische

Gruppenplastik von Fritz Cremer am Eingang zum ehem. Konzentrationslager Ravensbrück

Frauen-Konzentrationslager mit bis zu 50, wenn auch zu unterschiedlichen Zeiten bestehenden Außenlagern sowie einem Männerlager wurden bis 1945 etwa 132 000 Menschen, größtenteils Frauen, Mädchen und Kinder neben Antifaschisten und zahlreichen rassisch und religiös Verfolgten, verschleppt. Der eskalierenden Ausbeutung (»Vernichtung durch Arbeit«), den verbrecherischen Experimenten der SS-Ärzte, den Vernichtungstransporten (u. a. nach Bernburg, Bergen-Belsen, Auschwitz und Lublin) sowie den Massenmorden im KZ R. und im sog. Jugendlager Uckermark fielen bei ungenügender Ernährung, mangelhafter Bekleidung und völlig unzureichender medizinischer Versorgung (u. a. Typhusepidemie im Frühjahr 1945) insgesamt über 92 000 von ihnen zum Opfer. Die SS vermittelte Ravensbrücker Häftlinge an zahlreiche Rüstungskonzerne, zu Schwerstarbeit im Straßenbau, Forst, Gärtnereien, SS- und privaten Kleinbetrieben. Unter der Regie von SS-Konzernen entstand im KZ R. ein Textilbetrieb (»Wirtschaftshof R.«) mit mehreren Teilwerkstätten, der fast 80 Prozent des SS-Kleidungs- und Uniformbedarfs erzeugte. 1943 errichtete das Siemens-Konzern hier 20 Arbeitshallen sowie ein eigenes, SS-bewachtes Nebenlager für die Rüstungsproduktion. Im KZ R. waren u. a. Rosa Thälmann, Käte Niederkirchner (hier ermordet), Olga Benario-Prestes, Tilde Klose inhaftiert, im Zellenbau als »Sonderhäftling« seit Februar 1944 Helmut James Graf v. Moltke,

der Begründer des antifaschistischen »Kreisauer Kreises«. Unter den antifaschistischen Häftlingen entstanden mehrere, international zusammengesetzte Gruppen des Widerstands, die die Lage der Kinder erleichterten, gegen die Vernichtungsaktionen der SS ankämpften und die Rüstungsproduktion sabotierten. Vom 30. April bis 2. Mai 1945 befreite die 2. Belorussische Front der Roten Armee die von der SS auf Evakuierungsmärsche gezwungenen Häftlinge sowie die nach der Bergung durch das Schwedische Rote Kreuz noch im Lager verbliebenen kranken Häftlinge.
✦ *Nationale Mahn- und Gedenkstätte R.* (1956/59 inmitten des ehem. Gesamtlagergeländes errichtet): *Mahnmal am Ufer des Schwedtsees* (Stele von W. Lammert), *Teil der ehem. Lagermauer* (mit Verzeichnis der betroffenen Länder), *Bronzegruppe »Trauernde Frauen«* (W. Lammert), *Opferschale* (wohl von F. Kühn), *Krematorium, ehem. Zellenbau (mit Gedenkräumen der Länder), Erschießungsgang, ehem. Kommandantur (Museum des antifaschistischen Widerstandskampfes), Panzerdenkmal Himmelpforter Landstr.* (für die Befreiung des Lagers), bronzene *»Müttergruppe«* (F. Cremer) am Beginn des ehem. Lagergeländes, Sowjetischer Ehrenfriedhof Bahnhof-/Parkstr.

Gransee (1262)

Mit Sicherheit lag der Raum um G., als 1216/17 Zehdenick (*) in der stiftsbrandenburgischen Urkunde als nordöstlicher Eckpunkt des Archidiakonats Brandenburg aufgeführt wurde, bereits im frühdeutschen, vermutlich markbrandenburgischen Herrschaftsraum. Der regelmäßige, west-östlich ausgerichtete Stadtgrundriß des mit dem Recht der Altstadt Brandenburg ausgestatteten G. weist diese um 1200 beginnende Lokation einem gereiften Stadium hochmittelalterlichen Städtebaus zu (Gitterform mit zwei Parallelstraßen, Platzmarkt, 100 Hufen Stadtflur). G. genoß seit 1262 Zollfreiheit in der Mark. Die 1319 ersterwähnte Ratsverfassung sicherte die gesamte Gerichtsbarkeit dem städtischen Schulzen, der städtherrliche Belehnung suchen mußte, und seinen Schöffen. Eine starke Stadtbefestigung bezeugt die militärstrategische Bedeutung von G.

Mit der Schlacht von G. 1316, die dem »Roten Luch« bei G. den Namen gab und in der ein mecklenburgisch-dänisches Aufgebot ein markbrandenburgisches schlug, endete das Bemühen der Markgrafen, das 1299 als Leibgedinge an Mecklenburg vergebene

Land Stargard (*Fürstenberg) zurückzugewinnen; 1319 fiel das Land G. ohne Zehdenick (*) an die Grafschaft Ruppin und wurde nach dem Aussterben der Arnsteiner 1524 (*Altruppin) brandenburgisch; Bürgerschaftsverordnete seit dem 16. Jh. (seit 1711: sechs); im 18. Jh. vier Jahr- und vier Viehmärkte; Tuchherstellung (seit 1779 Wollmagazin) und Schuhmacherei (1796 etwa 40 Meister)

✦ *Pfarrkirche St. Marien* (2. Hälfte 14. Jh., Türme um 1450, Südkapelle Anfang 16. Jh.); Reste des ehem. *Franziskaner-Klosters* (1. Hälfte 14. Jh.: *östlicher Klausurflügel mit Kreuzgang, Chorwand der Kirche);* ehem. *Spitalkapelle St. Spiritus* (um 1300, *Kreismuseum*); *Stadtbefestigung* (um 1300, mit mehreren *Weichhäusern, Mauerturm, Ruppiner Torturm* vor 1450) sowie *Wartturm* südwestlich der Stadt (15. Jh.); Wohnhausbau vor allem des 18. Jh. mit mittelalterlichem Grundriß (u. a. *Rudolf-Breitscheid-Str. 59*, Mitte 18. Jh.)

Am 25. Juli 1810 übernachtete der Leichenzug mit dem Sarg der Königin Luise v. Preußen auf dem Weg von Hohenzieritz nach Berlin-Charlottenburg in G. (*Luisendenkmal*, neogotisch 1811, Berliner Eisenguß nach Entwurf K. F. Schinkels) – später eine Wallfahrtsstätte des Königin-Luise-Bundes und anderer monarchistischer Organisationen.

Zwischen 1889 und 1901 begann um G. der im Absatz berlinorientierte Plantagenobstbau mit modernen Anbaumethoden auf großen Flächen. 1907 wurde in G. die Brandenburgische Obst- und Traubenzuchtgenossenschaft gegründet, die nach belgischem Muster fünf Häuser für Weintreiberei errichtete, eine Zuchtplantage und mehrere Baumschulen anlegte. 1928 entstanden auf genossenschaftlicher Basis Obstlagerräume und Keltereien, 1930 die Granseer Obstbau GmbH. Im Gegensatz zum älteren, vorwiegend individuell bewirtschafteten Havelobstgebiet (*Werder) konnte bei diesen Traditionen bereits im Frühjahr 1960 der Übergang zu sozialistischen Produktionsverhältnissen vollzogen und die Granseer Obst- und Gartenbau GPG gegründet werden.

Himmelpfort

Von dem Zisterzienserkloster Lehnin (*) aus und nach dessen ordensoffiziellem Namen benannt, wurde das Kloster H. 1299 auf Veranlassung Markgraf Albrechts III. gegründet, der einen Teil der ottonischen Lande (*Chorin) be-

Pulverturm in Gransee

Graf Botho v. Eulenburg-Hertefeld, nach einer Fotografie gestochen von A. Weger (Deutsche Staatsbibliothek Berlin)

herrschte. Bereits die Erstausstattung von H. umfaßt sechs Dörfer, 100 Hufen in drei weiteren Orten, zehn Mühlen u. a. in Neubrandenburg und 39 Seen. Am Ende der Lehniner Verwaltung und bei der Einsetzung eines eigenen Abtes (1320; Einzug des Konvents 1307/09) hatte H. 20 Dörfer, in diesen niedere und hohe Gerichtsbarkeit und u. a. Zollfreiheit in der ganzen Markgrafschaft. Der Bischof v. Brandenburg übertrug H. seine Zehntrechte in den Klosterdörfern. Die schnelle Anfangsentwicklung wurde nach dem Übergang der nahen Lande Stargard und Lychen in mecklenburgische Hand durch Grenzlage behindert und von den Fehden zu Anfang des 15. Jh., die Lychen aber 1440 wieder zur Mark brachten. Vom Wüstungsprozeß wurden nur Alt- und Neuthymen, Rutenberg, Bredereiche und Storkow nicht erfaßt.

1542 säkularisiert und vom verschuldeten Kurfürsten verpfändet (*Heiligengrabe), kam H. im Tausch gegen Zehdenicker Klosterbesitz 1571 an die v. Trott (*Badingen), die hier bis 1727 erblich saßen (*Klosterkirche*, 14. Jh., Westteil Ruine, Ostteil seit 1663 *Dorfkirche; Brauhaus,* 14./15. Jh.).
Nach Parzellierung des Amtsbesitzes (1845) Ansiedlung von Schiffseignern (1891 Schifferinnung)

Liebenberg, Ot. von Neulöwenberg

Das Gut in dem 1267 ersterwähnten L. (*Dorfkirche* 2. Hälfte 13. Jh., Feldstein, 1892 verändert) war seit 1652 im Besitz der v. Hertefeld (*Neuholland), 1867 bis 1945 der v. Eulenburg-Hertefeld, die führende konservative Politiker stellten: Graf Botho, seit 1878 preußischer Innenminister und als solcher mitverantwortlich für das Sozialistengesetz, mußte 1881 als Gegner der Bismarckschen Steuerpolitik zurücktreten und dem willfährigen Robert v. Puttkamer (*Frankfurt) Platz machen, nach Bismarcks Sturz preußischer Ministerpräsident; Fürst Philipp, preußischer Botschafter in Bayern, hatte als Mitglied des »Freundeskreises Wilhelm II.« diesen häufig zu Gast auf Schloß L. Enthüllungen Maximilian Hardens über die Günstlingswirtschaft um den Kaiser u. a. führten 1906 zur »Affäre Eulenburg«; Fürst Friedrich Wend schließlich war in der DNVP einer der Drahtzieher der konservativ-faschistischen »Nationalen Opposition« 1931/32.

✦ *Schloß* (urspr. barock, im 19./20. Jh. völlig verändert), *Inspektorhaus* (1698, später verändert), *Lindenhaus* (Anfang 18. Jh.), *Teehaus* (2. Hälfte 18. Jh.)

Löwenberg
1267/70 ertauschten die Bischöfe v. Brandenburg (*Ziesar) gegen entlegenen neumärkischen Besitz das wohl vor 1250 angelegte oppidum L. und sieben benachbarte Dörfer mit allen Hoheitsrechten von den Markgrafen; diese erlangten zwar um 1300 hier Bede und Herbergsrecht, mußten aber nach päpstlicher Intervention 1304/05 wieder darauf verzichten. 1374 verpfändete der Bischof die Burgen L. und Teschendorf an die v. Redern, behielt Burgbaurecht und (nominelle) Lehnshoheit; 1460 kauften die v. Bredow das Land L. (*Schloß*, um 1700, z. T. mittelalterliche Fundamente; *Dorfkirche*, Feldstein, Ende 13. Jh., verändert 1730, 1832).

Menz
Mit Nennung eines arnsteinischen Vasallen Johann de Mentiz, der vielleicht eine früh anzusetzende Turmhügelburg (*Vehlefanz) gehörte, wurde M. 1290 erst erwähnt; vor 1438 an Kloster Lindow; auffallend großer *Dorfplatz* (200×400 m)

Im 15. Jh. entstanden vor allem nördlich von M. 14 Ortswüstungen auf 67 km², was dem höchsten Wüstungsquotienten der Mark entspricht (*Wiesenburg, *Zechlin, *Prötzel). Von M. aus wurden Feldmarkanteile von sechs der eingegangenen Dörfer bestellt, meist extensiv als Roggenland. Mit dem Polzow-Kanal (1745/50) nahm der im 17. Jh. einsetzende Holzeinschlag stark zu, der Menzer Forst lieferte Brennstoff für Glashütten, Teeröfen und die Rheinsberger (*) Steingutfabrik, flog laut Fontane »durch die Berliner Schornsteine«. Kolonisten siedelten im 18. Jh. vier wüste Orte wieder auf, dabei Altglobsow (Glashütte 1752/79, eine zweite 1779 bis 1900 in Neuglobsow).

Erstes Atomkraftwerk der DDR bei Rheinsberg, 1966

Die Menzer LPG-Gründung (1954; 1960 Zusammenschluß mit der LPG Dollgow) hat der im Schulzenhof bei Dollgow mit seiner Frau, der Lyrikerin Eva Strittmatter, lebende Schriftsteller Erwin Strittmatter, selbst Mitglied der LPG, in dem vielgelesenen und -diskutierten Roman »Ole Bienkopp« (1963) dargestellt.

Neuglobsow
Theodor Fontane (*Neuruppin), der im ehem. Lippartschen Krug (»Fontane-Haus«, 18. Jh.) abgestiegen sein soll und N. in seinen »Wanderungen durch die Mark« beschrieb, wählte das sagenumwobenen *Großen Stechlinsee* mit den Orten seines Umfeldes als Bezugspunkte seines 1898/99 erschienenen Altersromans »Der Stechlin«.

1960/68 wurde zwischen *Großem Stechlinsee* und *Nehmitzsee* auf der Grundlage eines Regierungsabkommens zwischen der DDR und der UdSSR, bei sowjetischer Projektierung, Ausrüstung und Spezialistenausbildung das erste Kernkraftwerk der DDR zur Erzeugung von Elektroenergie und als industrielle Versuchsanlage erbaut (heute: *VEB Kernkraftwerke »Bruno Leuschner« Greifswald-Rheinsberg*). Für den Kühlwasserkreislauf entstand zwischen beiden Seen ein *Kanal* mit *Pumpstation*.

*Der Große Stechlinsee (Erholungsgebiet um N.) gehört heute zu den bestkontrollierten und -erforschten Gewässern der Erde (RGW- und UNESCO-Forschungsprojekt, Station des Forschungsinstituts für Hydrometeorologie Berlin des Meteorologischen Dienstes der DDR (*Potsdam); Forschungsstation für Limnologie der Akademie der Wissenschaften)*

Schönermark
Vor 1536 bestanden in Sch. (1421 ersterwähnt) drei Rittersitze, davon einer in landesherrlicher Hand; 1668 von denen v. Gröben (*) vereinigt und von deren Nachfolgern 1809 an die Bauerngemeinde verkauft (*Schrepkow).

Die Flurkarte von Sch. zeigte Anfang des 19. Jh. den Verfall der hochmittelalterlichen Großgewannflur, die nur noch in Flurnamen, nicht aber in der realen Feldmarkeinteilung faßbar blieb. Im 18. Jh. zwang Bevölkerungszuwachs zur Intensivierung der Dreifelderwirtschaft. Die alten Großgewanne mußten aufgeteilt werden, auch weil die Dorfgenossen zugunsten eines intensiven Ackerbaus nach gerechter Bodenverteilung strebten. Die dann noch kleinteiligere Flurstruktur erhöhte freilich den Flurzwang, der erst mit der Separation entfiel (*Hohenfinow).

Zehdenick (1281)
Der slawenzeitliche Mittelpunkt des westlichen Rečane-Gaues erschien in der stiftsbrandenburgischen Archidiakonatsgrenzbeschreibung von 1216 (Ersterwähnung), dürfte bereits nordöstlicher Burgbezirksmittelpunkt der askanischen Markgrafen gewesen sein. Straßenverläufe von Ruppin, Prenzlau, Berlin und vom Oderraum trafen sich am Havelübergang Z. und begünstigten ein städtisches Wachstum. Das 1249 von den Markgrafen Johann I. und Otto III. gegründete Zisterzienserinnenkloster Z. erhielt 12 Dörfer zugewiesen. Die Gründung stand mit einem Hostienwunder in Verbindung, dem zweitältesten der Mark (*Beelitz). Kietz, Stadt (seit 1299 mit beträchtlichem Waldbesitz, Rat mit nur drei Mitgliedern) und Kloster Z. gaben die Markgrafen im 14. Jh. pfandweise u. a. an Mecklenburg (1366), 1438 bis 1528 als Lehen an die v. Arnim. Burg und Stadt bildeten dann mit vier Dörfern das Amt Z., zu dem nach Säkularisation und Rücktausch aus der Hand der v. Trott 1551 (*Himmelpfort) das Kloster mit sieben weiteren Dörfern kam (1541–1945 evangelisches Damenstift).
✦ *Schloß* (über Burg des 13. Jh. auf Havelhalbinsel nördlich Z., 18./Anfang 19. Jh.); *Klosterruine (Nordmauer, Chorreste der Klosterkirche, 13. Jh., Nord- und Westflügel der Klausur mit Kreuzgang, 14./15. Jh., Speicher, Klostermauer) mit Amtshaus (um 1750); nach Stadtbrand 1801: Rathaus; Pfarrkirche (1805/12, frühgotischer Breitturm einbezogen); Wohnhäuser des 18./19. Jh., u. a. Poststr., Markt, Kirchplatz)*

Bei dem bereits 1438 ersterwähnten Eisenhammerstand schon 1664 ein Hoher Ofen; der frühindustrielle Produktionskomplex (»Munitionsanstalt«) arbeitete im 18. Jh. vorwiegend für den Artilleriebedarf, war wie der Kupferhammer Neustadt-Eberswalde am Guß der ersten preußischen (deutschen) Dampfmaschine von Hettstedt (1785) beteiligt, ging 1817 an Rohstoffmangel ein (erhalten: *zwei Radabweiser,*

18. Jh. *im Gelände des ehem. Eisenwerkes Schleusenstr.).*
1768 in Z. Friderica Henriette Frölich, sozialutopistische Schriftstellerin, geboren

1888 wurden beim Bau der Kleinbahn Löwenberg–Z.–Prenzlau mächtige Tonlager entdeckt, die Rohstoffbasis für die nachmals bedeutendste Konzentration der märkischen Ziegelindustrie. Die Bodenpreise stiegen in wenigen Jahren auf das Zwölffache, 1897 bestanden bereits 23 Betriebe mit 32 Ringöfen (1900) des neueren, damals modernsten, gestreckten Typus (*Glindow) und mit einer Jahreskapazität von etwa 10 Millionen Ziegeln. 1911 produzierten 3 000 Arbeiter (seit 1898 Gewerkschaftsorganisation in Z., 1919 frühe KPD-Ortsgruppen-Gründung) aus nunmehr 63 Ringöfen die Höchstjahresleistung von 700 Millionen Ziegeln vor allem für Berlin (*Ringofen Dammhaststr. als technisches Denkmal*). Den stark saisonbedingten Betrieb in Z. charakterisierten bis nach 1918 der Handstrich und eine Wanderarbeiterschaft aus Schlesien, der Grenzmark und Lippe, ehe hier – schon nach dem Rückgang des Berliner Baumarktes – Streichmaschinen und Eimerkettenbagger für den Tonabbau Einzug hielten. Der Transport ging über den Wasserweg. 1895 saßen allein im Vorort Dammhast 125 Schiffseigner und vier Schiffswerften, die Finowkähne bauten. 1899 passierten knapp 10 000 Schiffseinheiten die Schleuse Z. des *Voßkanals* (1881/82 errichtet). Nach 1933 bestand in Z. nur noch eine Ziegelei. Etwa sieben Prozent der Einwohner wanderten in die Rüstungsstandorte Oranienburg, Grüneberg, Liebenwalde ab.

1947 wieder Produktionsbeginn im *VEB Ziegelwerk Z.*, 1956 Ende des Handstrichs, 1957 200-Millionen-Grenze erreicht; seit 1965 entwickelte sich der *VEB Isolierwerk Z.* (im Kombinat Mikroelektronik) zum wichtigsten Industriebetrieb des Kreises (Wohnsiedlungen der 50er Jahre: *Pawel-Duwanow-Str., Ot. Neuhof,* nach 1960: *Z.-Süd*).

Kreis Neuruppin

Altfriesack
Auf der Halbinsel im *Bütz-See* südlich von A. liegt ein jetzt eingeebneter slawischer Burgwall mit einer Siedlung des 7. bis 12. Jh. In der Nähe wurde 1857 im *Wiesenmoor* eine 1,58 m

Slawische Kultfigur von Altfriesack (Museum für Ur- und Frühgeschichte Berlin)

hohe menschengestaltige slawische Kultfigur aus Eichenholz gefunden (heute: *Museum für Ur- und Frühgeschichte der Staatlichen Museen Berlin, Kopie im Heimatmuseum Neuruppin*). Das Idol läßt eine Kultstätte an diesem durch den Burgwall und weitere Fundstellen belegten Siedlungszentrum der Zamzizi unweit des Stammeshauptortes Alt Ruppin (*) vermuten.

Alt Ruppin (1525)
Auf der Insel *Poggenwerder im Ruppiner See* südwestlich von A. R. lag eine slawische Burg des 10. bis 12. Jh. mit zugehöriger Siedlung auf der nördlichen Halbinsel *Amtswerder*. Bei beherrschender Lage am Schnittpunkt des Wasserweges entlang der vom Rhin durchflossenen Seenkette und günstigem Rhinübergang entwickelte sich der Burg-Siedlungs-Komplex zum politischen und vorstädtischen Zentrum des slawischen Stammes der Zamzizi, unterstrichen durch reiches Fundmaterial an Waffen, Werkzeug, Keramik, Schmuck und Münzen in Burg und Siedlung (Funde: *Märkisches Museum Berlin*, größtenteils Verlust; *Heimatmuseum Neuruppin, Museum für Ur- und Frühgeschichte Potsdam*).

Gans Edler zu Putlitz mit dem Kurschwert als Erzkämmerer und Graf Johann v. Lindow (Arnstein) mit dem Kurhut als Erzschatzmeister des Kurfürsten Albrecht Achilles (Heimatmuseum Neuruppin)

Die Anfänge deutscher Herrschaft im Raum Ruppin liegen im Dunkeln; erst in der 1. Hälfte des 13. Jh. wurde ein Gebhard v. Arnstein als Herr des Gebietes erwähnt. Möglicherweise drangen nach 1150 die Grafen v. Arnstein aus der Goldbecker (*) Gegend in die slawische Siedlungskammer um A. R. ein und begründeten hier einen neuen selbständigen Herrschaftsmittelpunkt. Am Eintritt des Rhins in den Ruppiner See, dicht nördlich der slawischen Siedlung auf der Halbinsel *Amtswerder* wurde die im Grundriß ovale deutsche Feudalburg wohl des 12. Jh. ergraben, die wie in Brandenburg (*) an die slawische Anlage anknüpfte. Die Arnsteiner, die mit den Askaniern verwandt waren und die Eike v. Repkow zu den ersten Dynasten des Schwabengaues zählte, waren lange vor Gebhard im Besitz von Allodialgut und Burgen am Harz, der Vogtei über das Reichsstift Quedlinburg und des Münzrechts. Ihrer gräflichen Rechte im eroberten Slawengau Moraziani (zwischen Burg und Zerbst) wegen wurden sie v. »Lindow« (d. i. Lindau/Anhalt) genannt. Zum Kerngebiet der nachmaligen, bald um das »Land überm See« (*Lindow) vermehrten Herrschaft Ruppin gehörten später 25 bis 30 Dörfer. Die Arnsteiner nutzten die Chance, eine Landesherrschaft »aus wilder Wurzel« zu gründen,

die nicht von Immunitäten durchsetzt war, weit besser, als dies die Edlen Gans zu Putlitz (*) und die v. Plotho (*Wusterhausen) vermochten. Sie festigten ihr Territorium durch Burgen (*Wildberg, *Rheinsberg), zwei Städte (*Neuruppin) und das reich ausgestattete Kloster Lindow (*), unterhielten für ihre Vasallen einen eigenen Lehnshof in A. R. Mit dem Erwerb der Lande Gransee (*) und Wusterhausen (*) 1319/49 aus markbrandenburgischer Hand sowie, allerdings nur pfandweise, der Ländchen Glin (*Kremmen) und Rhinow (*), der Burg Bötzow (*Oranienburg) und der Stadt Rathenow (*) wuchs die Herrschaft Ruppin im 14. Jh. beträchtlich, so daß die Grafen zeitweise tief ins Havelland vordrangen. Mit den Lehnsbedingungen für Gransee und Wusterhausen gelangten sie in der Hohenzollernzeit als vornehmstes Geschlecht in die kurbrandenburgische Landstandschaft. An Regalrechten hatten sie noch in später Zeit das Münzrecht und den Judenschutz (*Neuruppin) inne. Bei Aussterben der ruppinischen Arnsteiner (1524) zählte die Herrschaft 165 Dörfer und Dorfstätten. Zwei ruppinische Landbücher von 1491 und 1525 verzeichneten die Feudallasten der Bauern, zeigten aber auch den Rückgang landesherrlicher gegenüber landadligen Rechten (*Wildberg, *Garz). Das nun kurbrandenburgische Amt blieb bis etwa 1700 unter einem Landhauptmann als Stand, in der Rechtsprechung und steuerfiskalisch gesondert; das Anfang 19. Jh. gebildete Land- und Stadtgericht wurde 1849 nach Neuruppin verlegt.

Kietz und halbstädtische Bauern-Kossäten-Büdner-(seit 1590) und Fischersiedlung (ohne Rat), seit 1525 unter dem Amt; ab 1791 über den Ruppinkanal Berlinverbindung, erst 1798 Markt-, 1809 formelles Stadtrecht (*Pfarrkirche St. Nikolai*, Ostteile vor 1250, Westteile 1593/1603, Turmabschluß, Anbau 1846) 1816 hier Komponist Ferdinand Möhring geboren

Fehrbellin (1294)

Auf inselhaft flächiger Erhöhung im umgebenden Luch 1216 als Burgward Bellin ersterwähnte Burganlage, Mittelpunkt des Ländchens Bellin; Begründer der deutschen Herrschaft unbekannt, die erst Ende 13. Jh. bezeugten Herren v. Bellin (*Radensleben) traten im Umkreis derer v. Ruppin (*Alt Ruppin), v. Werle (*Sadenbeck) und des Stendaler Domkapitels auf; spätestens 1294 besaßen die Markgrafen v. Brandenburg das Ländchen, als sie es an das Bistum Havelberg veräußerten; die dem Bistum unerwünschte askanische Burg gaben die Markgrafen 1305 auf; die civitas wahrscheinlich bald zum kleinen Flecken (1471 oppidum) herabgesunken, die anfängliche Mutterkirche zur Kapelle (seit Anfang 17. Jh. Filialkirche von Feldberg, seit 1928 Ot.); 1419/80 Zollstätte; im 16. Jh. kleine »Neustadt«, seitdem Ortsname »F.« (1402 erstwähnte Fähre); Bürgermeister (ab 1698) zugleich Akziseeinnehmer, 1706 Marktrechte erweitert; bis auf Akzisezaun stets unbefestigte, amtsuntertänige Mediatstadt (*Stadtkirche*, neogotisch nach F. A. Stüler; *Pfarrhaus*, 18. Jh.) Vor allem im Dreißigjährigen Krieg militärisch stark benutzter und umkämpfter Fehrbelliner Paß; 1675 sog. Schlacht von F. (*Hakenberg)

Friedenshorst

1718 wies König Friedrich Wilhelm I. Samuel Hertefeld (*Neuholland) an, inmitten des recht und schlecht als Grünland genutzten Havelluchs eine Kuhmelkerei als Ausgangspunkt einer »Königshorst« (seit 1945 F.) genannten holländischen Wirtschaft anzulegen und die »Urgegend« zu kultivieren. Noch 1714 war – ähnlich wie zuvor im Rhinluch (*Linum) – eine Kommission zur Trockenlegung des Luches an den »Einwänden der Interessenten« gescheitert. Der König hoffte, Hauptnutznießer der Meliorationen zu werden und die dann

bessergestellten Luchranddörfer fiskalisch nutzen zu können. Die Melkerei wurde mit 600 Morgen ausgestattet und verfügte zunächst über die »Arendshorste« (Sandkuppen im Luch, benannt nach einem v. Bredow als Inhaber des Gebietes), deren adlige Besitzanteile aufgekauft wurden. Bei hoher Belastung schritten die Arbeiten rasch voran, wurde der Hauptgraben 1720 bis Hohennauen (westlicher Luchrand) bzw. Brieselang geführt (fortan *Großer Havelkanal*), erreichten die Nebengräben bis 1724 mehr als 70 Meilen Gesamtlänge. Etwa 1 000 Arbeiter und 200 Soldaten waren ständig beschäftigt. Bis 1722 wurden knapp 6 000, bis 1739 rund 16 000 Morgen urbar. 1724 stellte der König K. unter seine persönliche Verwaltung. Bis 1730/36 kamen die Vorwerke bzw. mit holländischen Familien besetzten Kolonien Hertefeld, Kuhhorst, Kienberg, Nordhof, Deutschhof, Lobeofsund und später Mangelshorst hinzu. Der Ackerbau beschränkte sich auf K. (*Dorfkirche*, 1737, 1912 erneuert; *Pfarrhaus*, 18. Jh.; *Dorfkrug* mit laubenartigem Vorbau, 18. Jh.). Ansonsten herrschte Viehwirtschaft mit dem für damalige Verhältnisse sehr hohen Bestand von 1 500 Häuptern Rindvieh vor. Unter dem 1722 engagierten holländischen Meier Heinrich Bröne wurde die Butterproduktion zum Kernstück der Musterwirtschaft K. Die Brönesche Lehranstalt (1737) sollte Landwirte und Nachwuchs mehrerer Ämter in der »holländischen Kunst« unterweisen. Nach zeitweisem Rückgang und Pferdezucht (1752) griff König Friedrich II. die alten Pläne wieder auf und gestaltete 1780 K. zur »Akademie des Buttermachens«. Im 19. Jh. verfiel das Grabensystem (1842 selbstverwaltender Luchgrabenschauverband zur Wiederherstellung). 1866/92 führte ein Großprojekt wieder eine florierende Grünlandwirtschaft herbei. 1958/62 erfolgte die Groß-Melioration des Rhin-Havel-Luchs (*Paulinenaue).

Garz

Wohl schon seit dem 13. Jh. war das 1390 erstwähnte G. Stammsitz derer v. Quast, die hier spätestens seit 1419 zwei, im 17. Jh. vereinigte Rittergüter innehatten und die Doppelvasallität mit markbrandenburgischem Lehnsbesitz im Teltow und Barnim zu erhöhter Selbständigkeit gegen die ruppinischen Lehnsherrn auszunutzen wußten (*Wildberg).

✦ *Wohnturm* (quadratischer Grundriß, Feld- und Backsteinbau, 14. Jh., in der Mark einmaliger Befestigungstyp, Treppenvorbau von

1681); *Gutshaus* (18., Umbau 19. Jh.); *Dorfkirche* (um 1727); *Pfarrhaus* (17./18. Jh.)

Hakenberg

Am 28. Juni 1675 schlug das von Kurfürst Friedrich Wilhelm eilends vom Rhein zurückbeorderte, dort gegen Frankreich operierende kleine kurbrandenburgische Heer die in Mannschaft und Artillerie weit überlegenen schwedischen Truppen. Sie waren einem bei Linum geführten Angriff Friedrichs v. Hessen-Homburg nach H. ausgewichen, wo sie der entscheidende Angriff der Hauptmacht des Kurfürsten und des Feldmarschalls Derfflinger (*Gusow) in das Luch oder zur Flucht über Fehrbellin trieb (*Postament* an der Straße Nauen−Fehrbellin; *Aussichtsturm*, 1875, auf künstlichem Hügel, mit Viktoria-Statue und Büste des Kurfürsten). Der von preußischen Historiographen stets gefeierte Sieg befreite die Mark von schwedischen Truppen, brachte im Frieden von St. Germain (1678) aber nicht den erstrebten Erwerb ganz Pommerns. Heinrich v. Kleist (*Frankfurt) dramatisierte das historische Geschehen im Schauspiel »Prinz Friedrich von Homburg« (1809/11).

Karwe

Das 1482 (1365: Ghesen de Karwe) als Ort ersterwähnte, mit 64 Hufen über dem Durchschnitt im Land Ruppin liegende und damit wohl einer jüngeren Kolonisationsphase angehörende K. (*Dorfkirche* im Kern mittelalterlich, Umbau 17./18. Jh.) hatte zunächst zwei, ab 1609 ein Rittergut, dessen Hufenausstattung bis zum Regulierungsedikt 1816 deutlich unter der der Bauerngemeinde blieb. Als Folge der Agrarreformen überwog dann erstmals das Guts- das Gemeindeland; die Besitzteilungen der Reformen und eine 1818 einsetzende starke Siedlungsbewegung führten zu geringeren Hofgrößen.

Seit 1720 saß die weitverzweigte, ursprünglich altmärkische Familie v. d. Knesebeck auf K.; Karl Friedrich v. d. Knesebeck arbeitete bereits 1803 Gedanken für eine Landwehr aus, wirkte maßgeblich an der dann von Kutusow verfolgten »Rückzugsstrategie« 1812 gegen Napoleon, 1847 preußischer Generalfeldmarschall.

1945 bildete K. einen Schwerpunkt der demokratischen Bodenreform in der Provinz Brandenburg (*Kyritz). Hier wurden knapp 1 300 ha an 123 Familien vergeben. Dadurch stieg der bäuerliche Anteil an der Dorfbevölke-

Friedrich Wilhelm von Brandenburg, der Große Kurfürst, und der Prinz von Hessen-Homburg nach der Schlacht bei Fehrbellin, nach einem Gemälde von K. Kretzschmar gestochen von J.J. Freidhof 1802 (Heimatmuseum Neuruppin)

rung von etwa 20 (1942) auf 58 Prozent, der Landarbeiteranteil sank von 34 auf 19 Prozent. Der Bodenreform-Roman »Tiefe Furchen« von Otto Gotsche (1949) hatte K. zum Handlungsort. Die im August 1952 gegründete LPG K. gehörte zu den frühen Genossenschaften des Ruppiner Landes. Die über 60 Mitglieder (1954) brachten ein gutes Drittel der Feldmark ein.

Kränzlin
Das 1291 ersterwähnte K. besaß im 16./17. Jh. mit fünf eine ungewöhnlich hohe Zahl an Rittersitzen bei Rückgang der Hüfnerstellen von 22 (1491) auf 14 (1624) und der Bauernhufen von 36 (1491) auf 23,5 (1716). Die Konzentration der Ritterhöfe zu Gutswirtschaften (*Wustrau) ließ in K. deren zwei übrig; 1677 kam einer davon in bürgerliche Hand, seit 1815 an die Familie Scherz, zu der Theodor Fontane (*Neuruppin) enge Beziehungen unterhielt, er weilte mehrfach, so 1853 zu einem Genesungsaufenthalt, in K.; der Kränzliner Pfarrer war mit der älteren Schwester Karl Friedrich Schinkels (*Neuruppin) verheiratet, der bis 1820 häufig zu Besuch nach K. kam und 1803 seine italienischen Briefe nach K. adressierte.

✦ Gutshaus (1818/55); Park nach Plänen von P. J. Lenné mit Mausoleum (1820); Dorfkirche (im Kern spätes 13. Jh., neogotischer Backsteinturm, 1895/96 stark verändert)

Krangen
1525 verklagten die Bauern des 1397 ersterwähnten K. den Gutsherrn v. Radensleben, der ihre Viehtrift auf der wüsten Feldmark Rägelsdorf (heute Ot.) durch Bau einer Schäferei schmälerte – ein frühes Beispiel solcher fortdauernden Streitigkeiten, die z. B. mit dem kurfürstlichen Wolledikt (1593/94) im Sinne des Adels reguliert werden sollten (*Britz); Dorfkirche (1837, Schinkel-Schule); Erholungsheim am Zermützelsee (1937, Wohnhausbau von Hans Scharoun, *Falkensee)

Lindow (1373)
Wahrscheinlich gründeten die Grafen v. Arnstein (*Alt Ruppin) 1230/40 in dem wohl bald nach 1220 erworbenen Gebiet zwischen Wuz-

und Gudelacksee das 1334 ersterwähnte Zisterzienser-Nonnenkloster L. Eine Wüste Feldmark gleichen Namens in St. Jürgen (Ot. von Darritz) hat dort einen älteren, bald aufgegebenen Standort im ruppinischen Stammland vermuten lassen. In den Konvent traten Angehörige des Grafenhauses und Adelstöchter ein. Am Ende der arnsteinschen Herrschaft gehörte dem Kloster fast deren gesamter Ostteil mit rund 40 Dörfern, davon um 1500 die Hälfte wüst, Bederechten und Gerichtsbarkeit. Auch in Mecklenburg hatte das Kloster Besitzungen. Der Geldverleih des Klosters weist auf hohe Einnahmen hin. 1541 wurde das säkularisierte Klostergut zum Amt L. zusammengefaßt, das Kloster in ein bis 1945 bestehendes, evangelisches Adels-Damenstift umgewandelt. 16 von 19 Klosterdörfern fielen bei der Säkularisation an Adlige, während sonst in der Mark der Kurfürst Hauptnutznießer war.

✦ Von dem 1638 durch kaiserliche Truppen zerstörten Kloster erhalten: Klausur-Ruine (3. Viertel 13. Jh.), Klosterschule (Ende 15. Jh., Giebel 1. Hälfte 16. Jh.), Fundament- und Sockelreste der Kirche und weiterer Gebäude; zwei Stiftsgebäude (18./19. Jh.); auf dem ehem. Friedhof Grabsteine von Stiftsdamen (18. Jh.)

Das aus einer Fischersiedlung entwickelte Mediatstädtchen der Ruppiner Grafen (*Alt Ruppin) hatte erst seit dem 17. Jh. Bürgermeister und Ratsmannen, seit 1810 formelles Stadtrecht. 1685/90 führte hier die kurbrandenburgische Peuplierungspolitik (*Potsdam) Hugenotten sowie schweizerische und pfälzische Reformierten in das während des Dreißigjährigen Krieges dreimal abgebrannte und stark entvölkerte L., auf die Amtsvorwerke Gühlen und Klosterheide sowie in die Dörfer Braunberg, Storbeck und Zühlen – hier unter Fortdauer der an das aufgeteilte Vorwerk Linow nunmehr in Geldform zu leistenden Dienste, was den hartnäckigen Widerstand der Kolonisten hervorrief. In Braunberg erhielt sich die französische Sprache im Gottesdienst bis 1825. In L. waren ab 1696 die Ratsstellen zur Hälfte von Reformierten zu besetzen. 1748 war L. ein frühes Zentrum des märkischen Kartoffelanbaus (*Hohenfinow), der hier in 19 Dörfern auf kleinen Flächen bei vier- bis fünffachem Ertrag versucht wurde. Nach Tuch- und Raschmacherei entwickelten sich seit dem 19. Jh. mehrere Kalkbrennereien und Ziegeleien (Bahnanschlüsse 1896–1902, um L. Erholungsgebiet).

✦ Pfarrkirche (1751); Rathaus (1809); Wohnhausbau: *Straße des Friedens Nr. 35* (1747), *Nr. 40* (Mitte 18. Jh.), *Nr. 57* (ehem. reformiertes Pfarrhaus, 1803); *Mittelstr. 100* (Pfarrhaus der Stadtkirche, um 1755)

Nach der Märzrevolution 1848 forderte eine Demonstration von 150 Zieglern, Handwerkern und Arbeitern anderer Berufe vor dem *Gudelackwerder* höheren Lohn und die Errichtung der Republik. Der 1872 in L. geborene Tischler August Fischer unterhielt enge Kontakte zu August Bebel, wirkte seit 1909 in L. (55 Sozialdemokraten), bekleidete hier Stadt- und Kreistagsmandate, nahm 1931 an einer Arbeiterdelegation in die UdSSR teil, wurde daraufhin aus der SPD ausgeschlossen, trat zur KPD über, starb 1933 an den Folgen der im SA-KZ Neuruppin(*) erlittenen Mißhandlungen *(Gedenktafel Wohnhaus August-Fischer-Str. 139; Grabstätte Friedhof).*
Das Gut im Ot. *Gühlen* (1290 erstwähntes Kirchdorf, später wüst, Vorwerk, seit 1753 Gut) war letzthin bis 1945 im Besitz Hjalmar Schachts, der nach seinem Rücktritt als Reichsbankpräsident (1930) von hier aus zu den maßgeblichen Förderern des Nazifaschismus gehörte, nach 1933 erneut Reichsbankpräsident und 1934/37 als Reichswirtschaftsminister Initiator des rüstungsfördernden »Neuen Plans« war, nach seinem Sturz im Kontakt zur Goerdeler-Gruppe stand, 1945/46 im Nürnberger Hauptkriegsverbrecherprozeß gegen sowjetischen Einspruch freigesprochen wurde.

Linum
Das 1294 erstwähnte L. *(Dorfkirche,* neogotisch 1868) war 1675 Ausgangspunkt der »Schlacht von Fehrbellin« (*Hakenberg), im Besitz König Friedrichs I. mehrfach dessen Aufenthaltsort (bis 1833 Jagdschloß)

1705 wurde im Auftrag des Königs für das Rhinluch der erste staatliche Flächenmeliorationsplan des mittleren und östlichen Königreiches entworfen, stieß aber wie der spätere Plan für das Havelluch (*Friedenshorst) auf Abweisung durch die meist adligen Anlieger. Das nunmehr allein auf fiskalischer Basis begonnene Werk beschränkte sich auf einen Vorflutgraben vom *Bützsee,* der 800 Morgen Luch um L. trockenlegte. Erst 1770/76 wurde der *Rhin* zwischen Damm und Dreetz kanalisiert, 1793 die 1778 angewiesene Grabenschau erstmals durchgeführt. Inzwischen hatte der Fiskus in Regie einer 1785 gegründeten Rhin-Torfinspektion die Torfgräberei begonnen. Als bäuerliche Hausbrandgewinnung war sie schon längst in allen Luchranddörfern heimisch und fand nun in L. und bei Fehrbellin ihre Zentren. In den Arbeitsmonaten waren an den gegenüber dem Havelluch mächtigeren Lagern bis 4 000 Mann beschäftigt, im Transport nach Berlin bis zu 300 Schiffseigner. Nach 1850 und der Austorfung des Linumer Luchs trat der Fiskus seine auf Regalienrechten fußende Vorherrschaft an Private ab (*Neuruppin).

Netzeband
Das 1232 erstwähnte N. *(Dorfkirche,* 1834) lag am Rande der Landschaft »Lietze« (1233 erstwähnt, 1274 »terra« genannt), die vermutlich an die slawenzeitlichen Siedlungskammern der nachmaligen Ostprignitz und des Landes Ruppin anschloß (auch in N. Wall und spätslawische neben frühdeutschen Funden) und wohl schon im 11. Jh. den Herren v. Werle (*Sadenbeck) gehört zu haben scheint. Trotz askanischer, arnsteinischer und stiftshavelbergischer Ansprüche verblieb N. wie Rossow (*) in der Hand jenes slawischstämmigen Dynastengeschlechts und deren Rechtsnachfolger, der Herzöge v. Mecklenburg. Im 18. Jh. war die mecklenburgische Exklave gesuchter Zufluchtsort von Deserteuren vor allem der Neuruppiner Garnison *(Dorfkirche,* klassizistisch 1834).

Neuruppin (1256)
Die gräflich-arnsteinische (*Alt Ruppin) planmäßige Stadtanlage an einer wichtigen Straße zwischen der Prignitz und dem Havelland wurde vermutlich Anfang des 13. Jh. begonnen, erfolgte wohl in zwei Phasen (Alter und Neuer Markt) und war mit Verleihung Stendaler Stadtrechts 1256 abgeschlossen. Die Urkunde wies im Streit mit dem stadtherrlichen Vogt den Rat vor allem Gewerbe- und Marktpolizei zu und nannte mit Rat- und Kaufhaus, Bäcker-, Woll- und Leineweebergewerken, Weinschank und -handel, Scharren und einem Stadtwald Kennzeichen einer bereits differenzierten städtischen Ökonomie. Sie war Voraussetzung für die Gründung eines Bettelordensklosters, das 1246 Gebhard v. Arnstein stiftete

und in dem sich um den Prior Wichmann v. Arnstein, vormals Prämonstratenserpropst in Magdeburg, erstmals in der Mark Dominikaner ansiedelten.

N. gehörte zu den Städten, in denen das Monopol des Gewandschnitts (*Kyritz) von den Webern durchbrochen werden konnte (*Beeskow). Der Vergleich zwischen Tuchhändlern und -machern (1323), dem um 1315 innerstädtische Unruhen vorausgegangen waren, erlaubte den Gildeeintritt auch für Produzenten. Die schon 1315 in N. bezeugten Juden bekamen 1323 das Recht, für ihren Bedarf zu schlachten, und die Konzession für Brot- und Bierkauf. N. hatte zwei Judenstraßen (eine davon im Verlauf der heutigen *Seestraße)*, eine Synagoge – eine der ältesten der Mark – und Bürgeraufnahmen von Juden (1484/90). 1478 zahlten neun Juden Hauszins. Die Katastrophe von 1510 (*Knoblauch) setzte auch dieser alten und bedeutsamen Judensiedlung ein Ende. 1365 zählte N. etwa 400 Häuser und Budengrundstücke mit rund 2 000 Einwohnern. Die zünftische Bürgeropposition war seit 1382 am Rat beteiligt (ab 1430 drei rotierende Ratskollegien).

✦ Reste der mittelalterlichen *Stadtmauer; Klosterkirche St. Trinitatis* (Chor vor 1250, Langhaus Ende 13. Jh., 1836/41 nach Angaben Schinkels rest., Türme 1904/07); *Hospitalkapelle St. Georg (Str. des Friedens 8),* 1. Hälfte 14. Jh.; *Hospitalkapelle St. Lazarus (Siechenhauskapelle Siechenstr. 4),* 1491

Bei der Visitation 1541 wurde der Stadtgeistliche, ein reiner Pfründner, durch den bisherigen Schulrektor ersetzt, die Bezüge vor allem aus dem Kaland, der noch 1538 in N. stark genug war, die Einsetzung eines reformatorischen Geistlichen zu vereiteln, flossen mit anderen Altarstiftungen dem »Gemeinen Kasten« als einer städtischen Sozialkasse bzw. dem Domstift Berlin und einer Stipendienkasse zu; das Patronat der Stadtkirche nahm der Kurfürst an sich.

N. gehörte zu den größten mittelmärkischen Städten (1573: 626 Häuser) und wichtigsten Brauorten der Mark (*Bernau). Schon 1524 begannen Klagen der Brauerschaft über die Konkurrenz des Gutsbieres (*Beeskow). Doch die Mengen des allein 1595/98 an den Berliner Hof gelieferten Bieres belegen den Umfang der hiesigen »Export«-Brauerei, die nach 1602 noch anstieg. 1740 hatten 67 Bürger das Braurecht (1756: 91), davon 29 am Fernabsatz beteiligte, mit jährlichen Mengen von 300 bis 2 300 Tonnen.

Steigende Steuer- und Dienstbelastung der

Karl Friedrich Schinkel, Bleistiftzeichnung von C. Chr. Vogel v. Vogelstein (Kupferstichkabinett Dresden)

Mediatstadt (seit 1524; *Alt Ruppin) sowie das Verbot der Bursprake (*Pritzwalk) spitzten in N. erneut Spannungen zwischen Rat und Bürgeropposition zu, die 1594 in einem Aufstand gipfelten. Der Rat hatte eine Verkaufsordnung, die seine Einkünfte erhöhte, sowie neue Zunft- und Bürgeraufnahmebedingungen erlassen. Nach der Erhebung mußte er sie z. T. zurücknehmen und einen 24er-Ausschuß als Kontrollorgan zugestehen, dessen Mitglieder er aber zur Hälfte selbst ernannte. Weiterreichende Forderungen nach Einblick in die Steuerkasse, nach einem ständigen Richter sowie nach erneuter Trennung der 1579 zusammengelegten Rats- und Schöffenkollegien, Wiederzulassung der Bursprake und Ausdehnung des Kreises der Ratsbefugten durch Wahl von sechs im Amt nach Rotationsprinzip aufeinanderfolgenden Bürgermeistern schürten die Auseinandersetzungen nach 1600 erneut, in die Kurfürst und Landeshauptmann schließlich die Opposition per Mandat und Androhung von Hochverratsverfahren zur Ruhe zwangen. Schon 1624 forderte eine Klage in

64 Punkten die Ratsfähigkeit auch »schlichter« Bürgersöhne.

N. 1642 zu zwei Dritteln wüst
Die von Kurfürst Friedrich Wilhelm 1667 in N. unternommene Einführung der Akzise fand den dramatischen Protest des Rates; 1679 kurfürstliche Einsetzung eines neuen Rates; mit Ratsreglement von 1711 lebenslange Amtsführung in Aussicht genommen bei zunehmender Besetzung der Ratsstellen durch Berufsbeamte (Reglement von 1740)

Die über Hamburg in die nordischen Länder liefernde, bereits durch die Konkurrenz des Dorfhandwerks sowie den kaufmännischen Wollkauf und -export behinderte Tuchmacherei von N. profitierte vom 1673 ausgesprochenen, 1713 bestätigten Privileg, wie die Berliner Tuchmacher den Gewandschnitt auszuüben. Wenngleich von den auswärtigen Märkten nur der mecklenburgische behauptet werden konnte, sicherte der steigende Armeebedarf dauerhaften Absatz. 1740 erreichte N. mit 153 die bisher höchste Zahl an Meistern, erhielt 1749 einen Fabriken-Inspektor bestimmt und wurde Sitz der Gildenlade der regional organisierten Tuchscherer.

1688 wurde N. unter Bürgerprotest eine der ältesten märkischen Garnisonstädte und hatte bis 1717 Quartiere für ein Regiment zu stellen, was 3 500 Einwohnern 1 500 Soldaten gegenüberstellte. Seit Einführung des Kantonsystems (1753) kamen diese aus der näheren Umgebung. 1732/40 war Kronprinz Friedrich nach Entlassung aus der Küstriner Haft Kommandeur in N., lebte hier bis zu seiner Übersiedlung nach Rheinsberg (*) 1736.
✦ Im *Tempelgarten* (1732/36 angelegt) *Apollotempel* (1735 von G. W. v. Knobelsdorff, frühestes Bauwerk des Architekten); Kasernenstuben für je acht Soldatenfamilien (1740, Kreuzung *Berg-/E.-Mühsam-Str.*); *Zollmauer* gegen Desertion und Akzisebetrug (1788, erhaltene *Reste* an der *Klosterkirche*)

1781 wurde in N. Karl Friedrich Schinkel geboren (*Gedenktafel Fischbänkenstraße 8, Denkmal F.-Engels-Str.*), und verlebte hier Kindheit und Jugend unter dem prägenden Eindruck des auf die Brandkatastrophe von 1787 folgenden Stadtneubaus; mit N. blieb der führende Architekt des preußischen Klassizismus (*Potsdam, ab 1838 Oberlandesbaudirektor, vielfältig verbunden (*Kränzlin); u. a. arbeitete eine hiesige Tischlerfirma lebenslang nach seinen Möbelentwürfen, die laut Fontane »das ganze gebildete Brandenburg« belieferte.

Nach dem Flächenstadtbrand von 1787 erfolgte 1788/96 der königlich geförderte Wiederaufbau der Stadt nach Plänen von Bernhard

Matthias Brasch unter Oberaufsicht des Berliner Baudepartements auf einheitlich konzipiertem Grundriß mit breiter Hauptstraße, rechtwinklig schneidenden Querstraßen und drei großen, quadratischen Plätzen, davon der mittlere – aufklärerischen Gedanken folgend – nicht mehr mit der Kirche, sondern dem Gymnasium als Zentrum, der zweite mit der Pfarrkirche, der dritte als Exerzierplatz der Garnison. Neben Potsdam (*) wurde N. so zum bedeutendsten Beispiel spätbarock-frühklassizistischer Stadtbaukunst in der Mark.
✦ *Ehem. Gymnasium* (1790); *Pfarrkirche St. Marien* (1801/04); Wohnhausbau, vor allem: *Am Gericht 1–3, August-Bebel-Str.* (davon *Nr. 14/15 Heimatmuseum), R.-Breitscheid-Str., F.-Ebert-Str. 8, F.-Engels-Str., Karl-Marx-Str. 33 und 54, Platz der OdF 13, W.-Pieck-Str. 5 und 60, Schifferstr. 2 und 5a, Schinkelstr. 9–12, Siechenstr. 21, Virchowstr. 17 und 23.* An älterer Bebauung erhalten: »*Uphus*« *(Siechenstr. 4,* zum Hospital gehörig, um 1700), *Gerberschuppen Siechenstr.* (18. Jh.), *Fischbänkenstr. 8* (ehem. Predigerwitwenhaus, 1736)

Um 1810 begann der Buchdrucker Johann Bernhard Kühn in N. mit der Herstellung von Bilderbogen. Sein Sohn Gustav Kühn (Seit 1815 Teilhaber) wandte die 1796 erfundene Lithographie an, die eine Massenproduktion populärer, als Informations- und Unterhaltungsmittel vor allem kleinstädtisch-ländlicher Bevölkerungsschichten begehrter Bilderbogen ermöglichte. Zur Firma gehörten bald u. a. mehrere Buch- und Steindruckereien mit Schnellpreßtechnik, Zeichen- und Kolorierwerkstätten. In den umliegenden Orten entstanden zuliefernde Kolorierwerkstätten, die in Billigarbeit auch Kinder beschäftigten. 1831/35 bzw. 1855 kamen die Konkurrenzunternehmen Oehmigke & Riemenschneider und F. W. Bergemann hinzu. Die Bogen wurden bald in der ganzen Mark, in anderen deutschen Gebieten und im Ausland vertrieben. N. nahm im Rahmen der Weltproduktion solcher Bögen schließlich den ersten Platz ein. Die Konjunktur überdauerte zunächst auch das Aufkommen neuer Informations- und Unterhaltungsmittel; erst um 1935 wurde die Produktion eingestellt.

1816/17 Gründung zweier Tuchfabriken mit Pferdegöpelantrieb; in einer 1835 Dampfmaschineneinsatz; einem frühen Bahnanschluß 1846 opponierte der Landrat v. Zieten (*Wustrau) erfolgreich mit Verweis auf die drohende »Proletarisierung« (Bahnanschlüsse erst zum Jahrhundertende).

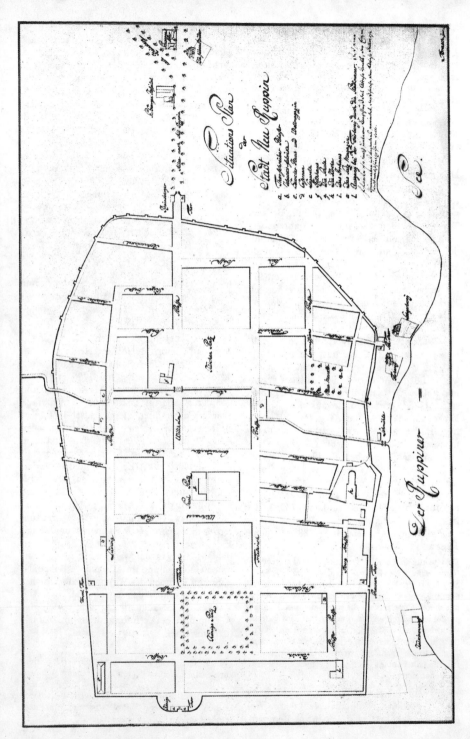

Plan der Neuanlage Neuruppins nach dem Stadtbrand von 1787 (Deutsche Staatsbibliothek Berlin)

1819 wurde Theodor Fontane in N. geboren, wo er bis 1833 aufwuchs; bei seiner poetischen Entdeckung der märkischen Landschaft (»Wanderungen durch die Mark«) und Geschichte (*Letschin, *Neuglobsow, *Falkenberg, *Rüdersdorf, *Schiffmühle) und in seinen Romanen behielt der Erzähler stets enge Bindungen zum Ruppiner Land, für das er Material zu einem dichterisch nutzbaren historischen Ortslexikon sammelte (*Geburtshaus »Löwenapotheke« Karl-Marx-Str. 84, Denkmal Karl-Marx-Str./Ecke Franz-Künstler-Str.*).

1842 wurde Johannes Kaempff in N. geboren, in Berlin als Präsident des Deutschen Handelstages (1905/18), Direktoriumsmitglied des Hansa-Bundes (seit 1909) und Reichstagspräsident (seit 1912) prominenter Politiker der Fortschrittlichen Volkspartei und Exponent linksliberaler Politik im späten Kaiserreich.

In N., wo sich 1847 ein Handwerker- und 1848 ein Arbeiterverein – beide ökonomistisch ausgerichtet – bildeten, vertrat das »Ruppinische Volksblatt« in der 48er Revolution einen konsequent-demokratischen Standpunkt. N. entsandte zwei demokratische Kandidaten in die Berliner Nationalversammlung und war die einzige Stadt des Regierungsbezirkes Potsdam, die den Steuerverweigerungsbeschluß des Parlaments wirklich durchführte. Das 1820 nach N. verlegte Regiment Nr. 24 nahm im Mai 1849 an der Niederschlagung der Aufstände in Dresden, der Pfalz und Badens teil.

Theodor Fontane, Zeichnung von M. Liebermann 1896 (Theodor-Fontane-Archiv Potsdam)

Neuruppiner Bilderbogen: Attentat auf König Friedrich Wilhelm IV. (Bezirksmuseum Potsdam)

1855 Gründung eines »Historischen Vereins« – des ersten Regionalvereins der Mark – u. a. durch A. F. v. Quast (*Radensleben), seit 1881 »Historischer Verein für die Grafschaft Ruppin«; 1865 Gründung des »Zieten-Museums« aus Beständen des Ruppiner Landrates F. v. Zieten (*Wustrau) als ältestes märkisches Kommunalmuseum

1856 übernahm Alexander Gentz das Geschäft seines vom Tuchmachergesellen zum »Torflord« aufgestiegenen, volkstümlichen, 1848 sich zur kleinbürgerlichen Demokratie bekennenden Vaters J. C. Gentz. Dessen Reichtum gründete sich auf die Torfkompagnie (1840), die vor allem bei Wustrau grub und um 1850 an 1 000 Torfkähne nach Berlin schickte. Der dort rasch steigende Hausbrandbedarf bei hohem Holzpreis ließ die ehemals fiskalische (*Linum), nun private Torf- zur »Goldgräberei« werden. Der Kampf um Torfwiesen und Kanaldurchstichrechte nahm z. T. Züge des Fehdewesens an. So mußte Gentz 1857 einen konkurrierenden Teilhaber auskaufen. Mit Bau des *Fehrbelliner Kanals* sicherte sich Gentz den Anschluß an den Ruppiner Kanal und die Einnahmen an Schleusen- und Kanalgebühren. Nach Kauf der Feldberger Torfwiesen (1867) beschäftigte Gentz saisonweise 1 000 Arbeiter und etwa 50 Beamte. Der »neureiche« Mäzen gestaltete den 1853 erworbenen *Tempelgarten* mit sächsischen Barockplastiken und maurischer Architektur zu einer »Musterkarte widerspruchsvollster Dinge« (Fontane) und

Heimatmuseum Neuruppin

legte ab 1858 *Gentzrode* als Mustergut mit öffentlichem Park an, bis die Konkurrenz der Kohle, die Kreditverschuldung und der Ausfall der Torfeinnahmen den »Torfkönig« 1880 zum Konkurs und ins Schuldgefängnis brachten.

1860 wurde N. Landratssitz des Kreises Ruppin, der vordem an das Gut des jeweiligen Inhabers, aber immer an den ruppinischen Adel gebunden war. Konservatives Junkertum und Offizierskorps bestimmten das politische Klima des großen, überwiegend agrarischen Kreises und bemühten 1869 bei der »drohenden« Wahl eines zwar »standesgemäßen«, aber nationalliberalen Kandidaten sogar den königlichen Einspruch, wobei sie selbst Bismarcks taktisches Votum umgingen. Außer 1907/14 und 1921/33 stellte der Adel bis 1945 immer den Ruppiner Landrat.

Trotz weiterer Tuchfabriken (1861/69) und Militärtuchfabrikation nach 1807 Rückgang und zeitweises Ausweichen in textile Spezialfertigung (Zuckertuch, Treibriemen), die seit 1885 ebenfalls zurückging (1928 Schließung der letzten Treibriemenfabrik); seit 1868 wurde N. Standort der Verarbeitungsindustrie für Agrarprodukte (vor allem Kartoffelstärkefabriken), seit 1905 mit der Minimax AG der wohl größten deutschen Feuerlöschgerätefabrik (heute: *VEB Feuerlöschgerätewerk*)

Organisierte Arbeiterbewegung in N. seit 1886 (Arbeiterfachverein) und 1892 (Wahlverein); während der Novemberrevolution Soldaten- (9. 11.) bzw. Arbeiter- und Soldatenrat (13. 11.) für den Kreis Ruppin unter dem stellv. Vorsitz Ernst Torglers (1929/33

KPD-Reichstagsfraktions-Vorsitzender, 1933 Mitangeklagter im »Reichstagsbrandprozeß«), der sich aber auf die Kontrolle der weiterbestehenden Stadt- und Kreisverwaltung beschränkte; am 13. März 1920 vor dem *Postamt* Zusammenstoß streikender Arbeiter mit einer Einheit des zu den Putschisten übergetretenen Reichswehrregimentes N. (*Karl-Kurzbach-Platz*); im August 1920 Gründung einer kleinen KPD-Ortsgruppe (*Gedenktafel August-Bebel-Str. 49*)

1920 erwarb der Berliner Zimmer- und Maurermeister Georg Heyer am Ostufer des *Ruppiner Sees* das Gelände einer ehem. Hartziegelfabrik und errichtete zusammen mit dem Deutschen Verein Freiland Oranienburg(*)-Eden ein Sägewerk und eine Kunsthandwerkersiedlung, die 1921 als »Gildenhall Freiland-Siedlung« (heute *Ot. Gildenhall*) gegründet, aber schon 1929 ein Opfer der Krise wurde (heute: *VEB Neuruppiner Möbelwerkstätten, VEB Kunstschmiede*). In G. ließ sich eine stattliche Reihe von Künstlern und Kunsthandwerkern nieder, unter ihnen zeitweise die Bauhaus-Architekten Otto Bartning und Adolf Meyer. Sie schlossen sich zur »Handwerkschaft Gildenhall GmbH« zusammen und gründeten für den Absatz die »Haus- und Hausrat Gildenhall GmbH« mit Berliner Verkaufsstellen. Von den Neuruppiner Behörden, Honoratioren und Handwerkern wurde G. als Konkurrenz und Zentrum der »Roten« angegriffen. In Verbindung zu Gildenhall stand der Lyriker Erich Arendt, 1903 in N. geboren.

1933 in ehem. Brauerei eines der frühen SA-Konzentrationslager; am 21./22. Juni 1933 wurden in einer Großaktion über 80 KPD- und SPD-Funktionäre hierher verschleppt (*Mahnmal* am *Platz der Opfer des Faschismus*); Anfang Mai 1934 aufgelöst.

Im Frühsommer 1945 gründeten ortsansässige Kommunisten und Überlebende des Sachsenhausener Todesmarsches (*Wittstock, *Gedenktafeln Kreuzung Wittstocker Allee/Str. der Thälmann-Pioniere, Gerhart-Hauptmann-Str., Gedenkstätte Neuer Friedhof*) die KPD-Ortsgruppe (Parteibüro *Karl-Marx-Str. 34*), Kern der Kreisorganisation, die im September/Oktober 1945 gemeinsame Aktionsausschüsse mit den SPD-Organisationen des Kreises bildete. Am 23. Februar 1946 vereinigten sich beide Kreisorganisationen in Anwesenheit der Bezirksvorsitzenden beider Parteien als erste der Provinz zur SED (*Gedenktafel* ehem. *Landesbühne, Platz der Opfer des Faschismus*).

Seit 1947 Entwicklung des heutigen Großbetriebes *VEB Elektrophysikalische Werke* in neuem Industriege-

Preußischer Landeskonservator Ferdinand v. Quast, Gemälde von Kugel um 1860 (Heimatmuseum Neuruppin)

lände bei ausgedehntem Neubauwohngebiet *N.-Süd*; Erholungsgebiet Ruppiner Schweiz

Prebelow, Ot. von Kleinzerlang

Im August 1929 schlossen sich in P. die seit 1920 zunächst als »Kommunistische Studentenfraktionen« entstandenen Roten Studentengruppen zum Reichsverband Freisozialistischer Studenten zusammen, der die Zeitschrift »Der Rote Student« herausgab und 1930 etwa 20 Hochschulgruppen mit der Berliner als Kern, insgesamt aber nur eine Minderheit der vor allem rechtsgerichteten Studenten umfaßte. Ludwig Renn hielt das Gründungsreferat. Die angestrebte antifaschistische Zusammenarbeit mit den bürgerlich-republikanischen und sozialdemokratischen Studentengruppen, die nach dem preußischen Studentenrechtskonflikt 1928 aus der Deutschen Studentenschaft ausgeschieden waren und den Deutschen Studentenverband gegründet hatten, gelang nicht. 1933 wurden die kommunistischen Studentengruppen als erste verfolgt und aufgelöst.

Radensleben

Das Gut in R. gehörte 1667 bis 1945 denen v. Quast (*Garz), die 1608 bezeugten drei Rittersitze vereinigten; 1800 noch immer mehr Bauern- als Ritterhufen; Alexander Ferdinand v. Quast, ein Schüler Schinkels, war ab 1843 preußischer Landeskonservator und Pionier der Denkmalspflege (1877 in R. verstorben; *Dorfkirche*, im Kern 13. Jh., von ihm 1865/70 umfassend rest.; sein *Grab auf dem Campo Santo* vor dem Chor, 1854).

Das 7 000-ha-Gut derer v. Quast erhielt 1932 im Rah-

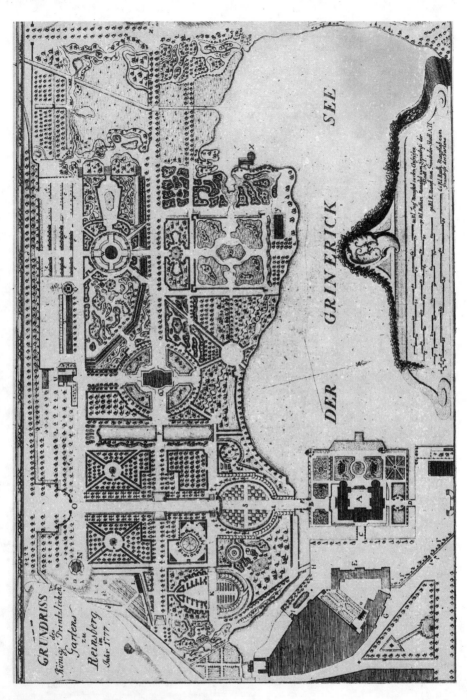

Plan von Schloß und Garten Rheinsberg 1777 (Deutsche Staatsbibliothek Berlin) und heutige Ansicht

men der sog. Osthilfe ein 260 000-M-Entschuldungs-
darlehen, obwohl die Schulden nicht aus der Be-
triebsführung, sondern privater Mißwirtschaft erwachsen waren – einer der spektakulärsten, vom
Reichsrechnungshof aufgedeckten »Osthilfe«-Skan-
dalfälle.

Rheinsberg (1335)

Wohl im Zeichen frühdeutscher Siedlungsbewegung, in deren Verlauf sich hier vielleicht
Bauern vom Niederrhein niederließen, wurde
der »Remus-Borchwall« (so 1717 genannt,
schon im 17. Jh. Fundort vorgeschichtlichen
und spätslawischen Materials) von der Insel
auf die Ostseite des *Grienerick-Sees* verlegt. Ein
1291 erstbezeugtes arnsteinisches (* Alt Ruppin) Vasallengeschlecht nannte sich nach R.
Das 1418 »Land« genannte Gebiet wurde gegen die werlisch-mecklenburgischen Ansprüche von den Arnsteinern durch die Stadtanlage zusätzlich befestigt, die unter denen
v. Bredow, die das Gebiet 1456 bis 1618 in Besitz hatten, im 16. Jh. Bürgermeister und Rat,
1599 Marktrechte erhielt (*Pfarrkirche St. Laurentius*, im Kern frühgotisch, Umbau 1568);
über das Schulzengericht bestimmte das
Schloß.
1733 kaufte König Friedrich Wilhelm I.
Schloß, Stadt und Gebiet für Kronprinz Friedrich, der 1736 von Neuruppin (*) hierher um-
siedelte, sich einen geistig anspruchsvollen
Freundeskreis schuf, namentlich Wolff und
Voltaire las und 1739 seine aufgeklärt-staats-
theoretische Erstlingsschrift »Anti-Machia-
vell« entwarf. Nach seinem Regierungsantritt
(1740) erreichte ihn in R. die Nachricht vom
Tod Kaiser Karls VI., worauf hier die Sofort-
entscheidung für den Beginn des Schlesischen
Krieges fiel. R. kam an Prinz Heinrich, der
hier, mit seinem Bruder öfter zerstritten, einen
Hofhalt bis 1802 hatte.
✦ *Schloß* (im Kern 1566, Umbau seit 1734 unter J. G. Kemmeter und 1737/40 G. W. v. Knobelsdorff bei Mitwirkung u. a. von A. Pesne,
1762/69 und 1786 Umbau, C. G. Langhans);
Marstall (Knobelsdorff, 1764 umgestaltet); *Ka-
valiershaus* (1738 Knobelsdorff, 1744 Umbau);
Schloßpark (1734/44) mit *Hauptallee und Portal*
(1741); *Terrassenanlage* am jenseitigen Seeufer
(um 1740 begonnen) mit *Obelisk* (1790) zur Erinnerung an den Siebenjährigen Krieg; *Grabpy-
ramide für Prinz Heinrich* (1802); *Gartentheater*
(2. Hälfte 18. Jh.); *Urne für Prinz August Wilhelm* (2. Hälfte 18 Jh.); mehrere *Grotten*
(2. Hälfte. 18. Jh.)
Nach Stadtbrand 1740 Neubebauung unter
G. W. v. Knobelsdorff auf nun regelmäßigem
Grundriß, vor allem bemerkenswerte Eckbe-
bauung (*Am Markt* und *Am Triangelplatz*, hier

Obelisk/Postmeilenstein, Ende 18. Jh.); Häuserzeilen *Lange Str.*; Einzelhäuser u. a. *Kirchstr. 1, Seestr. 9/10, 22, Str. der Jugend 1/3, 5)*

1771 übernahm der Berliner Fayencefabrikant C. F. Lüdicke die 1762 gegründete Fayencemanufaktur R., stellte sie bei günstigen Standortfaktoren zunehmend auf Steingut um, wonach sie neben einer Magdeburger Steingutmanufaktur an erster Stelle in Preußen stand, aber an Zoll- und Akziselasten sowie unter dem staatlichen Beaufsichtigungswesen litt; 1816 Steingutfabrik Carstens (*Rhinstr.*, heute: *VEB Steingutfabrik R.*)

1910 Sommeraufenthalt des Dichters und Publizisten Kurt Tucholsky (1912 Roman »Rheinsberg. Ein Bilderbuch für Verliebte«, *Gedenkstätte*) Nach 1918 offenbar politischer Gegensatz zwischen Stadt (16. November 1918 Arbeiter- und Soldatenrat, bei Kommunalwahlen 1919 SPD/USPD-Mehrheit, 1920 KPD-Ortsgruppe mit Parteilokal *Gaststätte »Brandenburger Hof«, Mühlenstr.*) und Schloß (1922/23 Wohnsitz des Hohenzollern-Prinzen August Wilhelm, *Potsdam); auflebender Fridericus-Kult, Wallfahrtsstätte monarchistischer und anderer reaktionärer Verbände, gegen die sich u. a. die Reichsbanner- und Rotfrontkämpfer-Bund-Treffen vom April/Juni 1925 in R. richteten. Die Fürstenenteignungskampagne 1926 zielte in R. vor allem auf den hiesigen Hohenzollernbesitz (seit 1843 Hausfideikommiß). Nach dem Scheitern des Volksentscheids blieb er beim Vergleich zwischen dem Land Preußen und dem ehem. Königshaus (*Potsdam) den Hohenzollern (1945 enteignet).

Bei den faschistischen Vertrauensrätewahlen im April 1935 hatte der NSDAP-Ortsgruppenleiter in der Steingutfabrik Carstens »fast drei Viertel des eigenen Betriebes gegen sich«, wie der Bürgermeister dem Landrat berichtete. Die Faschisten hielten solche Ergebnisse geheim, setzten die Wahlen künftig aus. Die Januar 1934 durch Gesetz eingeführten Vertrauensstatt Betriebsräte wurden durch staatliche »Treuhänder der Arbeit« ernannt.

Arbeiterwohnsiedlung des Kernkraftwerks R. an der Menzer Chaussee (ab 1952)

Walsleben

Wie meist im Kreis Ruppin war auch in W. (*Dorfkirche*, 1586) im 18. Jh. das schlechtere lassitische Besitzrecht der Bauern in Geltung, das einem Pachtverhältnis zum Grundherrn ähnlich sah. So wurde 1738 der Erbanspruch eines Laßbauern zurückgewiesen, weil die Hofvergabe herrschaftliches Recht sei. Doch auch bei Laßrecht überwog – wie in W. und im Ot. *Paalzow* 1727/46 belegt – der Brauch, der kontinuierlicher Einnahmen wegen die Nachkommen auf dem Hof zu belassen. Das

Laßrecht wirkte sich bei den Agrarreformen aus, da selbst die »Hofwehr« (Haus- und Akkergerät, Vieh) vom Bauern erst käuflich erworben werden mußte. Ein Zweihüfner in W. zahlte dafür 60 Taler. 1860 lagen reichlich zwei Drittel der Dorfflur beim Gut (1624: 34 Bauern- gegen 13 Ritterhufen).

Wildberg

Nördlich von W. liegt in der Temnitzniederung ein im Kern altslawischer, nach der deutschen Eroberung im 12. Jh. als Feudalsitz ausgebauter Burgwall mit 50 bis 70 m Durchmesser und 6 m Höhe über dem Wiesengelände (Funde: *Heimatmuseum Neuruppin*). Südöstlich vor dem Wall lag eine durch einen Graben geschützte Vorburgsiedlung des 7. bis 10. Jh., deren Hausbau – reihenartig angeordnete Hausgruben – und keramisches Fundmaterial in der älteren Phase Beziehungen zu Ostmecklenburg erkennen läßt. Durch hohen Grundwasserstand haben sich u. a. Baustrukturen und Holzgegenstände (darunter Hacke, Futtertrog) erhalten (Funde: *Museum für Ur- und Frühgeschichte Potsdam*). Die frühdeutsche Burganlage wird wahrscheinlich von den Arnsteinern (*Alt Ruppin) ausgegangen sein, da der 1315 erwähnte Ritter Bedeke v. W. arnsteinischer Vasall war. Die Burg und städtische Siedlung W. (1445 »oppidum«, 1525 Bürgermeister und Ratsmannen neben herrschaftlichem Erbrichter, 1638 völlig eingeäschert, 1703 Wiederverleihung städtischer Rechte verweigert (*Dorfkirche*, Ostteile 1. Hälfte 13. Jh., Westteil mit Turm 15. Jh.), sicherten die Herrschaft Ruppin bis zum Erwerb des Landes Wusterhausen (*) nach Westen.

Mit Abgang Arnsteiner Herrschaftsrechte enstanden in W. bis 1532 drei Rittersitze, davon zwei derer v. Zieten (*Wustrau).

Seit dem 11. April 1922 streikten in W. und den meisten südwestlichen Dörfern des Kreises Ruppin über 2 100 Landarbeiter gegen die seit der Novemberrevolution im Ruppiner »Wirtschaftsverband« zusammengeschlossenen Großgrundbesitzer für inflationssichere Löhne und gegen Angriffe auf das erst 1919 eingeführte Tarifrecht. Der »Wirtschaftsverband« hatte im März 1922 verlangt, den »gelben« Brandenburgischen Landarbeiterverband zu Tarifverhandlungen zuzulassen und, als der sozialdemokratisch geführte Deutsche Landarbeiterverband (DLV) ablehnte, mit den »Gelben« demonstrativ einen lohnverschlechtern-

Husarengeneral Hans-Joachim v. Zieten

den Tarifvertrag abgeschlossen. Nach scheiternden Schlichtungsverhandlungen rief der DLV zum Streik auf, der deutlich politische Züge annahm und von der Berliner KPD-Bezirksleitung u. a. durch Entsendung Fritz Hekkerts in das Streikgebiet unterstützt wurde. Der Schiedsspruch der Rathenower Schlichtungsstelle (19. April) berücksichtigte zwar einige der materiellen DLV-Forderungen, erkannte aber die »Gelben« als tariffähig an. Erst nach Intervention des Reichsarbeiterministeriums, das diese Bestimmung wieder aufhob, erkannte die DLV-Kreiskonferenz am 22. April den materiellen Teil des Schiedsspruchs an und brach den Streik am 24. April ab, zumal auch die Streikfront abzubröckeln begann (*Denkmal am Marktplatz*).

Wustrau

Nach dem Ruppinischen Landbuch (1491) waren in dem 1288 ersterwähnten W. je die Hälfte der 48 Hufen Bauern- und Pfarr- bzw. Ritterhufen, letztere bei drei Höfen. Die beiden offenbar älteren Besitzer (v. Zieten, Lohe) teilten Patronat, Gericht und Fischereirechte auf dem Rhin, die wohl jüngst ansässige Familie v. Gühlen hatte nur über einen Bauern grundherrliche Rechte. Hinzu kam Neuruppiner bürgerlicher Lehnsbesitz. W. belegt damit sehr deutlich den feudalen Streubesitz um

1500, der mit verwickelten und verstreuten Einkünften, Rechten und Lehnspflichten verbunden war.

Die hohe Solidarschuld der Städte Brandenburg, Neuruppin, Berlin und Cölln 1563 bei den v. Zieten in W. zeigte diese noch im Aufschwung der Agrarkonjunktur; die nächste Grundherrengeneration war bereits bei einem Neuruppiner Gewandschneider und kleineren Darleihern verschuldet; weitere Geldaufnahmen und der verwüstende Einfall kaiserlicher Truppen in W. führten 1626 zum Konkurs; vor 1689 wohnte der Wustrauer v. Zieten in einem Kossätenhaus.

1720 erbte Hans-Joachim v. Zieten das von seinem gleichnamigen Vater wieder hochgewirtschaftete Gut. Er begründete die leichte preußische Kavallerie der Husaren und deren der Lineartaktik geradezu widersprechende operative Offensivtaktik, mit der er als »Zieten aus dem Busch« u. a. die Schlachten von Prag (1744/57) und Torgau (1760) mitentschied. Beträchtliche Pensionen und Douceurgelder Friedrichs II. setzten den Husarengeneral, der 1763 die Gutswirtschaft selbst antrat, instande, 1765/71 die bereits 1757 vereinigten, anderen beiden Güter des Ortes zu erwerben und die Tagelöhnerarbeit auf den vereinigten Gütern zu forcieren, die in W. schon seit 1694 auf dem vorm. Loheschen Gut nachgewiesen ist. Der Zietensche Tagelöhnervertrag bot Mietsbesitz einer Hausstelle auf Gutsland (nebst Deputaten) gegen die volle Verfügbarkeit der Tagelöhner meist als Drescher. 1771 beteiligte sich Zieten an den friderizianischen Separationen (*Schönfließ) und erreichte dabei allein für das Gut vorteilhafte Befreiung seines Ackerlandes aus der Gemengelage sowie eine Landentschädigung für die geminderte Schäfereigerechtigkeit (*Krangen). 1788/93 wurde nach Zietens Tod in W. ein Urbar aufgezeichnet, das alle Rechtsverhältnisse zwischen Herrschaft und Dorfbewohnern wie zwischen diesen selbst detailliert festhielt.
✦ *Schloß* (Mitte 18. Jh., Ende 19. Jh. neubarock verändert und erweitert) mit englischem *Landschaftspark; Eiskeller an der Dorfstr.* (um 1750); *Dorfkirche* (1781, Chor 1883 neoromanisch, Epitaph H. J. v. Zietens u. a. Erinnerungsstücke an ihn)

Sein Sohn Friedrich v. Zieten, 1800/41 längstamtierender Landrat des Kreises Ruppin, Sammler »vaterländischer Altertümer«, die als »Zieten-Museum« nach Neuruppin (*) gingen, physiokratisch gebildet, bekannte sich bereits bei seiner Landratswahl zu den als unumgänglich erkannten Agrarreformen: Aufhebung der Gemeinheiten, Ablösung der Hofdienste, freies Bodeneigentum.

Zechlin Dorf
1237 schenkten die Fürsten v. Werle dem Kloster Doberan ähnlich Dranse (*) im Waldgebiet »Lietze« 50 Hufen, die die Zisterzienser zur Anlage des Dorfes Z. verwendeten, das mit fünf weiteren von ehemals 48 Dörfern dieser Gegend 1525 die Wüstungsperiode des 14./15. Jh. überstanden hatte, die hier ähnlich hohe Wüstungsanteile wie im Land Gransee (*Menz) aufwies. Von Z. und Rägelin aus wurden die Feldmarken fünf aufgegebener Dörfer bestellt (*Dorfkirche*, wohl 1549, spätestgotischer Feldsteinbau; *Wassermühle*, 18. Jh.).

Klosterhof schon 1306 an Mecklenburg-Stargard vertauscht und zur Burg umgebaut, 1320 stiftshavelbergisch, 1553 mit Siedlung (Flecken Z.) kurfürstlich, Schloß mehrfach Wohnsitz von Angehörigen des kurfürstlichen Hauses (u. a. Johann Georg als Kurprinz); seit 1707 Amtssitz, 1721 abgebrannt
Z. war Alterssitz des Berliner Architektur- und Landschaftsmalers Eduard Gärtner.

Zechlinerhütte
1737 wurde in der Zechliner Heide (heute Erholungsgebiet) zur Fortsetzung der Potsdamer Kristallglasproduktion eine Glashütte erbaut, die »Weiße Hütte«, im Unterschied zu der 1741/99 nahebei am Großen Wumm-See arbeitenden Zechliner »Grünen Hütte«, die einfaches Gebrauchsglas herstellte. Die weiße Kunstglashütte fertigte zeitweilig auch Rubin- u. a. Farbgläser; eigene Schleiferei. 1800 produzierten 25 Arbeiter für 11 000 Taler; 1890 stillgelegt
Das ehem. Herrenhaus der »Weißen Hütte« war häufiger Aufenthaltsort der Grönlandforscher, Geophysiker und Meteorologen Alfred und Kurt Wegener (*Lindenberg), deren Eltern hier wohnten (*Gedenkstätte*).

Kreis Kyritz

Bantikow
Gutshaus (1906 neubarock über älterem Kern, mit *Landschaftspark*) heute Sitz der *Zentralen Parteischule der LDPD; Dorfkirche* (1792)

Barenthin
Nach dem Westfälischen Friedensschluß wurde das von schwedischen Durchmärschen arg behelligte B. (*Dorfkirche*, 1. Hälfte 15. Jh.) zum Zentrum »eigentätiger« Volksbewaffnung, von deren Anfängen die Prignitzer Stände schon 1646 dem Kurfürsten berichtet hatten. Trotz kurfürstlicher Verbote erzwangen

Ende November 1648 etwa 200 bewaffnete Bauern unter dem »Commandanten« von B. den disziplinierten Abmarsch einer gleichstarken schwedischen Truppe nach Havelberg. In der Prignitz rettete die entschlossene bäuerliche Selbsthilfe vor allem die an den Durchgangsstraßen gelegenen Dörfer. Noch 1650/54 beschwerten sich feudale Instanzen und Herrschaften über »Zusammenrottungen«, Vorspannverweigerungen und geheime Treffs, wo Steuer- und Dienstverweigerungen beschlossen worden seien. Vier der Rädelsführer kamen auf die Festung Spandau.

1868/80 war Rudolf Todt Landpfarrer in B., dann in Brandenburg; 1877 erschien sein Buch »Der radikale deutsche Sozialismus und die christliche Gesellschaft«, die christlich-soziale Programmschrift des konservativen Protestantismus, bei gleichzeitiger Gründung des Zentralvereins für Sozialreform, der 1881 in der Christlichsozialen (Arbeiter)Partei des Berliner Hofpredigers Adolf Stoecker aufging.

Dannenwalde
1812, ein Jahr nach Inkrafttreten von Hardenbergs Regulierungsedikt, erwarb die Gemeinde D. (*Dorfkirche* 14. Jh., neogotischer Westturm, 1900) vom Gutsherrn v. Rohr (*Freyenstein) die Befreiung von den Feudallasten auf Grund und Boden und allen Dienstverpflichtungen. Dafür traten die Bauern ein Drittel der Gemeindeflur dem Gut ab. Gleichwohl waren die Regulierungsbedingungen dem prignitzischen Adel, der die betriebswirtschaftlich günstige Separation eifrig förderte und dabei 1809/10 in der Mark an der Spitze gelegen haben soll, nicht einträglich genug. Er setzte hinhaltenden Widerstand entgegen, bis 1816 neue Grundsätze für die Regelung gutsherrlicher Ansprüche ausgesprochen wurden (*Kuhbier).

Demerthin
Seit 1438, bei Ersterwähnung von D., saßen die v. Klitzing, vordem Vasallen der Edlen v. Plotho (*Wusterhausen), auf dem Rittersitz D. als markgräflichem Lehen, durch Bauernlegen 1598 im (jedoch nicht dauerhaften) Gesamtbesitz von D. (*Dorfkirche*, 15. Jh., 2. Hälfte 17. Jh. umgebaut; *Schloß*, 1604, Typ des »Festen Hauses«).

Dreetz
Am Nordufer des *Dreetzer Sees* wurde die Restfläche eines größtenteils zerstörten Körpergräberfeldes der jungsteinzeitlichen Havelländischen Kultur (2400 v. u. Z.) ausgegraben. Neben Gefäßen liegen reiche Beigaben an Feuersteinpfeilspitzen und -werkzeugen vor

(Funde: *Museum für Ur- und Frühgeschichte Potsdam*). Mit noch 35 Gräbern handelt es sich um den größten bisher bekannten Friedhof dieser Zeit in der Region. Das Gräberfeld bezeugt zusammen mit zahlreichen Siedelstätten dieser Kultur im Unteren Rhinluch, daß während einer für diese Zeit nachgewiesenen Trokkenperiode günstige Lebensbedingungen in der bereits weitgehend vermoorten und versumpften Luchniederung bestanden. Danach unterblieb bis zur Neuzeit jegliche Besiedlung des Luchs.

Hohenofen

1693 ließ Landgraf Friedrich v. Hessen-Homburg (*Neustadt/Dosse) auf Sieversdorfer Flur ein Eisenhütten- und -hammerwerk auf Raseneisensteinbasis und bei Antrieb durch die regulierte *Dosse* als »Industrie-Kolonie« »Vierhütten« (später H.; *Dorfkirche,* 1802) anlegen. Anfang des 18. Jh. wurde das nunmehr fiskalische Werk zu einer Kupferseigerhütte umgebaut und um eine Poliermühle der Spiegelfabrik Neustadt (*) erweitert, 1833 zur Papierfabrik umgewandelt (heute: *Papierfabrik des VEB Kombinat Neu Kaliß*).

Kyritz (1237)

Auf neolithisch bis slawisch besiedeltem Gebiet legten die Edlen v. Plotho (*Wusterhausen) wohl bald nach 1200 die Planstadt K. an, die – beispielgebend für die meisten Prignitzstädte – 1237 Stendaler Stadtrecht erhielt. Mit Rat, Recht der Vogtwahl und Befreiung vom plothischen Landding besaß K. ein schon beträchtliches Maß städtischer Autonomie. Eine Burg hat hier wahrscheinlich nie bestanden. Die vor 1245 eingerichtete Münzstätte war oft in der Hand Stendaler Bürger und bestand bis 1524. Die 1245 bezeugte Gewandschneidergilde, die K. als frühen Standort des fernhandelsfähigen Textilgewerbes kennzeichnet, besaß Stendaler Gilderecht bei eindeutiger Arbeitsteilung mit den Tuchwebern und Monopolisierung des Gewandschnitts (Detailhandel)

durch die Gildenbrüder, die sonst nur in großen Städten mit starker Fernhändlerschicht ausgeprägt waren, während es in Städten wie Neuruppin (*) zu »mittleren« Lösungen kam. Kyritzer Tuche waren in Lübeck bis Ende 18. Jh. zollfrei. 1259 gaben die v. Plotho den Kyritzer Bürgern die *Jägelitz* zur Kornschiffahrt frei – ältestes Zeugnis märkischen Getreidehandels. Der Rat brachte die einträgliche Mühlengerechtigkeit an sich (1259 älteste von vier Kyritzer Mühlen erwähnt). 1303 errichteten die Franziskaner in K. das einzige Bettelordenskloster der Prignitz, dessen späterer Provinzialminister Matthias Döring (bis 1469 in K.) an einer Weltchronik schrieb und das feudale Fehdewesen kritisierte. 1338 hatten Kyritzer Bürger erstmals nachweislich Lehnsbesitz auf umliegenden Dörfern (*Beelitz). Die Feldmark bezog ab 1344 fünf wüste Dörfer ein und wuchs zu einer der größten in der Prignitz. 1358 konnte K. die Hälfte des Obergerichts erwerben. 1383 bekundeten aufflammende Streitigkeiten um den Gewandschnitt innerstädtische Opposition gegen die wirtschaftliche und politische Sonderstellung der Ratsfamilien. ✦ *Reste des östlichen Mauerringes* der spätmittelalterlichen Stadtbefestigung; *Pfarrkirche St. Marien* (Backsteinhalle, 2. Hälfte 14. Jh. auf z. T. älterem Feldsteinsockel, neogotische Westfassade nach 1849); vom ehem. Franzikanerkloster *Nordwand der Klosterkirche*, Teile des *östlichen Klausurflügels* (14. Jh.) erhalten; *Rathaus* (1879); Wohnhausbau (meist Fachwerk) des 17. Jh. (*J.-S.-Bach-Str. 28, 36, 44*) sowie des 18./19. Jh.: *J.-S.-Bach-Str. 4, 7, 24; Maxim-Gorki-Str. 34, 40–42, 54; Platz des Friedens (Markt) 14; Holzhausener Str.; W.-Pieck-Str.;* ehem. *Heiliggeist-Hospital* (1828)
Bei Übergang der Landesherrschaft an die Askanier zwischen 1259 und 1307 wurde K. mit den meisten Prignitzstädten Immediatstadt, mehrfach verpfändet, u. a. nach 1319 an die Mecklenburger. Gegen die zunehmenden Fehden schlossen 1325 in K. sechs Immediatstädte und Adlige der Prignitz einen Selbstschutzbund. 1371 gewährte Markgraf Otto v. Wittelsbach K. das Recht, sich mit Gewalt an Friedensbrechern schadlos zu halten – ein Zeichen des Bankrotts der landesherrlichen Friedenswahrung. An die erfolgreiche Verteidigung der Stadt gegen mecklenburgische Ritter erinnert die »Bassewitz-Sage«. 1437 kam zwischen K., Perleberg, Pritzwalk und Havelberg erneut ein Bündnis zur Friedenswahrung zustande.

Kyritz um 1710 von D. Petzold

1635 Gefecht bei K. zwischen schwedischen und kursächsisch-kaiserlichen Truppen (*Wittstock); noch 1730 in K. die meisten wüsten Hausstellen in einer Prignitzstadt; 1718 K. eine der ersten Garnisonstädte der Prignitz

Unter der französischen Besatzung 1806/12 wurde K. durch umfangreiche Einquartierungen hart belastet. Nach dem Handstreich eines preußischen Wachtmeisters, der in K. Uniformstücke und Geld erbeutet hatte, ließ der französische Generalgouverneur zwei völlig unbeteiligte Kyritzer Bürger im März 1807 vor der Stadt standrechtlich erschießen. Die »Kyritzer Bluttat« erregte die preußische Öffentlichkeit und mobilisierte die antinapoleonische Bewegung (*Gedenkstein* vor der Stadtkirche).
1817 wurde K. gegen die Konkurrenz Wittstocks nach Immediateingaben des Adels Landratssitz für den neugebildeten Kreis Ostprignitz, den zweitgrößten der neuen Provinz Brandenburg. Perleberg wurde Kreisstadt des Kreises Westprignitz. Die Landratsbefugnisse erstreckten sich über den Domänen- und Ritterschaftsbesitz hinaus nun auf das gesamte Kreisgebiet, wobei die Polizeigewalt der Gutsherren, ihr Erbstimmrecht im Kreistag sowie die ständische Zusammensetzung des Kreistages bis zur Kreisreform von 1872 erhalten blieben. Namentlich K. war administrativer Mittelpunkt eines klassischen Gebietes ostelbischer Junkerwirtschaft und -herrschaft mit zahlreichen, die Landwirtschaftsprodukte verarbeitenden Betrieben. Die Landräte wurden weitgehend von den Junkern gestellt. Nicht zufällig schickte der Potsdamer Regierungspräsident mit Vorliebe als besonders befähigt gehaltene Anwärter für die höhere preußische Be-

amtenlaufbahn in das Landratsamt K., damit sie hier die nötigen politischen und Verwaltungserfahrungen sammelten, wenn sie auch mitunter – wie Günther Gereke (*Neuenhagen, 1916/18 in K.) oder Fritz Dietlof Graf v. d. Schulenburg (*Potsdam, 1925/26 in K.) – politisch später andere Wege gingen. Mit über 77 Prozent (1849) hatte die Ostprignitz den deutlich höchsten Anteil landwirtschaftlich Tätiger in der Provinz Brandenburg. Im 20. Jh. gehörte sie zu den am stärksten konservativ und schließlich faschistisch durchsetzten Gebieten der Provinz.
Die Ostprignitz wurde neben den Ruppiner und Seelower Gebieten zum Zentrum der Landeinsätze für die erste Nachkriegsernte, die durch einen Wettbewerb der Potsdamer (*) Provinzialregierung und durch die Arbeiterparteien und Gewerkschaften organisiert wurden. Ende Juni 1945 beriet Walter Ulbricht in K. mit Mitgliedern der KPD und SPD sowie parteilosen Antifaschisten die Ernte- und Ablieferungsaktionen im Kreisgebiet. KPD und SPD bildeten gemeinsame Aktionsausschüsse und zusammen mit Gewerkschaftern, werktätigen Bauern, der sowjetischen Militäradministration und den deutschen Verwaltungsorganen Erntekomitees (Vorläufer der späteren Bodenreformkommissionen), in einigen Dörfern auch einen bewaffneten Feldschutz.
Am 2. September 1945 erläuterte der KPD-Vorsitzende Wilhelm Pieck auf der Kreisbauernkonferenz des Kreises Ostprignitz in K. das im August vorgelegte Bodenreformkonzept der KPD: Der Großgrundbesitz über 100 ha sowie die agrarkapitalistischen Kriegsverbrecher und Naziaktivisten sollten entschädigungslos enteignet, die Gutswirtschaften und die materielle Basis des Junkertums damit zerschlagen, das enteignete Land durch Bauernkomitees in Individualbesitz landloser bzw. -armer Bauern,

Landarbeiter, Umsiedler und Neubauern überführt und gleichzeitig ein starker gesellschaftlicher Sektor volkseigener Güter (VEG) geschaffen werden. Die Kyritzer Konferenz billigte
dieses Konzept einstimmig und gab damit den
Auftakt für die Bodenreform in der gesamten
Sowjetischen Besatzungszone (Tagungsort:
heutige *Gaststätte »Zum Prignitzer«, Maxim-
Gorki-Str. 25, Gedenktafel; Bodenreform-Denk-
mal vor dem Kreiskulturhaus »Wilhelm Pieck«,
Leninallee*). Widerstand regte sich in den beiden bürgerlichen Parteien auch in K., als der
LDPD-Kreisvorsitzende und ein CDU-Rechts-
anwalt die »Unantastbarkeit des Eigentums«
beschworen (*Plänitz). In K. und im Kreis Ostprignitz benachteiligten Landrat und Kreis-
tagsvorsitzender (beide CDU) nach der Reform zugunsten des großbäuerlichen Besitzes
die Klein-, Mittel- und Neubauern mittels der
Kreisorgane der 1947 gegründeten Vereinigung der gegenseitigen Bauernhilfe (*Nauen),
worauf es hier zu Massenaustritten aus der
VdgB kam. Nach öffentlichen Anklagen und
einer Demonstration Werktätiger beschlossen
im Februar 1950 Kreis-Blockausschuß und
Kreistag die Amtsenthebung der beiden Politiker und forderten eine »wirklich ehrliche und
positive Blockpolitik«.

Der nach dem 1. Volkskongreß wie in allen Kreisen
gebildete Kreisvolksausschuß Ostprignitz rief im
August 1948 zur Mitwirkung dieser neuen Organe am
Zweijahresplan auf. Auf einer Konferenz in K. forderte Otto Nuschke (*Hennigsdorf), die Vorbehalte
in den bürgerlichen Parteien gegen die längerfristige
Wirtschaftsplanung zu überwinden (*Potsdam).

1952 Dreiteilung des Kreises Ostprignitz, wonach neben K. auch Wittstock und Pritzwalk Kreisstädte wurden; der Kreis Westprignitz wurde den Bezirken
Schwerin bzw. Magdeburg zugeschlagen; K. ist Sitz
eines *Lehrerbildungsinstitutes*.

Neustadt/Dosse (1664)
1662 fiel die Herrschaft N. (1375 ersterwähnte
Dosseburg, Burgsiedlung 1525 »städeken«) an

Landgraf Friedrich v. Hessen-Homburg, den
»Prinzen v. Homburg« Kleists (*Hakenberg).
Wie später Hohenofen (*) wurde N. Gewerbestandort (Eisenhütte, Papiermühle) und regu-
läre Stadt. Nachdem Friedrich 1694 die Herrschaft gegen das altmärkische Oebisfelde ein-
getauscht hatte, wurde sie kurfürstliches Amt
und N. bis 1774 Amtssitz. Jean Henri de Moor
pachtete 1695 das Amt und errichtete bei N.
(heute Ot. *Spiegelberg*) eine Spiegelmanufaktur
mit 18 französischen Werkmeistern und Spezialisten, vervollkommnete den Spiegelguß
und machte das Werk mit rund 120 Arbeitern
zum Großbetrieb. Schutzzölle und Qualitäts-
steigerung sicherten eine unter den um 1700
gegründeten zentralisierten Manufakturen seltene Langlebigkeit, die in Preußen sonst nur
für das Heer liefernde Betriebe erreichten.
1769 hatte N. dank der Manufaktur den höchsten Anteil außerzünftlicher Gewerbetätiger
außerhalb der westlichen (rheinischen) Provinzen Preußens (20% der Einwohner). 1772/77
war N. Kolonisationsmittelpunkt für 15 Dörfer
auf etwa 7 000 Morgen Land. Um 1800 wurde
N. zum Zentrum der märkischen Pferdezucht
vor allem für den Heeresbedarf ausgebaut (*Ge-
stüt 1787/90; Hengstdepot Lindenau 1789/91;
heute Staatliches Hengstdepot, jährliche Lei-
stungsschau*).

Im Ot. *Kampehl Dorfkirche* (Mitte 13. Jh.), im Gruft-
anbau mumifizierter Leichnam des 1703 verstorbenen Christian Friedrich v. Kahlbutz, der 1690 einen
Schäfer im Feld erschlagen hat, trotz Untersuchung
u. a. durch Rudolf Virchow wissenschaftlich unge-
klärtes Phänomen

✦ *Stadtkirche* (1673/96, erster märkischer
Zentralbau); Fachwerkhäuser nach 1800 am
Kirchplatz sowie *Robert-Koch-Str.; Gutshaus*
(spätbarock); *Bahnhofsgebäude* der Bahnlinie
Hamburg–Berlin (1846/74 klassizistisch); *Gas-
werk (technisches Denkmal*, zentrale Traditions-
einrichtung der DDR-Gasindustrie, 1898 erbaut, eine der kleinsten deutschen Gaserzeu-
gungsanstalten, kaum beeinträchtigte technische Anlagen der klassischen Steinkohlentech-
nologie)

Beim Versuch, die Stadt der anrückenden Roten Armee kampflos zu übergeben, wurden zwei Neustädter
Bürger 1945 von der SS erschossen (*Denkmal Karl-
Marx-Str.; Sowjetischer Ehrenfriedhof, Bahnhofsvor-
platz*)

Plänitz
✦ *Gutshaus* (18. Jh.); *Kirche* (1709); *Dorfkrug*
(Fachwerkbau mit Vorlaube, Ende 18. Jh.)

Am 23. September 1945 begann die am 14. September von der örtlichen Bauernversammlung gewählte Gemeindebodenkommission des damals zum Kreis Ruppin gehörenden Dorfes P. als erste Kommission der Provinz Brandenburg, die Bodenreform (*Kyritz) durchzuführen. Bei der Feier sprach Bernhard Bechler, 1. Vizepräsident der Landesverwaltung. Von 52 Zuteilungsanträgen bewilligte die Kommission 46, verloste die Fluranteile und übergab die Bodenurkunden.

Schrepkow

1803/04 vermochten 23 Bauern aus Sch. (*Dorfkirche*, 14. Jh.), Lindenberg und Werzin für über 30000 Taler das volle Eigentum ihrer Höfe und die Freiheit von allen feudalen Bindungen und Lasten zu erlangen. Solch rascher Auskauf kam am Vorabend der Agrarreformen in der Prignitz und im Lande Ruppin zwar einige Male vor, doch stieg mit der Mehr-(Markt-)produktion bäuerlicher Wirschaften nach 1770 deren Zahlungskraft (*Altlüdersdorf) im großen und ganzen erst allmählich.

Segeletz

1815 wurde in S. Hermann Wagener geboren, führender Repräsentant des preußischen Sozialkonservativismus, 1848 Mitbegründer der »Kreuz-Zeitung«, 1866/73 enger Mitarbeiter Bismarcks u. a. in Fragen der Sozialpolitik, empfahl Zusammengehen mit den Lassalleanern gegen die »Oligarchie des Geldkapitals«

Wusterhausen (1291)

Ähnlich den Gans zu Putlitz (*) vermochten die ursprünglich stiftsmagdeburgischen Ministerialen Edlen v. Plotho nach dem Wendenkreuzzug (1147) um W. (1232 erstwähnt)

Wusterhausen um 1710 von D. Petzold

und Kyritz (*) – zwei von elf nachmals »Prignitz« genannten »terrae« – eine eigene Landesherrschaft ohne lehnsrechtliche Bindungen zu errichten. Sie blieb schwach fundiert und fiel schon zwischen 1259 und 1307 an die askanischen Markgrafen, die bereits 1277 in der Burg W. urkundeten. Die terra W. kam 1319/49 an die Grafen v. Lindow-Ruppin (*Alt Ruppin). Wie z. B. auch bei Rathenow(*) und Treuenbrietzen (*) ging die nun bedeutungslose Burg mit der Entwicklung des von den Plotho angelegten und wohl schon vor 1250 mit Stadtrecht ausgestatten W. ein, das nach 1306 mit Rat, Innungen und Fleischscharren ausgewiesen ist, zwischen 1325 und 1503 die volle Gerichtsbarkeit erwarb und fortan als Immediatstadt galt. Bis 1560 war W. Salzniederlassung, schon 1629 aber ohne jede Kaufmannschaft. Die Ackerbürgergilde und das stetig wachsende Schustergewerk (»Schusterhausen«, 1796: 55 Schuster) dominierten vor Tuchmachern und Leinewebern. 1796 bis 1875 war W. Garnisonstadt.

✦ *Reste der spätmittelalterlichen Stadtmauer* im östlichen Verlauf erhalten; *Pfarrkirche St. Peter und Paul* (Hallenkirche, 14. Jh. mit älteren Teilen, Reste spätgotischer Wand- und Gewölbemalerei); *St. Stephanus- (Friedhofs-) Kapelle* (15. Jh.); *Heiliggeist-Hospital* (1307 von Beginen gestiftet, Neubau 1897); *Rathaus* (1840); *Kreismuseum* (*K.-Marx-Str. 20*); reicher Fachwerkbestand des 17. bis 19. Jh., vor allem *K.-Marx-Str., Markt, K.-Liebknecht-Str. und F.-Engels-Str.*, ferner *Domstr. 7 und Fischerstr. 14*

Zernitz

Im April 1945 48 jüdische Häftlinge eines Eisenbahntransports aus Theresienstadt unter amerikanischem Tieffliegerbeschuß umgekommen (*Gedenkstätte Bahnhof/Stüdenitzer Str.*)
Im September 1945 Gesuch des Gutsbesitzers v. Win-

Fachwerkhäuser am Markt in Wusterhausen

terfeld im Ot. *Neuendorf* (mit 6 200 ha zweitgrößter in der Prignitz), in der Bodenreform ein Restgut zu erhalten, vom Landrat abschlägig beschieden

Kreis Wittstock

Dranse
1233 verlieh Nikolaus I. v. Werle (*Sadenbeck) dem Kloster Amelunxborn am Dranser See 60 Hufen und weitgehende Immunitätsrechte, so die Ansetzung von Siedlern »jedweder Nation« bei Dienst- und Abgabefreiheit. Der Klosterhof D. erhielt auch bischöfliche Zehntrechte und das Obergericht zugesprochen. Das nach 1325 aufgezeichnete Urbar zeigt eine Grundherrschaft auf Rentenbasis, nur in D. bestand Grangienwirtschaft, die Dienste der Bauern und Kossäten bei Saat und Ernte heranzog. Nach den Zechliner Hufen (1306) wurde der Klosterhof D. 1430 an das Stift Havelberg (*Wittstock) veräußert. Nach der aus werlischer Zeit stammenden Gerichtsverfassung erschien der Dranser Rector noch im 16. Jh. auf dem mecklenburgischen Landgericht Wredenhagen.

Fretzdorf
Bei der 1302/04 ersterwähnten Burg F. schlug Heinrich der Löwe v. Mecklenburg den um Besitzanteile in der Prignitz rivalisierenden v. Werle (*Sadenbeck). Als einziger Prignitzort erschien die markgräfliche Vogtei F. 1375 im Landbuch Karls IV. mit Schloß und Zubehör; die Dörfer der Vogtei zeigten eine bereits starke Zunahme wüstliegender Hufen.

✦ *Schloß* (18. Jh., um 1936); ehem. *Inspektorhaus* (um 1840, wohl von F. A. Stüler); *Dorfkirche* (um 1704, 1888 neogotisch verändert)

Freyenstein (1375
Aus bischöflich-havelbergischem Besitz des 12. Jh. muß die 1263 ersterwähnte Burg F. an die mecklenburgischen Herren v. Werle (*Sadenbeck) verlehnt worden sein, war aber bei Erstnennung schon an die in die Prignitz vordringenden brandenburgischen Markgrafen verloren. Burg und Stadtsiedlung F. blieben zwischen denen v. Werle und den Markgrafen umstritten und wurden mehrfach zerstört, die Stadt 1287 von den letzteren in der Dossenniederung neu angelegt. Die verlassene *»Alte Stadt«* bietet das in der Mark einmalige Beispiel einer auch urkundlich gesicherten Stadtwüstung, deren eingeleitete archäologische Erforschung einen authentischen Befund über mittelalterlich-frühstädtische Lebensverhältnisse erbracht hat. Die Neugründung wurde als einzige Prignitzstadt mit Brandenburger (*) Stadtrecht sowie, im Unterschied zum alten F., mit beträchtlicher Feldmark (100 Hufen) bewidmet, gehörte 1326 zum Prignitzer Städtebund und kam 1359 pfandweise an die evtl. um 1300 aus Bayern in die Altmark eingewanderte, zunächst in askanische Vasallität eingetretene Familie v. Rohr, die damit ihren Aufstieg an die Spitze des Prignitzadels begann. 1370 trat ein v. Rohr in das Amt des Vogtes der seit Mitte 14. Jh. an die Stelle der kleinräumigen (Burg-)Vogteien getretenen »terra Prignitz« ein, womit sich hier der Einfluß der ständischen Ritterschaft auf dieses bisher land-

Giebel vom Alten Schloß in Freyenstein

fremd besetzte Amt bemerkbar machte. 1373 als »Schloßgesessene« genannt, setzten sich die v. Rohr im 15. Jh. mit Raubrittermethoden weiter durch. 1456 überfiel ein v. Rohr sogar Perleberg, die »Hauptstadt« der Prignitz, und erpreßte hohe Lösegelder für gefangene Bürger. Die halbherzigen Landesherren gaben die straferoberte Burg F. schon 1457 wieder denen v. Rohr heraus, die F. auf das Niveau einer grundherrlichen Minderstadt herabdrückten.
✦ *Altes Schloß* (burgähnliche Dreiflügelanlage von 1566, Turmstümpfe, Außenmauern und Durchfahrt als Ruinen, *Nordende* des *Westflügels* mit reichem Terrakotta-Schmuck vollständig erhalten) mit *Park* und *Burggraben*; *Neues Schloß* (Anfang 17. Jh.), seit 17. Jh. verbunden mit *Wittstocker Tor* (14./15. Jh.); *Pfarrkirche St. Marien* (Ende 13. Jh., nach Brand 1718 verändert); auf gut erkennbarem, kreisförmigem Stadtgrundriß ein- und zweigeschossige Fachwerkbauten in Traufstellung (*Marktstr. 43/44*)

1620 mußten die verschuldeten v. Rohr Burg und »Flecken« F. an die v. Winterfeld verkaufen, die den Rittergütern bereits dienstpflichtige Bürger der Lage erbuntertäniger Bauern anglichen. 1622 kam es in F. zu einem Fronstreik gegen die erhöhten Dienstforderungen der beiden Rittergüter von F., die weit über dem Durchschnitt mittelmärkisch-prignitzscher Aussaatfläche lagen.
Als Folge des Dreißigjährigen Krieges und der Pest

hatte F. laut dem Landreiterbericht von 1652 nur noch 28 Bewohner.
Bei Einführung der Städteordnung 1808 verhinderten die v. Winterfeld, damals die größten Grundbesitzer der Prignitz, bis 1865 den neuen Status für F. – als einziger der zwölf Prignitzstädte.
1842 wurde in F. Minna Cauer geboren, in der Ostprignitz Initiatorin zahlreicher Frauen- und Mädchenvereinigungen, in Berlin dann führende Repräsentantin des linken, demokratischen und pazifistischen Flügels der bürgerlichen Frauenbewegung.

Goldbeck

Vermutlich haben die Grafen v. Arnstein (*Alt Ruppin) um 1150 den Raum südlich von Wittstock okkupiert, die Burg G. erbaut und eine Rodungsherrschaft gegründet und sind von hier aus in die slawische Siedlungskammer um Ruppin vorgedrungen, das Zentrum ihrer bis 1524 selbstständigen Herrschaft. Auch der Bischof v. Havelberg, der 1147/50 von Wittstock Besitz ergriff, erhob Anspruch auf G., so daß wohl als Kompromiß die Lehnshoheit der Bischöfe über die Arnsteiner Besitzungen um G. entstand. In dieser Gegend vorhandene Rechte der mecklenburgischen Herren v. Werle wurden nach Auseinandersetzungen abgewiesen bzw. eingeengt, woraus die mecklenburgische Exklave um Rossow (*) und Netzeband entstand (*Burg*, spätmittelalterlich, im 19./20. Jh. verändert; *Dorfkirche*, um 1718, Turm nach 1900).

Im Amt G. wurde 1771 die »englische Wirtschaft« (*Prötzel) eingeführt; in den 80er Jahren des 18. Jh. Übergang zur Koppelwirtschaft (*Haselberg)

Heiligengrabe

Bei dem 1306 ersterwähnten Kolonisationsdorf Techow (*Dorfkirche*, spätmittelalterlicher Feldsteinbau) setzte im späten 13. Jh. bei einer bereits bestehenden (dann ortsnamengebenden) Verehrungsstätte des Heiligen Grabes die Verehrung des »Heiligen Blutes von T.« ein, laut einer 1512 gedruckten, antisemitische Tendenzen (*Knoblauch) widerspiegelnden Legende nach angeblicher jüdischer Hostienschändung. Sie veranlaßte Markgraf Otto V. 1287 zur Gründung eines von Neuendorf/Altmark aus besetzten Zisterzienserinnen-Klosters – eine Konkurrenz für das ältere Marienfließ (*Stepenitz). Auch die Havelberger Bischöfe unterstützten H., sichtlich ermutigt durch die erfolgreichen Wallfahrten nach Beelitz (*) und Zehdenick in der Brandenburger Diözese, und erst das »Wunderblut zu Wilsnack« überflü-

Kloster Heiligengrabe, Westgiebel der Anlage

gelte im 15. Jh. H. an Anziehungskraft. Wall-fahrtseinnahmen sowie Stiftungen der Edlen Gans zu Putlitz (*) , der v. Werle und der Ritterschaft schufen dieser Versorgungsstätte Prignitzer Adelstöchter einen umfangreichen Besitz in 24 Dörfern.

✦ *Stiftskirche* (Ende 13. Jh., nach 1719 verändert; Tafelbilder der Klostergründungslegende, 1532), *Klausur* (14./15. Jh., später mehrfach verändert) über *Kreuzgang* und *Refektorium* (um 1500); ehem. *Brunnenhaus* (um 1500); *Heiliggrabkapelle* (geweiht 1512, mit reichverziertem Westgiebel; im Innern Grundriß älterer Kapelle sowie vermutlich urspr. »Heiliges Grab« ergraben); Reste der mittelalterlichen *Klostermauer*, Feldstein; *Kurien* der Stiftsdamen (Fachwerkhäuser, 1722/27)

1543 widersetzten sich Bischof Busso II. (*Wittstock), die ebenfalls altgläubige Äbtissin, eine v. Quitzow, sowie der um die Versorgung unverheirateter Töchter fürchtende Prignitzadel der vom Kurfürsten Joachim II. geplanten Verpfändung des Klosters an einen v. Rohr (*Freyenstein). Nach Steuerverweigerung, bewaffnetem Widerstand und Auszug der Nonnen vermittelten die v. Quitzow im Namen der Ritterschaft 1548 einen Vergleich. Der Konvent beugte sich unter die märkische

Kirchenordnung, übernahm die kurfürstliche Schuld und durfte zurückkehren. Durch diesen Widerstand und einen kaiserlichen Einspruch verblieb das »Kloster Stift« anders als die anderen zu Stiften säkularisierten Nonnenklöster in der Prälatenkurie der kurbrandenburgischen Landstände, der nach der Reformation nur mehr die Domstifte mit Ausnahme von Lebus (*) angehörten. Die Domina führt seit dem 18. Jh. wieder den Titel einer Äbtissin. H. betrieb 1847 bis 1945 eine Erziehungs- und Unterrichtsanstalt für höhere Töchter (heute: *Kloster Stift »Zum Heiligen Grabe«* mit noch bestehendem Konvent; seit 1946 in H. aufgenommenes *Diakonissenhaus »Friedenshorst«* mit Pflege- und Werkstätten für Behinderte).

Rossow

In der *Dorfkirche* (15. Jh.) des zur Lietze (*Zechlin) gehörigen R., in dem 1418 bis 1629 die v. Rohr saßen (*Freyenstein), *Schnitzaltar* der Kölner Schule, wohl urspr. Hochaltar des Havelberger Doms, vielleicht zu den Altarweihen 1330 oder 1411 (Otto v. Rohr Bischof) in Auftrag gegeben, seit 1607 in R.; *Wandmalereien* zur Passion Christi (um 1500)

In R. widersetzte sich 1945 Ortspfarrer Aurel v. Jüchen der Bodenreform (*Kyritz, *Plänitz), löste die Gemeindebodenkommission auf, setzte eine neue unter seiner Leitung ein, die die Beschlagnahme des hiesigen Gutes für rechtswidrig deklarierte, und rief von der Kanzel zum Widerstand gegen die Ausweisung des Gutsbesitzers aus; 1946 wurde er verhaftet.

Wittstock (1248)

Auf dem Scharfenberg südlich von W. lag ein spätgermanischer Urnenfriedhof des 3. bis 5. Jh., mit fast 600 Bestattungen einer der größten der Region. In den Urnen waren vor allem metallene Schmuck- und Trachtbestandteile wie Gewandhaften, Armringe und Nadeln, ferner Messer, Pfrieme und vereinzelt Waffen beigegeben, auch Glasperlen, Glasgefäße und Elfenbeinarmringe römischer Herkunft (Funde: *Museum für Ur- und Frühgeschichte Potsdam*).

Der Burgward »Wizoka«, Zentrum des slawischen Stammes der Dossanen, gehörte nach der Gründungsurkunde König Ottos I. für das Bistum Havelberg (948) bis 983 zu dessen Erstausstattung. Nach dem Wendenkreuzzug 1147 nahm der Bischof mit dem alten Besitz auch den Burgbezirk W. neu ein. Ein in der Kaiserurkunde von 1150 erwähntes, nicht lokalisierbares deutschnamiges Dorf Thadandorp sowie das Recht, Kolonisten jeglicher Herkunft in das noch von »Heiden« bedrohte Gebiet zu ziehen, könnten den Beginn der frühdeutschen Siedlung in der nachmaligen Prignitz bereits vor 1150 vermuten und diese Urkunde als frühestes Zeugnis des frühdeutschen Landesausbaus in der Mark überhaupt gelten lassen (*Wusterwitz). Die Dosseburg W. (seit etwa 1270 Residenz der Bischöfe v. Havelberg) wurde deren Machtzentrum in der Prignitz, da der angestammte Sitz Havelberg im Zugriff der askanisch-brandenburgischen Territorialmacht lag, W. dagegen in der kompaktesten stiftshavelbergischen »Landesportion«. Auch gehörte W. ohne Beteiligung des Domkapitels allein dem Bischof. Das in der Fehdezeit (*Kyritz) weiter abgerundete Territorium mußte vom Bischof Konrad v. Lintdorf (1427/60) als landsässig erklärt werden; fortan erschien der Havelberger Bischof auf den kurbrandenburgischen Landtagen im Stand der Prälaten.

✦ Von der ausgedehnten Burganlage des 13. Jh. *Mauerreste* und viergeschossiger *Torturm der Oberburg (Amtshof 5,* heute: *Kreisheimatmuseum)* erhalten, ehem. Unterburg überbaut

Bald nach 1200 enstand eine frühstädtische Siedlung durch Zuzug aus der Altmark, die nach einer planmäßigen Erweiterung (nordwärts von Burg und bisheriger Siedlung angelegt) 1248 Stendaler Stadtrecht empfing. Bereits 1275 erwarb der Rat vom bischöflichen Stadtherren die Markt- und die Gewerbeaufsicht. Grundlage dürfte Bierbrauerei und vor allem die Tuchmacherei gewesen sein, 1325 ist eine Gilde der Tuchhändler (Gewandschneider) bezeugt, die sich 1333 mit den Wollwebern zusammenschloß. Wittstocker Tuche waren in Ostseestädten gefragt, hatten z. B. in Lübeck Zollfreiheit. Doch anders als Kyritz (*), Pritzwalk und Perleberg trat W. weder dem Prignitzer Städtebund (1325) noch der Hanse bei. Die bischöfliche Mediatstadt konnte, obwohl vom Fehdewesen arg betroffen, noch 1436 Teile des Prignitzbesitzes des niederrheinischen Klosters Kamp und 1479 die Obergerichtsbarkeit erwerben.

✦ Unregelmäßiger birnenförmiger Grundungsgrundriß mit rechtwinkligen Straßenführungen und großem *Marktplatz*; größere Teile der *Stadtmauer* mit *Wiekhäusern, Wall* und *Gra-*

Plan Wittstocks von 1750 (Deutsche Staatsbibliothek Berlin)

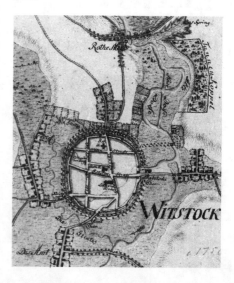

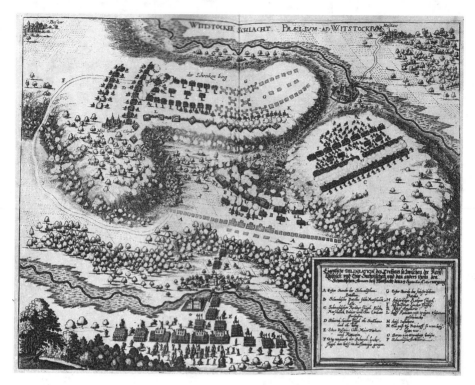

Aus der Vogelschau die Aufstellung zur Wittstocker Schlacht 1636 zwischen Fretzdorf, Heiligengrabe und Wittstock (Kupferstichkabinett Dresden)

ben sowie *Gröper-Tor* (um 1450, 1503) erhalten; *Rathaus* (Neubau, 1905, *Gerichtslaube*, Anfang 15. Jh.); *Pfarrkirche* (im Kern 2. Hälfte 13. Jh., Anbauten und Giebel spätes 15. Jh., zwei spätgotische *Schnitzaltäre*, einer um 1530, Werkstatt des Claus Berg); *Heiliggeist-Kapelle* (Anfang 14. Jh., Turm 15. Jh., mehrfach verändert); in der Wittstocker Heide *Dabernburg* mit *»Heideturm«* (1. Hälfte 15. Jh., 1842) zum Schutz der Stadtflur gegen Mecklenburg

Als Bischof Wedego v. Putlitz 1479 mit Verweis auf sein Mühleneigentum das vom Rat beanspruchte Vorkaufsrecht »an allen liegenden Gründen« verletzte, kam es zum Aufruhr der über den selbstherrlich-kriegerischen, sogar in Fehden verstrickten Prälaten seit langem erbitterten Bürger. Das bischöfliche Strafgericht schränkte die Selbstverwaltungsrechte des Rates ein, der Bischof konnte den Rat nunmehr ohne Widerspruch absetzen, nahm die Schlüssel zu den Stadttoren an sich und löste die Innungen auf. Diese ökonomisch unvertretbare Maßnahme wurde 1488 zurückgenommen.

Der letzte Havelberger Bischof, Busso II. v. Alvensleben (1522/48), ein altgläubiger Renaissancefürst, stellte das öffentliche Bekenntnis der reformatorischen Lehre unter Strafe. In den Stiftslanden unterblieb nach 1540 die allgemeine kurbrandenburgische Kirchenvisitation. Nach dem Tod des Bischofs überging der Rat das zwar nun mehrheitlich lutherische, aber auf sein Patronat bedachte Domkapitel und berief einen evangelischen Prediger. 1552 erhielt der Rat ein teilweises Vokations-, erst 1588 das volle Patronatsrecht. Das zunächst kurfürstlich administrierte Bistum wurde 1571 aufgelöst, sein Besitz Domanium, W. Amtsstadt.

Steuerliche Mehrbelastung durch den »Giebelschoß« und ratseigene Schäferei führten nach dem Wechsel unter die brandenburgische Administration in W. zu Unruhen, die sich trotz Vergleichs 1598/99 und im 17. Jh. wiederholten und die zeitweise Kontrolle der Amts- und Rechnungsführung des Rates durch Bür-

gerausschüsse (»Dreißiger«, »24er«) zur Folge hatten.
Der zwiespältige Rechtsstatus der Stadt W., deren Mediat- zugleich der Landesherr war und die ihren Rat dem Amt unterordnete, führte bis 1678 zu häufigen Auseinandersetzungen. Im Landtag wurde die Stadt 1645 in steuerlicher Hinsicht und vorläufig dem ritterschaftlichen Corpus zugewiesen. Erst 1799 endete ein Zustand geminderten Rechts, den die im 16./17. Jh. übliche Formel »die prignitzischen Städte und W.« ausgedrückt hatte; danach betrachtete sich W. – so 1809 – als Immediatstadt.
1636 sicherte die Schlacht am *Scharffenberg* bei W. den Schweden nach dem Prager (Zwischen-)Frieden von 1635 auf Dauer das Übergewicht im norddeutschen Raum und erhielt deren Chancen auf den Erwerb Pommerns.
1713 wurde die 1712 mit Mecklenburg vereinbarte Postlinie Strelitz–Perleberg installiert, die in W. auf die bereits 1681 errichtete „Geschwinde Post" Berlin–Güstrow (in nur 38 Stunden) traf; von Perleberg bestand Postanschluß nach Hamburg.

Mit dem Zugang zum Berliner Markt machte das prignitzische Tuchgewerbe dem dortigen Konkurrenz und trug in den 30er Jahren des 18. Jh. mittelbar zu dessen Aufsaugung durch die Manufakturorganisation des Lagerhauses bei. Trotz Stadtbrand (1716) und Wiederaufbaulasten überflügelte W. 1719 nach Einwohner- und Häuserzahl Perleberg. Verlagsformen sind 1722 durch Tuchmacherklagen bezeugt, die der von den Handelskapitalisten als profitabler erachteten Naturalentlohnung galten. Um 1800 war W. Hauptproduktionsort der Prignitzer Tuchweberei. 1826 arbeiteten noch 273 Tuchmachermeister in W. (1836: 232); 1854 standen etwa 100 Handwerksbetrieben zwei 1828/49 gegründete Tuchfabriken gegenüber, die seit den 70er Jahren erheblich ausgebaut wurden (*Fabrikgebäude* jener Zeit im Gelände des *VEB Holzwerke W.*), aber nach 1900 der Pritzwalker (*) Konkurrenz erlagen.

Der kleine Industriestandort in der weitgehend agrarischen Prignitz wurde ein regionaler Stützpunkt der Sozialdemokratie und der freien Gewerkschaften (1891 Ortswahlverein, 1893 Ortsgruppe des Holzarbeiter-Verbandes), der KPD (1919 Gründung der Ortsgruppe durch Ernst Lück, ehem. Gaststätte Löbermann am Bahnübergang nach Pritzwalk, 1920 Sitz der Streikleitung gegen den Kapp-Putsch) und ihrer Landagitation.
Vom 28. April bis 11. Juli 1933 bestand in einem ehem. Kinderheim im Ot. *Alt Daber* eines der frühen SA-KZ; die Häftlinge wurden nach der Auflösung nach Oranienburg(*) überführt (*Gedenkstein* und *Gedenkstätte*).

Vom 23. bis 29. April 1945 war die *Wittstocker Heide* am *Hirtenhaus* nahe der Landstraße W.-

Röbel SS-Zwischenlager für einen Teil der 45 000 aus dem KZ Sachsenhausen (*) evakuierten Häftlinge. Ziel dieser Todesmärsche, die größtenteils durch die Prignitz führten, war Lübeck, wo die Häftlinge auf Schiffe verladen und versenkt werden sollten. Über 400 der Häftlinge dieses Zwischenlagers wurden von der SS ermordet. Insgesamt kamen auf diesen Evakuierungsmärschen, die bis zum 9. Mai 1945 andauerten, als sowjetische und amerikanische Truppen die letzten Häftlinge befreiten, 6 000 ums Leben.
✦ *Mahn- und Gedenkstätte Belower Wald*, mit *Appellplatz, Museum/Blockhaus* (Außenstelle der Nationalen Mahn- und Gedenkstätte Sachsenhausen); Gedenksteine und -tafeln in W. und in vielen Prignitz-Orten; *Ehrenhain antifaschistischer Widerstandskämpfer Städtischer Friedhof; Denkmal »Für Ernst Lück und Genossen«* am *VEB Obertrikotagenwerk »Ernst Lück«*
1970 begann bei W. (seit 1952 Kreisstadt) »auf grüner Wiese« der Aufbau des *VEB Obertrikotagenwerkes* als eines der größten Investitionsobjekte des Bezirkes und mit umfangreichen Neubaugebieten im Norden (*Röbeler Vorstadt*) und Süden (*Rosa-Luxemburg-Str.*) im Gefolge. Die damit verbundenen tiefgreifenden Veränderungen der kommunalen und sozialen Beziehungen regten den DEFA-Dokumentaristen Volker Koepp nach dem Golzower (*) Beispiel zu einem weiteren Langzeitprojekt an. In vier, 1975 bis 1981 gedrehten und 1984 zum Film »Leben in W.« zusammengefaßten Filmen porträtierte er eine Textilarbeiterinnenbrigade, ihren Entwicklungsweg und die Lebensschicksale der Arbeiterinnen.

Kreis Pritzwalk

Alt Krüssow
Unter dem Havelberger Bischof Johann v. Schlabrendorff wurde die Kirche des 1367 ersterwähnten A. K. mit ihrem angeblich wunderwirkenden St. Annenbild zur vierten Prignitzer Wallfahrtsstätte. Der kurz vor der Reformation in Mitteleuropa zunehmende Annenkult, der sich ansonsten meist auf Kapellen und Altäre beschränkte, fand hier seine wichtigste märkische Verehrungsstätte (*Dorfkirche*, um 1520, mit Stufengiebel ähnlich Heiligengrabe, Dachturm um 1880, Schnitzaltar Ende 15. Jh.).

Gottfried Benn

Giesensdorf

1555 führte der Widerstand der Bauern von G. (*Dorfkirche*, 1. Hälfte 15. Jh.) gegen Fuhrdienstforderungen der Stadt Pritzwalk, die den Hauptanteil des Dorfes 1411 von den Quitzows gekauft hatte und mittels Bauernfuhren ihr Exportgetreide an die Elbe beförderte, zum Einzug eines Pritzwalker Bürgeraufgebotes, das die Häuser aufbrach und pfändete. Die bäuerliche Beschwerde beim Kurfürsten führte zur Zurückweisung der städtischen Diensterhöhung. 1696 klagte der Pritzwalker Rat erneut über die unbotmäßigen Giesensdorfer.

Kuhbier

1801 konnten zwölf Bauern aus K. (*Dorfkirche*, neogotisch um 1850) wie schon 1799 Bauern aus Vehlow und Brüsenhagen für eine einmalige Zahlung von über 9 000 Talern ihre Feudalrenten und -dienste der Stadt Putlitz abkaufen. Die übrigen 13 Bauern, die zum Gut Wolfshagen gehörten, konnten das Ablösungsverfahren erst 1841 beginnen und hatten nun die 1811 bis 1821 zugunsten der Güter erhöhten Ablösungsgelder zu zahlen. Sie trugen noch Jahrzehnte eine Rentenschuld, sechs konnten ihre Wirtschaften nicht behaupten.

Am 16. März 1920 entwaffneten Pritzwalker Arbeiter während des Kapp-Putsches in der »Schlacht von K.« eine Einwohnerwehr und hoben auf dem Gut Wolfshagen der Gans zu Putlitz ein verstecktes Waffenlager der Putschisten aus.

Mansfeld

1886 wurde in M. der Arzt und Lyriker Gottfried Benn geboren, im Vorkriegs-Berlin mit den Kreisen der Expressionisten und linksbürgerlichen Publizisten verbunden, in den 20er Jahren Vertreter des intellektuellen Nihilismus, vom Nazifaschismus seit 1937 in die »innere Emigration« gezwungen.

Meyenburg (1332)

Die gegen Mecklenburg gerichtete Grenzburg der Gans zu Putlitz (*) kam vor 1285 (Ersterwähnung) an die askanischen Markgrafen, nach kurzzeitigem mecklenburgischem Besitz 1359 an die v. Rohr (*Freyenstein); die um 1300 angelegte Stadt war zwar 1325 im Kyritzer (*) Bund, blieb aber grundherrlich; bis 1790 war der herrschaftlich ernannte Bürgermeister zugleich Stadtrichter; 1795 nach Kammergutachten als »Flecken« bewertet, kam es doch – anders als Freyenstein (*) – 1809 unter die Städteordnung.

✦*Schloß* (burgähnliche Anlage des 16. Jh., 1865 Umbau im Neorenaissancestil) mit *Landschaftspark* (um 1860); *Reste der Stadtmauer* im nordöstlichen Verlauf; *Stadtkirche* (im Kern mittelalterlich, Umbau 1749/52)

Wie Wittenberge, Putlitz, Freyenstein soll auch das 1638 kriegszerstörte M. völlig wüst gelegen haben, in den anderen sieben Prignitzstädten hätten auf vormals 2 500 Feuerstellen nur noch »300 nahrungslose und übel geplagte Hauswirte« gesessen, wie die Stände 1641 dem neuen Kurfürsten bei der Huldigung klagten. Im Mai 1945 bildete sich in M. ein Selbstverwaltungs-Ausschuß, der hier einem reaktionären Bürgerblock gleichkam und den bisherigen faschistischen Ortsbauernführer an der Spitze hatte. Kommunisten, die dem Todesmarsch der Sachsenhausen-Häftlinge (*Wittstock, in M. *Gedenkstein Katholische Kirche/Freyensteiner Str.*) entkommen waren und sich in vielen Orten gerade der Prignitz dem Neuaufbau zur Verfügung stellten, halfen in M., den Bürgerblock durch einen wirklich antifaschistischen Ausschuß zu ersetzen.

Pritzwalk (1256)

Bei slawischem Ortsnamen (zuletzt als »Siedlung jenseits des Dickichts« oder »Ort des Pristavel« gedeutet) erst spät erwähnt, lag P. wohl im Waldgebiet zwischen den slawischen Stämmen der Linen (*Putlitz) und Dossanen (*Wittstock), das erst frühdeutsch aufgesiedelt wurde (belegt durch mindestens elf -hagen-Orte um P.). Vermutlich noch von den Gans zu Putlitz (*) gegründet, muß P. als Mittelpunkt der »terra P.« (Burgstelle westlich der Dömnitzinsel) mit der Stadtsiedlung vor 1250 an die Askanier gefallen sein, die 1256 (Ersterwähnung) »auf dringendes Verlangen der Bürgerschaft« das Seehausener (Altmark) Stadtrecht bestätigten. Als bereits voll ausgebildete Bürgergemeinde besaß P. schon das Recht, den in seinen Mauern ansässigen Hörigen nach Jahr und Tag die Freiheit zu geben. Wohl als erste der Prignitzstädte, die als Burgorte ursprünglich meist keine Feldmark hatten, kaufte P. 1258 mit Kammermark ein Dorf. Die Urbede (1305) zeigte P. mit Kyritz als damals zweitstärkste Städte der Prignitz nach deren »Hauptstadt« Perleberg. Am Übergang wichtiger Fernhandelsverbindungen zwischen Ostsee, Altmark und Mittelmark entwickelte P. den Wirtschaftsverkehr vor allem nach Lübeck, wo für Pritzwalker Tuche nur halber Zoll gefordert wurde (vor 1339 Hanse-Beitritt). In der Mark genoß P. Zollfreiheit, außer im Getreidehandel (*Kyritz). Gewandschnitt und damit Tuchhandel waren Monopol der Kaufleute. 1351 entstanden selbständige Walker- und Tuchmacherinnungen. P. war Immediatstadt. Der Rat erlangte nur das Markt- und (eingeschränkt) das Schuldgericht; daneben blieb das 1303/14 erwähnte Schulzengericht. Der 1364 bezeugte jüdische Friedhof (»Kever«) deutet auf P. als Stätte eines regen Geldhandels. Noch 1509 kamen zwei von zwölf in der Prignitz angesessene Schutzjudenfamilien nach P., wurden aber 1510 (*Knoblauch) ausgewiesen.

✦ *Stadtmauerreste* im Nordosten; *Pfarrkirche St. Nikolai* (Mitte 13. Jh., 14./15. Jh. – 1441 geweiht; Westturm neogotisch, 1882 fertiggestellt); *Rathaus* (nach 1821); Fachwerkhäuser nach Stadtbrand 1821, vor allem *Th.-Müntzer-Str., Burgstr.*; ehem. *Salzmagazin K.-Liebknecht-Platz (Heimatmuseum)*

Erstmals in der Prignitz regte sich 1335 in P. Bürgeropposition gegen die Ratsherrschaft, die 1379 zur Anerkennung der »Bursprake« – einer auf Notwendigkeit einzuberufenden Bürgerversammlung, die Erläuterung der Ratsbeschlüsse und Vorlage der Stadtrechnung fordern durfte. Das »Burding« bestand in P. bis 1690.

1319/20 gehörte P. wie Kyritz zur mecklenburgischen Pfandschaft; 1325 Beitritt zum Kyritzer (*) Bund; 1334 schlossen die Edlen Gans zu Putlitz und sechs prignitzische Adlige im Ot. *Neuhausen* ein Bündnis gegen das Vordringen der v. Werle (*Sadenbeck); wie viele Städte, die unter den naschaskanischen Fehden litten, nahm P. 1348 zunächst die Position des »Falschen Waldemar« ein (*Gransee); 1416 Einnahme Pritzwalks durch mecklenburgische Vasallen; die Stadt berechnete die Fehdeschäden der Jahre 1423/33 auf mehrere Tausend Gulden.

P. war 1544 Geburtsort von Zacharias Garcaeus, des Autors der ersten großangelegten Geschichte der Mark Brandenburg (1582/86).

1552 zerstörte der Pfarrer Joachim Ellefeld aus P. das »Wunderblut von Wilsnack«, die mit Abstand meist besuchte und umstrittene märkische Wallfahrtsstätte, wofür er vom Kurfürsten des Landes verwiesen wurde.

Für P. sind 1539 bis 1638 die Bevölkerungsverluste durch sechs Pestepidemien um rund 4 500 Menschenleben (bei etwa 1 700 Einwohnern 1730) gut belegt.

1732 wurde P. Garnisonstadt. Aufträge für Militärtuch brachten der alten Pritzwalker Tuchmacherei einen gegenüber Wittstock (*) allerdings geringen Aufschwung. In der *Burgstr.* wurden 1782 nach Einführung der Merinoschafzucht Spinnerfamilien angesiedelt.

1752 vereinbarten in P. Vertreter des Landadels und der Königlichen Kriegs- und Domänenkammer die von Friedrich II. aus fiskalischen Erwägungen befohlene Neuaufsiedlung der in der Prignitz noch immer zahlreichen wüsten Feldmarken. Der Adel setzte dennoch seinen Widerstand fort, schuf Büdner- und Tagelöhnerstellen, um seinem Eigenbetrieb weitere Frondienstleistungen zuzuführen. Eine scharfe Kabinettsorder und die Absetzung des adligen Landrates (1755) führten bis 1782 dann doch zu etwa 30 Kolonisten-Etablissements meist auf adligen Vorwerken.

1814 in P. Heinrich Gätke geboren, der Begründer der Vogelwarte Helgoland (*Heinrich-Gätke-Haus Hainholz*)

1862/66 entstanden in P., Perleberg, Putlitz, Wilsnack und Lenzen landwirtschaftliche Vereine der Prignitz; ihnen folgten spezielle Viehzuchtvereine, der erste 1876 in Kuhsdorf, die sich 1900 zum »Prignitz-Verband« (Wittenberge) zusammenschlossen.

Die 1839 gegründete Firma Draeger konkurrierte in der 2. Hälfte des 19. Jh. die beiden anderen Tuchfabriken in P. nieder, schaltete die Wittstocker Firmen durch Aufkauf (1901) bzw. Kartellvereinbarung (1911) aus und erlangte so eine Monopolstellung auf dem Ostprignitzer Tuchmarkt. Begünstigt durch ihre Militärtuch-

Pritzwalk um 1710 von D. Petzold

lieferungen seit 1896 an die schwedische Armee und durch die Bahnanschlüsse 1885/1909 schuf sich die Fa. Draeger ausgedehnte Exportbeziehungen. Sie beherrschte das »Prignitzer Uniform-Kartell«, das 1913 der »Tuchverkaufsstelle GmbH« und 1917 dem »Deutschen Tuchsyndikat« beitrat, und erzielte in der Rüstungs- und Kriegsproduktion enorme Profite. Manager dieser regional-monopolistischen Verflechtungen war der aus Wittstock stammende Emil Quandt, der 1876 in die Firma eingetreten und seit 1896 durch Einheirat Alleinbesitzer war (*Mausoleum Quandt, Städtischer Friedhof*, um 1920).

Seit 1883 wurde P. ähnlich Kyritz und Wittstock (*) zu einem Stützpunkt der Sozialdemokratie in der vorwiegend agrarischen Prignitz; 1891 Ortswahlverein (*Gedenktafel Karl-Liebknecht-Platz 7*); 1893 erhielten die Sozialdemokraten bei den Reichstagswahlen in P. bereits fast 40 Prozent der Stimmen; P. wurde Sitz der Ostprignitzer Transport-, Holz- und Textilarbeiter-Gewerkschaftsverbände sowie des Landarbeiter-Verbandes der Ost- und Westprignitz, dessen Kreisleiter, Ernst Henkel, 1933/34 in die KZ Wittstock und Oranienburg verschleppt wurde und an den Folgen der KZ-Haft starb (*Gedenkstein Ernst-Henkel-Platz*).

Quandts Sohn Günther, erster Ehemann der späteren Magda Goebbels, stieg auf der Grundlage des Familienkonzerns in der Weimarer Republik und während der faschistischen Diktatur an führender Stelle in zahlreiche Unternehmen der deutschen Elektro-, Kali- und Waffenindustrie und in den internationalen Waffenhandel ein. Auch persönlich mit der Nazi-Clique, besonders mit Göring, verbunden, wurde er nach 1933 ein Hauptprofiteur der faschistischen Rüstungs- und Kriegsproduktion sowie Wehrwirtschaftsführer.

Im Mai 1945 lag der Aufbau einer antifaschistischen Verwaltung (*Gedenktafel Poliklinik* als Sitz der sowjetischen Kommandatur) in P. zunächst ausschließlich in den Händen von ehem. Sozialdemokraten, während sich die Kommunisten des Ortes auf den Parteiaufbau beschränkten. Erst die Instrukteurarbeit der provisorischen KPD-Bezirksleitung (*Potsdam) führte in P. zur Aktionseinheit in der Verwaltungstätigkeit; seit 1952 Kreisstadt

Putlitz (1319)

P. gehörte zu den »civitates« (Burgbezirken) des Slawengebietes – hier wohl der »Linen« –, die 948 dem neuen Bistum Havelberg geschenkt und nach dem Wendenkreuzzug dann 1150 bestätigt wurden. Als bischöfliches Lehen kam P. wohl 2. Hälfte 12. Jh. an die Edlen Gans, 1177/80 ersterwähnte altmärkische »barones« (Edelfreie). Die erst um 1200 faßbaren Herrschaftsrechte ersteckten sich wohl schon auf P., Wittenberge, Lenzen, Perleberg, Grabow und Pritzwalk und damit auf das gesamte Siedlungsgebiet der »Linen« – mit Ausnahme von P. außerhalb einer Lehnsabhängigkeit, was ebenso wie die Inanspruchnahme landesherrlicher Rechte (Münz-, Zollregal, Lehnshof), Kloster- (*Stepenitz) und Stadtgründungen auf eine eigenständige Herrschaftsbildung hindeutet. Mit dem Dänenkönig verbündet, beeinträchtigte dessen Niederlage (1227) auch die Macht der Edlen Gans, die nur noch die Stepenitzburgen P., Perleberg und Wittenberge als Lehen halten konnten. Mit dem markgräflichen Marschallsamt (1249) hob sich das nun in die Linien P. und Perleberg (bis 1300) geteilte Geschlecht noch aus dem Prignitzadel heraus, gehörte als einziges der Prignitz zum märkischen Herrenstand, wobei die ritterschaftlichen v. Rohr (*Freyenstein) und v. Quitzow seit dem 14. Jh. ebenbürtig wurden. 1354 bis 1438 gerieten die Edlen Gans in die Lehnsfolge der Herzöge v. Mecklenburg, dann bis 1571 der Bischöfe v. Havelberg (*Bergfrit*, 14./15. Jh. und *Reste der Burgmauern* erhalten).

Das wohl schon vor 1200 als eine der Gansschen Stadtgründungen bei der Burg entstandene P. blieb ein grundherrliches Handwerker- und Ackerbürgerstädtchen, mit starkem Schustergewerk um 1800 (*Pfarrkirche*, neogotisch 1854; *Rathaus*, 2. Hälfte 18. Jh.; *Wohnhäuser E.-Thälmann-Str. 13 und 42*, Anfang 19. Jh.).

Caspar Gans, Edler zu P., Vogt der Altmark seit 1409, Pfandbesitzer von Tangermünde, Gläubiger des Markgrafen Jobst, des Statthalters der Mark, war einer der entschiedensten Gegner des als Markgraf designierten Hohenzollern Burggrafen Friedrich (VI.) I., der die Burg P. 1415 belagerte, Caspar Gans gefangennahm und ihn nach drei Jahren Kerker zum Treueid zwang.

Mit knapp 7 000 ha auf über zehn Gütern waren die Edlen Gans zu P. vor 1945 größter Grundbesitzer der Prignitz.

Sadenbeck
Auf der wüsten Feldmark *Smarfenhagen* bei dem 1450 ersterwähnten S. (*Dorfkirche* spätgotisch) errichteten um 1332 die slawischstämmigen Herren (»Fürsten«) v. Werle (*Fretzdorf) eine Burg, die ihre Annektionen in der Prignitz (*Meyenburg, *Freyenstein) sichern sollte. Diese gingen bald darauf wieder verloren, die Burg verfiel. Die v. Werle hatten schon seit der 1. Hälfte des 13. Jh. von ihren Besiedlungen um Plauer See und Müritz aus versucht, Herrschaftsrechte in der Prignitz (*Dranse, *Rossow) und im Ruppiner Land (*Netzeband, *Zechlin Dorf) zu erwerben. Dabei waren die Markgrafen v. Brandenburg (*Freyenstein), die Grafen v. Schwerin und die v. Arnstein (*Goldbeck) ihre Rivalen. Das Bündnis Prignitzer Adliger mit den (wittelsbachischen) Markgrafen drängte den Einfluß der Familie zurück, die 1436 ausstarb.

Schmolde
Im 1325 ersterwähnten Sch. (*Dorfkirche*, um 1700) und einigen anderen Prignitzdörfern ergab die bald nach 1147 aufkommende frühdeutsche Siedlung (*Wittstock) zwar die übliche Paarung planmäßiger Dorfanlagen mit einer in Blöcken großgegliederten Flur, jedoch zunächst keine Hufenordnung. Die Blöcke, an denen nicht immer alle Vollbauern teilhatten, waren in verschieden viele Streifen aufgeteilt. In solchen Dörfern frühester deutscher Besiedlung und bei Fortbestand einer slawischen Bevölkerung prägte sich die Dreifelderwirtschaft erst in einer längeren Entwicklung aus. Noch das Havelberger Erbregister von 1545 zeigte, daß hier nicht nach der Hufe, sondern nach dem Ackermaß die Steuer geschätzt wurde.

Stepenitz
1231 stifteten die Edlen Gans (v. Wittenberge) an der Stepenitz das Zisterziensernonnenkloster *Marienfließ* (*Klosterkirche*, 2. Hälfte 13. Jh., im 19. Jh. verändert) – Ausdruck ihrer noch andauernden landesherrlichen Bestrebungen und zugleich ältester Beleg ihrer stiftshavelbergischen Lehnsträgerschaft über Putlitz(*). Zu diesem Gansschen Hauskloster gehörte urspr. nur S. (1246 ersterwähnt) mit 60 Hufen, nach 1274 fast der gesamte Norden der »terra Putlitz« sowie mecklenburgische Besitzungen. Gegen das »Wunderblut« des jüngeren Heiligengrabe (*) wurde zwischen 1291 und 1304 eine vorgeblich von 1256 stammende Urkunde ausgefertigt, die ein »Wunderblut von Marienfließ« behauptete, ohne damit die Heiligengrabe oder gar Wilsnack vergleichbare Wirkung zu erzielen. Nach der Reformation und Säkularisation (hier wohl erst nach 1548) blieb *Marienfließ* evangelisches Damenstift und Gutsbezirk (1928 nach S. eingemeindet).

Bezirk Frankfurt (Oder)

Kreis Frankfurt-Stadt
Kreis Eisenhüttenstadt-Stadt
Kreis Eisenhüttenstadt-Land
Kreis Beeskow
Kreis Fürstenwalde
Kreis Strausberg
Kreis Seelow
Kreis Bad Freienwalde
Kreis Bernau
Kreis Eberswalde-Finow
Kreis Angermünde
Kreis Schwedt-Stadt

Kreis Frankfurt-Stadt

Frankfurt/Oder (1253)

Im Stadtgebiet von F. mehrere Urnengräberfelder der jungbronze- und früheisenzeitlichen Lausitzer Kultur mit ihren für den Ostteil der Region spezifischen Gruppen, der Aurither und der Göritzer Gruppe (Funde: *Bezirksmuseum Viadrina Frankfurt*)

Eines der eindrucksvollsten archäologischen Denkmäler der Region ist die im Ortsteil *Lossow* oberhalb der »Steilen Wand« an der Oder gelegene 3 ha große befestigte Siedlung der späten Bronze- und frühen Eisenzeit mit heute noch bis zu 6 m hohem Abschnittswall. Die Befestigung weist im Kern eine hölzerne Kastenkonstruktion mit Erdschüttung auf. Im Innenraum sind zur Zeit der Göritzer Gruppe zahlreiche, bis zu 8 m tiefe Schächte gegraben worden, in denen Menschen und Tiere (Rind, Pferd, Hirsch u. a.) geopfert wurden. Auf der Sohle eines Schachtes befand sich – im Unterschied zu der in dieser Zeit sonst üblichen Brandbestattung – eine menschliche Körperbestattung mit Beigaben. Wahrscheinlich war die Wehrsiedlung als politisches und ökonomisches Zentrum der Siedlungskammer um Frankfurt auch ein Kultplatz von überregionaler Bedeutung. Die Besiedlung endete im 5. Jh. v. u. Z.

Vom 1. bis 4. Jh. war die Stadtmark von F. eine germanische Siedlungskammer, wie mehrere Siedlungen und Gräberfelder ausweisen. Siedlungen mit Hausgrundrissen lagen in den Ortsteilen *Nuhnen* und *Kliestow* sowie unmittelbar jenseits der nördlichen Gemarkungsgrenze auf der Flur von Wüste Kunersdorf.

In slawischer Zeit erfuhr die Lossower Anlage erneute Besiedlung. Vermutlich im 8. Jh. wurde der Wall wieder befestigt, und es entstand eine große, dicht bebaute Volksburg (*Lebus, *Reitwein, *Waldsieversdorf). Nach deren Zerstörung im 10. Jh. wurde in der Südostecke der Anlage eine kleinere, mit einem Abschnittswall befestigte Burg errichtet, die

wahrscheinlich wie die Burg von Lebus (*) ein politisch-militärischer Stützpunkt des polnischen Piastenstaates war (alle Funde: *Museum für Ur- und Frühgeschichte Postdam, Bezirksmuseum Viadrina Frankfurt*, Funde früherer Grabungen Verlust).

In der heutigen Stadtmark von F. liegen weitere slawische Fundplätze, so die Burgwälle von *Güldendorf* und *Kliestow*, mehrere Siedlungen sowie fünf Körpergräberfelder des 11./12. Jh.

Die kleine Talsandinsel im Odertal, die eigentliche städtische Keimzelle Frankfurts, wird erst im 13. Jh. historisch faßbar. Nach 1225 ist wahrscheinlich unter dem schlesischen Piastenherzog Heinrich I., dem Bärtigen (Henryk Brodaty), der im Lebuser (*) Land mehrere deutschrechtlich privilegierte Städte gründete, um die Nikolaikirche (heute *Friedenskirche*, 14./15. Jh. und spätes 19. Jh.) eine Kaufmannsniederlassung entstanden, der womöglich schon er das wichtige Niederlags- bzw. Stapelrecht verlieh. Die weitere Stadtförderung aber mußte der Piastenherzog dem um 1250/52 an die Oder vorgedrungenen askanischen Markgrafen (*Lebus) überlassen. Markgraf Johann I. stellte im Juli 1253 in Spandau zwei Stadtgründungsurkunden aus, durch die die Nikolaisiedlung nach Süden um den späteren Stadtteil an der *Marienkirche* vergrößert werden sollte. Die Aufgabe übernahm Gottfried v. Herzberg, der dafür das Schulzenamt und mehrere Sonderrechte erhielt. Die Gesamtsiedlung wurde als wirtschaftliche und rechtliche Einheit aufgefaßt und ihr 184 Hufen Akker- und Weideland beiderseits der Oder übergeben. Dem Rechtsakt der Stadtgründung mit dem nach sieben Jahren in Kraft tretenden Berliner (Magdeburger) Stadtrecht folgten die Entwässerung des Geländes (*Teile des hölzernen Systems* im Bezirksmuseum Viadrina F.) und planmäßige Stadtanlage im Gitterschema entlang dem Oderstrom mit zentralem rechteckigem *Marktplatz* (Gründungsplan: etwa 800 m × 400 m zwischen *Lebuser Mauerstr.* und *Wilhelm-Pieck-Str.* bzw. *Lennépark* und *Oder*, um 1300 Oderbrücke und Stadtmauer mit fünf Toren zur Oder, darunter das Brücktor, sowie nördlichem Lebuser und südlichem Gubener Tor). Die große Handelsstraße Magdeburg–Poznań lief nun nicht mehr über Lebus (*), sondern über F., das jedoch in erster Linie für den Oderhandel eingerichtet war.

Die junge Kommune erlebte noch im letzten Viertel des 13. Jh. erste Auseinandersetzungen zwischen patrizischer, ratsbeherrschender Oberschicht und den bald nach 1250 unter den Viergewerken zünftisch bezeugten Tuchmachern. Ihnen entwanden Frankfurter Kaufleute mit Unterstützung des Rates, letztlich durch landesherrlichen Eingriff das Recht zum Gewandschnitt (*Beeskow). Die städtischen Handwerke waren auf lokalen Bedarf gerichtet, also keine den Fernhandel stützenden Exportgewerbe. Was Frankfurts einzigartige Handelsstellung im nordostdeutschen Raum begründete, war mehr noch als seine Platzgunst am besten Übergang im Bereich der mittleren und unteren Oder – damit seine Schaltstellung für den Handel zwischen westeuropäischen Ländern und Polen – seine aktive Integration in das hansische Wirtschaftsgebiet (Hansemitgliedschaft für F. aber erst 1368 beurkundet). Die hansischen Haupthandelsgüter des 13./14. Jh. – ein bereits massenhafter Austausch von flandrischen Tuchen und skandinavischen Fischen (vor allem Salzheringen) gegen die Getreideüberschüsse der mecklenburgisch-vorpommersch-märkischen Lande – schlug F. maßgeblich mit um und förderte diese westöstliche Arbeitsteilung großer unterschiedlicher Produktionsräume, indem seine Kaufleute den Getreideanbau dies- und jenseits der Oder, im Lebuser Land und auf dem Barnim geradezu stimulierten, teils organisierten. Dazu erwarb die Stadt oder die Kaufmannschaft auch eigenen feudalen Grundbesitz, z. T. ganze Dörfer (16 bis 1399), so daß das aus Gewandschneidern und anderen Kaufleuten gewachsene Frankfurter Patriziat eine beachtliche feudalherrliche Stellung gewann. F. orientierte sich immer mehr auf den Schiffahrtsweg oderabwärts und vermochte mit markgräflicher Hilfe 1311 den freien Oderhandel mit Anschluß an die Ostsee von den Pommernherzögen zu erwirken. 1313 befreiten sich die Frankfurter Kaufleute auch von dem Oderberger (*) Niederlagszwang, ohne damit freilich den Berliner Handelsverkehr vom dortigen Oderübergang abziehen zu können. Innerhalb eines reichlichen halben Jahrhunderts war F. zum wichtigsten Umschlagplatz hansischer Handelsware an der mittleren Oder geworden. ✦ *Stadtmaß* zur Kontrolle der Tonnen, *Heringstonnen* u. a. im *Bezirksmuseum Viadrina* F.; Franziskanerkloster (um 1270 gegr.), von urspr. Kirche (Neubau 1516/25) Rechteckchor erhalten, 1966/70 Ausbau zur Konzerthalle »*Carl Philipp Emanuel Bach*«; *Rathaus*, spätes 13. Jh., Hauptbauzeit 14./15. Jh., Schaugiebel nach Kriegszerstörungen 1952 wiederherge-

Burgwall Lossow

stellt; *Marienkirche* (seit 1945 Ruine, nach Teilrekonstruktion Nutzung als »Kunstforum«), frühgotische fünfschiffige Halle mit doppeltürmigem Westbau, 1522 vollendet, Marienaltar von 1489 mit hl. Hedwig als Schutzpatronin Schlesiens und Frau des Piastenherzogs Heinrich I. (Altar mit Taufe und Leuchter in der *Gertraudenkirche*); spätgotische Gewölbe in den Häusern *Große Oderstr. 42* und *Forststr. 7/10; Feldsteinkirche Kliestow*, um 1300

Die markgräfliche Immediatstadt hatte bis zum Aussterben der Askanier bereits größte Selbständigkeit erlangt (1294 jüdische Kolonie belegt), gehörte schon 1308 führend dem ersten märkischen Städtebund an. Wohl bereits vor 1300 war die Hochgerichtsbarkeit vom Vogt auf den Stadtschulzen übergegangen, ein Recht, das Markgraf Waldemar 1317 bestätigte. Ein Jahr später wies der Markgraf dem Frankfurter Rat sogar das höchste Gericht im ganzen Land Lebus zu, was dem städtischen Kampf gegen Landfriedensbrüche in den nachaskanischen Thronwirren sehr entgegenkam. In dem 1323 ausbrechenden Kampf zwischen Papst und deutschem König stand F. auf der Seite des letzteren, 1326 hatte sich die Stadt eines vom Lebuser Bischof (päpstliche Partei) herangeführten polnischen Heeres zu erwehren und zerstörte im Gegenschlag dessenDom in Göritz (heute VR Polen). In dem ersten wittelsbachisch-luxemburgischen Streit um die Mark Brandenburg (1348/50) hielt F. als einzige große markbrandenburgische Stadt (*Treuenbrietzen, *Beelitz) zum wittelsbachischen Markgrafen Ludwig. König Karl IV. aus luxemburgischem Hause und der »Falsche Waldemar« (*Müncheberg) belagerten mit ihren Truppen im Oktober 1348 vergeblich die stark befestigte Oderstadt, deren Mauern den wittelsbachischen Landesherrn aufgenommen hatten. Zu diesem »Alleingang« unter den märkischen Städten bewogen den Frankfurter Rat offenbar die handelspolitischen Absichten Karls IV., im Sinne eines geschlossenen böhmisch-ostdeutschen Herrschafts- wie Wirtschaftskomplexes die Oder für die Schiffahrt oberhalb F. zu öffnen (*Eisenhüttenstadt), zuvörderst für Breslau. F. wußte sich zu behaupten (1348 Mühlenrecht, 1350 Zollfreiheit im schlesischen Herzogtum, 1369 Münzrecht); auch als die Mark an Karl IV. fiel (*Fürsten-

Konzerthalle »Carl Phillip Emanuel Bach« in der ehem. Franziskanerkirche

walde), blieb sein Handelsplatz davon unbeeinträchtigt (1379 königliches Privileg über die freie Oderschiffahrt für F.); vielmehr rangierte F. nach den Steueranschlägen von 1375 an erster Stelle unter den märkischen Städten.
✙ Mögliche Stiftungen Karls IV. im Zusammenhang mit der Unterwerfung der Stadt von 1376 für die *Marienkirche: Sandsteinportal mit Wappenreliefs* (brandenburgischer Adler, böhmischer Löwe, deutscher Reichsadler), *Taufe* von Meister Arnold und *Leuchter*, jeweils über 4 m hoch; *Backsteinkirche Güldendorf*, spätes 14. Jh.; mittelalterliche *Feldsteinkirche Booßen*

Auch über das 15. Jh. hin blieb F., indem es sich in separaten Absprachen mit Stettin über die Oderschiffahrt verständigte (erstes Abkommen 1354) und mit Breslau (Vertrag von 1490) in den west-östlichen Zwischenhandel durch Wegezwang teilte, oderauf- wie -abwärts beherrschend, war mit etwa 7 000 Einwohnern volkreichste markbrandenburgische Stadt. 1420 und 1423 hatte sich die Bürgerschaft gegen die weitgehend unkontrollierte patrizische Ratsherrschaft gewandt; durch kurfürstliche Vermittlung war es zu Vergleichen, zur Ratsteilnahme der Gewerke und Gemeinde gekommen. 1429 aber erfolgte hier der erste

Südgiebel des Rathauses

Siegel (Nachzeichnung) der Universität Viadrina (Stadtarchiv Frankfurt)

Druckerzeichen von Johann Eichorn (Stadtarchiv Frankfurt)

hohenzollernsche Vorstoß gegen die Unabhängigkeit märkischer Städte, die jahrs zuvor eine Steuererhebung zur Bekämpfung der Hussiten dem Landesherrn verweigert hatten. Der kurfürstliche Statthalter Markgraf Johann verklagte F. unter Vorwänden und suchte der Stadt eine gewaltige Summe abzupressen. Doch seine Rüstung gegen die Oderstadt, die, ihrem Rechtszug folgend, Beglaubigung ihrer kurfürstlich angefochtenen Privilegien bei Magdeburger Schöffen fand, war unzureichend, bewirkte vielmehr 1431 neuerliches Verbündnis der großen mittelmärkischen Städte, nun mit deutlicher Frontstellung gegen den Landesherrn. Erst nach Brechung des »Berliner Unwillens« 1447/48 und des erbitterten Widerstandes altmärkischer Städte gegen die landesherrrliche Biersteuer 1488 lenkte der Frankfurter Rat gegenüber dem werdenden Fürstenstaat ein (1496/99 kurfürstlicher Entzug der freien Ratswahl und der Obergerichte bis 1509).

Durch reiche Keramikfunde im Stadtgebiet überregional bedeutende Töpferei des 14. bis 17. Jh. bezeugt (urk. 1502), neben Tuchproduktion einziges Frankfurter Exportgewerk; verlagsabhängig arbeitende Töpfer um 1530 unmittelbar vorm Gubener und Lebuser Tor konzentriert, als Vorstädter bis Ende 16. Jh. ohne Bürgerrechte

Nachdem schon 1502 Martin Tretter in F. die erste Druckerwerkstatt der Mark Brandenburg eröffnete – damit hier ein nordostdeutsches Buchgewerbezentrum vorprägte –, entstand

1506 in F. die erste brandenburgische Landesuniversität. Wie vier Jahre zuvor die ernestinische Universität zu Wittenberg entsprach die hohenzollernsche Alma mater Viadrina dem fürstenstaatlichen Bedürfnis nach Repräsentanz und einem akademisch geschulten Verwaltungs- wie Justizapparat, wurde aber auch zeitgemäß für die Mark Brandenburg zum Eingangstor des europäischen Humanismus. Hieran hatten die mit dem »deutschen Erzhumanisten« Conrad Celtis befreundeten Dietrich v. Bülow – Lebuser Bischof und Kanzler der neuen Universität – sowie Eitelwolf v. Stein, Ratgeber des Kurfürsten Joachim I. und Erzieher des brüderlichen Universitätsmitstifters Albrecht v. Brandenburg (später Mainzer Kardinal) wesentlichen Anteil. Mit über 900 Studenten erreichte die Viadrina unter dem Dutzend ihrer deutschen Vorgängergründungen die höchste Zahl an Erstimmatrikulationen, darunter Ulrich v. Hutten, der freilich schon im Folgejahr seinem von F. enttäuschten Lehrer klassischer Studien und Wanderpoeten, dem Sorben Rhagius Aesticampianus, nach Leipzig folgte; 1512 war Thomas Müntzer einer von nur noch 204 Immatrikulierten in F. Die Oder-Universität war die letzte vorreformatorische Gründung, dabei von Anbeginn in die brandenburgisch-kursächsische Konkurrenz gestellt und so nicht zufällig bald ein »Trutz-Wittenberg.« Die Viadrina folgte dem Leipziger Universitätsmodell und damit dem politischen Bündnis Brandenburgs mit dem albertinischen Sachsen. Von Leipzig kamen mehr als 30 Magister und Doktoren, darunter ihr erster Rektor Konrad Wimpina, wie auch ihr erster Professor der Rechte, der Berliner Johann Blankenfeld – Vertrauter des brandenburgischen Kurfürsten, gleichermaßen des Papstes Leo X. und des hohenzollernschen Kardinals Albrecht, die 1515 den Sündenablaß einführten. Sekundiert von Frankfurter Dominikanern, prägten sie maßgeblich den scholastisch-antireformatorischen Geist namentlich des zweiten Universitätsjahrzehnts; so ließ Wimpina 1518 den Dominikanerpater und ärgsten Ablaßprediger Johann Tetzel (*Jüterbog) hier gegen Martin Luther disputieren. 1537/39 ließ sich Kurfürst Joachim II. für die reformatorische Neuordnung der Viadrina, der er dann 1540/51 die säkularisierten Güter des Frankfurter Kartäuserklosters (1396 gestiftet) sowie des Stendaler Domstifts übereignete, von Philipp Melanchthon beraten, dessen späterer Schwiegersohn Georgius Sabinus hier 1538 Professor für Rede- und Dichtkunst, 1539 Rektor wurde und den Renaissancehumanismus stärkte. Namentlich Jodocus Willich, der seit 1524 Griechisch an der Oder-Universität lehrte und die Rhetorik wissenschaftlich begründete, steht hierfür; in F. schuf er um 1530 das erste deutsche bürgerliche »Collegium musicum«. Die philippistische Richtung wurde zurückgedrängt, als Joachim II. den aus Kursachsen geflüchteten, des »Müntzertums« verdächtigen Johann Agricola zum Generalsuperintendenten der Mark machte, der als Kurator der Viadrina seinen Schwager und Amtsnachfolger Andreas Musculus als streng lutherischen Theologen 1541 nach F. führte, wo dieser bis zu seinem Tode 1581 bestimmend blieb; Musculus' Teufelsbücher, vom Frankfurter Drucker Johann Eichorn mit Titelholzschnitten versehen, waren derbe, sprachgewandte Straf- und Moralpredigten. Abermals wurde die Viadrina philippistisch, als die »zweite Reformation« in Wittenberg Ende des 16. Jh. mit dem Sturz der Melanchthon-Anhänger endete und ein Teil der Vertriebenen nach F. kam, auch die Studentenzahlen wieder über 400 anstiegen. Spätestens nach 1500 war F. durch die Verlagerung internationaler Handelswege zu einer regionalen Neubestimmung seines Wirtschaftsplatzes gedrängt worden (1518 Austritt aus der Hanse), zumal der markbrandenburgische Adel auf Kosten des städtischen Handels zur zollfreien Ausfuhr seines Getreides kur-

fürstlich privilegiert wurde, schließlich Stettin 1571 für F. den Ostseezugang sperrte. Im Verlauf des 16. Jh. gelang es den Frankfurter Kaufleuten (ehedem Groß- und Fernhändler, nun Zwischenhändler), die drei traditionell lokalen Märkte, vor allem die auf die Leipziger Frühjahrsmesse folgende Margarethenmesse (urk. 1355), zu von weither besuchten Großstapelplätzen im west-östlichen Warenaustausch auszubauen, aus denen dann nach dem Dreißigjährigen Krieg (Frankfurts Einwohnerzahl sank von 13 000 auf 2 366 ab) die kurfürstlich privilegierten Messen hervorgingen.

Mit Fertigstellung des Müllroser (*) Kanals (1668) verfiel die Frankfurter Niederlage Kersdorf (*), und Berlin wurde Nutznießer der Oder-Spree-Verbindung. 1669 wurde eine erste Garnison des stehenden Heeres nach F. verlegt, 1685 fanden 50 Hugenottenfamilien in der Stadt Aufnahme. Infolge des kurfürstlichen Aufnahmeedikts von 1671, das 50 von 3 000 durch kaiserliche Ausweisung bedrohten Wiener Juden Schutzbriefe in Aussicht stellte, entstand in F. gegen 1700, nachdem bereits 1672 vor allem der Landadel Opposition angemeldet hatte, die nach Berlin zweitgrößte Judensiedlung der Mark: 31 »Vergleitete« und 43 Unvergleitete mit ihren Familien.

Mit Übertritt des Kurfürsten 1613 zur reformierten Kirche wurde die Frankfurter Universität zur »Ostbastion des Calvinismus«, namentlich zur Pflanzstätte seiner unionistischen, auf protestantische Kircheneinheit zielenden Richtung. Der schon im 16. Jh. beachtliche Studentenzuzug (rund 600) aus dem polnisch-litauischen Raum, aus Ungarn und Siebenbürgen, aus Böhmen und Mähren vermittelte wesentlich die Frühaufklärung nach Polen, wirkte nachhaltig ins evangelische Schlesien. Als einer unter vielen konvertierte hier während seines Studiums 1618/19 Martin Opitz vom Luthertum zum Calvinismus und schrieb an seinem Buch »Von der deutschen Poeterei«. Seit 1667 war der Zerbster Polyhistor Johann Christoph Becmann mehrfach Rektor der Viadrina, verfaßte die »Historia des Fürstenthums Anhalt« und »Historische Beschreibung der Chur- und Mark Brandenburg«, dazu 1679 ein Lehrbuch der Moralphilosophie, das die feudalabsolutistische Einschwörung des orthodoxen Calvinismus im Brandenburgischen offenbart; in gleicher Richtung wirkte die 1671 in F. nach französischem Vorbild eingerichtete Ritterakademie mit ihrem verstärkten adligen Zuzug an die Viadrina. Frühe Übernahmen cartesianischen Gedankenguts, vornehmlich über niederländi-

sche Ärzte (1668 hier erste Bluttransfusion am Menschen in Deutschland), sowie des von Hugo Grotius begründeten Naturrechts, das 1675/78 Chistian Thomasius bei seinem Lehrer Samuel Stryk (1665/90) aufnahm, ließen F. ein »Amsterdam des Ostens« werden. Dank unionistischer Toleranz wurden an der Viadrina jüdische Studenten zugelassen, promovierte hier erstmals in Mitteleuropa ein Jude, richtete der Senior der Brüderunität in Großpolen und Berliner Hofprediger (nachmals Akademiepräsident) Daniel Ernst Jablonski, Haupt der Frankfurter Orientalistik, eine hebräische Druckerei in F. ein, die 1715/21 erstmals in Deutschland den Talmud druckte. Die Frühaufklärung schloß an der Viadrina mit der Einrichtung der neben Halle ersten deutschen Kameralistik-Professur (1727) für Justus Christoph Dithmar ab, der mit der »Ökonomischen Fama« in F. 1729 die erste deutsche wirtschaftswissenschaftliche Zeitschrift gründete.
✦ Viadrina im Bereich des ehem. Lebuser Tores, Portalabguß des 1962 abgerissenen Collegienhauses am Eingang des *Bezirksmuseums Viadrina (Philipp-Emanuel-Bach-Str. 11)*, eines ehem. Kaufmannshauses, 1675/90 von

Ansicht der Viadrina, Federzeichnung von H. Mühle 1906 (Stadtarchiv Frankfurt)

C. Ryckwaert und oberitalienischen Stukkateuren zum Wohnsitz der studierenden Kurfürstensöhne und ihres Anhangs umgebaut (»Junkerhaus«); Doppel-Pfarrhaus *(Stadtarchiv)* 1738/40 an der heutigen *Konzerthalle.*
Unter dem »Soldatenkönig« Friedrich Wilhelm I. wurde F. als Garnisonstadt ausgebaut, hatte beim Tode Friedrichs II. über 10 000 Einwohner und 2 100 Soldaten. Ihre Messen litten stark unter den merkantilistischen Maßnahmen der Regie (1740 Meßkommerzienkommission unterm Generaldirektorium eingerichtet), die mit freiem Meßverkehr unvereinbar waren, durch überzogene Förderung des Inlandmarktes, erhöhte Akzisen und Durchgangs- wie Einfuhrzölle für fremde Waren, namentlich für polnische Wolle und sächsische Produkte, die internationale Meßbeteiligung beträchtlich dämpften. Die kapitalkräftigen jüdischen Großhändler Polens und Rußlands wurden so nach Leipzig abgedrängt, dessen nun um den Osthandel vermehrte Messen Weltgeltung erlangten. Demgegenüber blieb die auf königliche Kosten 1766/69 jenseits der Oder nach Abriß der Sternschanze (Dammvorstadt, heute Słubice) errichtete dreistöckige Seidenmanufaktur bedeutungslos. Wohnungsnot drängte noch 1772 den Großteil der Manufakturarbeiter mit ihren Familien in den Ar-

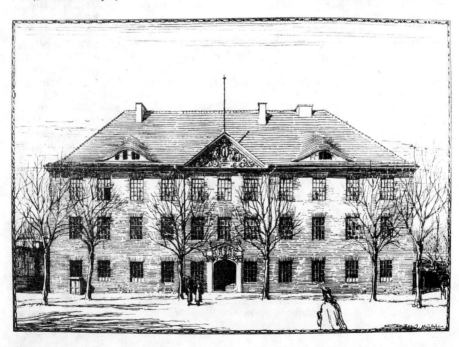

beitssälen der zentralisierten Manufaktur zusammen; wie die Gesellen verfügten die hiesigen Meister über keine eigenen Produktionsmittel mehr, konnten als sogenannte Arbeitsmeister mit Aufsicht über mehrere Webstühle lediglich mit etwas besserer Bezahlung rechnen.

1734/38 Carl Philipp Emanuel Bach Jurastudent und Kantor an der *Marienkirche*; 1755 Uraufführung von Gotthold Ephraim Lessings (*Potsdam) »Miß Sara Sampson«, der ersten bürgerlichen Tragödie Deutschlands, im Exerzierhaus. 1759 erlag der mit Lessing befreundete Dichter und Major Ewald Christian v. Kleist in F. seinen Kunersdorfer (*Reitwein) Verwundungen (*Grabdenkmal* von 1779 im *Park an der Gertraudenkirche*).

Die beginnende Hochaufklärung verbindet sich für die Viadrina mit dem Wirken Alexander Gottlieb Baumgartens (1740/62), der hier wolffianische Philosophie vermittelte und die Ästhetik als Wissenschaft begründete, ferner mit Staatsrechtlern von Rang wie Johann Jakob Moser (1736/37), Samuel Cocceji und Joachim Georg Darjes (*Grabdenkmal im Park an der Gertraudenkirche*, 1796 von G. Schadow). Samuel Cocceji stand wie sein Vater und Via-

Kleist-Gedenk- und- Forschungsstätte in der ehem. Garnisonschule

drinavorgänger Heinrich (1690/1719) im Ministerkreis der preußischen Könige, leitete ab 1737 die preußische Justiz und schuf die Grundsätze der friderizianischen Gerichtsreform (1748 »Codex Fridericanus Marchius«). Darjes begründete 1767 die »Frankfurter Gelehrte Gesellschaft der Wissenschaften und Künste«, die dann seit 1791 unter der Präsidentschaft des Historikers Karl Renatus Hausen stand. Wöllners (*Groß Rietz) Religionsedikt (1788) und Kulturkampf fanden unter den preußischen Universitäten an der Viadrina ihren schärfsten Widerstand. Neben dem gemaßregelten eudämonistischen Popularphilosophen Gotthilf Samuel Steinbart (1774/1809) ist der rationalistische Theologe Josias Friedrich Christian Löffler zu nennen (1782/88), der nach Gotha auswich und für den freigeistigen Prediger zu Gielsdorf (*) Partei ergriff; in Berlin war er Hauslehrer der Gebrüder Humboldt gewesen, die dann während ihres Studiums in F. (1787/88) bei ihm wohnten. Dem revolutionsbegeisterten Heinrich Zschokke (1789/95) blieb eine Viadrina-Professur versagt, was ihn in die Schweiz führte, wo er unter dem Einfluß Pestalozzis als Volksschriftsteller wirkte.

1776/85 war Oberst Leopold v. Braunschweig (seit 1780 Herzog, Neffe Friedrichs II.) Kommandeur des

hiesigen Infanterieregiments; der fürstliche Philanthrop stiftete 1777/78 die Frankfurter Garnisonschule, eine Freischule für verwahrloste Soldatenkinder (heute *Kleist-Gedenk-und-Forschungsstätte, Faberstr. 7,* von M. F. Knoblauch – weitere Bauten des Frankfurter Stadtarchitekten: *Oderallee 4/7,* ehem. Heilig-Geist-Hospital, 1787; *Karl-Marx-Str.* 47, ehem. Georgen-Hospital, 1794).
In F. wurden 1777 bzw. 1800 Heinrich v. Kleist und der spätromantische, bis zu seinem Tode 1840 in Berlin wirkende Schriftsteller Franz Freiherr v. Gaudy geboren. Kleists Name ist heute unlösbar mit F. verbunden, Viadrina-Student 1799/1800 (*Potsdam); der in Persönlichkeit und Werk von tiefem Humanismus getragene Dramatiker und Novellist hinterließ ein schwer etikettierbares literarisches Erbe von nachhaltiger Wirkung, mit Zügen eines frühen kritischen Realismus (*Kleist-Denkmal* von 1910 im *Park an der Gertraudenkirche*).
Während der Reorganisation des 1806 geschlagenen preußischen Heeres hatten Friedrich v. Kleist (im August 1813 maßgeblich am alliierten Sieg beim böhmischen Kulm beteiligt) 1809/12 und Karl v. Clausewitz (Scharnhorst-Schüler und führender preußischer Militärreformer) 1810/12 Kommandofunktionen in der Garnison F. inne. 1822/33 war der spätere preußische Generalstabschef (1858/88) Helmuth v. Moltke Offizier des Frankfurter Regiments, als solcher 1823/26 zur Allgemeinen Kriegsschule bzw. 1828/33 zur Topographischen Abteilung des Großen Generalstabes kommandiert.

1811 wurde die Viadrina – ein Jahr nach der Berliner Universitätsgründung – aufgehoben und mit der Breslauer Leopoldina zusammengelegt, gehört damit wie 20 weitere deutsche Hochschulen dem »Universitätssterben« der Zeit an. 1815 wurde die Stadt (15 600 Einwohner) Sitz des Regierungsbezirkes Frankfurt (Oder) mit allen Nachfolgebehörden der neuen Verwaltung, nun eine Garnison- und Beamtenstadt wie Potsdam, nur ohne Hof. 1810/19 ergingen neue Messeordnungen, die zusammen mit der preußischen Zollgesetzgebung von 1818 eine Spätblüte der Frankfurter Messen über die Jahrhunderthälfte hinweg einleiteten; um die Jahrhundertwende erlagen sie der Leipziger Konkurrenz.
✦ Entfestigung ab 1816, auf westlichen Wällen und Gräben 1833/45 *Lenné-Park* von P. J. Lenné angelegt, zusammen mit spätklassizistischer Straßenzeile *Halbe Stadt; Herbert-Jensch-Str. 1/3* (urspr. Badehaus), frühes 19. Jh.; *Oderallee 8,* Anfang 19. Jh.; *Wilhelm-Pieck-Str. 337* (ehem. Logengebäude), Mitte 19. Jh.; spätklassizistisches *Schloß im Ot. Booßen;* spätklassizistische Wohnbauten *Oderallee 14, 19, 37* sowie *Karl-Marx-Str. 135.*

Heinrich v. Kleist, Litho von K. Bauer 1903 (Kupferstichkabinett Dresden)

1818/24 lehrte Leopold Ranke (1865 geadelt) am Friedrich-Gymnasium, verfaßte in F. auf quellenkritischer Grundlage seine »Geschichte der romanischen und germanischen Völker«, die ihn nach Berlin empfahl.
1828 Geburtsort von Robert Viktor v. Puttkamer, nach preußischer Beamtenlaufbahn 1879 Kultusminister (»Puttkamersche Orthographie«, eine vereinfachte deutsche Rechtschreibung), seit 1881 Innenminister, verantwortlich für die »Ära Puttkamer« (bis 1888) als ein System polizeistaatlicher Methoden während des Sozialistengesetzes
1843 in F. Anton v. Werner geboren, preußischer Hof- und Historienmaler, seit 1875 Direktor der Berliner Akademie der bildenden Künste, malte 1876 die »Kaiserproklamation in Versailles am 18. Januar 1871«
1842 Eröffnung der Eisenbahn Berlin–F. (mit Wei-

terbau bis Breslau, 1846 erste Eisenbahnbrücke über die Oder), doch eine nennenswerte Industrialisierung blieb aus; über 30 Unternehmungen in den 50er Jahren glichen eher Handwerksbetrieben denn Fabriken; seit 1857 *Orgelbaubetrieb Sauer* (1972 VEB)

Nach den Berliner Märzkämpfen 1848 entstanden Anfang April bzw. Ende Mai in F. (etwa 30 000 Einwohner) ein bürgerlich-liberal gestimmter Konstitutioneller Verein mit 350 Mitgliedern und ein Demokratischer Verein, der mit zeitweilig 800 Mitgliedern die größte Organisation der kleinbürgerlichen Demokratie im Regierungsbezirk verkörperte. In F., wo fortschrittliche Pädagogen wirkten, u.a. der Schuldirektor und demokratische Abgeordnete der Nationalversammlung von Frankfurt/Main Carl Wilhelm Wiecke (*Grabdenkmal* im *Kleistpark*), fand im September die 2. Brandenburgische Provinziallehrersynode statt. Es ging um das Aufsichtsrecht der protestantischen Staatskirche über die Schulen, dessen Beseitigung Wiecke hier schon mit seinem Ende August gegründeten »Verein zur Emanzipation der Schule« vorgearbeitet hatte. In der Septemberkrise verlor der Konstitutionelle Verein bourgeoise Kräfte und gewann den

rechten Flügel des Demokratischen Vereins hinzu, in dem fortan unter Gustav Kirchner – Stiefbruder des Kölner Bundesmitgliedes der Kommunisten Karl Friedrich Anneke – der linke, von Handwerkern und Arbeitern getragene Flügel bestimmend wurde; vorausgegangen war am 3. September eine vom Demokratischen Verein initiierte öffentliche Volksversammlung mit Karl d'Ester, Armenarzt und gleichfalls Kölner Mitglied des Bundes der Kommunisten, entschiedenster Linker in der preußischen Konstituierenden Versammlung, später (seit dem Berliner Kongreß Ende Oktober 1848) Vorsitzender des Zentralausschusses der demokratischen Vereine. Das ab Anfang Oktober erscheinende Vereinsorgan »Frankfurter Demokratisches Wochenblatt« brachte mehrfach Abdrucke aus der von Marx redigierten »Neuen Rheinischen Zeitung«. Am 12./13. November versuchte der Demokratische Verein ein bewaffnetes Arbeiterkorps aufzustellen, vermochte sich aber nicht mehr gegen den Frankfurter Magistrat durchzusetzen.

1849 regionaler Zusammenschluß der hiesigen Porzellandreher mit denen Berlins, Magdeburgs und Luckaus; 1866 ADAV-»Filiale« in F. gegründet; 1869 erfolgreicher Lohnstreik der Zimmerergesellen

1853 in F. Hermann v. Wissmann geboren, Entdeckungsreisender in Afrika (1880/86), unterdrückte 1888/90 einen Araberaufstand in Deutsch-Ostafrika,

Frankfurt um 1845, Lithographie von G. Frank (nach Original im Stadtarchiv Frankfurt)

Pädagoge und 48er Demokrat Carl Wilhelm Wiecke (Stadtarchiv Frankfurt)

Der expressionistische Dichter Klabund

war 1895/96 Gouverneur dieser Kolonie, deren Offizierskorps größtenteils von Frankfurter Garnisonregimentern (Ausbau der *Kasernen* in F. 1876/1900) gestellt wurde.
1855/70 war Heinrich Stephan in der Oberpostdirektion F. tätig, bevor er zum Generalpostdirektor des Norddeutschen Bundes avancierte; Stephan reformierte das deutsche Postwesen, schuf ein einheitliches Postrecht, wurde 1874 maßgeblicher Begründer des Weltpostvereins.
Nach dem 1838 in Berlin gegründeten »Verein für die Geschichte der Mark Brandenburg« 1861 »Historisch-Statistischer Verein in Frankfurt (Oder)« geschaffen (*Neuruppin, *Müncheberg, *Eberswalde-Finow)
1860/79 wirkte Eduard Simson, einstiger Präsident der Frankfurter Nationalversammlung von 1848/49, zunächst als Vizepräsident, dann als Präsident am Appellationsgericht in F. (*Wohnhaus Halbe Stadt 20*), nahezu zeitgleich (1859/74) als Präsident des Preußischen Abgeordnetenhauses, des Norddeutschen und Deutschen Reichstages.
1894/97 wirkte der evangelische Theologe und Schriftsteller Paul Göhre als Pfarrer in F., nach Arbeit in einer Chemnitzer Fabrik durch das Buch »Drei Monate Fabrikarbeiter und Handwerksbursche« (1891) und seine Tätigkeit als Generalsekretär des Evangelisch-sozialen Kongresses in Berlin (1891/94) bekannt geworden; 1897 legte er sein Pfarramt nieder, wurde zweiter Vorsitzender der Naumannschen Nationalsozialen Partei und trat 1899 zur Sozialdemokratie über.
Seit März 1890 Erscheinen der »Märkischen Volksstimme« in F., des sozialdemokratischen Organs für die Provinz Brandenburg; 1903 erst- und einmaliger sozialdemokratischer Reichstagswahlsieg im Wahlkreis Frankfurt/Lebus vor dem ersten Weltkrieg – damals in F. unter 61 000 Einwohnern 5 350 Offiziere und Militärbeamte mit ihren Familien

✠ *Gertraudenkirche*, neogotisch 1878 (mit Ausstattung der von den Gewandschneidern gestifteten gotischen Vorgängerkirche sowie der kriegszerstörten Marienkirche, u. a. Marienbibliothek); *Katholische Pfarrkirche*, 1897/99 westlich der Straße *Halbe Stadt; Gutshaus Ot. Rosengarten*, 1898 historisierend; *Hauptpost (Platz der Republik)*, 1898/1902 in märkischer Backsteingotik; *Regierungsgebäude* (heute: Rat des Bezirkes), 1899/1904; *Rudolf-Breitscheid-Str. 13*, Jugendstilbau Anfang 20. Jh.; *Schule Wieckestr. 8/9*, 1910/11 in Renaissanceformen, seit 1985 *Institut für Lehrerbildung* (ehem. in Neuzelle *)

Aus dem Neumärkischen kamen um die Jahrhundertwende Gottfried Benn (*Mansfeld) und Klabund (eigentlich Alfred Henschke) zum Gymnasialbesuch nach F. (ehem. Friedrichsgymnasium, heute 2. Polytechnische Oberschule, Gubener Str.) befreundeten sich hier; beide später poetische Neuerer von gewaltiger Sprachkraft, dem Expressionismus zugehörig.
1901 in F. Konrad Wachsmann geboren, entwarf als vom Bauhaus beeinflußter Architekt dem sozialen Wohnungsbau Typen-Siedlungshäuser weitgehend aus Holz (*Caputh); kämpfte als emigrierter Jude in der französischen Armee, war 1941/80 Hochschullehrer in den USA (Urnenüberführung nach F., *Grabstätte auf dem Neuen Friedhof*)
1902 Geburtsort von Greta Kuckhoff, Mitglied der Schulze-Boysen/Harnack-Organisation, faschistisches Todesurteil in zehnjährige Zuchthaushaft umgewandelt, langjährige Repräsentantin des Friedensrates der DDR und Mitglied des Weltfriedensrates (*Grabstätte auf dem Neuen Friedhof*)

Unter dem Regierungspräsidenten Friedrich v. Schwerin (auf Wustrau) wurde F. zu einem Zentrum ostgerichteter Siedlungstätigkeit. 1910 gründete er mit der Siedlungsgesellschaft

»Eigene Scholle« F. eine der frühesten regionalen Gesellschaften, 1912 zusammen u. a. mit dem Berliner Nationalökonomen Max Sering und dem Krupp-Direktor Alfred Hugenberg in F. die Gesellschaft zur Förderung der inneren Kolonisation als Dachgesellschaft. Sie hatte bis zum Amtsrücktritt v. Schwerins (1917) ihren Sitz in F., dann in Berlin und war maßgeblich an den Planungen beteiligt, die 1919 zum Reichssiedlungsgesetz führten. Während des ersten Weltkrieges war F. wichtiger Stützpunkt des Ersatzheeres und hatte ein großes Lager mit bis zu 20 000 russischen Kriegsgefangenen (*Holzkirche*, heute Heilandskapelle, in der Klingetalsiedlung).

In der Novemberrevolution schickte Karl Liebknecht den an der Sitzung des Vollzugsausschusses der revolutionären Berliner Obleute vom 6. November teilnehmenden Berliner Werkzeugmacher Bruno Peters – 1917 zur USPD übergetreten, der Spartakusgruppe angehörig, derzeit zwangsweise Arbeitssoldat eines Frankfurter Grenadierregiments – nach F. zurück, wo Peters für eine Massenkundgebung vorm Rathaus zum 10. November 10 000 Soldaten des kriegsmüden Ersatzheeres aus den Kasernen abzuziehen vermochte und den Vorsitz des von der Versammlung gewählten Arbeiter- und Soldatenrates übernahm (Sitz im *Regierungsgebäude*). Bei gleichzeitigen Verhandlungen mit Frankfurts Oberbürgermeister Paul Trautmann und dem Besitzer der die bürgerliche Konterrevolution organisierenden Frankfurter »Oder-Zeitung« lenkte der politisch erfahrene Emil Faber – seit der Zeit des Sozialistengesetzes führender Sozialdemokrat in F., noch im Mai 1918 Mitunterzeichner eines Kriegsanleihenaufrufes, nunmehr 2. Vorsitzender des Rates – die Entwicklung in Richtung parlamentarische Demokratie. Gestützt auf die ersten am 23./24. November von der Front zurückkehrenden Stammtruppen der Frankfurter Garnison, wurde Peters Anfang Januar 1919 nach seiner Rückkehr vom Berliner Gründungsparteitag der KPD (Frankfurter Ortsgruppenbildung Anfang Februar 1919 im Arbeiterlokal »Neu-Carthaus«, Halbe Stadt 13) gezwungen, seine Funktion als Vorsitzender des Arbeiter- und Soldatenrates niederzulegen. Von F. zogen Freiwilligenkorps 1919/20 zu antibolschewistischen Kämpfen ins Baltikum. Ende Juni 1919 schoß ein vom Frankfurter Oberbürgermeister gerufenes Freikorps eine gegen die Lebensmittelteuerungen gerichtete Kundgebung auf dem *Markt* auseinander (*Grabstätten* der Opfer auf dem *Neuen Friedhof*).

Nach dem Versailler Vertrag kam ein breiter deutscher Flüchtlingsstrom aus den ehedem preußischen, nun polnischen Provinzen Westpreußen und Posen in die neumärkischen Kreise des Regierungsbezirkes Frankfurt und in die Oderstadt. Rund 80 km von der polnischen Grenze gelegen, sollte sich F. jetzt zunehmend als »Hauptstadt der mittleren Ostmark« verstehen, war zudem nach Bildung Groß-Berlins in der arg dezimierten Provinz Brandenburg zur größten Stadt geworden (70 000 Einwohner). 1922 wurde die Eisenbahndirektion Osten (mit 1 000 weiteren Beamten und ihren Familien) von Berlin nach F. verlegt, so daß hier nach einer Übersicht von 1924 ein Drittel (d. h. über 12 000) der Frankfurter Berufstätigen in staatlichen und städtischen Behörden beschäftigt war.

✦ Eisenbahner-Wohnsiedlung *Paulinenhof* (Zugang *Kießling-Platz*) als Gartenstadt, 1922/23 von Martin Kießling; *Georgenkirche*, Zentralbau 1926/28; *Schulkomplex August-Bebel-Str.*, 1927/28; *Musikheim am Paulinenhof*, 1928/29 von Otto Bartning (heute: *Kleist-Theater*); ehem. *Baugewerkeschule Puschkinstr. 7/9*, im Bauhausstil 1932; *Pädagogische Akademie* (heute: Bezirksleitung der SED) *Friedrich-Ebert-Str. 51/52*, im Bauhausstil 1930/35

F. wurde für Posen Nachfolgesitz des 1894 gegründeten Vereins zur Förderung des Deutschtums in den Ostmarken (seit 1899 in Deutscher Ostmarkenverein umbenannt, auch Hakatisten-Verein genannt), der seine Aufgaben dem im Jahre 1919 geschaffenen »Reichsverband Ostschutz« übertragen hatte. Dieser faßte die nun aufblühenden »Ostvereine« und Vertriebenenverbände zusammen und bot den Ostflüchtlingen charitative Fürsorge. Aus seinem Zusammenschluß mit dem in F. starken »Deutschen Heimatbund Posener Flüchtlinge« ging 1920 der »Deutsche Ostbund« hervor, 1922/23 bereits reichsweit mit über einer Million Mitgliedern und dem Reichspräsidenten von Hindenburg als Ehrenvorsitzenden; in F. hatte der Landesverband »Ostmark« dieses Vereins seinen Sitz, hier wirkten seine Vizepräsidenten und früheren Hakatisten, der Heimatdichter Franz Lüdtke und der ehemalige Posener Verlagsdirektor E. Ginschel. Vorstandsmitglieder des Deutschen Ostbundes waren auch die Frankfurter Oberbürgermeister Trautmann und sein Nachfolger Hugo Kinne,

Wohnsiedlung in Paulinenhof, Beispiel einer aufgelockerten Gartenstadt 1922/23 von M. Kießling

beide kenntnisreiche Kommunalpolitiker, auch publizistisch aktiv. Die von ihnen geförderte Frankfurter Siedlungsgemeinschaft »Eigene Scholle GmbH« (1910) zur bäuerlichen Siedlungsverdichtung in der mittleren Ostmark stieß sich bald am Widerstand der dortigen Großgrundbesitzer; mit 43 Bewohnern je km² blieb die Provinz Grenzmark in der Bevölkerungsdichte zwei Drittel unter dem Reichsdurchschnitt, entgegen der berüchtigten Naziparole eher ein »Raum ohne Volk«.

Obschon ein Hort von Freikorps und nahe den mit illegalen (Arbeits-)Kommandos der Schwarzen Reichswehr belegten Junkergütern gelegen, hielt sich die Frankfurter Garnison auf der damaligen Linie der Reichswehrführung und half am 1. Oktober 1923, die unter Major Bruno Buchrucker gegen die Weimarer Republik putschenden, auf Küstrin (*Kietz) zusammengezogenen Truppen der Schwarzen Reichswehr niederzuschlagen; für 1924 in F. 360 Vereine belegt, darunter fast 50 rein militaristisch, nationalistisch und revanchistisch ausgerichtet

Mit Hilfe des der »Deutschen Ostbund«-Führung nahestehenden Reichsaußenministers Gustav Stresemann kam Mitte Juni 1924 die zentrale Ostmarkschau für Gewerbe und Land-

wirtschaft (OGELA) in F. zustande, was dessen Anspruch auf »Hauptstadt der mittleren Ostmark« stützen half; ähnlich wurde eine »Werbewoche für Wirtschaft und Sport« des Regierungsbezirkes Anfang September 1926 in F. mit dem Ostmärkertag verbunden. Über »Grundsätze für die künftige Ostarbeit« beriet Ende Januar 1927 eine Geheimberatung in F., zu der der im Mai 1919 als Dachorganisation gegründete »Deutsche Schutzbund für das Grenz- und Auslanddeutschtum« eingeladen hatte. F. wurde noch im gleichen Jahre Sitz zweier überregionaler Neugründungen, des »Verkehrsverbandes Ostmark« und des »Wirtschafts- und Kulturbundes für das Grenzgebiet Frankfurt (Oder)«. Aus einer Unzahl von Kameradschafts-/Erinnerungstreffen, Einweihungen u. dgl. m. von Traditionsverbänden ehemaliger Offiziere und Soldaten in der Stadt ragt die »Freiheitskundgebung der Vaterländischen Verbände« Mitte Februar 1928 heraus; hier sprach der Landesverbandsführer des »Stahlhelms«, Rittmeister a. D. von Morocowicz (*Wuhden), anwesend im »schlichten Braunhemd« auch Prinz August Wilhelm von Preußen.

März 1925 RFB-Ortsgruppengründung in F., hier eine von drei Untergauführungen neben Eberswalde (*) und Fürstenwalde (seit 1927) auf dem Gebiet des heutigen Bezirkes; 6. Juni 1929 Demonstration (2 000) vorm *Rathaus* gegen Zörgiebels Blutmai in Berlin und das RFB-Verbot (*Eberswalde-Finow), im September Gründung einer Antifaschistischen Arbeiterwehr – einer der vielen nach dem RFB-Verbot entstehenden Schutz- und Abwehrorganisationen, zu ihrer Zusammenfassung Ende September 1930 »Kampfbund gegen den Faschismus« (*Bernau) durch KPD geschaffen; 1928 und 1930 Reden Ernst Thälmanns in F.; sozialistische pädagogische Reformbestrebungen an der 1927/33 bestehenden (einzigen weltlichen) Friedrich-Ebert-Schule (*Bachgasse*) unter deren marxistischem Rektor Erich Paterna Der 10. Jahrestag des Versailler Friedensvertrages wurde in F.»1930 als Ostjahr« begangen, 1931 erfolgte eine große Reichswehrparade der Frankfurter Garnison zum 60. Jahrestag der Reichsgründung, im September 1932 Reichswehrmanöver um F.

Ähnlich Potsdam (*) hatten die Nazifaschisten im konservativen F. bei ihrem ideologischen Zweifrontenfeldzug gegen »Marxismus und Reaktion« zunächst einen schweren Stand. Als im Mai 1928 im Frankfurter Hotel »Nürnberger Hof« der NSDAP-Gau »Ostmark« aus der Taufe gehoben wurde, mußte der Müncheberger SA-Sturm nach F. transportiert werden, um diesen ersten »Gauparteitag« abzusichern. Bisher gehörte die Provinz Brandenburg zum von Goebbels geleiteten NSDAP-Gau »Berlin–Brandenburg«, 1928 in die Gaue Berlin, Brandenburg (für den Regierungsbezirk Potsdam, Sitz Berlin) und Ostmark (für den Regierungsbezirk F.) dreigeteilt wurde. Gauleiter des letzteren wurde Wilhelm Kube, ehemaliger Führer der deutschnationalen »Bismarck-Jugend«, 1928/33 »Preußenführer« der bis 1932 nur sechs Abgeordnete umfassenden NSDAP-Fraktion im preußischen Landtag, deren Zahl bei der Wahl 1932 auf 107 anschnellte (»Kompagnie Kube«). Die ostmärkischen Gautage fanden in der Regel in F. statt. Erst als die bisher stramm deutschnationalen kleinbürgerlichen Wähler in und um F. zunehmend NSDAP wählten, trat Hitler auch in F. auf (Juni 1931, April 1932), letztmals beim Gauparteitag am 22. Januar 1933, wo er vor 2 000 Nazifunktionären die Standartenweihe vornahm und seine letzte »Führerrede« vor der Machtübernahme hielt. Zum 1. Juni 1933 wurden die NSDAP-Gaue Brandenburg und Ostmark zum Gau Kurmark (Sitz Berlin) unter Kube, der zugleich Oberpräsident der Provinz wurde, zusammengefaßt. In den faschistischen Planungen war F. als künftige »Gauhauptstadt« vorgesehen. Noch 1933 wurde die faschistische Dachorganisation »Bund deutscher

Folgende Seiten:
Plan mit Denkmalsübersicht
1 Rathaus   2 Marienkirche   3 Kleist-Gedenk- und Forschungsstätte   4 Bezirksmuseum »Viadrina«
5 Friedens- (ehem. Nikolai-) Kirche
6 Collegienhaus (Stadtarchiv und Musikkabinett)
7 Konzerthalle »Carl Phillip Emanuel Bach«
(ehem. Franziskanerklosterkirche)   8 Standort der einstigen Universität (Viadrina)   9 Park an der Gertraudenkirche mit Denkmälern
10 Gertraudenkirche   11 Sowjetisches Ehrenmal
12 Hauptpost   13 Rat des Bezirkes
(ehem. Regierungsgebäude)   14 Friedensglocke
15 Zentraler Platz mit Hochhaus
16 Katholische Pfarrkirche   17 Haus der DSF
18 Georgkirche   19 Kießlingplatz, Zugang zur Wohnsiedlung Paulinenhof   20 Bezirksleitung der SED
(ehem. Pädagogische Akademie)   21 Schulkomplex August-Bebel-Straße   22 Kleisttheater   23 ehem. Baugewerkeschule

Die kriegszerstörte Innenstadt (Stand 1953)
1 Nikolaikirche (ehem. Franziskanerklosterkirche, heute Konzerthalle)   2 Friedenskirche (ehem. Nikolaikirche)
3 Großes Kollegienhaus der Viadrina
4 Rathaus   5 Marienkirche   6 Rat des Bezirkes
(ehem. Regierungsgebäude)   7 Hauptpost   8 Friedensglocke von 1953

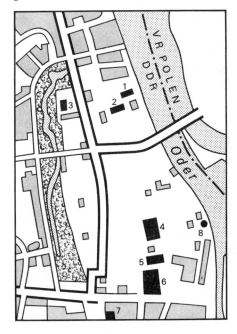

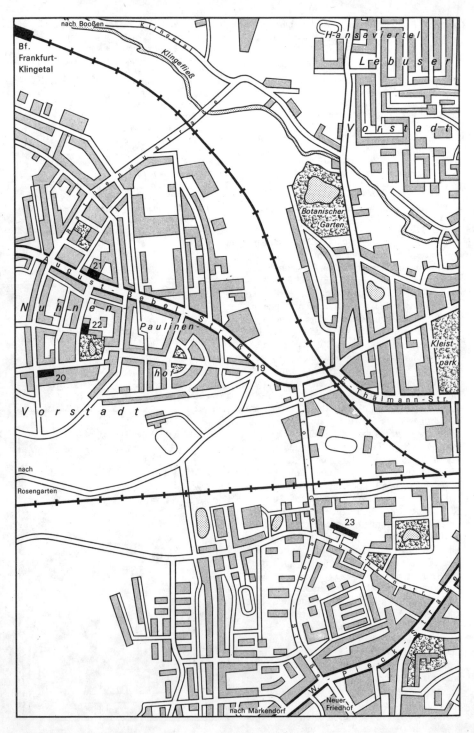

Bf.
Frankfurt-
Klingetal

nach Booßen

Klingetal

Klingefließ

Hansaviertel

Lebuser

Vorstadt

Botanischer
Garten

Kleist-
park

August-Bebel-Straße

Nuhnen-

21

22

Paulinen-

hof

20

19

E. Thälmann-Str.

Vorstadt

nach

Rosengarten

23

nach Markendorf

Neuer
Friedhof

W.-Pieck-Straße

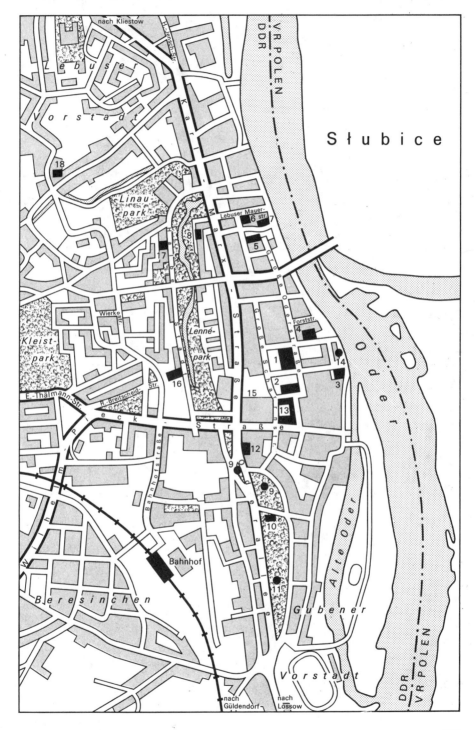

Osten« durch Alfred Rosenberg gegründet (unter Leitung Franz Lüdtkes), erfolgte selbst hier eine Gleichschaltung, der sich allerdings die Hakatisten widersetzten, was Verbot und Auflösung ihres Deutschen Ostmarkenvereins Mitte Juni 1934 zur Folge hatte.

In den letzten Jahren der Weimarer Republik kommandierten nacheinander später maßgebliche Befehlshaber des faschistischen Heeres den Stab der 1. Kavallerie-Division in F.: 1929/31 Fedor v. Bock (1941 Befehlshaber der Heeresgruppe Mitte vor Moskau, 1942 der Heeresgruppe Süd), 1931/32 Werner Freiherr v. Fritsch (1934/38 Oberbefehlshaber des Heeres, Anfang 1938 infolge taktischer Differenzen während der sog. Blomberg-Fritsch-Krise zwangspensioniert), 1932/33 Ludwig Beck (1933/38 Chef des Heeres-Generalstabes, *Zossen, *Jüterbog). Beck gehörte wie Erwin v. Witzleben (1931/33 Kommandeur des 8. Infanterie-Regiments in F., *Wohnhaus Rudolf-Breitscheid-Str. 10*, 1934/38 Befehlshaber des Berlin-Brandenburger Wehrkreises III, zeitweise 1938 in Ungnade, 1941/42 Oberbefehlshaber West) zu den Hauptverschwörern des 20. Juli 1944.

1933/34 Frankfurter »Hochverratsprozeß« und Verhaftung der wichtigsten kommunistischen Widerstandsgruppe um Max Hannemann; 1935 sozialdemokratische Widerstandsgruppe um Willi Jentsch verhaftet (*Denkmal Rosa-Luxemburg-Str.*)
Wie die meisten Städte zwischen Berlin und der Oder erklärten die Faschisten F. zur Festung (hier schon

Glockenturm mit Friedensglocke von 1953

Galerie Junge Kunst in der Erdgeschoßhalle des Rathauses

am 26. Januar 1945) und versuchten kurz vor Beginn der sowjetischen Berliner Operation (*Seelow) mit gesteigertem Terror und antisowjetischer Hetze den »Kampfeswillen« der Soldaten und Zivilbevölkerung zu erhalten; allein in F. wurden nach Augenzeugenberichten zwischen Januar und April 1945 etwa 300 Personen standrechtlich erschossen. Sprengung der Oderbrücke am 19. April, durch Brände Zerstörung der Stadt zu 65 Prozent, 22./24. April von sowjetischen Truppen befreit (*Sowjetischer Ehrenfriedhof* und *Ehrenmal am Anger*)
Nach frühem Wiederaufbau der Parteiorganisationen von KPD und SPD im Mai 1945 in F. erste gemeinsame Funktionärskonferenz in der großen Packkammer der *Hauptpost* am 19. Januar 1946, Vereinigungsbeschluß dann am 24. März im Saal der damaligen Stadtverwaltung (*Gedenktafel, Wilhelm-Pieck-Str. 337*) nach Rede Friedrich Eberts (*Brandenburg, *Potsdam) vom Landesausschuß der SPD
Im Oktober 1945 bei Bodenreform Aufhebung der Güter Kliestow, Rosengarten, Lichtenberg, Markendorf und Lossow durchgeführt, sämtlich (dazu Güldendorf) seit 1947 nach F. eingemeindete Dörfer (Lossow erst 1973 zusammen mit Hohenwalde, Booßen 1974)
Großkundgebung am 28. März 1949 mit Wilhelm Pieck und Edwin Hoernle auf *Frankfurter Verschiebebahnhof* bei Eintreffen des ersten sowjetischen Güterzuges mit 65 Lkw (*Letschin)
Bis Juni 1949 aus der Enttrümmerung der Altstadt drei Millionen Ziegelsteine für den Wiederaufbau der verwüsteten Oderbruchdörfer geborgen (*Alt Tucheband), Wiederaufbaubeginn der Frankfurter Innenstadt ab Mai 1951 mit der *Bahnhofstr.*
1950 wurden der Stadtkreis F. sowie der bisherige Kreis Guben aufgelöst und dafür der Landkreis F. ge-

bildet (seit 1952 wieder Stadtkreis F.); mit der Bezirksgliederung 1952 wurde F. Bezirksstadt.

Am 27. Januar 1951 unterzeichneten die Außenminister der VR Polen und der DDR im Gefolge des 1950 vereinbarten Görlitzer Abkommens das Protokoll über die vollzogene Markierung der Oder-Neiße-Grenze im Haus der DSF (*Gedenktafel Halbe Stadt 23*; von der CDU gestiftete *Friedensglocke* 1953 nahe der Kleist-Gedenk- und- Forschungsstätte). Die Stadt wurde seither wiederholt Stätte deutschpolnischer Friedens- und Freundschaftsbegegnungen: Anfang 1972 Einführung des paß- und visafreien Reiseverkehrs mit nachfolgendem Treffen der Partei- und Staatsführer beider Länder in F. (23./24. Juni), Pfingsten 1977 deutsch-polnisches Jugendfestival in F. Der Frankfurter *Grenz- bzw. Verschiebebahnhof* ist bedeutendster Güterumschlagplatz und Transitpunkt zur VR Polen und Sowjetunion.
Auf Beschluß der V. SED-Parteitages von 1958 wurde in *F.-Markendorf* mit dem Aufbau des *VEB Halbleiterwerkes* begonnen, F. so zu einem wichtigen Standort der elektronischen Industrie. Heute ist das Frankfurter Werk (9 000 Beschäftigte) größter Produzent von Halbleiterelementen in der DDR; seit 1983 *Institut für Halbleiterphysik der AdW der DDR (Am Anger).*

1956/68 *Stadtkernbebauung im Bereich der Karl-Marx-Str.*, erneut seit 1984; seit 1971 umfangreiches Neubauwohnungsbauprogramm: *F.-Nord (Hansaviertel), Halbe Stadt, Neuberesinchen*; Entwicklung von F. zum geistig-kulturellen Zentrum des Bezirkes, so seit 1961 Oderfestspiele und seit 1965 *Galerie Junge Kunst in der Erdgeschoßhalle des Rathauses*

Kreis Eisenhüttenstadt – Stadt

Eisenhüttenstadt (1961)
Fürstenberg (1286)
Wahrscheinlich gründete nach der Mitte des 13. Jh. der wettinische Markgraf Heinrich der

Erlauchte, auch Herr der Lausitz, an der nordöstlichen Grenze seines Herrschaftsbereiches die Stadt F. (1286 als Zollstätte ersterwähnt) wohl in der Nähe einer seiner Burgen (Kietz 1411). Im vorangegangenen Bruderzwist der schlesischen Herzöge um die Landesteilung von 1249 (*Neuzelle) hatte er für den schließlich unterlegenen Heinrich III. von Breslau Partei ergriffen, was ihm – gemessen am Lebuser (*) Landgewinn der mit Bolesław II. verbündeten magdeburgischen Erzbischöfe und Askanier – den vergleichsweise bescheidenen Erwerb der Burg Schiedlo an der Neißemündung (bis 1815 einziger zur Niederlausitz gehöriger Ort östlich der Oder) und wohl auch (nach 1252/53) des Landstrichs um das spätere F. einbrachte. Immerhin blieb F., seit 1316 dem Stiftsgebiet von Neuzelle (*) mit Unterbrechung eingegliedert, bis 1817 im politischen Verband der Niederlausitz. Nur die expandierende böhmische Hausmacht unter Kaiser Karl IV. griff hier vorübergehend ein, als dieser 1370 (seit diesem Jahr Herr der Niederlausitz) von den Neuzeller Mönchen F. erwarb und mit dessen geplantem Ausbau (Befestigung, Oderbrücke, Kanalbau bis zur Elbe bei Tangermünde) weitreichende politische und wirtschaftliche Ziele verfolgte. Die Stadt wäre zu einem Eckpfeiler der luxemburgisch-böhmischen Reichspolitik geworden, die darauf aus war, Böhmen vom Kerngebiet zu machen und den Handel von Nord- und Ostsee nach Italien über Karls Kronland zu leiten. Doch mit dem Vertrag von Fürstenwalde (*) 1373 gelangte Karl IV. auch in den Besitz der Mark Brandenburg, so daß die hiesigen Bauarbeiten zugunsten des als Handelsplatz favorisierten Frankfurt (*) eingestellt wurden.

1406 Rückkauf der Stadt (*Pfarrkirche St. Nikolai*, spätgotischer Backsteinbau um 1400, 1945 zerstört, Wiederaufbau seit 1952 durch das Kloster Neuzelle; nachhaltige Zerstörung durch den Dreißigjährigen Krieg: F. hatte 1640 nur noch 30 Häuser, erreichte den Vorkriegsstand (250 Häuser) erst wieder um 1800; 1815 mit der Niederlausitz an Preußen angegliedert
Nach Eisenbahnanschluß 1846/47 an die Strecke Berlin–Breslau seit 1857 bei *Schönfließ* (Ot., seit 1925: F.-West) Braunkohlenabbau (bis 1927) durch Grubengesellschaft Präsident, aus der 1882 die Niederlausitzer Kohlenwerke AG hervorgingen; 1864 Gründung einer Glashütte (mit Unterbrechung bis 1953); sprunghafte industrielle Entwicklung durch Neubau des bei F. mündenden Oder-Spree-Kanals (*Müllrose) 1887/91: Schiffsverkehr verdreifachte sich bis 1894, drei Werften entstanden 1881/96

(heute *VEB Oderwerft*), Doppelschleuse 1895/97, Zwillingsschachtschleuse 1925/29 und *Oderhafen* 1925 (E. heute einschließlich des EKO-Werkhafens zweitgrößter Binnenhafenplatz der DDR); Verdopplung der Einwohnerzahl 1871–1900 auf über 5 700

✦ Ehem. *Rathaus (Marx-Engels-Platz),* 1900 in Spätrenaissanceformen; *Postgebäude (Bahnhofstr. 32),* gotisierend 1895; ehem. *Gasthaus (Lindenplatz 1),* mit Jugendstildekor von 1905; *Stadtmuseum (Löwenstr. 4)* mit Feuerwehrgeschichte der Region (*Wriezen)

Im Fürstenberger »Industriegelände« u. a. Nebenlager des KZ Sachsenhausen und Kriegsgefangenenlager M Stalag III B errichtet, in letzterem über 4 000 Sowjetsoldaten ermordet, 1951 aus dem EKO-Gelände zum *Platz der DSF* umgebettet (*Obelisk*) *Sowjetisches Ehrenmal (Gubener Str.)* zum Gedenken an den erkämpften Oderübergang vom 17. April 1945 (*Vogelsang), F. am 24. April befreit

Westlich von F. begann am Oder-Spree-Kanal im August 1950 die Baustelleneinrichtung für das *Eisenhüttenkombinat Ost (EKO).* Standortbestimmend für diesen ersten Industrie-Neubau »auf grüner Wiese« waren die günstigen Eisenbahn- und Wasserstraßenverbindungen mit der Sowjetunion (Eisenerze überwiegend aus Kriwoi Rog), Polen (Hüttenkoks aus Oberschlesien) und in die DDR hinein (Kalkstein aus Rüdersdorf, *). Nachdem viele Betriebe der verarbeitenden Industrie in ihrer vor dem Kriege bestehenden Leistungsfähigkeit wiederhergestellt worden waren, konzipierte die SED (Fünfjahrplanvorschlag des III. Parteitages im Juli 1950) den systematischen Aufbau der sozialistischen Volkswirtschaft. Je weiter der Wiederaufbau der Stahl- und Walzwerke voranschritt (*Brandenburg, *Hennigsdorf), desto drückender wurde der Mangel an Roheisen. Die imperialistische Spaltungs- und Embargopolitik gegen die DDR erzwang für das EKO ein ungemein hohes Bautempo. Zum Jahresbeginn fand die Grundsteinlegung für Hochofen I statt. Noch nicht ganz fertiggestellt, wurde der Ofen im September übereilt angeblasen und blieb in seiner Leistung zunächst weit unter den Erwartungen. Direkt untertützt durch das ZK der SED (Einsatz einer von Walter Ulbricht geleiteten Kommission im Januar 1952) und angeleitet durch sowjetische Spezialisten, bekam die Belegschaft, die in der Masse aus Umschülern und Angelernten bestand, darunter viele Frauen und Jugendliche, die Hüttentechnik allmählich in den Griff. Dabei formierte sie sich zu einem politisch-moralisch festen Kollektiv, das am 17. Juni 1953

seinen Betrieb schützte, streikende Bauarbeiter abwies und die Produktion gänzlich aufrechterhielt. 1954 kam der Aufbau des EKO mit Hochofenwerk (sechs Öfen), Erzaufbereitung und Sinteranlage sowie Gichtgaskraftwerk (das erste in Europa) zunächst zum Abschluß. Das gleichzeitig errichtete *Hüttenzementwerk Ost* war damals selbständiger VEB und wurde später dem Rüdersdorfer (*) Werk angegliedert. Zur Realisierung des gesamten EKO-Projekts mit Stahl- und Walzwerk reichte die Investitionskraft der Volkswirtschaft damals nicht aus. Das *Kaltwalzwerk*, in deutschsowjetischer Gemeinschaftsarbeit projektiert, gebaut und ausgerüstet, entstand 1963/68, wurde 1973/74 durch Verzinkungs-, Kunststoffbeschichtungs- und Profilieranlagen ergänzt. Das EKO wurde zu einem Zentrum der Veredelungsmetallurgie und zum Stammbetrieb des 1969 gegründeten *Bandstahlkombinats* (1971 Namensgebung »Hermann Matern«), zu dem auch die Walzwerke in Oranienburg (*) und Finow (*Eberswalde-Finow) gehören. 1981/84 errichtete die österreichische Firma VÖEST-Alpine AG im EKO ein hochmodernes *Konverterstahlwerk.* Liefern die EKO-Hochöfen etwa drei Viertel des Inlandaufkommens an Roheisen, so die beiden Konverter etwa ein Drittel der entsprechenden Stahlmenge. Dem Fünfjahrplan 1986/90 gemäß entsteht im EKO noch ein Warmbreitbandwalzwerk, das den metallurgischen Zyklus schließt.
Ende April 1952 gelangte im EKO die von Hans Marchwitza und Ottmar Gerster geschaffene Kantate »Eisenhüttenkombinat Ost« zur Aufführung. Aus der 1951 begonnenen Arbeiterwohnsiedlung des Werkes wurde Anfang 1953 die (seit Mai Stalinstadt benannte) kreisfreie Stadt gebildet, 1961 schließlich mit F. und F.-West zu Eisenhüttenstadt vereinigt. Sie wurde zur ersten sozialistischen Stadt der DDR erklärt und normbildend für das Bauen der 50er Jahre: mit weiträumiger drei- und viergeschossiger Bebauung, mit zentralem Platz, auf den Eingang zum EKO orientierter Magistrale (*Leninallee*), *Kulturpark* sowie medizinischen, sozialen und kulturellen Einrichtungen (*Friedrich-Wolf-Theater*).

1952/61 lebte Tamara Bunke in E., Tochter einer emigrierten deutschen Kommunistenfamilie, aus Argentinien 1952 hierher übergesiedelt. Nach Abitur in E. (1956) und Studium an der Berliner Humboldt-Universität ging sie 1961 nach Kuba, bereitete in Bolivien die Ankunft der Guerilleros um Ernesto Che Guevara vor, an dessen Seite sie für die Befreiung

Stalinstadt (heute Eisenhüttenstadt), Ölgemälde von
Bernhard Kretzschmar 1957

des bolivianischen Volkes gegen die Militärjunta
kämpfte und dabei 1967 den Tod fand; zählt seitdem
zu den Nationalhelden Kubas
In E. seit 1951 sieben Wohnkomplexe entstanden,
48 600 Einwohner (1984); 1979 hier eines der ersten
Evangelischen Gemeindezentren (John-Scheer-Str.) als
Neubaukomplex errichtet

Kreis Eisenhüttenstadt-Land

Bremsdorf
Um 1750 war hier die Dreifelderwirtschaft verlorengegangen. Eine Verwachsung des Höhenlandes griff
um sich, wie sie zwischen der Mitte des 18. und
19. Jh. nur als Aufgeben schlechter Böden und Übergang zu intensiverer Bodennutzung erklärbar ist. Dieser zu den Talsandterrassen und Stromauen (*Wiesenau*) gegenläufige Vorgang wurde durch Separation
und Ablösung verstärkt, wenn wie bei B. die von Bauern abgetretenen Ländereien vom Stift in geplante
große Waldungen einbezogen wurden, hier in den
Stiftsforst Siehdichum (*Oberförsterei Siehdichum*, als
»Jäger-Hauß« des Neuzeller Abtes errichtet).
Nahes *Schlaubetal (Bremsdorfer Mühle*, 18. Jh.) als natürliche Grenze des Neuzeller (*) Stiftsgebietes zum
Johanniter-Ordensamt Friedland (*)

Brieskow-Finkenheerd
Bei Braunkohlevorkommen um B. (bis 1959, *Helenen-
see*) durch Märkische Elektrizitätswerke AG 1920/23
Kraftwerk F. errichtet (heute Wärmeversorger Frankfurts); *Glückauf-Siedlung*, 30 Kleinhäuser 1927/28
nach Entwurf von H. Tessenow; zum Ausbau der
Märkischen Elektrizitätswerke während des zweiten
Weltkrieges in F. ausländisches Zwangsarbeitslager
eingerichtet (*Ehrenmal, Platz der Freiheit*)

Fünfeichen
Vergleichende Flurforschungen für die Mitte
des 14. und 18. Jh. haben für das durch deutschen Siedlungszuzug mitgeprägte, 1329 erstgenannte Angerdorf F. (*Feldsteinkirche* im Kern
15. Jh., Umbau im 18. Jh.) einen mehr oder
weniger für das gesamte Neuzeller (*) Stiftsgebiet zutreffenden Entwicklungsgang der Kulturlandschaft beleuchtet: einerseits die Kon-
stanz des Siedlungsplatzes aus slawischer Ro-
dungszeit und des kolonisationszeitlichen
Hufenschlaglandes (*Schönfeld*), andererseits
die spätere beträchtliche Umwandlung von angrenzenden Waldstücken zu »Neuländern« in
Einzelrodung, mit entsprechenden Folgen im
Sozialgefüge (1425 neun Kossäten in F.). Solche »Neuländer« zeigten sich noch in Feldre-
gistern/Flurkarten des 18. Jh. durch ihr block-
förmiges Hinausgreifen in die Waldzone,
scharf abgehoben vom dreifelderwirtschaftlich

genutzten Hufenland. Besitzangaben für F. nach dem »Neuzeller Atlas« von 1758/63 weisen das ganze Hufenland in bäuerlicher Hand (15 Hüfner) aus, während die Kossäten (18) nur über »Neuland« verfügten, letzteres aber zu einem Drittel auch zusätzlicher bäuerlicher Besitz (*Wellmitz) war. Für F. wie das Stiftsgebiet ist daraus geschlußfolgert worden, daß sich die Kossäten erst während des neuerlichen Landesausbaus (hier schon im frühen 15., im übrigen Stiftsgebiet im späten 16. Jh.) herausgebildet haben, keineswegs also ethnisch aus dem Kolonisationsgang des 13. Jh., etwa als Slawen, zu erklären sind (*Ketzin).

Müllrose (1275)
Wahrscheinlich nach 1250 hier askanische Stadtgründung an von Luckau nach Lebus führender Handelsstraße; Grenzort zwischen dem Land Lebus (*) und der Niederlausitz (*Neuzelle)

Im Landbuch Kaiser Karls IV. 1375 nicht erwähnt, hatte M. offenbar zu der Zeit schon seine Landesunmittelbarkeit verloren, veräußert an eingesessenen Kleinadel. Die landesherrlichen Konzessionen an den Adel verschuldeten solche besonders im 14. Jh. aufkommende Mediatisierung, folgenreich für eine Reihe märkischer Städte. 1432 durch Hussiten zerstört, gelangte M. 1444 zwei Jahrhunderte unter die Herrschaft derer v. Burgsdorff, ohne – anders als Lebus (*) und Buckow (*) – auch gerichtlich gänzlich mediat zu werden. Deren Vorstoß von 1601 zur weiteren Einschränkung von Stadtgerechtigkeiten und zur Fixierung eines Hofediensttages wöchentlich vermochten die Müllroser Bürger durch jahrzehntelanges Prozessieren abzuwehren; mit Entscheid des Kammergerichts von 1651 blieb es bei dem Rechtszeugnis von 1536, der Verpflichtung von jährlich fünf Diensttagen für die Ackerbürger (*Seelow). 1556/67 fanden Unterhandlungen zwischen

Kaiser und brandenburgischem Kurfürsten wegen eines Oder-Spree-Kanals statt. Dabei verbanden sich beider Hausmachtinteressen, da den Habsburgern unter Ferdinand I. und Maximilian II. neben Böhmen auch Schlesien gehörte. Der Abschnitt zwischen M. und Spree wurde von kaiserlicher Seite hergerichtet (Kaiser- oder Alter Graben), der zwischen M. und Oder sollte vom Kurfürsten erbaut werden, kam aber – auch wegen Frankfurts Widerstand – nicht zustande. Ein Jahrhundert später (1668) gelang die durchgehende Wasserstraßenverbindung von Breslau nach Hamburg, indem der Kurfürst Friedrich Wilhelm die Fertigstellung des Kanals im Zuge der Schlaube bis Brieskow-Finkenheerd verfügte (Neuer Graben), 1662 bei M. begonnen (*Eisenhüttenstadt). Während das Ackerbürgerstädtchen davon zunächst nur eine gewisse wirtschaftliche Belebung durch das aufkommende Schiffergewerbe erfuhr, verschoben sich doch fortan die Handelsgewichte zwischen Frankfurt (*Kersdorf) und Berlin, für das der Kurfürst allein den Umladezwang aussprach, beträchtlich.

Ende 17. Jh. käuflich zurückerworben (Pfarrkirche, 1746 über mittelalterlichem Vorgängerbau errichtet), legte der Landesherr M. zum Domänenamt Biegen (*); um 1780 keine Dreifelderwirtschaft für M. nachweisbar, die 13 Ackerbürger bestellten vielmehr beliebig ihre Anteile an der nur aus einem Feld bestehenden Flur
Bei Einführung der Steinschen Städteverordnung von 1808 erlangten nur 86 Müllroser Bürger, acht Prozent von über 1 100 Einwohnern, das an Grundbesitz und Gewerbe gebundene Wahlrecht; die Bestallung eines Bürgermeisters scheiterte über Jahre an der leeren Stadtkasse (Heimatmuseum Kietz 5).
Industrialisierung des mittelalterlichen Mühlengewerbes, so der Wassermühle an der Schlaube, zur Dampfgroßmühle 1865 (heute VEB Mühlenwerke) und flußaufwärts der Ragower Wassermühle (Ende 19. Jh. mit waagerecht drehender Turbine ausgestattet, einzig im damaligen Norddeutschland); M. heute Naherholungszentrum des Schlaubetals

Neuzelle
Zwischen N. und Wellmitz befand sich eine frühslawische großflächig besiedelte Höhenburg (Wenzelsburg), in der u. a. ein Fernhandel bezeugender Mahlstein aus rheinischer Basaltlava gefunden wurde.

Im Rahmen der wettinisch-meißnischen Kolonisation im nordöstlichen Teil der Lausitz stiftete Markgraf Heinrich der Erlauchte 1268 ein Zisterzienserkloster unweit seines späteren Standorts N., an der einstigen (1249) Grenze des Lebuser Landes (*Eisenhüttenstadt), die nach der Jahrhundertmitte zugunsten der Wettiner bis zur Müllroser Senke korrigiert worden war und damit wohl wieder dem alten Grenzsaum des Slawengaues der Selpoli (*Wiesenau) entsprach. Die Gründung Fürstenbergs belebte den deutschen Siedlerzuzug, der hier später als im gleichfalls wettinischen Beeskow (*)-Storkower (*) Land oder im schlesischen, dann magdeburgisch bzw. askanisch beherrschten Lebuser (*) Land einsetzte, weniger auch als dort zu Neugründungen, vielmehr zur Ausweitung des Kulturlandes auf die Waldböden führte, besonders im Norden des Stiftsgebietes. Die deutsche Siedlungsbewegung zwischen Schlaube und Oder war vermutlich schon weitgehend abgeschlossen, als das namensgebende Kloster Alt-Zelle bei Nossen 1280/81 der hiesigen Filia den ersten Konvent stellte. Ein Kranz von Dörfern gehörte zur Gründungsausstattung des Klosters, das bald (1316 z. B. Erwerb des Gebietes Schiedlo und der Stadt Fürstenberg/Eisenhüttenstadt) zum großen Grundherrn eines bis zur Schlaube reichenden geschlossenen Stiftsgebiets wurde, um 1750 Fürstenberg und 34 Dörfer umfassend. Der Konservatismus seiner Äbte führte 1429 zur hussitischen Zerstörung der Klosteranlagen, unterbrach den wirtschaftlichen Aufschwung über das 15. Jh. hin. Während der Reformation und beim Übergang des Gebietes aus böhmischer Landeshoheit an Sachsen (1635) blieb das Kloster erhalten, wurde erst 1817, nachdem die gesamte Niederlausitz (1815) preußisch geworden war, als letztes in Preußen säkularisiert.

✦ Ehem. *Klosterkirche (Katholische Kirche)*, gotische Backstein-Hallenkirche um 1280 bis 1330, spätmanieristisch überformt 1654/58 mit reicher Stuckdekoration (u. a. 12 Apostelstatuen) und Ausmalung, in 1. Hälfte des 18. Jh. durch böhmische und Wessobrunner (?) Meister barock erweitert (Chor mit Hochaltar, St. Josephskapelle) mit ungewöhnlich reicher Ausstattung (liturgisches Gerät, Paramente-, Gemälde- und Szenenprospektsammlungen, Stiftsbibliothek) – bedeutendster Sakralbau der Niederlausitz; seit 1589 *Klosterbrauerei* (heute *VEB Brauerei N.*), ältester erhaltener Betrieb der Region

Nach dem 30jährigen Krieg erfolgte bis 1660 eine relativ rasche Neubesetzung der Bauerngüter (zu 58 Prozent) und Kossätenhöfe (zu 45 Prozent) im Stiftsgebiet, so daß die anderwärts überhandnehmende Bewachsung der Akkerfluren hier begrenzt, die kolonisationszeitliche Flur- und Feldeinteilung damit bis ins 18./19. Jh. unverkennbar erhalten blieb (*Fünfeichen). Das Stift war nun um Einlösung bzw. Rückgewinnung der alten Pfand- und Lehngüter bemüht, die (wohl meist im 15./16. Jh.) in adlige Hand geraten und nach Bauernauskauf zu Vorwerken umgebildet worden waren – übernahm dann aber auch die Bauern und Kossäten in ihrer inzwischen verschlechterten Rechtsstellung. Erste Auseinandersetzungen zwischen den Äbten und klagenden Untertanen brachen 1658 aus, als zwei bäuerliche Bittsteller aus Wellmitz in Merseburg vor dem wettinischen Herzog der Nebenlinie Sachsen-Merseburg, die über das Markgraftum Niederlausitz von 1658 bis 1738 verfügte, vorstellig wurden. Der Abt drang beim Herzog auf ihre Verhaftung und auf militärische Exekution ins Stiftgebiet, um die Kontributionsrückstände seiner Untertanen eintreiben zu können. 1661 erfolgte ein gerichtlicher Vergleich in Guben, »bey dem alten Herkommen zu bleiben«, 1685 neuerliche Beschwerde sämtlicher Ortschaften des Stifts über erhöhte Hofedienste und Kontributionen. Ein Höhepunkt bäuerlichen Widerstandes lag in den 30er Jahren des 18. Jh., in einer Zeit intensiver Bautätigkeit der Neuzeller Äbte (*Bremsdorf), die als »catholischer Landstand« von ihren evangelischen »Herren Mitständen« Beistand gegen die mit selbstgeschmiedetem »mörderlichem Gewehr« drohenden Stiftsuntertanen erwarteten. Nochmals 1765 verklagte der Neuzeller Abt einen Möbiskruger Bauern wegen eines »Rebellenbriefes«, mit dem dieser die Stiftsbauern aufgefordert habe, ihre Beschwerden gemeinsam in Dresden vorzubringen. Im allgemeinen aber – verglichen mit den schlechten lassitischen Besitzrechten der Niederlausitzer Bauern, ihren fast täglichen Frondiensten – hielten sich hier die bäuerlichen Dienstpflichten mit wöchentlich einem, in Erntewochen zwei Spann- bzw. Handdiensttagen in Grenzen.

✦ Ehem. Stiftsgebäude: *Altangebäude*, 1727; *Sommerabtei (Pfarramt)* um 1730/40; *Fürstenflügel*, Ende 18. Jh.; *Parkpforte*, 3. Viertel 18. Jh.; außerhalb des Stiftsbereiches: *Christussäule* und *Dreifaltigkeitskapelle*, 1. Hälfte 18. Jh.; *Evangelische Pfarrkirche* (anstelle eines Vorgängerbaus von 1354) von 1728/34, mit reicher Ausstattung von den an der Klosterkirche tätigen Werkstätten; Wohnbauten des 18. Jh. vor allem *Priorsberg 1, 3. 4* und *7* (ehem. Klosterspital)

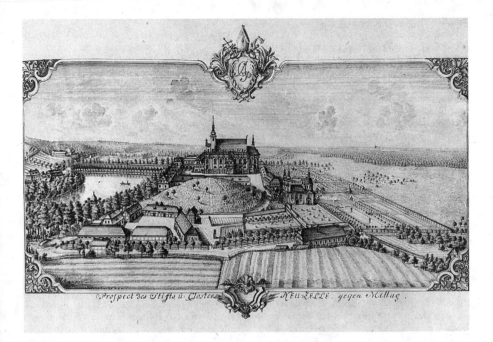

Kloster Neuzelle, Ansicht von Süden, Kupferstich (Ausschnitt) von C. L. Grund und C. A. Bohrdt, 1758/59 (Deutsche Staatsbibliothek Berlin) und Innenansicht der ehem. Klosterkirche (rechts)

In ehem. *Klausur* (14./15., Ende 19. Jh.) 1818 Schullehrerseminar eingerichtet, wichtige Kulturstätte des Gebietes bis 1922 (1953/85 Institut für Lehrerbildung, *Frankfurt); Klosterbezirk 1928 mit den Dörfern Kummro und Schlaben zu N. zusammengeschlossen; in der ehem. *Stiftskanzlei* (1723) seit 1948 erzbischöfliches Priesterseminar Bernardinum, seit 1984 Regional-Priesterseminar

Vogelsang

Aus einer Kiesgrube bei V. stammen neben Knochen eiszeitlicher Tiere ein Faustkeil und eine Feuersteinspitze der mittleren Altsteinzeit. Die Stücke sind in einen frühen Abschnitt der letzten Eiszeit vor 70 000 bis 50 000 Jahren zu datieren und gehören zusammen mit etwa zeitgleichen Feuersteinartefakten von Treuenbrietzen und Schulzendorf (Kr. Königs Wusterhausen) zu den bisher nur vereinzelten Zeugnissen der Anwesenheit von Neandertaler-Menschen in der Region (Funde: *Museum für Ur- und Frühgeschichte Potsdam*).
Sowjetische Brückenköpfe bei V. und Wiesenau Mitte April 1945 heftig umkämpft; im Herbst 1945 dann durchschnittlich 50 Prozent Umsiedler in den hiesigen Dörfern

Weißenspring

1533 landesherrlich eingerichteter Eisenhammer im heutigen Ot. *Schlaubehammer,* bis Anfang 18. Jh. 1754 ließ der preußische König Friedrich II. an der *Schleuse W.* am *Neuen Graben* (*Müllrose) ein Eisenhammerwerk und bei dem nahegelegenen Hammerfort 1755 eine Mahlmühle anlegen. Der Hammer produzierte knapp ein Jahrzehnt Stabeisen für das preußische Heer, die Mühle belieferte die Berliner Bäcker. 1765/68 wurden anstelle des Hammerwerkes eine Graupenmühle, eine Mahl- und eine Schneidemühle angelegt sowie 30 Kolonistenwohnungen erbaut und mit nichtpreußischen, zu jährlichen Spinnleistungen verpflichteten Siedlern besetzt (*Buschdorf, *Neu Zittau); mehrere Jahrzehnte produzierte auch eine Tabakspfeifenmanufaktur. Eine Spinnerei, die 1854/56 bis 1883 mit Dampfbetrieb arbeitete, machte kurzzeitig der Gubener Textilindustrie Konkurrenz. Obwohl auch noch eine Kalkbrennerei und eine Gipsmühle existierten, entwickelte sich das Schlaubetal im Gegensatz zum Finowtal (*Eberswalde-Finow) nicht zum Industrierevier weiter; keine der Anlagen überdauerte das 19. Jh.

Wellmitz

Das Ackerland des zur Gründungsausstattung des Klosters Neuzelle zählenden großen Angerdorfes war alles Höhen- und fast nur Hufenland, um 1750 46 Bauern und 14 von 37 Kossäten gehörig; die meisten Kossäten – die 24 Büdner oder Häusler sowieso – waren davon ausgeschlossen, besaßen nur Anteile an den hier ohnehin schmalen »Neuländern«

(*Fünfeichen). Dank seiner Niederungslage und seinen ähnlich Wiesenau, Ziltendorf und Vogelsang hohen Wiesenerträgen verfügte W. (neogotische *Backsteinkirche* von 1853/54, im bzw. am Kirchhof vier mittelalterliche *Steinkreuze*) 1813 über die unter den Stiftsdörfern mit Abstand größten Viehbestände (über 1 000 Schafe, 500 Kühe und 200 Schweine).

Wiesenau

In der Oderaue liegt südöstlich von W. im *Flurstück »Groddisch«* ein über einer unbefestigten frühslawischen Siedlung des 6./7. Jh. errichteter slawischer Burgwall des 8. bis 10. Jh. mit nur 40 m Außendurchmesser. Neben der Anlage bestand eine Vorburgsiedlung, die nach dem Verfall der Burg noch bis ins 12.Jh. bewohnt war. Das Grundgerüst der Wallmauer war eine hölzerne Rostkonstruktion, die mit Erde gefüllt war. Die Burg und die Vorburgsiedlung waren durch eine hölzerne Brücke verbunden. Im Burginneren befanden sich zwei Gebäude und ein Brunnen oder Keller. Im Burggraben wurden bei Ausgrabungen u. a. zahlreiche Holzgegenstände geborgen, die in seltener Weise Aufschlüsse über die slawische Holzverarbeitung und deren Erzeugnisse vermitteln: ein Hakenpflug

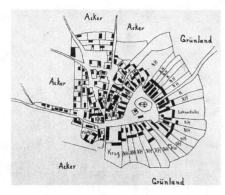

Krebsjauche als junger Rundling, Flurkarte von 1830 (nach A. Krenzlin)

Slawischer Hakenpflug von Wiesenau (Museum für Ur- und Frühgeschichte Potsdam)

und Hakenschare, ein Bogen, Teile von Daubengefäßen, ein Pokal, Schöpfkellen, ein Löffel, ein Quirl, Schlägel, Pflöcke, Pflanzstöcke, ein Schaufelfragment, ein Futtertrog, Paddel, Teile einer Tür, Bretter, bearbeitete Schäfte und Stäbe (Funde: *Museum für Ur- und Frühgeschichte Potsdam*). Die Burg war ein Herrensitz im Stammesgebiet der Selpoli, bei denen sich wie überall im slawischen Siedlungsgebiet ostwärts von Elbe und Saale frühfeudale Herrschafts- und Abhängigkeitsverhältnisse herauszubilden begannen.

Für die Fürstenberger Oderaue ist eine siedlungsgeschichtliche Kontinuität zwischen slawischer Zeit und ersten schriftlichen Überlieferungen des Hochmittelalters (Ziltendorf 1316, Vogelsang 1327, Krebsjauche 1368) erkennbar. Die Bevölkerung des »Groddisch« siedelte wohl in spätslawischer Zeit wegen des ansteigenden Wasserspiegels auf die Oderterrasse über, vermutlich in die Nachbardörfer Krebsjauche (1919 in W. umbenannt) und Ziltendorf. Die nur für diese beiden Dörfer bezeugten »Zeidlerwiesen« sind noch nach der Kolonisationszeit primär zur Waldbienenzucht genutzt worden, und zwar genossenschaftlich von Zeidlergesellschaften oder sog. Starosteien (*Kienbaum). Das sonstige Wiesenland in der Krebsjaucher und Ziltendorfer Aue ist im weiteren 15. Jh. in Einzelrodung als sog. Winkelwiesen entstanden und später vielfach zu Akkerland umgewandelt worden. Solch verstärkter Ackerbau in der angrenzenden Oderniederung brachte eine Verdichtung der bisherigen Zeidlerdörfer, so nach der Mitte des 18. Jh. auch von Krebsjauche, zu dessen 22 Bauern mit Hufenland nun »auf der Höhe« die Hofstellen bzw. Häuser von 19 Kossäten und 18 Büdnern kamen, so daß sich seine Siedlungsform einer urspr. stark gekrümmten Zeile zum jungen Rundling schloß, wie die Flurkarte von 1830 erkennen läßt.

Kreis Beeskow

Beeskow (1272)

Wahrscheinlich drangen von Storkow (*) aus die Ritter v. Strele in die hiesige, inmitten geschlossener Waldgebiete gelegene slawische Siedlungskammer vor und bauten sie zu einem zweiten Herrschaftszentrum aus (*Bergfried*). Westlich der hier die Spree überschreitenden Handelsstraße Luckau–Lebus folgte im Anschluß an eine wohl schon vorhandene Marktsiedlung um die Mitte des 13. Jh. die planmäßige Stadtgründung. Für B. sind im ostelbischen Bereich sehr frühe Genossenschaften belegt, die der Gewandschneider (Kaufleutegilde) von 1283 und der Schuster (Zunft) von 1285 – die ältesten Innungen der Niederlausitz; dazu 1321 Münze und Holzstapelrecht auf der Spree. In B. vermochten die Weber dem für brandenburgische Städte (*Frankfurt) des 13. bis 15. Jh. häufigen Monopol der Gewandschneider auf stückweisen Tuchverkauf zu widerstehen, gaben also ihre Tuchballen nicht geschlossen an Kaufleute, sondern blieben teils selbst am Markt beteiligt (*Neuruppin). Erstmals im Brandenburgischen taucht der sog. Wendenparagraph (*Bad Freienwalde), eine Deutschtumsforderung für alle Zunftmitglieder, 1353 im Innungsprivileg der Beeskower Schuhmacher auf, 1387/88 dann auch bei den Bäckern, Fleischern, Tuchmachern und Schneidern der Stadt; auf schärfste Abschließung gegenüber den Sorben sahen die Beeskower Handwerksmeister, einem Reisebericht von 1591 nach, »obschon ihre Weiber

auff Teutsch kaum ein Wörtlein verstehen«. Lediglich die zu den untersten stadtbürgerlichen Schichten zählenden Zünfte der Leineweber (1397), Kürschner und der Fischer (1441) des zur Burg gehörigen (erst 1908 eingemeindeten) Kietzes waren slawisch geprägt. Die Stadt, die in der 1. Hälfte des 14. Jh. vorübergehend den Herren von Strele entfremdet war, kam mit der Herrschaft Beeskow-Storkow 1377/82 an die v. Biberstein (bis 1490), das neben den Ileburgern führende Geschlecht in der Niederlausitz; deren Familienzeichen, die Hirschstange, wie auch die Streler Sensenklingen finden sich im Stadtwappen. B. zählte zusammen mit Storkow (ferner Luckau, Lübben, Calau, Lübbenau) zu den sechs wendischen Städten des Markgraftums Niederlausitz. Die Herrschaft B.-Storkow war neben Forst die umfänglichste der Niederlausitz, um einiges größer als Friedland (*) oder Lieberose (*). ✦ Quadratische Plananlage mit regelmäßigem Straßennetz, zentralem Markt und Ummauerung Anfang 14. Jh.: *Stadtmauer* mit Türmen und Wieckhausresten; *Luckauer Torturm*, 15. Jh.; *Pfarrkirche St. Marien* (Ruine seit 1945), 1360 begonnen, vollendet 1511; *Kirchgasse 2*, ältestes Fachwerkhaus nach Stadtbrand von 1513

Bei der Verpfändung an die Lebuser Bischöfe (1518/55), die die Wasserburg B. 1519/24 zum *Residenzschloß* (heute *Biologisches Heimatmuseum B.*) ausbauten und der Einführung der Reformation hier lange wehrten, fiel die Herrschaft B.-Storkow nach Säkularisation des Bistums an Markgraf Johann (Hans) in Küstrin (*Kietz); 1575 schließlich gelangte das Lehen erblich an die brandenburgischen Kurfürsten, der so zum Mitstand des der böhmischen Krone verbundenen Staatsverbandes der Niederlausitz wurde. Der Wendische Distrikt (*Storkow) mit B. als Hauptstadt (etwa 2 000 Einwohner um 1600) und dem Beeskower Amtshauptmann als Distriktverwalter wird historisch faßbar, der brandenburgische Kurfürst um eine Titulatur (Dux Vandalorum) reicher. Fast 80 Prozent aller Bewohner des Amtes B. mit seinen 55 Dörfern waren Ausgang des 16. Jh. sorbisch. Dem Inspektor der vereinigten Probsteibezirke B. und Storkow, Christoph Treuer, der für B. eine Familiendynastie lutherischer Prediger und Bürgermeister im 17. Jh. begründete, unterstanden 1610 neben fünf deutschen (*Ragow) 40 sorbische Kirchen. Nach den erst 1579 hier durchgeführten brandenburgischen Visitationen wurde sogar vorübergehend, bis zum kurfürstlichen Religionswechsel von 1613, bei der Neubesetzung sorbischer Pfarrerstellen auf kurfürstliche Anweisung »eingeborn Kindt« der Vorzug gegeben, die an der Viadrina (*Frankfurt) nachweislich bis 1656 ein sorbisches Seminar vorfanden. Selbst die Beeskower *Stadtkirche* hatte bis ins 17. Jh. hinein immer zugleich einen sorbischen und deutschen Geistlichen, was der Erhaltung der sorbischen Sprache förderlich war. Bis 1666 erfolgten noch sorbische Drucklegungen, unterstützt durch die Frömmigkeit der Kurfürstin Luise Henriette, der das nahe, 1653 geschaffene Amt Stahnsdorf zum Nießbrauch überlassen worden war. Scharfen Wandel brachte erst das antisorbische Reskript vom Dezember 1667, mit dem die Religionspolitik des Kurfürsten Friedrich Wilhelm gegen die Opposition des »reinen Luthertums«, das über den sorbischen Kantor an der Berliner Nikolaikirche und evangelischen Liederschöpfer Jan Krygaŕ – engster Vertrauter Paul Gerhardts (*Mittenwalde) und der sommers verstorbenen Kurfürstin – hierher ausstrahlte, auch in den Wendischen Disktrikt hineinreichte. Bis 1688 erhöhte sich durch gezielte Neubesetzung der Anteil der deutschen Kirchen in den wieder selbständigen Kirchenkreisen B. und Storkow auf 14.

Über das städtische Brau- und Schankmonopol hinweg entfalteten sich seit dem ausgehenden Mittelalter adlige »Brauwerke« auf dem platten Land, was 1558 eine markgräfliche Brau- und Bierordnung für B. veranlaßte, nach der die Vorstadt, die Ratsdörfer und 23 Amtsdörfer ihr Bier von B. zu holen hatten, während 23 Adelsdörfer im Beeskowschen von der hiesigen Ritterschaft »verlegt« wurden. Noch 1618 hatte B. unter 368 Häusern 80 Häuser mit Braurecht (*Bernau), deren jährliche Gebräue jedoch infolge der weiter vordringenden Konkurrenz des steuerfreien Adels auf ein Drittel abgesunken waren – eine im Brandenburgischen vielerorts unumkehrbare Kräfteverschiebung zwischen Stadt und Land.

1613 waren B. und Storkow unter die Amtshauptmannschaft des Gebhard v. Alvensleben gekommen, dem der in Geldnöten steckende Kurfürst Johann Sigismund für geliehene 20 000 Taler beide Ämter überließ, bis diese Summe einschließlich der Zinsen aus den hiesigen Einkünften zurückgeflossen sei. Dieser residierte so bis 1625 auf *Schloß B.* mit größter Willkür, trotz verzweifelter Gegenwehr und

Appelle der eingesessenen Ritterschaft an den Kurfürsten und die neumärkische Amtskammer. Wo sonst im Brandenburgischen die der mittelalterlichen Vogtei nachfolgende Amtshauptmannschaft bedeutungsmäßig bereits verfiel bzw. sich streng auf die Domänenverwaltung beschränkte, wurde hier aus ihr kleinregionale Souveränität gespeist, auch Gerichtsbarkeit über die als »amtssässig« genommene Ritterschaft geübt. 1627 dann findet sich für die Herrschaft B.-Storkow wie auch anderwärts ein kurfürstliches Landes- oder Kriegskommissariat, das mit dem auf die Kurmark übergreifenden Krieg alle Einquartierungen, Kontributionen und entsprechende Steuererhebungen zu leiten hatte. Aus solchen kriegsbedingten Sonderbefugnissen ging der Steuerkommissar (auch Kriegs- oder Kreiskommissar genannt) als bald wichtigster landesherrlicher Beamter (ab 1701 Landrat) im absolutistischen Staatsaufbau hervor; seit etwa 1660 wurde er vom eingesessenen Adel gewählt (*Müncheberg) und zur kurfürstlichen Bestätigung vorgeschlagen, womit Ständisches und Landesherrliches wirksam in einer fortan einheitlichen brandenburgischen Kreisbehörde zusammenflossen (*Strausberg).

Mit Übergang der Niederlausitz an die Wettiner durch den Prager Frieden 1635 betrieben die brandenburgischen Kurfürsten – nicht willens, sächsische Vasallen bzw. böhmische Aftervasallen zu sein – die Herauslösung der Herrschaft B.-Storkow aus dem alten Staatsverband, was mit dem Breslauer Frieden von 1742 definitiv wurde. Indes waren nach der 1557 vom Kaiser verfügten Zollgemeinschaft von B. und Storkow mit der Niederlausitz kursächsische Zölle zu zahlen, was vor allem die Kornausfuhr in den Berliner und Cottbuser Raum wie auch den städtischen Marktverkehr, z. B. Fürstenwaldes, belastete, während die nun sächsische Niederlausitz für B. und Storkow Zollinland blieb. Die bis Mitte des 18. Jh. ohnehin in 60 Zolldistrikte unterteilte Kurmark – mit Aus- und Durchgangs-, Damm-, Brücken-, Deichsel-, selbst noch Adelszöllen – war so um das Kuriosum zweier »ausländischer« Zollstationen »bereichert«.

1701 Einbeziehung des Gebietes B.-Storkow (nördliche Niederlausitz zwischen Dahme und Spree) in die brandenburgische Verwaltung als neunter mittelmärkischer Kreis abgeschlossen

Kirchgasse 2, ältestes Fachwerkhaus von Beeskow

Beeskow um 1710 von D.Petzold

Die durch Hardenbergs (*Marxwalde) Verwaltungsreformen 1815 getrennte Herrschaft – B. zum Kreis Lübben/Regierungsbezirk Frankfurt, Storkow zum Kreis Teltow – wurde 1836 wieder altständisch (*Friedersdorf) vereinigt und dem Regierungsbezirk Potsdam eingegliedert.
Verpaßte kapitalistische Standortbildung von Industrie, späte Eisenbahnanschlüsse Ende 19. Jh.; im April 1945 zu zwei Dritteln zerstört (*Sowjetischer Ehrenfriedhof Ernst-Thälmann-Str.* für 499 um B. gefallene Soldaten und Offiziere)

Friedland (1301)
Wohl von den Rittern v. Strele (*Storkow) gegründetes castrum et oppidum in der Markgrafschaft Niederlausitz, seit 1512/23 beim Johanniterorden (bis 1811). Das »Zwergstädtchen« bildete mit 14 Dörfern das Amt F. der Ordensballei Sonnenburg (Słonsk); als Grundherr von F. (*Schloß*, Neubau nach 1623) ermöglichte der Orden 1709 die Ansetzung von über 20 jüdischen Familien, was ihnen in den übrigen Städten der seit 1635 kürsächsischen Niederlausitz verwehrt war und im Volksmund zur Bezeichnung »Jüdisch-F.« führte (*Pfarrkirche*, 18. Jh.); F. seit 1815 preußisch.

Groß Rietz
✝ Gut seit 1649 im Besitz derer v. d. Marwitz, barocker *Schloß*bau Ende 17. Jh. mit *Park* (Anfang 19. Jh. zum Landschaftspark umgestaltet); *Dorfkirche* (1704, Westturm 1791) mit Grabdenkmälern des 16./17. Jh. und Marwitz-Epitaph von 1704

1790 kaufte der preußische Minister Christoph v. Wöllner die Herrschaft G. zusammen mit weiteren Rittergütern im Beeskowschen Kreis, separierte die Gutsäcker von den Bauernfeldern und richtete hier die mecklenburgische Koppelwirtschaft ein (*Haselberg). Auf seinen Gütern, die rasch zu anerkannten Musterwirtschaften wurden, hob er 1791 die Erbuntertänigkeit gegen einen Zins auf, setzte jeden Bauern und Kossäten in den Besitz von zwei Hufen Land, ließ Wohnungen und Ställe für Landarbeiter bauen.

1766 bereits hatte der ehemalige Rittergutspächter (*Groß Behnitz) »Die Aufhebung der Gemeinheiten in der Mark Brandenburg« publiziert, ganz durchdrungen vom englischen Geist, dazu 1774 eine bahnbrechende Schrift über die Bodenmergelung. In den Bauern sah Wöllner das »Fundament des Staates«, für sie forderte er Eigentum und Steuerfreiheit. Diesem vorwärtsdrängenden gutsherrlichen Wirken und erklärt bürgerlichem Reformprogramm wie Schrifttum stand eine mystisch-reaktionäre Ministerrolle unter König Friedrich Wilhelm II. entgegen, die allem Rationalismus in der Theologie und aller Friedrichschen Toleranz abschwor, im Religionsedikt von 1788 (*Bliesdorf) und in verschärfter Zensur gipfelte. Vorbereitet hatte sich dies mit Wöllners Übertritt von den Freimaurern 1779 zum Orden der Rosenkreuzer, dessen obskurer Geist sich als übersteigerte Religiosität über Wöllners Prinzenerziehung und alsbald allmächtige Ministerschaft in Berlin breitmachte. Auf die Lösung der Bauernfrage ist er als »Vice-König« (Mirabeau) bis zum Tode Friedrich Wilhelms II. 1797 und seiner Entlassung nicht zurückgekommen (1800 verstorben, *Grabstätte* in der Dorfkirche).

Kossenblatt
Auf Spreeinsel mittelalterliche Burg, seit 1581 im Besitz derer v. Oppen, seit 1699 bei Danckelmanns Ministernachfolger, dem Feldmarschall Reichsgraf Johann Albrecht v. Barfuß, der hier eines der wertvollsten *Barockschlösser* (1705/11 anstelle der Wasserburg) in Auftrag gab; barocke Ausstattung auch der *Feldsteinkirche* (im Kern spätmittelalterlich). 1736 erwarb König Friedrich Wilhelm I. das Schloß, verleibte die Güter K., Trebatsch und Tauche der Hausfideikommißherrschaft Königs Wusterhausen (*) ein. Dieser Staat im Staate, Ausdruck hohenzollernscher Familienpolitik ungeachtet der brandenburgischen Kreiseinteilung, liquidierte den »Kurmärkisch Wendischen Distrikt« (*Storkow) endgültig.

Lieberose (1302)
Das 1272 ersterwähnte L. (wettinische Stadtgründung am Wegkreuz Lübben-Guben und Beeskow-Storkow, Wasserburg urk. 1301, evtl. im Besitz der Herren v. Strele) zählt zu einer späteren Gruppe selbständiger Herrschaftsbildung in der Niederlausitz, hier unter den Rittern v. Kittlitz bis 1411 eingeleitet. Mehrfache Besitzwechsel – zunächst an die Burggrafen v. Dohna, 1485 dann an die v. Köckeritz (*Friedland) – gehören noch dieser Zeit an, bevor die Herrschaftsbildung Anfang des 16. Jh. eine Konsolidierungsphase erreichte und für L. z. B. eine fast ungebrochene Besitzfolge (Freie Standesherrschaft) von 1519 bis 1945 durch die von der Schulenburg eintrat, deren gräfliche Linie des »schwarzen Stammes« hier ihre Residenz nahm. Eine mit der Niederlausitz vergleichbare standesherrschaftliche Struktur bildete sich in der landesherrlich stärker zentralisierten Mark Brandenburg nicht.

✦ Anstelle des Renaissance-Schlosses nach Stadtbrand von 1658/59 *Barockschloß* (Dreiflügelanlage), Mitte 18. Jh. durch Südflügel erweitert; spätgotische *Stadtkirche* (1945 kriegszerstört), um 1590 durch Umgangschor als Gruftkapelle derer v. d. Schulenburg erweitert, *Epitaph* (1597) als bedeutende märkische Spätrenaissance-Plastik der Freiberger Brüder Grünberger heute in der *Landkirche* (18. Jh., gotisierend verändert); kursächsische *Postmeilensäule*, 1735; *Postbrücke* als Zollstelle zwischen Preußen und Sachsen (*Beeskow)

In L. *Gedenkstätte und Memorialmuseum* für ein im nahen Jamlitz zum Ausbau eines SS-Truppenübungs-

Schloß Lieberose

291

platzes eingerichtetes Nebenlager des KZ Sachsenhausen; im Februar 1945 dort etwa 1 300 schwerkranke Zwangsarbeiter zurückgeblieben und ermordet, während der größere Teil der Häftlinge – meist polnische und ungarische Juden – vor der herannahenden Sowjetarmee nach Sachsenhausen (*) in den Tod getrieben wurde

Limsdorf

Im Sommer 1944 (!) am Springsee gesetzter *Gedenkstein* (Schrift 1955) für die im Dezember 1943 hingerichteten Berliner Kommunisten Charlotte und Erich Garske. Das Ehepaar hatte hier mit Fichte-Sportlern häufig gezeltet, dann mit Beginn des zweiten Weltkrieges antifaschistische Flugblätter mitgestaltet und auch hier verbreitet, seine Berliner Wohnung den Beauftragten des ZK der KPD als Zufluchtsort zur Verfügung gestellt.

Lindenberg

In L. (*Dorfkirche*, frühbarocker Zentralbau 1667/69) nahm 1905 das erste Aeronautische Observatorium der Welt seine Arbeit auf, gegründet von Richard Assmann, eingeweiht durch Kaiser Wilhelm II. Für die nächsten Jahrzehnte wirkte es beispielgebend, diente mit seinen Wettererkundungen u. a. der Zeppelin-Luftschiffahrt (heute *Aerologisches Observatorium L.*, Satelliten-Beobachtungsstation für den Wetterdienst). Zu den ersten hier tätigen Wissenschaftlern gehörte 1905/06 der Geophysiker und Meteorologe Alfred Wegener (*Zechlinerhütte). Mit einem *Windenhaus* für Drachenaufstiege zu meteorologischen Messungen in der Atmosphäre bis zu 5 km Höhe, mit zwei *Großdrachen, Drachensonden* und *Registriergeräten* ist hier die älteste meteorologische Meßtechnik für die obere Atmosphäre erhalten.

Gutskomplex L. (*Schloß*, im Kern mittelalterlich, Umbauten 18./20. Jh., heute Sitz eines bedeutenden VEG; *Gutsarbeiterhaus* um 1800) seit 20er Jahren im Besitz des Finanz- und Industriemanagers Robert Pferdmenges; obwohl auf der alliierten Liste der Hauptkriegsverbrecher, fand Pferdmenges ins politische und wirtschaftliche Leben der BRD zurück, wurde Mitbegründer der CDU und Berater des Bundeskanzlers Adenauer

Ragow

R. und das nahe Merz zählten in den Ämtern Beeskow (*) und Storkow um 1610 zu den nur sechs deutschen Dörfern und fünf deutschen *Kirchen* (spätmittelalterliche rechteckige Feldsteinbauten), erklärbar aus der Nachbarschaft dieses Kirchensprengels zum eingedeutschten Lebuser Land.
Die Rittergüter R. und Merz gelangten 1790 für 105 000 Taler an Friedrich Wilhelm Carl Graf v. Schmettau (*Garzau), einen »Güterspekulanten en

gros«, der die Ländereien 1800 in eine fast kapitalistische Pacht ausgab, 1803 schließlich für die doppelte Summe an einen Oranienburger Generalpächter weiterverkaufte.

Sabrodt, Ot. von Trebatsch

1813 Geburtsort Friedrich Wilhelm Ludwig Leichhardts, der 1842/48 drei bedeutsame Forschungsreisen durch unbekannte Gebiete des australischen Kontinents unternahm und beim Versuch, erstmals Australien von der Ost- bis zur Westküste zu durchqueren, verscholl (*Gedenkstein* von 1955, *Dorfstr.*; Gedenkraum im Beeskower Heimatmuseum)

Storkow (1450)

In der um 1209 beurkundeten Burg (*Reste der Anlage*) setzten sich zu unbekannter Zeit (vielleicht selbständig und dann vor 1209) die Ritter v. Strele, ein Reichsministerialengeschlecht aus der Burggrafschaft Strehla, bis über die Mitte des 14. Jh. fest – damit eine der ältesten lausitzischen Herrschaften (*Lieberose). Unter dem Einfluß der meißnischen Markgrafen (*Neuzelle) begannen sie hier den Landesausbau im späteren Land Beeskow (*)-S., dem nördlichsten wettinischen Einflußgebiet. Das den Herren v. Strele gehörende Städtchen entstand zwischen Wasserburg und Kietz (1514 urk.), kam mit der ganzen Herrschaft S. 1377/82 an die Bibersteiner (*Beeskow), wurde 1518 dem Bistum Lebus verpfändet, dessen letzter katholischer Bischof hier auf der Burg 1555 verstarb (*Pfarrkirche* urspr. 14. Jh., Umbau Ende 19. Jh., Wiederaufbau 1949/51 nach Kriegszerstörung, sog. *Wendenfratzen* am Gewölbeansatz).
Ende des 16. Jh. wurde »Windischen S. zu den geringen Wendischen Städtlein« gezählt, umfaßte als Amt 53 Dörfer, deren Bewohner zu über 90 Prozent sorbisch waren. Hier um S. mit seinen noch weiten Waldungen lag der Kernbereich jenes »Kurmärkisch-Wendischen Distrikts«, der ferner die Ämter Beeskow (*)

und Zossen sowie die Herrschaften Teupitz und Bärwalde umfaßte, alles ehedem zur Niederlausitz zählende Gebiete. Einem Reisebericht von 1591 nach, sahen die deutschen Herren »ihre windischen Leutlein als Stücker Viehe« an; in den Adelsdörfern im Storkower und Beeskower Land war sechstägiger »ungemessener« Hofedienst verbreitet. Aus Storkower Amtsdörfern aber ist gleichzeitig bekannt, daß Bauern ihre überschüssige Gerste an Bernauer (*) Brauhäuser verkauften (*Beeskow). Spätestens Ende des 16. Jh. war in den ritterschaftlichen Dörfern der Ämter S., Stahndorf (1754 wieder dem Amt S. eingegliedert) und Beeskow der Prozeß des Bauernlegens in Gang gekommen, wie an den schon vor 1618 rückläufigen Bevölkerungszahlen ablesbar. Im Kriegsverlauf verschwanden aus 12 von 26 Beeskower Adelsdörfern alle Bauern, sank ihre Zahl dort insgesamt um drei Viertel, die der Kossäten um mehr als die Hälfte, kamen 281 Bauernhufen zum Herrenland. Das Bauernlegen dauerte auch nach dem 30jährigen Krieg in den ritterschaftlichen Dörfern der drei Ämter fort, erfaßte zwischen 1668 und 1709 fast 120 Bauernhufen. Von 1624 bis 1746 verfünffachten sich hingegen die . besitzlosen »Hausleute«, wuchs der Anteil der Landarmut von 11 auf 40 Prozent in den Dörfern des dünn besiedelten Wendischen Distrikts; das Kreisgebiet hatte bis zur Mitte des 18. Jh. übrigens auch den geringsten städtischen Bevölkerungsanteil (mit 22%), der in der Mark sonst durchschnittlich 42 Prozent erreichte.
Die friderizianische Kolonisation im 1788 letztmalig »Chur Märkisch Wendischer District S.« genannten Gebiete brachte von 1746 bis 1800 außer Kolonistenzuzug in bestehende

Storkow um 1710 von D. Petzold

Dörfer etwa 50 Ortsgründungen – fast ausschließlich im Süden (im Schadowschen Busch) und im Norden Storkows bis zur Unterspree –, meist im Anschluß an Vorwerke, Ziegeleien, Forsthäuser, Mühlen u. ä. auf Domänenboden. Letzte Neugründungen waren der heutige Ot. (Neu-)Boston sowie das nahegelegene Philadelphia (1797), wo preußische Siedler, im Aufbruch nach Amerika begriffen, angesiedelt wurden und den neuen Wohnorten die Namen ihrer ursprünglichen Ziele gaben. Die Zahl der Storkower Landbevölkerung verdreifachte sich im ganzen Zeitraum, was das ethnische Bild nachhaltig wandelte, gerade auch im bruch- und luchreichen Gebiet zwischen S. und Unterspree, wo 16 Altsiedlungen schließlich 27 Neudörfern mit nahezu ebenso vielen Kolonisten gegenüberstanden. Doch noch Anfang des 19. Jh. soll auf den denkbar dürftigen, meist sandigen Böden »höchstens das vierte Korn« geerntet worden sein (*Scheunenviertel Reichenwalder Str.*, 19. Jh.; *Traufenhäuser am Markt*, Ende 18./19. Jh.).

1844 Attentat auf König Friedrich Wilhelm IV. in Potsdam durch Storkower Bürgermeister Heinrich Ludwig Tschech, Ende des Jahres enthauptet

Nach Storkows Befreiung (24. April 1945) wurde vom sowjetischen Stadtkommandanten am 9. Mai Franz Becker – ehem. kommunistischer Berliner Lehrer und Schüler der Berliner MASCH, 1936/38 in Haft – als Bürgermeister eingesetzt, der den »Storkower Storchenstreich« verantwortete: Noch vor Jahresende ließ Becker inoffizielle Briefmarken mit Aufschlag drucken und verwandte deren Erlös für soziale und Bildungszwecke (*am See Waisenheim, Jugendheim, Internat, Kindergarten, Zentralschule* in ersten Nachkriegsmonaten /-jahren eingerichtet bzw. neu erbaut). Die *Polytechnische Oberschule* (Grundsteinlegung Septem-

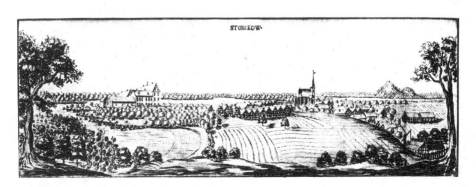

Karl Graf Finck v. Finckenstein (Deutsche Staatsbibliothek Berlin)

ber 1947, Einweihung 15. November 1949) war der erste Schulneubau nach dem Krieg auf dem Boden der DDR.

Kreis Fürstenwalde

Alt Madlitz

1373 erstgenanntes Modeliz beim Lebuser Domkapitel, seit 1551 im Besitz derer v. Wulffen, von 1751 bis 1945 den Grafen Finck v. Finckenstein gehörig – eine der großen Junkerherrschaften, die mit weiterem Grundbesitz in Reitwein und Wilmersdorf der demokratischen Bodenreform zur Enteignung anstanden (über 6 300 ha; *Dorfkirche* im Kern mittelalterlich; *Gutshaus* Mitte 18. Jh., *Landschaftspark* um 1800)

Als Direktor des kurmärkischen Ständekomitees zur Prüfung des seit 1780 vorbereiteten Allgemeinen Gesetzbuches für die preußische Monarchie vertrat Karl Graf Finck v. Finckenstein die Interessen der Altständischen, namentlich seit 1788 beim Großen Ausschuß zur Schoßkasse. Auf die alten, über allen Absolutismus hinweg unverlorenen ständischen Rechte des märkischen Adels pochend, machte er Front gegen den aufklärerischen Geist des Gesetzbuches (seit 1794 als »Allgemeines Landrecht für die preußischen Staaten« in Kraft) und präformierte die spätere, von ihm und Marwitz (*Friedersdorf) erbittert geführte kurmärkische Adelsopposition gegen die Reformpolitik Hardenbergs (*Marxwalde).

Arensdorf

Dem Rittergutsbesitzer von A. (*Feldsteinkirche, um 1300*) und ehemaligen Leutnant Udo v. Alvensleben – Vorsitzender des Stahlhelms im Kreis Lebus – war es vor 1927 gelungen, die Ortsgruppen des Reichsbanners und Deutschen Landarbeiterverbandes zur Selbstauflösung zu bringen. Die Mehrheit der Groß- und Kleinbauern einschließlich der Oberknechte, Knechte und Schweizer gehörte dem »Stahlhelm« oder dem »Wehrwolf« an. Hier wie in anderen Orten Ostbrandenburgs, die in der Tradition des Kapp-Putsches 1920 und des Putschversuches der Schwarzen Reichswehr 1923 (*Kietz) standen, gedieh eine von Gutsbesitzern und Großbauern geschürte antirepublikanische Haßwelle als Reaktion auf die seit 1925 erstarkende KPD, den Kampf gegen die Fürstenabfindung 1926, aber auch auf das Agrarprogramm der SPD von 1927, das die Reduzierung des Großgrundbesitzes auf 750 ha vorsah. Als am 25. 6. 1927 sozialdemokratische Reichsbannerleute aus Erkner auf dem Wege nach Frankfurt/O. durch A. kamen, wurden sie von aufgeputschten Arensdorfer Rechtsradikalen überfallen, zwei von ihnen ermordet, acht verwundet. Die Bluttat erregte reichsweit Aufsehen (*Erkner), beeinflußte die Bündnispolitik der KPD auf dem Lande.

Beim vorausgegangenen Fürstenentscheid Mitte 1926 hatte es in dem v. Alvensleben gehörigen nahen Falkenberg, in v. Finckensteins Alt Madlitz oder in dem von Großbauern bestimmten Buchholz zusammen nur 20 »Ja«-Stimmen bei 541 Stimmberechtigten gegeben. Ganz anders jenseits der Spree, wo Kleinbauern und Arbeitspendler ins industrialisierte Ketschendorf und Fürstenwalde die dörfliche Sozialstruktur prägten, so in Langewahl, wo von 417 Stimmberechtigten 338 für die entschädigungslose Enteignung der Fürsten stimmten. Insgesamt erzielte der Kreis Lebus mit nur 33 Prozent Ja-Stimmen für die Fürstenenteignung (davon entfiel ein Drittel auf das Arbeiterzentrum Fürstenwalde) das nach dem Angermünder Kreis (25%) schlechteste Ergebnis, so daß die »Rote Fahne« schrieb, der Lebuser Kreis sei »ein Eldorado für die Faschisten. Die Herren v. Massow auf Steinhöfel, v. Hardenberg, v. Alvensleben, Schulz von Heinersdorf betrachteten den Lebuser Kreis noch immer als ihre eigenste Domäne und springen mit den Leuten um, wie zu Zeiten ihrer seligen Vorfahren«, hätten »den unverschämtesten Terror« ausgeübt.

Gerhart Hauptmann, Graphit von K.Mediz 1896, und einer seiner Gäste in Erkner: Walter Leistikow, einer der intimsten Maler märkischer Landschaft, namentlich des Löcknitztales (Kupferstichkabinett Dresden bzw. Deutsche Staatsbibliothek Berlin)

Bad Saarow-Pieskow

Mit Erwerb der Güter S. und P. durch die Berliner Landbank AG 1905/06 Aufbaubeginn der bourgeoisen *Villenkolonie Scharmützelsee-Nord,* seit 1911 (*Bahnhof,* im sog. Heimatstil) Entwicklung von S. zum Luftkur-, Moor- und Seebadeort (1923 Bad S., 1932 Bad-S.-P.; im Ot. *S.-Dorf Gutshaus* von 1723, *Fachwerkscheune* des frühen 18. Jh. und *Doppelstubenhäuser* aus Fachwerk, 19. Jh.)

Auf Lenins Anraten seit Herbst 1921 zu Erholungsaufenthalten in Deutschland, wohnte Maxim Gorki von Ende September 1922 bis Juni 1923 im *Neuen Sanatorium (Karl-Marx-Damm 15, Gedenktafel – heute Zentrales Schulungs- und Erholungsheim des Kulturbundes »Eibenhof«),* schrieb am Roman »Das Werk der Artamonows« und verfolgte die Berliner Ausgabe seiner Gesammelten Werke in russischer Sprache (1923/24). Im Herbst 1922 traf er hier mit dem französischen Schriftsteller (russischer Herkunft) Vladimir Pozner zusammen (»Erinnerungen an Gorki«, 1959) und gab Anfang 1923 Egon Erwin Kisch (*Bollersdorf) ein Interview für die »Rote Fahne«, das Zentralorgan der KPD (*Maxim-Gorki-Gedenkstätte, Ulmenstr. 20,* Haus in russischer Holzbauweise von 1912).

1936 verstarb hier Georg Michaelis, als Jurist seit Anfang der 90er Jahre im preußischen Staatsdienst aufgestiegen, unter Kriegsbedingungen seit 1915 Leiter der Reichsgetreidestelle, seit Mitte Juli 1917 Reichskanzler, versuchte vergeblich zwischen den Forderungen der Obersten Heeresleitung und der Reichstagsmehrheit, die Anfang November schon seinen Abschied durchsetzte, zu lavieren.

In der Künstlerkolonie (namentlich Schauspieler) siedelte sich nach 1933 Naziprominenz an, u. a. Robert Ley, der Führer der »Deutschen Arbeitsfront« (DAF), jener nach dem ADGB-Verbot (*Bernau) am 10. Mai 1933 gegründeten faschistischen Zwangsorganisation; auch den ehem. Boxweltmeister Max, Schmeling

Ehrenmal am Johannes-R.-Becher-Platz für die Häftlinge des Außenlagers S./Drei Eichen vom KZ Sachsenhausen (*Oranienburg)

Im Juni 1945 kehrte Johannes R. Becher als einer der ersten großen Künstlerpersönlichkeiten des kämpferischen Antifaschismus aus zwölfjährigem Exil nach Berlin zurück und bewohnte seit Herbst 1948 in *Saarow-Strand* meist sommers über bis zu seinem Tode 1958 das *Landhaus Friedrich-Engels-Damm 138 (Gedenkstätte; Denkmal* von Fritz Cremer 1964, *Seestr.).* Hier fand der Lyriker Becher, was er den poetischen Ausgleich seines politisch-öffentlichen Engagements nannte (Präsident des von ihm 1945 geschaffenen »Kulturbundes« zur demokratischen Erneuerung Deutschlands«, Präsident der Deutschen Akademie der Künste 1953/56 und 1954 erster Kulturminister der DDR).

Biegen

1665 geschaffenes Amt B. von preußischen Königen wiederholt an hohe russische Adlige vergeben, so 1713 an Fürst Menschikow, 1731 an Graf Biron, beide Geliebte der Zarinnen Katharina I. und Anna, 1741 als diplomatisches Honorar an den russischen Generalfeldmarschall und Premierminister Graf v. Münnich, der sich erfolglos um ein russisch-preußisches Bündnis bemühte, noch im gleichen Jahr verbannt wurde; keiner von ihnen hat sich je in B. aufgehalten (frühgotische *Feldsteinkirche,* 2. Hälfte 13. Jh., im eingezogenen Chor spätgotische Wandmalereien der 1. Hälfte 15. Jh., Altaraufsatz und Epitaph der Renaissance Ende 16. Jh. bzw. 1601)

Gegen 1770 im Domänenamt B. Einführung der englischen Wirtschaft (*Prötzel) durch Pächter Karbe (*Chorin)

Erkner

1579 Ersterwähnung eines Fischerhauses »im Arckenow«, Mitte 18. Jh. hier friderizianische Pfälzersiedlung und »Seidenbau-Etablissement«, bis Ende

19. Jh. als sog. I. Heidedistrikt geführt *(Heimatge-schichtliche Sammlung H.-Heine-Str. 17/18, Fachwerk-bau 2. Hälfte 18. Jh.)*
Nach Eisenbahnanschluß (1842) hier Teerproduktion 1860 entstanden, erste Großdestillation von Stein-kohlenteer in Deutschland durch Rütgerswerke AG, dazu 1910/14 Bakelitwerke (heute *VEB Plasta* und *VEB Teerdestillation* wichtigster einschlägiger Standort der DDR)
1885 bezog der lungenkranke Gerhart Hauptmann eine um 1875 gebaute Villa *(Gerhart-Hauptmann-Str. 1/2, Gedenkstätte).* Der naturalistischen Genera-tion um Arno Holz angehörend, lebte er hier bis 1889 in engstem Kontakt mit dem Berliner Verein »Freie Bühne« und dem Friedrichshagener Dichterkreis um Wilhelm Bölsche, Bruno Wille und die Brüder Hart. Um E. und Friedrichshagen (1920 nach Berlin einge-meindet) empfing Hauptmann prägende Eindrücke für sein erzählerisches und dramatisches Frühwerk (»Bahnwärter Thiel«, »Vor Sonnenaufgang«), hier sind auch seine späteren sog. Berliner Stücke ange-siedelt (»Das Friedensfest«, »Einsame Menschen«, »Der Biberpelz«, »Der rote Hahn«, »Die Ratten«).
In E. zur Beisetzung eines in Arensdorf (*) ermorde-ten Reichsbannerangehörigen Anfang Juli 1927 ge-meinsamer Demonstrationszug von 5 000 Reichsban-nermitgliedern und 600 Roten Frontkämpfern
1935 verstarb in *E.-Hohenbinde (Grab, Friedhof)* der hier seit 1916 wohnhafte Altmeister der märkischen Vorgeschichtsforschung Albert Kiekebusch, langjäh-rig Kustos des Märkischen Museums Berlin.

Fürstenwalde (1285)
Das 1272 erstgenannte F. entstand möglicher-weise durch Förderung der schlesischen Pia-stenherzöge (*Müncheberg) vor 1250 am Spreeübergang vom Land Lebus ins lausitzi-sche Land Beeskow-Storkow (*) auf der hoch-wasserfreien Talsandfläche des hier durch Bar-nim-Lebuser Höhenland und Rauener Platte eingeengten Berliner Urstromtales. Vielleicht ist die Plananlage aber auch den Askaniern zu-zuschreiben, denen der Raum F. seit der Mitte des 13. Jh. gehörte. Nach Aussterben der Aska-nier teilte F. das Schicksal mancher märki-schen Städte (*Müllrose), wurde von den Wit-

Fürstenwalder Rathaus und Pfarrkirche

telsbachern 1328 an den Herzog von Sachsen verpfändet, 1354 den Lebuser Bischöfen über-eignet, damit mediat, doch seit 1373 als Resi-denz der Bischöfe und des Kapitels ausgebaut. Von Belang war für das mittelalterliche F. der Warenverkehr spreeabwärts zur Havel (Schiff-fahrt urk. 1298) und damit verbunden das Nie-derlagsrecht (*Kersdorf).
✦ *Pfarrkirche St. Marien* (Domkirche des Bis-tums Lebus 1373 bis 1555 mit bischöflichen Grabdenkmälern Mitte 15. Jh., Epitaph 1523, Sakramentshaus 1517), nach hussitischer Zer-störung als spätgotische Backstein-Hallenkir-che Mitte 15. Jh. wiedererrichtet, 1769/71 von J. Boumann umgestaltet, Wiederaufbau nach Kriegszerstörung seit 1953; *Stadtmauerreste* mit Ruine des Wasser(Niederlage-)tores und Bul-lenturm aus 14./15. Jh.; spätgotisches *Rathaus* mit sterngewölbter Laube (1511) und Turm (1624), nach Kriegszerstörung 1961/68 wieder-aufgebaut
Im Vertrag von F. 1373 traten die Wittelsba-cher die Mark Brandenburg an Kaiser Karl IV. ab, der schon die Niederlausitz und Fürsten-berg (*Eisenhüttenstadt) erworben sowie Lebus eingenommen hatte. Die luxemburgische Hausmachtpolitik – mit Böhmen und Bran-denburg bereits auf zwei Kurfürstentümern gründend – dominierte so den gesamten Osten des Reiches, diente jedoch nach dem Tode Karls IV. 1378 unter seinen Söhnen Wenzel und Sigismund kaum noch der Zentralisierung des Reiches.

Gegen bischöfliche Bevormundung des Magistrats hier späte, nach Aufruhr von 1523 und 1557 erzwungene Durchsetzung der Reformation, fortan evangelische Predigten im Dom *(Pfarrkirche St. Marien)*; Mitte 1529 Überfall des Ritters Nickel v. Minckwitz aus dem lausitzischen Sonnenwald, doch die geplante Gefangennahme des Lebuser Bischofs Georg v. Blumenthal scheiterte – dies wie die anschließende Plünderung der Stadt schadeten dem Ruf der Reformation und fanden Luthers Mißbilligung (*Blossin); mit Säkularisation des Bistums Lebus 1571 Aufhebung der bischöflichen Residenz (Schloß 1576 abgebrannt, Mitte 18. Jh. abgetragen) Spreemühlen, Brauerei, Weinbau und Tuchmacherei, seit 1699 vermehrte Schiffahrt (Friedrich-Wilhelm-Kanal, *Müllrose) erhielten der Stadt eine mittlere wirtschaftliche Bedeutung.

✦ Frühbarockes kurfürstliches *Jagdschloß (Schloßstr. 13)*, 1699/1700 von M. Grünberg, stark verändert, im 18. Jh. Woll- und Getreidespeicher; *Weberhäuser* der 1774/78 gegründeten Damastweberkolonie an der *Hangelsberger Chaussee*; *Wohnhäuser* Ende 18./Anfang 19. Jh., u. a. *Mühlenstr. 26, Schloßstr. 26 und 27, Stadt- und Kreismuseum F. (Domstr. 1)*

20. März 1848 auf dem Bahnhof Verbrüderung Fürstenwalder Demokraten mit durchreisenden polnischen Freiheitskämpfern, die 1847 im Berliner »Po-

len-Prozeß« wegen Aufstandsvorbereitungen in der preußischen Provinz Posen zu hohen Gefängnisstrafen verurteilt, während der revolutionären Märzkämpfe in Berlin befreit worden waren

Nach Eröffnung der Märkisch-Niederschlesischen Eisenbahn 1842 und des Vorortverkehrs mit Berlin 1891, nach Braunkohlenabbau in den nahen Rauenschen (*) Bergen und mit dem neuen Oder-Spree-Kanal (westlich der Stadt nicht mehr dem Spreebett folgend, sondern kanalisiert zum Seddin- und Langen See, weiter zum Teltow-Kanal mit Havelanschluß gerichtet, *Eisenhüttenstadt) wurde F. zu einem begünstigten Industriestandort. 1843 mit einer Wollspinnerei beginnend, hatte die Stadt bis 1909 über 100 Betriebsgründungen zu verzeichnen. Die Zimmermannsche Brauerei wurde nach Aufkauf durch die Berliner Aktienbrauerei »Tivoli« 1871 zu einem der größten deutschen Brauereibetriebe. 1872 eröffnete die Berliner Maschinenbaufirma Julius Pintsch (seit 1897 AG) ein Zweigwerk für Gasapparate und nautische Geräte, in dem Anfang des 20. Jh. 2 700 Fürstenwalder Arbeit fanden, d. h. ein Achtel der Einwohner, was der früh auch im Rüstungsgeschäft stehenden AG unter den gleichzeitigen Betrieben der Stadt einen beherrschenden Platz einräumte.

1892 gründete Pastor Albert Burgdorf die *Samariteranstalten* von F. Um 1900 und vor allem nach 1945 er-

Julius Pintsch AG um 1900 (Stadt- und Kreismuseum Fürstenwalde)

weitert, erwarben sich die Anstalten große Verdienste um die Rehabilitation schwerst- und mehrfachgeschädigter Kinder und Erwachsener.

Als Schlosser bei der Pintsch AG fand der 1882 in F. *(Grünstr. 14, Gedenktafel)* geborene Ottomar Geschke *(Denkmal am gleichnamigen Platz)* Anschluß an die Arbeiterbewegung, trat hier 1910 dem Deutschen Metallarbeiterverband sowie der Sozialdemokratischen Partei bei und gründete im gleichen Jahr noch eine Ortsgruppe der sozialistischen Arbeiterjugend in F. (*Bernau). Nach Entlassung und Kriegsverpflichtung arbeitete Geschke ab Anfang 1918 in einem Berliner Eisenbahnausbesserungswerk, gehörte zu den revolutionären Obleuten, in der Novemberrevolution dann zum Vollzugsrat der Berliner Arbeiter- und Soldatenräte. In Berlin nahm er auch seine weitere politische Entwicklung zum Mitglied des Thälmannschen ZK und – nach Befreiung auf dem Todesmarsch des KZ Sachsenhausen – des demokratischen Neuaufbaus (gehörte als Stadtrat dem ersten Berliner Magistrat an, 1947/53 Vorsitzender der Vereinigung der Verfolgten des Naziregimes).

Aus der engen, schon im Munitionsarbeiterstreik Januar/Februar 1918 bewährten Verbindung Berliner und Fürstenwalder Pintscharbeiter sowie USPD-Mitglieder (Ortsgruppengrün-

Otto Ulinski mit Familie (Stadt- und Kreismuseum Fürstenwalde) und Ottomar Geschke (rechts oben) – Fürstenwalder Kommunisten

dung 1. 9. 1917 im »Küstriner Wappen«, *Küstriner Str. 9, Gedenktafel)* ging eine der frühesten KPD-Ortsgruppen Deutschlands, die erste des heutigen Bezirks, die sich noch während des Berliner Gründungsparteitages der KPD am 1. Januar 1919 im »Küstriner Wappen« (auch späterhin Versammlungslokal der KPD und dann des RFB) konstituierte. Am merklichen Linksruck der Stadt zum anerkannten »Roten· F.« war der seit 1907 in der Pintsch AG beschäftigte Dreher Otto Ulinski maßgeblich beteiligt. Er leitete die KPD-Ortsgruppe bis zu seinem Tode 1926 *(Grabstätte, Neuer Friedhof)*, erfolgreich auch das Fürstenwalder Gewerkschaftskartell zur Abwehr des Kapp-Putsches sowie die hiesige Aktion »Hände weg von Sowjetrußland« im August 1920, hierbei unterstützt von Fritz Heckert, der in F. über den II. Weltkongreß der Kommunistischen Internationale sprach. Tage später (26. 8.) zerstörten Pintscharbeiter die dem polnischen Piłsudski-Regime zubestimmte Torpedoproduktion; daran erinnerte 1927 Hans Jendretzky, RFB-Führer des Gaues Berlin–Brandenburg, indem er der RFB-Ortsgruppe – eine der ersten, sogar vom ADGB-Ortsausschuß unterstützten Gründungen im Gau (Anfang November 1924) – ein Kampfbanner der Moskauer Eisenbahnergewerkschaft übergab.

In *Ketschendorf*, einem Industriestandort jenseits der Spree, 1922/24 Kabelfabrik und 1939 Reifenwerk als Berliner Zweig- bzw. Tochterniederlassung der Deutschen Kabelwerke AG eingerichtet

Der Welle militaristisch-nationalistischer Aufmärsche als »Deutsche Tage« im Frühjahr 1924 widersetzte sich die KPD mit Gegendemonstrationen, so erfolgreich zum »Fürstenwalder Ulanentag« am 18. Mai. Gestützt auf die hiesige Garnison (Ulanenregiment seit 1809, seit 1919 das 9. Reiter-Reichswehrregiment) und eine Vielzahl militaristisch-nationalistischer Verbände sollten gemeinsame Traditionen zwischen ehemaligen Ulanen, Stahlhelm- bzw. Wehrwolf- und Reichswehrmitgliedern beschworen und die demokratischen Kräfte eingeschüchtert werden. Unter Teilnahme Ottomar Geschkes von der Zentrale der KPD sowie der Mitglieder der Bezirksleitung Berlin–Brandenburg der KPD, Hans Jendretzky und Heinrich Rau, zwangen über 10 000 Arbeiter aus F., Berlin, Frankfurt/O., Cottbus und anderen Orten die Reaktionäre, sich auf die Domkirche und den Kasernenbereich zu beschränken.

Unter dem Schutz auswärtiger Hundertschaften der Polizei fand am 1. September 1928 im sozialdemokratisch regierten F. erneut ein großes Stahlhelm-Aufgebot statt, das die berüchtigte »Fürstenwalder Haßbotschaft« verkündete. Die Führer dieses mit 500 000 Mitgliedern größten militaristischen Massenverban-

Schalmeienkapelle des RFB Fürstenwalde 1926 (Stadt- und Kreismuseum Fürstenwalde)

des Deutschlands forderten die Zerstörung des politischen Systems der Weimarer Republik und baldige Weltkriegsrevanche.

Der Versuch der KPD-Ortsgruppe, mit Unterstützung des ZK der KPD Anfang der 30er Jahre in die hiesige Garnison hineinzuwirken, hatte im Frühjahr 1931 einen kurzzeitigen Erfolg mit der von Willi Schulz redigierten Zeitschrift »Der Rote Reiter«; obenan standen Informationen wie die vom Übertritt des bekannten Reichswehrleutnants Richard Scheringer von der NSDAP zur KPD am 19. März. Noch im Jahr aber kam es zu ersten Verhaftungen, im Mai 1932 zur Hochverratsanklage vor dem Reichsgericht, zu Zuchthaus- und Festungshaft für sechs Mitglieder der KPD-Gruppe.

November 1933 SA-Folterstätte im Hofgebäude des *»Fürstenwalder Hofes« (Gartenstr., Gedenktafel)*
Vom neugebauten Fürstenwalder Flughafen seit September 1939 Bombenangriffe auf Polen geflogen; über 3 000 Fremd- und Zwangsarbeiter im Rüstungsgeschäft der Pintsch-Werke tätig; 1943/45 südlich von F. Außenlager »Fuchsbau«, eines der größten des KZ Sachsenhausen

21./22. April 1945 »Festung F.« durch Sowjetarmee befreit, Innenstadt fast völlig zerstört *(Sowjetische Ehrenfriedhöfe, Stadtpark, Dr.-Wilhelm-Külz-Str.)*; 15. Juni

1945 frühe Neugründungen der Ortsgruppen von KPD und SPD, Demontage der Pintsch-AG (seit 1948 VEB Gaselan, heute *VEB Chemie- und Tankanlagenbau »Ottomar Geschke«*)
Seit Anfang Oktober 1945 in F. Flugblätter und Terrorakte der Gruppe »Blaues S«, dem »Werwolf« angehörig, den die Nazis noch zu Kriegsende aus Hitlerjugend-Führern zu Sabotageaktionen in den von der Sowjetarmee befreiten Gebieten geschaffen hatten; im Januar 1946 hier 60 Angehörige der mit einem Mordanschlag auf den sowjetischen Stadtkommandanten befaßten Gruppe verhaftet
Mitte 1950 wurde F. aus dem Landkreis Lebus gelöst und nach Zusammenschluß mit *Ketschendorf (F.-Süd)* zur Kreisstadt des neugebildeten Kreises F.
Dezember 1974 im Fürstenwalder Reifenwerk (heute *VEB Reifenkombinat PNEUMANT)* durch die »Notizen zum Plan« des Maschinenführers Karl-Heinz Hübner republikweite Wettbewerbsinitiative ausgelöst

Grünheide
Seit 1921 Wohnort des expressionistischen Dramatikers Georg Kaiser *(Villa Alexander, Waldeck 4)*, der nach sofortigem faschistischem Berufsverbot 1938 in die Schweiz emigrierte, wo er kurz nach Kriegsende verstarb; 1924 bei ihm Kurt Weill zu Gast, der hier den Operneinakter »Der Protagonist« verfaßte
In G. (heute Erholungsort) wohnte zeitweilig 1933/45 Ernst Rowohlt *(Landhaus Bahnhofstr. 1)*, der verdienstvolle Verleger von Ernest Hemingway, Sinclair Lewis, Thomas Wolfe, Kurt Tucholsky, Robert Musil, Hans Fallada, Ernst von Salomon; die beiden letztgenannten waren hier zu Gast. Berufsverbot führte Rowohlt 1939/40 nach Brasilien. 1943 siedelte er sich fest in G. an, wich aber dann Anfang 1945 vor dem drohenden »Volkssturm«-Einsatz nach Hamburg aus.

Hartmannsdorf
Der vorrückenden Sowjetarmee hißten Einwohner von H. am 21. April 1945 weiße Fahnen, wofür noch in der Nacht 22 Greise, Frauen und Kinder von SS-Leuten erschossen wurden – eines von vielen Beispielen für die mörderische Durchhaltepolitik der Nazis. Am 3. April war von Heinrich Himmler, dem Reichsführer SS und faschistischen Innenminister, ein entsprechender »Flaggenbefehl« erlassen worden *(Gedenkstätte Platz der Opfer)*.

Heinersdorf
1244 ersterwähnte Gründung des Templerordens, 1318 bis 1810 im Besitz der Johanniter (*Lietzen)
✦ Spätromanische *Feldsteinkirche* mit eingezogenem Chor und Apsis 2. Viertel 13. Jh., quadratischer Westturm 14./15. Jh.; *Gutshaus* mit Stuckdecken spätes 17. Jh.; im *Ot. Behlendorf Gutsanlage* mit Wohn- und Wirtschaftsgebäuden aus Raseneisenstein, Frühwerk Schinkels (*Marxwalde) nach 1802

Kersdorf, Ot. von Briesen
Am Kersdorfer See befand sich nach erstem Schleusenbau oberhalb Fürstenwaldes eine 1588 vom Kurfürsten bewilligte, bis 1668 bedeutsame Frankfurter Neben-Niederlage, ein außerordentliches Privileg für die Oderstadt, zugleich der Verlust des Niederlagerechts für Fürstenwalde. Hier wurde die Verbindung zwischen Oder und Havel hergestellt, wurden alle Waren, die spreeaufwärts kamen, von den Schiffen auf Wagen umgeladen und in Frankfurt (*) auf die Oder gebracht (*Müllrose).

Kienbaum
Heutiger *Ot. Liebenberg* 1247 als (verödetes) oppidum genannt, urspr. vielleicht wettinische Grenzburg gegen das Lebuser Land; hiesige Wassermühle (urk. 1375) heute *Sportschule des DTSB*

Das wohl spätestens Mitte des 13. Jh. gegründete K. (1405 urk., wie Liebenberg damals Zinnaer Klosterdorf) wurde Mittelpunkt der wahrscheinlich in slawische Zeit zurückreichenden Zeidelwirtschaft (Waldbienenzucht, *Wiesenau) des Barnims, des Landes Lebus und Beeskow-Storkow. Bis ins 16. Jh. hinein kamen Imker dieser Gebiete jährlich im August hier zusammen, um über Rechte, Beschwernisse und gegenseitige Hilfe zu beraten.

Langewahl
Im wesentlichen erst nach dem Siebenjährigen Krieg entstand hier in friderizianischer Kolonisation südlich der Spree (*Storkow) eine von fünf Landarbeiterkolonien (Markgrafpieske, Spreenhagen, Hartmannsdorf, Wernsdorf), wozu nicht nur königlicher Forst gerodet wurde, sondern auch Bauern aus Alt und Neu Golm zwangsweise, unter Einsatz von Militär, Land abtreten mußten. Durch die nahen Spinnerdörfer (*Neu Zittau) drang allerdings auch hier Spinnerei als Nebenerwerb ein.

Neu Zittau
Anders als bei den auf Acker- und Gartenbau ausgelegten Neugründungen zwischen Unterspree und Schadowschem Forst (*Langewahl, *Storkow) zielte die hiesige Koloniegründung 1753 *(Dorfkirche, 1763)* auf Spinnerei für die Wollgroßmanufaktur des Berliner Lagerhauses. Diese erste von Friedrich II. initiierte Gründungsperiode kurmärkischer Spinnerdörfer (*Buschdorf) stand unter Leitung des Kriegs- und Domänenrates Johann Friedrich Pfeiffer, seit 1751 Direktor der königlichen Etablissementskommission; von 1747 bis zu seiner Amtsenthebung 1754 hat er 105 Siedlungen in der Kurmark eingerichtet. Bei den

Kriegs- und Domänenrat Johann Friedrich v. Pfeiffer, Direktor der friderizianischen Etablissementskommission und Entrepreneur (Deutsche Staatsbibliothek Berlin)

Spinnerdörfern kolonisierten die Entrepreneure nicht auf eigene Kosten für spätere Vergünstigungen (wie größeres Grundstück, Jurisdiktion, Schank- und Mahlrechte), sondern gemäß Voranschlägen aus der königlichen Kasse. Extreme Einsparungen bei den Baukosten waren die Folge im Falle von N. und Schönwalde. Pfeiffer hatte sich hier wie dort über Strohmänner selbst als Entrepreneur betätigt, dabei ein Drittel der Baukosten in die eigene Tasche gewirtschaftet; entsprechend karg sind die 50 *Doppelstubenhäuser* (vereinzelt erhalten) ausgefallen. Auch die königliche Order, Ausländer als Wollspinner anzusetzen und so die Bevölkerung zu mehren, ist von den Entrepreneuren häufig mit »Erfolgsmeldungen« unterlaufen worden, extrem im Falle von N.: Nur zwei Kolonistenfamilien kamen aus dem namengebenden sächsischen Zittau; die Hälfte aller Spinner waren »Landeskinder«, deren Anteil im Gefolge der hohen Fluktuation während des ersten Jahrzehnts sogar noch be-

trächtlich stieg. Die 100 Kolonistenstellen waren mit jeweils zwei Morgen Gartenland und einem Morgen Wiese ausgestattet, gerade so zur Deckung des lebensnotwendigsten Eigenbedarfs. Nur die Schulzenstelle wich mit 60 Morgen Acker, 10 Morgen Wiese und einigen Gerechtsamen beträchtlich davon ab; dafür hatte der Schulze die Gerichtsbarkeit und das Amt des Spinnmeisters wahrzunehmen, mußte auf eigene Kosten die Wolle aus Berlin holen und das Gesponnene dorthin zurückbringen, den Spinnerlohn auszahlen u. a. m. Weitergehende Versuche, wie die Einrichtung eines »Spinnerhauses« in Markgrafpieske und N., scheiterten, ebenso die geplante »spanische Wollweberei« in der nahen zeitgleichen Pfälzergründung Gosen. Die Spinnerei blieb Nebenerwerb; im 19. Jh. wurden N. und Marienwerder wieder reine Schifferdörfer.

Rauen

1285 erstwähntes Dorf (spätgotische *Feldsteinkirche*), mit Braunkohlenabbau seit 1842 *(Altes Zechenhaus, Storkower Str.)* und *Markgrafensteinen* in den Rauenschen Bergen – zwei der mächtigsten erhaltenen eiszeitlichen Geschiebeblöcke, aus dessen größerem (urspr. 8,50 m hoch) nach Schinkels Plan die Granitschale für den Berliner Lustgarten gefertigt wurde (1828)

Rüdersdorf

1308/19 erstwähntes Zinnaer Klosterdorf mit eigenem Hof (1375), von dem aus (vordem vielleicht von Kagel aus) wahrscheinlich der Barnimbesitz verwaltet und Kalksteinbruch betrieben wurde
Die Flurkarte von 1748 zeigt in der Rüdersdorfer Gemarkung eine Wüstungsfeldmark mit Resten einer parzellierten Hufengewannflur um die »altenaischen Höve« (Dorfstelle mit Kirche noch erkennbar). Es handelt sich hierbei um das 1471 wüst genannte Altena (*Chorin), im Landbuch von 1375 noch mit 40 Hufen verzeichnet.
Nach Säkularisation 1553 gebildetes kurfürstliches Amt R.; 1570 Rüdersdorfer Schleuse und Kanalverbindung zwischen *Kessel- und Kalksee* für Kalksteinabtransport angelegt, erster Produktionsaufschwung 2. Hälfte des 17. Jh. durch Berliner Baugeschehen, Kalkbrecher im Ot. *Kalkberge* und *Hinterberge* angesiedelt (in mittelalterlicher Rüdersdorfer *Dorfkirche Kalksteintaufe* von 1598; *Saalkirche* im Ot. *Tassdorf* von 1686)

1769 wurden die Rüdersdorfer Kalksteinbrüche dem Bergwerk- und Hüttendepartement in Berlin unterstellt, zu dessen Leitung Friedrich II. 1777 den erfahrenen kursächsischen Generalbergkommissar Friedrich Anton v. Heinitz gewann. Unter ihm und seinem langjährigen Mitarbeiter (seit 1802 Nachfolger) Graf v. Reden kam die hiesige Kalksteinförderung sowie -verarbeitung zu Mörtelkalk entscheidend voran, so durch Einsatz von Sprengpulver, *Rumfordsche Kalköfen mit Förderbrücke (Heinitzstr.)* sowie Kanalbauten zum Anschluß an die Berliner Gewässer.

✦ *Kolonie Hortwinkel* (Ot.) 1784/85 angelegt; *Glockenturm* auf dem Glockenberg, um 1800; *Heinitz-, Bülow-* und *Reden-Kanal* 1805/16 mit gestalteten *Eingangsportalen* und *Porträtbüsten* (u. a. Heinitz und Reden) aus der Werkstatt Chr. D. Rauchs; *Bergamtsgebäude Heinitzstr. 10,* um 1820 von K. F. Schinkel; *Uhrturm* von 1844, *Heinitzstr.;* *Bergarbeiterwohnsiedlung Landhof* um 1850

Ende März 1848 von 800 Bergarbeitern und Schiffern erzwungene Senkung der Kartoffelpreise in R.

Der um 1870 eingeführte Rüdersdorfer Ofen – technikgeschichtlich der jüngste Kalkofentyp – brachte mit seinem wesentlich längeren Brennkanal (21 m hohe Esse) gegenüber dem Rumfordofen eine Fortentwicklung. 20 solcher

Historisches Kalkwerk von Rüdersdorf

schlanker Öfen sind 1871/77 zur Rüdersdorfer Schachtofenbatterie zusammengestellt worden, was den enormen Bindemittelbedaf im Berliner Baugeschehen jener Jahre anzeigt (1872 im Rüdersdorfer Kalkbergbau 1 500 ständig Beschäftigte).

1875 am *Heinitzsee* durch schwedischen Geologen Otto Torell *(Gedenkstein)* Gletscherschrammen auf Gesteinen, damit eiszeitliche Entstehung der norddeutschen Oberflächenformen durch Inlandeismassen nachgewiesen

1885 begann in R. die Zementherstellung. 1912 richtete sich die in Deutschland tonangebende Zossener »Adler« Deutsche Portland-Zementfabrik AG hier ein. Die dritte Betriebsgründung nahm August Thyssen sen. mit der Firma Rittergut R. GmbH 1911 vor, die bald 800 Arbeitskräfte in der Zementfabrik und den angeschlossenen Ziegeleianlagen beschäftigte. Im März/Juni 1921 beantworteten die Zementwerke einen Handwerker-Lohnstreik mit der Aussperrung von rund 2 000 Arbeitern, lenkten erst nach Verhandlungen im Reichsarbeitsministerium im Juli ein, die KPD- und USPD-Anfragen im preußischen Landtag ausgelöst hatten. Die Rüdersdorfer Kalke eigneten

sich besonders für die hochwertigen Portlandzemente, gingen vor allem in den Deckenzement des faschistischen Autobahnbaues ein (*Bernau). Auf dessen Höhepunkt 1938, als ein täglicher Zementbedarf von 14 500 t erreicht wurde, produzierten vier Rüdersdorfer Zementwerke zusammen 750 000 t. (*Talübergang beim Ot. Kalkberge mit 720 m Gesamtbrückenlänge einer der Autobahn-Großbauten Mitte der 30er Jahre; 1934 Gemeinden R., Kalkberge und Tassdorf zu R. zusammengeschlossen).

Mai bis September 1945 in R. Frontschule der 2. Baltischen Front der Sowjetarmee eingerichtet (*Geltow, *Königs Wusterhausen)
VEB Zementkombinat R. mit einem Viertel am Zementaufkommen der DDR beteiligt

Schöneiche
1375 ersterwähntes, durch Gutsbildung völlig deformiertes Dorf, 1527 bis 1690 bei denen v. Krummensee (*Grablege* in 1725 barock umgebauter *Dorfkirche*), die fast sämtliche Bauern- und Kossätenhöfe zum Rittergut zogen; Rittergut Sch. 1725/47 beim Gehei-

Portal des Bülow-Kanals in Rüdersdorf-Kalkberge

men Rat und späteren Berliner Waisenhausbesitzer Severin Schindler, stiftete theologische *Bibliothek (Dorfkirche)*
1761 kaufte der neben Splittgerber (*Eberswalde) bedeutendste Berliner Kaufmann, Seidenmanufakturier und Hofbankier Friedrichs II., Friedrich Wilhelm Schütze (in der Dorfkirche *Grabdenkmal*, 1797 von J. G. Schadow), das Gut und richtete hier eine Wachsmanufaktur ein, die Lichte bis Südosteuropa exportierte; die 1786 geadelte Familie blieb bis 1844 im Besitz von Sch.

✦ Barocker Schloßneubau 1765 (1949 abgebrannt), dazu Orangerie und Park, erhalten Torpfeiler mit *Eisenkunstgußvasen*, letztere im *Heimatmuseum Klein Schönebeck Dorfaue 8* (eingeschossiges Fachwerk-Doppelstubenhaus vom Typ des Mitteldeutschen Ernhauses, Mitte 18. Jh., 1982/84 maßgeblich in örtlicher Initiative von Grund auf restauriert; im langen Querflur zentral gelegene *»schwarze Küche«*, eine jener seit dem Mittelalter in ganz Europa verbreiteten fensterlosen, von Herd und Rauchfang beherrschten Küchen/Räucherräume, meist um 1800 umgebaut); in Sch. *Fachwerkspeicher (An der Reihe)*, 1749; *Pfarrhaus Klein Schönebeck (Dorfaue 6)* von 1789 zur spätmittelalterlichen *Feldsteinkirche*

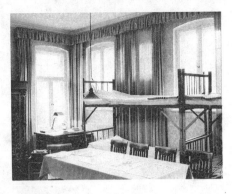

Ernst Thälmanns Arbeitszimmer in Schöneiche-Fichtenau, Gedenk- und Bildungsstätte »Rosa Luxemburg«

Anfang Februar 1929 wurde die *Reichsparteischule »Rosa Luxemburg«* der KPD im Ot. *Fichtenau (Kurze Str. 11, Gedenk- und Bildungsstätte seit 1973)* eröffnet. Es war der 3. Kurs nach Hohnstein und Dresden, nun erstmals in ständigem Gebäude, das von der Schweizer Kommunistin Mentona Moser gekauft und der KPD übereignet worden war. Bis Anfang 1933

Schloß Steinhöfel

konnten hier etwa 680 Teilnehmer ihre Kenntnisse des Marxismus-Leninismus vertiefen; erfahrene Parteifunktionäre und Pädagogen, wie Franz Dahlem, Hermann Duncker (*Bernau), Fritz Heckert, Edwin Hoernle, Theodor Neubauer, Fred Oelßner, Wilhelm Pieck, Heinrich Rau, Ernst Schneller und Ernst Thälmann als Vorsitzender der KPD, hielten an der »Kaderschmiede der Revolution« Lektionen. Auch außerhalb seiner Lehrtätigkeit war Thälmann wiederholt hier, erarbeitete z. B. im Mai 1929 das Referat zum 12. (Berliner) Parteitag der KPD bzw. nahm an hiesigen Beratungen des Westeuropäischen Büros der Kommunistischen Internationale unter Georgi Dimitroff teil *(Thälmann-Denkmal im Volkspark).*

In S. verstarb 1960 der aus Berlin gebürtige Arbeiter-Schriftsteller Walther Dehmel. *Bildgießerwerkstatt* (Kunstformer und Zieseliere) in S., genutzt von DDR-Künstlern wie Wieland Förster, Theo Balden, Joachim Jastram; hier Teile des Buchenwaldmonuments und »Aufsteigender« von Fritz Cremer gefertigt

Steinhöfel

1401 ersterwähntes Dorf (frühgotische *Feldsteinkirche*) mit Rittersitz derer v. Wulffen bis 1774; nach Übernahme des Gutes durch die v. Massow entstand 1790/95 unter Leitung D. Gillys eine einheitliche Gesamtanlage aus *Schloß* (1845 und 1885 aufgestockt

Altlandsberg um 1710 von D. Petzold

Altlandsberg (1308)

bzw. erweitert), großem *Landschaftsgarten* (mit *Bibliotheksgebäude*) und *Dorfanger mit Amtshaus, Krug und eingeschossigen Wohnhäusern.*

Der Berliner Vorortverkehr nach Fürstenwalde, Bernau und Strausberg seit 1891 brachte in Notjahren Tausende von Kartoffelstopplern der Reichshauptstadt auf die an den Eisenbahnstrecken liegenden Felder, so für das Gut S., dessen Besitzer dagegen von der Waffe Gebrauch machten, bis in die 20er Jahre bezeugt.

Tempelberg

1244 ersterwähntes, zunächst dem Templerorden (*Lietzen, *Heinersdorf) gehöriges, von den Johannitern vor 1412 bis 1802 an die v. Wulffen (*Steinhöfel) verliehenes Dorf *(Feldsteinkirche,* 2. Viertel 13. Jh.), kam 1802 mit Gölsdorf zur Herrschaft Neu-Hardenberg (*Marxwalde); auf beiden Gütern führte v. Hardenberg seit 1803, noch vor Thaer (*Möglin), die Fruchtwechselwirtschaft ein, mit der sich hier 1807 Koppe (*Reichenow, *Wollup) besuchsweise vertraut machte.

Woltersdorf

1375 ersterwähntes »Waladstorf slavica« mit nur 14 Hufen, seit 1487 Kämmereidorf von Berlin
Entwicklung von W. als Ausflugsziel und Stadtrandsiedlung Berlins; 1908/09 ließ sich der Jugendstilmaler Fidus (Hugo Höppener) hier Atelier-, Wohn- und Gästehaus im sog. Heimatstil bauen *(Köpenicker Str. 46)*
Gemeinden wie W., Erkner und Eichwalde hätten sich der im Oktober 1920 erfolgten Bildung von Groß-Berlin gern angeschlossen.
Im Mai 1932 in W. Tagung des Europäischen Büros der Roten Gewerkschaftsinternationale mit Teilnahme Dimitroffs (*Schöneiche)
Schiffsreparaturwerft W. (1860 *Kammerschleuse* anstelle der seit etwa 1550 bestehenden Woltersdorfer Schleuse); W. heute Erholungsort

Zunächst deutsche (wettinische?) Burg mit Suburbium (um die *Stadtkirche*), südlich davon regelmäßige (askanische) Stadtanlage wohl um 1257, der urkundliche Ersterwähnung des neumärkischen Landsberg – daher hier 1324 Antiqua Landesberg, vielleicht Namensübertragung vom wettinischen Landsberg bei Halle (*Gielsdorf); im 14. Jh. ummauert; markgräfliche Klosterstiftung für den Bettelorden der Serviten 1335, der einzigen der Mark (1542 aufgehoben); seit 1409 die Stadt im Besitz derer v. Krummensee

✠ *Feldstein-Stadtmauer* weitgehend erhalten, mit *Berliner* und *Strausberger Torturm* (14./15. Jh.), *Wall und Graben; Stadtkirche,* im Kern 13. Jh., um 1500 spätgotisch umgebaut, im 19. Jh. verändert

Der in A. geborene Nikolaus Leutinger, Verfasser einer 30bändigen brandenburgischen Geschichte des Reformationsjahrhunderts, folgte seinem 1581 verstorbenen gleichnamigen Vater und hiesigen Reformator *(Grabmal in der Stadtkirche)* im Stadtpfarramt für zwei Jahre nach.
1654 »Schloß« und Stadt A. vom kurfürstlichen Minister Graf Otto v. Schwerin (1697 im *Gewölbe der Stadtkirche* beigesetzt) erworben, ließ die abgebrannte Stadt neu aufbauen, Barockschloß und zugehörige *Saalkirche* (um 1670) errichten; als reformierter Gutsherr siedelte v. Schwerin seit 1670 die ersten Refugiés, d. h. französisch-reformierte Glaubensflüchtlinge, in Brandenburg an, die jedoch 1672 nach Berlin umzogen und sich der dortigen (1661 privilegierten) Französischen Kolonie anschlossen.
Herrschaft A. 1708 von König Friedrich I. gekauft und in königliches Amt umgewandelt, bis 1712 Nebenresidenz (Schloß 1757 abgebrannt)
Seit Ende 19. Jh. Heranrücken der Berliner Stadtrandsiedlung, A. Trabantenstädtchen der Hauptstadt (*Bernau)
21. Februar 1926 in A. blutiger Überfall von Stahlhelm- und Frontbannmitgliedern auf Veranstaltung des Reichsbanners (*Arensdorf)

Aus Richtung Strausberg vordringende Spitzenverbände der 5. Stoßarmee des Generaloberst Nikolai E. Bersarin erreichten über A. – das wie Bernau (*) bereits hinter dem äußeren Sperring der Reichshauptstadt lag, einer auf 40 km um die Reichskanzlei gezogenen faschistischen Verteidigungszone – am 21. April den Berliner Stadtrand, wo sie bei Kaulsdorf und Marzahn auf den Äußeren Verteidigungsring der Berliner Zitadelle trafen.

Bollersdorf

Südlich von B. auf einer Halbinsel des Schermützelsees Siedlung der jungbronze-früheisenzeitlichen Lausitzer Kultur erschlossen, mit Graben auf der Land- und Wellenbrecheranlage auf der Seeseite; dicht dabei früheisenzeitlicher Hakenpflug geborgen, bisher frühester Nachweis dieses Ackergerätes in der Region (Fund: *Museum für Ur- und Frühgeschichte Potsdam*)
Auf dem Gut von B. (spätgotische *Feldsteinkirche* hier und im Ot. *Pritzhagen)* saß Wilhelm v. Oppen, ein geistiger Vater der Fememorde und führender faschistischer Vertreter der ostelbischen Junker, war schon 1920 am Kapp-Putsch und 1923 am Küstriner Putschversuch (*Kietz) der Schwarzen Reichswehr finanziell führend beteiligt.
Im Frühjahr 1927 bereitete Egon Erwin Kisch in der »Weißen Taube« (heute Kinderheim) am nordwestlichen Ufer des Schermützelsees u. a. den ersten Reportageband seiner Sowjetunionreise (»Zaren, Popen, Bolschewiken«) und die Herausgabe von Max Hoelz' Zuchthausbriefen vor.

Bruchmühle

Vom 1. bis 9. Mai 1945 bezog die am 27. April in Moskau für den Bereich der 1. Belorussischen Front gebildete Gruppe des ZK der KPD in B. Quartier *(Buchholzer Str. 8, Gedenktafel; Beratungslokal im »Jägerheim«, Fichtestr. 8, Gedenktafel)*. Tags zuvor war die von Walter Ulbricht geleitete Gruppe, der neben zehn Kommunisten, u. a. Fritz Erpenbeck, Richard Gyptner, Hans Mahle, Karl Maron, Otto Winzer, etwa gleichviel NKFD-Mitstreiter aus den Reihen der Kriegsgefangenen angehörten, als erste von drei Initiativgruppen des ZK der KPD östlich von Frankfurt gelandet. Von B. aus organisierten sie die antifaschistische Arbeit in den bereits befreiten Stadtteilen von Berlin, wohin sich Ulbricht sofort begeben hatte.

Buckow (1416)

Um 1225 ließ dicht an der Stobberow als damaliger Grenze seines Machtbereiches der schlesische Herzog Heinrich I. oder Henryk Brodaty (*Müncheberg, *Frankfurt, *Lebus) das castrum Bucowe (urk. 1249, vermutlich am

Der schlesische Herzog Heinrich I. oder Henryk Brodaty (der Bärtige) beherrschte in der 1. Hälfte des 13. Jh. das Land Lebus bis Buckow (Deutsche Staatsbibliothek Berlin).

Mühlenplatz) anlegen. Hier überschritt ein aus der Niederlausitz zur mittleren Oder verlaufender Handelsweg die Stobberow, so daß vielleicht gleichzeitig eine kleine Dienst- und Marktsiedlung entstand (urk. 1375, das spätere Klein-B., 1816 mit Groß-B. vereinigt). Wahrscheinlich gründete der Herzog auch die »villa Buchowe« (das spätere Groß-B.), die urkundlich 1253 in der Übereignung an das schlesische Zisterzienserkloster Leubus (*Müncheberg) durch den magdeburgischen Erzbischof auftritt, der hier 1249 die Nachfolge des schlesischen Herzogs angetreten hatte. Strategisch wurde durch die alsbaldige askanische Herrschaft (ab 1287) über das ganze Land Lebus (*) die einst schlesische, dann magdeburgische Grenzburg bedeutungslos. Die eigentliche Anlage einer Stadt (1405 »oppidum Buckow«) ist wohl erst den Leubuser Mönchen zuzuschreiben, die anscheinend dabei auf die »villa Bu-

chowe« und vielleicht auf eine Slawensiedlung (deren Bewohner mindere Rechte erhielten) zurückgriffen, in B. insbesondere Hopfenanbau und Bierbrauerei begründeten.
Anfang des 15. Jh. ging die Stadt in adligen Besitz über und gehörte zusammen mit Obersdorf, Münchehofe und Dahmsdorf (*Müncheberg) sowie Waldsieversdorf fortan zur Grundherrschaft B., behielt aber als Hauptort des märkischen Hopfenanbaus und -handels bis Ende des 17. Jh. wirtschaftliches Gewicht (1694 waren 75 Prozent der Bürgerschaft im Besitz von Hopfengärten im Bereich der Herrschaften B. und Pritzhagen). Wie anderwärts (*Seelow) ist auch hier der Teilbetriebscharakter feudaler Eigenwirtschaften anzutreffen, so für Dahmsdorf in der Taxe der Herrschaft B. für 1618 belegt: Mit über 5 100 Talern veranschlagt, machten die 12 Bauern- und 6 Kossätendienste dieses Dorfes davon wertmäßig 3 000 Taler aus, was dem Trend ostelbischer Grundherrn der Zeit zum Ausbau ihrer eigenwirtschaftlichen Marktproduktion durch steigende Arbeitsrenten bei gleichbleibenden Geld- und Produktenrenten entspricht. Die Buckower Bürger jedoch vermochten sich 1642 vor dem Kammergericht erfolgreich gegen willkürliche Diensterhöhungen zu verteidigen, indem sie eine schriftliche Fixierung von 1563 auf jährlich neun Diensttage vorweisen konnten (*Lebus). Die neuen Grundherren v. Flemming (1674–1945) legten sich jedoch bald drückend auf die Stadt (Pfarrkirche, mittelalterlicher Vorgängerbau barock umgestaltet, 2. Hälfte 17. Jh., nach Kriegseinwirkung 1945 moderner Innenausbau) und ihr Hopfengeschäft, gingen mit einer eigenen Schloßgarde gegen die Bürgerschaft vor, setzten den Bürgermeister ab, hatten sich 1748 in Berlin zu verantworten, verweigerten nach Stadtbrand von 1769 jegliche Unterstützung beim Wiederaufbau von 57 Häusern, verschleppten dies trotz eines bei ihnen eingelegten militärischen Kommandos bis 1783. Dem Berliner Lagerhaus gestanden sie 1793 vertraglich zu, in B. eine Wollspinnerei einzurichten und einen Spinnhalter einzusetzen, von dem allein künftig alle Wolle für die gesamte Grundherrschaft zu beziehen war, womit die älteren Rechte der Berliner Wegelyschen und Hessischen Wollzeugmanufakturen, die hier laut ihren Beschwerdebriefen teils seit 50 Jahren hatten Kettengarn spinnen lassen, hinfällig wurden; 1794 hatte das königliche Lagerhaus in B. 114 Wollspinner unter Heimarbeitsverträgen.

Die preußische Städteordnung des Steinschen Reformwerkes von 1808 verhinderten die v. Flemming für B. bis 1853.
In der 2. Hälfte des 19. Jh. Entwicklung Buckows zum Luft- und Badekurort, 1897 unterstützt durch die Stichbahn B.-Müncheberg, die der Entdeckung der »Märkischen Schweiz« Rechnung trug. In den 20er Jahren war B. größter märkischer Kurort, Villensiedlung für Berliner Bürgertum am Schermützelsee (Bertolt-Brecht-Str.); heute wichtigster Erholungsort der Märkischen Schweiz
1952 pachteten Bertolt Brecht und Helene Weigel am Schermützelsee einen Sommersitz (Bertolt-Brecht-Str. 29, Gedenkstätte Brecht-Weigel-Haus seit 1977). Hier schrieb Brecht die »Buckower Elegien«, arbeitete an den Schauspielen »Turandot« und »Coriolan«, hatte u. a. Hanns Eisler und Paul Dessau zu Gast. Nach Brechts Tod 1956 bewohnte Helene Weigel das Landhaus bis zu ihrem Tode 1971; im Grundstück steht der Planwagen aus »Mutter Courage«, den sie erstmals Anfang 1949, kurz nach beider Rückkehr aus der Emigration nach Berlin, über die Bühne des Deutschen Theaters zog.

Dahlwitz-Hoppegarten
1370 ersterwähntes, durch Gutsbildung deformiertes Angerdorf »Dolewitz« mit im Kern mittelalterlicher Feldsteinkirche (1723/33 barock umgebaut) sowie spätklassizistischem Gutshaus von 1856 und Park von P. L. Lenné
Der aristokratische Berliner Union-Klub pachtete 1867 (bzw. kaufte 1875) das Vorwerk Hoppegarten für sein Union-Gestüt und legte hier eine Pferderennbahn an. Vor König Wilhelm I. und Kanzler Bismarck lief im Mai 1868 das erste Galopprennen ab.

Brecht-Weigel-Haus in Buckow

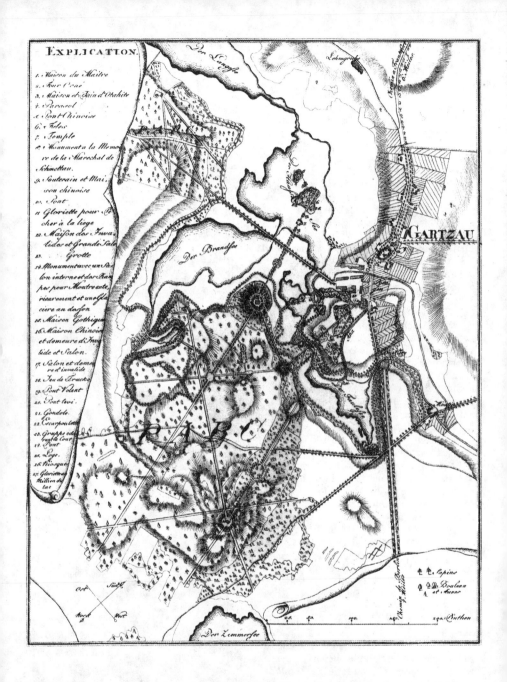

*Plan von Garzau mit dem Schmettauschen Garten um
1800 (Deutsche Staatsbibliothek Berlin)*

1928 mit D. vereinigt, ist H. heute ein Zentrum des Pferdesports in der DDR (1969 *VE Rennbetrieb Hoppegarten*).

Eggersdorf

Zu den etwa 20 märkischen Angerdörfern, deren Anger zum geringeren Teil verbaut worden ist, gehört das 1323 ersterwähnte E. (durch Gutsbildung deformiertes Anger- bzw. Kreuzangerdorf). Dieser in der Mittelmark vorherrschende, am meisten im Kreisgebiet Strausberg begegnende Siedlungstyp – gekennzeichnet durch Straßengabelung um die ausgedehnte, zentral in Längsachse liegende, in der Regel mit Kirche, Hirtenhaus, Schmiede und Backofen bestandene, sonst grüne Angerfläche – entstand mit der Großgewannflur in der zweiten Phase frühdeutsch-bäuerlicher Besiedlung der Mark im 13. Jh. (*Schönfeld). Mit der Gewannflur kam das Angerdorf am häufigsten auf den Grundmoränenplatten des Barnims vor (Kreise Bernau, Oranienburg, Eberswalde), danach im Land Lebus.

Garzau

In dem 1247 erstgenannten Ort (*Feldsteinkirche* des 14. Jh.) erwarben die v. Pfuel (✝ Gielsdorf) 1580 das Lehnschulzengut mit fünf Hufen und Schäfereigerechtigkeit. Solcher adliger Auskauf der seit der Lokation reich ausgestatteten Schulzengüter stand für nicht wenige, bis dahin reine Bauerndörfer verstärkt seit dem 16. Jh. am Anfang ihrer Umbildung zu Gutsdörfern. Bis 1620 erweiterten die v. Pfuel ihren hiesigen Besitz auf Kosten von neun Kossäten um 16 Hufen; 1678 schließlich waren auch 38 Bauernhufen beim Rittergut – nur noch zwei Einhüfner zählte die einstige Bauerngemeinde.

Von 1779 bis 1802 war G. im Besitz von Friedrich Wilhelm Carl Graf v. Schmettau (*Ragow), der sich seit 1763 in 20jähriger Arbeit als Topograph der »Schmettauschen Karte von Preußen« (200 Blätter) und von Karten beider Mecklenburg einen bleibenden Namen machte; *Schmettauscher Park* (1782/84), einer der vielen Versuche märkischer Junker, »englische Gärten« nach Wörlitzer Vorbild (dazu über Georg Forsters Anregungen in tahitischer Art) zu gestalten, der jedoch auch hier nur ein Inseldasein ergab, unverbunden mit der angrenzenden Feldmark; anstelle des *Schlosses* aus dem 18. Jh. Neubau von 1811 (Umbau 1978/79)

Gielsdorf

Ortsnamen des südöstlichen Barnims wie G. (1375 »Giselstorff«), Altlandsberg (*), Blum-

berg, Hirschfelde, Herzfelde und wohl auch Prötzel, die sämtlich Entsprechungen im Raum zwischen Halle, Torgau und Luckau haben, weisen auf Namensübertragungen aus dem Wettinischen hin (*Ihlow). Ein Siedlungsvorstoß der Wettiner von Köpenick her ist vor 1200 (*Hönow) anzunehmen (spätromanische *Feldsteinkirche* mit eingezogenem Chor und Apsis, 1. Hälfte 13. Jh.).

Seit 1460 saßen die v. Pfuel in G., vermutlich eine aus dem wettinischen Herrschaftsraum um Elsterwerda stammende Adelsfamilie, schon im Landbuch von 1375 mit Besitzungen in Altranft, Möglin (*), Frankenfelde, Bliesdorf und Reichenow ausgewiesen, über Jahrhunderte hin das begütertste Adelsgeschlecht im Oberbarnim (*Garzau). Von 1498 bis 1503 währte die »Pfuelsche Fehde«, ein spätes Raubrittertum; geschützt vom brandenburgischen Kurfürst, sagte Friedrich v. Pfuel (*Grabstein* von 1527 in der Dorfkirche) »ab Frieden und jegliches Geleit seinen Feinden«, den mecklenburgischen Herzögen.

Der 1765/94 in G., Wilkendorf und Hirschfelde tätige populäre Pfarrer Heinrich Schulze, gebürtiger Beeskower, genannt »Zopfschulze«, war einer der durch das Wöllnersche (*Groß Rietz) Religionsedikt von 1788 Gemaßregelten. Anfang der 80er Jahre hatte er eine vierbändige »Sittenlehre für alle Menschen ohne Unterschied der Religion« vorgelegt und entsprechend auch in seinem hiesigen Wirken mehr einer Moral denn der Religion, konkret den lutherischen Glaubenssätzen, vertraut. Über den Gemeindewillen und die Fürsprache von Patron und Gericht hinweg verfügte König Friedrich Wilhelm II. 1793 seine Absetzung (1823 in Altlandsberg verstorben).

Herzfelde

In H. (spätromanische *Feldsteinkirche* mit massivem Westquerturm, eingezogenem Chor mit Apsis und Taufe, 1. Hälfte 13. Jh.) 1860 Entdeckung reicher Tonlager und Bau von Ziegeleien (zeitweilig mit 21 Ringöfen) für Berliner Großbedarf; H. und Hennickendorf heute Zentrum der Ziegelerzeugung im Bezirk.

Bei der Reichstagswahl vom 5. März 1933 erreichte H. unter den Orten mit über 2 000 Einwohnern mit 60 Prozent aller Wählerstimmen für beide Arbeiterparteien (KPD 30,8%, SPD 29,2%) das stärkste Votum gegen den Faschismus in der Provinz Brandenburg (*Bernau).

Hönow

1268/79 erstgenanntes Angerdorf (1375: 118 Hufen), das mit seiner spätromanischen *Feldsteinkirche* (eingezogener Chor mit Apsis und durchweg rundbogigen Öffnungen) ins frühe 13. Jh. anzusetzen ist (*Ihlow), nach Deutung der Gemarkungsgrenzen umliegender Dörfer wohl Kern eines frühen (wettinischen?) Siedlungskomplexes nördlich Köpenicks um 1190

Ihlow

Der beginnende Wüstungsprozeß zeichnet sich im 1375 mit vier großen Ritterhöfen genannten I. (54 herrschaftliche Hufen von insgesamt 73) als Übernahme wüster Bauernhufen ab. Zwei der Rittersitze mit zusammen 25 Hufen gehören denen v. Ihlow (urk. 1320), ursprünglich vielleicht Ministerialen aus dem gleichnamigen Dorf im Kreis Jüterbog, die den Dorfnamen im Zuge der wettinischen Expansion hierher übertragen haben könnten – eines von vielen möglichen Beispielen für Namensübertragungen aus den Herkunftsräumen der Feudalgewalten. Die Entstehung von I. wäre dann kurz vor 1210 anzusetzen, da das Jüterboger Ihlow zu dem Zeitpunkt vom wettinischen Markgrafen an den magdeburgischen Erzbischof zurück kam und dies dortige markgräfliche Ministerialen sicher zum Abzug bewog.

Spätromanische Feldsteinkirche Ihlow

Für diese Zeit spricht auch die spätromanische *Feldsteinkirche* mit eingezogenem Chor und Apsis sowie ausschließlich rundbogigen Öffnungen (*Hönow, *Gielsdorf, *Danewitz). 1450 erscheinen für I. mit Ausnahme des Kirchenbesitzes nur noch Ritterhufen, die sämtlich wüst liegen; ein reichliches Jahrhundert bäuerlicher Bewirtschaftung hatte die mageren Böden offenbar erschöpft (*Sternebeck-Harnekop) (*Schloß*, frühes 18. Jh., nach 1900 verändert).

Müncheberg (1232)

Der wertvollste Fund vom germanischen Gräberfeld (*am Bahnhof*) ist eine eiserne Lanzenspitze mit eingelegten silbernen Runen und symbolischen Zeichen aus einem Kriegergrab des 3. Jh. Sie belegt wie andere Funde (sämtlich verlorengegangen) die engen Beziehungen der Germanen des mittleren Odergebiets (Burgunden?) zum Raum zwischen Oder und Weichsel.

Stärker als die Askanier haben die schlesischen Piasten zu ihrem Herrschaftsausbau Templer- (*Lietzen) und Zisterzienserorden herangezogen, letztere aus dem schlesischen Leubus und Trebnitz (*Jahnsfelde). Gerade (1208) war der Zisterzienserorden von streng-

König Karl IV., Holzschnitt von H. Goltzius
(Kupferstichkabinett Dresden)

M. war im 18. Jh. meist Tagungsort der Lebuser Kreistage, jener vom Adel – den Rittergutsbesitzern des Kreises – beherrschten unteren ständischen Vertretungskörperschaften, die aus ihrer Mitte den Landrat wählten (*Beeskow) und bei ihren jährlichen (in der Regel zwei) Zusammenkünften ihre Anliegen/Interessen besprachen, gelegentlich auch zu Eingaben an staatliche Behörden oder den König formulierten (*Alt Madlitz).

Seit Mitte der 20er Jahre des 19. Jh. tägliche Personenpost von Berlin über M. nach Frankfurt, zuvor nur während der Messen (*Chausseehaus Neubodengrün*, nach Schinkels Vorbildern, 2. Viertel 19. Jh.)

1865 in M. frühe Gründung eines brandenburgischen Geschichtsvereins (Verein für Heimatkunde Münchebergs und Umgebung, *Neuruppin, *Frankfurt) und Heimatmuseum (*Eberswalde), ab 1908/10 »Verein für Heimatkunde des Kreises Lebus« und »Lebuser Kreismuseum« genannt

ster Eigenbewirtschaftung seiner Güter und verbotener Zinsbauernhaltung entpflichtet worden, seine Siedlungsarbeit somit nicht mehr an Laienbrüder gebunden (*Chorin), die besonders auf Kolonialboden fehlten. Nach Landschenkungen des Piastenherzogs Heinrich I. oder Henryk Brodatys (wohl 1224) machten die Zisterzienser M. zu ihrem Kolonisationszentrum im westlichen Lebuser Land (*). Auf der Hälfte ihrer 200 Hufen (*Hermersdorf-Obersdorf) gründeten die Leubuser einen gleichnamigen Marktort nach deutschem Recht, die 1232 von Henryk Brodaty privilegierte civitas Lubes, die schon 1253 als »Monekeberch« an den magdeburgischen Erzbischof im Tausch gegen Buckow (*) verlorenging. Je 50 weitere Hufen Land nutzten die Mönche, dem schlesischen Gründungsmaß entsprechend, zu deutschrechtlichen Gründungen von *Dahmsdorf* (Ot.) und Obersdorf, wo deutsche Siedler als freie Zinsbauern angesetzt wurden.

Im Feldlager bei M. anerkannte der Luxemburger Karl (der spätere König Karl IV.) 1348 offiziell den »falschen Waldemar« als brandenburgischen Markgrafen (*Frankfurt); aus dem gleichen Jahr datiert Münchebergs markgräfliches Privileg, Getreide zollfrei zur Ostsee verschiffen zu können.

✦ *Stadtmauer*, seit 14. Jh., fast vollständig erhalten mit spätgotischem *Berliner und Küstriner Tortturm*; *Pfarrkirche St. Marien* urspr. 13. Jh., spätgotisch verändert (1945 Ruine), mit neugotischem *Westturm* 1826/29 (nach Schinkel)

1928 entstand in M. nach langjährigem Drängen und unter Leitung Erwin Baurs das Institut für Züchtungsforschung der Kaiser-Wilhelm-Gesellschaft in Berlin. Hier führte Baur – in früher Kooperation mit dem sowjetischen Genetiker N. I. Wawilow – seine seit 1903 am Botanischen Institut der Berliner Universität betriebenen genetischen Forschungen und die von ihm seit 1911 auf dem Lehrstuhl für Botanik an der Landwirtschaftlichen Hochschule Berlin vertretene Pflanzenzüch-

Siegel des »Falschen Waldemar«

Hans Fallada, Anfang der 30er Jahre in Neuenhagen und Berkenbrück zuhause

tung zu einem Zuchtprogramm zusammen (u. a. 1931 Süßlupine), das dem Müncheberger Institut bis zum Tode Baurs 1933 (*Grabstätte Brigittenhof*) große internationale Anerkennung brachte (heute *Forschungszentrum für Bodenfruchtbarkeit der Akademie der Landwirtschaftswissenschaften der DDR*; »Erwin-Baur-Medaille«).

Neuenhagen

✦ Mittelalterliche *Feldsteinkirche* (Ende 19. Jh. stark verändert); *Rathaus*, Klinkerbau 1925/26 mit hohem quadratischem Turm (Oberteil Wasserturm) nach Entwurf von W. Wagner

Im April 1930 bezog Hans Fallada – noch bei Rowohlt (*Grünheide*) angestellt, vordem Journalist einer pommerschen Provinzzeitung –, von Berlin kommend, eine Mietswohnung im Grünen Winkel 10 (*Hans-Fallada-Ring, Gedenktafel*). Hier schrieb er 1931 seinen ersten großen sozialkritischen Roman »Bauern, Bonzen und Bomben« und um die Jahreswende 1931/32 den Welterfolg »Kleiner Mann – was nun?«, womit er sein zentrales Thema und Milieu gefunden hatte, den existenzbedrohten Alltag »kleiner Leute« vor dem Hintergrund der Weltwirtschaftskrise. Von Mitte 1932 bis Mitte April 1933, dem Zeitpunkt seiner Verhaftung durch SA, wohnte er in Berkenbrück, wo er den Roman »Wer einmal aus dem Blechnapf frißt« begann. Nach seiner Entlassung aus dem Fürstenwalder Amtsgerichtsgefängnis Ende April 1933 und Aufenthalt im Märkischen Sanatorium von Waldsieversdorf zog sich Fallada mit seiner Familie ins mecklenburgische Carwitz zurück.
In N. verstarb 1970 Günther Gereke, dessen politische Laufbahn im preußischen Staatsdienst 1916/18 in Meyenburg, Kyritz (*) und Nauen (*) begonnen hatte, ihn schließlich an die Spitze des Verbandes der Preußischen Landgemeinden bzw. des 1928 gegründeten Deutschen Landgemeindetages und als Ostsiedlungs- und Arbeitsbeschaffungskommissar in das Schleicher-Kabinett 1932/33 brachte. Er war im Frühjahr 1932 nach dem Berliner Oberbürgermeister der Hauptorganisator der Hindenburg-Wahl und ein maßgeblicher Träger der »Querfront-Konzeption« Schleichers (*Bernau, *Potsdam). Von den Nazifaschisten politisch kaltgestellt und verfolgt, kämpfte Gereke nach 1945 in Niedersachsen als CDU-Politiker und stellvertretender Ministerpräsident gegen die restaurative Politik, trat 1952 in die DDR über, wirkte hier u. a. als Vorsitzender des Bezirksausschusses der Nationalen Front in Frankfurt/O.

Prötzel

Am stärksten ist der Barnim vom spätmittelalterlichen Wüstungsprozeß in der Waldzone zwischen Freienwalde und Strausberg erfaßt worden. Bekannteste, dem großen Waldgebiet namengebende Wüstungsstelle ist das 1375 mit 50 Hufen genannte Blumenthal, das wahrscheinlich schon 1412 verlassen lag und dessen wüste Flurmark später (1517 und danach) zum Gut P. gehörte. Ebenso war Dabrikow, im Landbuch mit 40 Hufen verzeichnet, noch vor 1480 wüste Feldmark und ist von den angrenzenden Gütern P., Sternebeck (*) und Steinbeck gänzlich aufgeteilt worden. Auch in P. selbst und im Ot. *Prädikow (Feldsteinkirche* um 1300) lagen auf dem Höhepunkt des spätmittelalterlichen Wüstungsprozesses über die Hälfte der Hufen wüst, doch die hiesigen Ritterhöfe (1375 je drei für P. und Niederprädikow genannt) sicherten die Kontinuität der Siedlungsstellen. 1340 war wohl schon die Familie v. Barfuß (*Möglin, *Reichenberg) in Niederprädikow ansässig, hatte 1480 hier 30 Hufen, doch bereits 1608 nach Auskauf hiesiger Bauern- und Kossätenhöfe in Nieder- und Hohenprädikow vier Rittersitze und zwei Schäfereien mit 1 000 Schafen. Stärker als der adlige Auskauf von Hofstellen wirkte freilich auch hier der Vorgang, daß wüste Hufen einfach nicht wieder an Bauern vergeben wurden, sondern von Ritterhöfen extensiv als Viehweide genutzt, später zu herrschaftlichen Schäfereien und Meiereien ausgebaut worden sind. Der Dreißigjährige Krieg hat die Dörfer weiter entvölkert und solche Gutsbildungen sowie -ausbauten entscheidend begünstigt, so auch in P., das 1652 ganz unbewohnt war.
1705 gelangten die Grafen v. Kameke in den Besitz von P. (*Schloß* Anfang des 18. Jh. nach Plänen A. Schlüters erbaut, 1859 durch F. A. Stüler verändert; *Dorfkirche* 1. Hälfte 18. Jh.) und Prädikow. Nach entsprechenden

Reiseerfahrungen in England führten sie auf ihren hiesigen Gütern sowie in Harnekop (*Sternebeck-Harnekop) seit 1766 erstmalig in der Mark die Fruchtwechselwirtschaft nach englischem Vorbild ein. Dies wie der Einsatz englischer Pflüge, Eggen, Wagen war das Verdienst ihres Administrators, des englischen bürgerlichen Landwirts Christopher Brown, der gemeinsam mit englischen Handwerkern hierher übersiedelte. Durch den vermehrten Futteranbau gelang es Brown, den Viehbestand und damit den Düngeranfall erstmals so zu erhöhen (*Willmersdorf), daß nach und nach auch die schlechteren Böden in die Düngung einbezogen und in gerstenfähiges Land verwandelt werden konnten. Hierzu trug insbesondere der englische Schwingpflug bei, dessen Tiefpflügen (*Saarmund) eine bessere Nährstoffausnutzung des Bodens brachte. Dieses »räderlose Pflügen« – gegenüber dem altgewohnten märkischen Beetpflug mit Radvorgestell – stieß allerdings auf Ablehnung bei fronenden Bauern wie dienstpflichtigem Gesinde, ein Beispiel auch für die Trägheitskraft bäuerlicher Tradition. Die hiesigen Experimente fanden das Interesse Friedrichs II., der Brown 1769 schon die Domäne Mühlenbeck (*) übertrug.

1801 gelangte P. mit den Kamekeschen Gütern (*Reichenow, *Sternebeck-Harnekop) in den Besitz der Freiherrn v. Eckardstein, vormals hannoversche Heereslieferanten, Glas- und Spiegelfabrikanten. Mit ihrem riesigen Vermögen kauften sie in der Mark Brandenburg für eine Million Taler Grundbesitz, be-

Schloß Prötzel

gründeten hier im Oberbarnim, bis ins Oderbruch hinein, eine der größten, bis 1945 (über 13 000 ha) bestehenden Junkerherrschaften.

Rehfelde

R. fand wie Garzau frühe Erwähnung 1247 in der Verbriefungsurkunde des »Neuen Landes« an Kloster Zinna durch die markgräflichen Brüder Johann I. und Otto III. Die Askanier bestätigten damit wohl nur Besitzungen, die den Zisterziensermönchen schon um 1230 als wettinische Schenkung im südöstlichen Barnim zugefallen waren – große Dörfer (R. mit 74 Hufen, *Feldsteinkirche* um 1300), die 1553 ans kurfürstliche Amt Rüdersdorf (*) kamen.

Reichenberg

1335 erstgenanntes Dorf (*Feldsteinkirche*, 14./15. Jh.); die deutsche Ortsnamenbildung hier wie möglicherweise bei Reichenow, Blumenthal, Freudenberg, Freienwalde, Liebenwalde, Schönfließ u. ä. drückt wohl die hohen Erwartungen der Siedler aus bzw. sollte weiteren Zuzug bewirken; 1484 bis 1777 denen v. Barfuß gehörig (*Gutshaus*, 2. Hälfte 18. Jh.), einem schon im 14. Jh. im Oberbarnim (Batzlow, Kunersdorf, Reichenow, Altwriezen) angesessenen Adelsgeschlecht (*Prötzel, *Möglin)

Beim Herrschaftswechsel an die v. Tettenborn 1818 gab es nur noch fünf Bauerngüter im Dorf, keinen Kossäten mehr. Mit der preußischen Ablösungsordnung von 1821 gingen die fünf Höfe in frei veräußerliches bäuerliches Eigentum über und wurden aller Dienstverpflichtungen ledig, wofür dem Gut Ablösungsgelder und ein Drittel des bäuerlichen Landes zufielen; mit dem Ablösungsvorgang verbanden sich für R. Separation und Aufgabe der bisherigen Dreifelderwirtschaft.

Markgraf Albrecht III. von Brandenburg (Deutsche Staatsbibliothek Berlin)

Reichenow

Anfang 1814 folgte Johann Gottlieb Koppe (*Möglin) dem Angebot des Freiherrn v. Ekkardstein (*Prötzel), bei fünfprozentiger Gewinnbeteiligung die Verwaltung seiner 1801 erworbenen Herrschaft R. (*Feldsteinkirche*, 2. Hälfte 13. Jh.) zu übernehmen. Durch seine Bewirtschaftung bis 1827 (*Wollup) gesundeten die heruntergekommenen Güter R., Herzhorn und Sternebeck rasch, wurden außerordentlich rentable Großbetriebe mit industriellen Folgeeinrichtungen wie der frühen Kartoffelspiritusbrennerei 1814 in R. – alles auf der Basis freier Lohnarbeiter, d. h. Tagelöhner, der nach Koppes Ansicht »nützlichsten Menschenklasse«. Er konnte hier praktisch demonstrieren, was er 1818 in »Revision der Ackerbausysteme« dargelegt hatte. Jeder möglichen Dogmatisierung der Fruchtwechselwirtschaft (*Möglin) als bis dahin höchstentwickeltem Ackerbausystem wehrend, plädierte er dafür, standortbewußt alle Register wirklicher kapita-

listischer Landwirtschaft zu ziehen, was vielerorts eine kombinierte Fruchtwechsel- Feldgraswirtschaft nahelegte.

Strausberg (1268)

Eine wohl Anfang des 13. Jh., von den Wettinern oberhalb des Straussees errichtete Burg (wahrscheinlich mit Burgmannenhöfen in der *Ritterstr.* und Dienstsiedlung, Kietz urk. 1321) sollte womöglich (!) das Verwaltungszentrum des östlichen Barnims werden und könnte zu einer Verlagerung des Weges von Köpenick (dem »Tor zum Barnim«) zur Oder geführt haben; der bisherige »alte Weg« nach Wriezen, der S. nicht berührte, kam außer Gebrauch. Der nicht geringe Burgkomplex zog Kaufleute und vielleicht auch Handwerker an; es entstand die Nikolaisiedlung. Askanische Eroberungen Ende der 30er Jahre auf dem Barnim vermochte der meißnische Markgraf Heinrich der Erlauchte 1240 mit einem Vorstoß durch die Neuen Lande (*Rehfelde) bis S. nicht rückgängig zu machen. Die Askanier Johann I. und Otto III. ließen den Marktflecken zur Stadt ausbauen (Bereich um die *Marienkirche*). 1247 fand S. als Sitz eines askanischen Vogtes seine Ersterwähnung, wurde bald darauf wohl ummauert. Einen Teil des Burgbereichs erhielt 1254 ein von Otto III. gestiftetes Dominikanerkloster, in dessen Kirche er sich beisetzen ließ (1267). Womöglich war hier 1258 die askanische Landesteilung erfolgt (*Brodowin). Markgraf Albrecht III. machte, nachdem er sich 1284 von seinen Brüdern getrennt hatte, S. zum Rechtsvorort seines Herrschaftsteiles, d. h., auf dem östlichen Barnim ging der Rechtszug zum Strausberger Schöppenstuhl, etwa bis zur Mitte des 14. Jh. Die wohl gedachte Mittlerstellung von S. (1309 bezeugter Rat) zwischen der Lausitz und Pommern erfüllte sich – schon durch Abzug des Handelsverkehrs zur Frankfurter Heerstraße – nicht; S. kam über einen Lokalmarkt nicht hinaus.
✝ *Pfarrkirche St. Marien* Mitte 13. Jh., im 15. Jh. umgebaut, mit spätgotischem Gemäldezyklus in den Gewölbekappen und Flügelaltar um 1520; Teile der *Stadtmauer* nach Mitte 13. Jh. mit *Wieckhäusern* und Torturmresten

1375 war der Barnim nach dem Landbuch König Karls IV. in die Distrikte S. und Berlin geschieden. Anders als bei Oderberg (*) und Biesenthal (*) hatte sich hier die Vogtei über anderthalb Jahrhunderte erhalten, zum districtus S. fortentwickelt (1412 erstmals Hoher Barnim genannt) – lebte auch nach ihrem Aufgehen in der mittelmärkischen Landvogtei (vor 1386) als Bezirk des Landreiters (hier urk. 1453), schließlich als Kreis Oberbarnim bis ins 19. Jh. weiter. Der districtus des 14. Jh. blieb im Brandenburgischen (*Beeskow) allgemein zugleich landesherrlicher Beritt und wurde nicht wie in Mecklenburg und Pommern rein ständischer Bezirk (ritterschaftlicher Kreis). Im September 1402 (*Bernau) Belagerung, Sturm und Plünderung des der »Landwehr«, einem zur Selbsthilfe (1393) in Berlin gegründeten Bund von 21 märkischen Städten, angeschlossenen S. durch vereinigte Truppen der Quitzows, Pommern und Mecklenburger. Dem Städtebund gelang erst im September 1404 die Rückeroberung, nachdem Dietrich v. Quitzow aus dem feindlichen Verbund herausgelöst worden war; 1408 wurde ihm die Stadt vom verschuldeten Markgrafen verpfändet.

1515 innerstädtischer »Unwille«, durch kurfürstliches Einschreiten mit Kontrolle des alten Rates und einer Polizei-Ordnung für S. entschieden; 1540 Aufhebung des Klosters
1561 hier märkischer Historiograph Andreas Angelus geboren, von 1592 bis zu seinem Pesttode 1598 Pastor an der *Marienkirche* (figürlicher *Grabstein*), sein Hauptwerk »Annales Marchiae Brandenburgiae«

In dem laut Landreiterbericht nach dem Dreißigjährigen Krieg »elendsten Ort der Mark«

Strausberger Landarmenhaus 1792

blühte im 18. Jh. das Tuchgewerbe auf (1776: 164 Meister, 29 Gesellen, 23 Lehrlinge), das mit einer minderwertigen Tuchsorte, dem Futterboy, zum hierfür wichtigsten Heereslieferanten avancierte, dabei zunehmend durch Berliner Kaufleute und das Lagerhaus verlegt wurde. Nach den königlichen Ausfuhrverboten von Wolle und Einfuhrverboten ausländischer Tuche 1718/20 hielt die Tuchkonjunktur über das 18. Jh. hin an, in S. nun mehr für Flanell. Das auf königliche Order 1792 im Klostergelände eröffnete *Landarmen- und Invalidenhaus* für »mutwillige Bettler, Zigeuner und andere Vagabunden« bzw. Kriegsinvaliden mit ihren Familien füllte sich bis Jahresende auf, so daß Arbeitshaus mit über 300 Personen, die zum Wollspinnen angehalten wurden. 1802 stand S. in der Wollwarenfabrikation unter 305 Städten des Königreichs Preußen an 13. Stelle. Mit den 20er Jahren aber setzte rascher Verfall in dem mit 200 Meistern besetzten Tuchmachergewerk ein (1849 nur noch 25 Meister), das mit den maschinell gefertigten englischen Billigwaren nicht zu konkurrieren, sich nicht zu Dampfkraft und Fabrik zu verstehen vermochte. In den 50er/60er Jahren kam es zur nochmaligen Belebung (1860: 157 Meister), offenbar durch Absatz im ländlichen Umfeld. Die Dampfwalke von 1867 wurde zeitgleich mit Strausbergs Anschluß an die Eisenbahnstrecke Berlin-Küstrin angelegt.

✦ *Rathaus* 1819/25; klassizistische *Bürgerhäu-*

ser: *Georg-Kurtze-Str. 12 und 35 (Stadt- und Kreismuseum), Große Str. 20*

Unmittelbar nach der 1. Reichskonferenz des RFB in Berlin im Februar 1925 Aufmärsche in nahen Städten (*Bernau), so auch in S., mit einer Ortsgruppengründung des RFB im Gefolge

Ostern 1931 fand in S. der von dem sozialdemokratischen Polizeipräsidenten in Berlin verbotene 6. Reichsjugendtag der Jungkommunisten statt. Als Redner sprach sich Artur Becker, wenige Monate später Vorsitzender des KJVD (*Prieros), für die antifaschistische Einheitsfront unter der Jugend aus.

Mitte der 50er Jahre *S.-Nord* durch Betonrollbahn über Eggersdorf mit Berlin verbunden, hier Sitz des Ministeriums für Nationale Verteidigung und von Dienststellen des Ministeriums des Innern mit starken Stadterweiterungen

Waldsieversdorf

Auf einem Höhenrücken zwischen dem Großen und dem Kleinen Däbersee südöstlich von W. liegt eine zweiteilige slawische Volksburg des 7. bis 9. Jh (*Frankfurt, *Reitwein) von insgesamt 3,5 ha Flächengröße. Zwei Abschnittswälle sperren den Zugang von Westen und gliedern die Anlage (Funde: *Museum für Ur- und Frühgeschichte Potsdam*).

Durch Kauf der Wasser- und Schneidemühle mit 250 Morgen Land in Wüste Sieversdorf leitete der linksbürgerliche Sozialreformer Ferdinand Kindermann 1889 die Koloniebildung W. ein (*Wasserturm; Märkisches Sanatorium

Ansicht Strausbergs von Nordwesten vor 1840

1906/08, seit 1953 *Zentrale Parteischule* der Nationaldemokratischen Partei Deutschlands).

Sein »Heimstättenplan« aber, hier »ordentliche« Arbeiterfamilien mit je drei Morgen Akkerland und Baudarlehen anzusiedeln, scheiterte am Widerstand des gutsherrlichen Grafen v. Flemming (*Buckow) sowie der Behörden, die ihn 1892 als Gemeindevorsteher kurzerhand absetzten.

1947 Müncheberger (*) *Abteilung für Forstpflanzenzüchtung* nach W. verlegt, seit 1952 Zweigstelle des Instituts für Forstwissenschaften Eberswalde (*) der Akademie der Landwirtschaftswissenschaften der DDR; W. heute Erholungsort am Rande der Märkischen Schweiz (*Buckow)

Kreis Seelow

Altfriedland

Hier an Seen zwischen dem Rand der Barnimhochfläche und der Alten Oder um 1250 Zisterzienserennonnenkloster gegründet, 1271 beurkundet; ihm gehörten »oppidum Vredeland« (vor 1300) und bis zu zehn umliegende Dörfer; Säkularisierung 1546; Friedland bis 1565 »städtchen« (*Klosterkirche* Mitte 13. Jh., stark verändert; von den Klausurgebäuden noch *Refektorium*, 2. Hälfte 15. Jh., und ein Rest des *Kreuzgangs*, 13. Jh., vorhanden)

Für seinen Anteil am verlustreichen Sieg über die Österreicher bei Torgau 1760 wurde Hans Sigismund v. Lestwitz 1763 mit dem aus Klosterbesitz gebildeten Amt Friedland belehnt,

Helene Charlotte v. Lestwitz, die »Frau von Friedland«

1769 beschenkt. Unter seiner Tochter Helene Charlotte, der »Frau von Friedland« (ab 1789), und deren Tochter Henriette Charlotte von Itzenplitz (ab 1803, *Kunersdorf) entwickelte sich A. (so seit dem 19. Jh. benannt) zur Musterwirtschaft. Auf den Friedländischen Gütern wurde die Koppelwirtschaft eingeführt (*Wuschewier), 1800 wurden die bäuerlichen Dienste abgelöst.

Alt Tucheband

Nach totaler Kriegszerstörung (*Seelow) gehörte A. im Frühjahr 1947 zu den nach dem Reitweiner Dammbruch von der Hochwasserkatastrophe am ärgsten betroffenen Odergemeinden. Über 400 Einwohner, meist Umsiedler, hausten in Kellern und Erdlöchern; 3 000 ha Ackerland waren noch vermint. Das Oderbruch, insbesondere der damalige Kreis Lebus, wurde von der Landesregierung zum Notstandsgebiet erklärt. Ohnehin waren gerade in den odernahen Gebieten größte Rückstände bei der Ausführung des SMAD-Befehls Nr. 109 vom 9. September 1947 »Über Maßnahmen zur wirtschaftlichen Einrichtung der Neubauernwirtschaften« zu verzeichnen. Der für die sowjetische Besatzungszone zentrale Befehl hatte bis Ende 1948 »den Bau von mindestens 37 000 Häusern in den Wirtschaften der Neubauern« vorgesehen, fast zwei Drittel davon in den Ländern Brandenburg und Mecklenburg. Im Land Brandenburg war im Juni auf 3 600 Neubauernstellen mit dem veranschlagten Bau von 10 000 Häusern noch nicht begonnen worden; erst auf entschiedenes Drängen der SMAD und über Massenaktionen der VdgB konnte der Tempoverlust bis Jahresende wieder gutgemacht werden. Gänzlich hoffnungslos aber schien die Lage im Kreis Lebus, wo der Bau von 1 900 Häusern geplant war und ein SMAD-Befehl vom Dezember 1947 eigens für das Oderbruch zusätzliche Baumaterialien angewiesen hatte. Nun nach der Flutkatastrophe waren die Umsiedler gezwungen, auf natürliche Baustoffe zurückzugreifen, so daß hier bis Mai 1949 in Lehmstampf-, Lehmquader- und Holzbauweise 225 Häuser entstanden (1952 in A. erste LPG-Gründung des Oderbruchs, *Worin).

Buschdorf

1764/65 wurden im Rahmen der Oderbruchkolonisation (*Wriezen, *Neutrebbin) auf dem »Hohen Busch« die Dörfer Baiersberg, Gerikkensberg und Lehmannshöfel gegründet (1926 zu B. zusammengeschlossen; *Gemeindebackofen* der Kolonisten in der Dorfmitte) – drei von insgesamt sieben Spinnerdörfern im Amt Wollup. Diese große Ansiedlungskette von 376 Wollspinnern mit ihren Familien für das Berliner Lagerhaus gehört der zweiten Gründungsperiode von Spinnerdörfern an (*Neu Zittau), spiegelt den erneuten Aufschwung der Textilmanufakturen nach dem Siebenjährigen Krieg und die damit verbundene »allgemeine Spinnernot« wider. Die größere Entfernung vom Berliner Standort der Manufaktur zeigt, daß Friedrich II. hier gleichzeitig Erntehelfer für das Amt ansetzen wollte (*Sophienthal). Mit über 40 Prozent Inländern in den sieben Spinnerdörfern 1769 entsprach das Etablissement nicht den königlichen Plänen, Ausländer ins Land zu ziehen, damit Bevölkerung und Landesreichtum zu mehren (*Neu Zittau).

Falkenhagen

Um F., Wilmersdorf und Arensdorf lag in frühgeschichtlicher Zeit ein Siedlungsgebiet, dessen Zentrum im 7./8. Jh. der Burgwall von Wilmersdorf war. Im 9. Jh. entstand vermutlich der Burgwall von Arensdorf zusammen mit einer Vorburgsiedlung. Die Blüte dieses Burg-Siedlungskomplexes im 11. Jh. war wesentlich durch seine Lage an der Fernhandels-

straße Magdeburg–Lebus–Poznań bedingt
(Spinnwirtelfund aus Owrutscher Schiefer, Import aus der Kiewer Rus). Danach wurde der
Burgwall auf der *Halbinsel im Burgsee* bei F. angelegt. Möglicherweise schon als schlesische
Gründung des ersten Drittels des 13. Jh. (Be-
widmung mit 100 Hufen als Indiz) entstand
die damalige deutschrechtliche Stadt F. (1313
Burg, 1321 oppidum bezeugt).Sie blieb jedoch
infolge des schnellen Aufstiegs Frankfurts (*)
kleine Ackerbürgerstadt im Besitz verschiedener Adelsfamilien, darunter 1412/29 der
v. Uchtenhagen, als südlicher Vorposten des
gestreuten Herrschaftsbereiches dieser Familie
(*Neuenhagen). Im 18. Jh. verfiel F. zum Dorf
(1733 Flecken, 1737 Dorf). Von dem einstigen
Plan zeugt neben dem heute bebauten Markt
noch die *Kirche*, die größte frühgotische Feld-
steinbasilika der Region, um 1300 (Seiten-
schiffe 1801 abgebrochen).

Friedersdorf
Das 1401 ersterwähnte F. fiel 1682 an den Fürstlich
Anhalt-Zerbstischen Hofmarschall Hans Georg
v. d. Marwitz; Familienbesitz derer v. d. Marwitz bis
1945 (*Grabstätten* in der mittelalterlichen *Feldsteinkirche*; Schloß des 17. Jh., von Schinkel 1828 umgestaltet, nach Bodenreform gesprengt)

*Friedrich August Ludwig von der Marwitz, Führer der
Adelsopposition gegen die Hardenbergschen Reformen,
nach dem Porträt von F. Krüger 1827 (Bezirksmuseum
»Viadrina« Frankfurt)*

Seit 1802 widmete sich Friedrich August Ludwig v. d. Marwitz der Leitung des hiesigen Gutes, führte in Kenntnis der englischen und
Thaerschen landwirtschaftlichen Literatur sowie unter Einfluß seiner Gutsnachbarn (*Altfriedland, *Möglin) Neuerungen ein wie den
Rapsanbau und die Stallfütterung. Ende 1809
hob er die Dienste der Kossäten fast ganz
auf; auf ein Zwanzigstel reduziert, waren ihm
die notwendigen Spann- und Handdienste
während der aussaat- und erntezeitlichen Ar-
beitsspitzen immer noch gesichert. Er demonstrierte hier, was dem Adel lange eine Schlüsselfrage der preußischen Agrarreformen war,
nämlich wie die erforderlichen Handdienste
über die Regulierung hinwegzuretten seien. Im
Winter 1809 zog Marwitz als Deputierter der
Ritterschaft des Lebuser Kreises in den Landtag der kurmärkischen Stände zu Berlin ein
und behauptete hier als ihr maßgeblicher
Wortführer, so in der von ihm verfaßten »Letzten Vorstellung des Lebusischen Kreises an
den König«, die tradierten ständischen Rechte
gegenüber Hardenbergs (*Marxwalde) Versuchen, die altständischen Einrichtungen zu
überwinden, z. B. durch die Notabelnver-
sammlung von 1811 oder die interimistische

Nationalversammlung der Folgejahre. War die
adlige Reaktion auf das Steinsche Reformwerk
noch eine »konstruktive Opposition« geblieben, so leistete sie vor allem gegen die Hardenbergsche Agrargesetzgebung ab 1810 erbitterten Widerstand. Erst die Internierung von
Marwitz und Finckenstein (*Alt Madlitz) auf
der Festung Spandau Mitte 1811 brachte Hardenberg (*Marxwalde) die nötige Bewegungs-
freiheit, um mit der verhandlungsbereiten adligen Mehrheit (*Schönfließ) ohne Einberufung
eines Landtages auf dem Wege der Edikte vor-
anzukommen. Marwitz aber, als Führer der
Lebuser Landwehr einer der Patrioten von
1813, 1817 als Generalleutnant aus der preußischen Armee ausgeschieden, wurde dann im
Verlauf der feudalen Restauration Ende 1827
vom kurmärkischen Landtag zum Direktor der
neuen, wieder ständischen Landarmenverwal-
tung gewählt und 1829 vom König zum Land-
tagsmarschall berufen. In diesen Funktionen
hat er die Wiederherstellung des Keises Lebus
durch königliche Order Ende 1832 bewirkt, damit Hardenbergs neue Kreisaufteilung von
1815 hier wieder aufhebend (*Beeskow).
Die Kriegstagebücher des 1918 gefallenen
Bernhard v. d. Marwitz wurden 1931 unter

dem Titel »Stirb und Werde« bewußt gegen Erich Maria Remarques »Im Westen nichts Neues« veröffentlicht. Sein Bruder Bodo, der Ende 1918 das hiesige Rittergut übernommen hatte, im Folgejahr eine Ortsgruppe der Deutschnationalen Volkspartei in F. gegründet und ihr sogleich aus den von ihm ökonomisch abhängigen und politisch beherrschten Gutsarbeiterfamilien 120 Mitglieder zugeführt hatte, feierte das Ende der Weimarer Republik »altpreußisch-konservativ« im Oktober 1933 anläßlich der Taufe seines Sohnes in Anwesenheit Oskars Prinz von Preußen – Herrenmeister des Johanniterordens und Sohn des abgedankten Kaisers Wilhelm II. – mit den Worten:»nach über 14 furchtbaren Jahren der Selbstschändung unseres Volkes«.

Golzow

Am 22. März 1945 beim *Bahnhof* Vereinigung der aus den Oder-Brückenköpfen Kienitz (*) und Reitwein (*) vorstoßenden sowjetischen Truppen; G. wie viele odernahen Orte zu 90 Prozent zerstört
1961 porträtierte der Filmdokumentarist Winfried Junge eine Golzower Schulklasse und verfolgte dann bis 1975 mit insgesamt sieben Filmen den weiteren Lebensweg der Schüler. Dieses erste Langzeitprojekt des DEFA-Dokumentarfilms (*Wittstock) geriet zum beispielhaften Porträt der Entwicklung und Lebenshaltung einer Generation, zuammengefaßt in den Filmen »Anmut sparet nicht noch Mühe« (1979) und »Lebensläufe« (1981).

Gorgast

1375 ersterwähnt, damals zum Johanniter-Ordenshof Lietzen (*) gehörig, 1767 bis 1810 selbst eine der fünf Kommenden der Ballei Brandenburg, danach Amt G. 1911 schlossen sich hier Gemüsebauern erstmals auf bürgerlich-genossenschaftlicher Grundlage zusammen, mit eigener Geschäftsstelle in Berlin (dortiger Wriezener Bahnhof, Strecke seit 1898). Heute stellt das Oderbruch zwei Drittel des Gemüseaufkommens im Bezirk, deckt traditionell die Versorgung der Hauptstadt – hauptsächlich durch die GPG Oderbruch Manschnow und Golzow.

Groß Neuendorf

Um 1850 für die in den umliegenden Ortschaften ansässigen jüdischen Händler und Kaufleute vom jüdischen Kaufmann Michael Sperling gegründeter Synagogenverband G. (ehem. *Synagoge* heute zu Wohnzwecken genutzt) mit *Friedhof* unweit des Dorfes (dort sein *Grabstein*)

Gusow

Die Bauern der Güter G. und Platkow im oberen Oderbruch, seit 1448 im Besitz derer v. Schapelow, verweigerten 1606/07 mit Erfolg die gutsherrlichen Spanndiensterhöhungen. Sie konnten »gesetzte Dienste« nachweisen (wöchentlich zwei Tage). Solche verbrieften Dienste waren der wirksamste bäuerliche Schutz gegen junkerliche Angriffe, weshalb ihre Wohlverwahrung in der Schulzenlade auch ausdrücklich dem Schulzeneid zugehörte (*Sachsendorf).

1649 kam G. an Georg v. Derfflinger, einen österreichischen Bauernsohn, der während des Dreißigjährigen Krieges in wechselndem Sold bis zum Generalmajor avanciert war, den 1654 dann erfolgreich in den Diensten des Kurfürsten Friedrich Wilhelm stand (*Hakenberg); hier 1695 als kurbrandenburgischer Generalfeldmarschall verstorben

✝ *Begräbnis* in der Gruft der 1945 kriegsbeschädigten *Kirche* (nach 1640), Epitaph in Komtureikirche Lietzen (*); *Schloß* 17. Jh., nach der Mitte des 19. Jh. neogotisch umgebaut; ehem. *Pumpstation* pavillonartig mit hölzernem Säulenumgang, 1. Hälfte 19. Jh.

Von den Gütern der seit 1745 Podewilsschen Herrschaft pachteten in den 70er Jahren des 18. Jh. die hiesigen Kossäten und Hausleute (zusammen 73) sog. Kohlland, um darauf »Mohn, Erdäpfel, gelbe Rüben, Hanf« zum Verkauf anzubauen – ein Beleg für den Landhunger der Dorfarmut und ihre (bei günstiger Verkehrslage) zunehmende Marktorientierung. 1801 wurden für G. (nun schärfer differenziert) 31 Ganz- und 18 Halbkossäten sowie 16 Büdner (Hausleute) ausgewiesen, dazu als unterstes soziales Element im Dorfe 50 Einlieger. Hier kündigte sich die rasche Verdichtung der ländlichen Bevölkerung im Verlauf kapitalistischer Landwirtschaftsentwicklung nach den preußischen Reformen an; eine Vielzahl von Kleinstellen, insbesondere das für Brandenburg und Mecklenburg typische Instenwesen – fast eine Neuauflage feudaler Abhängigkeit –, entstand, besonders dort, wo kapitalistische Gutsbetriebe Ersatz für die früheren Handdienste benötigten, dafür den kontraktgebundenen Landarbeitern freies Wohnen, etwas Kartoffelland und einen Dreschanteil boten; 1825 wurden für G. »32 Einlieger bei der Herrschaft« genannt.
Im 48er Revolutionsgeschehen kam es hier zu einer der wenigen mittelmärkischen Bewegungen auf dem platten Lande. Am 25. März forderten sämtliche (etwa 100) Büdner und Tagelöhner beider Güter die Herabsetzung der Landpachtpreise. Dem Minister des Innern konnte zwar die »Befriedung« durch Einsatz

Sowjetisches Panzerdenkmal in Kienitz zur Erinnerung an den erstbefreiten Ort nach dem Oderübergang der 1.Belorussischen Front am 31.Januar 1945

eines Frankfurter Militärkommandos und zehn Verhaftungen in G. gemeldet werden; doch der fernen Gutsherrin Fürstin v. Schönburg zu Glauchau gegenüber setzte sich der hiesige Rentbeamte insbesondere dafür ein, von der alle sechs Jahre meistbietenden Verpachtung der Kohlländereien und der Werbung fremder Schnitter zugunsten der hiesigen Tagelöhner abzugehen (zwei langgestreckte *Landarbeiterhäuser* in Ziegelfachwerk 2. Hälfte 19. Jh., für mehrere Familien erbaut).

Jahnsfelde

J. (1244 urk.) gehört wie das benachbarte Trebnitz zu den deutschrechtlichen Gründungen des schlesischen Zisterziensernonnenklosters Trebnitz, das die Landschenkung von 200 Hufen durch Herzog Henryk Brodaty (wohl 1224) in Dorfgründungen zu je 50 Hufen (weiter südlich noch Gölsdorf und Buchholz) umsetzte (*Müncheberg); J. seit Mitte 15. Jh. im Besitz derer v. Pfuel (*Feldsteinkirche* 14./15. Jh., stark verändert 2. Hälfte 19. Jh.; *Gutshaus* des 17. Jh., um 1800 umgebaut)

1779 Geburtsort Ernst Heinrich Adolfs v. Pfuel, ging mit Heinrich v. Kleist (*Frankfurt) auf Reisen, schloß sich 1810 dem Freiherrn vom und zum Stein an, folgte diesem 1812 nach Petersburg, kämpfte fortan in Kutusows Stab gegen Napoleon, führte 1813 die Kosaken beim Handstreich auf Berlin, wurde 1815 Stadtkommandant von Paris; ins Lager der Restauration übergewechselt, schlug im April 1848 den Posener Aufstand nieder und lenkte als preußischer Ministerpräsident seit Mitte September auf den konterrevolutionären Staatsstreich vom November 1848 hin (*Tempelfelde).

Kienitz

Das 1744 gebildete Amt K. galt Ende des 18. Jh. als eines der vorbildlichsten märkischen Domänenämter, waren hier doch seit 1780 Koppelwirtschaft (*Haselberg, *Wuschewier) und ausgedehnter Kartoffelanbau eingeführt worden. Nach dem Urteil Johann Gottlieb Koppes (*Wollup), der die Kienitzer Domäne 1830 pachtete, wurde hier wie in anderen Teilen des Oderbruchs »der volle vierte Teil der Fläche seit 40 Jahren mit dem allerbesten Erfolge zum Anbau der Kartoffel verwandt«. Ohne Abstriche am traditionellen Getreideanbau galt die Kartoffel auf den märkischen Sandböden als eigentliche »Leitkultur« einer rationellen Landwirtschaft nach den Reformen; mit ihrem vermehrten Anbau kam hier wie im Umfeld Berlins eine marktorientierte kapitalistische Agrarproduktion in Schwung. Koppe fügte dem in K. den Anbau von Zuckerrüben hinzu, ließ 1837 die erste Zuckerrübenfabrik des Oderbruchs errichten, der bis 1857 weitere 17 folgten.

Ende Januar/Anfang Februar 1945 stand die Sowjetarmee auf 500 km Breite an der Oder und begann, am linken Ufer Brückenköpfe zu bilden, zuerst am 31. Januar in K., das damit zum ersten vom Faschismus befreiten Ort auf dem Gebiet der DDR wurde (*Sowjetisches Panzerdenkmal*). Der von dieser Vorausabteilung der 5. Stoßarmee unter Generaloberst Nikolai E. Bersarin, dem späteren ersten sowjetischen Stadtkommandanten Berlins, erzwungene Oderübergang stand im Zusammenhang mit der Operation der 1. Belorussischen Front gegen die Festung Küstrin (*Kietz). Der Kienitzer Brückenkopf mußte 76 Tage unter schwersten Kämpfen gehalten werden, bis zum entscheidenden Angriff auf die Seelower Höhen (*Reitwein).

Kietz

K. gehörte bis 1945 zu Küstrin (Kostrzyn, VR Polen), eines die Warthemündung beherrschenden pommerschen (?), seit dem 11. Jh. polnischen Burgortes, nach 1261 von den Askaniern zur Stadt erhoben. Unter Markgraf Johann war Küstrin 1536 Residenz einer selbständigen Herrschaft in der Neumark und wurde (bis 1543) zur Festung ausgebaut, der in den folgenden Jahrhunderten eine militärische Schlüsselfunktion rechts der Oder zufiel. 1730 war sie Schauplatz der Katte-Affäre (*Rheinsberg), 1806 kapitulierte sie nach der preußischen Niederlage bei Jena widerstandslos wie die Festung Spandau vor der französischen Armee. Ihre Garnison stellte in den ersten Weimarer Jahren ein Zentrum der illegalen »schwarzen Reichswehr« dar, die in Küstrin am 1. Oktober 1923 einen isolierten und daher scheiternden Putsch versuchte. 1945 galt die Küstriner Festung als Eckpfeiler des Berliner Abwehrriegels gegen die vordringende Sowjetarmee. Nach siebenmaligem Frontwechsel wurde die faschistische Schlüsselfestung am 31. März durch Truppen der 1. Belorussischen Front endgültig eingenommen, was die sowjetische Offensive auf Berlin (*Seelow) ermöglichte. Dem Fall der Festung ging notwendig die Abwehr aller Entsatzversuche der deutschen 9. Armee durch die vereinigten Brückenköpfe von Kienitz (*) und Reitwein (*) voraus. Mit Kriegsende wurde K. selbständige Landgemeinde, bis 1958 Küstrin-K. genannt.

Lebus (1226)

Auf einem langgestreckten, allseitig steil abfallenden Höhenrücken von 550 m Länge und 50 bis 100 m Breite, durch Querrinnen in drei Teile gegliedert (Turmberg, Schloßberg, Pletschenberg), bestand in der jüngeren Bronzezeit (Aurither Gruppe) und in der frühen Eisenzeit (Göritzer Gruppe) eine 5 ha große, dicht bebaute Siedlung, die mit Holz-Erde-Wällen befestigt war. Sie war Zentrum und Zufluchtsstätte für den nördlichen Bereich der bronze-/eisenzeitlichen Siedlungskammer um Frankfurt, so wie Lossow (*Frankfurt) für deren südlichen Bereich. Ein fünf Meter tiefer Schacht mit menschlichen Skelettresten weist auf Opferhandlungen wie in Lossow für die Zeit der Göritzer Gruppe.

Nach dem Ende der Besiedlung um die Mitte des 1. Jahrtausends v. u. Z., blieb der Burgberg mehr als 1 000 Jahre unbewohnt. Im 8./9. Jh. wurde er von den Slawen erneut befestigt und als Volksburg – vielleicht Mittelpunkt der Leubuzzi, eines erst nach 1000 erwähnten slawischen Stammes (?) – in allen drei Teilen dicht besiedelt. Nach mehrmaliger Zerstörung erfuhr die Anlage in Verbindung mit der Eingliederung des Gebiets zwischen mittlerer Oder und Spree in den polnischen Feudalstaat um 1000 ihren Ausbau als Kastellaneiburg und starke Befestigung mit einer Holz-Erde-Mauer in Rostkonstruktion. Sie wurde zum politisch-militärischen Mittelpunkt des bis ins 13. Jh. polnischen »Landes Lebus« und kontrollierte bis zur Gründung von Frankfurt/O. die sich in diesem Raum kreuzenden Verkehrswege, vor allem die über Lebus führende Fernhandelsstraße Magdeburg–Poznań (*Falkenhagen). Wahrscheinlich im Zusammenhang mit dem 1124/25 hier eingerichteten polnischen Bistum L. erfolgte die (im 13. Jh. genannte) Dreiteilung der Burg entsprechend ihrer natürlichen Gliederung: Neben den Kastellansitz (wohl auf dem *Turmberg*) traten die Bischofsresidenz mit Dom (Kathedrale noch nicht gefunden) und eine weitere Burg (Funde: *Museum für Ur- und Frühgeschichte Potsdam*, Funde vor 1945 Verlust).

In Verbindung mit der angeblichen Schenkung von L. durch den deutschen König Heinrich V. 1109/10 an den magdeburgischen Erzbischof ersterwähnt, blieb die Lebuser Landeshauptburg über ein Jahrhundert Kampfschauplatz der von Osten und Westen expandierenden Feudalgewalten. Zu den Ansprüchen der Magdeburger Erzbischöfe auf L. kamen Anfang des 13. Jh. wettinische (1209 Zug des Markgrafen von Meißen und der Lausitz nach L.) und askanische Vorstöße (*Oderberg) hinzu, erleichtert durch das seit 1138 in mehrere Teilfürstentümer zerfallene einstige polnische Großreich. Rivalitäten zwischen den großpolnischen Herzögen und den schlesischen Piasten, ferner die pommerschen Ansprüche, führten schließlich dazu, daß 1249/50 L. und der größere Teil des Lebuser Landes in brandenburgischen und erzbischöflich-magdeburgischen (seit 1287 in alleinigen askanischen) Besitz übergingen, während ein kleinerer Teil um die Neißemündung (*Neuzelle) an die Wettiner fiel. Damit dehnte sich das askanisch-brandenburgische Markgrafentum bis über die Oder aus; der Name des Landes L. blieb fortan auf die linksseitige Oderlandschaft begrenzt, eines der mittelmärkischen Territorien bezeichnend.

Im Bereich des heutigen *Kietzes* nahe der alten Oderfurt sowie an der West- und Nordseite der *Burg* waren (archäologisch nachgewiesen) im 11./12. Jh. frühe Suburbien (Vorburgsiedlungen) mit Handwerkern und vielleicht auch Kaufleuten entstanden. An solch frühstädtische Entwicklung konnte der schlesische Piastenherzog Heinrich I. oder Henryk Brodaty anknüpfen (*Frankfurt), der mit Unterstützung des Lebuser Bischofs wie schon in Schlesien Anfang des 13. Jh. auch auf der Lebuser Hochfläche großzügigen Landesausbau betrieb (*Müncheberg, *Lietzen, *Jahnsfelde). Doch die von ihm zwischen Burgrücken und Oder-

Lebus um 1710 von D. Petzold

lauf gegründete und mit deutschem Stadtrecht ausgestattete Stadt blieb seit der 2. Hälfte des 13. Jh. hinter dem askanisch geförderten Frankfurt (*) rasch zurück. 1354 fiel die Stadt mit Burg, Kietz und Oderzoll (1222) an die Lebuser Bischöfe, die nach erneuter Zerstörung ihrer Kathedrale (1373 durch Karl IV.) ihren Sitz endgültig in Fürstenwalde (*) nahmen.

Episodisch blieb für L. auch der Schloßbau der Lebuser Bischöfe, namentlich unter dem kurfürstlichen Rat und Kanzler der Universität Frankfurt, Georg v. Blumenthal, auf dem *Turmberg* in der 1. Hälfte des 16. Jh., verfiel doch die bischöfliche Residenz nach Säkularisation 1571 und Umbildung ihrer Güter in ein kurfürstliches Amt sehr rasch; 1765 wurden die letzten Türme abgetragen.

Das Ackerbürger- und Fischerstädtchen, zum Marktflecken zurückgesunken, wurde dem landesherrlichen Domänenamt L. unterstellt, wie andere Mediatstädte von adligen Amtshauptleuten, später von Generalpächtern verwaltet. Ihnen oblag auch die Gerichtsbarkeit wie die Einsetzung des Bürgermeisters; der Lebuser Bürgermeisterid von 1617 wurde auf dem Domänenamt geleistet und verpflichtete zu allem Gehorsam gegenüber dem kurfürstlichen Amtshauptmann (*Sachsendorf). Bürgerstellen waren hier ebenso feudal belastet – mit allen Dienstleistungen und Abgaben an das Amt – wie die Bauernstellen auf dem platten Lande. Die Lebuser Ackerbürger (1624: 19 mit jeweils etwa drei Hufen Land, 15 Pferden und Ochsen), Mittelbürger (1761: 49 mit je etwa 15 Morgen Wiese, 3 Pferden und Ochsen) und

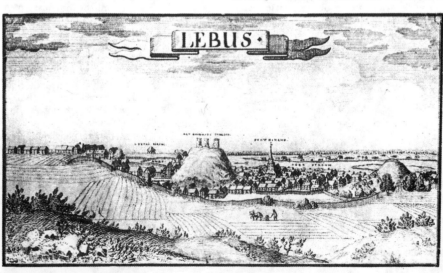

GEORGIVS Á BLVMENTAHL.I.V.D.EPISCOPVS
LEBVSIENSIS RAZZEBVRGENSIS ET HAVEL
BERGENSIS.PRÆSVL ELOQVENTISSIMVS.

Lebuser Bischof Georg v. Blumenthal 1549 (Deutsche Staatsbibliothek Berlin)

Kleinbürger (mit Gärten, 1 Kuh) entsprachen in ihrer Wirtschaftsstruktur geradezu den dörflichen Bauern-, Kossäten- und Büdnerstellen. 1703 nahmen die Lebuser Mittelbürger – sozusagen als Pächterring – das Vorwerk L. in Erbpacht, mußten es aber 1720 den Ackerbürgern überlassen, da seit allgemeiner Umwandlung der Erb- und Zeitpachten (1711) die jährlichen Pachtsummen enorm stiegen. Als das Lebuser Vorwerk 1731 einem Einzelpächter zufiel, verweigerten die Bürger die wieder anfallenden Hofedienstleistungen. Laut Dienstregister von 1730 hatten die Ackerbürger in der Erntezeit immerhin wöchentlich 6 Tage mit 1 Arbeitskraft und 2 Pferden zu dienen, die Mittelbürger wöchentlich 6 Tage Handdienst zu leisten. Gegenüber dem 16. Jh., als die Ackerbürger dem Amt nur zu 4 Tagen Pflugdienst jährlich verpflichtet waren und die Mittelbürger gegen Tagelohn gearbeitet hatten, war dies eine empfindliche Diensterhöhung, was für landesherrliche Mediatstädte wie L. die vordringende ostelbische Gutsherrschaft ähnlich den adliger Patrimonialgerichtsbarkeit unterstehenden Dörfern und Städtchen belegt. Den Bürgern hier wie in Seelow fehlte verbrieftes älteres Recht (*Buckow, *Müllrose), um sich vor der Amtskammer gegen die feudale

Offensive der Domänen behaupten zu können. In beiden Städten zogen sich die ständigen Beschwerden und Bittschriften bzw. abschlägigen Bescheide und Strafandrohungen mehr oder weniger durch das ganze 18. Jh. hin.

Die ständigen Hochwasserschäden veranlaßten König Friedrich Wilhelm I. zu Deichaufschüttungen links von L. oderabwärts. Die für alle späteren Deichordnungen vorbildliche gedruckte »Teich- und Uferordnung für die Lebusische Niederung an der Oder« von 1717 schloß alle Oberoderbruchbewohner zu einem Deichverband zusammen (*Wriezen). Erste jährliche Deichkontrollen an der Oder waren 1591 vom Kurfürst Johann Georg verfügt worden.

Im Siebenjährigen Krieg waren es hohe landesherrliche Vorspannleistungen für die preußische Armee, die die Lebuser Bürger in einem Maße belasteten, daß sie 1758/59 erneut erfolgreich alle Hofedienste dem Amtspächter verweigerten, auch dem Küstriner Kommando Husaren nicht nachgaben; vielmehr folgten 39 Bürger freiwillig ihren verhafteten »Rädelsführern« auf die Küstriner Festung. 1760 erzielten sie schließlich vom Generaldirektorium eine Reduzierung der Dienste auf wöchentlich zwei Hofediensttage, die sie jedoch noch bis Herbst 1761 ganz ablehnten.

1945 in der Hauptkampflinie liegend, wurde L. zu 97 Prozent zerstört; 1950 Kreisbildung Seelow (*) aus dem alten Kreis L.

Letschin
Das zum Amt Wollup (*) gehörige L. (urk. 1336) war eine Altsiedlung des Oderbruchs, damit hier eines der wenigen Dörfer (*Neutrebbin), deren Bauern wöchentlich vier Gespanndiensttage zu leisten hatten. 1786 lösten drei Letschiner Bauern ihre Ländereien aus der Gemengelage und Flurverfassung der Gemeinde heraus und nahmen dafür zusammenhängendes Land am Rande der Letschiner Feldmark, wo sie ihre Höfe neu aufbauten. Ihr baldiger Erfolg machte Schule, Anfang der 90er Jahre folgten weitere der 37 Letschiner Bauern und Kossäten – ein Vorgang, der den bäuerlichen Willen zur Separation, zur Überwindung des weiteren agrarischen Fortschritt hemmenden Flurzwanges belegt. 1802/05 drängten auch die Letschiner Büdner (46), das ihnen durch Gemeinheitsteilung und Hütungsseparation anteilig zufallende Land separiert zu erhalten, um es in Ackerland umwandeln zu können. 1804 erfolgte die Letschiner Totalseparation, d. h. die Neueinteilung der gesamten Feldmark in geschlossene, wert-

mäßig beträchtlich gestiegene Grundstücke und deren Losverteilung unter die Bauern und Kossäten. Aus den nach solchen Abbauten des späten 18. Jh. im abgerundeten bäuerlichen Landbesitz neu errichteten, randgelegenen Hofstellen leitet sich die im Oderbruch weitverbreitete Orts-/Flurbezeichnung »Loose« her, so auch *Letschiner Loose* (von 1945 zerstörter Dorfkirche *Turm* im Stil märkischer Backsteingotik nach Entwurf Schinkels 1818/19 erhalten).

Theodor Fontane (*Neuruppin) 1838/50 wiederholt in L. (gleichnamiger Park), als seine Eltern (*Schiffmühle) die hiesige *Apotheke (Gedenktafel)* besaßen 1906 in L. Paul Hinze geboren, Mitglied der antifaschistischen Berliner Robert-Uhrig-Organisation

In L. trafen 1949 (*Frankfurt) die ersten 46 sowjetischen Traktoren für den Kreis Lebus ein, d. h. für die im Frühjahr hier wie in Golzow, Seelow und Sachsendorf geschaffenen ersten Maschinenausleihstationen (MAS) des Oderbruchs. Wirksamer als mit den bisherigen kleinen wie überalterten Maschinenhöfen der Vereinigung der gegenseitigen Bauernhilfe (VdgB) konnten so die Neu- und Kleinbauern unterstützt, vor allem aus ihrer Abhängigkeit von den Großbauern gelöst werden. Über die MAS, deren größte in der DDR während der 50er Jahre in Kienitz war, wurde das Bündnis der Arbeiter und werktätigen Bauern gefestigt, ab Sommer 1952 die genossenschaftliche Entwicklung auf dem Lande gefördert (*Worin).

Lietzen

L., Tempelberg (*), Heinersdorf (*), Marxdorf und Neuentempel sind die vom Templer-Or-

Speicher der ehem. Komturei Lietzen des Templerordens

Preußischer Staatskanzler Karl August v. Hardenberg, Stich von C. H. Pfeiffer

den noch unter den schlesischen Piastenherzögen (*Müncheberg) in der 1. Hälfte des 13. Jh. gegründeten, mit deutschen Siedlern besetzten Orte im Land Lebus (*). Nördlich von L. lag der Ordenshof der Templer-Kommende, die nach einer 250-Hufen-Schenkung Herzog Heinrichs I. (Henryk Brodaty) die genannten fünf Dörfer umfaßte. Nach päpstlicher Aufhebung des Templer-Ordens 1312 zog 1318 eine Johanniter-Komturei ein (*Gorgast), die bis zur Säkularisation des Ordens 1810/11 bestand; aus der aufgelösten Ballei Brandenburg wurden Kriegskontributionen aufgebracht, 1814 schließlich die Standesherrschaft Neu-Hardenberg (*Marxwalde) geschaffen.

✠ *Herrenhaus* vom Typ des Festen Hauses 16. Jh., beim Umbau Ende 17. Jh. Stuckdecken und Deckengemälde; *Komtureikirche* der Templer und Johanniter (teilweise noch 13. Jh., 15. Jh. umgebaut, Fachwerkturm 1727), mit *Kalksteingrabplatte* (figürliche Darstellung in Ritztechnik) von 1276 und *Epitaph* aus Schlüter-Kreis für Generalfeldmarschall v. Derfflinger (*Gusow); massiver spätgotischer *Getreidespeicher* der Komturei, neben dem Choriner (*) Brauhaus ältestes Wirtschaftsgebäude des Bezirkes; *Dorfkirche* 14. Jh., hölzerner Dachturm 1729

Marxwalde

Urspr. Quilitz (1348), mit 116 Hufen (1405) größtes Dorf im Land Lebus; 1763 von König Friedrich II. seinem Retter in der Schlacht bei Kunersdorf (*Reitwein), Oberstleutnant Joachim Bernhard v. Prittwitz, geschenkt (*Inschriftengrabplatte* von 1793 in der Dorfkirche; *Schloß* 1763; im Schloßpark erstes *Denkmal für Friedrich II.*, 1792)

1814 wurde der preußische Staatskanzler Karl August Graf v. Hardenberg vom König gefürstet und mit dem 1801 abgebrannten Quilitz (dazu der Komturei Lietzen *) beschenkt, das, 1815 in Neu-Hardenberg umbenannt, zum Zentrum einer neuen größen Standesherrschaft wurde (*Lieberose). Bis zu seinem Tode 1822 war Hardenberg als Politiker und Staatskanzler in der Nachfolge des Freiherrn vom und zum Stein ab Sommer 1810 das Haupt der Reformbewegung innerhalb der herrschenden Klasse, heftig befehdet von der altständischen Fronde um Marwitz (*Friedersdorf) und Rochow (*Reckahn). Seine Agrargesetzgebung sowie weitgehende Aufhebung des Zunftzwanges brachten die bürgerliche Umgestaltung in Brandenburg-Preußen in Gang.

Die Marxwalder Dorfkirche, ein Frühwerk Schinkels

In Quilitz/Neu-Hardenberg fand der junge Karl Friedrich Schinkel sein erstes großes Betätigungsfeld, die klassizistische Neugestaltung des langgestreckten Angerdorfes 1801/03, mit eingeschossigen Mittelflurhäusern und Wirtschaftsgebäuden des Schloßvorhofes, teils aus Raseneisenstein wie der nach seinen Plänen zuerst errichtete nahe *Vorwerkshof Bärwinkel*. Die 1801 brandzerstörte *Dorfkirche* führte Schinkel 1815/17 als klassizistischen Saalbau aus, mit angeschlossener dorischer Säulenhalle als Mausoleum (1823) des Staatskanzlers Hardenberg. Das Schloß baute er 1820/22 zweigeschossig um (Restaurierung seit 1963).

✦ *Schloßpark* 1821 als Frühwerk P. J. Lennés zum Landschaftspark gestaltet, unter Einfluß Fürst H. v. Pücklers (Hardenbergs Schwiegersohn); *Orangerie* um 1820

Für 1827 liegen vom Neu-Hardenberger Gut genau ausgewiesene Einkünfte vor, so aus dem Ackerbau 2 548 Taler, aus dem Verkauf von Schafen und Wolle 4 665 Taler, aus der Branntweinbrennerei 3 746 Taler. Die Größenordnung der beiden letztgenannten Posten erhellt deren Bedeutung für die ostelbischen Junkerwirtschaften nach den Agrarreformen. Insbesondere die Kartoffelspritproduktion (*Reichenow) expandierte, überflügelte bis zur Jahrhundertmitte die traditionelle Kornbrennerei, brachte nach Engels' Worten »eine neue Lebensfrist für das Junkertum«.

Graf Carl Hans v. Hardenberg an der Verschwörung vom 20. Juli 1944 beteiligt, im KZ Sachsenhausen bis April 1945 inhaftiert

Im Herbst 1945 wurde der Hardenbergsche Grundbesitz von 7 000 ha Land, einer der größten im Oderbruch sowie auf der Lebuser und Barnimer Hochfläche, durch die demokratische Bodenreform enteignet. 37 Neubauernwirtschaften konnten so entstehen, 67 landarme Bauern mehr Acker erhalten. Im gesamten Kreis Lebus erfaßte die Bodenreform mehr als hundert Güter über 100 ha, dazu 84 Wirtschaften aktiver Nazis. Die Hälfte des enteigneten Bodens fiel an über 2 600 Umsiedler, die sich hier im odernahen Gebiet drängten.

Mai 1949 Umbenennung von Neu-Hardenberg in Marxwalde, das mit seinen 2 000 Einwohnern als erstes Dorf der DDR für den Ausbau zum »zentralen Ort« durch die Deutsche Bauakademie vorgesehen

Neubarnim

1756 wurde in N. eines der größten Kolonistendörfer im damaligen Oderbruch (*Neu-

trebbin) für 91 Familien angelegt. Wie auch anderwärts auf königlichem Domanialland überwog dabei die Büdnerkolonisation, die Gründung kleiner Hofstellen (60 je 10 Morgen), hier auf der Ostseite des in zwei Linien erbauten Dorfes; dem lagen fünf große Hofstellen zu je 90 Morgen und 26 mittlere zu 60 oder 45 Morgen gegenüber. Der Ortsname wurde von Groß- (1412, seit 1949 Alt-) und Kleinbarnim (Barne urk. 1300) übernommen, abgeleitet von der altpolabischen Grundform Bar'n, d. h. »Ort in sumpfigem Gelände«. In Verbindung mit einer nahen spätslawischen Niederungsburg, könnte er vielleicht für den gesamten Barnim namenbildend geworden sein.

Neutrebbin

Nach Neulietzegöricke (1753) entstand 1754 eine Handvoll weiterer Kolonistendörfer im Rahmen der friderizianischen Urbarmachung des Oderbruches, 1755 N. als größte Gründung (mit 131 Stellen 1761). Landwirtschaftlicher Kulturboden sollte dabei nicht in Anspruch genommen werden, allenfalls sog. mehrjähriges Land, d. h. minderwertige Ackerböden, teils nur alle sechs, neun oder noch mehr Jahre ackerbaulich bewirtschaftet (*Willmersdorf), durch diese Siedlungsverdichtung einer intensiveren landwirtschaftlichen Kultur unterzogen werden. Der Besiedlungsplan des Obersts v. Retzow (*Wriezen) sah folglich vor, auf der Bruchfeldmark jeden Altdorfes eine Kolonie anzulegen bzw. jene Dörfer mit nur geringen Feldanteilen im Bruch um einzelne Bauernstellen zu vermehren. Die Ausführung des Plans lag in den Händen der Grundherrn der jeweiligen Altdörfer. 49 Prozent der Fläche war königliches Domanialland, 25 Prozent gehörten dem Johanniterorden und dessen Herrenmeister Markgraf Carl v. Brandenburg-Sonnenburg (*Wuschewier), 18 Prozent war adliger (*Bliesdorf) und bürgerlicher Grundbesitz, 8 Prozent besaßen die Städte Oderberg, Wriezen (*Rathsdorf) und Freienwalde im Niederoderbruch. Auf dem Domanialland ging man beispielgebend voran; bis 1762 entstanden hier 12 neue Dörfer, wurden insgesamt 1 134, meist ausländische, Familien angesetzt, so daß König Friedrich II. anläßlich einer Besichtigung 1763 – nach Ende des Siebenjährigen Krieges – sagen konnte: »Hier habe ich im Frieden eine Provinz erobert …« (inschriftlicher Gedenkstein auf Werbiger Höhe von 1927).

Die ins Land gerufenen Siedler waren durch

Kolonistenhaus in Neulietzegöricke, der ersten friderizianischen Kolonie im Oderbruch 1753

günstige Bedingungen wie volles Erbrecht für die harte Kolonistenarbeit interessiert worden; entsprechende Erbverschreibungen erhielten sie 1769 mit den königlich bestätigten Kolonistenbriefen. Nimmt man die Kolonisationsakte auf den übrigen Bodenanteilen hinzu, so entstanden bis 1776 (*Falkenberg-Bröichsdorf) 30 Bauerndörfer im Oderbruch, wovon N. in preußischer Zeit das größte und ökonomisch stärkste blieb (*Dorfkirche*, gotisierend 1817). Verglichen mit den meist armseligen Sandböden der Mark lohnte der »jungfräuliche Boden« freilich die Mühe (*Wustrow). Ein Großteil war aus Mecklenburg, Polen, Sachsen, Schweden, Österreich, Pfalz-Zweibrücken, Hessen-Darmstadt und Württemberg in das Oderbruch gekommen (nach N. meist Pfälzer). Sie alle brachten ihre ethnischen Eigenheiten in Kultur, Lebensweise und Sprache mit. Der bald einsetzende Assimilationsprozeß ließ das Oderbruch zu einem volkskundlichen Innovationsgebiet werden, wesentlich unterschieden von den angrenzenden Höhenlandschaften.

Gefördert durch die 1876 eröffnete Bahnlinie Wriezen–Frankfurt/O., entwickelte sich hier am *Bahnhof* einer der größten herbstlichen Gänsemärkte in Deutschland mit dem Hauptabsatzgebiet Berlin (*Seelow)

Reitwein

Auf dem Reitweiner Sporn, der von der Lebuser Hochfläche in die Oderaue vorspringt, be-

findet sich eine zweiteilige slawische *Höhenburg* des 8. bis 10. Jh. mit 3,4 ha Innenfläche. Der östliche Teil mit noch bis zu 5 m hohem Abschnittswall ist zuerst angelegt worden, danach der mit noch bis zu 8 m hohem Abschnittswall und 3 m tiefem Graben gesicherte Westteil. Die Innenflächen waren dicht bebaut. Wie bei den Burgen von Lossow (*Frankfurt) und Lebus (*) handelte es sich um eine Volksburg. Alle drei Burgen wurden am Ende des 10. Jh. im Zuge der polnischen Eroberung der Gebiete westlich der mittleren Oder zerstört, womit die einheimischen Slawen ihre wichtigsten Stützpunkte verloren (Funde: *Museum für Ur- und Frühgeschichte Potsdam, Bezirksmuseum Viadrina Frankfurt*).

1759 Pontonbrücke von R. aus über die Oder zum Übergang König Friedrichs II. mit seinen Truppen gegen die bei Kunersdorf stehenden verbündeten Russen/Österreicher und – nach schwerer preußischer Niederlage, um 19 000 Mann reduziert – zurück

Volkskundlich interessanter »Heiratsmarkt« in R. für das Oderbruch während der 2. Hälfte des 19. Jh., jährlicher, musikalisch umrahmter Bauerntreff Sonntag nach Pfingsten mit Absprachen über die Verbindungen ihrer Kinder, Aussteuer, Mitgift usw.

Bei R. wurde am 2. Februar 1945 ein zweiter sowjetischer Brückenkopf links der Oder von der 8. Gardearmee unter Generaloberst Wassili Tschuikow geschaffen, der am 22. März (*Golzow) mit dem ersten bei Kienitz (*) vereinigt werden konnte. Von hier leitete Marschall Georgi Shukow, Befehlshaber der 1. Belorussischen Front, am 16. April den Sturm auf die Seelower (*) Höhen; zur Vorbereitung der Großoffensive hatten 25 Straßenbrücken über die Oder gebaut werden müssen, darunter Holzbrücken wie die bei Zelliner Loose über 1 600 m Länge. In der 1. Belorussischen Front dienten etwa 120 NKFD-Angehörige, unter ihnen als Hauptmann in Shukows Frontstab Arthur Pieck, Sohn des KPD-Vorsitzenden.

Sachsendorf

Für das 1365 ersterwähnte S. (*Backsteinkirche mit Westquerturm inschriftlich 1514/19) ist der Schulzeneid von 1617 überliefert und belegt, daß hier Schulze wie Schöffen vom Gutsherren ausgewählt und eingesetzt wurden (*Lebus). In widersprüchlicher Doppelfunktion hatten sie feudalherrliche Interessen gegenüber der Dorfgemeinde zu vertreten, gleichzeitig aber auch genossenschaftliche Anliegen (*Gusow) wahrzunehmen, so seit der Lokation des deutschen Dorfes im ostelbischen Gebiet. Anders im westelbischen Bereich, wo schon personell eine klare Funktionstrennung gegeben war: in Schultheiß bzw. Richter als auf Lebenszeit eingesetzten Träger herrschaftlicher Gewalt (Dorfpolizei, niederes Dorfgericht, Kontrolle bäuerlicher Abgabenentrichtung) und Heimbürgen bzw. Bauermeister, die im jährlichen Wechsel aus den Reihen der Dorfgenossen gestellt wurden (Verwaltung von Gemeindeeigentum und -einkünften). Die ostelbische Gemeinde war damit seit alters und weit stärker als die Dorfgemeinde des Altsiedellandes herrschaftlich bestimmt; vereinzelt zogen ostelbische Gutsherrschaften Schulzenstellen ganz ein und setzten Vögte an ihre Stelle. Während Gemeinderechnungen seit dem 16. Jh. aus dem Altsiedelland verbreitet erhalten sind, fehlen sie im Brandenburgischen völlig. Wenn überhaupt, hat es hier nur armselige Gemeindeeinkünfte gegeben, was für den prozessual geführten spätfeudalen Klassenkampf der hiesigen Bauern von großem Nachteil war, wurden ihnen doch auch das »eigenmächtige Collectiren und Zusammenkünfte wider ihre Gerichtsobrigkeiten« durch kurfürstliches Edikt 1702 untersagt.

1737 Amt S. eingerichtet, wie Domäne Lebus (*) gutswirtschaftlicher Großbetrieb mit starkem Teilbetriebscharakter (*Seelow), in nichts von vergleichbaren Adelgütern unterschieden. Unter dem Domänenpächter Carl Friedrich Baath, einem Mitstreiter Albrecht Thaers (*Möglin), wurde um 1800 schon das Zwanzigfache der Aussaat erzielt; Pächternachfolge von ihm testamentarisch verfügt (*Chorin)

Seelow (1308)
1252 ersterwähnt, 1278 Marktflecken (oppidum) am Straßenkreuz Berlin bzw. Frankfurt/O. (Lebus)-Stettin, wenig befestigt wie auch Wriezen und Freienwalde an der Oderbruchrandstraße; Herrschaft über das Städtchen spätestens 1317 bei den Lebuser Bischöfen bis zur Säkularisierung 1555/71, ab 1598 beim Amt Lebus, 1731/37 beim Amt Golzow

Beim Domänenamt Sachsendorf (*) war die gutsherrliche Teilbetriebswirtschaft stark ausgeprägt, fehlten doch dem Seelower Vorwerk z. B. 1749 fast jegliches Eigengespann und Gesinde sowie Ackergerät; sämtliche (über 3 000) Spanndienste waren hier von den Seelower Ackerbürgern zu leisten. Ein solcher gänzlich auf bäuerlicher Arbeitsrente gründender Gutsbetrieb, der funktionsfähige dienstpflichtige Bauernwirtschaften geradezu zur Voraussetzung hatte, war feudale ostelbische Gutswirtschaft in ihrer klassischen Form und über die Mitte des 18. Jh. hinaus dominant. Folgerichtig klagte 1797 noch der Sachsendorfer Amtspächter über die miserablen Dienstgespanne und unwilligen Dienstknechte, die ihm von den Seelower Ackerbürgern zur Ableistung ihrer Dienstverpflichtungen gestellt wurden (*Lebus). Erst die Folgejahre brachten auf den kurmärkischen Domänenämtern die Umwandlung der Arbeits- in Geldrente und der lassitischen Besitzrechte zu bäuerlichem Eigentum, im wesentlichen zwischen 1799 und 1805. Die ganze Vorwerkswirtschaft wurde damit zu Eigenbetrieben umgebildet und beträchtlich intensiviert, nun auf der Basis von Tagelöhnerarbeit und mit neuen ländlichen Kleinstellen im Gefolge. Die Aufhebung der Erbuntertänigkeit auf den Domänenämtern, ein stiller, doch gewichtiger Reformbeginn, blieb noch im Vorfeld kapitalistischer Bauernbefreiung.

Gedenkstätte der Befreiung auf den Seelower Höhen mit Sowjetischen Ehrenmal (1946) zur Erinnerung an die Aprilkämpfe 1945

Für 1801 sind drei Seelower Vieh- und Pferdemärkte bezeugt, wohl die wichtigsten in der Kurmark, denn das futterreiche Oderbruch war ein ausgesprochenes Viehzuchtgebiet (*Neutrebbin). Namentlich die Ochsenmast für den Berliner Markt entwickelte sich hier in der ersten Jahrhunderthälfte, so daß in den 50er Jahren 10 000 Mastochsen aus dem Oderbruch nach Berlin zum Verkauf kamen (*Ackerbürgerhöfe in der Wilhelm-Pieck-Str.*, 1. Hälfte 19. Jh.; *Pfarrkirche* 1830/32 unter Einfluß Schinkels, nach Kriegszerstörung seit 1956 Wiederaufbau ohne Turm).

An der über Müncheberg nach Berlin verlaufenden Fernverkehrsstraße steht bei S. ein knapp 3 m hoher *Meilenobelisk*, der einzige gußeiserne auf dem Gebiet der DDR. Er ist um 1820/30 im Zuge der neuen Kunststraßen gesetzt worden, gehört damit der Hauptzeit preußischer Meilensteine an. Verglichen mit dem großen Vorbild der sächsischen Postmeilensäulen, deren Übertragung König Friedrich Wilhelm I. versuchte, hat Preußen erst spät zu einem analogen Vermessungssystem gefunden. 1898 Karl Liebknecht (*Potsdam) als Assessor am Amtsgericht S.

Nach Kienitz (*) und Reitwein (*) fand hier im April 1945 die letzte entscheidende militärische Operation zur endgültigen Zerschlagung des deutschen Faschismus statt. Bei der sowjetischen Offensive auf Berlin wirkten die 1. Belorussische Front unter Marschall Shukow im mittleren Oderraum, südlich davon die 1. Ukrainische Front unter Marschall Konew und nördlich davon die 2. Belorussische Front unter Marschall Rokossowski mit 2 500 000 Soldaten zusammen. Mit dem Frontalangriff auf die faschistische Reichshauptstadt über die Seelower Höhen hinweg fiel der 1. Belorussischen Front, in der auch die 1. Polnische Armee mitkämpfte, die zentrale Aufgabe zu. Um S. befanden sich starke faschistische Verteidigungsstellungen der 9. deutschen Armee, und am frühen 16. April ein konzentrierter Angriffsschlag sowjetischer Artillerie und Luftwaffe einsetzte, gefolgt von Panzerangriffen unter Scheinwerferlicht. Die erbitterte faschistische Gegenwehr, militärisch bereits sinnlos, konnte unter beidseitig größten Opfern – über 30 000 sowjetische Soldaten fielen hier – am 18. April mittags ganz gebrochen werden (*Militärhistorische Gedenkstätte der Befreiung auf den Seelower Höhen*, 1972; *Ehrenfriedhof und Ehrenmal*, 1946 von Lew Kerbel).

S. seit 1950 Kreisstadt eines der bedeutendsten Agrarkreise des Bezirkes

Sophienthal

S. und seine heutigen Ortsteile Rehfeldt sowie Sydowswiese gehörten zusammen mit dem südlich gelegenen Langsow zu den 1764/65 angelegten Spinnerdörfern des Amtes Wollup (*Buschdorf). Anders als in den ersten Spinnerkolonien (*Neu Zittau) galten die neuen Wollspinner dem Amt als Einlieger und mußten in der Erntezeit 15 Tage Handdienste auf den Domänen Wollup, Friedrichsaue, Golzow, Sachsendorf und Kienitz leisten, was auf ihren erbitterten Widerstand stieß. Von hier aus ergingen seit 1766 Petitionen aller Spinnerkolonisten an den König, von den Hofediensten wieder befreit zu werden, zu denen sie durch »Militärische Execution gezwungen worden«. Da der Einsatz mehrerer Dragonerregimenter auf eine entsprechende Kabinettsorder Friedrichs II. vom Juli 1767 zurückging, blieben auch die weiteren Petitionen vom Juli und von Anfang August 1769 fruchtlos, brachten nur neue militärische Ausschreitungen im Amt, wie in Rehfeldt im Sommer 1769 gegen eine »schon über 12 Tage« während »Zusammenrottierung der hiesigen widerspenstigen Colonisten« (etwa 250 Mann).

Wollup

1827 nahm Johann Gottlieb Koppe die Domäne W. (seit 1731 eigenes Amt) nach bis dahin beispiellosen Erfolgen (*Reichenow) für 33 Jahre in Pacht. Der niederlausitzische Tagelöhnersohn war damit in die Schicht der preußischen Domänenpächter aufgestiegen, quasi sein »eigener Herr« geworden. Im Amt W. demonstrierte er eine unablässig intensivierte Landwirtschaft mit beträchtlichen Überschüssen, die ihm zusätzliche Bauten (Brennereien, Ölmühle, Ziegelei und Arbeitshäuser) sowie schon 1830 die Pacht einer weiteren Domäne (*Kienitz) erlaubten. Seit 1846 beschäftigte er nachweislich 130 bis 140 Wanderarbeiter aus dem Warthebruch im Amt W., was die saisonale Arbeiterwanderung hier belegt (*Gusow). Der Pächter und Unternehmer Koppe ist ein klassisches Beispiel für den »preußischen Weg« der Entwicklung des Kapitalismus in der Landwirtschaft. Bei allen agrarischen Fortschritten, insbesondere neuen Bodennutzungssystemen (*Prötzel, *Haselberg, *Möglin) darf aber nicht übersehen werden, daß bis zur Mitte des 19. Jh. die Dreifelderwirtschaft noch verbreitet blieb (*Storkow), wenn auch zunehmend in ihrer verbesserten Form, d. h. »mit Benutzung der Brache durch Erdtoffeln und

Johann Gottlieb Koppe, ein preußischer
Domänenpächter par excellence in Wollup und Kienitz

Klee«, wie es für den Kreis Lebus 1837 als landesüblich bezeichnet wurde.

Politisch stand Koppe den preußischen Konservativen nahe, gehörte dem königstreuen Teil der Bourgeoisie an. Von 1836 an hatte er wiederholt Gustav Freytag, zu dieser Zeit Berliner Kommilitone seiner beiden Söhne, später literarischer Repräsentant des aufstrebenden deutschen Bürgertums, hier zu Gast. Dem Ruf Friedrich Wilhelms IV., 1850 die Leitung des Preußischen Ministeriums für landwirtschaftliche Angelegenheiten zu übernehmen, folgte Koppe nicht mehr. 1842 hatte er die Gutsherrschaft seines niederlausitzischen Geburtsortes Beesdau gekauft, wo er 1863 verstarb.

Worin
1253 erstgenanntes W. mit heutigen Ot. Altrosenthal und Görlsdorf vom Augustinerkloster Naumburg/Bober gegründet (dazu das nahe Diedersdorf), 1398 wieder in markgräflicher Hand (spätmittelalterliche *Feldsteinkirchen* in W., Altrosenthal und Görlsdorf, sämtlich barock verändert)

Einer der Pioniere in der Genossenschaftsbewegung der sozialistischen Landwirtschaft wurde Bernhard Grünert, Neubauer und Bürgermeister Worins, dessen Junkerland im Herbst 1945 etwa zur Hälfte an 23 Landarbeiter bzw. landlose Bauern und 32 Umsiedler ausgegeben worden war. Der gelernte Maurer aus Schlesien, seit 1925 Mitglied der KPD, kam im März 1946 nach W., von Anfang an festen Willens, den Leninschen Genossenschaftsplan in Angriff zu nehmen. 1950 wurde

er im damaligen Kreis Lebus 1. Sekretär der zusammengeschlossenen VdgB-BHG und Abgeordneter des Landes Brandenburg. Am 27. Juni 1952 gründete Grünert in W. mit 13 Einzelbauern eine der ersten landwirtschaftlichen Produktionsgenossenschaften der DDR, die LPG »Thomas Müntzer«; für diese LPG Typ I erarbeiteten sie das erste Musterstatut. Mehrere Anläufe hierfür lagen bereits hinter und weitere Widerstände vor ihnen. Am 2. Juli wandten sie sich daher direkt an die 2. Parteikonferenz der SED mit der Bitte, den genossenschaftlichen Weg gehen zu dürfen. Erst mit deren grundlegenden Beschlüssen für den Aufbau des Sozialismus wurde die hier und in wenigen anderen Dörfern im Juni/Juli 1952 eingeleitete genossenschaftliche Entwicklung unumkehrbar.

Wuhden, Ot. von Podelzig
Das Gut W. wurde 1921/22 von dem neumärkischen Freikorps-Rittmeister Elhard v. Morocowicz gekauft. Dem Marwitzschen (*Friedersdorf) Freundeskreis angehörig, stieg er im Stahlhelm zum Landesführer von Brandenburg auf und wurde Reichsjugendstahlhelmführer. Morocowicz drängte auf Eingliederung des Stahlhelms in die SA, deren Oberstem Stab er dann bis zum »Röhmputsch« und seinem Tode 1934 angehörte.

Wuschewier
Nach dem Ansiedlungsplan von 1752 (*Neutrebbin) hatte Markgraf Carl v. Brandenburg-Sonnenburg, dem das Amt Friedland nach Trockenlegung des Niederoderbruchs gehörte, 108 neue Familien anzusetzen. Hierfür gründete er auf Kleinbarnimer Flur drei Kolonistendörfer, darunter 1757 mit 62 Hofstellen W. (urspr. Karlsburg; *Dorfanger mit Fachwerkhäusern* 18./ 19. Jh.; *Bet-/Schulhaus* von 1764, rohrgedeckter Fachwerkbau mit quadratischem Glockenturm) und das Vorwerk *Horst* (1763, zunächst Karlshorst genannt, heute Ot.).
Die »Frau v. Friedland« (*Altfriedland) ging hier 1791/92 zur Koppelwirtschaft (*Haselberg) über und erreichte bis 1803 das Fünffache der ursprünglichen Getreideerträge.
W. und Horst wurden 1841 unter weiteren Dörfern der Herrschaft Friedland genannt, wo die zum Gut gehörigen »Familienhäuser« offenbar weit überbelegt waren, akute Wohnungsnot unter der rasch anwachsenden Landarmut im Verlauf des »preußischen Weges« kapitalistischer Landwirtschaftsentwicklung entstand. Allein 1848 hatte W. 80 Auswanderer nach Amerika zu verzeichnen.

Zechin
Erste Station der Wanderschaft des achtzehnjährigen Gubener Tischlergesellen Wilhelm Pieck und späteren ersten Präsidenten der DDR war im Mai/Juni

331

1894 die Tischlerei Berwig in Z. (*Gedenkstätte*) nahe seiner großelterlichen Unterkunft in Buschdorf. Noch im selben Jahr zog er nach Braunschweig weiter, wo er Mitglied der Gewerkschaft der deutschen Holzarbeiter wurde und damit seine Tätigkeit in der Arbeiterbewegung aufnahm.

Kreis Bad Freienwalde

Altranft
✦ Dorfensemble eines kombinierten Guts- und Bauerndorfes (urk. 1375) mit spätfeudalem und kapitalistischem Zeitgepräge, *Agrarethnographisches Freilichtmuseum* über die östliche Mark Brandenburg im Aufbau; *Schloß,* im Kern 16. Jh., nach 1910 stark verändert, mit *Park* von P. J. Lenné; *Saalkirche* von 1752; *Bauern-* und *Fischerhäuser* 17./19. Jh.; *Schnitterkaserne* um 1900

Nach einem gescheiterten Landarbeiterstreik Ende Juli 1922 auf den Eckardsteinschen und Langeschen Gütern in Klosterdorf, Prötzel, Ernsthof, Biesow und Brunow legten am 10. August, mitten in der Ernte, fast alle Arbeiter von 20 Gütern des damaligen Kreises Oberbarnim, dabei auch A., die Arbeit nieder.

Alaunbergwerk Freienwalde

Schon bald bestreikten etwa 2 000 Landarbeiter 39 Güter zwischen Freienwalde und Strausberg. Der angesichts der inflationären Wirtschaftsentwicklung verzweifelte Lohnkampf politisierte sich weiter in dem Maße, wie der Deutsche Landarbeiterverband, der Schweizer-Verband und der Zentralverband christlicher Gewerkschaften den Streik als »wild« ablehnten. Die Streikenden drängten so aus den Massengewerkschaften heraus auf den von Lenin kritisierten anarcho-syndikalistischen Weg, versuchten eine »Gruppe für Land- und Forstwirtschaft in der Union der Hand- und Kopfarbeiter Deutschlands« zu bilden und deren »Tariffähigkeit« durchzusetzen. Organisierter, unter Polizeischutz stehender Streikbrechereinsatz, vor allem durch Angehörige der Technischen Nothilfe, durchbrach am 18. August die Streikfront auf elf Gütern, erzwang bis 25. August den gesamten Streikabbruch.

Altwriezen
In A. bestand von 1772 bis 1891 eine Hänselbrüderschaft, ein Verein jüngerer Burschen der begüterten Dorfschichten. Nach genauen Vorschriften – sog. Hänsel-Lehen, wie sie aus Altreetz (1730), Altwustrow (1791) und A. (1794) überliefert sind – und unter einem Vorsteher trafen sie sich wöchentlich zu Erfahrungsaustausch, gegenseitiger Unterstützung und sittlicher Hebung. Die Hänselbrüderschaften im Oderbruch waren auch Träger und Initiator vieler

Walther Rathenau, ein bürgerlicher Realpolitiker, Schloßherr in Freienwalde von 1909 bis zu seiner Ermordung 1922

Dorffeste im Jahresablauf, leiteten z. B. die Fastnachtsfeier in phantastischen Verkleidungen mit dem Heischegang durchs Dorf ein.

Bad Freienwalde (1364)

Nahe dem Oderübergang ist vielleicht um 1200 eine frühe deutsche Kaufmannssiedlung mit *St. Nikolai* (urspr. Feldsteinbau, 13. Jh., heutige Backsteinkirche Mitte 15. Jh. begonnen) im Schutze einer (wettinischen?) Burg (*Mauerreste auf dem Schloßberg*) entstanden. Das 1316 erstgenannte Vrienwalde – 1354 markgräflich-brandenburgische Zollstätte – war in der Mitte des 14. Jh. im Besitz der Familie v. Uchtenhagen (*Neuenhagen), blieb bis zu deren Aussterben 1618 (*Begräbnisstätte in der Nikolaikirche*) mediat. Wirtschaftlich gänzlich unbedeutend, selbst der Fährzoll gehörte denen von Uchtenhagen, bietet die mittelalterliche Stadt doch nach Beeskow (*) zweiten Fall im Brandenburgischen, daß für 1414 und 1426 Schuhmacher- und Bäckerinnungen mit dem sog. Wendenparagraphen (der Deutschtumsforderung für ihre Mitglieder) erscheinen.

✦ *Uchtenhagensches Freihaus* (urk. 1557), Fachwerkbau mit vorgeblendeter Putzfassade und barocken Zierelementen um 1770, heute *Oderlandmuseum, Uchtenhagenstr. 2* (Volkskundemuseum des Oderbruchs und seiner Randgebiete)

1683/84 Entdeckung mineralhaltiger Quellen im brandenburgischen Amtsstädtchen und Nutzung durch Kurfürst Friedrich Wilhelm, fortan höfischer Kurort F.; seit 1840 Moorbäder, 1924 Bad F., heute Kurort mit Rheuma-Sanatorium und Moorbad

✦ *Fachwerkkirche St. Georg* von 1696, seit 1986 *Konzerthalle;* königliches *Schloß* (Witwensitz) 1798/99 von D. Gilly (*Schwedt); *Landhaus* am Kurpark 1789/90 von K. G. Langhans; *Schloßpark* nach 1820 von P. J. Lenné, mit *Teehäuschen* von 1795 und spätbarocken *Skulpturen;* barocke *Bürgerhäuser* Ende 18. Jh. *(Kurze Str. 4, Karl-Marx-Str. 14, Neue Bergstr. 4, Uchtenhagenstr. 22)*

Eisenhaltige Sande um F. und beim Schürfen gefundenes Alaun führten 1716/18 zur Anlage eines Eisenhammers im *Hammertal* und eines Alaunwerkes (bis 1862; heute *VEB Vereinigte Dränrohrwerke*), was wiederum den Abbau hier anstehender Braunkohle veranlaßte, erfolgreich seit 1818. Tonvorkommen beim *Hammer- und Mariental* zogen im Anschluß weitere Industriegründungen hierher, so 1883 eine *Schamottefabrik* und fünf Dampfziegeleien (1888 mit 800 Arbeitern).

Seit der Mitte des 19. Jh. sog. Aegidischer Kreis in Villa »Vinea Domini« *(Gesundbrunnenstr.),* ein geistiger Zirkel um den Geheimen Sanitäts-, Hof- und Medizinalrat Karl Julius Aegidi und dessen Sohn, den Juristen Professor Ludwig Karl Aegidi; dem Kreis gehörten u. a. Paul Heyse, Ernst Haeckel, Georg Bleibtreu und Adolph Menzel an. Ferner »Freienwalder Musenhof« mit regional bedeutsamen Dichtern: Karl Weise (1848/88 in F., *Denkmal* in nach ihm benannter Straße), Julius Dörr (1881 bis 1930 in F., *Grabstätte* auf dem Friedhof), Victor Blüthgen (1883 bis 1920 in F., *Grabstätte* auf dem Friedhof).

Anstelle Wriezens (*) seit 1815 im Zuge der Hardenbergschen Verwaltungsreformen (*Friedersdorf) F. Kreisstadt des Oberbarnims

1909 erwarb der einflußreiche Politiker und Monopolist Walther Rathenau von Kaiser Wilhelm II. das *Schloßgrundstück.* Rathenau war Generaldirektor der AEG, organisierte die deutsche Rüstungswirtschaft im ersten Weltkrieg, gehörte 1918 zu den Führern der Deutschen Demokratischen Partei, die die »linke« Fraktion der liberalen großbürgerlichen Parteien bildete, damit zu den Vertretern flexibler Herrschaftsmethoden zur Rettung des deutschen Imperialismus nach Kriegsniederlage und Novemberrevolution. In einer Reihe von Publikationen, viele davon in F. niedergeschrieben, hatte er sein gesellschaftspolitisches Denken entwickelt, das – gegen monopolistische Sonderinteressen wie Hugo Stinnes' Inflationspolitik und -gewinne gerichtet – auf zunehmende staatliche Regulierung des Wirtschaftslebens zielte. Seit 1922 Außenminister der Weimarer Republik, unterzeichnete er in dieser Funktion für Deutschland den Vertrag von Rapallo mit Sowjetrußland, was ihm den Haß der Rechtskreise eintrug. Am 24. Juli 1922 wurde der bürgerliche Realpolitiker von Angehörigen

Für Königin Friederike Luise 1798/99 von David Gilly erbautes Schloß in Bad Freienwalde

der präfaschistischen (Geheim-)»Organisation Consul« in Berlin-Grunewald ermordet. Zu seinen Sommergästen in F. hatten wiederholt Gerhart Hauptmann (*Erkner), der große österreichische Novellist und Essayist Stefan Zweig sowie Fritz v. Unruh gehört, der zusammen mit Hohenzollernprinzen ausgebildete Generalssohn und seit den Materialschlachten in Frankreich engagierte Pazifist.
10. November 1918 in F. kurzlebiger Arbeiter- und Soldatenrat gebildet, der einzige im bzw. am Rande des Oderbruchs
1934 Prozeß in Berlin gegen Freienwalder Antifaschisten, darunter zwei Zeugen für Georgi Dimitroff im abgelaufenen Leipziger Reichstagsbrandprozeß
Im *Ot.* Sonnenburg Landsitz des faschistischen Reichsaußenministers (1938/45) Joachim v. Ribbentrop, gemäß Nürnberger Urteil 1946 hingerichtet

Bliesdorf
Ein typischer Akt adliger Urbarmachung/Neusiedlung im Oderbruch (*Neutrebbin) vollzog sich 1756/73 bei Alt-B., auf dessen Feldmark die Kolonistendörfer *Vevais* für 13 französischsprachige Familien durch die Grafen v. Kameke (*Prötzel) und als einreihige Zeile mit 20 Hofstellen *Neu-B.* entstanden, dazu vier Vorwerke der hiesigen Grundherrn.

Falkenberg
Das 1334 erstgenannte (urspr.) Gassendorf am Rande der jährlich überschwemmten Odernie-

derung besaß keine Hufen, stattdessen 25 Fischerstellen mit Fischereirecht zwischen Oderberg und Freienwalde, dessen Fischmarkt zu Lasten von F. 1621 privilegiert wurde. Als die Gutsherrschaft von *Cöthen* (Ot.), seit 1721 denen v. Jena gehörig, 1776 als letztes Kolonistendorf des Oderbruchs (*Neutrebbin) *Broichsdorf* (Ot.) für 34 Büdner bzw. Halbkossäten einrichtete, widersetzten sich die Falkenberger Fischer mit Durchstechen der Deiche – auch andernorts im einst fischreichen Oderbruch ein gegen die Melioration gerichteter »maschinenstürmerischer« Akt, trotz strenger Strafandrohung des Edikts von 1754. Immerhin hielt sich in F. die Fischerei neben ihrem Wriezener (*) Zentrum bis ins 20. Jh. hinein.

1754 begann Matthäus v. Vernezobre (*Hohenfinow) die Barchent- und Leinenmanufaktur *Amalienhof* (Ot.) nebst einer Baumwollspinnerkolonie anzulegen (Doppelhäuser für Büdner mit wenig Gartenland), womit er die königlichen Vorgaben/Darlehen zur Ansetzung bäuerlicher Kolonisten ganz zu seinen Gunsten ummünzte.

Seit 1765 war das Cöthener Gut *(Gutshaus* Mitte 18. Jh., stark überbaut; *Dorfkirche* 1830 unter Schinkels Einfluß) ständig verpachtet – wie die Kamekeschen Güter (*Prötzel, *Sternebeck-Harnekop) seit den 70er Jahren und überhaupt die meisten Rittergüter auf dem Barnim. Den von der bürgerlichen Forschung angenommenen »selbstwirtschaftenden Adel« gibt es allenfalls wieder um 1800 in herausragenden Beispielen (*Altfriedland, *Kunersdorf, *Prötzel, *Friedersdorf, *Tempelberg). Sonst ist die 2. Hälfte des 18. Jh. geradezu von steigenden Verpachtungen der großen Eigenwirtschaften, namentlich von kurzen, zum Raubbau verleitenden Zeitpachten, an meistbietende bürgerliche Pächter charakterisiert. Bezeichnenderweise lebten in den 70er Jahren von 579 adligen Grundherrn der Kurmark 219 gar nicht auf ihren Gütern; dafür sind 116 Generalpächter für meist mehrere adlige Güter bezeugt – vermögende Bürger, die in der Landwirtschaft ihr Kapital anlegten und hier als »Rechenmeister« agierten.

In *Cöthen Steinsäulen* mit Angaben zu Binnen- und Außenschlägen der Ende des 18. Jh. praktizierten Märkischen Koppelwirtschaft (*Haselberg); hier schon 1796 Fruchtwechselwirtschaft eingeführt (*Prötzel, *Möglin)
F. Luftkurort seit Mitte des 19. Jh.; Ausgangspunkt des ersten heimatkundlichen Lehrpfades der DDR, des *Theodor-Fontane-Wanderweges* nach Bad Freienwalde (*Gedenkstein* von 1927 für Theodor Fontane am gleichnamigen Platz)

Gersdorf, Ot. von Kruge-Gersdorf
In dem 1307 ersterwähnten Kreuzangerdorf (*Feldsteinkirche* Mitte 13. Jh., Westturm von 1699), vom Markgrafen 1341 dem Kloster Friedland (*Altfriedland) übereignet, wurden nach dessen Säkularisierung 1549 neben 10 Kossäten 14 Drei- und Zweihüfner mit sog. Erbhufen, d. h. vollen bäuerlichen Besitzrechten, genannt. Bei den Agrarreformen des 19. Jh. aber fielen sie unter die Regulierung (*Chorin), mußten also seit 1564 unter der Dorfherrschaft derer v. Röbel zu Krummensee und Kruge, seit 1766 des Barons v. Vernezobre (*Hohenfinow) eine Rechtsminderung erfahren haben. Vermutlich ist hier im Nachfeld des Dreißigjährigen Krieges (1652 für G. lediglich fünf Kossäten verzeichnet) die bäuerliche Neubesetzung wüster Stellen durch die v. Röbel nun zu minderem, dem im Barnim vorherrschenden lassitischen Besitzrecht erfolgt.

Haselberg
Das durch Gutsbildung deformierte, einst große Straßen- oder Straßenangerdorf (*Saalkirche* des 13. Jh., nach Kriegszerstörung 1959 wiederaufgebaut) wurde 1777 von einem »waschechten Kapitalisten«, dem seit diesem Jahr faktischen Leiter der Berliner Lagerhaus-

Manufaktur, Kammerrat Paul Benedikt Leonhardt Wolff (1786 geadelt), aufgekauft, dazu die adligen Güter und Vorwerke Frankenfelde (seit 1771), Rädekow, Marienhof, teils Bliesdorf (*). Ähnlich waren zu diesem Zeitpunkt trotz königlichen Verbots schon über zehn Prozent aller adligen Rittergüter in bürgerliche Hand gelangt. Nach Separierung des Gutslandes (*Hohenfinow) ging Wolff von der Dreifelderwirschaft 1781/83 zur Mecklenburgischen Koppelwirtschaft, auch Schlagwirtschaft genannt, über, einem periodischen Wechsel von Getreide- und Grasschlägen auf dem gesamten anbaufähigen Land. Dafür hob er die strenge Trennung von Ackerland, Wiesen, Weiden auf, teilte jedoch anfangs noch die gesamte Gutsflur in zehn Binnen- und sechs Außenschläge (*Steinsäulen*), führte also zwei Rotationen ein, wobei die Außenfelder zunächst vorwiegend der Weide und Schafhaltung überlassen blieben. Zum Klee als Leitkultur im Fruchtwechsel der Mecklenburgischen Schlagwirtschaft nahm Wolff in die Hauptrotation auf den Haselberger und Frankenfelder Binnenschlägen den für Sandböden geeigneteren Kartoffelanbau hinzu, was erst die eigentliche Märkische Koppelwirtschaft begründete. Im richtigen Verhältnis von Getreide-, Futterpflanzen- und Hackfruchtanbau fand der Boden mehr Schonung, teils Anreicherung, so daß sich Wolffs Einnahmen bis Ende der 80er Jahre versechsfachten (*Wuschewier).

1841 fielen Dorf und Gut an die Freiherrn v. Eckardstein (*Prötzel); *Schloßpark* von 1779 zum Landschaftspark 1881 umgestaltet

Heckelberg
Wie für Teltow, Cölln und Berlin jüngst vermutet, scheint es ähnlich auf der siedlungsfreien Barnimhochfläche in der 2. Hälfte des 12. Jh. zu Gründungen von befestigten Marktorten ohne schützende Burganlagen gekommen zu sein, so wohl im Falle von H. (*Feldsteinkirche* Mitte 13. Jh.) und Beiersdorf (beides Rechteck-Platzdörfer, im Landbuch von 1375 als oppida mit 80 bzw. 72 Hufen ausgewiesen) sowie Bernaus (*). Solche oppida könnten einer von Jüterbog ausgehenden und auf die mittlere Oder zielenden magdeburgischen Expansionsbewegung ihr Entstehen verdanken; in der vom Erzbischof Wichmann entworfenen Siedlungspolitik hatten sie die Funktion von Gebietsmittelpunkten wahrzunehmen. Das Kolonisationsschema des Erzbistums Magdeburg zielte auf eine gleichzeitige

gewerblich-bäuerliche Aufsiedlung mit einem System von Nahmarktorten (villae fori). Auch die beim Ot. *Beerbaum* verfallene Burg Niemegk und der 1375 für Beerbaum belegte Ritterhof eines Nymik könnten diese Annahme stützen, handelt es sich doch hierbei vielleicht um magdeburgische Ministeriale aus dem Fläming (*Niemegk). Eine »Etappenstraße« über Blumberg (*), Werneuchen (*), Beiersdorf, H. auf Hohenfinow (*) zu läßt sich rekonstruieren, sämtlich oppida, die seit dem 14. Jh., spätestens 16. Jh., wieder zu Dörfern herabsanken (H. im 15. Jh. teils Städtchen, teils Dorf genannt).

Hohensaaten

Mit dem Durchstich der »Neuen Oder« (*Wriezen) 1753 von Hohenwutzen her lag H. am Zusammenfluß zweier wichtiger Wasserstraßen, der Neuen und der im Zuge des Finowkanalbaus kanalisierten Alten Oder. Der rasche industrielle Aufschwung des Finowtales (*Eberswalde) und die wachsenden Anforderungen an die Binnenschiffahrt zwischen dem Berliner Raum und der Ostsee machten

Säulenkolonnade mit Grabdenkmälern für die Familien v. Lestwitz und v. Itzenplitz auf dem Kunersdorfer Friedhof

Ende des 19. Jh. neben dem Finowkanal – 19 Schleusen waren von H. bis Berlin zu passieren – eine zweite, leistungsfähigere Wasserstraße erforderlich. Man entschied sich für die nördlich des Finowkanals verlaufende Hauptterrasse des Eberswalder Urstromtales und zugunsten des industriellen Berliner Nordens: 1906/14 entstand so die Hohensaaten-Friedrichsthaler Wasserstraße als Teil des sog. Hohenzollernkanals, nach der Novemberrevolution Großschiffahrtsweg Berlin–Stettin, heute Oder-Havel-Kanal genannt (*Hafenensemble 19./20. Jh.; Bockwindmühle; Dorfkirche, 1858/60* gotisierend nach Entwurf F. A. Stülers).

Kunersdorf

Zum landwirtschaftlichen Musteramt Friedland (*Altfriedland) gehörig, erwarb sich K. seit 1803 unter Peter Alexander Graf v. Itzenplitz und seiner Frau Henriette Charlotte den Ruf eines »märkischen Musensitzes«. Hier hielten sich außer dem Gutsnachbarn Thaer (*Möglin) die Gebrüder Humboldt, der Berliner Aufklärer Friedrich Nicolai, der Freiherr vom und zum Stein, der Rechtshistoriker Friedrich Karl v. Savigny, die Bildhauer Christian Friedrich Tieck, Johann Gottfried Schadow und Christian Daniel Rauch auf. Von Mai bis Oktober 1813 weilte hier Adalbert v. Chamisso, botanisierte im Oderbruch und schrieb

Albrecht Thaer, der »Reformator der deutschen Landwirtschaft«

seinen »Peter Schlemihl«. Theodor Fontane beschrieb später – nach eigenem Aufenthalt im September 1862 – K. als ein ostelbisches Zentrum hoher geistiger Kultur und aufgeklärter Ideen (Schloß 1945 kriegszerstört).

✦ Reste der *Friedländischen Biblikothek* im Bezirksmuseum Viadrina Frankfurt; *Friedhof mit Säulenkolonnade* (wohl von C. G. Langhans) und neun *Marmorgrabmälern* für die Familien v. Lestwitz und v. Itzenplitz (1789–1883), Grabdenkmäler von Schadow, Rauch, Tieck, Urnen-Grabdenkmal von 1803 für Charlotte Helene v. Friedland mit Attributen der Landwirtschaft von H. Keller; *Giebellaubenhaus* 18. Jh., der sog. Dammkrug

Möglin
1375 erstgenanntes Ritterdorf mit zwei Höfen derer v. Pfuel (*Gielsdorf); seit 1485 hier Gut und Schäferei, seit 1524 auch Wohnsitz einer Linie derer v. Barfuß (*Prötzel)

1804 wurde das Rittergut *(Gutshaus* im Kern 17./18. Jh., um 1805 erweitert) von Albrecht Daniel Thaer erworben, einem Celler Arzt und in Deutschland bereits bekannten Landwirt, der dem Ruf Hardenbergs (*Marxwalde) nach Preußen folgte, hier Direktor der mit königlichem Schutzbrief 1806 gegründeten ersten Landwirtschaftlichen Akademie wurde. Zweifellos vom Kunersdorfer (*) Kreis angezogen, »umgebend von Gütern, wo die Kultur schon große Fortschritte gemacht hatte« (*Altfried-

land, *Prötzel, *Haselberg, *Kienitz), hatte sich Thaer mit M. einen auf nur mageren, teils sandigen Böden, am Rande des Oderbruchs liegenden Gutsbesitz ausgesucht, wo jeder Erfolg der von ihm leidenschaftlich verfochtenen, hier ab 1807 eingeführten Fruchtwechselwirtschaft – kombiniert mit durchgängiger Stallfütterung – um so überzeugender ausfallen mußte. Am Vorgefundenen kritisierte Thaer insbesondere das Drittel unbebauten Landes und den einseitigen, auch noch die Koppelwirtschaft (*Haselberg) dominierenden Getreideanbau mit seiner Erschöpfung der Böden. Durch den gänzlichen Wegfall der Brache und einen ständigen Wechsel von Halm- und Blattfrüchten veränderte die an englischen Vorbildern (*Prötzel) orientierte Fruchtwechselwirtschaft fraglos am nachhaltigsten das feudale Ackerbausystem und die jahrhundertelange Prägung märkischer Gutsbesitzer als feudale Getreidewirte, erwies sich bei besserer Bodenbearbeitung (Mögliner Pflug und Drillmaschine) wie Düngung als produktivste Form der Bodennutzung. Gilt Thaers 1798 erschienene »Einleitung zur Kenntnis der englischen Landwirtschaft« als Auftakt der modernen Landwirtschaftswissenschaft, so bot er in M. den Bauern auch die notwendigen »sinnlichen Beweise« einer auf »möglichst hohen Gewinn« zielenden kapitalistischen Landwirtschaft (»Grundsätze der rationellen Landwirtschaft«, 4 Bde. 1809/10). Wegen seines Wirkens als außerordentlicher Professor für Landwirtschaft an der 1810 gegründeten Berliner Universität übertrug Thaer 1811 einen Teil der Mögliner Ausbildung sowie die Leitung des Mustergutes Johann Gottlieb Koppe (*Wollup). Gemeinsam (bis 1814, *Reichenow) bauten sie in gezielter Kreuzung französischer und sächsischer Merinos mit einheimischen Schafrassen in M. eine Stammschäferei auf (1 000 Schafe), dank der Thaer schon 1815/16 in Berlin als »Wollmarktkönig« und in Europa als einer der bedeutendsten Schafzüchter galt; im nahen Frankenfelde richtete er 1816 die Königliche Stammschäferei von Merinoschafen ein. Ab 1819/20 mit Umbenennung der Mögliner Akademie in »Königlich-Preußische Akademie des Landbaues« und dem Ausscheiden Thaers aus dem Berliner Universitätsdienst konzentrierte sich die weitere agrarwissenschaftliche Forschung und Lehre für ein halbes Jahrhundert ganz auf M., das Vorbild späterer Gründungen (Tharandt, Eldena) wurde. 1828 verstarb der »Reformator der deutschen Landwirtschaft« und Begründer eines neuen Wissenschaftskomplexes in M. *(Grabstätte* neben der *Feldsteinkirche* von 1598, im Kern älter, nach Kriegszerstörung 1961 wiederaufgebaut; *Thaer-Gedenkstätte).*

Neuenhagen
Seit 14. Jh. in N. Herrschaftszentrum der Adelsfamilie v. Uchtenhagen mit Besitzungen zwischen Strausberg, Falkenhagen und Bad Freienwalde (*), die nach Aussterben derer v. Uchtenhagen 1618 an den brandenburgischen Kurfürsten fielen (*Herrenhaus* vom Typ des Festen Hauses mit *Schloßkapelle* Ende 16. Jh.; *Epitaph* von 1592 in *Dorfkirche,* 1901)

Rathsdorf
1753/54 auf städtischem Boden Wriezens (*) errichtetes Kolonistendorf, *Fachwerkhäuser* mit Krüppelwalmdach Ende 18./Anfang 19. Jh.
Im Ot. *Altgaul* (Wriezener Gutssiedlung seit Ersterwähnung 1340) einziges Zeugnis der älteren Ziegelherstellung in der Mark, ein flaschenförmiger *Ziegelofen* des späten 18. oder frühen 19. Jh. (Technisches Denkmal, Lehrschau »Weißstorch«); diese Einkammeröfen hatten die alten Feldfeuer abgelöst, selbst aber noch bei hohen Wärmeverlusten eine relativ geringe Produktionsleistung, weshalb sie im 19. Jh. von den modernen Ringöfen verdrängt wurden (*Glindow, *Zehdenick)

Schiffmühle
Im 18. Jh. bestand hier eine im Oderstrom liegende Schiffmühle, die mit einem Fachwerkhaus am Ufer verbunden war; im Anschluß daran Arbeiterkolonie »Schiffmühle« entstanden, seit 1873 selbständige Gemeinde; hier Wohn- und Sterbehaus von Theodor Fontanes Vater Louis Henri Fontane *(Gedenktafel),* sein Grab neben der *Kirche* (Putzbau, 1769/70) des Ot. *Neutornow* (1755/60 als königliches Kolonistendorf angelegt); *Chausseehaus* von 1834 nach Plänen Schinkels, eine der staatlichen Einnahmestellen von Chausseegeldern zur Amortisation der Kunststraßen (*Seelow)

Chausseehaus Schiffmühle

Adolf Reichwein, Schulleiter in Tiefensee und einer der führenden sozialdemokratischen Widerstandskämpfer

Sternebeck-Harnekop
1375 mit 50 Hufen genannt, wohnte doch kein Bauer mehr in Harnekop, teilten sich vielmehr drei Ritter in die ganze Gemarkung, in ihre extensive Nutzung ähnlich Ihlow (*). Für die Zeit des Landbuchs ist H. eine von rund 15 Totalwüstungen auf dem Barnim, die besonders hier auf den weniger fruchtbaren, von Bauern wieder verlassenen Böden anzutreffen sind (*Prötzel). Die trotzdem erstaunliche Zahl von Ritterwirtschaften des 14. Jh. im östlichen Barnim ist wohl nur durch die Odernähe erklärbar, d. h. durch den Marktanschluß an den pommerschen Vieh- bzw. Getreidehandel (*Chorin, *Wriezen), der den Ausbau adliger Eigenwirtschaften stimulierte.

Die auf wüster Flurmark seit Ausgang des 15. Jh. entstandene Gutssiedlung H. war 1707/69 im Besitz der Grafen v. Kameke und in deren Versuche mit der »englischen Wirtschaft« (*Prötzel) einbezogen; 1787 gelangte H. erneut, diesmal mit St. *(Kirche* von 1710), an die v. Kameke; beide Güter waren ständig verpachtet (*Haselberg), seit 1801 den Freiherrn v. Ekkardstein gehörig (*Prötzel); H. 1837/72 im Besitz des Generalfeldmarschalls Gottlieb Graf v. Haeseler, der die preußischen Einigungskriege von 1864 und 1866 und den deutsch-französischen Krieg von 1870/71 mitgeführt hat

Tiefensee
In der Jugendherberge Gamensee (1945 zerstört, Gamengrund heute Erholungsgebiet) fand Ende 1928 die 1. Reichsführerschule des Roten Frontkämpferbundes statt; hier lehrten u. a. Hermann Duncker (*Bernau) und der militärpolitische Experte der KPD, Ernst Schneller.
Die einklassige Volksschule T. *(Schulgebäude* heute Rat der Gemeinde) wurde 1933/39 von dem sozialde-

mokratischen Pädagogen und Schulpolitiker Adolf Reichwein geleitet, nachdem dieser im April aus seinem Hallenser Lehramt entlassen worden war. Im Kriegsverlauf fand Reichwein Anschluß an den christlich-sozialen Kreisauer Widerstandskreis und suchte die Zusammenarbeit mit der operativen Leitung der KPD, mit deren Führern Franz Jacob und Anton Saefkow er am 4./5. Juli 1944 verhaftet, im Herbst dann hingerichtet wurde.

Wriezen (1337)

Wo die von Köpenick und von Lebus nach Pommern laufenden Straßen an der Alten Oder zusammentrafen, kam es vielleicht schon um 1200 unter wettinischem Schutz zu einer frühen deutschen Kaufmannsniederlassung unter dem seltenen Laurentius-Patrozinium (Lorenzkirche, 1919 abgerissen). In askanischer Zeit entstand dann die Plananlage W. (1247 ersterwähnt) um die einstige Nikolai-, später *Marienkirche* (spätgotische Hallenkirche, seit 1945 Ruine). Vor 1300 sind Wriezener Händlerkontakte nach Lübeck bezeugt, ein eindrucksvoller Beleg für das tiefe Hinterland des frühen hansischen Getreidehandels, in den die Uckermark (*Chorin) und Teile des Barnims (*Sternebeck-Harnekop) über Oder und Uecker einbezogen wurden. Als Oderbruchrandsiedlung für den Handel des Barnimplateaus (Getreideanbau) mit der fischreichen Niederung begünstigt, entwickelte sich die Stadt (für 1300 Rat, für 1303 Schlächtergilde, seit 1320 eigene Zollrechte, seit 1375 Jahrmarkt bezeugt) zum Markt- und Handelszentrum des Oderbruchs. Herausragend der Fischmarkt, urkundlich 1550, mit der kurfürstlichen Order von 1622 an umliegende Bruchdörfer, ihre Fische nach W. verkaufen zu müssen; bis ins 19. Jh. blieb der Wriezener Fischmarkt der wichtigste der Provinz Brandenburg. Dazu kam mit der 1692 landesherrlich privilegierten Hechtreißerinnung (bis 1874) die einzige derartige Korporation der Mark; sie verhandelte die eingepökelten Hechte ins Rheinland, nach Böhmen, Bayern, gelegentlich bis Italien. Die für 1423 erwähnte, nur landseitige Befestigung mit Graben und Palisadenzaun wurde 1721 erneuert, um die Handelsstadt »accisefest« zu machen, d. h. jene vom Kurfürsten Friedrich Wilhelm in Städten eingeführte Akzise zu sichern.

Zu einschneidenden Veränderungen der städtischen Wirtschaft führten die Verlegung des Oderlaufes und nachfolgende Urbarmachung des Oderbruchs, wobei W. als wichtigster Markt des bald überaus fruchtbaren Oderbruchs (*Wustrow) teils wieder zurückgewann, was es verkehrsmäßig und an traditionellem Handel verlor. Nach einem 1746 von König Friedrich II. angeforderten Gutachten und 1747 vom Kriegs- und Domänenrat Simon Leonhard v. Haerlem vorgelegten, von Leonhard Euler befürworteten Plan begannen die Arbeiten, d. h. die Oderbewallung und das Ausheben eines Kanalbettes von Güstebiese bis Hohensaaten (*) für die künftige Neue Oder. Die eigens dafür eingesetzte königliche Kommission unter v. Haerlem, seit 1751 unter Oberst Wolff Friedrich v. Retzow, wirkte hauptsächlich von W. aus. Was hier 1747 ingenieurtechnisch in Angriff genommen wurde, gehört zum größten dieser Art und Zeit in Europa. Anfang Juli 1753 konnte der um 25 km verkürzte Oderlauf bei Güstebiese geflutet werden. Der Rückstaupunkt des Stromes hatte sich von Zelliner Loose nach Oderberg verlagert, der Rückstau im Niederoderbruch war um 3,5 m gesunken. Nach abgeschlossener Melioration folgte die landwirtschaftliche Pionierarbeit der Kolonisation (*Neutrebbin).

Der Verlegung des Oderlaufs schlossen sich bis ins 19. Jh. hinein umfangreiche Deichbauarbeiten an. 1832 war eine zusammenhängende Deichlinie von Lebus bis Neuglietzen geschaffen, 1849/59 der Rückstaupunkt weiter stromabwärts bis Stützkow verschoben worden. 1861 wurde durch eine teilweise Kanalisierung der Alten Oder über den Finowkanal von W. wieder Anschluß an Oder und Havel gewonnen (*Dammmeisterhaus W.* um 1800; *Deiche* 18. bis 20. Jh.; *Speicherbau* 1791/92).

Siegel der Wriezener Hechtreißerzunft, Zeichnung von E. Schmidt (Oderland-Museum Bad Freienwalde)

1766/70 war in W. eine Weberkolonie *(Fritz-Dornbusch-Str.)*, 1774 eine Schnallen- und Hakenmanufaktur eingerichtet worden. Nach einem Bericht von 1784 über das hiesige Textilgewerbe waren die 30 meist »ausländischen« Raschmacher »nur arm und in schlechten Umständen«, fehlte ihnen doch Färberei und Appretur, müßten die »rohen Waaren« nach Berlin gebracht werden, blieben sie so durch den großen Preisunterschied gegenüber sächsischen und englischen Tuchen »immer auf öffentlichen Marckt gegen die Ausländer zurück« – ein bezeichnendes Schlaglicht auf die wirtschaftliche Lage textiler Kleinmeister in der brandenburgischen Provinz vor 1800. Ein halbes Jahrhundert später (1833) klagte W. wiederum, nunmehr gegen das konkurrierende Landhandwerk, das sich seit der preußischen Gewerbefreiheit von 1810 spürbar auf dem platten Lande ausbreitete, den Warenabsatz mancher Kleinstadt, so auch von W., einschränkte.

1811 früher, von Albrecht Daniel Thaer (*Möglin) gegründeter landwirtschaftlicher Verein in W., dem hier noch drei weitere folgten

Nach Vorbild der Berliner Berufsfeuerwehr (1851) in W. 1855 erste freiwillige Feuerwehr der Mark Brandenburg gegründet *(Denkmal 1895)*

Das im Frühjahr 1945 zur Festung erklärte W. wurde zu 85 Prozent zerstört; heute wieder ländliches Siedlungszentrum, u. a. Sitz des Landbaukombinats Frankfurt

Wustrow

1754 Kolonistendorf *Neuwustrow (Fachwerkkirche* von 1789) gegründet; *10-Morgener-Doppelhaus* der ersten Generation erhalten, Typ der sog. Zankhäuser für zwei Kleinststellenbesitzer

Überlieferte Wirtschaftsangaben eines Bauern aus *Altwustrow* (vor der Melioration Kleinsiedlung von Fischern, die Wasserhufen versteuerten und Fische als Pacht gaben) zwischen 1789 und 1805 sowie zwischen 1811 und 1825 bezeugen jeweils eine Verdopplung der Getreideernten, folglich wohl auch der Marktquote dieses bäuerlichen Spitzenbetriebes. Einzurechnen ist hier die hohe Fruchtbarkeit des jungfräulichen Bodens, dazu das günstige Erbzinsrecht seiner neuen Eigentümer bei meist gänzlich wegfallenden Dienstverpflichtungen. Lagen im Brandenburgischen die durchschnittlichen Getreideerträge vor den Reformen beim Fünffachen der Aussaat, so wurde im Oderbruch teilweise das 18fache und 24fache Korn geerntet. Entsprechend mußte hier (1837) bei Bodenpreisen gelegentlich bereits das Dreifache des sonst im Brandenburgischen üblichen bezahlt werden, schritt aber auch die soziale Differenzierung des Dorfes voran: Damalige Erhebungen (1837) weisen aus, daß im Oderbruch die bäuerliche Familie schon abge-

trennt vom Gesinde »von einer besseren Küche« lebte, während im gleichen Kreis Lebus auf den mageren Grundmoränenböden der »Höhe« Bauern und Gesinde traditionell noch gemeinsam aßen.

Kreis Bernau

Bernau (1300)

Hier an der Wegeführung von Spandau bzw. Berlin zur unteren Oder und in die Uckermark entwickelte sich zu Beginn des 13. Jh. ein Marktort, gründeten die Askanier in der 1. Hälfte des 13. Jh. die Plananlage B. Im Bereich der Stadtkirche ist aber eine magdeburgische vorstädtische Siedlung, ein burgenfreies oppidum (*Heckelberg) anzunehmen. 1296 fand B. Ersterwähnung, dazu als Sitz einer bis zur Reformation bedeutenden Propstei. 1324 wurde der Bernauer Propst Nicolaus Cyriacus, erklärter Gegner der Wittelsbacher und Parteigänger der sächsischen Askanier, in Berlin von aufgebrachten Bürgern erschlagen. Starken Einfluß übte in B. (1328 Gewandschneidergilde) die hier 1345 genannte Kalandsbruderschaft aus, eine religiös-karitative, dabei sozial elitäre Vereinigung aus geistlichen Würdenträgern und wohlhabenden Bürgern wie Bürgersfrauen der Stadt (Versammlungssaal im *»Schwarzen Adler«, Berliner Str. 33, Gedenktafel* – mittelalterlicher Wohnbau mit spätgotischen Gewölben des 15./16. Jh. in den Erdgeschossen der urspr. zwei Häuser). Wichtigste städtische Gewerbe waren Tuchmacherei, Bierbrauerei und -handel. Bernauer Bier wurde seit 1413 zollfrei nach Pommern ausgeführt, innerhalb der Mark in vielen Stadtkellern, vor allem Berlins, und Dorfkrügen ausgeschenkt. Bis Anfang des 17. Jh. galt B. mit 143 Brauhäusern als stärkste märkische Braustadt, verfiel aber dann durch die Konkurrenz adliger »Brauwerke« (*Beeskow), hatte 1787 nur noch acht Brauhäuser.

✦ **Pfarrkirche** *St. Marien* urspr. Feldsteinbau 13. Jh., seit 15./frühem 16. Jh. Backsteinhallenkirche, Westturm 1846, spätgotischer Hochaltar von 1520 bedeutend für die Mark, ferner Triumphkreuzgruppe und Sakramentshaus Anfang 16. Jh., Kanzel und Taufe Anfang 17. Jh.; *Stadtmauer* aus 1. Hälfte 14. Jh. weitgehend erhalten, aus spätem 15. Jh. *Steintor* und *Hungerturm,* dazwischen *Wehrgänge,* hierin sowie im *Henkerhaus* (Fachwerkbau 18. Jh.) das *Heimatmuseum B.*; *Spltalkapelle St. Georg (W. Pieck-Str.)* Ende 15. Jh.; *Kantorhaus (Tuchmacherstr. 13/15),* ältester Fachwerkbau der Stadt, 1582; *Altes Lateinschulhaus (Kirchplatz 10),* 16. Jh.

Nachdem B. 1402 den Quitzows und Pommern – anders als die gleichzeitig eingeäscherten Strausberg und Heckelberg – zu widerstehen vermochte, siegte vor der Stadt bei Börnicke 1408 ein märkisches Städteaufgebot der zur »Landwehr« (*Strausberg) vereinigten Städte des Barnims, Havellandes und Teltows über die Quitzowtruppen.

1432 belagerten die Hussiten erfolglos die stark befestigte Stadt mit damals 300 Hausstellen und etwa 3 000 Einwohnern, zogen danach aus der Mittelmark ab. Bis vor Eberswalde – über Lebus, Müncheberg, Strausberg, Altlandsberg hinweg – war ihr Vergeltungsschlag gegangen, hatte doch Kurfürst Friedrich I. das Jahr zuvor das Reichsheer gegen sie geführt; seitdem Bernauer Hussitenfest, heute in Kontakt mit Tabor (ČSSR), der einstigen Hauptstadt der hussitischen Bewegung.

Das durch die Hussiten zerstörte Schmetzdorf wurde nicht wieder aufgebaut, sondern 1434 zu B. geschlagen, dazu 1443 auch das halbe

Bernau um 1710 von D. Petzold

Dorf Schönow. Bereits 1406 waren die wüsten Dorfstätten Liepnitz und Lindow als Bernauer Besitz *(Stadtheide)* markgräflich bestätigt worden. Solche Vergrößerungen der städtischen Flur auf Kosten naher bäuerlicher Siedlungen gehörten zum spätmittelalterlichen Wüstungsprozeß (*Prötzel, *Sternebeck-Harnekop).

1509 sollen in B. 38 Juden wegen angeblicher Hostienschändung verbrannt worden sein (*Knoblauch). 1542 wurde in B. Georg Rollenhagen geboren, der die im 16. Jh. begründete *Lateinschule (Gedenktafel)* besuchte, in Wittenberg bei Melanchthon studierte und danach in Halberstadt und Magdeburg wirkte. Er schrieb von reformatorischer Gesinnung erfüllte Schuldramen, krönte die didaktische Tierdichtung des Reformationsjahrhunderts mit seinem »Froschmeuseler« (1595), einem moral-satirischen 20 000-Verse-Epos, unter dessen Fabelkleid sich Rollenhagens bürgerliche Polemik gegen päpstliche Machtentartung, gegen Kriege und monarchischen Mutwillen entfaltet.

1699 Ansiedlung von 25 Hugenottenfamilien in B.; französisch-reformierte Gemeinde mit eigener Gerichtsbarkeit und *Spitalkapelle St. Georg* als kirchlichem Mittelpunkt (*Hospitalgebäude,* 1738)

1772 in B. ausländische Zeugmacher und Spinner angesetzt, kurzlebige Samt- und Seidenmanufaktur eingerichtet

Im 19. Jh. geriet B. (klassizistisches *Rathaus,* 1805) schon früh ins Kraftfeld der Berliner Industrialisierung und Standortverlagerung, wurde nach Zuzug von Berliner Baumwollwebern ab 1819 zu einem textilen Nebenzentrum; 1828 arbeiteten hier 220 Weberfamilien mit 442 Webstühlen. 1836 folgte die erste von zwei Seidenwirkerfabriken (251 Seidenstühle bis 1855), unterstützt durch den Anschluß an die Eisenbahnstrecke Berlin–Angermünde (*) 1842. Am Vorabend der Revolution waren von 2 500 Einwohnern etwa 1800 in der Baumwoll- und Seidenweberei tätig.

Die hiesigen Seiden- und Garnweber (erster Handwerkerverein 1847) stellten die Mehrheit des im August 1848 in B. gegründeten Demokratischen Sozialvereins bzw. Clubs (400 Mitglieder); zwei von ihnen nahmen am ersten Allgemeinen Deutschen Arbeiterkongreß in Berlin teil. Im Oktober 1848 versuchten demokratische Kräfte mit Hilfe der Bürgerwehr die Weiterfahrt eines von General Wrangels Infanteristen hier abgestoppten Sonderzuges mit Stettiner Demokraten zu erzwingen, die zum Schutz der preußischen Nationalversammlung nach Berlin wollten. Im November wurde Pasewalker Militär nach B. beordert, und nach Zusammenstößen erhielten 50 Arbeiter und Handwerksgesellen wegen »Aufruhrs« Gefängnisstrafen. Im Juni 1849 erfolgte das Verbot des Demokratischen Clubs, im April 1851 die Schließung des Handwerkervereins.

1871 in B. »Lokalverein des allgemeinen deutschen sozialdemokratischen Arbeitervereins« gegründet, im »Elysium« 1897 Rede August Bebels
Laut Landratsbericht von Anfang 1891 schon dreijähriger Notstand bei Bernauer Webern (814 Stuhlarbeiter genannt), ein Drittel (über 500) Webstühle stand still; vor der Jahrhundertwende Übergang zu maschineller Baumwollweberei in B.

Bei der März-Stichwahl 1890 im Wahlkreis Niederbarnim, dem mit Abstand größten preußischen Wahlkreis, wurde Arthur Stadthagen – während des Sozialistengesetzes meistbeschäftigter Anwalt der hiesigen und Berliner Arbeiter, bis 1916 Rechtsberater und Redakteur des »Vorwärts« – u. a. dank großer Stimmenmehrheit in B. erstmals in den Reichstag gewählt. Zum Kreis Niederbarnim gehörten bis 1920 noch große Berliner Arbeiterwohnbezirke wie Tegel, Weißensee, Pankow, Reinikkendorf, Friedrichsfelde und Rummelsburg. Die Wahlkreisorganisation Niederbarnim zählte zu den Stützpunkten der Linken in der deutschen Sozialdemokratie. 1913 kam ihr in den Auseinandersetzungen um die Beteiligung an den bisher aus Protest gegen das Dreiklassenwahlrecht boykottierten preußischen Landtagswahlen besondere Bedeutung zu. Zwar wurden im März 1913 mit Konrad Haenisch (dem späteren preußischen Kultusminister), Otto Braun (dem späteren preußischen Ministerpräsidenten) und dem Zentristen Adolf Hofer scheinbar »links« stehende Kandidaten nominiert, bei der Stichwahl vom Juni 1913 aber der Wahlsieg durch die umstrittene, von den Linken heftig bekämpfte Absprache mit

den Freisinnigen erzielt – ein weiterer Schritt zur Stärkung opportunistischer Positionen in der Sozialdemokratie.
Der am 10. Mai 1905 gebildete Bernauer »Verein der Lehrlinge und jugendlichen Arbeiter« war nach Berlin und Mannheim einer der ersten selbständigen proletarischen Jugendverbände in Deutschland, gehörte zu den Mitgründern der auf Anraten Karl Liebknechts Ende 1906 in Berlin geschaffenen Vereinigung der freien Jugendorganisationen Deutschlands.
In einem ab Ende Oktober 1914 vom Bildungsausschuß Niederbarnim herausgegebenen Referentenmaterial unterstützten linke Sozialdemokraten wie Martha Arendsee und Paul Schwenk – beide nach Anschluß des linken USPD-Flügels an die KPD (1920) führende Kommunisten – Karl Liebknechts Ablehnung der Kriegskredite (*Potsdam); diese »Niederbarnimer Opposition« machte, unterstützt durch Julian Marchlewski, gegen die »Burgfriedenspolitik« der Sozialdemokratischen Führung Front.
Im Anschluß an SPD/USPD-Versammlung vom 9. November 1918 im Volkshaus Bellevue (heute *Haus der Einheit*) Gründung einer Ortsgruppe des »Spartacusbundes«, im Januar 1919 zu früher KPD-Ortsgruppe umgebildet (*Fürstenwalde)

Nach der ersten größeren Landagitation des Berliner Roten Frontkämpferbundes Anfang Februar 1925 im Bernauer, Fürstenwalder, Strausberger (*) und Eberswalder Raum kamen Berliner Abteilungen wiederholt zu Wehrübungen bzw. Wehrsporttagen nach B., so Anfang 1926 und zusammen mit der Roten Jungfront (RJ) Ende Oktober 1928. Neben brandenburgischen Ortsgruppen des RFB wie hier in B. (seit Mai 1925; *Fürstenwalde, *Werneuchen, *Eberswalde) stellte Berlin mit 22 RFB-Abteilungen das bei weitem größte Kontingent des Gaubundes Berlin-Brandenburg.

Zum 2. Märkertag im März 1928 kam Joseph Goebbels, seit 1926 Gauleiter der NSDAP von Berlin, mit 3 000 Nazis nach B.
17. Oktober 1930 Gründung einer Ortsgruppe des »Kampfbundes gegen den Faschismus« (*Frankfurt) im »Bellevue« (*Haus der Einheit*), anschließend durch SA-Überfall 14 Verletzte unter den Versammlungsteilnehmern

In den Bernauer Ortsvorständen von SPD und ADGB fand die KPD-Bezirksleitung Berlin–Brandenburg–Lausitz–Grenzmark die nötige Zustimmung zu ihrer Orientierung auf einheit-

Bundesschule des Allgemeinen Deutschen Gewerkschaftsbundes voñ 1928/30 (heute Gewerkschaftshochschule des FDGB), hier Wohnblocks

liche Maikundgebungen 1932, näher ausgeführt von Walter Ulbricht als Politischem Sekretär der Bezirksleitung am 29. April auf einer Massenversammlung der KPD-Ortsgruppe im »Bellevue« (*Haus der Einheit*). Für ihr Zusammengehen mit der KPD im Sinne der proletarischen Abwehrfront gegen den Faschismus, die außer in B. in der Provinz Brandenburg nur noch in Teltow zustandekam, wurden beide Ortsvorstände auf den nachfolgenden Landeskonferenzen von SPD und ADGB nachträglich gerügt. Dem Mai-Plenum des ZK der KPD aber halfen die hiesigen Erfolge der Einheitsfrontpolitik zur Linie der »Antifaschistischen Aktion« zu finden (Ende Mai in B. Einheitsausschuß gebildet, *Werneuchen). Bei den Reichstagswahlen im November 1932 wurde die KPD in B. mit 2 600 Stimmen Wahlsieger, und auch die SPD konnte hier – anders als im Reichsdurchschnitt – ihre Position behaupten.

Aus Spenden von 4,5 Millionen Gewerkschaftern war 1928/30 im Bernauer Stadtforst die Bundesschule des Allgemeinen Deutschen Gewerkschaftsbundes (heute *Gewerkschaftshochschule des FDGB*) nach Entwurf von Hannes Meyer, Direktor des Dessauer Bauhauses, errichtet worden. Theodor Leipart, seit 1921 ADGB-Vorsitzender, hielt hier Mitte Oktober 1932 eine Rede, in der er Reichswehrminister Kurt v. Schleicher (*Brandenburg, *Fürstenberg, *Döberitz, *Potsdam), aber auch dem faschistischen Sozialdemagogen Gregor Strasser im Sinne der Schleicherschen »Querfront-Konzeption« anbot, an einem staatlichen Arbeitsbeschaffungsprogramm mitzuwirken. Strasser, Organisationschef der NSDAP und zugleich Orientierungspunkt der noch mit »antikapitalistischer Sehnsucht« befrachteten Basis der Nazipartei, nahm Ende Oktober im Berliner Sportpalast darauf positiv Bezug. Nach dem Sturz Papens handelte Leipart Ende November direkt mit Schleicher Bedingungen aus, unter denen der ADGB die von Schleicher angestrebte, quasi militärfaschistische Diktatur tolerieren würde, damit dessen Rollenanspruch eines »sozialen Generals« entgegenkommend. Das war tödlicher Illusionismus der ADGB-Führung, wie die nur zweimonatige Kanzlerschaft Schleichers – durch die KPD von Anbeginn als »Platzhalterkabinett zur Vorbereitung einer Hitlerkoalition bzw. Hitlerregierung« eingeschätzt – und noch im Dezember Strassers Ausscheiden aus der NSDAP, schließlich die alsbaldige faschistische Zerschlagung der Gewerkschaften im Mai 1933 selbst zeigten (*Bad Saarow-Pieskow).

Zur Reichstagswahl am 5. März 1933 erwies sich das Bernauer Gebiet noch als eine Hochburg der beiden Arbeiterparteien, voran der KPD, die in B. (50 Prozent) wie in Zepernick (55 Prozent) und Herzfelde (*) zusammen über die Hälfte aller Wählerstimmen erhielten. Mit mehr als 30 Prozent Stimmenanteil blieb die NSDAP hier weit unter ihrem Gesamtwahlergebnis von 52 Prozent in der Provinz Brandenburg – nach einem von physischem Terror und riesigen Monopolspenden gekennzeichneten Wahlkampf.

Die B. berührende *Autobahn Berlin–Stettin*, im September 1933 als strategisch vordringlich bezeichnet, wurde noch Ende des Jahres vom Amt Todt begonnen. Hitlers auf ein Jahrfünft ausgelegte »Wehrhaftmachung«, seine Pläne eines motorisierten Heeres und Blitzkrieges nahmen im projektierten Reichsautobahnnetz von 7 000 km erste Gestalt an, offiziell von ihm zum 1. Mai 1933 als Arbeitsbeschaffungsprogramm verkündet. Die über sechs Millionen Arbeitslosen vermochte freilich erst die hochtourige Rüstungswirtschaft aufzusaugen. Der Reichsautobahnbau benötigte jährlich um 100 000 Arbeiter; auf Baustellen bei B. kam es 1935 zu kurzen Teilstreiks (*Eberswalde).

In Vorbereitung des faschistisch organisierten Überfalls bzw. Scheinangriffs auf den Sender Gleiwitz als Kriegsanlaß waren im August 1939 ausgesuchte SS-Leute mit polnischen Sprachkenntnissen in der Bernauer SD-Schule untergebracht, wurden hier teils mit polnischen Uniformen, teils mit Zivilkleidung ausgerüstet.

Im Waldgebiet nördlich Bernaus hatte die Kriegsmarine seit 1939 ihr Hauptquartier (Lager »Koralle«, bis zum 21. April 1945). Von hier aus setzte sich ihr Oberbefehlshaber Großadmiral Karl Dönitz nach Flensburg ab, um dort als Hitlernachfolger am 2. Mai eine zunächst von den Briten geduldete »Geschäftsführende Reichsregierung« zu etablieren, die am 23. Mai auf Drängen der Sowjetunion verhaftet wurde.

Am 20. April 1945, vier Tage nach Beginn der Berlin-Offensive der sowjetischen Armee (*Seelow), erreichten Truppen der 1. Belorussischen Front die Linie B.–Strausberg–Fürsten-

Hermann Duncker, leitete von 1949 bis zu seinem Tode 1960 die Gewerkschaftshochschule in Bernau

walde (*Sowjetischer Ehrenfriedhof W.-Pieck-Str./ F.-Engels-Park* für 421 gefallene Offiziere und Soldaten). Als erster Stadtkommandant (22./ 23. April, *Gedenktafel an der Stadtkommandantur, Leninstr.*) wurde der Sohn des Schriftstellers Friedrich Wolf (*Lehnitz), Konrad Wolf, eingesetzt, der als 19jähriger Leutnant der sowjetischen Armee an der Befreiung seiner Heimat teilgenommen hatte – später die DEFA prägender Regisseur (u. a. »Ich war neunzehn«), von 1965 bis zu seinem Tode 1982 Präsident der Akademie der Künste (*Konrad-Wolf-Gedenkstätte neben dem Kantorhaus, Denkmal an der Stadtmauer*). Nach Beschluß des Oberkommandos der 1. Belorussischen Front drangen noch in der Nacht zum 21. April die Truppen der 1. und 2. Gardepanzerarmee sowie der 47. Armee in die nordöstlichen und östlichen Stadtteile Berlins ein (*Altlandsberg).

Noch im April 1945 in B. einer der ersten antifaschistischen Jugendausschüsse entstanden, wie sie sich dann unter dem von Heinz Keßler geleiteten Berliner Hauptjugendausschuß im Vorfeld der am 10. September 1945 erfolgten Gründung des Zentralen Antifaschistischen Jugendausschusses unter Erich Honecker bildeten (*Brandenburg).

Nach dem Beschluß des Provinzialblocks über die Gründung Beratender Versammlungen bei den Selbstverwaltungsorganen (*Potsdam) entstand am 22. Juni 1946 in B. die erste dieser Versammlungen in der Provinz Brandenburg für den Kreis Niederbarnim.

Die ehemalige ADGB-Bundesschule wurde im Mai 1946 dem Freien Deutschen Gewerkschaftsbund (FDGB) als zentrale Bildungsstätte übergeben. Als *Gewerkschaftshochschule* (1952 Namensgebung »Fritz Heckert«, 1960 baulich erweitert) stand sie von 1949 bis 1960 unter der Leitung Hermann Dunckers, der über reiche Erfahrungen marxistischer Bildungsarbeit seit der Jahrhundertwende verfügte, gemeinsam mit seiner Frau Käte die KPD mitbegründet hatte; beide starben in B., 1953 bzw. 1960 (*Gedenkstätte, Gewerkschaftshochschule*).

Mitte der 50er Jahre pendelten etwa 1 400 Arbeitskräfte der Kreisstadt täglich nach Berlin, davon rund 200 als »Grenzgänger« nach Westberlin. Insgesamt fuhren aus den Kreisen B., Strausberg und Fürstenwalde 30 000 Arbeitskräfte 1958 nach Berlin – ein für das hauptstädtische Umfeld mehr oder weniger seit der Jahrhundertwende charakteristischer Sachverhalt, für B. durch den Vorortverkehr von Berlin seit 1891 (*Fürstenwalde) und seine frühe Elektrifizierung (August 1924) besonders spürbar.

Nach ZK-Beschluß der SED unter Beteiligung von Bauministerium und Bauakademie Ende der 70er Jahre Flächenabriß und Neubebauung der Altstadt (etwa zu 80 %) begonnen, unter Wahrung der alten Straßenzüge und kleinstädtischen Bauhöhe

Biesenthal (1315)

Der nordwestliche Barnim mit der hiesigen slawischen Siedlungskammer (spätslawischer *Burgwall auf dem Reihersberg*) ist wahrscheinlich spätestens Ende des 12. Jh. in askanischem Besitz gewesen. 1258 wird B. als Vogteisitz genannt (*Mauerreste auf dem Schloßberg*, westlich davon als Dienstsiedlung der Kietz). Wie bei Mühlenbeck und Groß Schönebeck wurde sein Name wohl aus der Altmark übernommen. Die strategische Bedeutung des Ortes für das weitere askanische Vordringen, insbesondere gegen Pommern seit Ende des 12. Jh., ist ablesbar an dem gleichnamigen von

B. über Oderberg in die Uckermark verlaufenden Straße (via Bizdal, 1267). Vermutlich 1337, als Burg und Stadt in adlige Hände zu fallen begannen (bis 1577, dann kurfürstliches Amt), wurde die Vogtei B. aufgelöst, vielleicht mit der Vogtei Strausberg (*) vereinigt. Die alte Klein-Vogteiverfassung verschwand mit der zunehmenden faktischen Unabhängigkeit der geistlichen und weltlichen Feudalität wie auch der Städte von der landesherrlichen Vogtei. So war nur in ganz wenigen Dörfern des Barnims bis 1375 das markgräfliche Obergericht noch nicht durch Verkauf wie Verpfändung verlorengegangen (*Groß Schönebeck).

Unter den Städten der Mark mit einer Judenansiedlung hatte B. Ende des 17. Jh. bei rund 1 000 Einwohnern mit 64 Juden die fünftgrößte; 1710 werden zehn »Vergleitete« (mit Schutzbrief versehene Juden) und ein »Unvergleiteter« mit ihren Familien genannt. Dieser relativ hohe Anteil war z. T. durch die Viehzucht der Umgebung bedingt und durch den Verlag von Tuchmachern in Eberswalde und Strausberg.

Nach verheerendem Brand von 1756 Neuaufbau (*Pfarrkirche, Rathaus*) über zerstörtem Stadtgrundriß durch den Amtsinhaber David v. Splittgerber (*Eberswalde-Finow); *Hellmühle* (Jugendherberge), ehem. Walkmühle des 18. Jh. (urk. 1347)

Um 1765 Wirken des relegierten markgräflichen Försters Phillipp Rosenfeld in B., der sich als Messias ausgab und über die Oder hinweg großen Anhang fand, dem Rosenfelds Erwartungen des Endreichs und der Unsterblichkeit über seine Inhaftierung (1768) und seinen Tod im Spandauer Irrenhaus (1788) hinaus als Sekte treublieb – ein bezeichnender Kontrast aus märkischen Dörfern zum »aufgeklärten« friderizianischen Preußen

Ostern 1933 führte die Bezirksleitung des KJVD in B. eine illegale Schulung durch; 30 Jungkommunisten, unter ihnen Hans Coppi, Herbert Baum, Heinz Kapelle, bereiteten sich hier auf die illegale Arbeit unter Jugendlichen namentlich in Großbetrieben vor.

Blumberg

Oppidum (urk. 1375, *Heckelberg) an der Straße Berlin–Oderberg, möglicherweise urspr. erzbischöflich-magdeburgisch oder wettinisch, dann askanisch; eventuell seit markgräflicher Schenkung von 1237 beim Brandenburger Bischof bis ins 16. Jh. (Städtchen 1473; frühgotische *Feldsteinkirche* 2. Hälfte 13. Jh., *Epitaph* 1820 von J. G. Schadow)

Seit Mitte des 16. Jh. nur noch »Flegk«, märkische »Minderstadt«, einer adligen Dorfherrschaft unterworfen, seit 1602 dem brandenburgischen Kanzler Johann v. Löben, seit 1665 den Freiherrn v. Canitz gehörig. B. ist Geburts- und Sterbeort von Friedrich Rudolf Ludwig v. Canitz (1644/99), brandenburgischer Geheimer Rat im diplomatischen Dienst des Großen Kurfürsten, der höfisch-apologetischen Dichtung am Ende des 17. Jh. zugehörig, doch nicht widerspruchs-

los, hoffend, Martin Opitz' Dichtung wieder »nach
Hofe« ziehen zu können (*Bildnisse in der Kirche*)
B. seit 1836 im Besitz der Grafen v. Arnim, im *Landschaftspark* von P. J. Lenné *Denkmal* des 1813 in B.
gegen Napoleon gefallenen, in Werneuchen bestatteten Otto v. Arnim, Leutnant in russischen Diensten

Danewitz

Das 1364 ersterwähnte Straßenangerdorf hat
wie die naheliegenden Orte Beiersdorf, Börnicke, Freudenberg, Grüntal, Rüdnitz, Schönfeld und Wölsickendorf Namensentsprechun-
gen in dem älteren, nach der Mitte des 12. Jh.
vom Erzbistum Magdeburg in Besitz genom-
menen Jüterboger (*) Gebiet. Es ist zu vermuten, daß schon die nächste Siedlergeneration
noch vor 1200 von magdeburgischen Ministerialen aus dem Fläming durch Ostzauche und
westlichen Teltow in den mittleren Barnim bis
Heckelberg (*) geführt wurde. Auch jene frühen romanischen Feldsteinkirchen mit Apsiden, wie sie vor allem dem Raum zwischen
Magdeburg und Jüterbog angehören, aber
auch dem südlicheren wettinischen Gebiet
zwischen Halle und Luckau, sind im magdeburgischen Kolonisationsstreifen des Barnims
verbreitet anzutreffen (*Schönfeld, *Tempelfelde, *Willmersdorf; in D. *Feldsteinkirche* mit
eingezogenem Chor und Apsis vom Anfang
des 13. Jh., Westturm 19. Jh.), ähnlich in dem
wettinisch aufgesiedelten Teil des Barnims.
Für D. verzeichnet das Landbuch Karls IV.
1375 eine Kollektivabgabe von 40 Hühnern
durch die 36 Kossäten und – ganz seltener
Fall – auch die Hüfner des Ortes. Solche ge-
meinschaftlichen Abgabeleistungen der Kossäten sind im Landbuch für 30 Dörfer belegt und
könnten auf das Fortleben genossenschaftlicher Traditionen bei slawischen Bauern hin-
deuten, auch über ihre Umsiedlung in deutsche Kolonisationsdörfer wie D. hinaus.
Wenn, wie in D. 1375, selbst Hüfner einen
Teil ihrer Abgaben gemeinschaftlich leisteten,
liegt die Vermutung nahe, daß hier unter den
einwandernden Siedlern und künftigen Vollbauern (*Schönfeld) Slawen gewesen sind.

Groß Schönebeck

1321 ersterwähntes großes Angerdorf, eines der wenigen Barnimdörfer, in denen bedeutender landesherrlicher Besitz geblieben war (*Biesenthal), wohl wegen
seiner günstigen Lage zur jagdlichen Nutzung der
Schorfheide; 1510 Heidereiter, 1516 erstes kurfürstliches Jagdhaus genannt. Nach 1660 wurde der im
30jährigen Krieg zerstörte Ort unter dem Kurfürsten
Friedrich Wilhelm wiederaufgebaut (*Jagdschloß* und

Jagdschloß Groß Schönebeck

Kirche), dafür das kurfürstliche Jagdschloß Grimnitz
(*Joachimsthal) aufgegeben.
1786 in G. Karl Friedrich Wilhelm Reyher geboren;
seit 1802 im preußischen Armeedienst, nach der
Schlacht bei Jena und Auerstedt (1806) im Schill-
schen Husarenregiment, in den Befreiungskriegen bis
zum Major aufgestiegen, 1828 geadelt, 1848 schließlich Kriegsminister und bis zu seinem Tode 1857
Chef des preußischen Generalstabes
1853 verstarb hier Hermann Kannegießer, Mitglied
des Bundes der Kommunisten; in Berlin hatte er sich
um die Organisierung der Buchdrucker verdient gemacht, war 1850 denunziert und nach mehrmonati-
ger Untersuchungshaft schwer tuberkulosekrank geworden.

Hirschfelde

1268/79 genanntes Zinnaer Klosterdorf (*Rehfelde),
seit 1. Hälfte des 15. Jh. in adligem Besitz, so ab 1753
beim preußischen Etat- und Kriegsminister Friedrich
v. Bismarck (*Saalkirche* 13. Jh., Schiff 1945 zerstört;
Chausseehaus an der Straße Werneuchen–Freienwalde, um 1825/30 nach Schinkelschem Vorbild,
*Schiffmühle)

Klosterfelde

K. 1242 urk. zusammen mit Stolzenhagen und
Wandlitz (*) in markgräflich bestätigtem Tausch von
älteren Besitzungen des Klosters Lehnin (*) gegen
Siedlungsland hier im Norden Berlins (*Mühlenbeck)
erwähnt (frühgotische *Feldsteinkirche* 13. Jh., im
15. Jh. nach Osten verlängert, Turm von 1742; *Vorlau-
ben-Doppelstuben-Haus*, Fachwerkbau um 1800)
Noch am 14. März 1920 gegen den Kapp-Putsch
(*Döberitz) in K. »Rote Armee« (120 Mann) gebildet,
half den Generalstreik des Folgetages im Kreis Niederbarnim durchzusetzen, stand in Verbindung zu

Eberswalder (*) Arbeitern, hob Waffenlager auf Gutshöfen aus, so in Zehlendorf
K. 1931 Ausgangspunkt eines das Finowtal erfassenden Holzarbeiterstreiks (*Finowfurt)

Lanke

Dorf und Gut L. 1826 von den Grafen v. Redern erworben, den mit 4 500 ha Land (um 1900) größten Grundbesitzern des Niederbarnims; 1914 Ankauf von L. durch die Stadt Berlin

✛ *Schloß* in Formen französischer Renaissance 1856/59, *Park* nach Plänen von P. J. Lenné mit *Grabdenkmal* der Herrschaftsvorgänger v. Wülcknitz (1798) auf der Hellsee-Insel; neugotische *Backsteinkirche* 1867/68

Hufengewannflur mit Angerdorf, Flurkarte von Schönfeld 1836 (nach A. Krenzlin)

Für den faschistischen Propagandaminister Joseph Goebbels 1937 errichtete Wohnstätten am Bogensee im März 1946 der Freien Deutschen Jugend übergeben, zwei Monate später als *Jugendhochschule der FDJ* noch vor ihrem ersten Parlament (*Brandenburg) eröffnet; im September 1950 wurde ihr von Erich Honecker als Vorsitzendem der FDJ im Beisein des Präsidenten der DDR dessen Name verliehen (*Wilhelm-Pieck-Gedenkstätte*).

Lobetal

Anfang 20. Jh. ortsbildende Gründung der *Hoffnungsthaler Anstalten* mit dem Konzept sozialer Therapie für geistig Behinderte und Epileptiker; Einrichtung der evangelischen Inneren Mission, deren langjähriger Leiter Pastor Paul Gerhard Braune hier faschistischen Euthanasieübergriffen (*Brandenburg) wehrte (1940 persönliche Eingabe an Hitler) und inhaftiert wurde

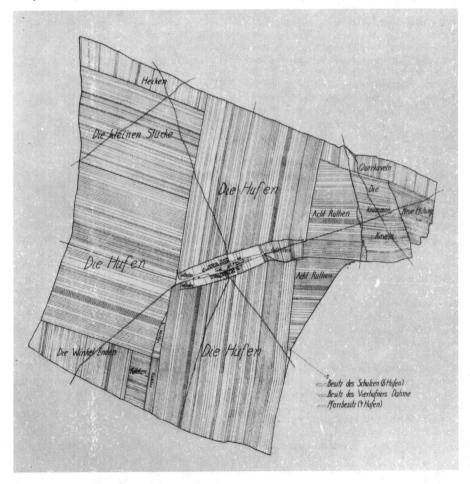

Schönfeld

Sch. gehört in den Landstreifen zwischen Bernau und Strausberg, der am geschlossensten das Bild der mittelmärkischen Plansiedlung bietet, wie es im Zuge der deutschen Aufsiedlung der Grundmoränenplatten des Barnims und Teltows bis zur Mitte des 13. Jh. ausgebildet wurde. Große Straßen- und Angerdörfer mit planmäßigen Hufengewannfluren sind hier auf den getreidefähigen Geschiebelehmböden entstanden. Im Landbuch Kaiser Karls IV. von 1375 werden 104 Hufen für Sch. angegeben, eine ausgesprochen hohe Hufenzahl, die bis ins 19. Jh. hinein nahezu unverändert bleibt. Diese Kontinuität teilt Sch. mit ungefähr 30 weiteren kolonisationszeitlichen Siedlungen, unbeschadet auch vom Dreißigjährigen Krieg, als in Sch. 66 Hufen wüst lagen. Noch die Flurkarte von 1836 zeigt – bei aller Fraglichkeit solcher Rückschlüsse von neuzeitlichen Kartenbildern auf mittelalterliche Situationen – die drei, jeweils vom Dorf bis zur Gemarkungsgrenze reichenden sehr regelmäßigen Großgewanne, an denen jeder der etwa 25 Hüfner entsprechend seinem Hufenbesitz mit einem oder mehreren Streifen beteiligt ist, damit auch integriert in den jährlichen Wechsel von Winter-, Sommergetreide, Brache. Den für Sch. 1375 genannten 28 Kossäten (1480 hier alle wüst, ihre vormaligen Hofstellen sind wohl im »Wördenland« an den Enden des langgestreckten Dorfes zu suchen) blieben nur Streifen in den randgelegenen »Beiländern«, womit sie in der dörflichen Sozialstruktur (erst recht die Büdner und Einlieger, *Gusow) unter- bzw. außerhalb der nur von Vollbauern (Hüfnern) gebildeten Gemeinde standen. Die Flurkarte weist das Angerdorf (*Feldsteinkirche* mit eingezogenem Chor und Apsis, 13. Jh., 1945 teilzerstört) ideal im Zentrum der Gemarkung gelegen aus, dazu wie üblich an ihrer tiefsten Stelle (Dorfteich).

Schönow

Um 1900 entstand in Sch. nahe der »Elektropolis« Berlin eine Reihe elektrotechnischer Drahtwickeleien, lagerten Berliner Elektrokonzerne arbeitsaufwendige Teilprozesse hierher aus, teils als Lohnaufträge zur hausindustriellen Fertigung, woraus das hiesige Kabelwerk hervorging. Hier wie unter den vielen Arbeitspendlern nach Berlin – so auch in Zepernick, Klosterfelde, Schönwalde, Mühlenbeck, Bernau – formierte sich nach 1933 anhaltender Widerstand, wurden antifaschistische Flug-

blätter gedruckt. Vor dem Berliner Landgericht fanden im Oktober 1934 sowie im April und Oktober 1935 Prozesse gegen 40 KPD- und RFB-Mitglieder aus Sch., Zepernick und Bernau statt, wurden Gefängnisstrafen und langjährige Zuchthausstrafen verhängt. Während des zweiten Weltkrieges wirkte die Schönower Kommunistin Èlli Voigt als Verbindungsmann zwischen den Widerstandsgruppen in Sch. und Zepernick-Bernau und zu der seit Frühjahr 1943 von Franz Jacob und Anton Saefkow neu aufgebauten Landesleitung der KPD, die in Sch. (*Kantstr. 10*) eine illegale Druckerei installierte. Eine Widerstandsgruppe um Erich Mielke im hiesigen Kabelwerk stellte für die Berliner Zentrale Verbindungen zu hier wie in Bernau, Biesdorf und Schmetzdorf beschäftigten ausländischen Zwangsarbeitern her (Treffen am *Gorinsee*). Im Sommer 1944 von der Gastapo aufgespürt, wurden Ende des Jahres bzw. Anfang 1945 elf Kommunisten aus Sch. und Zepernick hingerichtet (*Ehrenmal, Dorfstr.*; *Gedenktafel im Kabelwerk Sch.*, dem 1967 gebildeten Kombinat Kabelwerk Oberspree angeschlossen).

Schönwalde

1753 wurden in Sch. – mit gleicher Korruption wie in Neu Zittau (*) – 50 *Doppelhäuser* für 100 Kolonistenfamilien begonnen, doch 1756 soll die »schlüsselfertige Siedlung« nur zur Hälfte besetzt gewesen sein, die Spinnerkolonie Marienwerder fast noch leer gestanden haben (ähnlich Gosen); nur Neu Zittau war nahezu voll besetzt. Religiöse Toleranz allein vermochte ausländische Arbeitskräfte nicht mehr ins Land zu ziehen. Erbzinsrecht sowie Werbe- und Enrollierungsfreiheit, teils bis ins dritte Glied, mußten hinzutreten. Trotzdem gelang es kaum, feine Wollspinner aus dem Thüringischen und Sächsischen zu werben (spätklassizistische *Dorfkirche*, 1843 anstelle des Bethauses von 1780/82).

In 60er Jahren des 19. Jh. Sch. als »Arbeitercolonie« zum nahen Ballungszentrum Berlins genannt, das den Niederbarnimer Landgemeinden bereits seit den 20er Jahren Wanderungsgewinne sicherte, als die meisten, insbesondere großgrundbesitzstarken Landkreise schon ständiger Abwanderung unterlagen. Nach Berlin, vor allem zu Bauarbeiten, zogen wohl zeitgemäß namentlich Wochenpendler, die nur über Sonntag ins Dorf zurückkamen.

Tempelfelde

1375 erstwähntes, wie Blumberg (*) damals bischöflich-brandenburgisches Dorf (spätromanische *Feld-*

Der »Sandpoet« Schmidt von Werneuchen (Deutsche Staatsbibliothek Berlin)

steinkirche mit eingezogenem Chor und Apsis, im 19. Jh. erweitert); sein Ortsname weist wie Schönow und Willmersdorf auf Übertragung aus dem westlichen Teltow und damit vielleicht auf urspr. magdeburgische Gründung (*Börnicke).
T., Beerbaum und Gratze (beides heute Ot. von Hekkelberg *) fielen 1805 an Gräfin Sophie v. Dönhoff, eine der zur linken Hand getrauten Frauen des 1797 verstorbenen preußischen Königs Friedrich Wilhelm II. Der morganatischen Ehe entstammte Friedrich Wilhelm Graf v. Brandenburg, der hier 1834 die Besitznachfolge seiner Mutter antrat. Vom Adjutanten Yorcks brachte er es bis 1848 zum General der Kavallerie und folgte dem Infanteriegeneral v. Pfuel (*Jahnsfelde) Anfang November 1848 im Amte des preußischen Ministerpräsidenten. Die Vorbereitungen zum konterrevolutionären Staatsstreich in Preußen setzte er erfolgreich bis Jahresende um, in der Reichsverfassungskampagne des Frühjahres 1849 dann die Revolution in ganz Deutschland niederwerfend.

Wandlitz

1242 genanntes Dorf des Klosters Lehnin (bis 1542) mit spätmittelalterlicher *Feldsteinkirche*
Seit Eisenbahnanschluß von 1901 rasche Entwicklung des Berliner Ausflugsverkehrs, Seebad W. 1925 mit 23 000 Besuchern; 1927/28 im Ot. *Wandlitzsee* nach Entwurf W. Wagners *Bahnhof-* und *Seebadensemble*; W. heute Erholungsort

Von 1930 bis Anfang 1933 verfügte das ZK der KPD in der jetzigen *Karl-Marx-Str. 37* (*Ernst-Thälmann-Gedenkstätte*) über ein halblegales Quartier für Mitglieder des Politbüros. Wiederholt hielt sich hier Ernst Thälmann auf, arbeitete an wichtigen politischen Entscheidungen der Parteiführung in den Jahren der Weltwirtschaftskrise und des aufkommenden Faschismus (*Schöneiche, *Ziegenhals).
Aus 1953 gegründeter Heimatstube *Museum der agraren Produktivkräfte* hervorgegangen, größtes märkisches Agrar-, teils Freilichtmuseum

Werneuchen (1441)

1247 Johannes de Warnowe genannt; oppidum (*Heckelberg) wohl wettinischer oder magdeburgischer Gründung mit befestigtem *Bullenberg*, später grundherrliches Mediatstädtchen (Bernauiken, Bernöwichen), 1595 nur noch Flecken (Wernöwchen), erst 1865 wieder Bestätigung des früheren Stadtrechts
Seit 1795 wirkte an der hiesigen *Pfarrkirche* (im Kern frühgotisch) der 1764 im Fahrlander Pfarrhaus geborene Dichterpfarrer Friedrich Wilhelm August Schmidt, genannt Schmidt von W. (*Gedenktafel* am neuen Pfarrhaus, *Grabstätte* von 1838 nahe der Pfarrkirche). Zwar von Goethe in den »Xenien« ob des beschränkten Horizonts seiner ländlichen Gedichte bespöttelt, vielfach wegen seiner »Zufriedenheit mit der Natur« kritisiert, gehört Schmidt doch zum besten des märkischen Dichtergartens. Namentlich der Heimatliebe hat der »Sandpoet« mit vielen Naturfesten im seenreichen Gamengrund gefrönt.

In W. kam es zum Auftakt der von KPD und RFB geführten Antikriegs- und Werbewoche am 1. August 1926 zu Zusammenstößen zwischen Rotfrontkämpfern und sozialdemokratischen Reichsbannerleuten mit Verletzten auf beiden Seiten und Schäden für die proletarische Einheitsfront, wesentlich der langjährigen sozialdemokratischen Regierungspolitik geschuldet, ihrer latenten Schwäche gegen rechts und politisch blinden Abwehr gegen links. Andererseits schlugen hier auch noch ultralinke Positionen unter KPD- und RFB-Mitgliedern durch, obschon Thälmann zu Anfang des Jahres auf der Berliner RFB-Gaukonferenz gerade für ein kameradschaftliches Verhältnis zum Reichsbanner nachdrücklich eingetreten war.
In den Folgejahren (*Erkner) vermochte der von Thälmann geführte RFB – bis zu seinem Verbot 1929 auf 150 000 Mitglieder anwachsend, von denen 70 Prozent parteilos waren –, die militärische Ausbildung seiner Mitglieder wirksam mit politischer Massen- und Bündnisarbeit zu verbinden.
In W. Anfang Juni 1932 Versammlung der »Antifaschistischen Aktion« (*Bernau) mit Edwin Hoernle

Willmersdorf

1317 ersterwähnt, im Landbuch von 1375 mit 84 Hufen ausgewiesen; spätromanische *Feldsteinkirche* mit eingezogenem Chor und Apsis, 1. Hälfte 13. Jh., doppeltürmiger Abschluß und Südvorhalle historisierend Ende 19. Jh.

Für W. belegen Flurkarten des 18. Jh., wie extensiv die Dreifelderwirtschaft (*Schönfeld) in der Regel betrieben wurde. Ihr eigentlicher Turnus vollzog sich nur in unmittelbarer Nähe des Angerdorfes; hier erfolgte die intensivste Ackernutzung für Gerste und Weizen, während die weiten ungedüngten Außenfelder teils Hafer-, meist Roggenland waren, bestenfalls alle drei Jahre bestellt wurden, also erst wieder nach zwei Brachen. Wo die Ackerböden ärmer waren als hier, wurden sie nur alle sechs oder gar neun Jahre mit Roggen besät bzw. zu Weidezwecken verwandt. So sollen noch um 1780 bis zu 20 Prozent des Getreidelandes in der Kurmark feldgraswirtschaftlich genutzt worden sein (*Neutrebbin). Erst im späten 18. Jh. ist es ansatzweise gelungen, die nötige Futtergrundlage für eine vermehrte Viehhaltung zu schaffen (*Prötzel), was dann die Düngung und Bodenverbesserung von immer mehr Akkerland aus eigenem Stallmistaufkommen erlaubte.

Spätromanische Feldsteinkirche Willmersdorf

Kreis Eberswalde Finow

Altenhof

Am »Märchenplatz« Werbellin-See (Fontane) entstand bei A. (Urlaubs- und Erholungsort) 1951/53 in der Art des sowjetischen Alluunionslagers Artek als großes Erholungs- und Bildungszentrum für in- und ausländische Kinder die »Pionierrepublik Wilhelm Pieck«, 1952 durch Pieck eingeweiht.

Brodowin

Auf der Kuppe des Pehlitzwerders im Parsteiner See vermutlich slawisches Heiligtum, ein *Rondell* von 26 m Durchmesser, umschlossen von 5 m breitem Graben

Die Gründung des Klosters Mariensee 1258 auf dem Pehlitzwerder (*Mauerreste*) durch die markgräflichen Brüder Johann I. und Otto III. steht im Zusammenhang mit deren Teilungsbeschluß vom gleichen Jahr, nach dem die Ukkermark (bis zur Finow) zusammen mit Teilen der Prignitz und des Havellandes an die johanneische Linie kam. Neben Lehnin (*) als fortan ottonischem Hauskloster wurde eine johanneische Grablege nötig und hierfür von Lehnin aus das Tochterkloster Mariensee gegründet, dem das Besitzerbe von Kloster Gottesstadt (*Oderberg) zufiel. Seine hiesige Gründungsausstattung mit Brodewin (vielleicht damals slawische Siedlung auf dem Gotteswerder), Pehlitz (westlich von B., in Ackerhof verwandelt), Chorin und Plawe (ebenfalls Ackerhof geworden, 1375 schon wüst) markiert wahrscheinlich eine slawische Siedlungskammer, in die deutsche Kolonisten kamen, möglicherweise den Lehniner Mönchen erst folgten; dann wäre das Straßendorf B. (*Dorfkirche*, 1852 gotisierend von F. A. Stüler) mit 40 Hufen nach 1258 entstanden. Schon 1272 endete die früheste zisterziensische Niederlassung im brandenburgischen Osten. Ihr Gründer Johann I. ist hier noch 1266 beigesetzt worden, bevor das Kloster wegen ungünstiger Lageverhältnisse 1273 nach Chorin (*) verlegt wurde.

Namengebend für den Ot. *Zaun* (früher Zaunsetzerhaus) wurde die Wiederherstellung des unter den Kurfürsten Joachim I. und II. errichteten Wildzaunes, der ein Überwechseln des Hochwildes aus der Großen Werbellinischen Heide nach Norden unterbinden sollte, im Dreißigjährigen Krieg aber zerfallen war. Hierfür und zur Instandhaltung des großen Wildzaunes, der von der Oder bis zur Havel über 70 km (Oderberg–Tornow) reichte, wurden in den 60er Jahren des 17. Jh. 12 Zaunsetzer angesiedelt, davon einer hier 1718 erstgenannt; im späten 18. Jh. Umbildung des Gehöftes zum Amtsvorwerk

Chorin

Die reich ausgestattete (*Brodowin), 1273 hierher verlegte, besonders vom letzten askanischen Markgrafen Waldemar geförderte Zisterzienserabtei schuf sich bis ins 15. Jh. eine geschlossene Grundherrschaft über 15 Dörfer (Kernbesitz). In den wohl slawischen Dörfern Pehlitz und Plawe (*Brodowin) sowie in Rogäsen richtete sie klösterliche Eigenwirtschaften (Grangien) ein; für Rogäsen ist bezeugt, daß hierbei seine slawischen Bewohner 1273 dem Wirtschaftshof Altena weichen mußten. Schrieb die zisterziensische Ordensregel eigentlich entlegene Klosterniederlassungen und Eigenarbeit der Weißen Mönche unter Verzicht auf zinspflichtige Bauern vor (*Müncheberg), was sie über das 12. Jh. zu großen Leistungen beim Landesausbau geführt hatte, so machen die Choriner Vorgänge nur zu deutlich, daß die Zisterziensermönche ihr im Altsiedelgebiet aufgekommener Ruf als »Zerstörer von Dörfern« auch auf dünnbesiedeltem Kolonisationsboden einholte. Bis zur Mitte des 14. Jh. baute das Kloster seine Eigenwirtschaften aus und richtete auch Höfe in erworbenen Dörfern ein, so innerhalb des Kernbesitzes in Bölkendorf und Stolzenhagen, stimuliert durch den hansischen Getreidehandel, dem Uckermark und östlicher Barnim (*Wriezen, *Sternebeck-Harnekop) über Uecker bzw. Finow und Oder zum Stettiner Raum hin angeschlossen waren. In wichtigen Städten des über die Oder laufenden Getreideabsatzes wie Angermünde und Oderberg gründete die Zisterzienserabtei Niederlassungen, erlangte über die ihr schon 1258 von den Askaniern zugesprochene Zollfreiheit in der Mark hinaus (spätestens) 1296 dieses Privileg auch für Pommern durch die Stettiner Herzöge. Bis zu einem Drittel des uckermärkischen Getreides soll im 13. Jh., teils noch im 14. Jh. auf die pommerschen Märkte gelangt sein. Und so wie Ch. und andere Zisterzienserklöster hierbei vorangegangen sind, waren sie auch die ersten, die auf den Preisverfall für agrarische Produkte im 14. Jh. reagierten. Der erst nach 1347 aufgebaute klösterliche Eigenhof in Bölkendorf wurde verpachtet, um den Getreidevorrat auf den Eigenbedarf zurückführen zu können. Nach Aussterben der Askanier huldigten die Choriner Äbte, obschon der echte Waldemar in der Abteikirche beigesetzt lag, dem von Kaiser Karl IV. gestützten »falschen Waldemar« gegen den Wittelsbacher Markgrafen.

✦ Kloster Chorin einer der Schöpfungsbauten der märkischen Backsteingotik Ende des 13. Jh.: *Klosterkirche* (Teilruine), dreischiffige Pfeilerbasilika in der Nachfolge der spätromanischen Kirche des Mutterklosters Lehnin (*), mit hoher prachtvoller Westfassade; ferner *Klausur, Sakristei, Konversenrefektorium, Fürstensaal* mit Resten gotischer Malereien; *Brauhaus*, neben dem Getreidespeicher in Lietzen (*) ältestes Wirtschaftsgebäude im Bezirk; *Nettelgraben* vom Parsteiner See über 5 km bis Ch., einer der frühesten Kunstgräben, von Zisterziensern zur Melioration und Wasserversorgung sowie zum Mühlenantrieb für ihre Klosterwirtschaft im 13. Jh. geschaffen; *Dorfkirche* frühes 14. Jh.

1542 wurde das Kloster säkularisiert und in ein kurfürstliches, nun der Uckermark zugehöriges Kammergut und Amt verwandelt, 1654/62 der Joachimsthaler (*) Fürstenschule zugeschlagen (*am Amtssee Gehöft mit Klosterschenke und -schmiede*, 18. Jh.); seitdem verfielen die Klostergebäude, ihre Sicherung verdanken sie ab 1817 Schinkel.

1705 Gründung der ersten Choriner Glashütte (*Senftenhütte*), ab 1740 in der Pacht Choriner Amtsleute, von ihnen 1747 in die Nähe des Amtes verlegt (sog. zweite Choriner Hütte, 1772 stillgelegt), Produktion von grünem Gebrauchsglas, besonders Flaschen. Teerofen östlich von Ch. (*Forsthaus Theerofen*) von Anfang 18. Jh. bis Anfang 19. Jh. in Betrieb; wie hier in brandenburgischen Waldgebieten der Zeit Teerofenpacht verbreitet, gegen deren Zahlung Teer-

Östlicher Kreuzgangflügel von Kloster Chorin

Das Amt Chorin um 1710 von D. Petzold

schwelern Holz aus den königlichen Kiefernforsten überlassen wurde (Ausgangsprodukt für Wagenschmiere, Kienöl, Pech)

Dem königlichen Domänenpächter von Ch., P. H. Karbe (1772/99) – Glied einer im Brandenburgischen bis in unser Jahrhundert hinein weitverzweigten Pächter- und Gutsbesitzerfamilie –, gelang es, 1789 das Rittergut Sieversdorf im damaligen Kreis Lebus zu erwerben, sich vom bürgerlichen Pächter zum Rittergutsbesitzer zu mausern. Die auf den Domänen – anders als auf den Adelsgütern (*Falkenberg) – zum Jahrhundertende hin üblich werdende Bestätigung des Pächters, die Verlängerung der Pacht und ihre Weiterführung durch die nächsten Angehörigen über den Tod des Generalpächters hinaus – im Falle Chorins und Karbes bis 1806 durch seine Witwe, 1807/09 durch seinen Sohn –, stimulierten das pächterliche Interesse an einer florierenden Domänenwirtschaft ungemein.

Seit 1901 verbrachte eine Gruppe junger Berliner Architekten ihre Wochenenden häufig zusammen mit anderen Künstlern und Schriftstellern, unter ihnen der Maler Max Beckmann und der Schriftsteller Emil Ludwig, im Kloster Ch.; zu diesem »Choriner Kreis« gehörte auch Bruno Taut, im Berlin der 20er Jahre der führende Architekt des »neuen sozialen Bauens«. Verdienste des Staatlichen Forstwirtschaftsbetriebes Eberswalde-Finow um Erhalt und Nutzung des Klosterbereiches, seit 1964 Choriner Musiksommer

Westfassade der Klosterkirche Chorin

Eberswalde(1300)-**Finow** (1935)
Von einem Fabrikgelände im Ot. *Messingwerk* (seit 1928 mit Heegermühle, Eisenspalterei und Wolfswinkel zur Gemeinde Finow zusammengeschlossen) stammt der umfangreichste urgeschichtliche Goldfund auf dem Gebiet der DDR. Ein großes Tongefäß enthielt 81 Goldgegenstände von insgesamt 2,54 kg Gewicht, darunter acht getriebene, reich verzierte Schalen, Hals- und Armbänder, Spiralringe, aufgewikkelte Drähte und Barren (Funde: bis 1945 im Museum für Vor- und Frühgeschichte Berlin, verschollen). Der Schatz ist in der späten Bronzezeit als Opfergabe oder Sippenbesitz vergraben worden. Das Gold muß mangels heimischer Lagerstätten aus dem südlichen Mitteleuropa auf dem Tauschwege erworben worden sein. In der Anhäufung von Schätzen drücken sich Reichtumsunterschiede aus, die in Wechselbeziehung zu ersten sozialen Differenzierungen und dem beginnenden Zerfall urgesellschaftlicher Verhältnisse standen.
Im Verlauf des askanischen Vorstoßes in den nordwestlichen Barnim (*Biesenthal) entstand südlich der Eberswalder Finowfurt (nördlich davon slawischer Burgwall) auf dem *Eberswalder Hausberg* eine markgräfliche Burg (1276 erstgenannt). Unter Markgraf Albrecht III., der hier wiederholt urkundete, wurde der Platz dann Hauptort des ihm 1284 zugefallenen askanischen Landesteiles und wahrscheinlich zur Stadt erhoben (urk. 1307 Neustadt-E., offizieller Name bis 1877). Westlich davon fand 1294 eine curia in »Hegermole« (*Heegermühle*)

Kämpferzone vom inneren Westportal der Eberswalder Maria-Magdalenen-Kirche

Ersterwähnung, wohl landesherrliche Zollstätte am Wasserweg; zur Heegermühler Kirche zählte zunächst als filia (bis 1317) die Eberswalder *Stadtkirche St.-Maria-Magdalena.* Der letzte Askanier verlegte schließlich die von Frankfurt und Berlin nach Stettin verlaufende Handelsstraße 1317 über E. (*Niederfinow), womit alle von der Oder kommenden Finowschiffsfrachten fortan hier gestapelt und landeinwärts umgeladen wurden bzw. umgekehrt.

✦ Plananlage in Gitterform mit zentralem Markt, Anfang 14. Jh. ummauert (*Stadtmauerreste* in der *Nagel-* und *Goethestr.*); *Maria-Magdalena-Kirche*, um 1260/70 begonnen, unter Choriner (*) Einfluß Anfang 14. Jh. vollendet (Bronzetaufe um 1300, Hochaltar von 1606); ehem. *Spitalkapelle St. Georg*, wohl 15. Jh. (Konzerthalle seit 1973)

1415 vermochte Kurfürst Friedrich I. in E. eine Einigung mit den Pommernherzögen zu erzielen, sie aus der gemeinsamen Kampffront mit Dietrich von Quitzow (*Friesack) herauszulösen. Auch der Vergleich mit Pommern nach den 1420 begonnenen Kämpfen um die Uckermark fand 1427 in E. statt, brachte Angermünde (*) wieder an Brandenburg.

Im Anschluß an mehrere mittelalterliche Mühlen, u. a. die erste märkische Papiermühle an der Schwärze (vor 1532), und die 1532 genannten beiden Kupferhämmer auf dem *Kienwerder* begann sich der Eberswalder Raum seit Anfang des 17. Jh. zum frühesten »industriell«-gewerblichen Standort der Mark zu entwickeln. Die Finowniederung bot gute Vorkommen an Raseneisenerzen, deren Gewinnung durch markgräfliche Salpeteredikte vor 1583 und 1621 zum landesherrlichen Bergregal erklärt wurde; auch Wasserkraft und Holzvorräte waren reichlich gegeben. So kam es zu kurfürstlichen Gründungen eines Kupferhammers (1603) westlich von E., der für die Belieferung sämtlicher Kupferschmiede in der Mark privilegiert war und um den sich rasch eine ganze Hammerwerkskolonie bildete (Ot. *Kupferhammer*), sowie eines Eisenhammers (1608, seit 1660 Blechhammer) anstelle der für den heutigen Ot. namengebenden Heegermühle. Die Standortwahl erfolgte im Zusammenhang mit dem Finowkanalbau (*Finowfurt).

1691 siedelten sich 27 deutsch-reformierte Schweizer Handwerks- und Bauernfamilien in E. an (*Schweizer Str.*), was eine wirtschaftliche Neubelebung für die Stadt und den »industrie«-gewerblichen Raum bis *Heegermühle* brachte. Moise Aureillon gründete östlich von Heegermühle 1698 eine *Eisenspalterei* (namengebend für den Ot.) und einen Drahthammer, war zudem Pächter des Kupferhammers sowie des 1697/1700 anstelle des Blechhammers bei Heegermühle entstehenden *Messingwerkes* (namengebend für den Ot.). Mit seinem Sohn gleichen Namens stellten die Refugiés zugleich den Bürgermeister für E. 1703/42; während dessen Amtszeit (*Wohnhaus Löwen-Apotheke am Markt*, 1703) stieg die Tuchmacherzunft mit ihren auch auswärtig gefragten lichtbraunen Tuchen bis 1734 auf 88 Meister an.

König Friedrich II. ließ in Verbindung mit dem Bau des zweiten Finowkanals (*Finowfurt) 1743 auf dem Eberswalder *Kienwerder* eine Messer- und Stahlwarenmanufaktur errichten, dazu aus Thüringen und dem Rheinland 129 Eisenhandwerkerfamilien, vor allem Ruhlaer Messerschmiede, anwerben. Eine zusätzliche Truppeneinlagerung in die überfüllten Quartiere der Stadt führte 1749 zu Schlägereien zwischen Kolonisten und Soldaten; erst ab 1752 entstand die »Ruhlaer Vorstadt« entlang dem Kienwerder Damm (eingeschossige Doppelhäuser in der *Schicklerstr.*). Dadurch konzentrierten sich die Wohn- und Werkstätten der Stahlarbeiter nahe der durch Wasserkraft angetriebenen zentralen Produktionsanlagen. Eine der wenigen lokal zusammengefaßten Manufakturen Preußens war so entstanden, die 1753 von Splittgerber und Daum in Erbpacht genommen wurde. Die Berliner Hofbankiers fanden von 71 hiesigen »Fabricanten«, d. h. Meistern, die mit nur noch 16 Gesellen und 4 Lehrjungen auf dem Wege in die Proletarisierung waren, 58 verschuldet vor; wo wie hier nötig, konnten auf landesherrliche Konzession hin Zünftige und Unzünftige beschäftigt sowie ganze Arbeitergruppen für zunftfrei erklärt werden. 1763 kam es zu Tumulten, widersetzten sich die Manufakturarbeiter den seit 1759 steigenden Preisen für die Rohmaterialien mit Erfolg, wenn auch die »Hauptanstifter« ins Splittgerbersche Gefängnis auf dem Manufakturgelände bzw. auf »Schwarze Listen« kamen. Die arbeitsteiligen Prozesse in der Manufaktur waren unzureichend entwickelt, die Arbeiter in täglicher Arbeitszeit von 4 bis 19 Uhr existentiell zu größten Erzeugnismengen gezwungen. Noch 1800 verwiesen amtliche Berichte auf den stockenden Absatz der nach Preis und Qualität mit Westeuropa nicht konkurrenzfähigen Eberswalder Stahlwaren; wie bei den meisten preußischen Manufakturen war auch hier Export nur in östliche Länder möglich. Der friderizianische Staat aber wies den an seine feudalabsolutistische Wirtschaftspolitik so außerordentlich anpassungsfähigen Splittgerber und Daum, die schon früh das Messingwerk gepachtet hatten, dann auch den die Armee beliefernden Kupferhammer pachteten – die Eisenspalterei war 1732/80 in Splittgerberschem Besitz – die bedeutendsten Metall- und Waffenproduzenten.

✦ In E.: *Altes Rathaus* (*Str. der Jugend/Ecke Kreuzstr.* von 1775; *Bürgerhäuser* des 18. Jh.:

Fachwerkbauten in der *Brautstr., Jüdenstr., Kreuzstr., Str. der Jugend, Salomon-Goldschmidt-Str.*

Seit 1817 war dem Hüttenwerk Kupferhammer auch ein Walzwerk angeschlossen, damit ein frühindustrieller Komplex am Finowkanal entstanden. Karl Blechen hat mit seinem Gemälde »Eisenwalzwerk bei Eberswalde« 1834 erstmals eine Industrielandschaft in die deutsche Kunst eingebracht.

✦ In E.: *Finowkanal-Schleuse*, 1831; *Kreis- und Stadtmuseum Kirchstr. 8*, 1830 (ehem. Stadtschule); *Haus der Jungen Pioniere*, 1833 (Ende 19. Jh. Kurhaus); *Löwenbrunnen auf dem Markt*, 1836 nach Entwurf von Chr. D. Rauch

1830 wurde die Berliner Forstakademie (1821 gegründet) nach E. verlegt, an die forstwissenschaftliche Praxis heran, unter Leitung des Forstmeisters Friedrich Wilhelm Leopold Pfeil (*Alte Forstakademie Schicklerstr. 3–5*, 1793). Mit der Amtsübernahme Bernhard Danckelmanns (*Denkmal* 1905, jetzt im *Forstbotanischen Garten*) 1866 wurden neue Lehrstühle geschaffen, so für anorganische Naturwissenschaften, die hier bis 1868 Lothar Meyer – ein Jahr später Mitbegründer des Periodensystems der chemischen Elemente – lehrte, ein neuer Hauptbau, das *Rote Gebäude* (1873/76), errichtet und in vier Lehrrevieren (Oberförstereien E., Biesenthal, Chorin, Freienwalde) eine biologisch orientierte Waldwirtschaft (»Dauerwaldbewegung«) begründet.

1842/43 erlangte E. Eisenbahnanschluß nach Berlin und Stettin, was einen weiteren Industrialisierungsschub auslöste. 15 Ziegeleien verwerteten den Ton der Finowaue, teils mit tausend polnischen und oberschlesischen Kampagnearbeitern. Seit den 50er Jahren entstanden zahlreiche Dachpappenfabriken, bald führend in Deutschland. 1877 wurde die von Siemens entwickelte erste deutsche Fernsprechlinie zwischen E. und Schöpfurth (*Finowfurt) eröffnet. Ab 1878 kamen neue Gießereibetriebe hinzu (Ardeltwerke 1902), 1909 in *Heegermühle* das erste Kraftwerk der Märkischen Elektrizitätswerke; 1915 wurde im Ot. *Wolfswinkel* eine Wasserkraftanlage der Papierfabrik erstmals in Europa auf bedienungslosen, also vollautomatischen Betrieb eingerichtet. Die Einwohnerzahl des ab 1911 selbständigen Stadtkreises E. war seit dem 19. Jh. um das Siebenfache auf über 25 000 gestiegen. 1910 erhielt E. Straßenbahn, 1920 mit Anschluß bis *Eisenspalterei*. Eine ausgeprägte Industriegasse beiderseits des Finowkanals war entstanden. Dazu kam für E. mit dem neuen

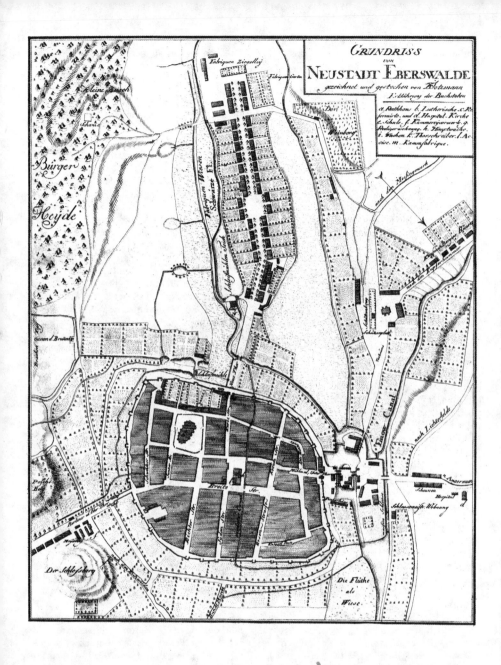

Neustadt-Eberswalde (offizieller Name bis 1877), Plan
von 1784 (Deutsche Staatsbibliothek Berlin)

Industriegasse beiderseits des Finowkanals, ein
»märkisches Wuppertal«, Plan von 1909 (Deutsche
Staatsbibliothek Berlin)

Oder-Havel-Kanal (*Niederfinow) eine noch leistungsfähigere Wasserstraße; schon im Eröffnungsjahr 1914 trug das Messingwerk dem Rechnung, indem es seine Rüstungsproduktion dorthin verlegte.

✦ In E.: *Johanniskirche*, neugotisch 1892/94; *Neues Rathaus*, 1903/05; *Kanalbrücke und Ragöser Damm* (Oder-Havel-Kanal) nördlich von E., 1906/14

August 1872 erste sozialdemokratische Versammlung in E. (*Eichwerderstr.*, *Gedenktafel*), 1889 Ortsvereinsgründung der Klempner und Metallarbeiter; im Finow-Kartell (seit 1902) erfaßten die Gewerkschaften 1919 hier über 12 000 Arbeiter – der unter linker USPD-Führung stehende Metallarbeiterverband zählte im Finowtal 6 000 Mitglieder (*Gedenktafel Wilhelm-Pieck-Str. 27/29*, Tagungslokal des Arbeiter- und Soldatenrates).

1905 in E. Verein und Museum für Heimatkunde (*Müncheberg*), im selben Jahr noch die »Vereinigung für Heimatpflege im Regierungs-Bezirk Frankfurt/O.« gegründet; 1912 folgte die »Vereinigung Brandenburger Museen« (zunächst von 18 Heimatmuseen) unter Vorsitz von Rudolf Schmidt (bis 1922), des verdienstvollen Eberswalder Museumsleiters, Redakteurs und Vereinsvorsitzenden

Zum Teil auf die Betriebsräte gestützt, erwies sich die Leitung des Finow-Kartells am 13. März 1920 als fähig, den Generalstreik zum wirkungsvollen Widerstand gegen die Kapp-Putschisten zu organisieren. In der *Forstakademie* hatten die Putschisten einen ihrer Hauptstützpunkte und ein großes Waffenlager; der Direktor des Eisenbahnausbesserungswerkes verkündete offen, den Bahnverkehr zwischen den nordöstlichen Reichswehrgarnisonen Prenzlau und Angermünde und Berlin aufrechtzuerhalten. Bedeutsam daher, wenn sich in dem verkehrsstrategisch wichtigen E.

und in weiteren Orten des Finowtales am 15. März Aktionsausschüsse bildeten und ihr Eberswalder »Zentralrat« sich schließlich auf eine über 1 000 Gewehre und 30 Maschinengewehre verfügende Arbeiterwehr stützen konnte. Hier um E. lag das wichtigste berlinnahe Kampfzentrum in der Abwehr des Kapp-Putsches. Ein vom Eberswalder Oberbürgermeister angeforderter Küstriner (*Kietz) Reichswehrkommando wurde am 16. März auf dem *Bahnhof (Gedenktafel)* zur Rückfahrt gezwungen. Der »Zentralrat« behielt in E. und Niederfinow auch nach Rückkehr der Bauer-Regierung die öffentliche Gewalt. Am 20. März besetzten Militäreinheiten Niederfinow und das Märkische Elektrizitätswerk Heegermühle, tags darauf kam es in Niederfinow und Liepe zu Gefechten zwischen ihnen und der Eberswalder Arbeiterwehr. Nach Verhandlungen der SPD und USPD mit dem Eberswalder Magistrat am 22. März, von denen der »Zentralrat« ausgeschlossen blieb, übergaben die Arbeiterwehren der Polizei die Waffen. Der Streik wurde in E. – als letztem Ort der Provinz Brandenburg – noch bis zum 29. März fortgesetzt.

Seit der »Heimstättensiedlung« für Messingwerkarbeiter an der Straße nach Finowfurt von 1919 Kranz aufgelockerter Arbeitersiedlungen um den Industriekern *Finow* entstanden, 1934 die heutige *Clara-Zetkin-Siedlung* (Doppelwohnhäuser, jeweils mit Land zum Nebenerwerb)

Laut Bericht des Potsdamer Regierungspräsidenten an den Minister des Innern vom 2. Oktober 1923 war »in E. und in dem angrenzenden Industriegebiet des Finowtales eine außerordentlich radikale und vollständig in kommunistischem Fahrwasser schwimmende ... Arbeiterbevölkerung ansässig, die von Berliner kommunistischen Führern beherrscht wird«, so

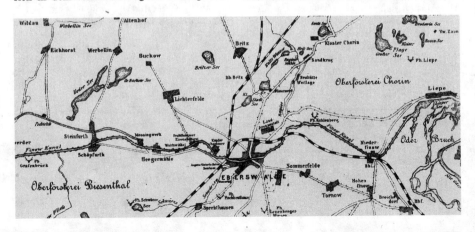

zuletzt beim Generalstreik im August 1923 und zuvor – während der Ernte 1922 – beim Oberbarnimer Landarbeiterstreik (*Altranft) zutage getreten (*Gedenktafel Nagelstr. 6*, Gründungsstätte der KPD-Ortsgruppe E. unter Beitritt vieler USPD-Mitglieder im Dezember 1920; *Gedenktafel Eichwerderstr. 60*, Tagungslokal der KPD-Ortsgruppe E. 1929/33).

Im September 1924 wurde in E. die erste Ortsgruppe des Roten Frontkämpferbundes im Gau Berlin-Brandenburg gegründet. In der in *Heegermühle* (Ortsgruppenbildung des RFB im April 1925) eingerichteten Gauführerschule des RFB führten deren Teilnehmer Mitte Juli 1928 wehrsportliche Übungen zusammen mit den Führungen der Berliner Abteilungen des RFB und der Roten Jungfront durch. Anfang Juni 1929 fand in E. – wieder unter Teilnahme vieler Berliner RFB-Mitglieder – eines der vier »roten Arbeitertreffen« im Gau (*Frankfurt, Luckenwalde, Brandenburg) gegen das Anfang Mai zunächst für Preußen, dann für ganz Deutschland von sozialdemokratischen Ministern ausgesprochene RFB- und RJ-Verbot statt.

Mitte 1934 waren bei E. die Arbeiten an der Reichsautobahn Berlin–Stettin in vollem Gange, 800 bis 1 000 Arbeiter hier beschäftigt, meist Erwerbslose aus Berlin, die zu extrem niedrigen Löhnen, bei miserablen Unterkünften und hohem Tempo arbeiten mußten, teils von SA-Einheiten bewacht, da sich Fluchtfälle häuften. Anfang 1935 verweigerten hier nach Berichten in der »Roten Fahne« Bauarbeiter geschlossen die von ihnen geforderte »Vorarbeit«; im September tauchten kommunistische Flugblätter in einem Baustellenlager bei E. auf, an »alle SA-Männer und SA-Führer, an die im Luftschutz, DLV, SS oder Reichswehr befindlichen Kameraden« gerichtet. Die Stimmung an den Autobahnbaustellen am Berliner Ring und den fünf Abzweigungen (*Bernau) bot der KPD Ansatzpunkte für die illegale antifaschistische Arbeit in Betrieben und faschistischen Organisationen, wie sie die Einheits- und Volksfront-Resolution vom Januar 1935 vorsah.

Langjährigen Widerstand gegen den Faschismus leistete in Industriebetrieben namentlich der Rüstungsproduktion, wie den Ardelt-Werken, eine illegale KPD-Gruppe unter Hans Ammon und Fritz Pehlmann (*Denkmal* auf gleichnamigem Platz, *Gedenkstätte auf dem Waldfriedhof*), bis zur Verhaftung von 24 Antifaschisten im August 1941; die Eberswalder Gruppe hatte Verbindung zu der von Robert

Uhrig geleiteten Berliner Widerstandsorganisation.

21. April 1945 Demonstration von etwa hundert Frauen, z. T. mit Kindern, zum Sitz des Eberswalder Kampfkommandanten für eine kampflose Übergabe der noch unzerstörten Stadt

Das kurz zuvor zur Festung erklärte, am 25. April von sowjetischen Truppen eingenommene E. wurde noch in der Folgenacht durch einen von Neuruppin aus geflogenen Bombenangriff der deutschen faschistischen Luftwaffe in seiner altstädtischen Substanz großenteils zerstört.

E. gehört zu den ersten Orten der Provinz Brandenburg, wo KPD und SPD bereits im April/Mai 1945 ihren Parteiaufbau und über gemeinsame Aktionsausschüsse den Verwaltungs- und Wirtschaftsaufbau in Angriff nahmen. In der Eisengießerei des nahen Britz begannen schon am 16. Juni 200 Arbeiter wieder zu produzieren. Die ehem. Gießerei der durch ihre Rüstungsproduktion 1945 der Demontage verfallenen Eberswalder Ardelt-Werke – als Hans-Ammon-Eisenwerk später zum ersten VEB im Land Brandenburg eingerichtet – nahm Anfang 1946 ihre Gußproduktion auf (beide Gießereien 1960 zum *VEB Vereinigte Gießereien Hans Ammon* zusammengeschlossen).

Anfang 1947 wurde auf Befehl und mit Unterstützung der SMAD das (1930 stillgelegte) Walzwerk in *Eisenspalterei (Finow)* als erstes der Sowjetischen Besatzungszone in Gang gesetzt; im Zweijahrplan 1949/50 war es regionales Schwerpunktobjekt, wurde später dem VEB Walzwerk Finow zugeordnet. Seit 1948 erfolgte der Wiederaufbau der Ardelt-Werke zum *VEB Kranbau E. (Ernst-Thälmann-Str.)*, dem in Europa führenden Spezialbetrieb für Hafen- und Werftkräne (2 800 Beschäftigte). Schließlich entstand 1956 auf dem Gelände der ehem. Kupfer- und Messingwerke als größter Finower Betrieb (2 300 Beschäftigte) ein neues Walzwerk (*VEB Walzwerk F.* des Bandstahlkombinats »Hermann Matern«). Jüngste Gründungen wurden 1968/69 auf Beschluß des VII. Parteitages der SED das nahe Lichterfelde aufgebaute *VEB Schweinezucht- und Mastkombinat E.*, beispielgebender Betrieb für die industrielle Produktion von Schweinen, sowie das *Schlacht- und Verarbeitungskombinat E.* auf Britzer Flur (1975/78).

1950 Stadtkreis E. aufgelöst, E. zum gleichnamigen Landkreis

Der 4. CDU-Landesparteitag Anfang Juli 1950 in E. (Rede Otto Nuschkes, *Hennigsdorf) belegte, daß

sich in den parteiinternen Auseinandersetzungen seit 1948 (*Potsdam) und in der Entscheidung für die Nationale Front und Herbstwahlen die fortschrittlichen Kräfte in der Landesorganisation der CDU endgültig durchgesetzt hatten.

Seit Wiedereröffnung der Forstlichen Hochschule (Anfang April 1946) und Neugründung des *Instituts für Forstwissenschaften am Schwappachweg* (1952) in E. komplexe Forschungszentren der Forstwissenschaften (mit weiteren *Instituten für Bodenkunde und Pflanzenschutzforschung*, im *Roten Gebäude* seit 1964 auch *Entomologische Bibliothek* und *Insektensammlung*) sowie der *Tierhygiene (Institut am Oder-Havel-Kanal)* entstanden; *Forstmuseum* im Aufbau

Durch die Eingemeindung von Finow 1970 wurde E.-F. eine Siedlungs- und Industrieballung auf zehn Kilometer Länge mit über 50 000 Einwohnern.

Finowfurt
Aus den 1375 erstgenannten Angerdörfern *Steinfurth* und *Schöpfurth* 1929 gebildete Gemeinde F. (*Dorfkirchen*, neogotisch 1880 bzw. 1882/83)

Anfang des 17. Jh. griff Kurfürst Joachim Friedrich einen älteren Plan auf, Oder und Havel durch das Eberswalder Urstromtal kanalmäßig zu verbinden, und hielt sich zur Überwachung der Arbeiten bevorzugt auf dem *Steinfurther Schloßberg* auf (1605/07). 1605 begannen die von Liebenwalde an der Faulen Havel bis *Schöpfurth* reichenden Arbeiten an einem Verbindungsgraben unter Leitung des Grafen v. Schlick (*Hohenfinow); mit Hilfe holländischer und preußischer Spezialarbeiter wurde der Kanal bis 1620 mit elf Schleusen bis Eberswalde fertiggestellt – ein beachtliches Projekt der Zeit, wenn auch nur für kurze Dauer, verfiel doch der Kanal noch im Verlauf des Dreißigjährigen Krieges völlig (1743/46 mit neun Schleusen auf dieser Strecke erneuert).

Im März 1931 (*Klosterfelde) streikten in der Hermannsmühle 130 Holzarbeiter, die sich 35 Nazi-Streikbrechern zu erwehren hatten, die unter Polizeischutz täglich von Eberswalde herbeführt wurden. »Die Rote Fahne« (Zentralorgan der KPD) griff die Auseinandersetzung auf, um einmal mehr die von Nazi-Gauleiter Joseph Goebbels immer wieder strikt geleugnete faschistische Streikbrechertätigkeit aufzudecken.

Groß Ziethen
1275 genanntes deutsches Straßenangerdorf (frühgotische *Feldsteinkirche* 13. Jh., Turm 1717), 1375 mit 64 Hufen und 35 Kossäten ausgewiesen, am Ende des Dreißigjährigen Krieges nur noch zwei Kossäten

Zur Wiederurbarmachung des Landes wurde hier wie in der Tochtergemeinde Klein Zie-

Kurfürst Joachim Friedrich von Brandenburg (Deutsche Staatsbibliothek Berlin)

then 1686/89 eine der ersten Gruppen französischer Kalvinisten in Brandenburg angesiedelt – 1703 schon eine geschlossene Kolonistengemeinde von 150 Personen mit eigenem französisch-reformiertem Prediger. Über das 18. Jh. hinweg verteidigten die französischen Einwanderer erfolgreich ihre Freiheiten von Frondiensten und Militärwerbungen gegenüber dem Choriner Amtspächter sowie königlichen Versuchen, sie rechtlich wieder auf das Niveau deutscher Bauern einzuebnen. Der von ihnen eingeführte Tabakanbau (*Schwedt) verdrängte hier die Viehhaltung von der Brache, was gegen die Ansprüche des Vorwerks Buchholz auf Schafhutung nach jahrzehntelangem Prozessieren 1772 behauptet werden konnte; andernorts war die Aufnahme solcher Sonderkulturen auf die Gärten angewiesen.

✦ Eingeschossige quergegliederte *Doppelstubenhäuser*, Fachwerk-, teils Putzbauten um 1800 (*Hof Nr. 12/13, Nr. 8 mit Schwarzer Küche*) – entwicklungsgeschichtlich aus dem mitteldeutschen Wohnstall- oder Ernhaus hervorgegangen (*Lüdersorf)

Hohenfinow
Höhenburg von H. (»Vinowe« urk. 1258, unsicher, ob H. oder Niederfinow gemeint) mit terrassenförmig

Theobald v. Bethmann Hollweg, deutscher Reichskanzler und preußischer Ministerpräsident, Gutsherr in Hohenfinow (Deutsche Staatsbibliothek Berlin)

angelegten Verteidigungslinien, vielleicht von den Wettinern um 1200 als Grenzfeste gegen Askanier und Pommern zum Schutz des Finowübergangs erbaut; zur Burg gehörten urspr. möglicherweise die Dörfer Cöthen und Falkenberg sowie die 1334 genannten oppida H. (1375 Zollstätte; *Feldsteinkirche* mit wiederhergestellter Apsis, Mitte 13. Jh. – urspr. dreischiffige Basilika; *am Anger Doppelstubenhaus* mit Schwarzer Küche, Fachwerkbau 18. Jh.) und Niederfinow (*), deren städtische Ansätze steckenblieben (*Heckelberg).

Die Güter H. und *Tornow* (Ot., frühgotische *Feldsteinkirche* Mitte 13. Jh.; *Gehöft Dorfstr. 17*, Wohnhaus aus Bruchstein 18. Jh.) kamen nach vorausgegangener Bruchentwässerung 1721 an Franz Matthäus v. Vernezobre, dazu die Güter Sommerfelde und Polßen im näheren Umkreis. Der französische Kaufmann, der ein riesiges Vermögen in Gold nach Berlin verlagert hatte, war dafür von König Friedrich Wilhelm I. in den märkischen Adels-(Freiherrn-)Stand erhoben worden. Er begründete hier 1739 den märkischen Kartoffelanbau, verschlechterte aber auch im Stile preußischer Gutsherrn die Lage seiner Untertanen mit weiteren Diensttagen. Sein Sohn Matthäus erwarb 1776 die benachbarten Güter

Kruge und Gersdorf (*) hinzu und begann 1752 mit dem Anbau von Krapp, der seinen wichtigsten kurmärkischen Standort hier um Eberswalde und Freienwalde gewann und als Färberröte (Krappmühle, seit 1757 Krappfabrik *Karlswerk*, heute Ot.) bis zur Entwicklung chemischer Farben (*Oranienburg) im 19. Jh. den textilen Bedarf deckte. Zur Steigerung des Krappanbaus drängte Matthäus v. Vernezobre auf Separierung der Gutsfelder von den bäuerlichen in H. und Tornow, was hier mit Unterstützung Friedrichs II. 1754 zu einer frühen Trennung von Guts- und Bauernland führte. In der Regel kam die Separation (*Letschin) erst in den 70er Jahren in Gang und wie in H. den Gutswirtschaften zugute, die fortan frei von Flurzwang auf arrondiertem Feldbesitz rationeller zu wirtschaften vermochten. Auch »industriell« bauten die Barone den Gutsbezirk weiter aus, obschon »bürgerliche« Betätigung des Adels ähnlich verpönt war wie bürgerlicher Erwerb adliger Güter (*Groß Behnitz). In *Sophienhaus* (heute Ot.) beteiligte sich Vernezobre an einer 1755 konzessionierten Draht- und Nagelmanufaktur, gegen den harten Widerstand der Berliner Schwarz- und Weiß-Nagelschmiede; nimmt man seine Feilenmanufaktur in Tornow und Amalienhofer Gründung (*Falkenberg) hinzu, so liegt hier – offenbar unter Nutzung des ehemals städtischen Status von H. – ein frühes Erfolgsbeispiel vor für den Drang des Gewerbes, vor den Zunftschranken aufs platte Land auszuweichen, trotz entsprechenden königlichen Verbots von 1718.

Hier wurde auf Familiengut (1855–1945) 1856 Theobald Friedrich Alfred v. Bethmann Hollweg geboren, der nachmalige deutsche Reichskanzler und preußische Ministerpräsident (1909/17). Nach Jurastudium seinem Vater im Landratsamt des Kreises Oberbarnim nachfolgend (1886/96), begann von hier aus eine mustergültige politische Adelskarriere im junkerlichbourgeoisen Reich: 1899 Oberpräsident der Provinz Brandenburg, 1905 preußischer Innenminister, 1907 Staatssekretär im Reichsamt des Innern, Stellvertreter des Reichskanzlers und Vizepräsident des preußischen Staatsministeriums. Als der »Ära Bülow« folgender Reichskanzler erstrebte er die Integration der Arbeiterbewegung in den imperialistischen Staat, dazu den Ausgleich zwischen konservativ-junkerlichen und freisinnig-bürgerlichen Kräften, befriedigte mit dieser »Politik der Diagonale« innen- wie außenpolitisch aber zunehmend weder die einen noch die anderen, kam kurz vor seiner Entlassung die »Osterbotschaft« Kaiser Wilhelms II. Nach seinem von der Obersten Heeresleitung initiierten Sturz lebte er bis zu seinem Tode 1921 auf Gut H. (*Grab-*

stätte, Friedhof), schrieb hier seine zweibändigen »Betrachtungen zum Weltkriege«, dessen diplomatische Vorgefechte er während der Julikrise 1914 von seinem Gut H. aus gesteuert hatte (Schloß 1945 abgetragen).

Joachimsthal (1604)
Askanische *Burg Grimnitz* (Reste, Ot. *Altgrimnitz)* westlich des Grimnitz-Sees 1297 ersterwähnt, dort mehrfache Beurkundungen der Markgrafen im 14. Jh.; im 16. Jh. kurfürstliches Jagdschloß erbaut, hier 1529 brandenburgisch-pommerscher Vergleich, der den Herzögen von Pommern zwar die Reichsstandschaft zusicherte, mit ihrer Erbverschreibung jedoch die spätere brandenburgisch-preußische Inbesitznahme Pommerns begünstigte

1575/84 führte der kurfürstliche Leibarzt und Hofalchimist Leonhard Thurneysser nahe dem Jagdschloß Versuche zur Glasherstellung durch. Hieran anknüpfend ließ Kurfürst Joachim Friedrich im späteren J. 1601/02 die erste Glashütte der Mark Brandenburg bauen, besetzte sie mit böhmischen Glasmachern und erteilte ihr das Produktionsmonopol (Kunst- und Gebrauchsglas) für die Mark. »Wegen übermäßiger Verwüstung derselben Wildbahnen und Heyden« wurde sie schon 1607 in die Neumark verlegt. Weitere Glashütten, die alle unter der Bezeichnung Grimnitz liefen, produzierten 1655 bis 1792 grünes Gebrauchsglas an verschiedenen weiter östlich am Grimnitzsee gelegenen Standorten. Sie waren ortsbildend für *Althüttendorf* und *Neugrimnitz.*

1604 gründete Kurfürst Joachim Friedrich bei Grimnitz das nach ihm benannte Städtchen J. (heute Erholungsort), dazu eine Fürstenschule 1607 nach sächsischem Vorbild, die auf die brandenburgische Landesuniversität Frankfurt (*) und den späteren Beamteneinsatz vorbereiten sollte – dies seit Kurfürst Johann Sigismund als »ausschließliche Pflegestätte des reformierten Glaubens«. Der Dreißigjährige Krieg brachte es mit sich, daß die 120 Freistellen nicht ausgelastet wurden, daß Lehrer und Schüler 1633/36 über Angermünde nach Berlin flohen, wo das Joachimsthaler Gymnasium 1647 calvinisiert wiedereröffnet wurde (1912 nach Templin verlegt).

Nach Stadtbrand von 1814 mehrere eingeschossige quergegliederte *Doppelstubenhäuser* in Fachwerk 1817/20 unter Schinkels Einfluß neugotischer Umbau der *Pfarrkirche* (urpsr. barocker Saalbau) 1847/49 Bau des *Jagdschlosses Hubertusstock* für König Friedrich Wilhelm IV.; Anlage eines Wildgatters, das die Rotwildbestände der Schorfheide für die großen Hofjagden enorm anwachsen ließ

In der Schorfheide seit Ende der 20er Jahre Blockhaus der Reichspräsidenten Paul v. Hindenburg, ferner für den Nazi-»Reichsforstmeister« Hermann Göring prunkvoller Jagdsitz »Karinhall« errichtet (1945 gesprengt)

Im *Jagdschloß Hubertusstock* (Staatsjagdgebiet Schorfheide) fand u. a. im Dezember 1981 ein Treffen zwischen dem Vorsitzenden des Staatsrates der DDR und Generalsekretär des ZK der SED, Erich Honekker, und dem sozialdemokratischen Bundeskanzler der BRD, Helmut Schmidt, statt – mit dem gemeinsamen Bekenntnis, daß niemals wieder von deutschem Boden ein Krieg ausgehen darf.

Klein Ziethen
Mit dem deutschen Siedlerzuzug seit der 1. Hälfte des 13. Jh. sind wohl – vor Verfolgungen im Altreich ausweichend, die Inquisition brachte dort seit Mitte des 13. Jh. die Folter in Anwendung – auch Waldenser, Anhänger urchristlichen Gemeinschaftslebens, ins Angermünder (*) Gebiet, so ins 1329 ersterwähnte K. (*Feldsteinkirche*, 13./14. Jh.), gekommen. In hussitischer Zeit sollen sie Verbindung zum radikalen Flügel der Taboriten gefunden haben, was eines der wenigen bekannten Beispiele für die Aufnahme des Hussitismus durch waldensische Splittergruppen wäre. Friedrich Reiser, oberster Bischof der heimlichen deutschen Hussiten, soll auch die Uckermark besucht haben. Im Jahr seiner Hinrichtung durch die Dominikaner 1458 seien alle Einwohner Klein Ziethens in Angermünde verhört worden, ihr Schulze, der einen böhmischen Wanderpediger aufgenommen hatte, eigens im Berliner Schloß durch den Bischof von Brandenburg im Beisein des Kurfürsten. Alle sollen vor dem übermächtigen Druck abgeschworen haben, in der Folgezeit größtenteils nach Böhmen bzw. später zur Oberlausitzer Brüderunität ausgewichen sein.

Nach Dreißigjährigem Krieg völlig unbesetztes Dorf, 1686 Ansiedlung von französischen Kolonisten (* Groß Ziethen)

Lichterfelde

1277 erstgenanntes Kreuzangerdorf (*Feldsteinkirche*, 1. Hälfte 13. Jh.) bis ins 14. Jh. markgräflich mehrmals beurkundet; wohl niederländischer, vom Teltow übertragener Ortsname; im Landbuch von 1375 mit 45 Kossäten verzeichnet, die ihre Abgaben noch gemeinschaftlich leisteten (*Danewitz), hier an die v. Sparr (bis 1614), ein im nordwestlichen Barnim zwischen Tornow und Prenden (»Sparrsches Land«, Fontane) begütertes, vielleicht ehedem wettinisches Rittergeschlecht (*Schloß*, 1565/67, völlig umgebaut); 1605 in L. Otto Christoph Freiherr v. Sparr geboren, seit 1651 in brandenburgischen Diensten, erfolgreicher Feldmarschall, organisierte die Artillerie des Kurfürsten Friedrich Wilhelm

Das Gut L. kaufte 1912 Elard v. Oldenburg-Januschau. Der erzreaktionäre Junker gehörte zur Führungsgruppe der Deutschkonservativen Partei, verfocht einen extrem monarchistischen Kurs; so forderte er Anfang 1910 im Reichstag, daß der König stets in der Lage bleiben müsse, einem Leutnant zu befehlen, mit zehn Mann den Reichstag aufzulösen. Nach Gründung der Deutschnationalen Volkspartei (1919) wurde er einer ihrer maßgeblichen reaktionären Reichstagsabgeordneten. Oldenburg-Januschau erstrebte unter den neuen Bedingungen der Weimarer Republik ein Kabinett der »konservativen Elite«, dem die Nazipartei die Massenbasis liefern sollte. Nicht zufällig mußten während des Kapp-Putsches 1920 bewaffnete Arbeitereinheiten des Roten Finowtales (*Eberswalde) *Schloß* L. stürmen, wo sich reaktionäre Truppen verschanzt hatten.

Platzdorf Liepe mit blockartigen, in die Wälder vorstoßenden Ackerflächen. Flurkarte von 1731 (nach A. Krenzlin)

Liepe

1233 eine terra Lipana erwähnt, 1308 zwei slawische Dörfer Hohenliepe (vor 1375 wüst) und Niederliepe, die in markgräflicher Schenkung ans Kloster Chorin kamen. Im Landbuch von 1375 ist L. das einzige slawisch genannte Dorf des Distrikts Strausberg (*) bzw. nachmaligen Oberbarnims; es werden keine Hufen angegeben, stattdessen 23 Hausbesitzer. Zwei Jahrhunderte später führt das Choriner Erbregister hier drei Ackerleute mit Pachtland und 15 Fischer auf. Hufen werden wiederum nicht genannt, vielmehr Äcker, die »an Plätzen hin und wieder« liegen. Solche meist bei Fischerdörfern blockartige Fluraufteilung weist noch die Karte von 1731 aus – verstreut, meist in Dorfnähe liegende, vereinzelt in die großen Waldflächen der Gemarkung vorstoßende Blöcke, von denen jeweils mehrere einem Akkerinhaber gehören.

Der 1746 wiedereröffnete Finowkanal (*Finowfurt) wurde 1767 durch eine neu ausgehobene Kanalstrecke von Niederfinow bis zum Lieper See verbessert und zog Kolonisten nach L. (1803: 38 Büdner, 52 Einlieger). Der Kanal diente vorrangig dem Holztransport und ließ L. neben Oderberg zum Sammelpunkt des im Choriner Forst geschlagenen bzw. aus Polen geflößten Holzes und wichtigsten Umschlagplatz für Holz im östlichen Deutschland werden (am *Dorfanger Nr. 6 und 7 Mittelflurhäuser*, eingeschossige Putzbauten 1. Hälfte 19. Jh.; *Fachwerkkirche* von 1951 über barockem Vorgängerbau).

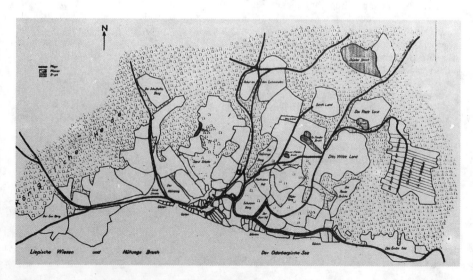

Giebellaubenhaus in Lüdersdorf

Lüdersdorf

1316 erstgenanntes *Straßenangerdorf* (frühgotische *Kirche*, 1772 barock verändert) mit gut erhaltener Substanz ländlicher Volksbauweise vom Ende des 18. Jh., hier in Fortentwicklung des niederdeutschen Hallenhauses (*Groß Ziethen) längsgegliederte zweigeschossige *Mittelflurhäuser* (auch märkische Dielenhäuser genannt) in Giebelstellung zur Dorfstraße (*Nr. 54*) bzw. mit Vorlaube am gesamten Straßengiebel (sog. *Löwinghäuser* im Bereich der unteren Oder, in L. *Kinderkrippe* und *LPG-Verwaltung*)

Niederfinow

1308 genannte civitas, wohl urspr. zur Burg Hohenfinow (*) gehörig, mit Zoll und Stapelrecht früher Umschlagplatz der bis hierher kommenden Oderkähne, verfiel nach 1317 (*Eberswalde), kam 1421 ans Kloster Chorin (*Feldsteinkirche* im Kern Mitte 13. Jh.; eingeschossige Mittelflurhäuser des 18. Jh.: *Fritz-Böhme-Str. 4 und 44, Ernst-Thälmann-Str. 3 mit Schwarzer Küche*)

Im Zuge des Oder-Havel-Kanalbaues 1906/14 (*Hohensaaten) wurde nördlich von N. eine *Schleusentreppe von vier Doppelkammerschleusen* angelegt und so ein Höhenunterschied von 36 m überwunden. Da auch diese Lösung noch die Größe der Schiffe auf 63 m Länge und etwa 600 t beschränkte, entstand 1927/34 das *Schiffshebewerk N.*, eines der hervorragendsten technischen Denkmale und die größte hydrotechnische Anlage auf dem Boden der DDR. Mittels Elektromotoren und an Stahlseilen hängender Gegengewichte wird ein 85 m langer Trog mit einer Tragfähigkeit für Schiffe bis zu 1 000 t vertikal bewegt.

Oderberg (1259)

Ende des 12. Jh. stießen die askanischen Markgrafen wahrscheinlich über den Nordwestbarnim (*Biesenthal) und Eberswalde (*) bis zur Oder vor und wehrten den Gegenstoß eines dänisch-pommerschen Heeres 1198 ab. Hier am äußersten Barnimrand in einer slawischen Siedlungskammer des Niederungsgebietes um Finow und Oder – zuletzt pommersches Zentrum, noch 1233 dem Bistum Kammin zugehörig – ließ Markgraf Albrecht II. wohl um 1211/14 (nach erneuten Auseinandersetzungen mit den Dänen und Pommern) auf dem hohen Ufer der alten Oder im Gelände einer älterslawischen Höhenburg des 8.

Der Paß Oderberg um 1710 von D. Petzold

bis 10. Jh. eine weitere Burg an der Finow errichten (*Albrechtsburg*). 1231 wurde O. als Sitz eines markgräflichen Vogtes erwähnt, dazu das bei O. (Dorf Barsdin) gegründete Prämonstratenserkloster Gottesstadt, eine Spätgründung des Ordens, das letzte auf märkischem Boden, dessen Grundbesitz und Einkünfte 1258 auf Kloster Mariensee (*Brodowin, *Chorin) übergingen. Die Vogtei wurde 1245 nochmals genannt, bevor sie wahrscheinlich bei der askanischen Landesteilung 1258 (*Brodowin) ganz oder teilweise der Vogtei Stolpe (*) eingegliedert worden ist, kam aber nach Abtretung Stolpes an Pommern (1354) auf O. zurück (1377 bezeugt). O. galt im 13./14. Jh. als »Vorhafen Berlins«, war wichtiger Umschlaghafen zwischen den bald im Oderhandel dominierenden Hansestädten Frankfurt (*) und Stettin, zeigte selbst Ansätze einer bedeutenderen handelsstädtischen Entwicklung. Obschon ähnlich Niederfinow (*) 1317 durch die markgräfliche Begünstigung Eberswaldes (*) und Chorins mit getroffen, flossen noch 1375 aus der Zollstätte O. die höchsten markgräflichen Einnahmen in der ganzen Mark.

✦ Anstelle der 1349 von Mecklenburgern und Pommern zerstörten Burg zwischen 1353 und 1372 jenseits der alten Oder *Festung »Bärenkasten«* angelegt (Ausbau 17. Jh., Abbruch Mitte 18. Jh., *Ruine*); im Ot. *Neuendorf* frühgotische *Feldsteinkirche*, 2. Hälfte 13. Jh.; *Pfarrkirche*, 1853/55 neogotischer Neubau F. A. Stülers; *Jüdischer Friedhof*, Mitte 19. Jh.

Nach der Mitte des 19. Jh. entstanden in O. 11 Sägewerke (*Liepe) und 15 Schiffsbauereien (heute *VEB Schiffswerft; Binnenschiffahrts- und fischereikundliches Heimatmuseum Ernst-Thälmann-Str. 31*, seit 1979 mit *Personenraddampfer »Riesa«* von 1896/97)

Nach SA-Überfall auf Reichsbannerlokal am 5. Mai 1932 spontane Aktionseinheit von Sozialdemokraten und Kommunisten in O.: 16. Juni Einheitsfrontkundgebung, Selbstschutzformation gegründet und Freilassung der verhafteten sozialdemokratischen Genossen gefordert

Spechthausen

Ortsbildung nach namengebendem Eisenhammer von 1708; friderizianische Manufakturgründung einer Papiermühle 1781 (64 Arbeitskräfte), vom Berliner Papierkaufmann Johann Gottlieb Ebart 1787 übernommen (um 1800: 120 Stampfhämmer, 8 Bütten; Familienbetrieb bis 1945), war mit seinen Spezial- und Luxuspapieren lange führend in Europa. Die hier 1956 stillgelegte Produktion ging in die Eberswalde-Finower Papierfabrik (1729 in Wolfswinkel eingerichtet) über, die die große Tradition des handgeschöpften Büttenpapiers mit dem Specht als Wasserzeichen an drei Bütten weiterführt, als neben Königstein einziger Betrieb in der DDR.

Kreis Angermünde

Angermünde (1284)

Vermutlich schon in der Zeit der Pommernherrschaft (vor 1230/50) *Burg* (Mauerreste) und Siedlung vorhanden, Stadtentstehung aber erst unter den Askaniern, denn A. gehört zu den von den Markgrafen Johann I. und Otto III. gegründeten Städten, also zwischen 1230/31 und 1267 (Straßennetz in Gitter-schema um den zentralen Markt); mit Personenna-men Henricus de Angermunde 1263 ersterwähnt, für 1292 Rat und *Franziskanerkloster (Kirche*, Ende 13. Jh. unter Choriner Einfluß) bezeugt

Spätestens seit 1300 tauchten Waldenser in und um A. auf. 1336 sollen in der Stadt Luzi-ferianer, sog. Teufelsanbeter, verbrannt wor-den sein. Den Inquisitionsprotokollen zufolge kamen Ende des 14. Jh. noch immer Häretiker aus A. (»Ketzer-A.« seit frühen 15. Jh. ge-bräuchlich); unter 120 genannten Herkunftsor-ten beidseitig der Oder erscheint insbesondere der Angermünder-Prenzlauer Raum und hier-bei am häufigsten Kerkow.

Nach dem Aussterben des askanischen Mark-grafengeschlechts stritten Pommern und Mecklenburg um die fruchtbare Uckermark (»Kornkammer«) mit ihren wichtigsten Städ-ten Prenzlau, Templin und A., die den frühen hansischen Getreidehandel wesentlich vermit-telten (*Chorin). 1354 kam A. in den Besitz des pommerschen Herzogs Barnim III., 1420/23 (endgültig dann 1479/80) unter bran-denburgische Herrschaft (*Stolpe); vorausge-gangen war der Sieg des seit 1415 ersten ho-henzollernschen Kurfürsten Friedrich I. im März 1420 bei A. über Truppen der gegen ihn verbündeten Herzöge von Pommern und Mecklenburg, auf deren Seite auch Polen ge-standen hatte.

In dem meist an Adlige verpfändeten Städtchen für 1479 Zollstelle (*Burg*) der Berlin-Stettiner Straße, für 1481 landesherrliche Münzstätte erwähnt, die um 1502 die Angermünder Groschen prägte. 1577 erhielt A. Obergerichtsbarkeit und Immediatstellung, blieb aber trotz Zuwanderung (Hugenotten, Pfälzer), Garni-son (1694) und friderizianischer Impulse (Wollwe-berei, Strumpfwirkerei, Tabakanbau) Ackerbürger-stadt.

✦ Reste der *Stadtmauer* (um 1300), *Pulverturm* 15. Jh.; *Stadtkirche St. Marien*, Mitte 13. Jh. Westturm und Umfassungsmauern des Lang-hauses, bis 1526 als Hallenkirche vollendet, *Joachim-Wagner-Orgel* 1742/44; *Dorfkirche Dob-berzin* (Ot.), frühgotischer Feldsteinbau Mitte 13. Jh.; *Heiliggeistkapelle*, spätgotischer Back-steinbau 14./15. Jh.; *Rathaus*, 1828 (erweitert 1923); *Martinskirche*, neugotisch 1854/55; *Hei-matmuseum (Brüderstr. 18)*; *Ehm-Welk-Gedenk-stätte, Puschkinallee 10* (*Biesenbrow); *Wohn-bauten* des 18./frühen 19. Jh. am Markt und *Kirchplatz, Brüderstr. 20* (ehem. Ratswaage)

1817 wurde A. Sitz der uckermärkischen Kreisverwaltung. Der Chausseebau Berlin–

Stettin (1826) und A.–Prenzlau (1830), vor al-lem aber der frühe Anschluß der Kreisstadt im November 1842 an die Berlin–Stettiner Eisen-bahnlinie (1843 fertiggestellt), verstärkten An-germündes Rolle als regionaler Verkehrskno-tenpunkt, zumal weitere Strecken folgten, so 1863 nach Prenzlau/Pasewalk, 1873 nach Schwedt und 1877 nach Freienwalde (Verdrei-fachung der Einwohnerzahl im 19. Jh. auf über 7 000). Bei der Weiterführung der Eisenbahnli-nie bis Stettin war es zu einem für die preußi-sche Eisenbahngeschichte bemerkenswerten Engagement ostelbischer Grundbesitzer ge-kommen, die hier den ihren Produkten förder-lichen Anschluß an Märkte offenbar klar sa-hen; im Kommunallandtag Altvorpommerns boten sie im Dezember 1839 eine vierprozen-tige Zinsgarantie für das gesamte Investitions-kapital auf sechs Jahre nach Abschluß der Bahnlinie an. Auch der Angermünder Landrat griff mit Zirkularschreiben an Städte, Grund-herrschaften und Gemeinden 1839/40 unter-stützend ein, erwartete von jedem, »welchem der wachsende Flor seiner Provinz am Herzen liegt«, Aktienzeichnungen für die bourgeoise Eisenbahngesellschaft, die ihrerseits dank der Umsicht Berliner Bankiers und Stettiner Kauf-leute als treibender Gründungskräfte schon im Frühjahr 1839 bekannte Junkernamen mit auf die Liste des Eisenbahnkomitees gebracht hatte. Das Beispiel der Berlin–Stettiner Bahn zeigt frühe Ansätze eines (hier handgreifli-chen) junkerlichen und bourgeoisen Zusam-mengehens, wo an anderen Streckenführungen die notwendigen Bodenenteignungen härte-sten junkerlichen Widerstand hervorriefen, der Klassenantagonismus zwischen Bourgeoisie und Junkertum noch dominierte.

Der absoluten Dominanz des Großgrundbesitzes in der Uckermark entsprechend (*Greiffenberg) – dem kam in der Mark nur der Oberbarnim nahe –, be-herrschten die Rechtsparteien den agrarischen Reichstagswahlkreis Prenzlau-A. bis in die Weimarer Zeit hinein; bezeichnend, daß hier der kaiserliche Landrat bis 1945 personell unverändert im Amt blieb (*Neuruppin).

In A. wurden die antifaschistischen Widerstands-kämpfer Gustav Bruhn (1889) und Wolfgang Heinze (1911) geboren, Mitglieder der kommunistischen Hamburger Bästlein-Jacob-Abshagen-Organisation bzw. der Leipziger Schumann-Engert-Kresse-Organi-sation; beide 1944/45 hingerichtet.

A. heute Zentrum eines bedeutenden Agrarkreises, Kreisbetrieb für Landtechnik mit Traditionskabinett und *Denkmal* mit einem der ersten sowjetischen Trak-toren (*Letschin, *Frankfurt)

Biesenbrow

1321 genanntes oppidum mit mehreren Ritterhöfen derer v. B. (*Feldsteinkirche* 13. Jh.), mittelalterliches Städtchen mit Salzvorkommen, städtischer Charakter unter der Herrschaft von vier Adelssitzen(1608) wieder verfallen

1884 Geburtsort Ehm Welks, lebte ab 1923 in Berlin als Journalist und Schriftsteller; seit 1928 dort Chefredakteur der »Grünen Post«, sein gegen Goebbels gerichteter Leitartikel »Herr Reichsminister, ein Wort bitte!« brachte ihn 1934 ins KZ Oranienburg. Danach mit Berufsverbot belegt, 1937 aufs Schreiben »unpolitischer Bücher« festgelegt, schuf er – fernab nazistischer Blut- und Boden-Literatur – in humanistischer Gesinnung und mit feinsinnigem Humor in »Die Heiden von Kummerow« (1937) und »Die Gerechten von Kummerow« (1942) realistische Lebensgemälde norddeutscher Bauern. 1954 Ehrenbürger der Stadt Angermünde (*), Ehm-Welk-Stiftung für die Jugend des Kreisgebiets

Dorfkirche Briest, ein bedeutender frühgotischer Feldsteinbau der Uckermark vom Ende des 13.Jh.

Ehm Welk, Schriftsteller aus Biesenbrow

Criewen

Nach Kauf von Gut C. (*Guthaus* im Kern 18. Jh., Umbauten 1820 und grundlegend um 1910, heute *VEG Getreidezucht*) 1816 durch einen v. Arnim ließ dieser das gesamte Dorf nördlich verlegen, um seinen *Gutspark* (nach 1820 von P. J. Lenné) großflächig erweitern zu können; nur die *Kirche* (im Kern Feldsteinbau des 13. Jh.) blieb am alten Ort.

Landschaftsbestimmende Polder im Gebiet der Alten Oder mit durchgehenden Deichen von Hohensaaten/Lunow über Stolpe bis vor Schwedt, als reiche Weidefläche genutzt

Gartz (1249)

Bei pommerscher Burg regelmäßige Stadtanlage um die Mitte des 13. Jh., wohl im Gefolge einer schon vorhandenen Kaufmannssiedlung, Niederlagerecht von 1271 an der Berlin–Stettiner Handelsstraße, 1289 Nikolaikirche und Nonnenkloster erwähnt, 1305 Oderbrücke, 1314 Hansemitgliedschaft der bis ins 17. Jh. von Schiffahrt und Durchgangshandel bestimmten Stadt; G. bis 1945 dem Kreis Randow zugehöriger wichtiger Vorort der Stettiner Industrie

✦ *Stadtbefestigung* aus 2. Hälfte des 13. Jh. teilweise erhalten: Feldsteinmauer mit Wieckhäusern und Turmresten, *Storchenturm* Anfang 15. Jh., *Stettiner Torturm*, Feldstein 2. Hälfte 13. Jh., Backsteinoberbau 15. Jh.; *Stadtkirche St. Stephan* (1945 ausgebrannt, teilweiser Wiederaufbau mit Veränderungen), Backsteinhalle 2. Hälfte 14. Jh., Chor frühes 15. Jh.; *Heiliggeistkapelle* 15. Jh. (1793 Hospital)

Anfang April 1945 waren Truppen der 2. Belorussischen Front am Ostufer der unteren Oder in Bereitstellung gegangen, um südlich Stettins einen Durchbruch zu erzwingen, Brückenköpfe zu bilden und im Rahmen der Berlinoperation (*Seelow) die deutsche »Heeresgruppe Weichsel« von der Reichshauptstadt nach Norden abzudrängen. Aus einer bis Schwedt reichenden Angriffsfront heraus erfolgte vom 13. bis 18. April die Besetzung des von den Faschisten gefluteten Gebietes zwischen Ost- und Westoder, am frühen 20. April eine erste vorübergehende Brückenkopfbildung bei Rosow. Über Tage verlief die Hauptkampflinie über Mescherin, G., Friedrichsthal, Gatow und Schwedt, allesamt wurden stark zerstört. Vom Brückenkopf G. aus (23. April, *Sowjetischer Ehrenfriedhof Rudolf-Breitscheid-Str.*) erreichten die sowjetischen Truppen am 25. April die Randow, von dort dann rasch westwärts vorrückend.

Greiffenberg (1261)

Urspr. wohl Burg und Stadt derer v. G., zunächst zu Pommern gehörig, seit 1446 endgültig brandenburgisch; Mittelpunkt einer größeren Grundherrschaft derer v. G. (*Burgruine* des 13. Jh., Reste eines quadratischen Torhauses und Rundturmes, der Ringmauer mit Wohnbauten; *Pfarrkirche* von 1723/24 über Feldsteinbau des 13. Jh.), seit Mitte des 15. Jh. derer v. Sparr bis 1802

Der Grundbesitz der Fürstin Lynar, Gräfin v. Redern (Verwaltungssitz der Redernschen Güter in G., heute *Polytechnische Oberschule*), nahm 1945 mit 13 000 ha rund 10 Prozent der gesamten Fläche des Kreises Angermünde ein. Ein Jahrhundert zuvor waren fast 65 Prozent der landwirtschaftlichen Nutzfläche des Kreisgebietes in junkerlicher Hand – dementsprechend hatten hier im Nachfeld des preußischen Edikts von 1811 bzw. der Deklaration von 1816 die mit Abstand höchsten Regulierungsanteile in der Provinz Brandenburg gelegen (bis Ende 1848 standen 669 regulierten Bauern im Kreis nur 163 Altbauern mit Eigentumsrechten gegenüber, die unter der preußischen Ablösungsordnung von 1821 gefallen waren). Mitte September 1945 nahmen im Kreisgebiet 89 Gemeindebodenkommissionen die Arbeit auf, und bis Ende Oktober war mit Durchführung der Bodenreform der Hauptteil des Großgrundbesitzes im wesentlichen aufgeteilt. Allein aus dem Redernschen Besitz erhielten landarme Bauern, Landarbeiter und Umsiedler über 9 680 ha Land und Forst.

Grünow

Im 1354 erstgenannten G. einzige Chorturmkirche Ostelbiens: spätromanische *Feldsteinkirche* (1. Hälfte 13. Jh.), kreuzgratgewölbter Ostturm über dem Chor mit Apsis am Ostgiebel

Hohenlandin

Im Vertrag von Landin traten die pommerschen Herzöge 1250 den brandenburgischen Markgrafen Johann I. und Otto III. das Uckerland nördlich der Welse ab.

✦ Frühgotische *Feldsteinkirche; Gutshaus* gotisierend 1861, mit Wirtschaftsgebäuden um 1800 und *Park* um 1820 von P. J. Lenné; in *Niederlandin Feldsteinkirche* (2. Hälfte 13. Jh.) und *Ruine* des 1945 zerstörten Schlosses (um 1600)

Kunow

✦ Frühgotische *Feldsteinkirche* (2. Hälfte 13. Jh.) mit 61 kulturhistorisch bedeutenden Tafelbildern (pietistische Herz-Jesu-Malereien, um 1725); mehrere *Doppelstubenhäuser* der 1. Hälfte des 19. Jh., eingeschossig in Fachwerk, quergegliedert mit Schwarzer Küche

Mürow

Bei M. befindet sich das letzte erhaltene *Großsteingrab* der Jungsteinzeit im Bezirk. Der erweiterte Dolmen mit zwei Seitensteinpaaren, Aufliegern, Stirn- und Türstein wurde etwa 2600 v. u. Z. errichtet. Die Bestattungen sind schon im 16./17. Jh. durch Schatzsucher zerstört worden. Großsteingräber sind eine charakteristische Grabform im nördlichen Mitteleuropa und in Dänemark; sie dienten als Kollektiv- bzw. Sippengrabstätten.

Spätmittelalterliche *Straßensperre* am Weg nach Frauenhagen, hier seit 1354 (M. an Pommern bis 1472, *Stolpe*) Grenzsituation gegen die Mark Brandenburg bzw. Pommern (in M. frühgotische *Feldsteinkirche,*

Großsteingrab Mürow, letzterhaltenes der Jungsteinzeit im Bezirk Frankfurt

Der »Grützpott« in Stolpe, einer der stärksten mitteleuropäischen Turmbauten des Mittelalters

2. Hälfte 13. Jh., mit Feldsteinmauer um den Kirchhof, Portal des 17. Jh.; *Gutshaus,* 18. Jh.)

Passow

Auf einem Sandsporn im Welsebruch lag nordwestlich von P. eine slawische Niederungsburg des 8. bis 12. Jh., in deren südöstlichem Teil wohl noch im 12. Jh. eine vielleicht landesherrliche (pommersche?) Turmburg errichtet wurde, 1296 erwähnt, als »hus to Parsowe« 1325 genannt (Funde: *Heimatmuseum Angermünde*). Die kleine Burg kontrollierte, wie schon die slawische Anlage, den Übergang der Straße Schwedt–Prenzlau über die Welseniederung und war später auch Zollstätte (frühgotische *Feldsteinkirche* Ende 13. Jh.).

Stolpe

Auf einem Geländesporn unmittelbar oberhalb des an der Alten Oder gelegenen Ortes befand sich eine große slawische Höhenburg des 8. bis 12. Jh. Ein Abschnittswall trennte die Anlage vom angrenzenden Plateau ab, während die anderen drei Seiten durch Steilabfälle geschützt waren (Funde: *Heimatmuseum Angermünde, Heimatmuseum Schwedt*). Wohl in der 2. Hälfte des 12. Jh. wurde in der Anlage von den pommerschen Fürsten ein noch erhaltener runder *Befestigungsturm,* der »Grützpott«, errichtet (mit rund 6 m Mauerstärke einer der stärksten mittelalterlichen Turmbauten Mitteleuropas), der von Wall und Graben umgeben ist. Nachdem der Pommernherzog Barnim I. das Gebiet südlich der unteren Welse um 1230 an die Askanier verkauft hatte, saß hier vermutlich anstelle eines bisher pommerschen Kastellans ein brandenburgischer Vogt (urk. 1251). Neben der Burg entwikkelte sich eine Siedlung, die 1286 von den Markgrafen Stadtrecht erhielt (evtl. auch nur Bestätigung) und deren Bewohner dem Vogt dienstverpflichtet waren. Burg und Ort S. sind das Zentrum der »Terra Stolpensis« gewesen, eines sich seit 1258 (askanische Landesteilung, *Brodowin) durch Anschluß der Vogtei Oderberg (*) wohl bis zur Finow erstreckenden Vogteibereiches der Uckermark. 1260 wird der Sitz eines Propstes in S. genannt, der vor 1342 nach Angermünde verlegt wurde. Aus der »Terra Stolpensis« (1354 bis in die 2. Hälfte des 15. Jh. pommersch, *Eberswalde) entwickelte sich im 17. Jh. der »Stolpirische Kreis«, der bis zur Hardenbergschen Verwaltungsreform im Jahre 1815 bestand.

In S. 1774 Leopold v. Buch geboren, begründete die Lehre vom Vulkanismus, stellte durch systematische Vergleiche fest, daß die Findlingsblöcke in der märkischen Landschaft aus dem fennoskandischen Raum stammen, gab 1826 die »Formationskarte von Deutschland« heraus; von 1806 bis zu seinem Tode 1853 außerordentliches Mitglied der Berliner Akademie, Ehrenmitglied von 54 Gelehrtengesellschaften; 1946 »Leopold-von-Buch-Plakette« von Deutscher Geologischer Gesellschaft gestiftet (*Erbbegräbnis* der Familie v. Buch im *Park*, um 1830 nach Plänen P. J. Lennés; *Schloß* im Kern 16. Jh., nach Brand 1917 stark verändert)

Vierraden (1515)
Am Nordufer der Welse, am Übergang der »via regia« nach Stettin, 1265 erstgenannte pommersche Burg (*Wartturmruine*, Mauerreste), spielte als Grenzfeste gegen Brandenburg eine große Rolle in den Kämpfen der Pommern, Mecklenburger und Brandenburger um die Uckermark im 14. Jh., 1479 endgültig an Brandenburg gefallen. Herrschaft V., seit 1481 mit Herrschaft Schwedt verbunden, bis 1609 im Besitz der Grafen v. Hohenstein, (Gründer des Städtleins Rosengarten = V.) seitdem kurfürstlich bzw. markgräflich; seit 1691 französische Kolonie in V., ausgedehnter Tabakanbau
1815/17 widersetzten sich der Rat von V. und umliegende Dörfer den Reformplänen, die Herrschaft Schwedt (*) an Pommern anzugliedern; in Eingaben an den König erreichten sie ihren Verbleib bei der Kurmark, die endgültige Grenzsetzung an Welse und Randow.

Zichow
Im 1288 ersterwähnten Z. landesherrliche Burg 1354 genannt (bis 1446 pommersch), im 15. Jh. an v. Arnims verlehnt (*Backsteinturm* in 1745 erbautes *Schloß* einbezogen); frühgotische *Feldsteinkirche*, 2. Hälfte 13. Jh.

Zützen
✛ *Feldsteinkirche* des 13. Jh. mit Doppelgrabstein derer v. Greiffenberg (*) von 1513 und Feldsteinmauer um den Kirchhof; *Gutshaus mit Speicher* um 1800; *Park* an der Alten Oder, seit 1832 von P. J. Lenné

Kreis Schwedt-Stadt

Schwedt (1265)
Am Ostufer der Alten Oder bestand südlich von Sch. eine slawische Niederungsburg des 11./12. Jh. von ca. 200×50 m Größe, die heute zum größten Teil abgetragen ist. Vermutlich handelt es sich um eine pommersche Fürstenburg im Stammesgebiet der Ukrane, die zusammen mit einer nahen, auf dem Westufer der Oder gelegenen unbefestigten zeitgleichen Siedlung frühstädtischen Charakter hatte. Außergewöhnlich zahlreiche Funde von Keramik, Werkzeugen und Gerät aus Metall und Knochen, Schmucksachen, darunter aus Glas, Bernstein und Halbedelstein, ferner Münzen sowie Bruchstücke von bronzenen Klappwagen und zugehörige Gewichte zum Wiegen von Silber deuten auf handwerkliche Produktion am Ort und auf eine große Bedeutung des Handels für die Burgsiedlung, die am Schnittpunkt der Handelswege entlang der Oder und zum Uecker-Gebiet lag (Funde: *Heimatmuseum Schwedt, Museum für Ur- und Frühgeschichte der Staatlichen Museen Berlin*, z. T. Verlust). Der vermutlich dann pommersche Burgbezirk Sch. wurde spätestens seit dem Vertrag von Landin (*Hohenlandin) 1250 an Brandenburg abgetreten, war aber wohl schon um 1230 (*Stolpe) in askanischer Hand. Die 1265 erstgenannte markgräfliche Burg und Stadtgründung (1281 Münze) konnten an die lokale frühstädtische Tradition anknüpfen.
✛ *Kirche St. Katharinen* (13. Jh., im 16./17. Jh. umgebaut und erweitert, nach Brand 1887

neugotisch wiederaufgebaut, Kriegsschäden);
im Ot. *Heinersdorf Feldsteinkirche*, 2. Hälfte
13. Jh.

Schloß Schwedt von der Gartenseite, Kupferstich von J. D. Schleuen

Sch. 1354 bis 1468 nochmals pommersch, 1481 bis
1609 bei der Herrschaft Sch.-Vierraden(*) der Grafen
v. Hohenstein; seit 1582 wichtigster Oderübergang
zwischen Stettin und Küstrin (*Kietz), seit 1587 mit
Niederlagsrecht; grundherrliche, 1637 total zerstörte
Stadt

Kurfürst Friedrich Wilhelm übertrug sommers 1670
seiner zweiten Frau Dorothea v. Holstein-Glücksburg
das zurückgekaufte Amt Sch.-Vierraden zur erbli-
chen Nutzung, wenig später um die Johanniter-Komturei Wildenbruch erweiterte Herrschaft: Sch.-Wil-
denbruch, seit 1692 Markgrafschaft Brandenburg-
Sch., Mitte 18. Jh. mit drei Städten, 38 Dörfern und
zahlreichen Vorwerken etwa 1 700 Einwohner umfassend. Seit 1670 Schloßbau durch kurfürstlich brandenburgischen Festungsbaumeister von Küstrin,
C. Ryckwaert, nach Stadtbrand von 1681 barocke
Neuanlage der Stadt (einschließlich des landschaftli-
chen Umfeldes) und Umlegung ihres mittelalterlichen Straßensystems auf den Schloßbereich zu, letzte
Residenzbauten durch den Schwedter Landbaumei-
ster Georg Wilhelm Berlischky seit 1772 (u. a. *Gartenhaus Mon Plaisir*, 1780; *Amtshaus Heinersdorf*, 1794/
95).

✝ Anstelle des kriegszerstörten, 1961 abgetragenen Schlosses (*Barockskulpturen* im *Stadtmuseum, Markt 4*) Kulturhaus (1978) mit Theater
(früher Prenzlau); Schloßfreiheit heute *Leninallee, Schloßpark, Park Heinrichslust* (1788)

Durch die Residenz der Hohenzollernschen
Nebenlinie (bis 1788) und Garnison (um

Ehem. Französisch-Reformierte Kirche in Schwedt

Luftbild von Schwedt als sozialistischer Industrie- und Arbeiterwohnstadt

1700), vor allem aber die Ansiedlung von Hugenotten 1685, die den Tabakanbau um Sch. heimisch machten (*Groß Ziethen), erfuhr die Stadt beträchtlichen wirtschaftlichen Aufschwung über das 18. Jh. hin. Der in bäuerlichen Wirtschaften des Umlandes und Ackerbürgerhöfen der Stadt (*Vierradener Str.* und *Ernst-Thälmann-Str.*) betriebene Tabakanbau (um 1800 in Sch. 75 Tabakplanteure) wurde außer in Berlin um 1800 in drei Schwedter Fabriken von über 300 Tabakarbeitern weiterverarbeitet (Erstgründung hier 1787, heute *VEB Rohtabak Sch.*). Die über 5 000 Einwohner zählende Stadt erhielt nach der Chaussierung Berlin–Stettin 1830 eine feste Oderbrücke, 1873 eine Stichbahn nach Angermünde, wurde schließlich 1914 durch den Großschiffahrtsweg Berlin–Stettin begünstigt.

✦ *Französisch-reformierte Kirche*, 1777/79 für die französische Gemeinde und als Mausoleum für die markgräfliche Familie erbaut, restauriert und zur Konzert- und Ausstellungshalle ausgebaut (*Berlischky-Pavillon*); ehem. *Predigerhaus* der französisch-reformierten Gemeinde (*Oderstr. 6*), Fachwerkbau 18. Jh.; *Tabakspeicher*, mehrgeschossige Fachwerkbauten Ende 18./Anfang 19. Jh. (*Prenzlauer Str., Karlsplatz, nahe Mon Plaisir*); *Katholische Kirche*, 1895/98

Sch. 1748 Geburtsort des Landbaumeisters und klassizistischen Architekten David Gilly (*Steinhöfel, *Paretz)

In Sch. 1780 Friedrich August Ferdinand Solger geboren, 1810 als Professor für Philosophie und Ästhetik an die Viadrina berufen bzw. nach deren Auflösung an die neugegründete Berliner Universität, deren Rektor er 1814 wurde, hier zwischen Fichte und Hegel bis zu seinem frühen Tode 1819 vor allem kunsttheoretisch wirkend

Sch. 1800 Sterbeort von Johann Abraham Peter Schulz (gleichnamige Musikschule in Sch.), 1780/87 Hofkomponist des Prinzen v. Preußen in Rheinsberg (*), schuf Opern und Volkslieder (»Der Mond ist aufgegangen«)

Sch. 1805 Geburtsort von Adolph Schroedter, eines humorvoll-volkstümlichen und satirisch-sozialkritischen Malers, so als Lokalzeuge in Frankfurt/Main 1848 zur ersten deutschen Nationalversammlung in »Thaten und Meinungen des Herrn Piepmeyer«

Sch. hatte im 18./19. Jh. einen relativ hohen jüdischen Bevölkerungsanteil, nach dem preußischen Edikt von 1812, das die Juden als Staatsbürger integrierte, immerhin 95, Mitte 19. Jh. 131, 1912 dann 173 Personen, wirtschaftlich führend in der Tabakverarbeitung und im Pferdehandel vertreten (ehem. *Jüdischer Friedhof* mit Grabsteinen seit Anfang 19. Jh.; ehem. *Ritualbad* der Jüdischen Gemeinde, Rundbau von 1862 nahe dem einstigen Standort der zeitgleichen Synagoge (*Gartenstr.*)

1837 in Sch. Friedrich v. Holstein geboren, als Vortragender Rat im Auswärtigen Amt eine Schlüsselfigur der preußisch-deutschen Außenpolitik, vor allem in der Ära des Neuen Kurses

Kampfkommandant der im Februar 1945 zur Festung erklärten Stadt (mit Brückenkopfbildung) SS-Obersturmbannführer Otto Skorzeny ließ kriegsmüde deutsche Soldaten an der Oderbrücke erhängen; Sch. in den Aprilkämpfen ähnlich Gartz (*) zu 85 Prozent zerstört, bei seiner Befreiung am 26. April noch 26 Personen in der Stadt, bis Jahresende 1945 wieder auf über 5 000 anwachsend

Noch im Sommer 1945 Bildung erster Betriebsgruppen der KPD in Sch. (ebenso in Rüdersdorf)

Durch das Ende 1958 beschlossene Chemieprogramm, das eine Verdoppelung der chemischen Industrieproduktion in der DDR bis 1965 vorsah (u. a. durch den Bau von Leuna II und des Chemiefaserwerkes Guben), wurde Sch. Standort eines Erdölverarbeitungswerkes. Auf dem V. Parlament der FDJ im Mai 1959 zum zentralen Jugendobjekt erklärt, begann Anfang April 1964 der Probebetrieb der ersten Aufbaustufe des heutigen *VEB Petrolchemischen Kombinats (Stammbetrieb Sch.)*. Im Dezember 1963 war das erste sowjetische Erdöl

über die 4 300 km lange Pipeline »Freundschaft« angekommen; über weitere Rohrleitungen wurde das PCK (8 000 Beschäftigte) mit dem Ostseehafen Rostock, dem Chemiezentrum Halle/Leipzig und dem Großtanklager für Minolkraftstoffe in Seefeld verbunden. Durch die fast gleichzeitige Grundsteinlegung des *VEB Papier- und Kartonwerkes Sch.* Mitte Juli 1959 – heute größter Papier- und Kartonhersteller der DDR – stieg Schwedts Einwohnerzahl von 1957 (6 200) auf heute etwa 55 000 (seit 1961 Stadtkreis), wurde aus dem verhältnismäßig rückständigen Agrargebiet ein erstrangiges Industriezentrum. Vom PCK nahm 1979 die Losung »Weniger produzieren mehr« als Schwedter Initiative im Republikswettbewerb ihren Ausgang, eine langfristige Rationalisierungsinitiative, dem Wesen der auf Intensivierung gerichteten ökonomischen Strategie seit den 70er Jahren entsprechend.

Literaturauswahl

(Aufgenommen wurden nach 1945 erschienene gedruckte Titel, Einzeltitel aus Veröffentlichungsreihen nur in Ausnahmen; ungedruckte Dissertationen sowie Zeitschriftenaufsätze erscheinen nicht.)

Bibliographische Hilfsmittel
Auswahlbibliographie über Darstellungen zur Geschichte des Bezirkes Frankfurt (Oder), Frankfurt 1982
Badstübner-Gröger, Sibylle: Bibliographie zur Kunstgeschichte von Berlin und Potsdam, Berlin 1968
Brandenburgische Literatur der Gegenwart. Regionalbibliographie für die Bezirke Cottbus, Frankfurt (Oder) und Potsdam, Bd. 1–12, Potsdam 1958–1983
Creutz, Ursula: Bibliographie der ehemaligen Klöster und Stifte im Bereich des Bistums Berlin, des Bischöflichen Amtes Schwerin und angrenzender Gebiete, Leipzig 1983
Schreckenbach, Hans-Joachim: Bibliographie zur Geschichte der Mark Brandenburg, Teil I–IV, Weimar 1970/74
Wettig, Knut-Hannes: Die Novemberrevolution 1918/19 auf dem Gebiet der DDR. Eine regionalgeschichtliche Auswahlbibliographie, Berlin 1978

Periodika, Reihen, Zeitschriften
Ausgrabungen und Funde. Archäologische Berichte und Informationen, 1956 ff.
Blätter für deutsche Landesgeschichte, (1936/41) 1951 ff. (Neue Folge des Korrespondenzblattes des Gesamtvereins der deutschen Geschichts- und Altertumsvereine, Jg. 83 ff.)
Bodenfunde und Heimatforschung, 1966 ff.
Brandenburger Blätter. Beiträge zur Regionalgeschichte des Brandenburger Havellandes, 1978 ff.
Einzelveröffentlichungen der Historischen Kommission zu Berlin, Berlin (West) 1968 ff.
Frankfurter Beiträge zur Geschichte, Frankfurt (Oder) 1974 ff.
Heimatgeschichtliche Beiträge. Interessengemeinschaft Heimatgeschichte und Denkmalpflege im Kulturbund der DDR, Ortsgruppe Werder, 1982 ff.
Heimatkalender des Kreises Angermünde, 1955 ff.
Heimatkalender für den Kreis Bad Freienwalde, 1957 ff.
Heimatkalender für den Kreis Zossen, 1958 ff.
Jahrbuch für Berlin-brandenburgische Kirchengeschichte, (1904/43) Berlin (West) 1963 ff.
Jahrbuch für brandenburgische Landesgeschichte, Berlin (West) 1950 ff.
Jahrbuch für Geschichte des Feudalismus, Berlin 1977 ff.
Jahrbuch für die Geschichte Mittel- und Ostdeutschlands, Tübingen/Berlin (West) 1952 ff.
Jahrbuch für Regionalgeschichte, Weimar 1965 ff.
Jahrbuch für Volkskunde und Kulturgeschichte, Berlin 1957 ff.

Jahrbuch für Wirtschaftsgeschichte, Berlin 1966 ff.
Märkische Heimat. Aus Natur und Geschichte der Bezirke Cottbus, Frankfurt (Oder), Potsdam, Potsdam (1956/62)
Märkische Heimat. Beiträge zur Heimatgeschichte des Bezirkes Potsdam, Potsdam 1982 ff.
Mitteldeutsche Forschungen, Köln/Graz (Wien) 1953 ff.
Neue Forschungen zur Brandenburgisch-Preußischen Geschichte, Köln/Wien 1979, 1983
Rathenower Heimatkalender, 1957 ff.
Revolutionäre Traditionen – lebendige Geschichte. Schriftenreihe der Kommission zur Erforschung der Geschichte der örtlichen Arbeiterbewegung der SED-Kreisleitung Neuruppin, 1978 ff.
Rund um den Funkerberg. Heimatkundliches Jahrbuch des Kreises Königs Wusterhausen, 1959 ff.
Schwedter Jahresblätter, 1980 ff.
Veröffentlichungen des Brandenburgischen Landeshauptarchivs (Staatsarchivs) Potsdam, Weimar 1958 ff.
Veröffentlichungen der Historischen Kommission zu Berlin, Berlin (West), 1960 ff.
Veröffentlichungen des Instituts für Wirtschaftsgeschichte an der Hochschule für Ökonomie Berlin-Karlshorst, 1960 ff.
Veröffentlichung des Museums für Ur- und Frühgeschichte Potsdam, 1962 ff.
Veröffentlichungen des Vereins für Geschichte der Mark Brandenburg, 1904 ff.
Werte der deutschen (seit 1971: unserer) Heimat. Heimatkundliche Bestandsaufnahme in der Deutschen Demokratischen Republik, darunter die Bezirke Potsdam und Frankfurt (Oder): Bd. 15: Potsdam und Umgebung, Berlin 1969, Bd. 25: Rheinsberg-Fürstenberger Seengebiet, 1974; Bd. 34: Um Eberswalde, Chorin und den Werbellinsee, 1981; Bd. 37: Ruppiner Land, 1981; Bd. 41: Eisenhüttenstadt und Umgebung, 1986

Nachschlagewerke, Handbücher, Allgemeine Darstellungen
Architekturführer DDR. Bezirk Potsdam, Berlin 1981
Badstübner, Ernst: Stadtkirchen der Mark Brandenburg, Berlin 1983
Vom Bauen und Wohnen. 20 Jahre Arbeitskreis für Haus- und Siedlungsforschung in der DDR, Berlin 1982
Die Bau- und Kunstdenkmale in der DDR. Bezirk Potsdam, Berlin 1979
Die Bau- und Kunstdenkmale in der DDR. Bezirk Frankfurt (Oder), Berlin 1980
Berghaus, Heinrich: Landbuch der Mark Branden-

burg und des Markgrafenthums Nieder-Lausitz in der Mitte des 19. Jh. oder geographisch-historisch-statistische Beschreibung der Provinz Brandenburg, 3 Bde., Brandenburg 1854–56 (Leipzig 1970)

Bethge, Eberhard, u. a.: Kirche in Preußen. Gestalten und Geschichte, Stuttgart 1983

Die Bezirke der Deutschen Demokratischen Republik. Ökonomische Geographie, 2 Bde., Gotha 1974/77

Brandenburgisches Namenbuch, Teil 1–5, Weimar 1967/84

Dehio, Georg: Handbuch der deutschen Kunstdenkmäler. Bezirke Berlin (DDR) und Potsdam, Berlin 1983

Deutsche Geschichte, 12 Bde. (bisher ersch.: 4 Bde.), Berlin 1982 ff.

Förster, Gerhard/Heinz Helmert u. a.: Der preußisch-deutsche Generalstab 1640–1945. Zu seiner politischen Rolle in der Geschichte, Berlin 1966

Fontane, Theodor: Wanderungen durch die Mark Brandenburg, Bd. 1–6, Berlin 1979

Gericke, Wolfgang/Heinrich-Volker Schleif und Winfried Wendland: Brandenburgische Dorfkirchen, Berlin 1977 [2]

Geschichte der deutschen Länder. Territorien-Plötz, 2 Bde., Würzburg 1964/71

Grundriß zur deutschen Verwaltungsgeschichte 1815–1945. Reihe A: Preußen, Bd. 5: Brandenburg, Marburg/Lahn 1975

Handbuch der historischen Stätten, Bd. 10: Berlin und Brandenburg, Stuttgart 1985 [2]

Hintze, Otto: Regierung und Verwaltung. Gesammelte Abhandlungen zur Staats-, Rechts- und Sozialgeschichte Preußens, Göttingen 1967 [2]

Historischer Handatlas von Brandenburg und Berlin, Berlin (West) 1963 ff.

Historisches Ortslexikon für Brandenburg, Weimar 1962 ff. Teil I: Prignitz; Teil II: Ruppin, 1970; Teil III: Havelland, 1972; Teil IV: Teltow, 1976; Teil V: Zauch-Belzig, 1977; Teil VI: Barnim, 1980; Teil VII: Lebus, 1983; Teil VIII: Uckermark, 1986; Teil IX: Beeskow-Storkow, in Druck

Hoppe, Willy: Die Mark Brandenburg, Wettin und Magdeburg. Ausgewählte Aufsätze, Köln/Graz 1965

Klee, Wolfgang: Preußische Eisenbahngeschichte, Stuttgart 1982

Lage und Kampf der Landarbeiter im ostelbischen Preußen, 3 Bde., Berlin 1977/85

Lexikon Städte und Wappen der Deutschen Demokratischen Republik, Leipzig 1984 [2]

Mehring, Franz: Zur Geschichte Preußens, Berlin 1981

Miethe, Anna-Dora: Gedenkstätten. Arbeiterbewegung, Antifaschistischer Widerstand, Aufbau des Sozialismus, Leipzig 1974

Preußen in der deutschen Geschichte nach 1789, Berlin 1983

Preußen in der deutschen Geschichte vor 1789, Berlin 1983

Preußen in der Geschichte des deutschen Volkes. Beiträge aus den Veranstaltungen der Zentralen

Kommission Wissenschaft des Präsidialrates und der Bezirksleitung Potsdam des Kulturbundes der DDR am 5. und 6. Juni 1980 in Potsdam, Berlin 1981

Preußen. Legende und Wirklichkeit, Berlin 1983

Radig, Werner: Das Bauernhaus in Brandenburg und im Mittelelbegebiet, Berlin 1966

Schultze, Johannes: Forschungen zur brandenburgischen und preußischen Geschichte, Berlin (West) 1964

Schultze, Johannes: Die Mark Brandenburg, 5 Bde., Berlin (West) 1961/69

Schultze, Johannes: Die Prignitz, Köln/Graz 1956

Technische Denkmale in der Deutschen Demokratischen Republik, Leipzig 1983 [2]

Die sozialen und politischen Verhältnisse in der Provinz Brandenburg 1871–1933. Dokumente und Materialien. 4 Teile, Potsdam 1968/75

Vogler, Günter/Klaus Vetter: Preußen. Von den Anfängen bis zur Reichsgründung, Berlin 1979 [6]

Zeittafel zur Kulturgeschichte des Oderbruches. Von den Anfängen bis zur Gegenwart, Frankfurt (Oder) 1982

Ur- und Frühgeschichte

Buck, Dietmar-Wilfried: Die Billendorfer Gruppe, 2 Teile, Berlin 1977/79

Gramsch, Bernhard: Das Mesolithikum im Flachland zwischen Elbe und Oder, Berlin 1973

Griesa, Siegfried: Die Göritzer Gruppe, Berlin 1982

Herrmann, Joachim: Die vor- und frügeschichtlichen Burgwälle Groß-Berlins und des Bezirkes Potsdam, Berlin 1960

Leube, Achim: Die römische Kaiserzeit im Oder-Spree-Gebiet, Berlin 1975

Müller, Adriaan v.: Gesicherte Spuren. Aus der frühen Vergangenheit der Mark Brandenburg, Berlin (West) 1972

Seyer, Heinz: Siedlung und archäologische Kultur der Germanen im Havel-Spree-Gebiet in den Jahrhunderten vor Beginn u. Z., Berlin 1982

Seyer, Rosemarie: Zur Besiedlungsgeschichte im nördlichen Mittelelb-Havel-Gebiet um den Beginn u. Z., Berlin 1976

Die Slawen in Deutschland, hg. von Joachim Herrmann, Berlin 1985 [4]

Taute, Wolfgang: Die Stielspitzen-Gruppen im nördlichen Mitteleuropa, Köln/Graz 1968

Feudalzeitalter

Der Bauer im Klassenkampf. Studien zur Geschichte des deutschen Bauernkriegs und der bäuerlichen Klassenkämpfe im Spätfeudalismus, Berlin 1975

Bentzien, Ulrich: Bauernarbeit im Feudalismus. Landwirtschaftliche Arbeitsgeräte und -verfahren in Deutschland von der Mitte des ersten Jahrtausends u. Z. bis um 1800, Berlin 1980

Bohm, Eberhard: Teltow und Barnim. Untersuchungen zur Verfassungsgeschichte und Landesgliederung brandenburgischer Landschaften im Mittelalter, Köln/Wien 1978

Engel, Evamaria/Benedykt Zientara: Feudalstruktur, Lehnbürgertum und Fernhandel im spätmittelalterlichen Brandenburg, Weimar 1967

Fey, Hans-Joachim: Reise und Herrschaft der Markgrafen von Brandenburg (1134–1319), Köln/Wien 1981

Frey, Linda und Marsha: Friedrich I. Preußens erster König, Wien/Graz/Köln 1984

Gericke, Wolfgang: Glaubenszeugnisse und Konfessionspolitik der brandenburgischen Herrscher bis zur preußischen Union 1540–1815, Bielefeld 1977

Gloger, Bruno: Friedrich Wilhelm, Kurfürst von Brandenburg. Eine Biographie, Berlin 1986 [2]

Groehler, Olaf: Die Kriege Friedrichs II., Berlin 1981 [3]

Hahn, Peter-Michael: Struktur und Funktion des brandenburgischen Adels im 16. Jh., Berlin (West) 1979

Heimatkunde und Landesgeschichte. Zum 65. Geburtstag von Rudolf Lehmann, Weimar 1958

Hoffmann, Hildegard: Handwerk und Manufaktur in Preußen 1769 (Das Taschenbuch Knyphausen), Berlin 1969

Jersch-Wenzel, Steffi: Juden und ›Franzosen‹ in der Wirtschaft des Raumes Berlin/Brandenburg zur Zeit des Merkantilismus, Berlin (West) 1978

Kahl, Hans-Dietrich: Slawen und Deutsche in der brandenburgischen Geschichte des 12. Jh., Münster/Köln 1964, 2 Teile

Kathe, Heinz: Der »Soldatenkönig«. Friedrich Wilhelm I. 1688–1740, Berlin 1978 [2]

Krenzlin, Anneliese: Dorf, Feld und Wirtschaft im Gebiet der großen Täler und Platten zwischen Oder und Elbe, Remagen 1952

Krüger, Bruno: Die Kietzsiedlungen im nördlichen Mitteleuropa, Berlin 1962

Krüger, Horst: Zur Geschichte der Manufakturen und der Manufakturarbeiter in Preußen. Die mittleren Provinzen in der zweiten Hälfte des 18. Jh., Berlin 1958

Lippert, Werner: Geschichte der 110 Bauerndörfer in der nördlichen Uckermark. Ein Beitrag zur Wirtschafts- und Sozialgeschichte der Mark Brandenburg, Köln/Wien 1968

Lotter, Friedrich: Die Konzeption des Wendenkreuzzuges. Ideengeschichtliche, kirchenrechtliche und historisch-politische Voraussetzungen der Missionierung von Elb- und Ostseeslawen um die Mitte des 12. Jh., Sigmaringen 1977

Ludat, Herbert: Das Lebuser Stiftsregister von 1405. Studien zu den Sozial- und Wirtschaftsverhältnissen im mittleren Oderraum zu Beginn des 15. Jh., Wiesbaden 1965 (Teil 1)

Mětšk, Frido: Der kurmärkisch-wendische Distrikt. Ein Beitrag zur Geschichte der Territorien Bärwalde, Beeskow, Storkow, Teupitz und Zossen unter besonderer Berücksichtigung des 16. bis 18. Jh., Bautzen 1965

Mittenzwei, Ingrid: Friedrich II. von Preußen. Eine Biographie, Berlin 1979

Müller, Hans-Heinrich: Akademie und Wirtschaft im 18. Jh. Agrarökonomische Preisaufgaben und Preis-schriften der preußischen Akademie der Wissenschaften (Versuch, Tendenzen, Überblick), Berlin 1975

Müller, Hans-Heinrich: Märkische Landwirtschaft vor den Agrarreformen von 1807. Entwicklungstendenzen des Ackerbaues in der zweiten Hälfte des 18. Jh., Potsdam 1967

Oelmann, Wilhelm: Die Entwicklung der Kulturlandschaft im Stift Neuzelle, Landshut 1950

Oestreich, Gerhard: Friedrich Wilhelm I. Preußischer Absolutismus, Merkantilismus, Militarismus, Göttingen/Zürich/Frankfurt (Main) 1977

Opgenoorth, Ernst: Friedrich Wilhelm, der große Kurfürst von Brandenburg. Eine politische Biographie, Teil 2: 1660–1688, Göttingen/Zürich/Frankfurt (Main) 1978

Podehl, Wolfgang: Burg und Herrschaft in der Mark Brandenburg. Untersuchungen zur mittelalterlichen Verfassungsgeschichte unter besonderer Berücksichtigung von Altmark, Neumark und Havelland, Köln/Wien 1975

Schmidt, Eberhardt: Die Mark Brandenburg unter den Askaniern (1134–1320), Köln/Wien 1973

Schröer, Fritz: Das Havelland im Dreißigjährigen Krieg, Köln/Graz 1966

Schulze, Reiner: Die Polizeigesetzgebung zur Wirtschafts- und Arbeitsordnung der Mark Brandenburg in der frühen Neuzeit, Aalen 1978

Ständetum und Staatsbildung in Brandenburg-Preußen, Berlin (West)/New York 1983

Thadden, Rudolf v.: Die brandenburgisch-preußischen Hofprediger im 17. und 18. Jh. Ein Beitrag zur absolutistischen Staatsgesellschaft in Brandenburg-Preußen, Berlin (West) 1959

Vogel, Werner: Der Verbleib der wendischen Bevölkerung in der Mark Brandenburg, Berlin (West) 1960

Winter, Eduard: Die tschechische und slowakische Emigration in Deutschland im 17. und 18. Jh. Beiträge zur Geschichte der hussitischen Tradition, Berlin 1955

1789–1917

Berlin und Brandenburg im 19. und 20. Jh., Berlin (West) 1968

Biermann, Kurt-Reinhard: Alexander v. Humboldt, Leipzig 1980

Börner, Karl-Heinz: Wilhelm I. Deutscher Kaiser und König von Preußen. Eine Biographie, Berlin 1984

Börner, Karl-Heinz: Die Krise der preußischen Monarchie von 1858 bis 1862, Berlin 1976

Büsch, Otto: Industrialisierung und Gewerbe im Raum Berlin-Brandenburg 1800–1850, Berlin (West) 1971

Buttlar, Madelaine v.: Die politischen Vorstellungen des F. A. L. v. d. Marwitz. Ein Beitrag zur Genesis und Gestalt konservativen Denkens in Preußen, Frankfurt (Main)/Bern 1980

Dipper, Christof: Die Bauernbefreiung in Deutschland 1790–1850, Stuttgart 1980

Eichholtz, Dietrich: Junker und Bourgeoisie vor 1848 in der preußischen Eisenbahngeschichte, Berlin 1962

Fesser, Gerd: Linksliberalismus und Arbeiterbewegung. Die Stellung der Deutschen Fortschrittspartei zur Arbeiterbewegung 1861–66, Berlin 1976

Günther, Harry: Peter Joseph Lenné. Gärten, Parke, Landschaften, Berlin 1985

Harnisch, Hartmut: Kapitalistische Agrarreform und Industrielle Revolution. Agrarhistorische Untersuchungen über das ostelbische Preußen zwischen Spätfeudalismus und bürgerlich-demokratischer Revolution von 1848/49 unter besonderer Berücksichtigung der Provinz Brandenburg, Weimar 1984

Helmert, Heinz/Hansjürgen Usczeck: Europäische Befreiungskriege 1808 bis 1814/15, Berlin 1976 [2]

Hofmann, Jürgen: Das Ministerium Camphausen-Hansemann. Zur Politik der preußischen Bourgeoisie in der Revolution 1848/49, Berlin 1961

Hubatsch, Walther: Die Stein-Hardenbergschen Reformen, Darmstadt 1977

Industrialisierung und Gewerbe im Raum Berlin/Brandenburg. Bd. 2: Die Zeit um 1800. Die Zeit um 1875, Berlin (West) 1977

Kaufhold, Karl Heinrich: Das Gewerbe in Preußen um 1800. Göttingen 1978

Klemm, Volker/Günther Meyer: Albrecht Daniel Thaer. Pionier der Landwirtschaftswissenschaften in Deutschland, Halle 1968

Koselleck, Reinhard: Preußen zwischen Reform und Revolution. Allgemeines Landrecht, Verwaltung und soziale Bewegung von 1791–1848, Stuttgart 1981 [3]

Laschitza, Annelies/Günter Radczun: Rosa Luxemburg. Ihr Wirken in der deutschen Arbeiterbewegung, Berlin 1971

Michalsky, Helga: Bildungspolitik und Bildungsreform in Preußen. Die Bedeutung des Unterrichtswesens als Faktor sozialen und politischen Wandels beim Übergang von der ständischen zur bürgerlich-liberalen Gesellschaft, Weinheim/Basel 1978

Otto, Hans: Gneisenau. Preußens unbequemer Patriot. Biographie, Bonn 1979

Preußische Reformen 1807–1820. Königstein/Taunus 1980

Preußische Reformen – Wirkungen und Grenze. Aus Anlaß des 150. Todestages des Freiherrn vom und zum Stein. Sitzungsberichte der Akademie der Wissenschaften der DDR, Gesellschaftswissenschaften (1982 Nr. 1/G), Berlin 1982

Rückert, Otto: Geschichte der Arbeiterbewegung im Reichstagswahlkreis Karl Liebknechts 1871–1917, Potsdam 1965

Karl Friedrich Schinkel. Sein Wirken als Architekt. Berlin 1981

Karl Friedrich Schinkel. 1781–1841, Berlin 1982 (Ausstellungskatalog)

Schmidt, Dorothea: Die preußische Landwehr. Ein Beitrag zur Geschichte der allgemeinen Wehrpflicht in Preußen zwischen 1813 und 1830, Berlin 1981

Scurla, Herbert: Wilhelm v. Humboldt. Werden und Wirken, Berlin 1970

Seeber, Gustav: Zwischen Bebel und Bismarck. Zur Geschichte des Linksliberalismus in Deutschland 1871 bis 1893, Berlin 1965

Seeber, Gustav/Walter Wittwer: Kleinbürgerliche Demokratie im Bismarck-Staat, Entwicklungstendenzen und Probleme, Berlin 1971

Das Sozialistengesetz 1878–1890. Illustrierte Geschichte des Kampfes der Arbeiterklasse gegen das Ausnahmegesetz, Berlin 1980

Spies, Kurt: Gutsherr und Untertan in der Mittelmark Brandenburg zu Beginn der Bauernbefreiung, Berlin (West) 1972

Studien zu den Agrarreformen des 19. Jh. in Preußen und Rußland, Berlin 1978

Studien zur Geschichte der Produktivkräfte. Deutschland zur Zeit der Industriellen Revolution, Berlin 1979

Thielen, Peter G.: Karl August v. Hardenberg 1750–1822. Eine Biographie mit einem Quellenanhang, Stuttgart 1967

Untersuchungen zur Geschichte der frühen Industrialisierung im Wirtschaftsraum Berlin/Brandenburg, Berlin (West) 1971

Vetter, Klaus: Kurmärkischer Adel und Preußische Reformen, Weimar 1979

Wohlgemuth, Heinz: Karl Liebknecht. Eine Biographie, Berlin 1975 [2]

1918–1945

Antifaschistischer Widerstandskampf in der Provinz Brandenburg, 2 Teile, Potsdam 1978/79

Die Befreiung Berlins 1945. Eine Dokumentation Berlin 1975

Biernat, Karl-Heinz/Luise Kraushaar: Die Schulze-Boysen/Harnack-Organisation im antifaschistischen Widerstandskampf, Berlin 1972 [2]

Blank, Alexander S./Julius Mader: Rote Kapelle gegen Hitler, Berlin 1979

Buchmann, Erika: Die Frauen von Ravensbrück, Berlin 1959

Dahl, Peter: Arbeitersender und Volksempfänger. Proletarische Radio-Bewegung und bürgerlicher Rundfunk bis 1945, Frankfurt/Main 1978

Ehni, Hans-Peter: Bollwerk Preußen? Preußen-Regierung, Reich-Länderproblem und Sozialdemokratie 1928–1932, Bonn-Bad Godesberg 1975

Finker, Kurt: Geschichte des Roten Frontkämpfer-Bundes, Berlin 1981 [2]

Finker, Kurt: Graf Moltke und der Kreisauer Kreis, Berlin 1980 [2]

Finker, Kurt: Stauffenberg und der 20. Juli, Berlin 1984 [6]

Gans, Wolfgang, Edler Herr zu Putlitz: Unterwegs nach Deutschland. Erinnerungen eines ehemaligen Diplomaten, Berlin 1956

Gereke, Günther: Ich war königlich-preußischer Landrat, Berlin 1970

Groehler, Olaf: Geschichte des Luftkrieges 1910 bis 1970, Berlin 1981

Hanzl, Horst: Rundfunk und Arbeiterklasse. Zur Geschichte des Kampfes der deutschen Werktätigen um den Rundfunk, Berlin 1965

Die illegale Tagung des Zentralkomitees der KPD am 7. Februar 1933 in Ziegenhals bei Berlin, Berlin 1981

Illustrierte Geschichte der deutschen Novemberrevolution 1918/19, Berlin 1978

Könnemann, Erwin: Einwohnerwehren und Zeitfreiwilligenverbände. Ihre Funktion beim Aufbau eines neuen imperialistischen Militärsystems (November 1918 bis 1920), Berlin 1971

Könnemann, Erwin/Hans Joachim Krusch: Aktionseinheit contra Kapp-Putsch, Berlin 1976

Kühnrich, Heinz: Der KZ-Staat. Die faschistischen Konzentrationslager 1933–1945, Berlin 1983 [4]

Lärmer, Karl: Autobahnbau in Deutschland 1933/45, Berlin 1975

Lerg, Winfried B.: Die Entstehung des Rundfunks in Deutschland. Herkunft und Entwicklung eines publizistischen Mittels, Frankfurt/Main 1965

Mammach, Klaus: Der Volkssturm. Bestandteil des totalen Kriegseinsatzes der deutschen Bevölkerung 1944/45, Berlin 1981

Mammach, Klaus: Antifaschistischer Widerstandskampf 1933/39, Berlin 1984

Meier, Kurt: Der evangelische Kirchenkampf, Bd. 1–3, Halle 1976/84

Meyer, Helga/Karlheinz Pech: Unter Einsatz des Lebens. Antifaschistischer Widerstand in den letzten Monaten des zweiten Weltkrieges, Berlin 1985

Müller, Charlotte: Die Klempnerkolonne in Ravensbrück. Erinnerungen des Häftlings Nr. 10787, Berlin 1981

Niederbarnimer Arbeiter im Kampf gegen Ausbeutung, Krieg und Faschismus, Berlin 1971

Nowak, Kurt: »Euthanasie« und Sterilisierung im »Dritten Reich«. Die Konfrontation der evangelischen und katholischen Kirche mit dem Gesetz zur Verhütung erbkranken Nachwuchses und der »Euthanasie«-Aktion, Weimar 1984 [3]

Nowak, Kurt: Evangelische Kirche und Weimarer Republik. Zum politischen Weg des deutschen Protestantismus zwischen 1918 und 1932, Weimar 1981

Nuß, Karl: Militär und Wiederaufrüstung in der Weimarer Republik. Zur politischen Rolle und Entwicklung der Reichswehr, Berlin 1977

Pätzold, Günter/Hans Baruth: Kämpfer seiner Klasse. Erinnerungen aus dem Leben und Kampf des Genossen Max Herm und seiner engsten Kampfgefährten, Brandenburg (1974)

Petzold, Joachim: Generalprobe für Hitler, Berlin 1980 [2]

Poelchau, Harald: Die letzen Stunden. Erinnerungen eines Gefängnispfarrers, Berlin 1987 [3]

Rahn, F.: Rot Front zwischen Spree und Oder, Frankfurt (Oder) 1978

Sägebrecht, Willy: Nicht Amboß, sondern Hammer sein. Erinnerungen, Berlin 1968

Schüren, Ulrich: Der Volksentscheid zur Fürstenenteignung 1926. Die Vermögensauseinandersetzung mit den deposedierten Landesherren als Problem der deutschen Innenpolitik unter besonderer Berücksichtigung der Verhältnisse in Preußen, Düsseldorf 1978

Schulte, Dieter (Bearb.): Historische Gedenkstätten der Arbeiterbewegung, des antifaschistischen Widerstandskampfes und der Befreiung vom Faschismus im Bezirk Potsdam. Von den Anfängen bis zum Jahre 1945, Potsdam 1983

Schulze, Hagen: Otto Braun oder Preußens demokratische Sendung. Eine Biographie, Frankfurt (M)/Berlin (West)/Wien 1977

Ernst Thälmann. Eine Biographie, Berlin 1982 [5]

Widerstand aus Glauben. Christen in der Auseinandersetzung mit dem Hitlerfaschismus, Berlin 1985

Wohlgemuth, Heinz: Die Entstehung der Kommunistischen Partei Deutschlands. Überblick, Berlin 1978 [2]

1945–

Agsten, Rudolf/Manfred Bogisch: Zur Geschichte der LDPD 1949–1952, 2 Teile, Berlin 1982

Agsten, Rudolf/Manfred Bogisch und Wilhelm Orth: LDPD 1945 bis 1961. Im festen Bündnis mit der Arbeiterklasse und ihrer Partei, Berlin 1985

Badstübner, Rolf: Code »Terminal«. Die Potsdamer Konferenz, Berlin 1985

Barthel, Horst: Die wirtschaftlichen Ausgangsbedingungen der DDR. Zur Wirtschaftsentwicklung auf dem Gebiet der DDR 1945–1949/50, Berlin 1979

Benser, Günter: Die KPD im Jahr der Befreiung. Vorbereitung und Aufbau der legalen kommunistischen Massenpartei (Jahreswende 1944/45 bis Herbst 1945), Berlin 1985

Die DDR in der Übergangsperiode. Studien zur Vorgeschichte und Geschichte der DDR 1945 bis 1961, Berlin 1979

DDR. Werden und Wachsen. Zur Geschichte der Deutschen Demokratischen Republik, Berlin 1975

Dokumente zur demokratischen Bodenreform im Land Brandenburg, Potsdam 1966

Errichtung des Arbeiter-und-Bauern-Staates der DDR 1945–1949, Berlin 1983

Die ersten Jahre. Erinnerungen an den Beginn der revolutionären Umgestaltungen, Berlin 1979

Fischer, Gerhard: Otto Nuschke. Ein Lebensbild, Berlin 1983

Franz, Werner: Zur Geschichte der Kampfgruppen der Arbeiterklasse des Bezirkes Potsdam von 1953 bis zur Gegenwart, Potsdam 1978

Geschichte der Deutschen Demokratischen Republik, Berlin 1981

Geschichte des Freien Deutschen Gewerkschaftsbundes, Berlin 1982

Geschichte der Freien Deutschen Jugend, Berlin 1983 [2]

Zur Geschichte der Rechtspflege der DDR 1945–1949, Berlin 1976

Günther, Karl-Heinz/Gottfried Uhlig: Geschichte der Schule in der Deutschen Demokratischen Republik 1945–1971, Berlin 1974 [2]

Horn, Werner/Helmut Neef: Die Nationale Front der DDR. Geschichtlicher Überblick, Berlin 1983

Kind, Friedrich: Christliche Demokraten im Ringen um eine neue Demokratie. Zur Entwicklung und zum Beitrag des Landesverbandes Brandenburg der CDU innerhalb der politischen Organisationen der Gesellschaft während der antifaschistisch-demokratischen Umwälzung (1945–1949/50), (Berlin) 1984
Krause, Werner: Die Entstehung des Volkseigentums in der Industrie der DDR, Berlin 1959
Mohs, Gerhard: Die Industrie im Bezirk Frankfurt/Oder, Berlin 1962
Pískol, Johannes u. a.: Antifaschistisch-demokratische Umwälzung auf dem Lande 1945–1949, Berlin 1984
Revolutionärer Prozeß und Staatsentstehung, Berlin 1976
Studien zur Geschichte der Deutschen Demokratischen Republik, Berlin 1984
Urban, Karl: Die Vereinigung von KPD und SPD in der Provinz Brandenburg, Potsdam 1976
Wietstruk, Siegfried: Von der demokratischen Bodenreform zur sozialistischen Landwirtschaft. Ein kurzer Überblick über die Entwicklung der Landwirtschaft auf dem Gebiet des Kreises Zossen von 1945 bis zur Gegenwart, Zossen 1965
Wietstruk, Siegfried: Vom Kreis Teltow zum Kreis Zossen 1949–1952, Zossen 1978
Wietstruk, Siegfried: Die sozialistische Umgestaltung der Landwirtschaft im Kreis Zossen 1952–1962, Zossen 1981
Wietstruk, Siegfried: Die Vereinigung der KPD und SPD im Kreis Teltow (Mai 1945 bis April 1946), Zossen 1964
Wyssozki, V. N.: Unternehmen Terminal. Zum 30. Jahrestag des Potsdamer Abkommens, Berlin 1978

Orts- und Betriebsgeschichte
Wietstruk, Siegfried: Gedenkstätte *Baruth* – Erinnerung und Verpflichtung, Zossen 1981
Aus der Geschichte der Stadt *Bernau*, Bernau 1974 [4]
Chronik der Stadt *Brandenburg*, 2 Teile, Brandenburg 1979
Frenzel, Max/Wilhelm Thiele/Arthur Mannbar: Gesprengte Fesseln. Ein Bericht über den antifaschistischen Widerstandskampf und die Geschichte der illegalen Parteiorganisation der KPD im Zuchthaus *Brandenburg*–Görden von 1933 bis 1945, Berlin 1982 [4]
Heß, Klaus/Bernhard Bogedain: Beiträge zum antifaschistischen Widerstandskampf der Arbeiterklasse unter Führung der KPD in der Stadt *Brandenburg* in den Jahren 1933 bis 1945, Brandenburg o. J., 2 Teile
Mangelsdorf, Günter/G. Weigelt: *Brandenburg*. Ein Stadtführer, Brandenburg 1977
Chorin. Gestalt und Geschichte eines ehemaligen Zisterzienserklosters, Leipzig 1980
Winkler, Joachim: Gründung und Entwicklung der Messer- und Stahlwarenmanufaktur Neustadt-*Eberswalde* in der 2. Hälfte des 18. Jh. Zur sozialökonomischen Lage und zur Lebensweise ihrer Manufakturarbeiter, Frankfurt (Oder) 1979

700 Jahre *Eberswalde*. Die grüne Hochschulstadt der Mark, Frankfurt (Oder) 1954
Černy, Jochen: EKO. Eisen für die Republik, Berlin 1984 (betr.: *Eisenhüttenstadt*)
Festschrift zur 700-Jahrfeier der Stadt *Frankfurt* (Oder), Frankfurt (Oder) 1953
Die Oder-Universität *Frankfurt*. Beiträge zu ihrer Geschichte (1506–1811), Weimar 1983
Frankfurt (Oder). Ein Stadtführer, Leipzig 1979
Huth, Ernst Walter: Führer durch das Bezirksmuseum und die Geschichte von *Frankfurt* (Oder), Frankfurt (Oder) 1974
Huth, Ernst Walter: Die Entstehung und Entwicklung der Stadt *Frankfurt* (Oder) und ihr Kulturbild vom 13. bis zum frühen 17. Jh. auf Grund archäologischer Befunde, Berlin 1975
Paterna, Erich: Die Rolle der Stadt *Frankfurt* (Oder) in der Ostexpansionspolitik des deutschen Imperialismus 1924 bis 1933, Frankfurt (Oder) 1976
Cheret, Peter: Das rote *Fürstenwalde* 1924–1932, Fürstenwalde 1985 (Teil 3)
Fürstenwalde (Spree). Vom Werden und Wachsen einer märkischen Stadt 1285–1985, Fürstenwalde 1985
Hartke, Werner: *Garzau*. Historisch-kritische Analysen und Darstellungen zur Berliner Aufklärung, Berlin 1983
Foth, Wilhelm: Chronik des Zisterzienser Mönchsklosters *Himmelpfort*, Neubrandenburg 1957
Jüterbog. Gestern und heute. Ein Gang durch die Stadt, Jüterbog 1961
Goldmann, Axel/ Friedrich Karl Grasow und Günter Mangelsdorf: Beiträge zur Geschichte von Kloster und Ort *Lehnin* (1180–1980), Lehnin 1980
Witte, Ernst u. a.: 1285–1985. 700 Jahre *Meyenburg*, Meyenburg 1985
Vom schweren Anfang, Neuruppin 1978 (betr. *Neuruppin*)
Löschburg, W.: *Neuruppin* – 700 Jahre Stadtrecht, Neuruppin 1956
750 Jahre *Oderberg*. 1231–1981, Oderberg 1981
Adamy, Kurt/Heinz Jordan und Jutta Kirst: Gedenk- und Erinnerungsstätten der Arbeiterbewegung in der Stadt und im Kreis *Potsdam*, Potsdam 1976
Im Auftrag der Klasse. Erinnerungen und Dokumente. Aus den Anfängen der FDJ-Arbeit in *Potsdam* 1946–1949, Potsdam 1977
Geschichte der Akademie für Staats- und Rechtswissenschaft der DDR. Teil I, Potsdam-Babelsberg 1981 (betr. *Potsdam*)
Giersberg, Hans-Joachim/Hartmut Knitter: *Potsdam*. Ein Stadtführer, Leipzig 1974
Giersberg, Hans-Joachim/Adelheid Schendel: *Potsdamer* Veduten. Stadt- und Landschaftsansichten vom 17. bis 20. Jh., Potsdam 1981
Kitschke, Andreas: Kirchen in *Potsdam*. Aus der Geschichte der Gotteshäuser und Gemeinden, Berlin 1983
Mielke, Friedrich: *Potsdamer* Baukunst, Frankfurt (Main)/Berlin (West)/Wien 1981
Müller, Harald: Zur Geschichte der Stadt *Potsdam* 1789–1871, Potsdam 1968

Müller, Harald: Zur Geschichte der Stadt *Potsdam* 1918–1945, Potsdam 1975

Potsdamer Schlösser in Geschichte und Kunst, Leipzig 1984

Rückert, Otto: *Potsdam* während der Novemberrevolution, Potsdam 1973

Uhlemann, Manfred u. a.: Geschichte der Stadt *Potsdam*, Berlin 1986

Vogler, Günter: Zur Geschichte der Weber und Spinner in Nowawes 1751–1785, Potsdam 1965 (betr. *Potsdam*)

Wolf, Werner: Zur Geschichte des Armen- und Arbeitshauses in *Potsdam* 1774–1800, Potsdam 1963

Potsdam – Erbe, Tradition und sozialistische Gegenwart (Protokollband der Konferenz zur Geschichte der Stadt Potsdam am 15./16. Mai 1984), Potsdam 1984

1256–1981. 725 Jahre *Pritzwalk.* Chronik der Stadt Pritzwalk, Pritzwalk 1981

700 Jahre Stadt *Pritzwalk* 1256–1956, Pritzwalk (1956)

Im Kampf geboren. Ein Beitrag zur Geschichte der Arbeiterbewegung im Kreis *Rathenow* (Mai 1945 bis April 1946), Rathenow 1976

Rheinsberg – eine märkische Residenz des 18. Jh. (Ausstellung zur 650-Jahrfeier der Stadt Rheinsberg), Rheinsberg 1985

Ein Werk des Sozialismus, der Freundschaft und der Jugend. Geschichte des VEB Petrolchemisches Kombinat *Schwedt,* Stammbetrieb, von 1959 bis 1981, Berlin (1985)

Becker, Franz: Vom Berliner Hinterhof zur *Storkower* Komendatura, Berlin 1985

Becker, Franz: Die große Wende in einer kleinen Stadt, Berlin 1980 [2] (betr.: *Storkow*)

Barthel, Rolf: *Strausberg.* Stadtgeschichtlicher Überblick von den Anfängen bis 1871, Strausberg 1985

Blütenstadt *Werder*/Havel, Potsdam 1982

Belower Wald in der *Wittstocker* Heide 23.–29. April 1945. Ein Teil Geschichte des Todesmarsches aus dem Konzentrationslager Sachsenhausen (Wittstock 1978)

Personenregister

Ortsregister

389

Bildnachweis

Barthel, Dr. Rolf (Strausberg) S. 315, 316
Behring, Jörg (Oranienburg) S. 217
Bezirksmuseum Potsdam S. 128 oben, 134, 139 links, 169 unten, 174 oben, 212, 215, 239 unten, 245, 252, 311 unten
Bezirksmuseum Viadrina Frankfurt (Oder) S. 271, 318
Deutsche Bücherei Leipzig S. 93 oben, 126, 128 unten, 157, 172, 197, 206, 248, 250, 259, 290, 293, 305, 322, 341, 353, 364
Deutsche Staatsbibliothek Berlin/DDR S. 155, 169 oben, 227, 238, 242, 254, 294, 295 rechts, 301, 306, 308, 314, 323, 349, 356, 357 (Ausschnitt), 359, 360
Heimatmuseum Neuruppin (U. Nickel) S. 231, 233, 241
Institut für Denkmalpflege der DDR, Berlin. J. Fritz S. 99, 265, 284, 285, 343; U. Hänel S. 132, 251; J. Laurentius S. 302, 303, 307, 313; R. Leßmann S. 178, 269, 274, 278 oben, 289, 296, 304 unten, 310, 324 unten, 325, 334, 336, 338 unten, 350, 351, 354, 363, 366; D. Möller S. 92, 93 unten, 107, 159, 161, 162, 164, 167, 205, 264; G. Schröder S. 216, 221; Leßmann/Schröder S. 152, 154; A. Tschilingirov S. 101, 225, 240; R. Worel S. 122, 124, 129, 145 unten, 146, 149, 156, 168, 176 (2), 179, 223 unten, 226, 291, 329, 346, 370 unten
Institut für Marxismus-Leninismus beim ZK der SED, Zentrales Parteiarchiv S. 105 (2), 106, 116, 127 (2), 137 oben, 141 (2), 170, 189, 211, 213 (2), 223 oben, 272 rechts, 298 oben, 312, 338 oben

Museum für Ur- und Frühgeschichte Potsdam. D. Sommer S. 123 unten, 173, 201, 214; B. Gramsch S. 286 unten; H. Geisler S. 368 unten, S. 90, 203, 230, 263, 368 oben
Museum Brandenburg S. 171, 182, 184, 185, 186 (2) (A. Albrecht), 187, 193
Oderlandmuseum Bad Freienwalde S. 317, 327, 331, 337, 339
Rössing-Winkler, Bildjournalisten (Leipzig) S. 103, 113, 119, 150, 158, 166, 174 unten, 175, 180, 181, 243, 352
Sächsische Landesbibliothek Dresden, Abt. Deutsche Fotothek S. 91, 97, 123 oben, 133 oben, 137 unten, 139 unten, 145 oben, 148, 199, 208 oben, 210, 219, 236, 239 oben, 255, 257, 270, 278 unten, 281, 295 links, 311 oben, 324 oben, 333, 344, 367, 370 oben
Staatliche Kunstsammlungen Weimar S. 95
Staatliche Schlösser und Gärten Potsdam-Sanssouci S. 96, 100
Stadtarchiv Frankfurt (Oder) S. 266 (2), 268, 272 links
Stadt- und Kreismuseum Fürstenwalde S. 297, 298 unten, 299
Verlagsarchiv S. 102, 160, 253, 332
Willmann, Lothar (Berlin) S. 371 (ZLB/L 116374)
Zentralbild (ADN Berlin) S. 130, 133 unten, 143, 191 (2), 202, 207, 208 unten, 218, 228, 304 oben, 320

Auf den folgenden Seiten sind die Übersichtskarten der bereits erschienenen Bände »Bezirke Dresden, Cottbus«, »Bezirke Erfurt, Gera, Suhl« und »Bezirke Leipzig, Karl-Marx-Stadt« mit den Orten abgedruckt, die ein selbständiges Text-Stichwort erhielten.

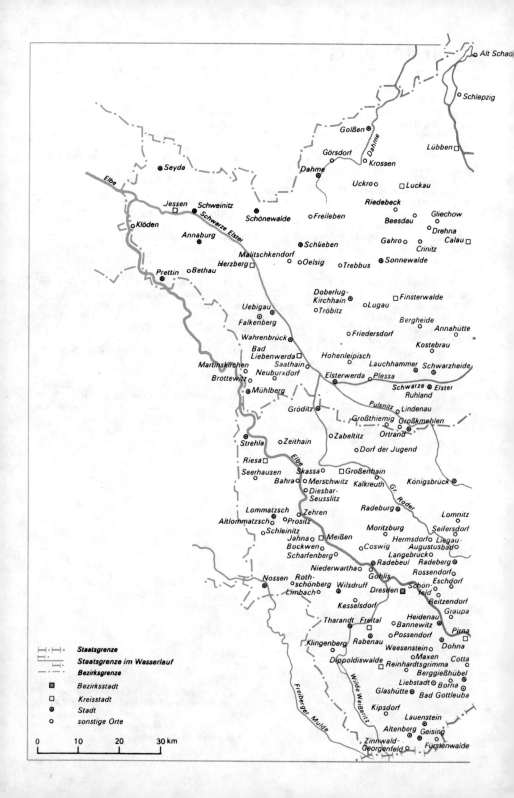

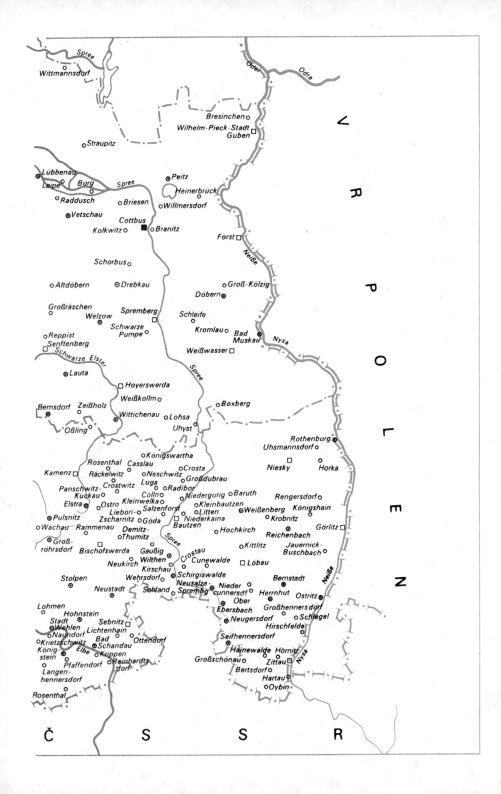

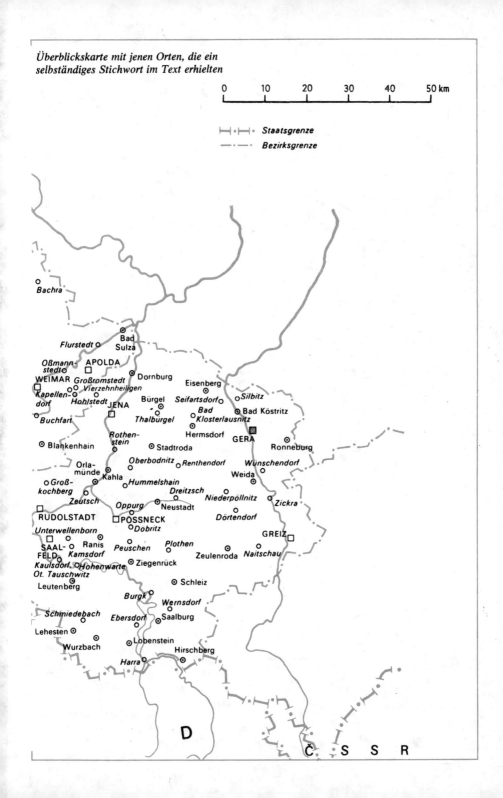

Überblickskarte mit jenen Orten, die ein
selbständiges Stichwort im Text erhielten

0   10   20   30   40   50 km

⊢·⊢·   Staatsgrenze
—·—·—   Bezirksgrenze

Bachra

Flurstedt   Bad
Sulza
Oßmann-   APOLDA
stedt   Dornburg
WEIMAR   Großromstedt   Eisenberg
Kapellen-   Vierzehnheiligen   Silbitz
dorf   Hohlstedt   Bürgel   Seifartsdorf
Buchfart   JENA   Bad   Bad Köstritz
Thalbürgel   Klosterlausnitz
Rothen-   Hermsdorf   GERA
Blankenhain   stein   Ronneburg
Stadtroda
Orla-   Oberbodnitz   Renthendorf   Wünschendorf
münde   Kahla   Weida
Groß-   Hummelshain
kochberg   Dreitzsch   Niederpöllnitz   Zickra
Zeutsch   Oppurg   Neustadt
RUDOLSTADT   PÖSSNECK   Dörtendorf
Unterwellenborn   Dobritz   GREIZ
SAAL-   Ranis   Plothen
FELD   Kamsdorf   Peuschen   Zeulenroda   Naitschau
Kaulsdorf,   Hohenwarte   Ziegenrück
Ot. Tauschwitz
Leutenberg   Schleiz
Burgk   Wernsdorf
Schmiedebach   Ebersdorf   Saalburg
Lehesten
Wurzbach   Lobenstein   Hirschberg
Harra

D

Č·S·S·R

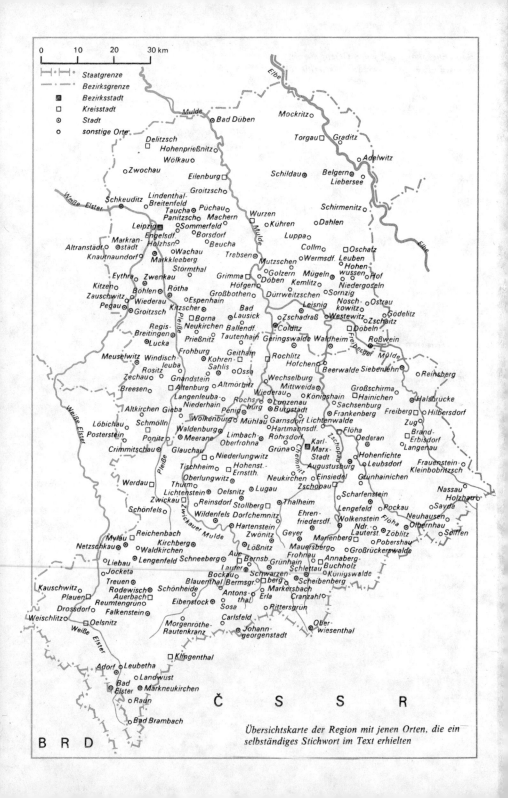

Übersichtskarte der Region mit jenen Orten, die ein
selbständiges Stichwort im Text erhielten